宋人年譜叢刊

第三册

主編　吴洪澤　尹　波
主審　李文澤　刁忠民

四川大學出版社

全國高等學校古籍整理研究工作委員會規劃項目

全國古籍整理出版規劃項目

國家「211工程」重點學科項目

目録（第三册）

蘇洵年譜

曾棗莊 編

據《四川大學學報》一九八一年第四期增訂

蘇洵（一〇〇九—一〇六六），字明允，號老泉，又與其子蘇軾、蘇轍合稱「三蘇」，人稱老蘇，眉州眉山（今屬四川）人。少時喜游名山大川，二十七歲始發憤讀書。應進士及茂材異等試，皆不中，遂絶意功名，而自托于學術。著《幾策》、《權書》、《衡論》數十篇，有「王佐才」之譽，極爲張方平、歐陽修等賞拔，父子三人以文章名動京師。嘉祐五年，被任爲試秘書省校書郎，除霸州文安縣主簿，同修《太常因革禮》。治平三年卒，年五十八，贈光禄寺丞。

蘇洵以散文知名，列唐宋八大家之一。其文「不爲空言而期于有用」（歐陽修《蘇明允墓志銘》），具有荀子和戰國縱横家的雄辯之風，酣暢恣肆，語言犀利，結構謹嚴，呈現出雄奇高古的風格。著有《嘉祐集》，刻本頗多。一九九三年上海古籍出版社有曾棗莊等校注本《嘉祐集箋注》。

蘇洵年譜，在宋代即有孫汝聽《三蘇年表》、何掄《三蘇年譜》、李燾《蘇洵年譜》等數種，現僅存王水照輯本何掄《眉陽三蘇先生年譜》。今人易蘇民有《蘇老泉年譜》（一九六九年臺北大學文選社排印本《三蘇年譜匯證》）、劉少泉《蘇老泉年表》（四川省中心圖書館委會一九八一年）、闕賢柱《蘇洵年譜》（《貴陽師院學報》一九八二年三期）。本譜爲曾棗莊編，初載《四川大學學報》一九八一年四期，後附入《蘇洵評傳》（四川人民出版社一九八三年）。本次重刊，又有所增訂。

蘇洵字明允，眉州眉山人。

宋真宗大中祥符二年己酉，一歲。

頭年十月，眞宗封禪于泰山。之後，士大夫爭奏符瑞，獻贊頌。三月，丁謂上封禪祥瑞圖。崔立言：「水發徐、兖，旱連江、淮，無爲（今屬安徽）烈風，金陵大火，是天所以戒驕矜也。而中外多上雲霧芝草之瑞，此何足爲治道言哉！」（《歷代通鑑輯覽》。本年譜下引背景材料，凡未注明出處者均見此書）

蘇洵生。

歐陽修《故霸州文安縣主簿蘇君（明允）墓誌銘並序》（下稱《蘇君墓誌銘並序》）：「君以疾卒，實治平三年（一〇六六）四月戊申也，享年五十有八。」從治平三年回朔五十八年，則爲宋眞宗大中祥符二年（一〇〇九）。

大中祥符三年庚戌，二歲。

蘇洵之妻程氏生。

司馬光《程夫人墓誌銘》（《傳家集》卷七六）：「夫人以嘉祐二年（一〇五七）四月癸丑終于鄉里，其年十一月庚子葬某地，年四十八。」其年蘇洵四十九歲，可見程氏小蘇洵一歲。從嘉祐二年回朔四十八年即爲大中祥符三年（一〇一〇）。

大中祥符四年辛亥，三歲。

二月，眞宗祭后土于汾陰。龍圖閣待制孫奭上疏陳不可云：「今之奸臣以先帝嘗議封禪，故贊陛下以繼承先志。先帝欲北平幽燕，西取繼遷，大勳未集，用付陛下……而乃卑辭厚幣，求和于契丹。」

三月，太子太師呂蒙正卒。

大中祥符五年壬子，四歲。

五月賜杭州隱士、詩人林逋以粟帛。

大中祥符六年癸丑，五歲。

蘇位生。

蘇洵《祭侄位文》：「昔汝之生，後余五年。余雖汝叔父，而幼與汝同戲爲兄弟。」據蘇洵《蘇氏族譜》所列世系表，蘇位乃蘇洵長兄蘇澹之長子。

蘇洵與群兒戲父側，並與石揚休相親近。

蘇洵《送石昌言使北引》（卷一八）：「昌言舉進士時，吾始數歲，未學也。憶與群兒戲先府君側，昌言從旁取棗栗啖我。家居相近，又以親戚，故甚狎。」石昌言名揚休，眉州人，乃石揚言之兄弟；而蘇序幼女適石揚言，故蘇、石兩家是「親戚」。舊時，一般七歲入學。其時，蘇洵「始數歲，未學」，故繫于五歲時。

司馬光《石昌言哀辭》（《傳家集》卷七九）：「眉山石昌言，年十八州舉進士，倫輩數百人，昌言爲之首，聲振西蜀。四十三乃及第。及第十八年知制誥，又三年以疾終。……光爲兒始執卷則知昌言名，已而同登進士第，與昌言游凡二十年。」據《司馬文正公年譜》，司馬光于寶元元年（一〇三八）進士及第，上溯四十三年則石揚休當生于宋太宗至道元年（九九五），長蘇洵十四歲；下推二十一年（十八年，又三年），當卒于嘉祐四年（一〇五九），年六十四；十八歲舉進士，亦當在大中祥符六年（一〇一三）。

大中祥符七年甲寅，六歲。

正月，眞宗入亳州，謁老子于太淸宮，加號太上老君混元上德皇帝。六月，以寇準爲樞密使。

大中祥符八年乙卯，七歲。

寇準罷樞密使。范仲淹進士及第。

大中祥符九年丙辰，八歲。

天禧元年丁巳，九歲。

七月，王旦因疾罷相。真宗問曰：「卿萬一有不諱，朕以天下付之誰乎？」王旦以寇準對。真宗曰：「準性剛褊，更思其次。」王旦曰：「他人，臣所不知也。」八月，以王欽若同平章事，九月，王旦卒。

天禧二年戊午，十歲。

八月，真宗立子受益爲皇太子，更名禎（即仁宗）。

天禧三年己未，十一歲。

六月，寇準因真宗有疾，請皇太子監國，被讒罷相，貶知相州，再貶道州司馬。

天禧五年辛酉，十三歲。

王安石生。

蘇序拆廟毀神像。

李廌《師友談記》載蘇軾語：「眉州或有神降，曰茅將軍，巫覡皆狂，禍福紛錯，州皆畏而禱之，共作大廟，像宇皆雄，祈驗如響。太傅（蘇序）忽乘醉呼村僕二十許人入廟，以斧钁碎其像，投溪中，而毀拆其廟屋，竟無所靈，後三年，伯父初登第，……」

按：蘇渙登第于天聖二年（一〇二四），逆數三年，則蘇序拆廟毀神像當在天禧五年。

乾興元年壬戌，十四歲。

二月，真宗崩，遺詔皇后權處分軍國事。年僅十三歲的皇太子趙禎即位，是爲仁宗。

仁宗天聖元年癸亥，十五歲。

夏五月詔禮部貢舉。閏九月，故相寇準卒于雷州貶所。

蘇渙就鄉試。

蘇轍《伯父墓表》：「公諱渙，字公群，晚字文父（甫）。公少穎悟。職方君（蘇序）自總以家事，使公得篤志于學。其勤至手書司馬氏《史記》，班氏《漢書》。公雖少年，而所與交游皆一時長老，文辭與之相上下。天聖元年始就鄉試，通判州事蔣公堂就閱所爲文，嘆其工，曰：『子第一人矣。』公曰：『有父兄在，楊異、宋輔與吾游，不願先之。』蔣公益以此賢公，曰：『以子爲第三人，以成子美名。』」蘇渙卒于嘉祐七年（一〇六二），享年六十有二，故應生于宋眞宗咸平四年（一〇〇一），就鄉試時應爲二十三歲。

天聖二年甲子，十六歲。

三月賜禮部奏名進士、諸科及第出身四百八十五人。

蘇渙與程濬進士及第，兩家反應迥別。

李廌《師友談記》載蘇軾語：祖父（蘇序）嗜酒，甘與村父箕踞，高歌大飲。忽伯父（蘇渙）封告至，伯父登朝，而外氏程舅亦登朝。外祖甚富，二家連姻，皆以子貴封官。程氏預爲之，謂祖父曰：「公何不亦預爲之？」太傅（蘇序）云「兒子書云，作官器用亦寄來。」一日方大醉中，封告至，交外（幷樊）纓、公服、笏、交椅、水罐子、衣版等物。太傅時露頂戴一小冠子如指許大，醉中取告，箕踞讀之畢，並諸物置一布囊中。取告時，有餘牛肉，亦置一布囊中，令村童荷而歸，跨驢入城。城中人聞受告，或就郊外觀之，遇諸途，見荷擔二囊，莫不大笑。程老聞之，而誚其太簡。惟有識之士奇之〔二〕。」

蘇序至劍門迎蘇渙，欲再毀神廟。

李廌《師友談記》載蘇軾語：「伯父初登第，太傅甚喜，親至劍門迎之。至七家嶺，忽見一廟甚大，視其榜曰茅將軍。太傅曰：『是妖神卻在此爲患耶？』方欲率衆復毀，忽一廟吏前迎拜，曰：『君非蘇七君乎？某昨夜夢神泣曰：明日蘇七君至，吾甚畏之。哀告蘇七君，且爲容恕，幸存此廟，俾竊食此土地。』衆人怪之，共勸焉，乃舍。」「夢神泣告」云云，顯係「廟吏」託詞；但蘇序敢于毀廟破迷信確係事實。

蘇渙進士及第，影響巨大。

蘇轍《伯父墓表》：「明年登科，鄉人皆喜之，迎者百里不絕。爲鳳翔寶鷄主簿。」又云：「蘇氏自唐始家于眉，閲五季皆不出仕。蓋非獨蘇氏也，凡眉之士大夫修身于家，爲政于鄉，皆莫肯仕者。天禧中，孫君堪始以進士舉，未顯而亡，士猶安其故，莫利進取。公于是時獨勤奮問學，既冠，中進士乙科。及其爲吏，能據法以左右民，所至號稱循良。一鄉之人控而慕之，學者至是相繼輩出。至于今，仕者常數十百人，處者常千數百人，皆以公爲稱首。」

蘇軾《蘇廷評行狀》：「渙以進士得官西歸，父老縱觀以爲榮，教其子孫者皆法蘇氏。自是眉之學者日益至千餘人。」蘇軾《謝范舍人書》（七集本《東坡後集》卷一一。下引蘇軾文凡未注明版本者，均見七集本）：「自孟氏（昶）入朝，民始息肩，救死扶傷不暇。故數十年間，學校衰息。天聖中，伯父解褐西歸，鄉人嘆嗟，觀者塞塗。其後執事與諸公相繼登于朝，以文章功業聞于天下，于是釋耒耜而筆硯者，十室而九。」

曾鞏《贈職方員外郎蘇君（序）墓誌銘》：「蜀自五代之亂，學者衰少，又安其鄉里，皆不願出仕。君（蘇序）獨教其子渙受學，所以成就之者甚備。至渙以進士起家，蜀人榮之，意始大變，皆喜受學。及其後，眉之學者至千餘人，蓋自蘇氏始。」

天聖三年乙丑，十七歲。

蘇渙爲鳳翔寶鷄主簿。（蘇轍《伯父墓表》）

天聖四年丙寅，十八歲。

五月契丹伐回鶻，兵敗而還。詔禮部貢舉，士有文行不副者，州郡毋得薦送。

蘇洵初舉進士不中。

歐陽修《蘇君（明允）墓誌銘》：「年二十七始大發憤，謝其素所往來少年，閉戶讀書爲文辭。歲餘，舉進士再不中。」「再」當表明，其前蘇洵曾舉進士。

蘇洵《送石昌言使北引》：「吾後漸長，亦稍知讀書，學句讀，屬對聲律，未成而廢。昌言聞吾廢學，雖不言，察其意甚恨。後十餘年，昌言舉進士及第第四名。」舊時學「成」與否，指是否進士及第。「未成而廢」即指舉進士未及第而廢學。石昌言于寶元元年進士及第，時蘇洵年三十。由蘇洵學「未成而廢」到石昌言進士及第恰爲「後十餘年。」

天聖五年丁卯，十九歲。

正月晏殊出知宣州，興州學，延范仲淹以

教生徒。仲淹敦尚風節，每感激論天下事，晏殊深器之。三月，賜禮部奏名進士，諸科及第出身一千七十六人。

蘇洵娶妻程氏。

司馬光《程夫人墓誌銘》：「夫人姓程氏，眉山人，大理寺丞文應之女。生十八年歸蘇氏。程氏富而蘇氏極貧。夫人入門執婦職，孝恭勤儉。族人環視之，無絲毫鞅鞅驕倨可譏訶狀。由是共賢之。或謂夫人曰：『若父母非乏于財，以父母之愛，若求之宜無不應者。何爲甘此蔬糲，獨不可以一發言乎？』夫人曰：『然。以我求于父母，誠無不可。萬一使人謂吾夫爲求于人以活其妻子者，將若何之？』卒不求。時祖姑猶在堂，老而性嚴，家人過堂下[二]，履錯然有聲，已畏獲罪。獨夫人能順適其志，祖姑見之必說。」程氏少蘇洵一歲，十八歲歸蘇洵，當在蘇洵十九歲時。

天聖六年戊辰，二十歲。

五月，夏主趙德明使其子元昊襲回鶻甘州，取之。遂立元昊爲皇太子。

以晏殊薦，范仲淹爲秘閣校理。

蘇洵長女夭折。

蘇洵《極樂院六菩薩記》（卷一八）：「始余少年時，父母俱存，兄弟妻子備具，終日嬉游，不知有生死之悲。自長女之夭，不四五年，而丁母夫人之憂，蓋年二十有四矣。」二十四歲回溯四五年，當在二十歲時。

天聖七年己巳，二十一歲。

閏二月復制舉六科，增高蹈丘園、沉淪草澤、茂才異等科，以待布衣之被舉者。又置書判拔萃科及試武舉。三月，契丹饑，流民至境上，詔給以唐、鄧州閑田，所過給食。十一月秘閣校理范仲淹疏請太后還政，不報，遂乞外任，出爲河中府通判。

天聖八年庚午，二十二歲。

賜禮部奏名進士、諸科及第八百二十二人。翰林學士晏殊知禮部貢舉，舉歐陽修禮部第一。富弼中制科。

錢惟演留守西京洛陽，歐陽修、尹洙、梅堯臣從之游。

《姑蘇筆記》：「錢文僖公演雖生富貴家，而文雅樂善出天性。晚以使相留守西京，時通判謝繹、掌書記尹洙、留守推官歐陽修，皆一時勝產，游宴吟詠，未嘗不同。」

《聞見前錄》：「天聖、明道中，錢文僖公自樞密留守西都，謝希深爲通判，歐陽修爲推官，尹師魯爲掌書記，梅聖俞爲主簿，皆天下之士，錢相遇之甚厚。多會于普明院，白樂天故宅也。有唐九老畫像，錢相與希深而下亦畫其旁。因府第起雙桂樓，西城建臨園驛，命永叔、師魯作記。永叔文先成，凡千餘言。師魯曰：『祇用五百字可記。』及成，永叔服其簡古。永叔自此始爲古文。錢相謂希深曰：『君輩，臺閣禁從之選也，當用意史學，以所聞見擬之。』故有一書謂之《都廳閑話》者，諸公之所著也。」時幕府之盛，天下稱之。

蘇洵游玉局觀，得張僊畫像，祈嗣。

天聖九年辛未，二十三歲。

六月，契丹主隆緒卒，子宗眞立。

明道元年壬申，二十四歲。

范仲淹爲右司諫，上疏請銷冗兵，削冗吏，

省京師費用，減江淮饋運。十一月，夏主趙德明卒，子元昊立。初元昊數戒其父臣宋。嗣位後，加緊準備對宋用兵。

蘇洵母史氏夫人卒。

蘇洵《極樂院六菩薩記》：「丁母夫人憂，蓋年二十有四矣。」

蘇洵《族譜後錄下篇》：「史氏夫人……先公（蘇序）十五年而卒。」蘇序卒于慶曆七年（一〇四七），上朔十五年即明道元年（一〇三二）。

蘇渙去官，回家居喪。

蘇轍《伯父墓表》：「罷（鳳州司法），爲永康錄事參軍。歲饑，掌發廪粟，民稱其均。以太夫人憂去官。」

蘇洵少年不學，年二十五始知讀書。今將有關蘇洵少年不學之記載，總附于二十四歲時：

蘇洵《上歐陽內翰第一書》（卷一五）：「洵少年不學，生二十五歲，始知讀書。」

蘇洵《憶山送人》所記岷峨之游，當在二十五歲以前即已開始，且不止一次，因青城山、峨眉山離蘇洵家鄉很近。引文見前，此從略。

蘇洵《祭亡妻文》（卷一九）：「昔予少年，游蕩不學。子雖不言，耿耿不樂。我知子心，憂我泯沒。」

蘇軾《蘇廷評行狀》：「軾之先人，少時獨不學，已壯猶不知書。公（蘇序）未嘗問。或以爲言，公不答。久之，曰：『吾兒當憂其不學耶？』」

歐陽修《故霸州文安縣主簿蘇君（明允）墓誌銘》：「君少獨不喜學，年已壯猶不知書。職方君（蘇序）縱而不問，鄉閭親族皆怪之。或問其故，職方君笑而不答。君亦自如也。」

曾鞏《贈職方員外郎蘇君（序）墓誌銘》：「君之季子洵，壯猶不知書，君亦不強之。謂人曰：『是非憂其不學者也。』」

張方平《文安先生墓表》：「先生安明允，……已冠，猶不知書。職方（蘇序）不敎。鄉人問其故，笑曰：『非爾所知也。』」

明道二年癸酉，二十五歲。

三月，皇太后劉氏崩，仁宗始親政。五月，詔禮部貢舉。十一月諫官范仲淹因反對廢郭皇后，出知睦州。

蘇洵《上歐陽內翰第一書》：「生二十五歲始知讀書，從士君子游。年既已晚，而又不遂刻意厲行，以古人自期。而視與己同列者皆不勝己，則遂以爲可矣。」

景祐元年甲戌，二十六歲。

正月詔禮部所試舉從十取其二；進士三舉、諸科五舉嘗經殿試，進士五舉年五十、諸科六舉年六十，及曾經先朝御試者，皆以名聞。二月罷書判拔萃科，詔禮部貢院，諸科舉人七舉者不限年，並許特奏名。三月賜禮部進士、諸科及第出身七百八十三人。十月，夏主趙元昊寇環慶，緣邊都巡檢楊遵，環慶都監齊宗矩與戰，均敗。

蘇洵長子或生于此年，考見寶元元年譜。

景祐二年乙亥，二十七歲。

以范仲淹爲禮部員外郎，天章閣待制，改吏部員外郎，權開封府。夏主趙元昊攻吐蕃，大敗而歸。

蘇洵始大發憤，刻苦讀書。

司馬光《程夫人墓誌銘》：「府君（蘇

洵）年二十七猶不學。一旦慨然謂夫人曰：『吾自視今猶可學。然家待我而生，學且廢生，奈何？』夫人曰：『我欲言之久矣，惡使子爲因我而學者。子苟有志，以生累我可也！』即罄出服玩鬻之以治生，不數年遂爲富家。府君由是得專志于學，卒成大儒。」

歐陽修《蘇君（明允）墓誌銘》：「年二十七始大發憤，謝其素所往來少年，閉戶讀書爲文辭。」

張方平《文安先生墓表》：「年二十七始讀書。」

蘇洵幼女生。

蘇洵《自尤詩並叙》：「壬辰之歲而喪幼女」，「年十有八而死。」壬辰即皇祐四年（一〇五二），逆數十八年，即當生于景祐二年，長蘇軾一歲。

景祐三年丙子，二十八歲。

五月，知開封府范仲淹因反對權臣呂夷簡，貶知饒州。余靖、尹洙、歐陽修等坐貶。

十二月，夏主趙元昊侵回鶻，取瓜沙肅州。

程夫人懷蘇軾，夢一僧託宿。

釋惠洪《冷齋夜話》載蘇軾語：「先妣方孕時，夢一僧來託宿，記其頎然而眇一目。」

十二月十九日蘇軾生。

蘇軾《送沈逵》：「嗟我與君同丙子。」

蘇軾《贈長蘆長老》：「與公同丙子，三萬六千日。」

蘇軾《李委吹笛》：「元豐五年十二月十九日，東坡生日，置酒赤壁磯下。」

宋傅藻《東坡紀年錄》：「十二月十九日卯時，公生于眉山紗縠行私第。」

程夫人命乳母任采蓮哺乳蘇軾。

蘇軾《乳母任氏墓誌銘》：「趙郡蘇軾子瞻之乳母任氏，名采蓮，眉之眉山人。父遂，母李氏。事先夫人三十有五年，工巧勤儉，至老不衰。乳亡姊八娘與軾。」

景祐四年丁丑，二十九歲。

三月詔禮部貢舉。蘇洵再次被舉，不中。

歐陽修《蘇明允墓誌銘》繼「年二十七始大發憤」後云：「歲餘，舉進士再不中。」

蘇洵因舉進士，東出巫峽入京，次年落榜後西越秦嶺返川。

按：蘇洵《憶山送人》對這次旅程有完整記載。王文誥《蘇詩總案》卷一繫此條于慶曆五年蘇洵應制科試時，誤。因爲：

第一，慶曆五年應制科試入京，落第之後于慶曆七年初「自嵩洛之廬山」，未越秦嶺返川。

第二，詩中叙述東出三峽，西越秦嶺返川後云：「歸來顧妻子，壯抱難留連。遂使十餘載，此路常周旋。」而慶曆五年入京，慶曆七年因父喪自虔州（今江西贛州）返川後卻是「到家不再出，一頓俄十年。」若把這兩次入京混爲一談，則從慶曆五年至七年，僅時隔兩年，何來「十餘載」？慶曆七年返川後是十年「不再出」，何來「常周旋」？

第三，嘉祐四年十月蘇軾兄弟服母喪期滿，侍父入京亦走水路，于十二月到達江陵，三父子皆寫有《荊門惠泉》詩。蘇洵詩云：「當年我少年，繫馬弄潺湲。愛此泉旁鷺，高姿不可攀。今逾二十載，我老泉依舊。臨流照衰顏，始覺老且瘦。」嘉祐四年蘇洵已五十一歲，從二十九歲應進士試經此，到這時確實已「逾二十載」。若慶曆五年（時蘇洵三十七歲）應制科試經此，到時僅十四年，不得云「逾二十載」。蘇洵《荊門惠泉》詩是《憶山送人》所記東出三峽入京，西越秦嶺返川，乃景祐四年至寶元元年應進士試時事的確證。

兄蘇澹卒。

蘇洵《極樂院六菩薩記》：「其後（指丁母夫人憂）五年，喪兄希伯。」蘇洵母死于明道元年（一〇三二），「其後五年」即景祐四年（一〇三七）。

寶元元年戊寅，三十歲。

正月詔求直言。

蘇舜欽言：「今陛下春秋鼎盛，實宵旰求治之秋；乃隔日御殿，此政事不親也。三司計度經費二十倍于祖宗之時，府庫匱竭，科斂無虛日，此用度不足也。」疏入，詔復日御前殿。七月，策制舉人，策武舉人。

十月，范仲淹貶嶺南。中外論薦仲淹者衆，詔戒朋黨。夏主元昊反，稱帝，改元天授，國號夏。

蘇洵《祭史彥輔文》（卷一五）：「輟哭長思，念初結交，康定寶元。子以氣豪，縱横放肆，隼擊鵬騫。奇文怪論，卓者無敵，悚怛旁觀。憶子大醉，中夜過我，狂歌叫讙。予不喜酒，正襟危坐，終夕無言。他人竊惊，宜若不合，胡爲甚歡？嗟人何知，吾與彥輔，契心忘顏。」

史經臣字彥輔，眉山人，應試不中，終生未仕。其弟史沆，字子凝，進士及第，官于臨江（今江西清江），因事入獄，不久死。王文誥《蘇詩總案》（卷一）繫此條于康定元年（一〇四〇），誤。「康定寶元」實「寶元康定」之倒文，以便押韻。蘇洵與史經臣結交始于寶元，今改繫寶元元年。

石揚休進士及第，見司馬光《石昌言哀辭》。

蘇洵長子景先卒。

蘇洵《極樂院六菩薩記》繼「喪兄希伯」後云：「又一年而長子死。」

蘇轍《次韻子瞻寄賀生日》（《欒城後集》卷二）：「弟兄本三人，懷抱喪其一。」

景先生年不詳。時蘇軾兩歲，景先長于蘇軾而又尚在「懷抱」，可能僅三四歲，生于景祐元年（一〇三四）或其前後。

寶元二年己卯，三十一歲。

六月下詔削奪元昊官爵，絕互市，揭榜于邊，募人能擒元昊及斬首獻者，即授定難節鉞。十一月夏人寇保安軍，狄青擊走之。

蘇轍生。

蘇轍《和子瞻沉香山子賦并引》：「仲春中休，子由于是始生。東坡老人居于海南，以沉水香山遺之，示之以賦。曰：『以爲子壽。』乃和而賦之，其詞曰：我生斯晨，閱歲六十……」蘇轍此賦作于紹聖五年（一〇九八），時貶官雷州，逆數六十年，則蘇轍當生于寶元二年。

蘇軾《與程正輔提刑書》：「其中乃是子由生日香合等，他是二月二十日生。」

孫汝聽《潁濱年表》：「仁宗寶元二年己

卯二月丁亥蘇轍生。」

蘇洵與董儲交游。

蘇軾《董儲郎中嘗知眉州，與先人游，過安邱，訪其故居，見其子希甫，留詩屋壁》。王注引堯卿曰：董儲，密州安邱人，寶元二年以都官員外郎知眉州。

蘇洵與陳公美交游，拜陳爲兄。

蘇洵《答陳公美》（卷二〇）：「念昔居鄉里，游處了無猜。包含不相舍，談笑久所陪。拜君以爲兄，分蜜誰能開？齒髮俱未老，未至衰與頽。我子在襁褓，君猶無嬰孩。」據「我子在襁褓」句，姑繫于寶元二年，時蘇軾三歲，蘇轍一歲。

康定元年庚辰，三十二歲。

正月元昊寇延州。二月命知制誥韓琦安撫陝西，召范仲淹知永興軍。五月以范仲淹兼知延州。

慶曆元年辛巳，三十三歲。

正月，元昊遣人議和于范仲淹、韓琦。二月，元昊寇渭州，任福與戰于好水川，敗死，將士死者萬餘人，關右大震。韓琦貶知秦州。三月，詔止郡國舉人，勿以邊機爲名希求恩澤。范仲淹貶知耀州，未幾徙慶州。八月元昊陷豐州。分陝西爲四路，以韓琦、范仲淹等兼經略安撫招討使。

蘇洵幼姊（即適石揚言者）卒。

蘇洵《極樂院六菩薩心》繼「長子死」後云：「又四年而幼姊亡。」

蘇渙通判閬州，蘇序往視，亦在此前後。

蘇軾《蘇廷評行狀》：「渙嘗爲閬州，公往視其規劃措置良善，爲留數月，見其父老賢士大夫，閬人亦喜之。」

蘇轍《伯父墓表》：「（渙）通判閬州，

州苦衙前法壞，爭者日至。公爲立規約，訟遂止。職方君自眉視公治，喜其能，爲留數月而歸。」

慶曆二年壬午，三十四歲。

三月賜禮部奏名進士、諸科及第出身八百三十九人。契丹乘元昊之亂，求關南地。仁宗許增歲幣或以宗室女和親，富弼使契丹。八月，策制舉人，策武舉人試騎射。九月，歲增納遼銀絹各十萬兩匹。閏九月元昊寇鎮戎軍，大掠渭州。

是年三月，王安石進士及第，簽書淮南判官。

孫叔靜生，後從蘇洵學。

時蘇軾七歲，始讀書。

蘇軾《上梅直講書》（《東坡集》卷二八）：「軾七八歲時始知讀書。」

慶曆三年癸未，三十五歲。

正月，元昊雖數勝，但死亡創夷相半，遂上書請和。四月，仁宗許和，歲賜絹十萬匹、茶三萬斤。元昊之叛，海內重困，仁宗思革新朝政。七月，以范仲淹參知政事，富弼爲樞密副使。范仲淹上十事，主張明黜陟，抑僥倖，精貢舉，擇長官，均公田，厚農桑，修武備，推恩信，重命令，減徭役。富弼亦上當世之務十餘條及安邊十三策，多爲仁宗采納。此即所謂慶曆新政。石介作《慶曆聖德詩》頌之。

慶曆四年甲申，三十六歲。

三月詔天下州縣立學，本道使者選部屬官爲教授，員不足取于鄉里宿學有道業者。行科舉新法，先試策，再試論，再試詩賦，罷帖經墨義。范仲淹任參知政事後，有所興革。按察使出，多所舉劾，衆心不悦；任子之恩薄，磨勘之法密，僥幸者不便，由是毁謗稍行，論者籍籍。范仲淹恐懼不安，請行邊。六月以參知政事爲河東宣撫使，七月以富弼爲河北宣撫使，九月以歐陽修爲河北都轉運使。同月，晏殊罷相，以杜衍同平章事兼樞密使。

文彦博知益州，贊文與可文。

家誠之《石室先生年譜》：「是歲（指慶曆四年）按《實録》，文潞公除樞密直學士，知益州。七年，擢諫議大夫，入政府。按先生（文與可）墓誌，『潞公守成都，譽公所贄文字以示府學，學者一時稱慕之』，必在是年或五年、六年之間也。」

文彦博爲郫縣處士張愈置青城山白雲溪杜光庭故居以處之。

《宋史·張愈傳》：「張愈字少愚，益州郫人，其先自河東徙。愈儁偉有大志，游學四方，屢舉不第。寶元初，上書言邊事，請使契丹，令外夷相攻，以完中國之勢，其論甚壯。用使者薦，除試秘書省校書郎，願以授父顯忠而隱于家。文彦博治蜀，爲置青城山白雲溪杜光庭故居以處之。」

蘇洵與郫縣張愈交游。

蘇軾《張白雲詩跋》：「張愈少愚，西蜀隱君子也。與予先君游居岷山下白雲溪，自號白雲居士。本有經世志，以自重難合，故老死草野。」

王稱《東都事略·張愈傳》：「張愈字少愚，益之郫人也。少嗜書，好爲詩。西戎犯邊，上書陳攻取十策。宰相吕夷簡曰：『魏元忠所上書不及也。』詔以爲校書郎，召愈赴闕，愈不起。乃上書夷簡，夷簡甚重其言。又下詔敦促，大臣屢薦，凡六詔起之，卒不起。遂隱居青城山之白雲溪。愈爲人不妄憂喜，性高情澹，有超然遠俗之志。」

按：王文誥《蘇詩總案》繫此條于寶元元年，誤。《宋史·文彦博傳》：「元昊來寇，圍城十日，知有備解去。遷天章閣待制，都轉運使，連進龍圖閣、樞密直學士，知秦州，改益州，……召拜樞密副使、參知政事。」又《宋史·宰輔表》慶曆七年欄：「文彦博自樞密直學士、戶部郎中、知益州加右諫議大夫，除樞密副使，丁酉，除參知政事。」可見《石室先生年譜》云慶曆四年至七年文彦博知益州無誤。而文知益州後始爲張愈置青城山白雲溪杜光庭故居，則蘇洵與張愈游白雲溪當在此時或其後。

蘇序戒其子孫勿執事學中。

曾鞏《蘇序墓誌銘》：「慶曆初，詔州縣立學取士，爭欲執事學中。君獨戒其子孫退避。」

蘇洵作《蘇氏族譜》。

蘇洵《譜例》：「昔者洵嘗自先子之日而咨考焉，由今而上得五世，由五世而上得一世，一世之上失其世次，而其本出于趙郡蘇氏，以爲《蘇氏族譜》。」

按：蘇洵自慶曆五年出川，直至慶曆七年父死纔返川，故《蘇氏族譜》當作于慶曆五年前，今姑繫于此。

慶曆五年乙酉，三十七歲。

正月，監進奏院蘇舜欽、集賢校理王益柔用鬻故紙錢祠神，以妓樂娛賓。御史中丞王拱辰以二人皆范仲淹所薦，蘇舜欽又係時相杜衍之壻，于是劾其事以打擊范、杜等人。蘇舜欽除名，王益柔黜監復州酒稅，范仲淹知邠州，杜衍知兗州，富弼知鄆州。三月韓琦罷樞密副使，知揚州。王拱辰喜曰：「吾一舉網盡矣。」慶曆新政以失敗告終。是月，詔禮部貢舉。

王安石時爲淮南簽判，每讀書至達旦，略假寐，日已高，急上府，多不及盥漱。知揚州韓琦見王安石年少，疑其夜飲放逸，戒之曰：「君少年，毋廢書，不可自棄。」王安石退而言曰：「韓公非知我者。」事見《邵氏聞見錄》。

蘇洵命蘇軾作《夏侯太初論》。

王宗稷《蘇文忠公年譜》：「東坡十來歲，老蘇令作《夏侯太初論》，有『人能碎千金之璧，不能無失聲于破釜；能搏猛虎，不能無變色于蜂蠆』之語，老蘇愛此論。」

蘇洵游京師，見石揚休于長安。

蘇洵《送石昌言使北引》：「吾以壯大，乃能感悟，摧折復學。又數年，游京師，見昌言長安，相與勞苦，如平生歡。出文十數首，昌言甚喜稱善。吾晚學無師，雖日爲文，中甚自慚。及聞昌言說，乃頗自喜。今十餘年，又來京師。」此文寫于嘉祐元年（一〇五六），上溯至慶曆五年，正十年有餘。蘇洵《上歐陽內翰第一書》：「往者天子有意于治，而范公（仲淹）在相府，富公（弼）爲樞密副使，執事（歐陽修）與余公（靖）、蔡公（襄）爲諫官，尹公（洙）馳騁上下，用力于兵革之地。方是之時，天下之人，毛髮絲粟之才，紛紛然而起，合而爲一。而洵也，自度其愚魯無用之身，不足以自奮于其間。退而善其心，幸其道之將成，而可以復見于當世之賢人君子。不幸道未成，而范公西，富公、執事與余公、蔡公分散四出，而尹公亦失勢，奔走于小官。洵時在京師，親見其事。」

蘇洵此次東游，有史彥輔同行。

蘇洵《祭史彥輔文》：「飛騰雲霄，無有遠邇，我後子先。擠排澗谷，無有險易，我溺子援。破窗孤燈，冷灰凍席，與子無眠。旅游王城，飲食寤寐，相恃以安。」王城，周公所建，平王東遷，都于王城。故址在今洛陽王城公園一帶。此處當指京城。

蘇洵結識彭州僧保聰于京師。

蘇洵《彭州圓禪院記》（卷一八）：「予在京師，彭州僧保聰來求識予甚勤。及至蜀，聞其自京師歸，布衣蔬食，以爲其徒先。凡若干年，而所居圓覺院大治。一日爲余道其先師平潤事，與其院之所以得名者，請予爲記。」蘇洵四十八歲時入京，直至去世，僅妻死曾返川居兩年多。從「凡若干年」一語可知，蘇洵結識彭州僧保聰，應爲三十七歲入京時。

蘇洵在京與顏太初等卿士大夫交游。

蘇軾《鳧繹先生文集叙》（《東坡集》卷二四）：「昔吾先君適京師，與卿士大夫游，歸以語軾曰：『自今以往，文章其日工，而道將散矣。士慕遠而忽近，貴華而賤實，吾已見其兆矣。』以魯人鳧繹先生之詩文十餘篇示軾曰：『小子識之：後數十年，天下無復爲斯文者也。』先生之詩文皆有爲而作，精悍確苦，言必中當世之過。鑿鑿乎如五穀必可以療饑，斷斷乎如藥石必可以伐病。其游談以爲高，枝葉以爲觀美者，先生無一言焉。」顏太初，字醇之，徐州彭城人，因所居在鳧、繹兩山之間，號鳧繹先生。進士及第，爲莒縣尉、閬中主簿、臨晉主簿等職。喜爲詩，多譏切時事。《宋史》（卷四四二）有傳。

送鄉人任伋知清江。

蘇洵《送任師中任清江》：「吾喜送任師，羨君方少年。……君今始得縣，翺翔大江干。大江多風波，渺然勢欲翻。浩蕩吞九野，開闔壯士肝。人生患不出，局束守一廛。未常見大物，不識天地寬。今君吾鄉秀，固已見西川。去年作邊吏，出入烽火間。儒冠雜武弁，屈與氈裘言。又當適南土，大浪泛目前。」《宋史》卷三四五《任伯雨傳》：「任伯雨字德翁，眉州眉山人。父孜，字遵聖，以學問氣節推重鄉里，名與蘇洵埒，仕至光祿寺丞。其弟伋，字師中，亦知名，嘗通判黃州，後知瀘州。當時稱大任、小任。」蘇軾有《送任伋通判黃州兼及其兄孜》詩，王注堯卿謂其「于慶曆間登第」。蘇洵詩云「羨君方少年」，「去年作邊吏」，「今君即得縣」，當在登第後不久；「人生患不出」四句亦不似蘇洵慶曆七年返川杜門不出之後所云，故繫于蘇洵在京期間。

蘇洵游學在外，程氏夫人親授蘇軾兄弟以書。

蘇轍《東坡先生墓誌銘》（《欒城後集》卷二二）：「公生十年而先君宦學四方，太夫人親授以書。……太夫人嘗讀東漢史至《范滂傳》，慨然太息。公侍側曰：『軾若爲滂，夫人亦許之否乎？』太夫人曰：『汝能爲滂，吾顧不能爲滂母耶？』公亦奮厲有當世志。太夫人喜曰：『吾有子矣！』」

司馬光《程夫人墓誌銘》：「夫人喜讀書，皆識其大義。軾、轍之幼也，夫人親教之，常戒曰：『汝讀書，勿效曹耦，止于以書自名而已。』每稱引古人名節以勵之曰：『汝果能死直道，吾無戚焉。』」

蘇洵次女卒。

蘇洵《極樂院六菩薩記》繼「幼姊亡」後云：「又五年而次女卒。」蘇洵幼姊亡于慶曆元年，「又五年」即慶曆五年。

慶曆六年丙戌，三十八歲。

三月賜禮部奏名進士、諸科及第出身八百五十三人。六月詔制科隨禮部貢舉。八月策試賢良方正能直言極諫，並試武舉人。

是年，曾鞏推薦王安石于歐陽修。

曾鞏《再與歐陽舍人書》推薦王安石云：「鞏之友有王安石者，文甚古，行稱其文。雖已得科名，然居今知安石者尚少也。彼誠自重，不願知于人。然如此人，古今不常有。如今時所急，雖無常人千萬不害也。顧如安石，此不可失也。」

蘇洵與史經臣同舉制策，皆不中。

蘇軾《記史經臣兄弟》：「先友史經臣（彥輔）與先君同舉制策，有名蜀中。」

歐陽修《蘇君（明允）墓誌銘》：「又舉茂材異等不中。」

曾鞏《蘇明允哀詞》（《元豐類稿》卷四一）「始舉進士，又舉茂材異等，皆不中。」

慶曆七年丁亥，三十九歲。

王安石知鄞縣。

《邵氏聞見錄》卷一一：「王荆公知明州鄞縣，讀書爲文章，三日一治縣事。起堤堰，決陂塘，爲水陸之利；貸穀與民，立息以償，俾新陳相易；興學校，嚴保伍，邑人便之。故熙寧初執政，皆本于此。」

王安石《與馬運判書》（《王文公文集》卷五）云：「方今之所以窮空，不獨費出之無節，又失所以生財之道故也。」

曾鞏《與王介甫（安石）第一書》：「歐公悉見足下之文，愛嘆誦寫，不勝其勤。……恨不與足下共講評之。」

十一月，貝州王則起義，自稱東平王，建國號安陽。

蘇洵下第，蘇渙作詩相送。蘇洵自嵩洛游廬山。

蘇軾《伯父送先人下第》詩云：「人稀野店休安枕，路入靈關穩跨驢。」

王文誥《蘇詩總案》（卷一）慶曆七年條下云：「宫師與史經臣同舉制策，中都公（蘇渙）閬中解還，遇于都門，賦詩送宫師下第，有『人稀野店休安枕，路入靈關穩跨驢』之句，遂自嵩洛之廬山，游東、西二林。」

蘇洵《憶山送人》：「又聞吴越中，山明水澄鮮。百金買駿馬，往意不自存。投身入廬嶽，首挹瀑布泉。飛下二千尺，强烈不可干。餘潤散爲雨，遍作山中寒。次入二林寺，遂獲高僧言。問以絶勝境，導我同躋攀。逾月不倦厭，巖谷行欲殫。下山復南邁，不知已南虔。五嶺望可見，欲往若不難。便擬去登玩，因得窺群蠻。此意竟不償，歸抱愁煎煎。」

蘇洵在廬山與訥禪師、景福順公游。

蘇軾《圓通禪院，先君舊游也。……院有蜀僧宣，逮事訥長老，識先君云》（詩略）

蘇轍《贈景福順長老二首並序》（《欒城集》卷一一）：「轍幼侍先君，聞嘗游廬山，過圓通（寺），見訥禪師，留連久之。元豐五年以謫居高安，景福順公不遠百里，惠然來訪。自言昔從訥子圓通，逮與先君游。歲月遷謝，今三十六年矣。二公皆吾里人。訥之化去已十一年。而順公年七十四，神完氣定，聰明了達，對之悵然。」自元豐五年（一〇八二）上溯三十六年即慶曆七年（一〇四七）。

蘇洵南游虔州，觀賞白居易墨迹。

蘇軾《天竺寺詩並引》（《東坡後集》卷四）：「予年十二，先君自虔州歸，爲予言近城山中天竺寺，有樂天親書詩云：『一山門作兩山門，兩寺元從一寺分。東澗水流西澗水，南山雲起北山雲。前臺花發後臺見，上界鐘聲下界聞。遥想吾師行道處，天香桂子落紛紛。』筆勢奇異，墨迹如新。今四十七年矣。」蘇軾此詩作于紹聖元年（一〇九四）赴惠州貶所途中，上溯四十七年即慶曆七年。

蘇洵在虔州與鍾子翼及其弟鍾棨交游。

蘇軾《鍾子翼哀辭》（《東坡後集》卷八）：「軾年十二，先君宮師歸自江南，曰：『吾南游至虔，有隱君子鍾君與其弟棨從吾游。同登馬祖巖，入天行觀，觀樂天墨迹。吾不飲酒，君嘗置醴焉。方是時，先君未爲時所知，旅游萬里，舍者常爭席，而君獨知敬異之。……君諱棐，字子翼，博學篤行，爲江南之秀。歐陽永叔、尹師魯、余安道、曾子固皆知之，然卒不遇以歿。』」

蘇洵父序于五月十一日卒于家。

蘇洵《祭史親家母文》（卷一九）：「始自丁亥，天崩地坼，先君歿世。」

蘇軾《蘇廷評行狀》：「慶曆七年五月十一日終于家，享年七十有五。」

蘇軾《與曾子固書》：「軾逮事祖父。祖父之歿，軾年十二矣。」

蘇洵欲游五嶺，八月得知父卒，匆匆返川。

蘇洵《祭史彥輔文》：「慶曆丁亥，詔策告罷，（子）〔予〕將西轅。慨然有懷，吾親老矣，甘旨未完。往從南公，奔走乞假，遂至于虔。子時亦來，止于臨江，繫馬解鞍。愛弟子凝，倉卒就獄，舉家驚喧。及秋八月，予將北歸，亦既具船。有書晨至，開視驚叫，遂丁大艱。故鄉萬里，泣血行役，敢期生還？中途逢子，握手相慰，曰無自殘。旅宿魂驚，中夜起行，長江大山。前呼後應，告我無恐，相從入關。」蘇洵與史彥輔同游京、洛後，蘇洵不久東游廬山。而史彥輔訪官于臨江之弟史沆（子凝）。史沆卻「倉卒就獄」（原因不詳）。

蘇洵赴喪返川。蘇軾兄弟始識伯父蘇渙。

蘇轍《伯父墓表》：「（蘇渙）還朝，監裁造務。未幾，而職方君歿。葬逾月，芝生于墓木，鄉人異焉。……轍生九年，始識公于鄉。……轍幼與兄軾皆侍伯父，聞其言曰：『予少而讀書，師不煩。少長，爲文日有程；不中程，不止。出游于途，行中規矩。入居室，無惰容。非獨吾爾也，凡與吾游者舉然。不然，輒爲鄉所擯，曰：「是何名爲儒？」故當是時學者雖寡，而不聞有過行。自吾之東，今將三十年。歸視吾里，弦歌之聲相聞，儒服者于他鄉爲多。善矣！爾曹才不逮人，姑亦師吾之寡過焉可也！」

蘇轍生于寶元二年（一〇三九），「生九年」即慶曆七年（一〇四七）。蘇渙于天聖二年（一〇二四）進士及第，仕于外，至慶曆七年返川，共在外二十四年。言「自吾之東，今將三十年」，乃就整數而言。

蘇洵爲兄蘇渙易字，作《仲兄字文甫説》。

蘇洵《仲兄字文甫説》（卷一九）：「洵讀《易》，至渙之六四，曰『渙其群，元吉。』曰：『嗟夫，群者聖人所欲渙以混一天下者也。蓋余仲兄名渙而字公群，則是以聖人之所欲解散打蕩者以自命也，而可乎？』他日以告，兄曰：『子可無爲我易之？』洵曰：『唯。』既而曰：『請以文甫易之，如何？』」

蘇轍《伯父墓表》云：「渙始字公群，晚字文父（甫）。」據此，姑繫于慶曆七年。

蘇洵作《名二子説》（卷一九），以勉勵蘇軾兄弟。

蘇洵以凫繹先生詩文示蘇軾，見前引《凫繹先生文集叙》。

又命蘇軾擬作《謝宣詔赴學士院仍謝對衣金帶及馬表》。

趙德麟《侯鯖錄》（卷一）：「東坡年十餘歲，在鄉里，見老蘇誦歐公《謝宣詔赴學士院仍謝對衣金帶及馬表》。老蘇令坡擬之。其間有云『匪垂衣之帶有餘，非敢後也，馬不進』。老蘇喜曰：『此子他日當自用之。』」

按：王宗稷《蘇文忠公年譜》把蘇洵命軾作論、表和「公生十年而先君宦學四方」同繫于慶曆五年蘇軾十歲時。《侯鯖錄》云「東坡年十餘歲。（而《蘇文忠公年譜》引作「東坡年十歲」，缺「餘」字），據此，改繫慶曆七年，蘇軾十二歲時。

蘇洵因屢試不中，于是悉焚舊稿，輟筆苦讀，決心放棄科舉，而自託于學術。

蘇洵《上歐陽內翰第一書》：「其後困益甚，然後取古人之文而讀之，始覺其出言用意與己大異。時復內顧，自思其才，則又似乎不遂止于是而已者。由是，盡焚曩時所爲文數百篇，取《論語》、《孟子》、韓子（愈）及其他聖人賢人之文而兀然端坐終日以讀之者七八年。」「困益甚」即指屢試不中。

蘇洵《上韓丞相書》：「洵少時自處不甚卑，以爲遇時得位當不鹵莽。及長，知取仕之難，遂絕意于功名，而自託于學術。」

歐陽修《蘇君墓誌銘》繼「舉茂才異等不中」後云：「（蘇洵）退而嘆曰：『此不足爲學也。』悉取所爲文數百篇焚之。益閉戶讀書，絕筆不爲文辭者五六年，乃大究六經百家之說，以考質古今治亂成敗，聖賢窮達出處之際，得其精粹，涵畜充溢，抑而不發者久之。」

曾鞏《蘇明允哀詞》繼屢試「皆不中」後云：「歸焚其所爲文。閉戶讀書，居五六年，所有既富矣，乃始復爲文。」

慶曆八年戊子，四十歲。

正月，王則起義失敗。夏元昊卒。四月元

昊子諒祚立。

王安石知鄞縣。

王安石《上杜學士言開河書》（《王文公文集》卷三）：「某爲縣于此，幸歲大穰，以爲宜乘人之有餘，及其暇時，大浚治川渠，使有所瀦，可能無不足水之患。而無老壯稚少，亦皆懲旱之數而幸今之有餘力，聞之翕然皆勸趨之，無敢愛力。夫小人可與樂成，難與慮始，誠有大利，猶將强之，况其所願欲哉！」

葬蘇序于先塋。

蘇軾《蘇廷評行狀》：「八年二月某日葬于眉山縣修文鄉安道里先塋之側。」曾鞏《蘇序墓誌銘》所載同。

蘇洵在家居喪，其後十年均未出游。

蘇洵《憶山送人》：「到家不再出，一頓俄十年。」

蘇洵精心教育二子，以明其學。

蘇轍《藏書室記》：「予幼師事先君，聽其言，觀其行事。今老矣，猶志其一二。先君平居不治產業，有田一廛，無衣食之憂。有書數千卷，手緝而校之，以遺子孫曰：『讀是書，内以治身，外以治人，足矣！』」

按：此當爲蘇洵家居十年時事，姑繫于此。

孫汝聽《潁濱年表》：「八年戊子，父洵以家艱閉戶讀書，因以學行授二子，曰：『是庶幾明吾學者』。」

石揚休知制誥，見前引司馬光《石昌言哀辭》。

皇祐元年己丑，四十一歲。

八月，用文彥博等人議，裁減陝西及河北諸路羸兵六萬人。文彥博云：「公私困竭，正坐冗兵。」王安石作《省兵》（《王文公文集》卷五一）詩，提出異議：「有客語省兵，省兵非所先。方今將不擇，獨以兵乘邊。前攻已破散，後距方完堅。以衆亢彼寡，雖危鋒幸全。將既非其才，議又不得專。兵少敗孰斷，胡來飲秦川。萬一雖不爾，省兵當何緣。驕惰習已久，去歸豈能田？不田亦不桑，衣食猶兵然。省兵豈無時，施置有後前。……擇將付以職，省兵果有年。」九月，儂智高寇邕州（今廣西南寧）。

蘇洵杜門在家。

蘇軾《答任師中家漢公》（《東坡集》卷八）：「先君昔未仕，杜門皇祐初。道德無貧賤，風采照鄉閭，何嘗疏小人，小人自闊疏。出門無所詣，老史（即史彥輔）在郊墟。門前萬竿竹，堂上四庫書。高樹紅消梨，小池白芙蕖。常呼赤腳婢，雨中擷園蔬。」

皇祐二年庚寅，四十二歲。

史經臣病，史沆死。蘇洵與吳照鄰議，欲收恤史沆之女。

蘇洵《祭史彥輔文》：「歸來幾何，子以病廢，手腳若攣。我嘉子心，壯若鐵石，益固而堅。瞋目大呼，屋瓦為落，聞者竦肩。子凝之喪，大臨嘔血，傷心破肝。」

蘇洵幼女適表兄程之才。

蘇洵《自尤詩並敘》（見宋殘本《類編增廣老蘇先生大全文集》卷二）云：「壬辰之歲而喪幼女」，「既適其母之兄程濬之子之才，年十有八而死」。詩云：「生年十六亦已嫁，日負憂責無歡欣。」壬辰歲即皇祐四年（一〇五二），時幼女十八歲，十六歲適程之才，可見在皇祐二年（一〇五〇）。

蘇洵拜見知益州田況。

蘇洵《上田樞密書》（卷一四）：「曩者見執事于益州，當時之文，淺狹可笑。饑寒窮困亂其心，而聲律記聞又從而破壞其體，不足觀也矣。」據《續資治通鑑》卷五一仁宗皇祐二年十一月戊戌條載：「召知益州田況權御史中丞。……況在蜀踰二年，……蜀人愛之，以比張詠。」據此可知田況知益州當在慶曆八年下半年至皇祐二年十一月期間，姑繫蘇洵見田況于皇祐二年。

皇祐三年辛卯，四十三歲。

王安石通判舒州。文彥博推薦王安石云：「殿中丞王安石，進士第四人及第。舊制，一任還，進所業求試館職。安石凡數任，並無所陳。朝廷特令召試，而亦辭以家貧親老。且文館之職，士人所欲；而安石恬然自守，未易多得。」（程俱《麟臺故事》）陳襄薦王安石云：「有舒州通判王安石者，才性賢明，篤于古學，文辭政事，已著聞于時。」（陳襄《與兩浙安撫陳舍人薦士書》）張方平云：「方平頃知皇祐貢舉，或稱其（指王安石）文學，辟以考校。既入，凡院中之事皆欲紛更。方平惡其人，檄使出，自是未嘗與語也。」（《宋史·張方平傳》）張方平于皇祐何年知貢舉，本傳未載明，姑繫于此，以見當時對王安石看法之對立。

蘇洵兄弟居喪期滿，蘇渙任祥符令。

蘇轍《伯父墓表》：「服除，選知祥符。」

皇祐四年壬辰，四十四歲。

五月范仲淹卒。儂智高圍廣州，陷昭州。

七月以狄青爲荆湖宣撫使，督諸軍討儂智高。

蘇洵幼女因受虐待鬱鬱而死。

蘇洵《極樂院六菩薩記》繼「先君去世」後云：「又六年而失其幼女。」蘇洵父卒于慶曆七年（一〇四七），「又六年」即爲皇祐四年。

蘇洵《蘇氏族譜亭記》（卷一七）：「夫某人者是鄉之望人也，而大亂吾俗焉。是故其誘人也速，其爲害也深。自斯人之逐其兄之遺孤子而不卹也，而骨肉之恩薄；自斯人之多取其先人之貲田而欺其諸孤子也，而孝弟之行缺；自斯人之爲其諸孤子之所訟也，而禮義之節廢；自斯人之以妾加其妻也，而嫡庶之別混；自斯人之篤于聲色而父子雜處喧譁不嚴也，而閨門之政亂；自斯人之瀆財無厭惟富者之爲賢也，而廉耻之路塞。此六行者，吾往時所謂大慚而不容者也。今無知之人皆曰：『某人何人也，猶且爲之！』」其輿馬赫奕，婢妾靚（現）〔麗〕，足以蕩惑里巷之小人；其官爵貨力，足以搖動府縣；其矯詐修飾言語，足以欺罔君子；是州里之大盜也。」

蘇洵《自尤詩並叙》：「壬辰之歲而喪幼女。始將以尤其夫家，而卒以自尤也。女幼而好學，慷慨有過人之節，爲文亦往往有可喜。既適其母之兄程濬之子之才，年十有八而死。而濬本儒者，然內行有所不謹，其妻子尤好爲無法。吾女介于其間，因爲其家之所不悅。適會其病，其夫與舅姑遂不之視而急棄之，使至于死。始其死時，余怨之，雖吾之鄉人亦不直濬。獨余友人聞而深悲之曰：『夫彼何足尤者？子自知其賢而不擇以予人，咎則在子，而尚誰怨？』予聞其言而深悲之。」王文誥《蘇詩總案》卷一繫蘇洵幼女之死于皇祐五年，誤。「壬辰之歲」乃皇祐四年。

周密《齊東野語·老蘇族譜亭記》（卷一三）：「老蘇《族譜亭記》言『鄉俗之薄，起于某人』，而不著其姓名者，蓋老蘇與其妻黨程氏大不咸，所謂某人者，其妻之兄弟也。老泉有《自尤詩》，述其女事外家，不得志以死，其辭甚哀，則其怨隙不平也久矣。」

皇祐五年癸巳，四十五歲。

正月，狄青大敗儂智高于邕州，廣南平。

王安石作《發廩》詩，主張復井田以抑制土地兼並：「先王有經制，頒賚上所行。後世不復古，貧窮主兼並。非民獨爲此，爲國賴以成。筑臺尊寡婦，入粟至公卿。我嘗不忍此，願見井地平。」

至和元年甲午，四十六歲。

詔王安石爲集賢校理，王安石以「先臣未葬，二妹當嫁，家貧口衆，難住京師」辭。（《王文公文集》卷一七《辭集賢校理狀》）

爲蘇軾娶妻王氏。王氏名弗，眉州青神貢士王方之女。

十一月，張方平鎮蜀，訪知蘇洵其人。

張方平《文安先生墓表》：「仁宗皇祐中（按：皇祐六年即至和元年），僕領益部，念蜀異日常有高賢奇士，今獨乏人耶？或曰：『勿謂蜀無人。有人焉，眉州處士蘇洵其人也。』請問蘇君之爲人，曰：『蘇君隱居以求其志，行義以達其道。然非爲亢者也，爲乎蘊而未施，行而未成，我不求諸人而人莫我知者。故四十餘年不仕。公不禮士，士莫至。公有思見之意，宜來。』」

至和二年乙未，四十七歲。

蘇洵致書張方平。

蘇洵《上張益州書》（見明崇禎十年黄燦、黄煒《重編嘉祐集》）：「王公貴人可以富貴人者，肩相摩于上；始進之士其求富貴之者，踵相接于下。而洵未嘗動其心焉，不敢不自愛其身故也。貧之不如富，賤之不如貴，在野之不如在朝，食菜之不如食肉，洵亦知之矣。里中大夫皆謂洵曰：『張公，我知其爲人。今其來，必將有所舉，宜莫若子；將求其所以爲依，宜莫如公。』洵笑曰：『我則願出張公之門矣，張公許我出其門下哉？』居數月，或告洵曰：『張公舉子。』聞之愀然自賀曰：『吾知勉矣！吾嘗怪柳子厚、劉夢得、呂化光數子，以彼（之）之才游天下，何容其身辱如此！恐焉懼其操履之不固，以躡數子之踪。今張公舉我，吾知勉矣。』」

蘇洵謁張方平于成都。

張方平《文安先生墓表》：「久之，蘇君果至。即之，穆如也。聽其言，知其博物洽聞矣。既而得其所著《權書》、《衡論》。閲之，如大山之雲出于山，忽布無方，倏散無餘；如大川之滔滔，東至于海源也。因謂蘇君：『左丘明《國語》、司馬遷善叙事，賈誼之明王道，君兼之矣。』」

蘇洵謁張方平，有蘇軾同行。

蘇軾《樂全先生文集叙》（《東坡集》卷

二四）：「軾年二十，以諸生見公成都，公一見待以國士。」

蘇軾《張文定公墓誌銘》（《東坡後集》卷一七）：「晚與軾先大夫游，論古今治亂及一時人物，皆不謀而同。軾與弟轍，以是皆得出入門下。」

蘇洵至雅州（今四川雅安）訪雷簡夫。

蘇洵《憶山送人》：「晚聞廬山郡，太守雷君賢。往求與識面，復見山嶽蟠。」

按：王文誥《蘇詩總案》卷一繫此條于慶曆七年（一〇四七），斷言蘇洵「與簡夫訂交于九江」；「慶曆丁亥（一〇四七），宮師游廬山，謁簡夫；越九年（一〇五五），重見雅州。」誤。理由如下：

（一）《東都事略》和《宋史》均有《雷簡夫傳》，都沒有雷簡夫知九江的記載：「簡夫字太簡，隱居不仕，康定中，樞密使杜衍薦之，召見，以秘書省校書郎簽書秦州觀察判官。公事既罷，居長安，自以處士起，不復肯隨衆調官。時三白渠久廢，京兆府遂薦簡夫治渠事。……知坊州、徙閬州，用張方平薦，知雅州。」

（二）雅州即爲盧山郡，《宋史·地理志五》：「雅州，上，盧山郡。」「縣五：嚴道、盧山、名山、榮經、百丈。」王文誥誤盧山郡爲九江，乃不知雅州即爲盧山郡所致。

（三）從《憶山送人》行文看，在寫江西廬山之游時，完全未談及謁雷簡夫事；而是在自廬山回來「一頓俄十年」之後，纔談及「往求與（雷）識面。」張方平薦蘇洵于朝，使爲成都學官，不報。

雷簡夫致書張方平，勸其再薦蘇洵。

雷簡夫《上張文定書》（邵博《邵氏聞見後録》卷一五）：「簡夫近見眉州蘇洵著述文字，其間如《洪範論》，眞正佐才也，《史論》，眞良史才也。豈惟西南之秀，乃天下之奇才耳。……但怪其不以所業投于明公，問其然，後云『洵已出張公門下矣。又辱張公薦，欲使代黄柬爲郡學官。』簡夫喜且說。竊計明公引洵之意，不祇學官；洵望明公之意，亦不祇一學官。第各有所待也。又聞名公之薦，累月不下。朝廷重以例檢，執政者靳之不特達，雖明公重言之，亦恐一上未報。豈可使若人年將五十，遲遲于途路間邪？昔蕭昕薦張鎬云：『用之則爲帝王師，不用則幽谷一叟耳。』願明公薦洵之狀，至于再，至于三，俟得其請而後已，庶爲洵進用之權也。」

蘇洵送吳照鄰赴闕，吳攜蘇洵文致歐陽修。

蘇洵《憶山送人》：「吳君潁川秀，六載爲蜀官。簿書苦爲累，天鶴囚籠樊。岷山青城縣，峨眉亦南犍。黎雅又可到，不見宜悒然。」

按：王文誥《蘇詩總案》繫此條于皇祐三年（一〇五一），作爲蘇洵訪吳中復于犍爲之證據，誤。因爲：

（一）如前所述，《憶山送人》全詩均按時間先後叙事，詩中叙訪「吳君」，在雅州訪雷簡夫之後，因此，《憶山送人》所叙訪「吳君」亦當在至和二年（一〇五五）。而吳中復已于皇祐三年離川赴潭州通判任，從皇祐五年（一〇五三）到嘉祐五年（一〇六〇）他又一直在朝廷作官，並不在川（詳見嘉祐五年譜）。可見《憶山送人》所送吳君當係另一人，而非吳中復。

（二）吳中復爲「興國永興人」，即今湖北陽新人；「吳君潁川秀」表明，《憶山送人》所送「吳君」爲潁川人，即今河南許昌人。從籍貫看亦當爲另一人。

（三）《憶山送人》所送「吳君」乃吳照鄰，與蘇洵《送吳職方赴闕引》中的吳職方爲一人。《引》云：「吳侯有名于世三十年，而猶于此爲遠官。今其東歸，其不碌碌爲此官也哉！」蘇軾《跋先君送吳職方引》云：「先伯父（蘇渙）及第吳公榜中。先君家居，人罕知之。公攜其文至京師，歐陽文忠始見而知之。」蘇渙與吳照鄰同科及第于天聖二年（一〇二四），至至和二年（一〇五五）爲三十一年，蘇洵言「吳侯有名于世三十年」乃言其整數。蘇洵後來還有《與吳殿院書》，其中云：「曩者議及故友史沆骨肉淪落荆楚間，慨然太息，有收恤之心。」《憶山送人》云：「始欲泛峽去，此約今又愆。」可見蘇洵曾與吳照鄰相約出峽，並議及途經荆楚時要收恤史沆遺孤。後蘇洵未能同行。吳照鄰赴闕，攜蘇洵文致歐陽修，亦當在此時。

蘇洵著《族譜後錄》上下篇，下篇末署「至和二年九月日。」又從雷簡夫致張方平、歐陽修、韓琦之書信及張方平《文安先生墓表》可知，蘇洵一生之重要著述《幾策》、《權書》、《衡論》、《六經論》、《洪範論》、《史論》等，均完成于至和二年之前。

蘇洵爲蘇轍娶妻史氏。

蘇洵《祭史親家母文》：「夫人之孫，歸于子轍。」

嘉祐元年丙申，四十八歲。

王安石爲群牧判官，歐陽修始見王安石，稱贊王安石道：「翰林風月三千首，吏部文章二百年。老去自憐心尚在，後來誰與子爭先？」王安石《奉酬永叔見贈》（《王文公集》卷五五）：「欲傳道義心雖壯，強學文章力已窮。他日若能窺孟子，終身何敢望韓公。」吳奎與王安石同領群牧，以爲王「迂闊」、「自用」，其後曾對神宗言：「臣嘗與王安石同領群牧，見其護前自用，所爲迂闊。萬一用之，必紊亂綱紀。」（《宋史》卷三一六《吴奎傳》）

正月，蘇洵作《張益州畫像記》（卷一九）。

張方平勸蘇洵進京並致書歐陽修。

張方平《文安先生墓表》載張方平謂蘇洵曰：「『遠方不足成君名，盍游京師乎？』因以書先之于歐陽永叔。」

葉夢得《避暑錄話》卷下：「張安道與歐文忠素不相能。……嘉祐初，安道守成都，文忠爲翰林。蘇明允父子自眉州走成都，將求知安道。安道曰：『吾何足以爲重，其歐陽永叔乎？』不以其隙爲嫌也。乃爲作書辦裝，使人送之京師謁文忠。文忠得明允父子所著書，亦不以安道薦之非其類，大喜曰：『後來文章當在此。』即極力推譽，天下于是高此兩人。」

蘇洵決定送二子入京試。

蘇洵《上張侍郎第一書》（卷一四）：「洵有二子軾、轍，齠齒授經，不知他習，進趨跪拜，儀狀甚野，而獨于文字中有可觀者。始學聲律，既成，以爲不足盡力于其間。讀孟、韓文，一見以爲可作，引筆書紙，日數千言，坌然溢出，若有所相。年少狂勇，未嘗更變，以爲天子之爵祿可以攫取。聞京師多賢士大夫，欲往從之游，因以舉進士。洵今年幾五十，以懶鈍廢于世，誓將絶進取之意。惟此二子，不忍使之復爲湮淪棄置之人。今年三月，將與之入京師。」

史彦輔長期卧病，强起爲蘇洵送行。

蘇洵《祭史彦輔文》：「歸來幾何，子以病發，手足若攣。我嘉子心，壯若鐵石，益固而堅。瞋目大呼，瓦屋爲落，聞者竦肩。子凝之喪，大臨嘔血，傷心破肝。我游京師，强起來餞，相顧留連。」

雷簡夫致書歐陽修、韓琦，推薦蘇洵。

雷簡夫《上歐陽内翰》（邵博《邵氏聞見後録》卷一五）：「伏見眉州人蘇洵，年逾四十，寡言笑，淳謹好禮，不妄交游，嘗著《六經》、《洪範》等論十篇，爲後世計。張益州一見其文，嘆曰：『司馬遷死矣，非子吾誰與？』簡夫亦謂之曰：『生，王佐才也。』嗚呼，起洵于貧賤之中，簡夫不能也，然責之亦不在簡夫也；若知洵不以告人，則簡夫爲有罪矣。用是，不敢固其初心，敢以洵聞左右。恭維執事，職在翰林，以文章忠義爲天下師。洵之窮達，宜在執事。嚮者，洵與執事不相聞，則天下不以是責執事；今也，簡夫之書既達于前，而洵又將東見執事于京師，今而後天下將以洵累執事矣。」

雷簡夫《上韓忠獻書》（同上）：「嚮年

自與尹師魯（洙）別，不幸其至死不復相見，故居常恨，以爲天下後世無以論當世事者。不意得郡荒陋，極在西南，而東距眉山尚數百里。一日眉人蘇洵攜文數篇，不遠相訪。讀其《洪範論》，知有王佐才；《史論》得遷史筆；《權書》十篇，譏時之弊；《審勢》、《審敵》、《審備》三篇，皇皇有憂天下心。嗚呼，師魯不再生，孰與洵抗耶？簡夫自念道不著，位甚卑，言不爲世所信重，無以發洵之迹。遽告之曰：『如子之文，異日當求知于韓公，然後決不埋沒矣。』……洵年逾四十，寡言笑，淳謹好禮，不妄交游，亦嘗舉茂才，不中第，今已無意。近張益州安道薦爲成都學官，未報。會今春將二子入都謀就秋試，幸其東去，簡夫因約其暇日令自袖所業求見節下。願加獎進，則斯人斯文不爲不遇也。」

三月，蘇洵父子三人于成都辭别張方平，蘇轍首次見張。

張方平《文安先生墓表》：「初，君將游京師，過益州與僕别，且見其二子軾、轍及其文卷。曰：『二子將以從鄉舉，可哉？』僕披其卷，曰：『從鄉舉，乘騏驥而馳閭巷也。六科所以擢英俊，今二子從此選，猶不足騁其逸力爾。』君曰：『姑爲後圖。』」

蘇轍《追和張公安道贈别絶句並引》（《欒城三集》卷一）：「予年十八與兄子瞻東游京師。是時張公安道守成都，一見以國士相許，自爾遂結忘年之契。」

蘇洵父子離成都，經閬中，出褒斜谷，發横渠鎮，入鳳翔驛，過長安，出關中，五月抵京師。

蘇洵《途次長安上都漕傅諫議》（卷二〇）：「丈夫正多念，老大不自安。居家不能樂，忽忽思中原。慨然棄鄉廬，劫劫道路間。窮山多虎狼，行路非不難。昔者倦奔走，閉門事耕田。蠶穀聊自給，如此已十年。緬懷當今人，草草無復閑。堅卧固不起，芒刺實在肩。布衣與肉食，幸可交口言。默默不以告，未可遽罪愆。驅車入京洛，藩鎮皆達官。長安逢傅侯，願得説肺肝。」

蘇洵《上王長安書》（卷一五）：「洵從蜀來，明日將至長安，見明公而東。」

五月到達京師，適值大水。

蘇洵《上韓樞密書》（卷一三）：「比來京師，……蓋時五六月矣。會京師憂大水，鋤耰畚筑，列于兩河之壖，縣官日費千萬，傳呼勞問之不絶者數十里。」

九月十九日作《送石昌言使北引》，蘇軾書。

蘇洵《送石昌言使北引》（卷一八）：「今十餘年（指慶曆六年「見昌言長安」後十餘年），又來京師，而昌言官兩制，乃爲天子出使萬里外。」

蘇軾《跋送石昌言引》：「嘉祐元年九月十九日先君送石昌言北使文一首，其字則軾年二十一時所書與昌言本也。」

蘇洵上書歐陽修，並附所作《洪範論》、《史論》七篇及張方平、雷簡夫之推薦信。其前，歐陽修已從吳照鄰處得知蘇洵。今讀其文，大稱賞，遂薦諸朝。

蘇洵《上歐陽内翰第一書》：「近所爲《洪範論》、《史論》凡七篇，執事觀其如何？嘻，區區而自言，不知者又將以爲自譽以求人之知己也，惟執事思其十年之心如是之不偶然也而察之。」

蘇轍《潁濱遺老傳上》（《欒城後集》卷一二）：「歐陽文忠公以文章獨步當世，見先生而嘆曰：『予閲文士多矣，獨喜尹師魯、石守道，然意常有所未足。今見君之文，予意足矣。』」

歐陽修《蘇君墓誌銘》：「當至和、嘉祐之間，與其二子軾、轍偕至京師，翰林學士歐陽修得其所著書獻諸朝，書既出，而公卿士大夫爭傳之。其二子舉進士皆在高等，亦以文學稱于世。眉山在西南數千里外，一日父子隱然名動京師，而蘇氏之文章遂擅天下。……自來京師，一時後生學者皆尊其賢，學其文，以爲師法。」

又《薦布衣蘇洵狀》（《歐陽文忠公集》卷一一〇）：「眉州布衣蘇洵履行淳固，性識明達，亦嘗一舉有司，不中遂退而力學。其論議精于物理而善識變權，文章不爲空言而期于有用。其所撰《權書》、《衡書》、《機策》二十篇（今存《權書》十篇，《衡論》十篇，《機策》兩篇，凡二十二篇），辭辨閎偉，博于古而宜于今，實有用之言，非特能文之士也。其人文行久爲鄉閭所稱，而守道安貧，不營仕進。苟無引薦，則遂棄于聖時。其所撰書二十篇謹隨狀上進。伏望聖慈下兩制看詳。如有可采，乞賜甄錄。謹具狀以聞，伏候敕旨。」

曾鞏《蘇明允哀辭》：「嘉祐初，始與其二子軾、轍，復去蜀，游京師。今參知政事歐陽修爲翰林學士，得其文而異之，以獻于上。既而歐陽公爲禮部，又得其二子之文，擢之高等。于是三人之文章盛傳于世。得而讀之者皆爲之驚，或嘆不可及，或慕而效之。」

張方平《文安先生墓表》：「至京師，永叔一見大稱嘆，以爲未始見夫人也，目爲孫卿子。獻其書于朝。自是名動天下，士爭傳誦其文，時文爲之一變，稱爲老蘇。」

蘇洵《上歐陽内翰第二書》：「洵一窮布衣，于今世最爲無用，思以一能稱，以一善書而不可得者也。况乎四子者（指孟子、荀子、揚雄、韓愈）之文章，誠不敢冀其萬一。頃者張益州見其文，以爲似司馬子長，洵不悦，辭焉。夫以布衣而王公大人稱其文似司馬遷，不悦而辭，無乃爲不近人情？誠恐天下之人不信，且懼張公之不能副其言，重爲世俗笑耳。若執事，天下所就而折衷者也。不知其不肖，稱之曰：『子之《六經論》，荀卿子之文也。』平生爲文，求于千萬人中使其姓名仿佛于後世而不可得，今也一旦得齒于四人者之中，天下烏有是哉？意者其失于言也。執事于文稱師魯，于詩稱子美、聖兪，未聞其有此言也。」

蘇洵以所著《權書》及雷簡夫上韓琦書謁見韓琦，既而又上書韓琦。韓琦禮其人而不用其議。

蘇洵《上韓樞密書》：「今之所患，大臣好名而懼謗。好名則多樹私恩，懼謗則執法不嚴。是以天子之兵，豪縱至此，而莫之或制也。……伏惟太尉思天下所以長久之道，而無幸一時之名；盡至公之心，而無卹三軍之多言。夫天子推深仁以結其心，太尉厲威武以振其墮。彼其思天子之深仁，則畏而不至于怨；畏太尉之威武，則愛而不至于驕。君臣之體順，而畏愛之道立，非太尉吾誰望耶？」

葉夢得《避暑錄話》：「蘇明允既爲歐陽文忠公所知，其名翕然。韓忠獻諸公皆待以上客。嘗遇忠獻置酒私第，惟文忠與一二執政。而明允乃以布衣參其間，都人以爲異禮。」又云：「韓魏公至和中還朝爲樞密使，時軍政久馳，士卒驕惰，欲稍裁制，恐其忤怨而生變，方陰圖以計爲之。會明允自蜀來，乃探公意，遽爲書顯載其說，且聲言教公先誅斬。公覽之大駭，謝不敢再見，微以咎歐文忠。」所謂「謝不敢再見」云云，或許言過其實，亦與其後蘇洵《上韓丞相書》所言不合，但韓琦不用其言，確係事實。

蘇洵上書富弼，並經歐陽修引薦，謁見富弼。

歐陽修《與富鄭公彥國書》（《歐陽文忠公集》卷一四四）：「有蜀人蘇洵者，文學之士也。自云奔走德望，思一見而無所求。然洵遠人，以謂某能取信于公者，求爲先容。既不可卻，亦不忍欺，輒以冒聞。可否進退，則在公命也。」

蘇洵《上富丞相書》（卷一三）：「相公閣下：往者天子震怒，出逐宰相，選用舊臣堪屬以天下者，使在相府，與天下更始。而閣下之位實在第三。方是之時，天下咸喜相慶，以爲閣下惟不爲宰相也，故默默在此。方今困而後起，起而復爲宰相，而又適值乎此時也，不爲而何爲？且吾之意，待之如此其厚也，不爲而何以副吾望？故咸曰後有下令而異于他日者，必吾富公也。朝夕而待之，跂首而望之，望望然而不獲見也，戚戚然而疑。嗚呼，其弗獲聞也，其必遠也。進而及于京師，亦無聞焉。……伏惟閣下以不世出之才，立于天子之下，百官之上，此其深謀遠慮，必有所處，而天下之人，猶未獲見。洵，西蜀之人也，竊有志于今世，願一見于堂上。伏惟閣下深知之，無忽。」洵書主旨，一在批評富弼之無所作爲，二在求見，盼其舉用。葉夢得《避暑錄話》：「富鄭公當國，亦不樂之，故明允久之無成而歸。」

蘇洵上書文彥博、田況、余靖等。

蘇洵《上文丞相書》（卷一三）主張進賢黜不肖：「古者之制，略于始而精于終，使賢者易進，而不肖者易犯。夫易犯故易退，易進故賢者衆；衆賢進而不肖者易退，夫何患官冗？」

蘇洵《上田樞密書》（卷一四）：「數年來退居山野，自分永棄，與世俗日疏闊，得以大肆其力于文章。……作策二道、曰《審勢》，曰《審敵》；作書十篇，曰《權書》。洵有山田一頃，非凶歲可以無饑；力耕而節用，亦足以自老。不肖之身不足惜，而天之所與者不忍棄，且不敢褻也。執事之名滿天下，天下之士用與不用在執事。故敢以所謂策二道，《權書》十篇者爲獻。平生之文，遠不可多致，有《洪範論》、《史論》十篇，近以獻内翰歐陽公。度執事與之朝夕相從，而議天下之事，則斯文也其亦庶乎得陳于前矣。若夫其言之可用與其身之可貴與否者，執事事也，執事責也，于洵何有哉！」

蘇洵《上余青州書》：「洵西蜀之匹夫，嘗有志于當世，因循不遇，遂至于老。然其嘗所欲見者，天下之士蓋有五六人，已略見矣。而獨明公之未嘗見，每以爲恨。今明公來朝，而洵適在此，是以不得不見。伏惟加察，幸甚。」

蘇洵在京師雖文名大盛，但求官並未遂意。適張方平入京，蘇洵再次上書張方平，其言凄切。

蘇洵《上張侍郎第二書》（卷一四）：「省主侍郎執事：洵始至京師時，平生親舊，往往在此，不見者蓋十年矣。惜其老而無成，問所以來者。既而皆曰：『子欲有求，無事他人，須張益州來乃濟。』且云：『公不惜數千里走表，爲子求官，苟歸立便殿上，與天子相唯諾，顧不肯耶？』」退自思公之所與我者，蓋不爲淺。所不可知者，唯其力不足而勢不便。不然，公于我無愛也。聞之古人：『日中必彗，操刀必割。』當此時也，天子虛席而待公，其言宜無不聽用。洵也與公有如此之舊，適在京師，且未甚老，而猶足以有爲也。此時而無成，亦足以見他人之無足求，而他日之無及也已。昨聞車馬至此有日，西出百餘里迎見。雪後苦風，晨至鄭州，唇黑面裂，僮僕無人色。從逆旅主人得束薪縕火，良久乃能以見。出鄭州十里許，有導騎從東來，驚愕下馬，立道周。云宋端明且至，從者數百人，足聲如雷。已過，乃敢上馬徐去。私自傷至此，伏惟明公所謂絜廉而有文，可以比漢之司馬子長者，蓋窮困如此，豈不爲之動心而待其多言哉！」

按：《續資治通鑑》卷五六嘉祐元年八月條載：「詔端明殿學士、知益州張方平爲三司使。」從蘇洵「雪後苦風」等語看，張方平還京已在冬天。

蘇洵成爲歐陽修座上客，作《歐陽永叔白兔》詩（卷二〇），《分韻送裴如晦知吳江》詩（僅存「談詩究乎而」一句，見龔頤正《芥隱筆記》）、《譜例》、《大宗譜法》（卷一七）。

蘇洵《譜例》：「昔者洵嘗自先子之日而咨考焉，……以爲《蘇氏族譜》。他日歐陽公見而嘆曰：『吾嘗爲之矣。』出而觀之，有異法焉。曰：『是不可使獨吾二人爲之，將天下舉不可無也。』洵于是又爲《大宗譜法》，以盡譜之變；而並載歐陽氏之譜，以爲《譜例》；附以歐陽公《題劉氏碑後》之文，以告當世之君子，蓋將有從焉者。」

蘇洵于歐陽修席上初見王安石，並拒絕同王交游。

張方平《文安先生墓表》：「嘉祐初，王安石名始盛，黨友傾一時。……歐陽修亦善之，勸先生與之游，而安石亦願交于先生。先生曰：『吾知其人也，是不近人情者，鮮不爲天下患。』」

方勺《泊宅編》：「歐公在翰苑時，嘗飯客。客去，獨老蘇少留，謂公曰：『適坐有囚首喪面者何人？』公曰：『介甫也，文行之士，子不聞之乎？』洵曰：『以某觀之，此人異日必亂天下，使其得志立朝，雖聰明之主，亦將爲其所誑。內翰何爲與之游乎？』」

龔頤正《芥隱筆記》：「荆公在歐公座，

分韻送裴如晦知吳江，以『黯然消魂惟別而已』分韻。時客與公八人：荆公、子美、聖俞、平甫、老蘇、姚子張、焦伯強也。時老蘇得『而』字，押『談詩究乎而』。而荆公乃又作『而』字二詩，……最爲工。君子不欲多上人。王、蘇之憾，未必不稔于此也。」

葉夢得《避暑後錄》：「蘇明允本好言兵，見元昊叛，西方用事久無功，天下事有當改作。因挾其所著書，嘉祐初來京師，一時推其文章。王荆公爲知制誥（有誤。時王安石為群牧判官），方談經術，獨不嘉之，屢詆于衆。以故明允惡荆公甚于仇讎。」

邵博《邵氏聞見後錄》（卷一四）載王安石語：「洵《機策》、《衡論》文甚美，然大抵兵謀、權利、機變之言也。」「蘇明允有戰國縱横之學。」

蘇洵《答陳公美》、《道卜居意贈陳景回》亦作于是年。

蘇洵《答陳公美》（卷二〇）：昨者本不出，豪傑苦見咍。……翻然感其說，東走陵巔崖。

蘇洵《道卜居意贈陳景回》（卷二〇）：「丙申歲，余在京師，鄉人陳景回自南來。」

蘇軾《別子由三首兼別遲》：「先君昔愛洛城居，我今亦過嵩山麓。」

蘇轍《卜居賦》叙云：「昔予先君以布衣游學四方，嘗過洛陽，愛其山川，慨然有卜居意，而貧不遂。」

嘉祐二年丁酉，四十九歲。

王安石知常州。王安石《答王深父書》（《王文公文集》卷七）：「某學未成而仕，仕又不能俯仰以赴時事之會。居非其好，任非其事，又不能遠引以避小人之謗讒，此其所以爲不肖而得罪于君子者。……自江東日得毀于流俗之士，顧吾心未嘗爲之變，則吾之所存，固無以媚斯世而不能合乎流俗也。」

歐陽修知貢舉，蘇軾兄弟同科進士及第。

蘇轍《東坡先生墓誌銘》：「嘉祐二年，歐陽文忠公考試禮部進士，疾時文之詭異，思有以救之。梅聖俞時與其事，得公《論刑賞》以示文忠。文忠驚喜以爲異人，欲以冠多士，疑曾子固所爲。子固，文忠門下士也，乃置公第二。復以《春秋》對義居第一，殿試中乙科。以書謝諸公，文忠見之，以書語聖俞曰：『老夫當避此人，放出一頭地。』」

《史闕》：「軾、轍登科，明允曰：『莫道登科易，老夫如登天。莫道登科難，小兒如拾芥。』」

蘇洵與梅堯臣游，梅盛贊蘇軾兄弟。

蘇軾《書梅聖俞詩》：「先君與聖俞游，時予與子由年甚少，聖俞極稱之。」

蘇洵上書韓絳。

蘇洵《上韓舍人書》（卷一六）：「洵自惟閑人，于國家無絲毫之責，得以優游終歲，詠歌先王之道以自樂。時或作爲文章，亦不求人知。以爲天下方事事，而王公大人豈暇見我哉！是以逾年在京師，而其平生所願見如君侯者，未嘗一至其門。有來告洵以所欲見之之意，洵不敢不見。然不知君侯見之而何也？天子求治如此之切，君侯爲兩制大臣，豈欲見一布衣與之論閑事耶？此洵所以不敢遽見也。自閑居十年，人事荒廢，漸不喜承迎將逢，拜伏拳跽。王公大人苟能無以此求之，使得從容坐隅，時出其所學，或亦有足觀者。今君侯辱先求之，此其必有以異乎時俗者也。」「逾年在京師」語表明，此書作于嘉祐二年。此時「兩制大臣」已主動求見蘇洵，足見其影響之大。

三蘇父子名動京師。

歐陽修《蘇君墓誌銘》：「當至和、嘉祐之間，（蘇洵）與其二子軾、轍偕至京師，翰林學士歐陽修得其書獻諸朝。書既出而公卿士大夫爭傳之。其二子舉進士皆在高等，亦以文學稱于世。眉山在西南數千里外，一日父子隱然名動京師，而蘇氏之文章遂擅天下。……自來京師，一時後生學者皆尊其賢，學其文，以爲師法。」

曾鞏《蘇明允哀辭》：「嘉祐初始與二子軾、轍復去蜀，游京師。今參知政事歐陽修爲翰林學士，得其文而異之，以獻于上。既而歐陽公爲禮部，又得其二子之文，擢之高等，于是三人之文章盛傳于世。得而讀之者皆爲之驚，或嘆不可及，或慕而效之。」

張方平《文安先生墓表》：「至京師，永叔一見大稱嘆，以爲未始見夫人也，目爲孫卿子，獻其書于朝。自是名動天下，士爭傳其文，時文爲之一變，稱爲老蘇。」

四月，蘇洵之妻程氏卒于家，父子三人倉卒返川。

蘇洵《程夫人墓誌銘》：「夫人以嘉祐二年四月癸丑終于鄉里，其年十一月庚子葬某地，年四十八。」又云：「婦人柔順足以睦其族，智能足以齊其家，斯已賢矣；况如夫人，能開發輔導其夫、子，使皆以文學顯重于天下，非識慮高絶，能如是乎？」

蘇洵《上歐陽内翰第三書》（卷一五）：「昨出京倉惶，遂不得一别。去後數日，始知悔恨。蓋一時間變出不意，遂擾亂如此。……今已到家月餘，幸且存活。洵道途奔波，老病侵陵，成一翁矣。……洵離家時無壯子弟守舍，歸來屋廬倒壞，籬落破漏，如逃亡人家。……洵老矣，恐不能復東；閣下當時賜音問，以慰孤耿。」

葬程氏夫人于眉山安鎮鄉可龍里老翁泉旁。

蘇洵《老翁井銘》（卷一九）：「丁酉歲，余卜葬亡妻，得武陽安鎮之山。……他日問泉旁之民，皆曰：『是爲老翁井。』並問其所以爲名之由，曰：『往數十年，山空月明，天地開霽，則常有老人蒼顔白髮，偃息于泉上。就之，則隱而入于泉，莫可見。』蓋其相傳以爲如此者久矣。因爲作亭于其上，又甃石以禦水潦之暴。而往往優游其間，酌泉而飲之，以庶幾得見所謂老翁者，以知其信否。然余又閔其老于荒榛巖石之間，千歲而莫知也。今乃始遇我，而後得傳于無窮。」

蘇洵《老泉井》：「井中老翁誤年華，白沙翠石公之家。公來無踪去無迹，井面團團水生花。翁今與世兩何預，無事紛紛驚牧豎。改顔易服與世同，毋使世人知有翁。」末二句亦表現出自己鬱鬱不得志之情。此詩今存蘇洵集不載，而誤入蘇軾集中，見《施注蘇詩》遺詩卷首，

《東坡續集》卷一。朱熹《晦庵詩話》：「《老翁井》詩在老蘇《送蜀僧去塵》之前，必非他人之作，然不見于《嘉祐集》。」

蘇洵《祭亡妻文》（卷二〇）：「與子相好，相期百年。不知中道，棄我而先。我徂京師，不遠當還。嗟子之去，曾不須臾。子去不返，我懷永哀。……嗟我老矣，四海一身。自子之逝，內失良朋。孤居終日，有過誰箴？」

史彥輔去世，蘇洵爲其立後、治喪、作祭文，並致書吳照鄰，求其照護史沆遺孤。

蘇洵《祭史彥輔文》：「我還自東，二子喪母，歸懷辛酸。子病告革，奔走往問，醫云已難。問以後事，口不能言，悲來塞咽。遺文墜稿，爲子收拾，以葺以編。我如不朽，千載之後，子名長存。嗚呼彥輔，天實喪之，予哭寢門。白髮斑斑，疾病來加，卧不能奔。哭書此文，命軾往奠，以慰斯魂。」

蘇洵《與吳殿院書》（卷一六）：「曩者議及故友史沆，骨肉淪落荆楚間，慨然太息，有收恤之心。沆有兄經臣者，雖卧病，而志氣卓然，以豪稱鄉里。使得攝尺寸之柄，當不鹵莽。常以爲沆死而有經臣者在，或萬一能有所雪。今不幸亦已死矣。追思沆平生，孤直不遇，而經臣亦以剛見廢，又皆以無後死。當其生時，舉世莫不仇疾，惟君侯一人獨爲哀閔。而數年間兄弟相繼淪喪，使仁人之心不克少施。嗚呼，豈其命之窮薄至于此耶？經臣死，家無一人，後事所囑，辦于朋友。今其家遺孤，骨肉存者，獨沆有弱女在襄州耳。君侯尚可以庇之，使無失所否？」

蘇軾《記史經臣兄弟》：「史經臣字彥輔，眉山人，與先君同舉制策，有名蜀中。世所知祇沆子凝者，其弟也。沆才氣過人而薄于德。彥輔才不減沆而篤于節義，博辯能文，不仕，年六十卒，無子。先君爲治喪，立其同宗子爲後，今爲農夫，無聞于人。沆亦無子，哀哉！」

嘉祐三年戊戌，五十歲。

二月王安石自常州移提點江東刑獄，上書仁宗，系統提出變法主張：「內顧則不能無以社稷爲憂，外則不能無懼于夷狄。天下之財力日以困窮，而風俗日以衰壞，四方有志之士諰諰然常恐天下之久不安。此其故何也？患在不知法度故也」。故主張「變更天下之弊法」。（《王文公文集》卷二《上仁宗皇帝言事書》）

任孜、任伋兄弟來書稱美蘇洵，蘇洵作詩答謝，有鬱鬱不得志之感。

蘇洵《答二任》：「昨者入京洛，文章被人夸。故舊未肯信，聞之笑呀呀。獨有兩任子，知我有足嘉。遠游苦相念，長篇寄芬葩。道我未亦爾，子得無增加。貧窮已衰老，短髮垂鬖鬖。重祿無意取，思治山中畬。往歲苦栽竹，細密如蒹葭。庭前三小山，本爲山中楂。堂前鑿方池，寒泉照谽谺。玩此可竟日，胡爲踏朝衙？」從「昨者入京洛」二句，可知此詩作于嘉祐二年名動京師返川之後。「重祿無意取」二句乃未取得重祿的無可奈何的心情之表露。「庭前三小山」指蘇洵眉山家中所蓄木山三峰。王文誥《蘇詩總案》卷二繫此條于嘉祐六年還京後，誤。時蘇洵纔到京師一年多，不得云

「往歲苦栽竹」；已任試秘書省校書郎，不得云「閑居」。且詩中所講「庭前三小峰」，與《木假山記》所講「予家有三峰」同，皆眉山老家所藏木山；而京城所蓄木山乃嘉祐四年冬三蘇父子東出三峽時楊緯所贈，形狀與眉山老家之木山不同，不能相混。（詳見嘉祐四年譜）。

蘇洵作《木假山記》，以樹木遭際之不幸自況。

蘇洵《木假山記》：「木之生或蘖而殤，或拱而夭，幸而至于棟梁則伐。不幸而爲風之所拔，水之所漂，或破折或腐。幸而得不破折不腐，則爲人所材，而有斧斤之患。其最幸者，漂沉汩沒于湍沙之間，不知其幾百年而其激射齧食之餘，或仿佛于山者，則爲好事者取去，強之以爲山。……予家有三峰，……中峰魁岸踞肆，意氣端重，若有以服其旁之二峰。二峰者莊栗刻峭，凜乎不可犯。雖其勢服于中峰，而岌然無阿附意。吁，其可敬也夫，其可以有所感夫！」

梅堯臣《蘇明允木山》：「空山枯楠大蔽牛，霹靂夜落魚鳧洲。魚鳧水射千秋蠹，肌爛隨沙蕩漾流，唯存堅固蛟龍鍬，形如三山中尤酋。左右兩峰相扶翊，尊奉君長無慢尤。蘇夫子見之驚且異，買于溪叟憑貂裘。因嗟大不爲棟梁，又嘆殘不爲薪櫄。雨浸蘚澀得石瘦，宜與夫子歸隱丘。」

按：此木假山是「買于溪叟憑貂裘」，而嘉祐四年運入京城的木山則爲楊緯所贈。

蘇軾《木山並叙》：「吾先君子嘗蓄木山三峰，且爲之記與詩。詩人梅二丈聖俞見而賦之，今三十年矣。」

按：蘇軾此詩作于元祐三年（一〇八八），逆數三十年則爲嘉祐三年（一〇五八）。王文誥《蘇詩總案》既誤兩木山爲一木山，又繫年有誤（見《蘇詩總案》卷二嘉祐五年條和卷五治平元年條）。

十月蘇洵得雷簡夫書，聞將召試舍人院。

十一月五日召命下，蘇洵稱病不赴試。

十二月一日上書仁宗皇帝，又致書雷簡夫、梅堯臣。

蘇洵《上皇帝書》（卷一二）：「翰林學士歐陽修奏臣所著《權書》、《衡論》、《幾策》二十篇，乞賜甄錄。陛下過聽，召臣試策論舍人院，仍令本州發遣臣赴闕。……臣本凡才，無路自進。當少年時，亦嘗欲僥幸于陛下之科舉，有司以爲不肖，輒以擯落。蓋退而處者十有餘年矣。今雖欲勉強扶病戮力，亦自知其疏拙，終不能合有司之意。恐重得罪，以辱明詔。」《上皇帝書》提出改革吏治，恢復武舉等十項革新措施，認爲：「法不足以制天下。以法制天下，法之所不及，天下斯欺之矣。」此正與王安石于同年所作《上仁宗皇帝言事書》觀點相反。書末云：「曩臣所著二十篇，略言當世之要。陛下雖以此召臣，然臣觀朝廷之意，特以其文彩詞致稍有可嘉，而未必其言之可用也。」

蘇洵《答雷太簡書》（卷一六）：「太簡足下：前月辱書，承諭朝廷將有詔命，且敎以東行應詔。旋屬郡有符，亦以此見遣。承命自笑，恐不足以當，遂以病辭，不果行。計太簡亦已知之。僕已老矣，固非求仕者，亦非固不求仕者。自以閑居田野之中，魚稻蔬笋之資，足以養生自樂，俯仰世俗之間，竊觀當世之太平。其文章議論，亦可以自足于一世。何苦乃以衰病之身，委曲以就有司之權衡，以自取笑哉！然此可爲太簡道，不可與流俗人言也。嚮者《權書》、《衡論》、《幾策》，皆僕閑居之所爲。其間雖多言今世之事，亦不自求出之于世，乃歐陽永叔以爲可進而進之。苟朝廷以爲其言之可信，則何所事試？苟不信其平生之所云，而其一日倉卒之言，又何足信耶？恐復不信，祇以爲笑。久居閑處，終歲幸無事。昨爲州郡所發遣，徒益不樂耳。」

蘇洵《與梅聖俞書》（卷一六）：「前月承本州發遣，赴闕就試。聖俞自思，僕豈欲試者？惟其平生不能區區附合有司之尺度，是以至此窮困。今乃以五十衰病之身，奔走萬里以就試，不亦爲山林之士所輕笑哉！自思少年嘗舉茂才，中夜起坐，裹飯攜餅待曉東華門外，逐隊而入，屈膝就席，俯首據案。其後每思至此，即爲寒心。今齒日益老，尙安能使達官貴人，復弄其文墨，以窮其所不知邪？且以永叔之言，與夫三書之所云，皆世之所見。今千里召僕而試之，蓋其心尙有所未信，此尤不可苟進以求其榮利也。昨適有病，遂以此辭。然恐無以答朝廷之恩，因爲《上皇帝書》一通以進，蓋以自解其不至之罪而已。」

嘉祐四年己亥，五十一歲。

王安石任提點江東刑獄，作《議茶法》（《王文公文集》卷三一）：「國家之勢，苟修其法度，以使本盛而末衰，而天下之財不勝用。」《酬王詹叔奉使江東訪察利害見寄》（《王文公文集》卷四一）：「區區欲救弊，萬謗不容口。天下大安危，誰當執其咎？勞心適有罪，養譽終天醜。」《思王逢源》（同上卷四四）：「我疲學更誤，與世不相宜。」可見反對王安石變法主張者亦不少。

廢除猜防大臣之法。蘇洵《上皇帝書》曾反對「兩府與兩制……不可以相往來」之禁令，至此廢除。

石揚休卒。

司馬光《石昌言哀辭》：「眉山石昌言，年十八州舉進士……四十三乃及第，十八年知制誥，又三年以疾終。……光爲兒始執卷，則聞昌言名，已而同年登進士第，與昌言游凡二十年。」司馬光登寶元元年（一〇三八）進士科，昌言亦同科，二十年後卒則在此年。

梅堯臣題詩寄蘇洵，勸其入京。

梅堯臣《題老人泉寄蘇明允》（《宛陵集》卷二九）：「泉上有老人，隱見不可常。蘇子居其間，飲水樂未央。淵中必有魚，與子同徜徉。淵中苟無魚，子特玩滄浪。日月不知老，家有雛鳳凰，百鳥戢羽翼，不敢言文章。去爲仲尼嘆，出爲盛時祥。方今天子聖，無滯彼泉旁。」

按：從末句可知，此詩作于蘇洵父子離家返京之前。王文誥《蘇詩總案》（卷一）繫此詩于嘉祐五年蘇洵父子返京之後，不妥，今改繫嘉祐四年。

五月，蘇洵作《自尤詩》，哀其幼女之死。

蘇洵《自尤詩並叙》：「余生而與物無害，幼居鄉閭，長適四方，萬里所至，與其君子而遠其不義。是以年五十有一而未始有尤于人，而人亦無以我尤者。蓋壬辰之歲而喪幼女，始將以尤夫家，而卒以自尤也。……其後八年而余乃作《自尤》之詩。」

按：王文誥《蘇詩總案》卷一皇祐五年條云：「作《族譜亭記》及《自尤》詩。」誤。壬辰之歲爲皇祐四年（一〇五二），其後八年當爲嘉祐四年（一〇五九）。

六月召命再下，蘇洵致書歐陽修。

蘇洵《上歐陽內翰第四書》（卷一五）：「洵久不奉書，非敢有懈。以爲用公之奏而得召，恐有私謝之嫌。今者洵既不行，而朝廷又欲必致之。恐聽者不察，以爲匹夫而要君命，苟以爲高而求名，亦且得罪于門下，是故略陳其一二，以曉左右。……始公進其文，自丙申之秋，至戊戌之冬，凡七百餘日而得召。朝廷之事，其節目期限如此之繁且久也。使洵今日治行，數月而至京師，旅食于都市以待命；而數月間得試于所謂舍人院者，然後使諸公傳考其文，亦一二年；幸而以爲不謬，可以及等而奏之，從中下相府，相與擬議，又須年載間，而後可以庶幾有望于一官。如此，洵固已老而不能爲矣！人皆曰：『求仕將以行道。』若此者，果可以行道乎？……是故其來遲遲而未甚樂也，王命且再下，洵若固辭，必將以爲沽名而有所希望。今歲之秋，軾、轍已服闋，亦不可不與之俱東。恐內翰怪其久而不來，是以略陳其意。」

蘇洵造大悲心像龕置極樂院中，作《六菩薩記》。

蘇洵《極樂院六菩薩記》：「嗟夫，三十年之間，而骨肉之親，零落無幾。適將南去，由荆楚走大梁，然後訪吳越，適燕趙，徜徉于四方，以忘其老。將去，慨然顧墳墓，追念死者，恐其魂神精爽滯于幽陰冥漠之間而不復曠然游乎逍遥之鄉。于是造六菩薩並龕座二所，蓋釋氏所謂觀音、勢至、天藏、地藏、解冤結、引路王者，置于極樂院阿彌如來之堂。」

十月，蘇洵父子及其家屬離家，沿岷江、長江而下赴京。

蘇軾《南行前集叙》：「十二月八日江陵驛書。」又《上王兵部書》：「自蜀至于楚，舟行六十日。」從十二月八日逆數六十日，蘇洵父子當于十月初啓行。

至嘉州，游龍巖、陵（今作凌）雲寺，蘇洵有詩。

蘇洵《游嘉州龍巖》：「使君憐遠客，高會有餘情。酌酒何能飲，去鄉懷獨驚。」蘇洵《游陵（今作凌）雲寺》：「長江觸水山欲摧，古佛咒水山之隈。千航萬舸膝前過，仰視絕頂皆徘徊。足踏重浪怒洶涌，背負喬嶽高崔嵬。予昔過此下荆渚，斑斑滿面生蒼苔。今來重到非舊觀，金翠晃蕩祥光開。」

按：「予昔過此下荆渚」，疑即《憶山送人》所記景祐四年東下荆渚，入京應進士試事。

蘇洵《初發嘉州》：「家託舟航千里速，心期京國十年還。烏牛山下水如箭，忽失峨眉枕席間。」按：蘇軾兄弟亦有同題詩。「家託舟航」，因蘇洵這次是全家入京，二子、二媳、長孫蘇邁與蘇軾兄弟之乳母任氏、楊氏皆同行。

舟中月夜，蘇洵彈琴，二子有詩記其事。

蘇軾《舟中聽大人彈琴》：「彈琴江浦夜漏永，斂衽竊聽獨激昂。風松瀑布已清絕，更愛玉珮聲瑯璫。」

蘇轍《舟中聽琴》：「江流浩浩群動息，琴聲琅琅中夜鳴。水深天闊音響遠，仰視斗牛皆縱橫。」

泊江安縣南井口，蘇洵老友任孜來別，蘇軾兄弟有詩。

蘇軾《泊南井口，期任遵聖長官，到晚不及見，復來》：「江上有微徑，深榛煙雨埋。崎嶇欲取別，不見又重來。下馬未及語，固已慰長懷。」

蘇轍《泊南井口期任遵聖》：「期君荒江濆，未至望已極。朔風吹烏裘，隱隱沙上立。愧余後期至，先到犯寒色。既泊問所如，歸去已無及。繫舟重相邀，雨冷路途濕。」從「愧余後期至」可知，蘇洵父子當是分乘數舟，聯翩而下。

過渝州，蘇洵會見張子立。

蘇洵《答張子立見寄》：「舟行道里日夜殊，佳士恨不久與俱。峽山行盡見平楚，不舍舡登岸身無虞。念君治所自有處，不復放縱如吾徒。憶昨相見巴子國，謁我江上顏何娛。……凄風臘月客荆楚，千里適魏勞奔趨。將行紛亂苦無思，强説鄙意慚區區。」從「峽山行盡見平楚」，「凄風臘月客荆楚」可知，此詩作于到達江陵後。但詩中所憶乃途經渝州時事。周巴子國，即秦、漢之巴郡，治所在今四川重慶。

過豐都，見李長官，游僊都觀。蘇洵有《僊都山鹿並叙》及《題僊都觀》詩。

經萬州武寧縣木櫪觀，蘇洵有《過木櫪觀並引》詩。

過夔州，蘇洵題詩白帝廟。

蘇洵《題白帝廟》：「誰開三峽纔容練，長使群雄苦力爭。熊氏凋零餘舊族，成家寂寞閉空城。永安就死悲玄德，八陣勞神嘆孔明。白帝有靈應自笑，諸公皆敗豈由兵？」

入峽，遇楊節推和世舊宋某。蘇洵應楊節推之請，爲其父作墓誌銘。

蘇洵《和楊節推見贈》：「與君多乖睽，邂逅同泛峽。宋子雖世舊，談笑頃不接。二君皆泛游，疇昔共科甲。唯我老且閑，獨得離圈柙。少年實強鋭，議論今我怯。有如乘風箭，勇發豈顧帖？置酒來相邀，殷勤爲留楫。楊君舊痛飲，淺水安足涉？嗟我素不任，一酌已頩頰。去生別懷愴，有子旅意愜。舍棹治陸行，歲晚精力乏。」從「舍棹治陸行」可知，此詩亦作于到達江陵後，但所憶爲峽中事。蘇洵祖母姓宋，所謂「宋子本世舊」，或指此。

蘇洵《與楊節推書》：「節推足下，往者見託以先丈之埋銘，示之以程生之行狀。……然余傷夫人子之惜其先君無聞于後以請于我，我既已許之而又拒之，則無以恤乎其心，是以不敢遂已，而卒銘其墓。凡子之所欲使子之先君不朽者，玆亦足以不負子矣。謹錄以進如左。」

蘇洵《丹陵楊君墓誌銘》：「楊君諱某字某，世家眉之丹稜。……生子四人，長曰美琪，次曰美琳，次曰美珣，其幼美球。美球嘗從事安靖軍，余游巴東，因以識余。嘉祐二年某月某日君卒，享年若干。四年十一月某日葬于某鄉某里。將葬，從事來請余銘，以求不泯于後，余不忍逆。」

按：楊節推當即楊美球：節推即節度使推官，即指任安靖軍從事，官職合；「余游巴東，因以識余」，地點合；「嘉祐四年十一月」，蘇洵正在峽中，時間合。楊節推託蘇洵爲其父作墓誌銘當在峽中相遇時，故繫于此。

楊緯贈蘇洵木山，蘇洵攜之入京。

蘇洵《寄楊緯》：「家居對山木，謂是無言伴。去鄉不能致，回顧頗自短。誰知有楊子，磊落收百段。揀贈最奇峰，慰我苦長嘆。連城盡如削，邃洞幽可款。回合抱空虛，天地聳其半。舟行因樂載，陸挈敢辭懶？飄飄忽千里，有客來就看。自言此地無，愛惜苦欲換。低頭笑不答，解纜風帆滿。京洛有幽居，吾將隱而玩。」

按：從「舟行因樂載」四句可知，贈木山當在峽中，作詩當在自江陵赴京途中，從此詩可知，蘇洵于眉山家中所蓄木山三峰，與嘉祐五年入京後所蓄木山絕非同一木山。蘇軾《和子由木山引》云：「蜀江久不見滄浪，江上枯楂遠可將。」亦指楊緯所贈木山。楊節推、楊美球、楊緯很可能同爲一人，節推乃其官職，美球、緯，或其名，或其字，或其號。因别無所據，故仍分立條目。

經巫峽，蘇洵有《神女廟》詩。

至峽州，三蘇父子同游三游洞，並留宿。

蘇洵《三游洞題壁》：「洞中蒼石流成乳，山下寒溪冷欲冰。天寒二子苦求去，吾欲居之亦不能。」

十二月初抵江陵，留此度歲，彙途中父子三人詩文爲《南行前集》。

蘇軾《南行前集叙》：「己亥之歲，侍行適楚。舟中無事，博弈飲酒，非所以爲閨門之歡。山川之秀美，風俗之樸陋，賢人君子之遺迹，與凡耳目之所接者，雜然有觸于中而發于詠嘆。蓋家君之作與弟轍之文皆在，凡一百篇，謂之《南行集》，將以識一時之事，爲他日之所尋繹。且以爲得于談笑之間，而非勉强所爲之文也。時十二月八日江陵驛書。」

按：王文誥《蘇詩總案》卷一嘉祐四年條云：「《南行集》無傳本，公諸詩散見于王注，七集各本，而查注據外集從邵本續補遺采編卷一者，自《郭綸》起至詠《至喜堂》止，凡四十二詩。《欒城集》自《郭綸》起至《題清溪寺》止，凡二十三詩。又從王注内采附宫師與子由《游三游洞》一詩。又本集《灩澦堆賦》、《屈原廟賦》二篇，《欒城集·巫山賦》、《屈原廟賦》二篇。以上共七十一篇，則叙所云「凡一百篇」而截止于十二月八日以前作者已佚去二十九篇矣。又查注謂王注所引《傀都山鹿》之老泉詩叙及三游洞之老泉詩，考《嘉祐集》皆不載，公所謂《南行前集》者，蓋不可求其全矣。」《欒城集》卷一《巫山廟》有「乘船入楚溯巴蜀，濆漩深惡秋水高。歸來無恙無以報，山上麥熟可作醪」句。嘉祐四年三蘇父子由蜀入楚，不得云「入楚溯巴蜀」；經過巫峽時已是深冬，不得云「秋水高」；出蜀，不得云「歸來」。此詩當是治平三年秋蘇轍與兄扶父喪返川時作。也就是說，祇存七十篇。王文誥除《游三游洞》詩外，完全未見到蘇洵這次南行途所作的詩。其實，宋刻殘本《類編增廣老蘇先生大全文集》還載有蘇洵的《游嘉州龍巖》、《初發嘉州》、《和楊節推見贈》、《答張子立見寄》、（以上卷一）、《題僊都觀》、《游陵雲寺》、《過木櫪觀並引》、《神女廟》、《題白帝廟》、《僊都山鹿》（以上卷二）共十首，皆嘉祐四年十二月八日到達江陵以前所作，應屬《南行前集》中詩。這樣，《南行前集》一百篇詩文尚存八十篇。

蘇洵作《王荊州畫像贊》（卷一五）。

嘉祐五年庚子，五十二歲。

四月，梅堯臣去世。五月，王安石爲三司度支判官。十一月歐陽修爲樞密副使。

蘇洵父子在荊州度歲，正月五日離荊州，各作《荊門惠泉》詩。

蘇洵《荊門惠泉》：「當年我少年，繫馬弄潺湲。愛此泉旁鷺，高姿不可攀。今逾二十載，我老泉依舊。臨流照衰顏，始覺老且瘦。當時同游子，半作泉下塵。流水去不返，游人歲歲新。」

渡漢水，至襄陽，游萬山。蘇洵有《襄陽懷古》和《萬山》詩。

過葉縣。蘇洵有《昆陽城》詩。

二月十五日蘇洵父子到達京師，暫寓西岡。

蘇軾《與楊濟甫書》：「爲別忽已半歲。……自離家至荊南，數次奉書，計並聞達。前月半已至京師，一行無恙。得臘月中所惠書，甚慰遠意。見在西岡賃一宅子居住。」

按：蘇洵父子于上年十月離家，從「爲別忽已半載」知此書作于嘉祐五年三月；「前月半已至京師」，則蘇洵一家到京當在二月十五日。

蘇頌來與蘇洵叙宗盟。

蘇軾《薦蘇子容功德疏》：「自昔先君以來，嘗講宗盟之好四十餘年。」蘇軾《疏》作于建中靖國元年（一一〇一），上數至嘉祐五年（一〇六〇）爲四十一年。時蘇頌任館閣校理。

六月蘇洵作文祭侄蘇位。

蘇洵《祭侄位文》（卷一九）：「嘉祐五年六月十四日，叔洵以家饌酒果祭于亡侄之靈。昔汝之生後余五年。余雖汝叔父，而幼與汝同戲，如兄弟然。其後余日以長，汝亦以壯大。余適四方，而汝留故園；余既歸止，汝乃隨汝仲叔旅居東都，十有三歲而不還。今余來東，汝遂溘然長逝而不救。」蘇位，蘇洵之兄蘇澹之長子。

蘇洵一家移居杞縣。

蘇洵《謝趙司諫啓》：「寓居雍邱，無故不至京師瞻望君子。」雍邱即杞縣。

蘇洵《賀歐陽樞密啓》：「阻以在外，闕于至門。」

蘇轍《辛丑除日寄子瞻》：「居梁不耐貧，投杞辟糠覈。城南庠齋靜，終歲守墳籍。」

按：蘇洵《謝趙司諫啓》作于嘉祐五年八月後，《賀歐陽樞密啓》作于同年十一月；蘇轍《辛丑除日寄子瞻》作于嘉祐六年年終。此即表明蘇洵一家到京後不久即移居杞縣，至少有一年有餘。王文誥《蘇詩總案》卷二嘉祐五年二月條云：「十五日抵京師寓于西岡。」嘉祐六年閏八月條云：「公（蘇軾）于宜秋門内得南園，奉宫師徙居其中。」其間未提及移居杞縣事。其實，嘉祐六年八月蘇洵一家仍居杞縣。

八月，蘇洵任秘書省試校書郎。

歐陽修《蘇君（明允）墓誌銘》：「召試紫微閣，辭不至，遂除秘書省試校書郎。」

曾鞏《蘇明允哀辭》：「既而明允召試舍人院，不至，特用爲秘書省校書郎。」

張方平《文安先生墓表》：「召試紫微閣下，不至，乃除試秘書省校書郎。」

蘇洵致書歐陽修，謝其推薦，望其繼續以賓客之禮相待；又有《謝相府啓》、《謝趙司諫啓》。

蘇洵《上歐陽内翰第五書》（卷一五）：「内翰侍郎執事：洵以無用之才，久爲天下之棄民，行年五十，未嘗見役于世。執事獨以爲可收而論之于天子。再召之試，而洵亦再辭。獨執事之意丁寧而不肯已。朝廷雖知其不肖，不足以辱士大夫之列，而重違執事之意，譬之巫醫卜祝，特捐一官以乞之。自顧無分毫之功有益于世，而王命至門，不知辭讓，不畏簡書之譏，而苟以爲榮，此所以深愧于執事，久而不至于門也。……今洵已有名于吏部，執事其將以道取之耶，則洵也猶得以賓客見。不然，其將與奔走之吏同趨于下風，此洵所以深自憐也。」

蘇洵《謝相府啓》（卷一八）：「向承再命以就試，固已大異其本心。且必試而審觀其才，則上之人猶未信其可用。未信而有求于上，則洵之意以爲近于強人，遂以再辭。既獲命于匹夫之賤而必行其私意，豈王命之寵而敢望其曲加？昨承詔恩，被以休寵，退而自顧，愧其無勞。」

蘇洵《謝趙司諫啓》：「今年秋，始見太守竇君京師，乃知閣下過聽，猥以鄙陋，上塞明詔。……今閣下舉人而取于不相識之中，則其去世俗遠矣。寓居雍丘，無故不至京師，瞻望君子，日以復日。頃者朝廷猥以試校書郎見授，洵不能以老身復爲州縣之吏。然所以受者，嫌若有所過望耳。以閣下知我，故言及此，無怪。」

按：王文誥《蘇詩總案》卷二繫此條于嘉祐六年七月，並云：「此書則薦宮師者不止歐陽修也。其趙司諫、竇太守皆不詳何人。蓋歐陽修奏上其文之後，必經兩制議，趙或與其事，故又薦之也。」王文誥因不知趙司諫爲何人，故對此《啓》的繫年，推測趙司諫推薦蘇洵之背景，皆誤。趙司諫即趙抃，根據有二：

第一，蘇軾《趙清獻公神道碑》云，趙抃「移充梓州路轉運使，未幾，移益。……以右司諫召。」

第二，《續資治通鑑》卷五九嘉祐五年八月條云：「以眉州進士蘇洵爲試校書郎。……翰林學士歐陽修上其所著《權書》、《衡論》、《機策》二十二篇，宰相韓琦善之，召試舍人院，以疾辭。本路轉運使趙抃等薦其行義，修又言洵既不肯就試，乞除一官，故有是命。」此係趙司諫即趙抃之確證。蘇洵

《謝趙司諫啓》乃因任試校書郎而謝趙抃之推薦，故當改繫嘉祐五年八月；趙抃推薦蘇洵並非因爲「經兩制議，趙或與其事，故又薦之」，而是以益州轉運使身份推薦本路人才。蘇軾兄弟居母喪期間正是趙抃任益州轉運使時，蘇洵父子還京，趙抃亦還朝任右司諫，故稱趙司諫。

蘇洵研究《周易》，開始作《易傳》。

蘇洵《上韓丞相書》：「自去歲以來，始復讀《易》，作《易傳》百餘篇。此書若成，則自有《易》以來，未始有也。」此書作于嘉祐六年，「去歲」即嘉祐五年。

十一月，歐陽修爲樞密副使，蘇洵上書致賀。

蘇洵《賀歐陽樞密啓》（十六卷本《蘇老泉先生全集》卷一五）：「自聞此命，欣賀實深。益因物議之所歸，以慰民心之大望。……洵受恩至深，爲喜宜倍。嘗謂未死之際，無由知王道之大行；不意臨老之年，猶及見君子之得位」。

蘇洵送吴中復知潭州。

蘇洵《送吴待制中復知潭州二首》：「十年曾作犍爲令，四脈嘗聞愍俗詩。共嘆才高堪御史，果能忠諫致戎麾。會稽特欲榮公子，馮翊猶將試望之。船繫河堤無幾日，南公應已怪來遲。」「臺省留身凡幾歲，江湖得郡喜令行。卧泊曉鼓朝眠穩，行入淮流鄉味生。細雨滿村蒓菜長，高風吹旆采船獰。到家應有壺觴勞，倚賴比鄰不畏卿。」

按：「王文誥《蘇詩總案》卷一繫此條于皇祐三年，誤。據《東都事略·吴中復傳》，吴既曾「通判潭州」，又曾

「知潭州」（《宋史·吳中復傳》作『知澤州』，因字形相近而誤）。據《續資治通鑑》卷五四載，吳中復因御史中丞孫抃薦，由潭州通判入朝任監察御史裏行，在皇祐五年（一○五三）十二月。因此，說皇祐三年（一○五一）吳由犍爲令改潭州通判是可信的。但蘇洵詩題，明明是送吳「知潭州」，而不是送吳通判潭州，繫於皇祐三年顯然不妥。據《吳中復傳》載，吳于皇祐五年入朝後，先後任監察御史裏行，遷殿中侍御史，改右司諫，同知諫院，遷御史知雜事，戶部副使，擢天章閣待制，知潭州。《續資治通鑑》卷五九嘉祐五年七月壬子條有「命翰林學士吳奎、戶部副使吳中復、度支判官王安石、右正言王陶相度牧馬利害以聞」語，可見吳由戶部副使擢天章閣待制出知潭州當在嘉祐五年七月以後，時蘇洵亦在京師。蘇洵《送吳待制中復知潭州》即作于此時，不是皇祐三年爲送犍爲令吳中復通判潭州而作，而是爲嘉祐五年送天章閣待制（所謂「吳待制」）知潭州而作。詩中所謂「十年曾作犍爲令」，是說十年前吳曾作犍爲令，從皇祐五年到嘉祐五年恰爲十年；而不是如某些人所解釋的嘗作犍爲令十年。宋代官吏調動頻仍，決不可能讓吳在犍爲連任四任。所謂「共嘆才高堪御史，果能忠諫致戎麾」，正指孫抃于皇祐五年薦吳爲監察御史裏行，而吳亦未辜負孫之推薦。若此詩作于皇祐三年，蘇洵怎能預知兩年後發生的事呢？所謂「臺省留身凡幾歲」，即指吳從皇祐五年起至嘉祐五年止，皆在朝廷任職。所謂「行入淮流鄉味生」，係想象吳中復赴任途中境況。此句頗重要，若是皇祐三年從四川犍爲送吳通判潭州，吳決不會途經淮流；衹有嘉祐五年從京城送吳知潭州，吳纔可能途經淮流、途經家鄉（吳中復為「興國永興人」，即今湖北陽新人）。若按《蘇詩總案》繫年，從詩題到內容皆無法解釋。

嘉祐六年辛丑，五十三歲。

六月以王安石知制誥。王安石有《上時政書》，主張「明法度，建賢才」。八月以歐陽修參知政事。

蘇軾兄弟應制科試。蘇軾《進策》、《御試制科策》系統提出其革新主張。

蘇軾《策略三》（《東坡應詔集》卷一）：「當今之患，法令雖有未安，而天下之所以不大治者，失在于任人，而非法制之罪也。」其言顯然針對王安石「患在不知法度」而發。

邵博《邵氏聞見後錄》（卷一四）：「東坡中制科，王荆公問呂申公：『見蘇軾制策否？』申公稱之。荆公曰：『全類戰國文章。若安石爲考官，必黜之。』」

王安石《應才識兼茂明于體用科守河南福昌縣主簿蘇軾大理評事制》：（《王荆公年譜考略》卷八）：「敕某：爾方尚少，已能博考群書，而深識當世之務。其才能之異，志力之強，亦足以觀矣。其使序于大理，吾將試爾從政之才。夫士之強學贍詞，必知要然後不違于道。擇爾所聞而守之以要，將無所施而不稱矣。可不勉哉！」制詞雖係代皇帝立言，但一定程度上亦能代表王安石對蘇軾的看法。「爾方尙少」，「將試爾從政之才」，「必知要然後不違于道」等語，不無教訓口氣。

蘇轍《潁濱遺老傳》：「轍年十九舉進士釋褐，二十三舉直言。仁宗親策于廷。時上春秋高，始倦于勤，轍因所問極言得失。……除商州軍事推官，知制誥王介甫意其右宰相，專攻人主，比之谷永，不肯撰詞。」

蘇洵上書韓琦，對其不能重用自己表示不滿。

蘇洵《上韓丞相書》：「洵年老無聊，家產破壞，欲從相公乞一官職。非敢望如朝廷所以待賢俊，使之志得道行者，但差勝于今，可以養生遺老者耳。……洵久爲布衣，無官長拘轄，自覺筋骨疏強，不堪爲州縣趨走拜伏小吏。相公其別除一官，而幸與之，願得盡力。就使無補，亦必不至于恣睢漫漶，以傷害王民也。今朝廷糊名以取人，保任以得官，苟應格者雖屠沽不得不與。何者？雖欲愛惜而無由也。今洵幸爲諸公所知，似不甚淺，而相公尤爲有意。至于一官則反覆遲疑不決者累歲。嗟夫，豈天下之官以洵故冗邪？」

張方平《文安文先生墓表》：「時相韓琦聞其風而厚待之，嘗與論天下事，以爲賈誼不能過也。然知其才而不能用。」

七月，以蘇洵爲霸州文安縣主簿，編纂禮書。

歐陽修《故霸州文安縣主簿蘇君墓誌銘》：「會太常修纂建隆以來禮書，乃以爲霸州文安縣主簿，使食其祿，與陳州項城縣令姚辟同修禮書。」

曾鞏《蘇明允哀辭》：「頃之，以爲霸州文安縣主簿，編纂太常禮書。」

張方平《文安先生墓表》：「俾就太常修纂禮書，以爲霸州文安縣主簿，使食其祿。」

淨因大覺璉師贈蘇洵以閻立本畫，蘇洵以詩報之。

蘇洵《水官詩》：「我從大覺師，得此鬼怪編。畫者古閻子，于今三百年。見者誰不愛，予者誠已難。在我猶在子，此理寧非禪。報之以好詞，何必畫在前。」

此詩蘇洵集不載，見《東坡續集》卷一《次韻水官詩》附錄。

蘇軾《次韻水官詩》叙：「淨因大覺璉師，以閻立本畫水官遺編禮公。公既報之以詩，謂某：『汝亦作。』某頓首再拜次韻，仍錄二詩爲一卷獻之。」

蘇渙擢提點利州刑獄。

蘇軾《祭伯父提刑文》：「辛丑之秋，送伯西郊。」

蘇轍《伯父墓表》：「知漣水軍，未行，樞密副使孫公抃薦公，擢提點利州路刑獄。」

蘇洵與李育交游。

蘇軾《李仲蒙哀詞》（《東坡集》卷一九）：「昔吾先君始仕于太常，君以博士朝夕往來相好。先君于人少所與，獨稱君爲長者。」李仲蒙名育，其先河内人，自高祖徙于緱氏。中進士甲科，爲亳、潤、邠三郡職官，後爲應天府錄曹，太常博士。晚以司封郎直史館，爲岐王府記室。卒年五十。

蘇洵《上六家謚法議》。

按：今存蘇洵集不載，《宋蜀文輯存》卷四據《會要》錄出，注「嘉祐六年十月」作。

歐陽修《與蘇編禮》（《歐陽文忠公集》卷一五〇）：「某啓：承示表本甚佳。前所借《謚法》三卷，値公私多事，近方徧得披閱。文字更不待愚陋稱述。第新法增損，今別爲一書，則無不可矣。成一家之言，吾儕喜若己出耳。《謚錄》既多，祇欲借稿本。」

按：《宋史·藝文志》著錄有蘇洵《皇祐謚法》三卷、《皇祐謚錄》二十卷。

蘇洵作禮書，強調實錄，反對篡改歷史。

蘇洵《議修禮書狀》：「右洵先奉敕編禮書，後聞臣寮上言，以爲祖宗所行，不能無過差不經之事，欲盡芟去，無使存錄。洵竊見議者之說，與敕意大異。何者？前所授敕，其意曰：『纂集故事，而使後世無忘之耳。』非曰制爲典禮，而使後世遵而行之也。然則洵等所編者，是史書之類也。遇事而記之，不擇善惡，詳其曲折，而使後世得知，而善惡自著者，是史之體也。若夫存其善而去其不善，則是制作之事，而非職之所及也。而議者以責洵等，不已過乎？……謹具狀申提舉參政侍郎，欲乞備錄聞奏。」上狀具體時間不詳。歐陽修于嘉祐六年任參知政事，總纂修禮書事，姑繫于此。

嘉祐七年壬寅，五十四歲。

八月立宗實爲皇子，賜名曙（即其後之英宗）。

蘇渙卒于利州路提點刑獄任。

蘇轍《伯父墓表》：「嘉祐七年八月乙亥，無疾暴卒。……享年六十有二。」

孫叔靜兄弟請學于蘇洵，蘇洵有手書致孫。

蘇軾《跋先君與孫叔靜帖》（三蘇祠本《東坡集》卷六六）：「嘉祐、治平間，先君編修《太常因革禮》。在京師學者多從講問，而孫叔靜兄弟皆篤學能文，先君極稱之。先君既歿十有八年，軾謫居于黃，叔靜自京師過蘄，枉道過軾，出先君手書以相示。軾請受而藏之，靜叔不可，遂歸之。先生平生往還書疏，多口占以授子弟，而此獨其眞迹，信于叔靜兄弟厚善也。」

蘇洵與黎希聲爲鄰並相友善。

蘇轍《次韻子瞻寄眉守黎希聲》：「鄰居屈指今誰在，一念傷心十五年。」自注云：「轍昔侍先人于京師，與希聲鄰，居太學前。是時公之亡兄與亡侄皆在，今十五年而在者唯公、僕二人，言之流涕。」是詩作于熙寧十年（一〇七七），上溯十五年即爲嘉祐七年（一〇六二）。

蘇軾《眉山遠景樓記》：「黎希聲，軾先君子之友人也。」

嘉祐八年癸卯，五十五歲。

三月，仁宗去世，皇子趙曙繼位，是爲英宗。韓琦爲山陵使，厚葬仁宗。蘇洵上書韓琦，力主薄葬。

蘇洵《上韓昭文論山陵書》（卷一六）：「洵以爲當今之議，莫若薄葬，……上以遂先帝恭儉之誠，下約以百姓目前之急，內以解華元不臣之譏，而萬世之後以固山陵不拔之安。」

張方平《文安先生墓表》：「初作昭陵，凶禮廢闕，琦爲大禮使，事從其厚，調民輒辦，州縣騷動。先生以書諫琦且再三，至引華元不臣以責之。琦爲變色，然顧大義，爲稍損其過甚者。」

蘇洵作《辨奸論》以刺王安石。

蘇洵《辨奸論》（卷一一）：「今有人口誦孔、老之書，身履夷、齊之行，招收好名之士，不得志之人，相與造作語言，私立名字，以爲顔淵、孟軻復出。而陰賊險狠，與人異趣，是王衍、盧杞合爲一人也，其禍豈可勝言哉！夫面垢不忘洗，衣垢不忘澣，此人之至情也。今也不然，衣臣虜之衣，食犬彘之食，囚首喪面而談詩書，此豈其情也哉！凡事之不近人情者，鮮不爲大奸慝，竪刁、易牙、開方是也。以蓋世之名，而濟未形之患，雖有願治之主，好賢之相，猶將舉而用之。則其爲天下患，必然無疑者，非二子之比也。」

張方平《文安先生墓表》：「安石之母死，士大夫皆吊之，先生獨不往，作《辨奸論》一篇。……當時見者多謂不然，曰：『嘻，其甚矣！』先生既殁三年，而王安石用事，其言乃信。」

蘇軾《謝張太保撰先人墓碣書》（《東坡集》卷二九）：「軾頓首再拜。伏蒙再示先人墓表，特載《辨奸論》一篇，恭覽涕泗，不知所云。……《辨奸》之始作也，自軾與弟皆有『噫，其甚矣』之諫，不論他人。惟明公一見以爲『與我意合』。公固已論之先朝，載之史册。今雖容有不知，後世絶不可沒。而先人之言，非公表而出之，則人未必信。信不信何足深計，然使斯人用區區之小數以欺天下，天下莫覺莫知，恐後人必有『秦無人』之嘆。此墓誌所以作，而軾之所流涕再拜而謝也。」

書。」

韓琦《蘇員外挽詞二首》（《安陽集》卷四五）：「對未延宣室，文嘗薦《子虛》。書方就綿蕝，奠已致生芻。故國悲雲棧，英游負石渠。名儒升用晚，厚愧莫先予。」又：「族本西州望，來爲上國光。文章追典誥，議論極皇王。美德驚埋玉，瑰材痛壞梁。時名誰可嗣，父子盡賢良。」

按：張方平《文安先生墓表》云：「及先生殁，韓亦頗自咎恨，以詩哭之曰：知賢而不早用，愧莫先于余者也。」即指韓琦《蘇員外挽詞》第一首末二句。蘇軾《祭魏國韓令公文》（《東坡集》卷三五）：「昔我先子，殁于東京。公爲二語，以祖其行。文追典誥，論極皇王。公言一出，孰敢改評？」即指第二首三四句。

王珪《挽霸州文安縣主簿蘇明允》（《華陽集》卷五）：「岷峨地僻少人行，一日西來譽滿京。白首祇知聞道勝，青衫不及到家榮。元猿夜哭銘旌過，紫燕朝飛挽鐸迎。天祿校書多分薄，子雲那得葬鄉城？」

劉攽《挽蘇明允二首》（《彭城集》卷一二）：「季子才無敵，桓公義有餘。空悲五儋石，猶得茂陵書。郢路營魂返，江源氣象虛。康成宜有後，正使大門閭。」又：「漢儀綿蕝盛，周謚竹書存。益以《春秋》法，因知皇帝尊。百年當絕筆，諸子謝微言。詩禮終誰及，賢良萃一門。」（原注：蘇增《謚法》，又修纂《禮書》，成而卒。）

陳襄《蘇明允府君挽詞》（見《古靈集》

歐陽修《蘇君（明允）墓誌銘》：「爲《太常因革禮》一百卷，書成方奏未報，而君以疾卒。實治平三年四月戊申也。天子聞而哀之，特贈光祿寺丞，敕有司具舟載其喪歸于蜀。」

曾鞏《蘇明允哀詞》：「治平三年春，明允上其禮書，未報。四月戊申以疾卒。享年五十有八。自天子、輔臣至閭巷之士，皆聞而哀之。」

張方平《文安先生墓表》：「集成《太常因革禮》一百卷，書成，奏未報，而以疾革，享年五十有八，實治平三年四月。英宗聞而傷之，命有司具舟載其喪歸于蜀。」

《宋史·蘇洵傳》（卷四四三）：「爲《太常因革禮》一百卷，書成方奏未報，卒。賜其家縑、銀二百。子軾辭所賜，求贈官。特贈光祿寺丞，敕有司具舟載其喪歸蜀。」《宋史》本傳實據王安石所修《英宗實錄》，較歐陽、曾、張所記多出賜銀、求官一節。

邵博《邵氏聞見後錄》云：「《英宗實錄》：『蘇洵卒，其子軾辭所賜銀絹，求贈官，故贈洵光祿寺丞。』與歐陽公所志『天子聞而哀之，特贈光祿寺丞』不同。或云《實錄》，荆公書也。」

蘇洵去世後，爲之作哀詞銘誄者甚多。

張方平《文安先生墓表》：「朝野之士爲誄者百三十有三人。」

歐陽修《蘇明允挽歌》（《歐陽文忠公集》卷一四）：「布衣馳譽入京都，丹旐俄驚返舊閭。諸老誰能先賈誼，君王猶未識相如。三年弟子行喪禮，千輛鄉人會葬車。我獨空齋挂塵榻，遺編時閱子雲卷四）：「禮閣儀新奏，延英席久虛。自從掩關卧，無復草《玄》書。東府先生誄，西山孝子廬。誰言身後事，文止事相如？」

曾公亮《老蘇先生挽詞》（以下轉引自康熙三十七年刻二十卷本《蘇老泉先生全集》附録）：「立言學往古，抱道鬱當時。鉛槧方終業，風燈忽遘悲。名垂文苑傳，行紀太丘碑。後嗣皆鸞鷟，吾知慶有餘。」

趙槩《老蘇先生挽詞》：「稱謂欒城舊，潛光谷口棲。雄文聯組繡，高論吐虹霓。遽忽悲丹旐，無因祀碧鷄。徒嗟太丘德，位不至公圭。」又：「侍從推詞伯，君王問《子虛》。早通金匱學，晚就曲臺書。露泣時難駐，琴（云）〔亡〕韻亦疏。臧孫知有後，里閈待高車。」

王拱辰《老蘇先生挽詞》：「氣得岷峨秀，才推賈馬優。未承宣室問，空有茂陵書。玩《易》窮三聖，論《書》正九疇。欲知歆、向學，二子繼弓裘。」

張燾《老蘇先生挽詞》：「本朝文物盛西州，獨得宗公薦冕旒。稷嗣草儀書未奏，茂陵詞客病無瘳。一門歆、向傳家學，二子機、雲並雋游。守蜀無因奠尊酒，素車應滿古源頭。」

鄭獬《老蘇先生挽詞》：「豐城寶劍忽飛去，玉匣靈蹤自此無。天外已空丹鳳穴，世間還得二龍駒。百年飄忽古無奈，萬事凋零今已殊。惆悵西州文學老，一丘空掩蜀山隅。」

蘇頌《老蘇先生挽詞》：「觀國五千里，成書一百篇。人方期遠至，天不與假年。事業逢知己，文章有象賢。未終三聖傳，遺恨掩重泉。」又：「常論平陵系，吾宗代有人。源流知所自，道義更相親。痛惜才高世，齊咨泣滿巾。又知餘慶遠，二子志經綸。」

張商英《老蘇先生挽詞》：「近來天下文章格，盡是之人咳唾餘。方喜丘園空（惠）〔繐〕帳，何期簫吹咽輀車。一生自抱蕭、張術，萬古空傳揚、孟書。大志未酬身已殁，爲君雙淚濕衣裾。」

姚辟《老蘇先生挽詞》：「持筆游從已五年，忽嗟精魄已茫然。茂陵未訪相如稿，宣室曾知賈誼賢。薤露有歌凄曉月，絳紗無主蔽塞煙。平生事業文公志，應許鄉人白王鐫。」又：「羈旅都門十載中，轉頭浮幻已成空。青衫暫寄文安籍，白社長留處士風。萬里雲山歸故國，一帆江月照疏蓬。世間窮達何須校，史有聲名是至公。」

《老蘇先生會葬致語並口號》（節録）：「編禮寺丞，一時之杰，百世所宗。道兼文武之隆，學際天人之表。漁釣渭上，韞六韜而自稱；龍蟠漢南，非三顧而不起。宋興百載，文章多方，簡編具在，氣象不振。雖作者之繼出，尚古文之未還。迨公勃興，一變至道。上自朝廷縉紳之士，下及巖穴處逸之流，皆願見其儀表，固將以爲師友。而道將墜喪，天不假年。書雖就于百篇，爵不過于九品。謂公爲壽，不登六十；謂公爲夭，百世不亡。今者喪還里閭，胥會親友。顧悲哀之不足，假諷詠以紓情。敢露微才，上陳口號：萬里當年蜀客來，危言高論冠群魁。有司不入劉蕡第，諸老徒推賈誼才。」惠獨刊姬《謚法》，六經先集漢家臺。如公事業兼忠憤，淚作岷江未寄哀。」

蘇軾兄弟護喪出都，自汴入淮，泝江而上，返川。治平四年（一〇六七）八月葬蘇洵于眉州彭山安鎮鄉可龍里老翁泉側。

張方平《文安先生墓表》：「明年八月壬辰葬于眉州彭山縣安鎮鄉可龍里。」

蘇洵著述有文集二十卷、《謚法》三卷，與姚闢合著《太常因革禮》一百卷，作《易傳》百餘篇未成。

歐陽修《蘇君（明允）墓誌銘》：「與陳州項城令姚闢同修禮書，爲《太常因革禮》一百卷。……有文集二十卷、《謚法》三卷。」

曾鞏《蘇明允哀詞》：「明允所爲文集有二十卷，行于世，所集《太常因革禮》有一百卷，更定《謚法》三卷，藏于有司。又爲《易傳》，未成。」

張方平《文安先生墓表》：「集成《太常因革禮》一百卷。……所著文集二十卷，《謚法》三卷，《易傳》十卷。」

《通志》卷七〇《藝文略八》：《老蘇集》五卷，又《嘉祐集》三十卷。

《宋史·藝文志》著錄蘇洵著述有：《洪範圖論》一卷，《嘉祐謚法》三卷，《皇祐謚錄》二十卷，《蘇洵集》十五卷，《別集》五卷。

《四庫全書總目》卷一五三：《嘉祐集》十六卷附錄二卷，兩淮馬裕家藏本。……考曾鞏作洵墓誌，稱有集二十卷。晁公武《讀書志》、陳振孫《書錄解題》俱作十五卷。蓋宋時已有二本。是本爲徐乾學家傳是樓所藏，卷末題紹興十七年四月晦日婺州州學雕，紙墨頗爲精好。又有康熙間蘇州邵仁泓所刊，亦稱從宋本校正。然二本并十六卷，均與宋人所記不同。徐本名《嘉祐新集》，邵本則名《老泉先生集》，亦復互異，未喻其故。或當時二本之外，更有此一本歟。今世俗所行又有二本。一爲明淩濛初所刊朱墨本，併爲十三卷；一爲國朝蔡士英所刊任長慶所校本，凡十五卷，與晁氏、陳氏所載合，然較徐本闕《洪範圖論》一卷，《史論》前少引一篇，又以《史論中》爲《史論下》，而闕其《史論下》一篇，又闕《辨奸論》一篇，《題張仙畫像》一篇，《送吳侯職方赴闕序》一篇，《謝歐陽樞密啓》一篇，《謝相府啓》一篇，《香詩》一篇。朱彝尊《經義考》載洵《洪範圖論》一卷，注曰未見，疑所見洵集，當即此本。中間闕漏如是，恐亦未必晁、陳著錄之舊也。今以徐本爲主，以邵本互相參訂，正其譌脫，亦有此存而彼逸者，并爲補入。又附録二卷，爲奉議充婺州學教授沈斐所輯，較邵本少國史本傳一篇，而多挽詞十餘首，亦并録以備考焉。

〔一〕奇之：原闕，據《師友談記》原文補。

〔二〕過：原文作「於」，據《傳家集》卷七八《程夫人墓誌銘》改。

蔡襄年譜

劉琳 編

據宋代文化研究第四輯增訂

蔡襄（一〇一二—一〇六七），字君謨，興化軍仙游（今屬福建）人。天聖八年進士，歷爲漳州軍事判官、西京留守推官。慶曆三年知諫院，以范仲淹被貶，尹洙、余靖、歐陽修論救被斥，作《四賢一不肖》詩，盛傳于朝野。四年，出知福州，改福建路轉運使。皇祐四年，遷起居舍人、知制誥。至和元年，知開封府。三年，出知泉、福二州。嘉祐五年，召拜翰林學士，權三司使。英宗朝遷三司使，以母老出知杭州。治平四年卒，年五十六。

蔡襄爲官有能聲，立朝敢言，在福建興修水利，建萬安橋，功不可没。又擅長書法，爲宋代名家。有詩名，歐陽修稱其詩『清遒粹美』（《墓誌銘》）。著有《茶録》、《荔枝譜》、《蔡忠惠公文集》等。事跡見歐陽修《蔡公墓誌銘》（《歐陽文忠公集》卷三五）、《宋史》卷三二〇本傳。

宋蔡戡、明徐𤊹均編有《蔡忠惠公年譜》，今未見傳本。此譜爲劉琳所編，原載《宋代文化研究》第四輯（四川大學出版社一九九四年），此次重刊，略有改動。

蔡襄，字君謨，興化軍仙遊（今福建仙遊）人，移居莆田（今福建莆田）。

見歐陽修《端明殿學士蔡公墓誌銘》（《歐陽文忠公集》卷三五，以下簡稱《蔡公墓誌銘》）。按襄之父母葬于仙遊縣慈孝里半井岡，是其本邑也。後居莆田（見《八閩通志》卷七一）。故其文多自題曰「莆陽蔡襄」，或「莆田蔡襄」。宋李俊甫《莆陽比事》卷三：「蔡襄故家在郡南五里，淳熙三年賜謚忠惠，郡爲表其坊曰『忠惠之家』。」又引林光朝舊《莆志》序云：「出南郭可五里，蔡端明有舊第。」陳振孫《直齋書錄解題》卷一七「蔡忠惠集」條云：「余嘗官莆，至其居，去城三里。荔子號『玉堂紅』者，正在其處。矮屋欲壓頭，猶是當時舊物。歐公所撰《墓誌》石立堂下。」

家世務農。曾祖顯，祖恭，父琇，均不仕。母盧氏，泉州惠安人，曾祖、祖、父亦皆不仕。襄貴後，祖贈工部員外郎，父贈刑部侍郎，母封長安郡太君。

以上見歐陽修《蔡公墓誌銘》及《長安郡太君盧氏墓誌銘》（《歐陽文忠公集》卷三六）。蔡襄《讀樂天閑居篇》：「嗟予出塞遠，家世嘗力農。」（《宋端明殿學士蔡忠惠公文集》卷三，清雍正蔡氏遜敏齋刻本，以下簡稱「本集」）。

真宗大中祥符五年壬子，一歲。

二月十二日，襄生。

蔡襄治平三年所作《丙午二月十二日雜言》詩：「仲春一浹，我生之辰。紀歲之行，五十有五。」（本集卷三）是襄生于二月十二日也。又按蔡襄兄弟姊妹共六人，襄爲第二子。歐陽修《盧氏墓誌銘》：「夫人生四子，其三皆早卒，而端明君，第二子也。……其三子，早卒者曰丕，不及仕；曰高，太康縣主簿；曰奭，福州司戶參軍。女二人，皆適士族。」然襄自稱「蔡大」（《會飲帖》，見《游宦紀聞》卷九），歐陽修等亦稱襄爲「蔡大」（見歐集卷四六《與王懿敏公仲儀書》），蓋不計早卒之丕也。蔡高事迹見後。奭，別無紀載。

大中祥符六年癸丑，二歲。

大中祥符七年甲寅，三歲。

弟高生。

蔡襄《祭弟文》：「吾年十五，再就鄉舉，汝時十三。」則高小於襄二歲，當生于此年也。高字君山，歐陽修有《蔡君山墓誌銘》（《歐陽文忠公集》卷二八）。

大中祥符八年乙卯，四歲。

大中祥符九年丙辰，五歲。

與弟高始就學。

《祭弟文》：「吾自五歲與汝從學。」《楊公明墓表》：「予幼學于鄉序。」（本集卷三三）按蘇象先《魏公譚訓》卷六：「淩公景陽初爲興化軍仙遊縣尉，一日驗覆于村墅，有二道士挾二童子來觀，眉目疏秀，精神爽拔。公問誰，道士言：『蔡耆長之子。』問：『讀書乎？』曰：『未也。』乃君謨與其弟高爾。及歸，戒道士諭其家，令至邑，躬自教以經。二子日進不已，如夙學者，踰年幾成。及公罷秩，挈至軍中（按：指興化軍），屬守置之學，督課之。」是襄七、八歲以後與弟高就讀于郡學也。

天禧元年丁巳，六歲。

天禧二年戊午，七歲。

天禧三年己未，八歲。

已能習詩賦。

襄《上運使王殿院書》（見下）自云「齠齔之歲偶能習詩賦」。古云「男八歲而齠齒」（見《韓詩外傳》卷一），是「齠齔之歲」指八歲左右。

天禧四年庚申，九歲。

天禧五年辛酉，十歲。

乾興元年壬戌，十一歲。

二月，眞宗崩，仁宗即位。

仁宗天聖元年癸亥，十二歲。

初就鄉試。

按襄自云年十五「再就鄉舉」（見下），宋代鄉舉三年一次，則必是十二歲時第一次在興化軍應鄉試。

天聖二年甲子，十三歲。

天聖三年乙丑，十四歲。

天聖四年丙寅，十五歲。

再應鄉舉，弟高亦與試，均失利。

《祭弟文》：「及吾年十五，再就鄉舉，汝時十三，蓋亦與焉。」《上（福建）運使王殿院書》：「家世無顯榮，幼而從學，齠齔之歲偶能習詩賦。既而孜孜刻志，臨文自省，不陷邪說于師道久廢之世，自強不息。年甫十五，再求舉于鄉里，皆不利用。」（本集卷二四）

天聖五年丁卯，十六歲。

天聖六年戊辰，十七歲。

天聖七年己巳，十八歲。

與弟高徒步入京，寄應于開封府。

《祭弟文》：「其後三年，與汝北遊京師。」《上運使王殿院書》：「前歲間攜幼弟徒步西上，艱難困厄，僑舉王府，偶先多士。」道中過桐城，有《夢中作》一詩，自注云：「年十八時入京就進士舉，過舒州桐（按：原誤作「相」）城夢中作。」詩中借蕭史、弄玉吹簫鳳臺，隨風飛舉，以寓渴望登第之情（見本集卷四）。

秋，開封府試第一。

蘇象先《魏公譚訓》卷六：凌景陽爲三司勾當公事，襄與弟至京，往見之。「問其學業，已富矣，來從都中舉。公爲之經營就試。及試《寢不逾廟賦》畢，君謨錄以呈公。時晏元獻爲三司使，凌公以蔡賦呈之，元獻甚喜，曰：『高解不出二十名。』又十日，（曰）：『前所示賦甚佳，必不出十人。』及榜將出，晏公曰：『蔡襄賦必第一人。今歲名士所作，世人皆見之，無逾襄者。』榜出，果第一。遂致通顯，凌公力也。」宋庠有《凌景陽寺丞與韓綜監簿蔡襄秀才雪夕會飲聯詩數十韵以相示因成詩句》一詩（《元憲集》卷四），亦可證蔡襄在京與凌景陽等之交往。

天聖八年庚午，十九歲。

三月，登王拱辰榜進士甲科，授漳州軍事判官。

《讀樂天閑居篇》：「十九登科第，聖轂參英雄。」歐陽修《蔡公墓誌銘》：「天聖八年，舉進士甲科，爲漳州軍事判官。」按《宋史·仁宗紀一》，此年三月，「賜禮部奏名進士、諸科及第出身八百二十二人」。

夏，自京赴漳州道中寓居江陰悟空院。

蔡襄《和子發（葛密）》詩序：「天聖八年，寄居悟空院，留詩僧壁。」（本集卷七）按其詩即襄集卷四《久寓悟空院刹行而書之》，中有「斷蟬吟繞五更風」之句，知在夏季。葛密有《贈蔡君謨赴漳南幕》詩相送（詩見葛立方《韵語陽秋》卷一）。葛密，江陰人，襄之妻族。

天聖九年辛未，二十歲。

在漳州軍事判官任。

此年，上書福建轉運使王嘉言，自陳心迹，以求知任。

本集卷二四有《上運使王殿院書》，謂己「得就吏祿，佐幕偏州，實貳郡政。大之則生殺鞭掠之權，小之則勾稽簿領之務，皆所參畫而職掌之也。……如是者亦以期年矣。」可知在天聖九年。所謂王殿院即王嘉言。嘉言，禹偁次子，以此年爲福建運使，見劉攽《彭城集》卷三七《王公墓誌銘》。蔡襄于此書中述福建一路之社會狀況，幷陳己之政治主張，謂「從政之術無他也，必先本諸先聖人之道也」。

此年，襄娶江陰葛氏。

至和二年十二月襄有《過泗州嶺》詩，自注云：「是年冬十二月，室家永嘉縣君葛氏亡逝」。詩云：「二十五年間，三迴共往還。」（本集卷六）至和二年（一〇五五）倒推二十五年即天聖九年也。蓋是年襄自漳州歸家娶妻。葛氏，江陰大姓，父處士惟明，母承氏，三女，長女適凌景陽，襄妻即其季女也（見本集卷三四《葛處士夫人墓誌銘》）。

天聖十年十一月改明道元年。**壬申，二十一歲。**

在漳州軍事判官任。

襄在漳州亦注意教育與經術。本集卷二九有《講春秋疏》，大要謂「學必固而講必先」，學聖人之道在經籍，經籍之奥在釋諭。「彭城先輩」（疑指劉彝）自泉州來漳，好古強學，能通《左氏春秋》，因以此疏邀集士子相與講習經義。公餘多有吟咏。

《八閩通志》卷三八謂襄在漳州，「處之以靜，公餘吟咏最多。」今集中有《漳南十咏》、《耕園驛佛桑花》等詩。

明道二年癸酉，二十二歲。

在漳州軍事判官任。

約于此年秋冬，任滿歸家。

《祭弟文》云「及罷歸，汝後登第還家」。按襄弟高登第在次年（詳下），則襄罷漳州從事歸家應在明道二年。

景祐元年甲戌，二十三歲。

居家待選。

三月，弟高登第，時年二十一。尋亦還家拜慶。

蔡高此年登第，見《仙溪志》卷二。蔡襄《祭弟文》：「吾先得官，爲臨漳從事。及罷歸，汝後登第還家，駢首拜慶，鄉閭榮之。」有《喜弟及第》詩，首二聯云：「里閈高高祖德新，魯庭詩禮孟家鄰。連登桂籍青袍客，共拜萱堂白首親。」

景祐二年乙亥，二十四歲。

居家待選。

景祐三年丙子，二十五歲。

春，離家赴京。

襄有《憶弟》詩，序云：「丙子春三月，予解官漳州，與弟君山西行至順昌富屯之間。夾溪十里，紅白薔薇盛開，時與君山臨流飲而賦詩。」按順昌，縣名，屬南劍州，今屬福建。富屯，即今富屯溪。此行當是赴京待吏部銓選注官，尋即授西京留守推官。詩中云「解官漳州」，謂于時已解官漳州，非謂此年始解官也。襄于康定二年六月請假歸家省親經吴興，有《泊吴江寄胡武平（胡宿）》詩，中云「嗟予遠庭闈，六年見春草」，意即離家已六年，慶曆元年倒推六年亦爲景祐三年。

四月（或五月），授西京留守推官。

按：授官之確切時間已不可考。據前後事推之，當在四月或五月。襄有《答王太祝書》（本集卷二四），首句云：「七月十五日，新授西京留守推官蔡襄頓首」，云云，是時授官未久，故云「新授」也。西京即洛陽，于時西京留守爲宋綬。

五月，爲范仲淹等被黜，作《四賢一不肖》詩。

此月初九日，天章閣待制、權知開封府范仲淹以言事忤宰臣呂夷簡，被指爲朋黨，落職知饒州。十五日，集賢校理、大理評事余靖，以上疏訟仲淹，落職監筠州酒稅。十八日，太子中允、館閣校勘尹洙又以論仲淹貶監郢州酒稅。鎮南節度掌書記、館閣校勘歐陽修移書右司諫高若訥，責其身爲諫官不能辨仲淹之非辜，不復知人間有羞耻事。二十二日，修坐黜爲夷陵縣令。蔡襄乃作《四賢一不肖》詩，「四賢」指范、余、尹、歐，「一不肖」謂若訥也。事見《續資治通鑑長編》（以下簡稱《長編》）卷一一八。《長編》又云「西京留守推官仙遊蔡襄作《四賢一不肖》詩」，則是時已任留守推官矣。又云：「泗州通判陳恢尋上章乞根究作詩者罪。左司諫韓琦劾恢越職希恩，宜重行貶黜，庶絕奸諛，不報，而襄事亦寢。」《四賢一不肖》詩見本集卷一。蔡襄由此聲名大噪。《宋史》卷三二〇《蔡襄傳》：「都人士爭相傳寫，鬻書者市之，得厚利。契丹使適至，買以歸，張于幽州館。」

此月，襄與歐陽修等過從甚密，間日會飲。歐陽修有《于役志》（《歐陽文忠公集》卷一二五），乃自范仲淹貶饒州之日至己謫夷陵途中之日記，其中記貶夷陵前後與王拱辰、蔡襄、胡宿、刁約等多次聚會。如：「（景祐三年五月）乙未，安道（余靖）東行，不及送，余與君貺追之不克，還過君謨家，遂召移之、公期、道滋、景純夜飲。」「丁酉，與損之送師魯（尹洙）于固子橋西興教寺，余留宿。明日，道卿、損之、公期、君貺、君謨、武平、源叔、仲輝皆來會飲，晚乃歸。余貶夷陵。」「庚子，夜飲君貺家，會者公期，君謨、武平、秀才范鎭。」「辛丑，舟次宋門，夜至公期家飲，會者君謨、君貺、景純、穆之。」「癸卯，君貺、公期、道滋先來，登祥源（寺）東園之亭，……已而君謨來，景純、穆之、武平、源叔、仲輝、損之、壽昌、天休、道卿皆來會飲，君謨、景純、穆之、壽昌遂留宿。明日，子野始來，君貺、公期、道滋復來。子野還家，餘皆留宿。君謨作詩，道滋擊方響，穆之彈琴。」按庚子至甲辰之聚會實即爲歐陽修送行，其間所云「君謨作詩」疑即《四賢一不肖》詩也。

七月，歸家迎取妻子。

本集卷二四《上龐端公書》：「閏四月

日，具官蔡襄謹遣公僕獻書于端公執事：間者襄取孥江南，會執事受詔還臺」，云云。按此書寫于景祐四年（以景祐中唯四年有閏四月可知），龐端公即龐籍，「端公」乃侍御史之俗稱。考《宋史·龐籍傳》，籍以景祐三年自知秀州入爲侍御史，則此年襄嘗南歸迎取妻兒。本集卷二四又有《答王太祝書》，寫于景祐三年七月十五日，未云「具舟旦夕東下，必造門爲别」，即「取孥江南」事也。

十二月，回京途中過杭州，遊徑山。山在杭州北四十里。十二月二十五日，襄與黄瑊等同遊，歸而追爲《遊徑山記》（本集卷二五）。又謁杭州淨土院僧惟正，作《七石序》（本集卷二六）。

景祐四年丁丑，二十六歲。

在洛陽任西京留守推官。

閏四月，致書侍御史龐籍，敦請籍懇陳于朝廷，免福建身丁税。《上龐端公書》（參上文）云：「先朝時，詔書特免江浙身丁錢，以貫計者五十餘萬。斯時，七閩有不材使，以謂詔書所免者身丁錢耳，三郡身丁之輸者斗斛也，非在免中，不能舉而覆奏，故先皇帝育物之仁均而有遺。」按身丁錢米之征始于五代，爲南方民之一大負擔。眞宗大中祥符四年詔除兩浙、福建、荆湖、廣南身丁錢，而米輸如故。見《宋史·食貨志上二》。

景祐五年十一月改寶元元年。**戊寅，二十七歲。**

在洛陽任西京留守推官。

是歲，長子匀生。

據襄《長子將作監主簿哀詞序》，匀卒于

至和二年（一〇五五）六月，年十八（詳後）。推之乃此年生。

寶元二年己卯，二十八歲。

在洛陽任西京留守推官，加試大理評事秩。

此年十二月，襄撰《通遠橋記》、《導伊水記》、《謝公堂記》等文（見本集卷二五），文末均署「留守推官、朝奉郎、試大理評事蔡襄記」。按《宋史·職官志九》「試秩」條云：「幕職……再任至兩使推官，則試大理評事」，是也。

襄在洛爲留守推官四年，其後有《夢遊洛中》詩十首，追憶洛中交遊。詩中自注有云：「予爲留守推官，新作綠竹堂，王勝之（益柔）、劉伯壽（几）多會宿彈琴。」「王相宅號史館園，嘗與府僚遊晏，題名石上。」「嘗與尹子漸（源）遊嶽廟寺觀，今子漸亡矣。」「從尹師魯宿香山石樓。」「普明寺乃白樂天履道第，水竹最佳，數爲文字飲。」「罷官時交遊餞送白馬寺，耿大監丞（按：耿傅，爲將作監丞）今死西事。」其中所云曾權知洛陽縣，未知在何時。

寶元三年二月改康定元年。**庚辰，二十九歲。**

遷著作佐郎，離洛陽至京。

按《宋會要輯稿》載此年九月「學士院試著作佐郎蔡襄」云云（詳下），則九月以前蔡襄已升著作佐郎，但未知在何月。前引襄《夢遊洛中》詩自注「罷官時交遊餞送白馬寺」，即指罷西京留守推官、遷著作佐郎時，友朋于洛陽東郊白馬寺餞送襄赴京也。

九月五日，經學士院試，詔充館閣校勘。

《宋會要輯稿》選舉三一之三〇：「康定元年九月五日，學士院試著作佐郎蔡襄賦三下、詩四上，大理評事陳經賦、詩各三上，詔充館閣校勘。經以宰臣張士遜、襄以禮部尙書知河南府宋綬薦命試。」此時蔡襄之官銜全稱爲「朝奉郎、秘書省著作佐郎、充館閣校勘」（見本集卷一九《乞戒勵安撫使書》）。蔡襄《讀樂天閑居篇》：「十年出吏選，校書蓬陼中。」自注：「是年二十九。」按「十年出吏選」謂自選人升京官著作佐郎，「校書蓬陼中」謂充館閣校勘也。

康定二年十一月改慶曆元年。**辛巳，三十歲。**

任館閣校勘。

正月十二日壬戌，遣使體量安撫諸路，襄上《乞戒勵安撫使書》。

遣使安撫諸路，見《長編》卷一三〇，襄上書見本集卷一九、《諸臣奏議》卷六六。書云：「臣詳觀古之遺使，皆務恤窮民，除惡吏，舉材能，收滯逸而已。」「頃年遣使安撫諸郡，比其還奏，薦舉雖多，而蠹暴不察，是徒取善譽而空厥職也。夫收才選能，誠爲治之首務；然惡吏不除，窮民不恤，有使之出，不若無出之愈！」

四月，告假歸覲父母。

《祭弟文》：「今年夏四月，吾謁告歸覲。」六月經湖州（今吴興），有《泊吴江寄胡武平》詩（本集卷一），時胡宿知湖州也。又經衢州，登爛柯山，次年所寫《送楊渥赴西安主簿》詩云：「余思去夏還甌閩，溫風赤日爭陶蒸。……爛柯巖岫孤峻嶒，出邃窺矚崖險憑。」（本集卷二）

道中作《耿諫議傳》。

耿傳字公弼，河南人，蔡襄友。慶曆元

年初，參帥臣任福行營軍事。于宋夏好水川戰役中戰死。與傳素不相能者浮言謗之，襄憤而作此傳。次年襄致書尹洙，述及此事，云：「及謁告還家，造謁參政晁公（忠愍），因言：耿傅始以書勸諸將勿輕進兵，擇利而動，諸將之議不一，遂戰而沒。襄乃以傅之所以死者明白無疑也，道中作《耿諫議傳》，報書一通，寓于歐陽永叔。比襄歸京師，則見者多矣，是非或參焉。然襄所以云云者，非特弭傅之謗，抑亦爲忠義唱也。」

六月初七日，弟太康主簿高卒于任所。襄至家五日，得高訃音。

歐陽修《蔡君山墓誌銘》：「君山景祐中舉進士，初爲長谿縣尉，後爲開封府太康主簿。時予與君謨皆爲館閣校勘，居京師，君山數往來其兄家，見其以縣事決于其府，……予始知君山敏于爲吏，……明年，君謨南歸拜其親。夏京師大疫，君山以疾卒于縣。」蔡襄《祭弟文》：「吾佐西都留守幕府，汝時選注太康，西來過我，留遊久之。去年，吾忝對讎，麗名書府（按指康定元年為館閣校勘），汝以畿縣，繼來相見。今年夏四月，吾謁告歸覲，別汝于國門之外。誰謂此別，爲生死之別！」又曰：「吾至家始五日，得汝訃音，以六月七日感疾終于官。哀號哭叫，驚迷失次。」按襄之至家，當已在七月。

慶曆二年壬午，三十一歲。

五月，仁宗親錄京師繫囚，襄上《乞罷減降疏》，謂減降罪戾，爲惠甚小，其蠹甚大。疏云：「伏睹比年以來，盛夏之月陛下親慮京師繫囚，今天下負罪者減降，便從輕典。……貧弱者多負寃，而富強者多蒙宥，爲惠甚小，而其害甚大，非有補于治體也。」

慶曆三年癸未，三十二歲。

三月二十六日癸巳，以王素、歐陽修、余靖爲諫官。襄作《喜歐陽永叔余安道王仲儀除諫官》詩，并上書請仁宗用諫不疑，無爲奸邪媾間。

《長編》卷一四〇：慶曆三年三月「癸巳，侍御史魚周詢爲起居舍人，職方員外郎王素爲兵部員外郎，太子中允、集賢校理歐陽修爲太常丞，并知諫院。周詢因辭之，以太常博士、集賢校理余靖爲右正言，諫院供職。時陝右師老兵頓，京東西盜起，呂夷簡既罷相，上遂欲更天下弊事，故增諫官員，首命素等爲之。」本集卷四錄襄喜三人除諫官詩云：「御筆新除三諫官，士民千口盡相歡。昔時流落丹山在，自古忠賢得路難。好竭謀猷居帝右，直須風采動朝端。人生萬世皆塵土，惟是功名永遠看。」又卷一九《言增置諫官書》，略云：「臣竊思任諫非難，惟聽諫之難；聽諫非難，惟用諫之難。如素、靖、修等，忠誠剛氣，著信于人，况蒙陛下奬拔之知，必能箴闕政、獻明謨、擿回邪、擊權倖，思所以報效也。然邪人惡之，必有御之之說，不過曰：某人也，好名也，好進也，彰君過也。或進此說，正是邪人欲蔽天聰，不可不察。」

此月，又上《乞令御史中丞舉屬官狀》（本集卷二一）。

四月十二日，遷秘書丞、知諫院。

《長編》卷一四〇：慶曆三年四月「己酉

……著作佐郎、館閣校勘蔡襄爲秘書丞、知諫院。初，王素、余靖、歐陽修除諫官，襄作詩賀之，辭多激勸，三人者以其詩薦于上，尋有是命。」宋祁《景文集》卷三一《蔡襄知諫院制》：「蔡襄識詣沖遠，履業端方。含章立言，望古爲偶。而讎正秘籍，棲遲累年，懷國之寶，戢而未肆。……是用振爾淹衈，光我簡求。」王鞏《見聞近錄》：歐陽修等除諫官，君謨亦除諫官，時人號爲「一棚鶻」。

二十五日，上章乞罷前相呂夷簡商量軍國大事。

按呂夷簡居政府幾二十年。仁宗初立，參知政事，天聖七年以來，三入爲相，中間罷去，僅二年餘。慶曆二年冬，以病不能朝，詔拜司空，平章軍國重事。三年三月以守司徒罷相，仍令商量軍國大事，兩府大臣常詣其家議事。至是襄上疏數夷簡七過，謂：執政以來，屢貶言者孔道輔、孫沔、范仲淹、余靖、歐陽修等，絕忠讜之嘉謨，成本朝之闕政，其過一也。見爲善介特自立者，皆以好名希求富貴以污之，阿附己者，悉力護之，廢廉耻之節，成奔競之風，其過二也。一恩之施，皆須出我門下，以是阿附者多，陰爲羽翼，其過三也。奇材異績，不聞獎拔，貪墨昏耄之人，多與收錄，使貪廉混淆，善惡無別，其過四也。關陝兵興以來，帑藏空虛，民力殫竭，嗟怨嗷嗷，聞于道路，其過五也。士卒不練，器械不完，命遣將帥，或分或合，法制不立，上下不和，大戰大敗，小戰小敗，其過六也。自西師敗沒之後，契丹乘隙，妄請關南之地，歲增金帛二十萬，凌脅中國，大爲耻辱，其過七也。乞特罷商量軍國大事（疏見本集卷一四）。仁宗從之，二十七日，罷夷簡商量軍國大事。

又上《論范仲淹韓琦辭讓狀》。范、韓爲陝西路招討使，本月七日各除樞密副使。二人以西邊未寧辭，朝議未決。襄章謂：「二臣之忠勇，其心一也；若以人謀材望，則仲淹出韓琦之右。處内者謀之，而處外者行之。故仲淹宜來，琦當留邊。」范、韓凡五讓，不許，乃就道（襄狀見本集卷二一，事詳《長編》卷一四〇）。

五月，上《乞用韓琦范仲淹奏》、《乞罷王舉正用范仲淹奏》。

前章謂朝廷用韓琦、范仲淹爲樞密副使，人人歡欣，「臣獨竊憂者，誠恐進用之後，或有讒間，或拘舊例，使之不盡所長而去。」「今天下之病……病在支體，若得良醫，可速愈也。……若于此時使良醫不得盡其術，則天下之病愈深，雖有和扁之妙，難責速效矣。」（本集卷一五）王舉正以慶曆元年除參知政事。襄章謂舉正「柔懦緘默，無補于時。……韓琦、仲淹見已到闕，若以處置邊事，韓琦足以當之。乞移仲淹參知政事，其舉正伏乞退罷。」（本集卷一四）其後，襄又上《再論王舉正奏》，歐陽修、余靖亦言之。七月十一日，舉正遂罷參政，知許州。八月十一日，范仲淹除參知政事。

六月，上《論軍賊王倫奏》。

此年五月，虎翼卒王倫叛于沂州，既而

掠楚泰等州，至七月而平（見《宋史》卷一一《仁宗紀三》、《長編》卷一四一、一四二）。襄此奏陳討捕事宜，當在六月（見本集卷一七）。同時歐陽修等亦有奏。

七月，西夏遣使來議和，襄上《乞不與西賊通和》、《乞不聽議者許西賊不臣》、《乞不許西賊稱吾祖》等奏。

《長編》卷一四二：七月「乙酉（二十日）元昊復遣呂尼、如定、興舍、僚禮、旺約，特和爾與邵良佐俱來，請要凡十一事，其欲稱男而不爲臣，猶執前議也。」其「十一事」含領土、歲幣、貿易、青鹽、稱號等（參吴天墀《西夏史稿》頁六九—七一，四川人民出版社一九八三年第二版）。宋朝廷大臣意見紛紜，宰臣晏殊等主和，而韓琦、歐陽修、余靖、蔡襄等則反對屈辱通和，尤以名分一事爭執尤烈。夏主元昊自稱「兀卒」，後更改譯爲「吾祖」，向宋帝稱男而不稱臣。襄疏謂：「名分不正，不可從也」，「寧可血戰而死守，不可少屈而聽從事也」。又曰：「『吾祖』猶言我宗也。今縱使元昊稱臣，而上書朝廷自稱曰『吾祖』，朝廷賜之詔書亦曰『吾祖』，是何等語耶！」「臣切料議者欲降損事體，屑就羌夷者，不過曰將帥不才也，國帑空虛也。方今天下之廣，士民之衆，基業完具，但處置未得其方，因循不究其弊，必大有爲然後振起，豈得便爲無可究治之理？」（本集卷一六）

八月十七日，上疏乞早遣范仲淹巡邊。

按此月十三日仲淹除樞密副使。襄疏謂夏使在此，未知和與不和，而緣邊繼奏西夏點集兵馬。安危之機在此一舉，當早遣仲淹巡邊經制事宜（《長編》卷一四二）。尋詔韓琦代仲淹宣撫陝西。

又奏彈翰林侍讀學士楊偕請屈從西夏通和。

時翰林侍讀學士、左司郎中楊偕上疏謂連年出師，國力日蹙，宜許與夏和，并引漢呂后遭匈奴侮慢，以遜詞答之之事。諫官王素、歐陽修、蔡襄等累章劾奏偕職爲從官不思爲國討賊，而助元昊不臣之請，不宜處侍從之列，請出之。偕不自安，求外補。二十八日除知越州，尋改知杭州（見《長編》卷一四二，襄疏見本集卷一六）。

九月四日，仁宗賜襄五品服，許歸寧迎親。

《長編》卷一四三：九月丁丑，「賜知諫院王素三品服，余靖、歐陽修、蔡襄五品服。面喻之曰：『卿等皆朕所自擇，數論事無所避，故有是賜。』襄數求補外，以便親養。樞密副使富弼曰：『諫臣不當遠去，許給假迎親可也。』上許襄歸寧而不許其罷。」

此月，上《乞降呂夷簡致仕官秩奏》、《論李淑梁適奸邪》及禁執政大臣私第接見賓客等奏。

此月四日，呂夷簡授太尉致仕，恩禮有加。歐陽修、蔡襄等俱上疏論其不當。十二日，中書舍人、知開封府李淑除翰林學士。修上言淑奸邪陰險，自來朋附呂夷簡，在「三尸」「五鬼」之數。襄言不可使邪人在側，罰奸邪在實罪之上，况李淑、梁適皆有實罪，乞與外郡。尋詔李淑罷翰林學士，出知鄭州（并見本集卷一四）。又《長編》卷一四三：九月「丁丑（十三日），詔執政大臣非假休不許私第接見賓客，從知諫院蔡襄之言也。」按襄此疏本集未見。

十月，歸閩迎親。

其出都蓋在十月，由運河經南京（今商丘）至杭州，歷衢州而入閩。次年夏所上《論東南事宜疏》云：「臣近者蒙恩賜告歸覲父母，臣出宋都、歷淮上，絶江而南，出東吴之域，縈委千里。」（本集卷一九）可見其路綫。襄《龜山夜泊書事》詩：「十月淮水平，瑩浄鋪寒簟。」龜山在盱眙（今屬江蘇），臨淮水。是襄十月至盱眙也。詩又云：「賜告雖慶幸，被恩實慚忝。慈親慰衰顔，嬌兒別啼瞼。人情足愛戀，將思輒閉掩。世事忽憂來，驚起類癡魘。金絜北餌胡，弓刀西壓陝。天子欲求理，群材務搜檢。大明破昏翳，久弊刮痕玷。有如廣廈時，拙者亦磨剡。行路勿遲遲，流年空冉冉。」表明為國憂患、致力改革之心志。至杭州亦有迹可尋。《長編》卷一六三：「（楊偕）初坐蔡襄等劾知杭州，會襄謁告過杭，而輕遊里市，或謂偕曷言于朝，答曰：『襄嘗以公事詆我，我豈可以私報邪？』」（按偕以九月知杭州）襄有《遷陽道中奉寄楊正臣同年》詩，序云：「頃年同年秘校楊兄以疾去官，退休于家。……今者賜告迎親，歲暮道遠，歸心遥遥，又不得一造門下。」題「十二月十八日」。其詩云：「名第同一籍，家園連七閩。何為別眉宇，于今十四春。」（本集卷一）按遷陽即今福建浦城西北仙陽鎮。襄與楊正臣以天聖八年登第，後「十四春」即慶曆三年也。是襄以此年十二月歸至浦城。其抵家當在歲末。

慶曆四年甲申，三十三歲。

三月末，離家返京（見下）。

四月，經福州，知州王逵餞別。

本集卷二有《道中寄福州王祠部》詩云：「今年賜告歸鄉里，翩翩飛鳥投故栖。雙親素髮喜我至，鞠撫歡笑如嬰兒。東阡北陌來慶問，嫗翁罍醆交持攜。雖欲晨昏在環堵，奈何職守通金閨。春暮辭家就行役，幽蘭在手空萋萋。閩州太守意慷慨，一見歡甚無町畦。欲令邦人滿瞻聽，灑酒高會撾鼓鼙。」此可見其歸家情景及辭家在暮春。

此月二十日至順昌富屯溪與弟高舊遊處，留詩悼弟之亡。

《憶弟》詩及序見本集卷二。

至衢州，上《論東南事宜疏》。

此疏乃陳此次賜告歸家一路所見事勢民隱。略謂：「蘇、秀、杭、越等數州，頻年以來，旱澇更作，稼穡不登，癘疫仍起，貧者流轉溝壑，居者連病，喪亡相屬。今歲春夏不雨，野田半蕪，此不可不虞也。當今之策，莫若擇郡守，寬民力，募兵卒，嚴盜法，四者最爲急務。」末云「謹衢州附遞以聞」，則是至衢州所上。

又上《論財用劄子》。

文見本集卷二二、《國朝諸臣奏議》卷一〇一。後書注明爲慶曆四年四月上，原注中又引襄同時所上言牛皮科配之害劄子（本集不載），中云「臣見潤州見配到甲數，工匠至少」云云，則此二劄子或是回京道中于潤州（今江蘇鎮江）上，蓋襄仍沿運河回京也。《論財用劄子》陳論所見細民「破家流離之苦」，其源乃在三司、轉運司、郡縣之誅求攘奪，謂

「民不可不恤，財不可不通」。「民不勝苦，在精擇郡縣撫養之人；利不可遺，在博求錢穀通流之術」。「去太冗而節煩費，去小利而存大惠」，「上下相濟，公私兩行」。此疏可見蔡襄之財政主張。

六月十七日，開封開寶寺靈寶塔失火焚燒，發塔基收舍利入宮，并聞重修塔，襄連上章乞罷迎舍利、乞罷修開寶寺塔。

開寶寺塔災見《長編》卷一五〇。襄集中收有奏四篇，言：「今天下生民困苦，四夷驕慢，陛下正當修人事，救時弊，若專信佛法，以徼福利，豈可得邪？」

是月，襄與余靖等連名屢上《言災異奏》。

本集卷一四及《長編》卷一五〇、《諸臣奏議》卷三九等共錄其奏五篇（《全宋文》輯入第二十三册卷一〇〇〇）。以自春至今，四方亢旱，日蝕地震，變異相仍，請行消弭災譴之術。中云：「方今天下之勢至危矣！夷狄驕暴，凌脅中國；盜賊縱横，驚劫郡縣。養兵至冗，擇將不精；配率頻繁，公私匱乏。內外之官務爲辦事，而少矜恤之心；天下之民急于供應，而有流離之苦。治道如此，未聞救之之術。……救患之方，莫若原其致災之本；致災之本，由君臣上下之闕失也。」

七月，上《論契丹事宜》等奏。

《長編》卷一五一：七月「癸未（二十四日），契丹遣延慶宮使耶律元衡來告將伐元昊。其書略曰：「元昊負中國當誅，故遣林牙耶律詳等問罪。而元昊頑獷不悛，載念前約，深以爲愧。今議將兵臨賊，或元昊乞稱臣，幸無亟許。」宋朝廷頗以還答爲難。蔡襄不在政府，未預廷議，乃據傳聞，復采衆論，上《論契丹事宜》、《論契丹邀功》、《論契丹遣使之意》、《論絶元昊通和其終亦戰》、《乞拒契丹之請》、《乞拒元昊之和》（按此題不確）、《論拒二虜皆爲邊患》、《乞大爲邊備之要》等奏（見本集卷一五、一六）。其意見與范仲淹、吴育、宋祁、張方平、歐陽修、余靖等大抵相同，謂契丹之謀，主于邀功。疏云：「臣切謂若從契丹之請，必絶元昊，則爲邊患；若從元昊之和而拒契丹，則執以爲名。二者必處一焉，拒契丹之與元昊，要其終一于戰而已矣，計歲月之遲與速耳。勢必交兵，莫若速爲邊備。」按至八月九日，宋朝遣余靖爲回謝使齎答書報使契丹（其答書全文載《宋大詔令集》卷二二八），則襄諸奏應在七月底、八月初。

八月八日，保州雲翼軍殺官吏據城叛。襄上《請誅保州叛卒奏》、《論保州都巡下兵士殺戮官吏據城而叛奏》、《乞戮保州兵士奏》。

并見本集卷一六。末奏乃十四日上（見《長編》卷一五一）。大要主誅殺無赦，以「戢驕兵而絶禍亂」，蓋襄以兵驕爲宋朝一大積弊。

八月十四日，襄以秘書丞、館閣校勘、知諫院遷直史館、同修起居注（見《長編》卷一五一）。

同日，右正言、知制誥歐陽修爲龍圖閣直學士、河北都轉運按察使。襄與孫甫奏留修，不許。

見《長篇》卷一五一。本集卷二二有《乞留歐陽修劄子》二篇，謂：「任修于河北而去朝廷，于修之才則失其所長，于朝廷之體則輕其所重。」

九月，襄與孫甫奏彈宰相晏殊，殊坐罷。

《長編》卷一五二：九月「庚午（十二日），刑部尚書、平章事兼樞密使晏殊罷爲工部尚書、知潁州。」「殊初入相，擢歐陽修爲諫官，既而苦其論事煩數，或面折之。及修出爲河北都轉運使，諫官奏留修不許，孫甫、蔡襄遂言：章懿誕生聖躬，爲天下主，而殊嘗被詔誌章懿墓，沒而不言。又奏論殊役官兵治僦舍以規利。殊坐是黜。」按晏殊以慶曆三年三月拜相，至是以杜衍代之。襄集卷一五有《乞罷宰相晏殊奏》，僅言役官兵治僦舍事，或別有章。

十九日，西夏復遣使賫誓表來議和。襄上《請納元昊使人奏》。二十六日，又上《乞早降元昊冊書奏》。

按，其時元昊已願意改號稱臣，以七月契丹使來要求宋不與西夏通和，宋朝遂不敢與元昊誓書，緩行冊封之禮，并遣余靖使報契丹。至是元昊使人又來，而余靖亦還奏，覩契丹別無微意，乞速行冊封。蔡襄所奏與余靖意同。謂二虜交構，中國受患，「然等爲受患，宜擇其輕。何謂擇輕？速納西人是也。」「西人新與虜（按指契丹）結釁，而與我和，得無南顧之憂，而東併力以拒虜，必不肯輕絕吾盟。北虜方欲西戰元昊，吾雖不從其絕和，亦不有力分兵而寇中國。」（本集卷六）仁宗遂從余靖、蔡襄等之議，于十月初二日與西夏完成和議。

同日，以工部侍郎、知青州陳執中參知政事。襄等力爭不可，乞追寢前命，不聽。

《長編》卷一五二：「諫官蔡襄、孫甫等

爭言執中剛愎不學，若任以政，天下不幸。上不聽，諫官爭不止，上乃命中使齎敕告即青州賜之。」本集卷一五有《乞罷陳執中參政奏》，言執中先居樞府，處置乖方，兼賦性強狠，不容同列商議，遂致敗事；及在青州，又以嚴刻殘暴，人所共傳。

十月二十一日，襄以右正言出知福州。

《長編》卷一五二：「秘書丞、直史館、同修起居注、知諫院蔡襄以親老乞鄉郡。己酉，授右正言、知福州。襄與孫甫俱論陳執中不可執政，既不從，于是兩人俱求出。」按襄之出直接與陳執中之排斥有關，而更深層則爲仁宗此時對以范仲淹爲首之革新派已心存不滿，故乘機相次遣出。《長編》卷一五四：「陳執中在中書數與（杜）衍異議。蔡襄、孫甫之乞出也，事下中書，甫本衍所舉用，于是中書共爲奏言：『諫院今闕人，乞且留甫等供職。』既奏，上頷之。衍退歸，即召吏出劄子，令甫等供職如舊，衍及（章）得象既署，吏執劄子詣執中，執中不肯署，曰：『向者上無明旨，當復奏，何得遽爾！』吏還白衍，衍取劄子壞焚之。執中因譖衍，曰：『衍黨顧二人，苟欲其在諫院欺罔擅權，及臣覺其情，遂壞焚劄子以滅迹，懷奸不忠。』」《蔡忠惠公別紀補遺》卷上引《南豐雜志》：「始，蔡襄爲諫官，宰臣晏殊罷政，因薦富弼代殊。仁宗怒，以爲進用宰相，臣下不宜有所指陳，遂相陳執中。既極言不聽，則相與求罷爲外官。時杜衍奏：『諫官無故出，終非美事，乞且仍舊。』上可之。（襄）不得請，遂自陳，上曰：

『卿等言一不聽則求去，令朕有逐言者名，自爲計則善也。』襄亦以養親爲言。先是，襄乞告至莆田迎親（按：事見上年九月），而親不果來，至是上乃曰：『卿昨迎親不來，何不遂留侍養？』襄皇恐不能對。孫甫徐進曰：『襄所以辭親遠來事陛下者，冀萬一有裨補。今言既不行，襄是以須卻思歸。』」此則分明示意蔡襄借養親自求去。此年十一月知潞州尹洙上《論朋黨疏》，直嘆仁宗任賢而不能終，云：「屬同歐陽修領使河北，臣以邊事之重，故不復以內外爲疑。今又聞蔡襄出知福州，未審襄以親自請？爲以過斥？若以過斥，豈當進其官秩？若以親請，則襄任京師不三四年，已再省其親。士大夫去遠方而仕京師者孰不念其親，豈獨襄得遂其私恩哉？則襄之不當出明矣。」（《河南先生文集》卷一八）自此年八月出歐陽修，十月出蔡襄，十一月蘇舜欽除名勒停；明年一月孫甫出知鄧州，范仲淹罷參政，富弼罷樞副，杜衍罷相；三月，韓琦亦罷樞副；五月，余靖出知吉州。所謂「慶曆黨人」斥逐殆盡，「慶曆新政」亦告流産。

慶曆五年乙酉，三十四歲。

四月，到福州任。

《淳熙三山志》卷二二：慶曆五年四月，蔡襄以右正言、直史館知福州。按以去年十月命，蓋是年四月始到任也。

此年，有與知揚州韓琦書。

按韓琦以三月罷樞密副使出知揚州。傳世有蔡襄墨迹《與資政諫議書》即琦也。書云：「襄海隅隴畝之人，不通當世之務，惟是信書，備官諫列，無所裨補，得請鄉郡，以奉二親，天恩之厚，私門之幸，實公大賜。自聞明公解樞宥之重，出臨藩宣，不得通名下史。齊生來郡，伏蒙教敕，拜賜以還，感愧無極。揚州天下之衝，賴公鎮之。然使客盈前，一語一默，皆即傳著，願從者慎之。」蓋是時當塗者攻「慶曆黨人」甚力，故有是戒也。

慶曆六年丙戌，三十五歲。

正月，創修福州衙署。

《淳熙三山志》卷七：「設廳，衙門內舊有之，慶曆六年蔡正言襄重建。」原注：「今梁間有公自書『慶曆六年歲次丙戌春正月壬午朔，二十有七日戊申，新作使廳』二十五字。」又曰新堂、春野亭、威武堂、軍資庫，亦皆云慶曆六年蔡正言創修。本集卷二有《新作春野亭》詩。

六月，福州大旱，禱于鱔溪神，并新其祠。見《淳熙三山志》卷八。集中有《祭神文》。

七月八日，與蘇舜元等遊鼓山靈源洞。

《榕蔭新檢》：「慶曆丙戌孟秋八日，蔡君謨同邵去華（按：邵餙）、蘇才翁（按：蘇舜元）、郭世濟同遊靈源洞，題名洞石，楷書徑二尺，筆畫端重，效魯公體，大勝《洛陽橋記》。鼓山題刻，宋代爲盛，而書法古雅絕倫，以君謨爲第一。又書『忘歸石』三字、『國師巖』三字于靈源洞左，徑三尺許，皆奇品也。」（轉引自《蔡忠惠公別紀補遺》卷上）本集卷二有《遊鼓山靈源洞》詩。又襄有《題褚摹禊帖》云：「慶曆中襄知福州，才翁爲監司，相從二年。」（《珊瑚木難》卷三）

十二月，親書《太平聖惠方》刻于碑，置州衙門左右，便民遵用。

本集卷二六《聖惠方後序》：「閩俗左醫右巫，疾家依巫索祟，而過醫之門十纔二三……。郡人何希彭者，通方伎之學，凡《聖惠方》有異域瓌怪難致之物，及食金石草木得不死之篇，一皆置之，酌其便于民用者得方六千九十六，……因取其本謄載于版，列牙門之左右，所以導聖主無窮之澤淪究于下，又曉人以依巫之謬，使之歸經常之道，亦刺史之要職也。慶曆六年十二月八日，右正言、直史館、知軍州事蔡襄序。」

慶曆七年丁亥，三十六歲。

襄在福州，縈病經年。

有《病中偶書》詩二首，云：「已感物候變，物態舒陽春。那復壯年意，如今多病身。」又云：「行年三十六，幾是半生人。」（本集卷五）蓋是年春作。又有《與寶月廣上人書》：「襄至南閩，久縈微恙，動即經年。」題「十月十九日」（《寶真齋法書贊》卷九）。又有《寄答汝州王仲儀待制》詩云：「諫垣笑別三年近，病枕魂飛萬里強」，知亦此年作。王仲儀即王素，襄諫院同僚。

十一月，除福州路轉運使。

《淳熙三山志》卷二二：「慶曆七年十一月，蔡襄除本路轉運使。十二月，成戩以屯田郎中知福州。」襄有《授轉運使罷州端居述懷》、《移居轉運宇別小欄花木》詩（本集卷二）。

慶曆八年戊子，三十七歲。

正月，巡歷部郡，侍親還家。

有《正月巡歷部郡侍親還家》詩，云

「養親方解郡，奉使又還家」（本集卷五）。又《移福州乞依舊知泉州狀》有云：「臣先自知諫院，爲父年老，乞知福州。臣迎侍先父在任三年。」是慶曆五至七年襄迎父母在福州。及爲轉運使，常巡部在外，不便侍養，故仍回莆田也。

二月，巡部至建州，入北苑，造小團龍茶入貢。

有《北苑十咏》（本集卷二），詩中自注云：「其年改造新茶十斤，尤極精好，被旨號爲上品龍茶，仍歲貢之。」「龍鳳茶八片爲一斤，上品龍茶每斤二十八片。」「予自采掇時入山，至貢畢。」按北苑在建安（今建甌）東三十里鳳凰山下，其茶唐末始著名。其采掇始于驚蟄，襄之入山當在正月末或二月初。歐陽修《歸田錄》：「茶之品莫貴于龍鳳，謂之團茶，凡八餅重一斤。慶曆中蔡君謨爲福建路轉運使，始造小片龍茶以進。其品絕精，謂之小團，凡二十餅重一斤，其價值金二兩。然金可有而茶不可得，每因南郊致齋，中書、樞密院各賜一餅，四人分之。宮人往往縷金花其上，蓋其貴重如此。」按自襄始造此茶，遂爲歲貢。

三月，再還家。

有《三月再還家》詩，云「曉樹鄉關路，春衣使者軺」，「入里威稜減，寧親喜氣饒」（本集卷五）。

四月，自汀州至漳州。

《耕園驛》詩序：「慶曆七年，予使本路。明年夏四月，自汀來漳，復至是驛。」又有《題白蓮院東軒》等詩（俱見本集卷五）。

秋，父琇卒，去官歸家丁憂。

襄父卒，不知確在何月。按古制，子爲父服三年之喪，實爲二十七個月，蔡襄以皇祐二年外除赴京（見後），倒推之，其父卒當在此年七月或八月。襄《與公濟書》：「十月二十八日，孤子蔡襄頓首頓首。……村居愁苦，殆無生意。幸而無恙，得以侍養偏親（按指其母），號奉几筵。」玩其文意，已非服喪初期景況。《與博士陳君書》：「自執喪野外，疏絕人事。」題「十二月十五日」（以上二書見《寶真齋法書贊》卷九）。又，《祭蘇子美文》：「慶曆之末，余罹大禍兮退伏田里，子以書詞慰唁諄諄兮無或喪死。曾不隔日，聞子信音兮痛徹肝髓。」（本集卷三二）按蘇舜欽卒于此年十二月。

襄任福建轉運使，其政績見于記載者，一曰植樹。《莆陽比事》卷四：「蔡襄漕本路，自（福州）大義渡抵臨漳（按：漳州），夾道植松七百里，郭公甫題（詩）曰：……閩人刻碑頌德，官禁翦伐，載于令甲。」按其詩云：「道邊松，大義渡至漳泉東。問誰植之我蔡公，歲久廣陰如雲濃。甘棠蔽芾安可同，委蛇夭矯騰蒼龍。行人六月不知暑，千古萬古長清風。」（《方輿勝覽》卷一二）二曰禁蓄蠱。《淳熙三山志》卷三九：「禁蓄蠱：慶曆七年蔡正言襄爲閩漕日，禁絕甚嚴，凡破數百家，自後稍息。」其訪問民間疾苦所得，又多見于後來章奏。

皇祐元年己丑，三十八歲。

在家丁父憂。

皇祐二年庚寅，三十九歲。

九月，服除，以前官除判三司鹽鐵勾院。

歐陽修《蔡公墓誌銘》但云服除爲此官，不言何月，以十一月赴京推之，姑定于此月。

十一月，赴京。

襄有《自書詩帖》，題云：「皇祐二年十一月外除赴京途中雜詠，共得十三首，錄呈安道（余靖）諫議郢正。」（《石渠寶笈》卷五。上海人民美術出版社一九九一年版《蔡襄墨迹大觀》收有《自書詩稿（詩之三）》，亦題「皇祐二年十一月外除赴京」，詩僅十一首，非録贈余靖者）

十二月，經南劍州。

《自書詩稿》有《南劍州芋陽鋪見臘月桃花》。郡守黄士安宴于延平閣，有《題南劍州延平閣》（《自書詩稿》）、《士安飲我數杯至觀音院纔醒聞灘聲泉響因留短闋》詩（本集卷六）。

皇祐三年辛卯，四十歲。

正月，經漁梁驛至衢州。

有《漁梁驛至衢州大雪有懷》詩（本集卷六、《自書詩稿》），中云「薄吹消春凍」，知已是初春。

三月、四月，經杭州。

有《華嚴院西軒》（手迹作「杭州臨平精嚴寺西軒」）見芍藥兩枝追想吉祥賞花慨然有感寄呈才翁》詩，注云「辛卯四月」，手迹作「四月七日」（本集卷六、《自書詩稿》）。

又經崇德（今浙江桐鄉境）、嘉禾（今嘉興）、蘇州、無錫。

有《崇德夜泊寄福建提刑章屯田思錢塘春月幷遊》、《嘉禾郡偶書》詩（本集卷六、《自書詩稿》）。經蘇州，祭奠蘇舜欽，本集卷三二有《祭蘇子美文》云：「今也吉服，道出吳門兮子殯于此。」又有《無錫縣弔浮屠日開》、《即惠山泉煮茶》詩（《自書詩稿》），惠山在無錫。

五月，過潤州（今鎮江）。

本集卷三三《劉君（奕）墓碣》：「皇祐三年五月二十三日終潤州。……其終之歲，余適過潤州，君病漬，以手書謂予曰：『吾止于此矣，惟稚子是託。』」又卷三二《祭劉屯田文》：「我自閩來，子官江涘。扁舟迓我，境上百里。我有宿疾，攜醫就治。意有緩急，實爲依倚。我卧客舍，幸子來臨。笑言譬喻，調護之經。間隔一朝，聞子被疾，曾不及旬，遂兹奄忽。」按劉奕，福州人，襄友，時官潤州通判。

七月至虹縣（今安徽泗縣），以汴河涸淺，寓居四十餘日。八月下旬始至宿州。

《與郎中尊兄書》：「至虹縣，以汴流斗涸，遂居餘四十日，今已作陸計至宿州。」末題：「八月二十三日，宿州。」原書未言爲何年八月，然以襄歷次赴京日程考之，當爲此年。在宿州有《讀宿州天慶觀門扉仙篆有感》詩，云：「無端醉語落塵土，一過人間四十秋。」（本集卷六）謂己年已四十也。

至京，仍同修起居注。

至京當在是年九月。歐陽修《蔡公墓誌銘》云「服除，判三司鹽鐵勾院，復修起居注」。復修起居注不知在何時，然十月已任此職（見下）。

上《乞減放漳泉州人戶身丁米劄子》等奏章。

原劄見本集卷二二。略謂祥符四年蠲除

兩浙、福建六路身丁錢，而不及漳泉州興化軍身丁米，「三郡之人引領北望，迄今又四十年矣」，乞蠲放三州軍丁米。據祥符四年以後四十年推之，即皇祐三年也。按襄曾于景祐四年爲此事致書龐籍（見前），籍言于朝，大臣以爲不可，遂寢。此時襄又奏上，會龐籍以十月爲相，遂行之。十一月，詔減三州軍身丁米（見《長編》卷一七一）。則襄奏當在回京之後、十一月之前。本集中還有《乞廂軍屯駐廣南只于比近州軍節次挪移對替劄子》、《乞復五塘劄子》等有關福建章奏，亦當在此時。

十月十九日，殿中侍御史唐介爲外戚張堯佐除宣徽使事庭劾宰相文彥博，仁宗怒，謫介春州別駕，襄直前論救。次日，又上奏乞寢罷唐介春州之命。

《長編》卷一七一：十月「丁酉，殿中侍御史裏行唐介責授春州別駕。初，張堯佐……除宣徽使、知河陽，……介以爲宣徽次二府，不計内外，獨爭之。上諭介：『除擬初出中書。』介言當責執政，……于是劾宰相文彥博專權任私、挾邪爲黨。……上怒甚，卻其奏不視，且言將加貶竄。介徐讀畢，曰：『臣忠義憤激，雖鼎鑊不避，敢辭貶竄！』上于座急召二府，示以奏曰：『介言他事乃可，至謂彥博因貴妃得執政，此何事也！』介面質彥博曰：『彥博宜自省，即有之，不可隱于上前！』彥博拜謝不已。樞密副使梁適斥介下殿，介辭益堅，立殿上不去，上令送御史臺劾。介既下殿，……乃詔當制舍人即殿廬草制而責之（按：指謫春州）。時上怒不可測，群臣莫敢諫，右正言、直史館、同修起居注蔡襄獨進言：『介誠狂直，然容受盡言，帝王盛德也，必望矜貸之。』」按襄集卷一四有《乞寢罷唐介春州之命奏》，云：「臣今月十九日祗候，伏見臺官唐介上殿奏對次，宣喚兩府論事，及令唐介付臺，文彦博留身再拜次，又樞密院奏事，聞唐介謫春州。臣在殿陛之間，所聞雖不審實，竊料唐介必是上言執政間事，得罪春州。……伏緣唐介獨言宰臣，所以兩府同列各處嫌疑之地，不肯解救。臣伏望陛下少霽天威，以全國體，追寢唐介春州之行。」十一月十一日，襄有書與唐介兄詢（字彦猷），亦云：「賢弟殿中君雖同年，而未嘗接識。……前月十九，當直後殿，輒見其作爲，動搖山岳，雷霆之下，挺然不動，遂得春州之行。」按襄時同修起居注，故得以職事立于殿陛之間祗候，見其事而論救也。所上奏疏必是在次日。又明日（二十一日丁亥），御史中丞王舉正亦上疏言責介太重，仁宗亦中悔，遂改謫英州别駕（見《長編》）。唐介以此事而直聲滿天下，襄亦廣受贊譽。如梅堯臣有《書竄》詩贊述此事，中云：「介也容甚閑，猛士膽爲慄。立貶嶺外春，速欲爲異物。外内官恟恟，陛下何未悉。即敢救者誰，襄執左史筆。」（朱東潤《梅堯臣集編年校注》卷二一）

十一月，撰《茶録》二篇上進。序云：「臣前因奏事，伏蒙陛下諭，臣先任福建轉運使日，所進上品龍茶，最爲精好。……昔陸羽《茶經》不第建安之品，丁謂《茶圖》獨論采造之本，至于烹試，曾未有聞。臣輒條數事，簡而易明，勒成二篇，名曰《茶錄》。」按襄十一月十一日《與彥猷學士書》：「近登陛，首問圓小茗造作之因，殊稱珍好。」即《序》所述事，則《茶錄》之撰當在此月。《茶錄》上篇論茶，下篇論茶器，爲中國茶史名著，而其手書又爲書法名作。

此年，又充三司度支勾院判官。寶祐《仙溪志》卷四《蔡襄傳》：「皇祐三年判三司度支勾院。」次年八月十二日，襄撰《許處士懷宗墓表》，末題「右正言、直史館、同修起居注、判三司度支勾院蔡襄撰」（本集卷三三）。按《宋史·職官志》二：「（鹽鐵、度支、户部）三部勾院判官各一人，以朝官充。掌勾稽天下所申三部金穀百物出納帳籍，以察其差殊而關防之。」

皇祐四年壬辰，四十一歲。

九月，進知制誥。尋遷起居舍人、權同判吏部流内銓。

歐陽修《蔡公墓誌銘》：「皇祐四年，遷起居舍人、知制誥，兼判流内銓。」按擢知制誥在前，王珪《華陽集》有《右正言知制誥蔡襄可起居舍人制》，是先知制誥也。擢知制誥蓋在八、九月。襄《與仲堪博士書》：「秋間被命，升預詞掖。」（《寶真齋法書贊》卷九）又《謝知制誥表》：「收自外補，復于記言（按指皇祐三年自福建轉運使入為同修起居注），……未逾歲律，擢與詞垣。」（本集卷二〇）所謂「詞掖」、「詞垣」即知制誥，則知制誥在「秋間」。而據上引《許處士墓誌銘》，八月十二日仍未帶知制誥銜，則知制誥應在八月十二日以後至九月之間。襄以去年夏秋間入京同修起居注，至是不到一年，故云「未逾歲律」。蓋稍後即自右正言遷起居舍人、兼判流內銓也。除起居舍人制云：「具官某潔白勁正，富以經術。頃嘗歷選于衆，置之諫諍之地，而訪對之間，言靡不形忠，而色靡不見義。向黽俛在外，八年于兹（按：慶曆五年至皇祐四年），而有司未嘗爲言官當遷者（按：指為右正言八年未遷），是豈爲材之勸耶？兹命爾以左右史。」（王珪《華陽集》卷三六）據蔡襄次年所上《進御筆賜字詩表》，此時其官銜全稱爲「朝奉郎、起居舍人、知制誥、權同判吏部流內銓」（本集卷三）。

十一月初，除知福州，辭免得允。

嘉祐元年《乞相度開修城池奏》：「臣于皇祐四年曾蒙朝廷除知福州，臣以私事辭免。」（本集卷一七）《寶眞齋法書贊》卷九載襄十一月初五日《與仲堪博士書》：「數日前，忽有福唐之命，會汴流已涸，乃固辭之。」即皇祐四年十一月初五也。至和三年所上《移福州乞依舊知泉州狀》（本集卷二一）亦述及此事。

十二月，奉仁宗命書《孝經》。

《長編》卷一七三：「邇英閣講《尚書·無逸》，帝曰：『朕深知享國之君宜戒逸豫。』楊安國言，舊有《無逸圖》，請列于屏間，帝曰：『朕不欲坐席背聖人之言，當別書置之左方。』因命丁度取《孝經》之《天子》、《孝治》、《聖治》、《廣要道》四章對爲右圖。乃令王洙書《無逸》，知制誥蔡襄書《孝經》，又命翰林學士承旨王拱辰爲二圖序，而襄書之。

甲午（二十三日），洙、襄皆以所書來上。」

皇祐五年癸巳，四十二歲。

正月，權同知貢舉。

《宋會要輯稿》選舉一之一一：「五年正月十二日，以翰林學士承旨王拱辰權知貢舉，翰林學士曾公亮、翰林侍讀學士胡宿、知制誥蔡襄、王珪權同知貢舉。」

秋，奉詔重摹眞宗所書《奉神述》刻石。

書上，仁宗親書「御筆賜字君謨」一軸賜襄，襄進《御筆賜字詩》，仁宗答詔褒獎。

《長編》卷一七四：六月「丙戌（十八日），新修集禧觀成。……復建一殿，共祀五岳，名曰奉神殿，蓋取眞宗嘗著《奉神述》也。因命知制誥蔡襄重摹眞宗御書故本，立石于東廡，名曰神藻殿，仍令襄書額。」餘見蔡襄《進御筆賜字詩表》（本集卷三）、《御書碑序》（本集卷二六）。

十一月四日，南郊，襄扈從法駕，進《親祀南郊》詩，仁宗答詔獎諭。

詩及詔見本集卷一。

皇祐六年三月改至和元年。**甲午，四十三歲。**

五月，蘇舜元卒。襄與舜元、舜欽兄弟遊最久，爲作墓誌銘。

《蘇才翁墓誌銘》見本集卷三五。

七月八日，殿中侍御史馬遵、呂景初、殿中侍御史裏行吴中復因彈劾宰相梁適，爲中官所忌恨排擠，坐謫官。蔡襄以三人無罪，繳還詞頭，拒絕草制。

馬遵等彈適奸邪貪黷，任情徇私，且弗戢子弟。七月七日，適坐罷相。適之得政，中官有力。適既罷，中官欲幷遵等去之，遵黜知宣州，呂景初通判江寧府，吳中復通判虔州。「知制誥蔡襄以三人者無罪，繳還詞頭；改付他舍人，亦莫敢當者，遂用熟狀降敕。」（以上見《長編》卷一七六）歐陽修《蔡公墓誌銘》：襄知制誥，「屢有除授非當者必皆封還之。而上遇公益厚，曰：『有子如此，其母之賢可知。』命賜冠帔以寵之。」按襄母仁壽縣太君盧氏特賜冠帔在此年春，見襄《御書碑序》。

尋遷龍圖閣直學士、權知開封府。

歐陽修《蔡公墓誌銘》：「至和元年，遷龍圖閣直學士、知開封府。」不言在何月。按七月八日封還三御史謫官詞頭時襄仍知制誥。據《長編》卷一七六，同日，「權知開封府、龍圖閣直學士、兵部郎中呂公弼爲樞密直學士、知益州」。則蔡襄必是代呂公弼知開封府，當在七月。《宋史》本傳：「遷龍圖閣直學士、知開封府。襄精吏事，談笑剖決，破奸發隱，吏不能欺。」《晁氏客語》：「蔡君謨知開封，府事日不下數千，每有日限事，揀三兩件記之，至其日問，人不測如神。」

十月，爲溫成皇后凶禮不合典制，連上諸奏。

此年正月，貴妃張氏卒，冊爲溫成皇后。二月襄上《乞罷溫成皇后立忌奏》。至此月，又上《乞不往奉先寺酌獻奏》、《乞罷園陵監護司奏》、《乞不作溫成皇后誌文奏》（本集卷一四）。仁宗命學士撰溫成皇后父張堯封碑，敕襄書之，襄不奉詔，曰：「此待詔職也！」（見歐陽修《蔡公墓誌銘》、《長編》卷一七九及《宋史》本傳）本集卷二三有《乞不書張堯封碑劄子》，即其事也。

十一月四日，奏請宮內向行戶買賣貨物并給現錢，從之（見《長編》卷一七七）。

此年，奏乞均定福建路衙前額并罷里正，詔襄與韓絳等置司定奪。明年，遂罷諸路里正衙前。

《淳熙三山志》卷一三：至和元年蔡襄奏：「本路差使衙前不均，請行重定，以產多少均重難分數。產錢五百者定入十九分重難，以上遞加至三十三分止。其鄉戶衙前歲以六十六人爲額，以十二縣產錢通排，共存留九百九十戶。仍請罷里正，以寬衙前服役年限。」《長編》卷一七九亦載：襄奏「請止以產錢多少定里正衙前所入重難之等」。同時知并州韓琦、知制誥韓絳亦言其事，乃命韓絳、蔡襄與三司使副判官置司同定奪。至二年四月辛亥，遂詔罷諸路里正衙前，民甚便之。按襄言福建里正衙前及受詔同定奪其事，皆不詳在何月，然似應在七月知開封府以前。

至和二年乙未，四十四歲。

三月二十五日，除樞密直學士、知泉州。

《長編》卷一七九：「癸未，龍圖閣直學士、起居舍人、權知開封府蔡襄爲樞密直學士、知泉州。以母老自請也。襄工筆札，上尤愛之，御製李用和碑文，詔使襄書。後又敕襄書溫成皇后父清河郡王碑，襄曰：『此待詔職也。』卒辭之。」按李燾之意，蓋謂襄之出知泉州，雖爲自請，然亦由于溫成皇后事屢逆仁宗意旨。此年六月三日，侍御史趙抃奏《乞勿令歐陽修等去職狀》，云：「竊見近日以來，所謂正人賢士者紛紛引去。朝廷奈何自剪除羽翼？臣未見其能致遠也。憂國之人莫不爲之寒心。如呂溱知徐州，蔡襄知泉州，吳奎被黜知壽州，韓絳知河陽府，此皆衆所共惜其去。又聞歐陽修乞知蔡州，賈黯乞知荆南府。侍從之賢如修輩無幾，今堅欲請郡者，非他，蓋傑然正色立朝，既不能曲奉權要，而乃日虞中傷，皆欲扳溱、襄、奎、絳而去耳。今陛下又從其請而外補之，臣恐非朝廷之福。」（《趙清獻公集》卷二，又見《長編》卷一八〇）此又可見襄之出與宋朝廷之政爭有關。在此期間，襄有《讀樂天閑居篇》詩，叙述己之政治抱負，末云：「南歸雖云樂，此念殊忡忡。」可見當時心情。

六月，離京赴任，沿汴河而下。十五日，至雍丘（今河南杞縣），長子匀感傷寒。十六日，至南京（今河南商丘）。二十二日，匀卒。

《長子將作監主簿哀詞序》：「至和二年，予出知泉州，侍親南歸。六月十五日，至雍丘，長子匀感疾。又明日，至宋都，二十二日逝去。匀年十八，爲將作監主簿，孝悌好學。予心悲哀，詞以悼之。」（本集卷三二）襄此年七月十三日《與杜君長官帖》亦云：「自離都至南京，長子匀感傷寒七日，遂不起此疾。」（《三希堂法帖》）

七月，經揚州渡江。

《與杜君長官帖》：「旦夕渡江，不及相見。」此帖蓋寫于揚州也。

九月，經杭州。

襄有《杭州新作雙門記》，略謂孫沔知杭州，新作雙門，「是年（至和二年），襄出刺清源（泉州），州人遮余而言」，請爲之記。末題「九月二十日，樞密直學士、起居舍人、新授知泉州軍州事莆陽蔡襄記」。是九月過杭州也。

十二月，經衢州。襄妻永嘉郡君葛氏病亡。

十二月十七日，襄有《上集賢相公（富弼）書》云：「襄自六月去都，至南京，遽喪長子。尋以妻室病患，道路就醫，處處留滯，至衢州，比又喪亡。半年之間，再罹凶苦，生意幾盡。」（《本集卷二四）《過泗州嶺》詩自注：「衢州道中。是年冬十二月，室家永嘉郡君葛氏亡逝。」詩云：「二十五年間，三回共往還。那知臨白首，相失向青山。」（本集卷六）

至和三年九月改嘉祐元年。**丙申，四十五歲。**

正月一日，過浦城（今福建浦城）西陽嶺。

有《元日過浦城西陽嶺》（本集卷三）、《丙申元日過浦城西陽嶺》二詩（本集卷六）。

過南劍州（今福建南平）。又經莆田、仙游，過家上冢。

有《過南劍州芋陽鋪見桃花》詩（本集卷六）。過家上冢見下。

二月七日，到泉州任。

《移福州乞依舊知泉州狀》：「蒙恩除（知泉州）。臣自出京，在路亡子喪妻，醫藥住滯，于今年二月七日到官。」（本集卷二一）又二月十一日《與君輔同年書》：「近經延平（按：今南平），得接少選之論，殊解邑郁。屬以在道日久，曾不槃留。逮至鄉閭，過家上冢，始于七日署郡事。溫陵（按：即泉州）號爲閑靜，然初至，不免少有勞耳。」（《寶真齋法書贊》卷九）到任後有《泉州謝上表》（本集卷二〇）。

在泉有《泉州靜安堂》、《泉州北藏院見初荷花》等詩（本集卷七）。

四月，被敕命移知福州。襄以春夏連病，福州事繁，乞依舊知泉州。

《移福州乞依舊知泉州狀》：「（臣）于今年二月七日到官，方得六十餘日，又蒙敕命移知福州。伏念臣自到泉州得疾，至今醫理未退，每日只是一兩次粥食，日加羸瘦，氣短心忪，……今來福州事繁，臣自度疾病，必難了當。」

五月，寓居興化軍養病待命。

《移福州乞依舊知泉州狀》：「臣候交割訖，發往興化軍聽候朝廷指揮。」本集有《丙申五月遊興化軍西門上溪》詩，可證此月已至興化（莆田）。又有《寓居興化轉運廨舍》詩，云：「病惱連春夏，居閑意味長。」（本集卷六）可見襄寓居于興化軍轉運司廨舍，此時病猶未愈也。

朝廷不允襄請，仍命知福州，并遷禮部郎中。八月初，離莆田赴任，初四日到任。

《福州謝上表》：「伏奉敕命就差知福州，已于八月初四日赴任訖。」（本集卷二〇）襄有家書《二郎三郎札》，亦云：「自郡君（按指襄妻永嘉郡君葛氏）亡後，二月至泉州，尋便移福州，八月四日才至州。諸事無聊，兼自春□□，迄今未愈。」（《孫氏書畫鈔》卷上）按本集卷三有《丙申秋八月過漁溪驛》詩，漁溪驛即今福清縣西南四十五里漁溪鎮，爲莆田至福州大道所經。于此可見襄于八月初離莆田經漁溪驛赴任，八月四日至福州也。又按《淳熙三山志》卷二二：

「八月，曹穎叔罷。是月，襄以樞密直學士、禮部郎中自泉州移知（福州）。」而襄于六月十八日所寫《修太平驛堂移鄉人書》尚題「樞密直學士、起居舍人、新授知福州軍州事蔡襄書」，未知遷禮部郎中在何時。本集有《謝轉禮部郎中表》，亦只云「今月十五日遞到敕誥」，未言在何年何月。《宋史》卷一六九《職官志》九：「起居舍人帶待制已上職轉禮部郎中。」襄之轉官正合此條。

上《乞相度開修城池奏》、《乞相度沿海防備盜賊奏》。

二奏見本集卷一七。據《淳熙三山志》卷四，爲本年所上。福州無城池，故乞相度開修。奉朝旨，「應係沿海地分外寇可來之處，立便擘畫防阨設備」。襄因條奏沿海水路防備盜賊事宜。

嘉祐二年丁酉，四十六歲。

十月，立《教民十六事碑》以肅正風俗。

碑見《淳熙三山志》卷三九、《閩中金石志》卷一一等書。十六事大抵如禁商賈欺詐賄賂、禁人戶居停賭錢、禁喪葬之家置酒肉宴樂、禁士庶家不肖子弟盜賣家產、禁官吏科取修造勒索錢物、禁巡檢使臣擅自領兵搜圍人家、禁稅吏擅入人家搜檢稅物，等等。《長編》卷一八七：「襄世閩人，知其風俗。……閩俗重凶事，其奉浮屠、會賓客，以盡力豐侈爲孝，往往至數百千人，至有親亡不舉哭，必破產辦具，而後敢發喪者。有力者乘其急時賤買其田宅，而貧者立券舉債，終身困不能償。襄下令禁止，至于巫覡主病、蠱毒殺人之類，皆痛斷絕之。其子弟有不率教令者，條其事，作

《五戒》以訓敕之。襄去，閩人爲立德政碑。」按襄有《福州五戒文》、《諭鄉老諸生文》、《戒山頭齋會碑》（見本集卷二九及《閩中金石志》卷一一等書），即《長編》所述之事；然諸文皆不詳其年月，姑附于此。

十二月，命福州閩縣、侯官、懷安三縣疏通渠浦以溉田。

《淳熙三山志》卷一五：「嘉祐二年十二月，蔡密學襄命三縣疏導渠浦。」「開淘負城河浦百七十六，計一萬一千九百七十六丈，均用民力凡八萬九千，溉田三千六百餘頃。」「侯官縣……疏導渠浦六十九，延袤百二十五里。田主以四分、佃戶以六分開淘，借盤水利者亦四分助之。仍令民以時修治，不用命者有罰。」《西湖志》卷七（民國鉛印本）有蔡襄《福州開河記》（見《全宋文》第二十四册第一九〇頁）即記三縣疏通渠浦之一部分。

嘉祐三年戊戌，四十七歲。

奏乞收錄福州儒士周希孟。

《長編》卷一八七：嘉祐三年七月「癸酉，福州進士周希孟爲國子監四門助教。以知州蔡襄言其文行爲鄉里所推也。」按襄集卷二一有《奏乞收錄本州儒士周希孟狀》是也。周希孟，字公闢，侯官人，與同邑陳襄、鄭穆、陳烈相友，稱「四先生」。遍通五經，尤邃于《易》，弟子七百人（《宋元學案》卷五）。襄之薦章未知何時所上，然當在此年五月移知泉州前。歐陽修《蔡公墓誌銘》：「往時閩人多好學，而專用賦以應科舉，公得先生周希孟，以經術傳授，學者常至數百人，公爲親至學舍執經講問，爲諸生率。延見處士陳烈，尊以師禮；而陳襄、鄭穆方以德行著稱鄉里，公皆折節下之。」

五月，自福州移知泉州。

見《淳熙三山志》卷二二。按襄四月二十八日有《遞中奉敎帖》云：「昨以疾懇求興化，庶其事少，可以養疴，至今未得報。」七月所上《移泉州謝上表》（見下）亦云：「臣向緣愛苦之憂，遽致朘痟之病。州（按：福州）稱都會，居有版籍之繁；俗不尚醫，難求藥石之助。輒露微忱，覬得便地。軍壁雖小，曾是故鄉；獄訟差閑，足寬外慮。敢期朝渥，更與泉麾。」是此年春間襄曾求移知興化軍，至五月朝命再任泉州也。

七月，到泉州任。

《乞雨題西方院》詩序：「嘉祐三年七月，某再領泉山（按：即知泉州）。」此當指到任。《移泉州謝上表》：「昨奉敕移知泉州軍州事，已于初一日赴任訖。」此「初一」蓋亦指七月初一。

嘉祐四年己亥，四十八歲。

八月二十四日，作《荔枝譜》。

見本集卷三〇。末題「嘉祐四年歲次己亥，秋八月二十四日，莆陽蔡襄述」。又有拓本，題「明年三月十二日，泉州安靜堂書」。

十二月十日，泉州萬安渡石橋訖工，襄爲之合樂燕飲而落之。橋始造于皇祐五年（一〇五三），襄爲郡守，踵成之。

次年秋襄所撰幷親書《萬安橋記》云：「泉州萬安渡石橋，始造于皇祐五年四月庚寅，以嘉祐四年十二月（按：本集作「二月」，據《金石萃編》改）辛未訖功。

纍趾于淵，釃水爲四十七道，梁空以行。其長三千六百尺，廣丈有五尺。翼以扶欄，如其長之數而兩之。靡金錢一千四百萬，求諸施者。渡實支海，去舟而徒，易危而安，民莫不利。職其事，盧錫、王寔、許忠、浮圖義波、宗善等十有五人。既成，莆陽蔡襄爲之合樂讌飲而落之。明年秋，蒙召還京，道繇是出，因紀所作，勒于岸左。」（本集卷二五）《八閩通志》卷一八：「萬安橋，在（泉州）府城東北三十八都，亦名洛陽。宋慶曆初郡人陳寵甃石作沉橋。皇祐五年，僧宗己及郡人王寔、盧錫倡爲石橋，未就。會蔡襄守郡，踵而成之。」宋方勺《泊宅編》卷中：「泉州東二十里有萬安渡，水闊五里，上流接大溪，外即海也。每風潮交作，輒數日不可渡。……蔡襄守泉州，創意造石橋，兩岸依山，中託巨石，因構亭觀。累石條與橋基八十所，闊二丈，其長倍之，兩頭若圭射勢，石縫中可容一二指釃潮水。每基相去一丈四尺，爲兩欄以護之。閩中無石灰，燒蠣殼爲灰。蔡公于橋岸造屋數百楹，爲民居，以其僦直入公帑，三歲度一僧，俾掌橋事，故用灰常若新，無纖毫罅隙。春夏大潮，水及欄際，往來者不絶，如行水上。」按萬安橋（洛陽橋）在泉州東北與惠安縣交界的洛陽江上，爲我國著名的梁架式古石橋。原有扶欄五百個、石獅二十八只、石亭七所、石塔九座，現存石塔三座、亭一所。解放後加鋪路面，通行汽車。

嘉祐五年庚子，四十九歲。

五月，乞雨西方院。

《乞雨題西方院》詩序：「嘉祐三年七月，某再領泉山。是歲春夏不雨，祈飛陽廟；明年旱，詣靈岳祠；又明年五月復來，三次皆晝寢。于是頻年不稔，豈非郡守不德之致乎？」（本集卷八）

二十一日，敕命授翰林學士、權知開封府。七月二日，中書劄子至泉州，襄上表辭免，乞依舊知泉州。

《長編》卷一九一：五月戊申，權知開封府陳旭罷，「樞密直學士、禮部郎中、知泉州蔡襄爲翰林學士、權知開封府」。《辭翰林學士知開封府表》：「今月初二日準中書劄子指揮，敕命除授依前禮部郎中、知制誥、充翰林學士、權知開封府。」（本集卷二〇）據八月所上辭免狀（一）（見下），「今月」指七月。表云：「慈親垂老，于義不可以遠行；病體至羸，于力不堪其劇任。願特收于成命，俾再典于舊封。」按襄所作《雜說》云：「及來泉山，抱病數年，頗讀醫方藥石之學，漸入修身之要。」（本集卷三一）則抱病是實。

八月十三日，交割泉州公事，往興化軍聽候朝旨。再上狀辭開封府，乞知揚州或杭州，以便養親醫病。

《辭翰林學士知開封府狀（一）》：「今月十三日，轉運使秦某至州交割公事。臣見起發往興化軍居住，聽候朝旨。……今來泉州已別除官，臣欲望朝廷與臣知揚州或杭州一任，不獨便于養親，兼臣易得醫藥。」

十二月十一日，奉朝旨不允，仍促赴京。

《辭翰林學士知開封府狀（二）》：「十二月十一日準朝旨不允。臣遂奏乞從兩浙乘船赴闕。」此月有《將赴京留題山莊西壁》等詩（本集卷八）。

嘉祐六年辛丑，五十歲。

年初，自興化軍起程赴福州。

有《燕司封同年以詩見迎》詩（本集卷八）。燕司封，燕度，時知福州，以詩迎襄聚會并餞送也。

正月七日，自福州解舟溯閩江赴京。

有《人日立春舟行寄福州燕二司封》、《又寄興化徐虞部》詩（本集卷八），道別也。

正月十五日至南劍州（今福建南平）。

有《上元至南劍州大雨寄泉州許通判》詩（同上）。

經建州、桐廬、杭州等地。

有《大湖驛寄建州同年竇職方》、《嘉祐辛丑蒙召還京二月八日道過陸氏之門因覯小欄花卉》、《題嚴先生祠堂》、《杭州過璘上人花圃》、《雪》等詩（本集卷八）。

四月，至南京應天府，再上狀辭開封府，乞以舊職在京兼判閑局。

《辭翰林學士知開封府狀（二）》：「今來已至南京，漸次前進。」未言何時，然以四月底或五月初所上《辭權三司使表》云「曾未達于近畿，復遷處于大計」，按道里推之，到南京（今商丘）當在四月。

四月二十八日，改授翰林學士、權三司使。具表辭免，詔不允。

《辭權三司使表》：「四月二十八日，蒙恩授臣翰林學士、權三司使。」答詔不允其辭免（表及詔并見本集卷二四）。

八月二十五日，御試制舉人王介、蘇軾、蘇轍，襄與爲考官。

參見《長編》卷一九四。蘇軾入第三等，王介、蘇轍入第四等。

嘉祐七年壬寅，五十一歲。

十二月二十三日，詔宰臣以下至龍圖、天章閣觀三帝御書；二十七日，賜宴群玉殿，襄皆與焉。有《觀三聖御書應制》、《群玉殿賜宴》詩（見本集卷四）。明年正月八日，又撰《群玉殿曲宴記》，末題「翰林學士、尚書吏部郎中、知制誥、權三司使蔡襄」（本集卷二五）。自禮部郎中轉吏部郎中未知在何時。

嘉祐八年癸卯，五十二歲。

三月二十九日，仁宗崩，皇子曙即位，是爲英宗。襄以三司使總應奉山陵事（見《長編》卷一九八）。

四月二十二日，襄奏大行山陵一用真宗永定陵制度。詔從之（見《長編》卷一九八，《宋會要輯稿》禮二九之三八繫于十九日）。

六月二十三日，任修奉太廟使。《長編》卷一九八：「戊寅，翰林學士、權三司使蔡襄爲修奉太廟使。襄乃以八室圖奏御，又請廣廟室爲十八間，從之。」又云：「時三司使蔡襄總應奉山陵事，凡調度供億皆數倍，勞費既廣，已而多不用，議者非之。」

八月，拜三司使，遷給事中（《寶祐仙溪志》卷四）。

按：八月二十九日歐陽修有與蔡襄書稱「歐陽修頓首白三司給事」（歐集卷一四八），可證。

十月二十七日，仁宗葬永昭陵。襄撰《仁宗皇帝挽詞》七首（見本集卷七）。

英宗治平元年甲辰，五十三歲。

六月二十九日，工部尚書、集賢院學士、前知廣州余靖卒，襄爲靖言，特贈刑部尚書，謚曰襄。

見《長編》卷二〇二。明年，襄又爲靖撰墓誌銘（本集卷三六）。

七月，上《乞封樁錢帛準備南郊支賜札子》（本集卷二二、《宋會要輯稿》食貨五一之二四）。

此年，上《國論要目十二事》、《論兵十事劄子》。

均見本集卷一八。十二事謂興治道：明禮、擇官、安民；正風俗：正凌慢、辨邪佞、廢貪贓；謹財用：强兵、富國、去冗；賞功實：原賞、任材、正刑。十事者，省兵之十策，謂「當今之急務，强兵爲第一事，富國爲第二事」。此二奏未知何月所上。

撰《天下財用總要》一册上進。又編《治平會計録》。

有《上財用總要劄子》，見本集卷二二〇。《治平會計録》見《宋會要輯稿》食貨五六之七〇。二書未知何時所編，然以襄明年二月即罷三司使推之，當在治平元年。

歐陽修《蔡公墓誌銘》：「三司、開封，世稱省、府，爲難治而易以毁譽，居者不由以遷則由以敗，而敗者十常四五。公居之，皆有能名。……至商財利，則較天下盈虚出入，量力以制用，必使下完而上給。下暨百司因襲蠹弊，切磨剗剔，久之，簿書纖悉，紀綱條目皆可法。七年季秋，大享明堂，後數月，仁宗崩，英宗即位，數大賞賚，及作永昭陵，皆猝辦于縣官經費外。公應煩愈閑暇，若有餘，而人不知勞。」劉克莊《題蔡端明三司日錄》：「西川絹，汾州石，虢州木植，延州修橋坊，解州鹽，荆湖茶，皆入思慮，微而麥麪，亦爲經畫。蔡公本以名節翰墨著名，而勤于吏職如此。」（《後村先生大全集》卷一〇一）

治平二年乙巳，五十四歲。

二月十一日，罷三司使，以端明殿學士、禮部侍郎知杭州。

按襄之出乃由于英宗之猜疑。歐陽修《奏事錄·辨蔡襄異議》：「蔡侍郎襄自給事中、三司使除禮部侍郎、端明殿學士、知杭州。初，上入爲皇子，中外相慶，知大計已定矣。既而稍稍傳云有異議者，指蔡公爲一人。及上即位，始親政，每語及三司事，便有忿然不樂之色。蔡公終以此疑懼，請出。既有除命，韓（琦）、曾（公亮）二公因爲上言：『蔡襄事出于流言，難以必信。前世人主以疑似之嫌害及忠良者，可以爲鑒也。』臣修亦啓曰：『或聞蔡襄文字尚在禁中，陛下曾親見之否？』上曰：『文字即不曾見，無則不可知其必無。』……」同書《文三事》篇述此事尤詳，云：「上疾愈親政，數問襄何如人。一日，因其請朝假，上變色謂中書曰：『三司掌天下錢穀，事務繁多，而襄十日之中，在假者四五，何不別用人？』韓公以下共奏曰：『三司事無闕失，罷之無名。今更求一人材識名望過襄者，亦未有。』修奏曰：『襄母年八十餘，多病。況其只是請朝假不趁起居耳，日高後便卻入省，亦不廢事。』然每奏事，語及三司，未嘗

不變色。」（《歐陽文忠公集》卷一一九）

按王明清《玉照新志》卷四：「蔡襄在昭陵朝，與歐陽文忠公齊名一時。英宗即位，韓魏公當國，首薦二公，同登政府。先是，君謨守泉南日，晉江令章拱之在任不法，君謨按以贓罪，坐廢終身。拱之，望之表民同胞也。至是，既訟冤于朝，又撰造君謨乞不立厚陵爲皇子疏，刊板印售于相藍。中人市得之，遂干乙覽，英宗大怒，君謨幾陷不測。魏公力爲營救。事見司馬溫公《齋記》及歐公《奏事錄》，記之甚詳。君謨終不自安，乞補外，出官杭州。已而憂去，遂終。故魏公與君謨帖云：『尙抑柄用，此當軸者之愧也。』」

四月十七日，離京赴任，仍沿汴河而下。是日，舟次陳留（今開封東南陳留鎮）。

有《四月十七日奉安仁宗皇帝御容于景靈孝嚴殿是日舟次陳留感懷述事十六韵》詩（本集卷七）。按《宋史·英宗紀》：治平二年四月「丙午，奉安仁宗御容于景靈宮」，與詩合。陳留距開封僅五十里，必是當日離京、夜宿陳留也。

經南京、下邑、酇陽、泗州、淮陰、丹徒等地，均有詩。

南京（今商丘）有《南都思杜祁公》；下邑（今河南夏邑）有《會亭遇資政孫公（沔）赴闕》（會亭鎮屬下邑縣，在今夏邑縣南，見《元豐九域志》卷一）；酇縣有《酇陽行》（酇陽鎮屬酇縣，見《元豐九域志》卷五，在今河南永城西北）；泗州（今江蘇盱眙東北）有《泗州登馬子山觀漕亭》（以上詩見本集卷三）；淮陰（今江蘇淮陰）有《洪澤阻風》，丹徒

（今鎮江）有《遊金山寺》等詩（以上詩見本集卷七）。

五月，至江陰。

有《五月宿江陰軍葛公綽草堂》詩（同上）。葛公綽，襄集中屢見，蓋襄之姻親。皇祐四年二月襄曾撰《葛氏草堂記》（本集卷二五）。

五月二十六日，到杭州任。

《杭州謝上表》：「伏奉敕差知杭州軍州事，已于五月二十六日到任訖。」（本集卷二〇）又有《杭州謝兩府啓》（本集卷二七）。

七月，遊西湖孤山。

有《七月過孤山勤上人院》（本集卷七）。

八月，作《戒弄潮文》。

萬曆《杭州府志》：「杭州每年八月十八日潮生，郡人聚觀，善泅者泝濤出沒，謂之弄潮。宋治平中，郡守蔡襄作《戒弄潮文》。」按襄以弄潮時有沉溺者，故禁之，「其軍人百姓輒敢弄潮，必行科罰」（本集卷二九）。此文未知作于何年，今姑繫于二年。

九月九日，登有美堂。

有《重陽日有美堂南望》詩（本集卷七）。

十一月十六日，英宗行南郊禮，大赦，百官加恩，襄加護軍、食邑五百戶。同日，冊皇太后、皇后。襄上賀表。

事見《宋史·英宗紀》。《賀赦表》、《謝加勳表》、《冊皇太后稱賀表》、《冊皇后稱賀表》，均見本集卷二〇。

治平三年丙午，五十五歲。

正月，葛公綽、孫推官過訪，有唱和詩多首。

見本集卷七，又卷三有《和答孫推官久病新起見過》。孫推官未知何名。

二月十二日襄生日，有《丙午二月十二日雜言》詩。

詩云：「仲春一浹，我生之辰。紀歲之行，五十有五。慈親是時九十二，稱觴獻壽于膝下。曾孫滿前侑以詞，慈顔強飲至酒所。」

三月，連日出遊，有詩多首。

如《上巳日州園東樓》、《寒食西湖》、《清明西湖》、《十日西湖晚歸》、《十三日吉祥院探花》、《十三日趙園觀花》、《十五日遊龍華淨明兩院値雨》、《十六日會飲駱園》、《十八日陪提刑郎中吉祥院看牡丹》、《又往鄭園》、《十九日奉慈親再往吉祥院看花》、《二十二日山堂小飲》等。襄《與元郎中書》：「自寒食遊西湖，入靈隱、天竺，穀雨賞花，過吉祥、龍華、淨明，及民間園館，往往傳于篇咏，誠可娛也。」（本集卷二八）蓋襄之守杭，于小人之構誣、英宗之疑忌，心中不無怨懟，故每以遊樂自遣，不復如福州、泉州之勤于政事。

四月二十七日，樞密副使胡宿罷爲觀文殿學士、知杭州，代襄。五月一日，徙襄爲南京留守，未行。

胡宿除知杭州，見《長編》卷二〇八。《乾道臨安志》卷三：「三年五月甲寅，（蔡襄）徙知應天府。」歐陽修《蔡公墓誌銘》作「徙南京留守」。蔡襄《與元郎中書》：「君得武陽，待次錢塘，余爲郡守。……君將之官，予亦被命南都，雖未交符，計非久留。」（本集卷二八）然胡宿遲遲未至，襄《與程修撰帖》云：

「南都食物可以奉親，但胡公來緩，當阻汳流。」（宋刻本《聖宋名賢五百家播芳大全文粹》卷五三）直至九月，襄仍在原任，《杭州清暑堂記》（見下）題云「治平三年九月十八日，端明殿學士、尚書禮部侍郎、知軍州事蔡襄撰」，可證。

作清暑堂成，九月十八日撰記。

《乾道臨安志》卷二：「清暑堂，治平三年郡守蔡襄建，在州治之左，并撰記。」《杭州清暑堂記》：「清暑者，負州廨之左，直海門之衝。其風遠來，灑然薄人，日以決事，佚而忘勞。」（本集卷二五）按堂當是此年夏所建，記作于九月十八日，然不知何以絕未提及移官南京事。

十月，襄母盧氏卒于杭州官舍，襄扶柩南歸。

歐陽修《長安郡太君盧氏墓誌銘》：「以治平三年十月某日，卒于杭州之官舍，享年九十有二。」

十一月十二日，至富陽。

《與子發郎中書》：「惡逆深重，扶護南歸，……今至富陽，平安。明日登舟，或雨水少增，當舟行至三衢也。襄素多病，遭此荼毒，就令不死，足膝日甚，氣力日衰，亦爲廢人，豈復相見耶！……十二日。」按此書不著何月，以理推之，當是十一月。富陽即今浙江富陽，在杭州南逆水百里，爲二日程，則襄之離杭蓋在十一月十日。

十二月二十八日，到家。

次年二月十九日有《與大娘（按，即襄長女）書》云：「郡太婆婆歸壽，扶護南還，十二月二十八日到家。」（《寶真齋法書贊》卷九）

治平四年丁未，五十六歲。

正月八日，英宗崩，太子頊即位，是爲神宗（《宋史·神宗紀一》）。

襄在家丁憂。

《與大娘書》：「葬事猶在冬間。爹腳膝未得輕快，只在新宅，時復到赤湖造墳。乍歸，百事如客，今來漸漸成次第，有糧食可以了當賓客。」此可見當時景況。「新宅」，或即前文所云莆田縣南五里之蔡襄故居也。「赤湖」，據《仙溪志》卷三，在仙遊縣南四十里，襄祖及父母皆葬于此。按歐陽修《蔡公墓誌銘》：「孤子襄祔其母夫人盧氏于先君之墓。其縣仙游，其里慈孝，其岡半井。」是襄之父母皆葬于仙游縣慈孝里半井岡，「赤湖」當即其地之別稱。

書與歐陽修爲母求墓誌銘。

《寄歐陽永叔書》：「襄罪惡深重，不自死滅，延禍先妣。護喪南歸，指日殆盡。猶以葬期尚在中冬，所存餘喘，以哀號于公之門下，幸垂聽焉。」此書不知寫于何月，然書中有云「閣下暫臨近輔，居有閑日」，考歐陽修以此年三月二十四日壬申罷參知政事，出知亳州（《宰輔編年録》卷七），「暫臨近輔」即指此，則此書當寫于四月至八月之間。

又按歐陽修《牡丹記跋尾》：「蔡君謨之書，八分、散隸、正楷、行狎、大小草衆體皆精。其平生所書小簡，殘篇斷稿，時人得者甚多，惟不肯與人書石，而獨喜書余文也。若《陳文惠公神道碑銘》、《薛將軍碣》、《眞州東園記》、《杭州有美堂記》、《相州晝錦堂記》、余家《集古錄目序》，皆公之所書。最後又書此記，刻而自藏于其家。方走人于亳，以模本遺予，使者未復于閩，而凶訃已至于亳矣，蓋其絶筆于斯文也。」（《歐陽文忠公集》卷七二）襄以《牡丹記》模本遺歐陽修當在七月。

八月，襄以疾卒于家。

《蔡公墓誌銘》：「明年（四年）八月某日，以疾卒于家，享年五十有六。」

葬于仙遊縣楓亭之蔡山。

《蔡公墓誌銘》：「以某年某月某日，葬公于莆田縣某鄉將軍山。」按《仙溪志》卷三：「奉敕葬公及夫人于風亭之蔡山。」後來諸方志均同。按風亭亦作楓亭，屬仙遊，在縣南五十里，宋代名太平鎮，襄有《修（太平）驛記》即此。則蔡山與歐説將軍山當非一地，未詳。

十月，贈吏部侍郎。

《宋會要輯稿》儀制一一之七：「端明殿學士、禮部侍郎蔡襄，治平四年十月贈吏部侍郎。」《蔡公墓誌銘》：「既卒，翰林學士王珪等十餘人列言公賢，其亡可惜。天子新即位，未及識公，而聞其名久也，爲之惻然，特贈吏部侍郎。官其子旻爲秘書省正字，孫傳及弟之子均，皆守將作監主簿，而優以賻恤。以旻尚幼，命守吏助給其喪事。」

孝宗淳熙三年，賜謚忠惠。

見《莆陽比事》卷三、《仙溪志》卷四。《宋史》本傳云乾道中賜謚忠惠，又卷三九〇《蔡洸傳》：「曾祖襄未易名，力請于朝，賜謚忠惠。」

著有文集六十卷、《奏議》十卷、《茶録》一卷、《荔枝譜》一卷、《墨譜》一卷。

以上據《宋史·藝文志》。惟《宋志》所

載《集》六十卷、《奏議》十卷未見傳世，不知爲何人所編，刻于何時。《郡齋讀書志》著錄僅十七卷，或是初刻。南宋初其曾孫洸刻于莆田，增爲三十卷（見趙希弁《郡齋讀書附志》）。乾道中王十朋守泉得之，又加增益，重編爲三十六卷，今存。明萬曆間御史陳一元析爲四十卷，刻于南昌，即《四庫全書》所本。雍正間裔孫廷魁又裒次重刻，仍爲三十六卷，即今通行本。奏議、《茶錄》、《荔枝譜》今在集中，惟《墨譜》未見。

有子三人，女三人。

長子曰匀，蔭補將作監主簿，已見前。次曰旬，大理評事，亦先襄卒，本集卷三三有《祭八廷評文》，當即旬也。幼子曰旻，一作「明」，蔭補秘書省正字，歷官宣義郎、開封府工曹（見蔡戡《定齋集·大父（仲）行狀》）。長女適著作佐郎謝仲規，即集中所稱「大娘」；其二襄卒時尚幼（以上見《蔡公墓誌銘》）。

濂溪先生周元公年表

（宋）度正 编
吴洪澤 校點

宋刻元公周先生濂溪集附

周敦頤（一〇一七—一〇七三），原名敦實，避英宗舊諱改今名，字茂叔，道州營道（今湖南道縣）人。少孤，養于外家，景祐中以舅父鄭向蔭，奏補試將作監主簿，授洪州分寧縣主簿。爲南安軍司理參軍，移郴州桂陽令。改大理寺丞，知洪州南昌縣。改虞部員外郎，通判合、虔二州。熙寧元年，知郴州，爲廣南東路轉運判官。三年，提點本路刑獄。以疾乞知南康軍，分司南京。家于廬山蓮花峰下，門前有溪，名濂溪，故學者又稱爲濂溪先生。六年卒，年五十七。南宋嘉定時賜謚元公。淳祐元年封汝南伯，從祀孔子廟庭。

敦頤博學，善談名理，精于《易》理，爲宋代理學創始人，程顥、程頤皆從之學。在宋代理學家中，他首倡「文所以載道」説，頗具影響。著有《太極圖》、《易説》、《易通》數十篇、《元公周先生濂溪集》十二卷等。事跡見潘興嗣《濂溪先生墓誌銘》、朱熹《濂溪先生行實》（《濂溪集》附），《宋史》卷四二七本傳。

宋人度正，明人周與爵、周沈珂，清人吴大榕，今人許毓峰均編有周敦頤年譜。此譜爲度正編，自序稱嘗見宋楊齊賢所草年譜，而繫事多誤，因重編之。今據宋刻本《元公周先生濂溪集》附録《年表》點校，並參校明刻本、正誼堂叢書本所附年譜。

濂溪先生周元公世家

從遠—智彊

智彊子：

- 式 汀州上杭令
- 鐸
- 正
- 輔成 贈諫議大夫
- 輅 迪功郎

輔成子：

- 礪—仲章見先生附手帖—伯順見羅維藩祠記
  - 伯逵 祖蔭終迪功郎、秦州儀曹。年三十
  - 虞仲 父蔭修職郎、江州刑曹。年四十五
  - 叔夏 字求正，叔父遺澤補登仕郎，卒
  - 季友 字求仁，年三十九
  - 季仲 字求善，娶陶氏，二子
  - 季次 字求憲，年三十

  此六位遭建炎之厄，不知去向。

- 先生 先生字茂叔，世家營道之濂溪。晚乞分司，寓居九江，以濂溪名其書堂，故世號濂溪先生。生於天禧元年，終於熙寧六年。累贈宣奉大夫，謚元，封汝南伯。從祀學宮。二子
  - 壽 小字李老，字元翁，第百一。生於合州，終司封郎中
  - 燾 小字通老，字次元，第百二。生於虔州。終寶謨待制、知成都府，贈通奉大夫，並詳《年表》
    - 纘 字慶長，父蔭奉議郎，倅蘄州
      - 正卿 字師端，見晦庵詩後—洵、沆
      - 直卿 字師温，見《愛蓮跋》後—濤、湛
      - 良卿 徙居濂溪
      - 彥卿 字師美，見晦庵詩後—澮
    - 絪 字慶和，父蔭承事郎，終固始丞
    - 組 字慶醇，父蔭承事郎

濂溪先生周元公年表

真宗天禧元年丁巳盡五年。

某月某日(一)，濂溪先生周子生。先生之生，所係甚大，當書其月日地，而史失其傳。今存其目而闕之，以俟博考。

先生初諱惇實，字茂叔，後避英宗舊諱，改惇頤。維周氏之先，自帝嚳生后稷至太王邑於周，後遂以爲氏。漢興，封周後於汝南，先生蓋其後也。明道《行狀》稱汝南周茂叔。世家營道，莫詳其遷徙所自。族衆而業儒。曾祖從遠，祖智強。別本世家青州，遠祖崇昌，唐永泰中爲廉白州太守，因卜居道之寧遠縣太陽村。其裔孫諱虞賓，虞賓中子諱從遠，始徙家營道焉。從遠即先生曾大父也。生智强，即先生大父。智強五子：長識，別本作式。天聖五年王堯臣榜第二甲及第，終汀州上杭縣令；次鐸，次正，皆不仕；次輔成，次伯高，別本作輅。舉進士，該某年特奏名，迪功郎。輔成即先生之父，大中祥符八年蔡齊榜六舉以上特奏名，賜進士出身，終賀州桂嶺令，葬道州營道縣營樂鄉鍾樂里樓田，累贈諫議大夫。先娶唐氏，生礪，礪生仲章。唐卒。左侍禁鄭燦，其先成都人，隨孟氏入朝，因留於京師。有女先適盧郎中，盧卒，爲諫議公繼室，是生先生。善夫朱文公於《江州祠記》論之曰：「藝祖受命，五星集奎，實開文明之運。異人間出，孔孟已絕之緒，於是而復續焉。」蓋實錄也，可謂極本窮原之論矣。

謹按：濂溪在營道之西，距縣二十餘里，蓋營川之支流也。以《營道大富橋古碑記》考之，自有所謂濂水者，蓋舂陵溪泉之名，大率多從水，如洄溪、滮泉、漈泉之類，濂溪亦然耳。而蘇文忠公、黄太史皆其同時人，乃專指清廉爲義，若先生名之以自况者，不知何也。先生既愛廬山之勝，遂卜居山下，因溪流以寓其故鄉之名，築室其上，是爲濂溪書堂。學者宗之，號濂溪先生云。

乾興元年壬戌，先生時年六歲。

仁宗天聖元年癸亥，盡九年。**先生時年七歲。**

天聖七年己巳，先生時年十三。

志趣高遠。濂溪舊有橋，橋有小亭，先生常釣遊其上，吟弄風月，至今父老猶能言之。

天聖九年辛未，先生時年十五。

侍禁之子龍圖閣直學士鄭向向，南省元，大中祥符元年姚曄榜第三人及第。令先生母兄盧惇文挈之，遂偕母仙居縣太君自營道濂溪入京師，依舅氏。

按：石刻《家譜》以惇文爲先生弟，非也。惇文乃盧郎中子。鄭夫人先適盧郎中，盧卒，桂嶺公以爲繼室，而生先生焉。惇文，先生同母之兄也。

明道元年壬申二年，**先生時年十六。**

景祐元年甲戌，盡四年。**先生時年十八。**

景祐三年丙子，先生時年二十。

行義名稱，有聞於時。龍圖公名子皆以惇字，因以惇名先生，奏補，試將作監主簿，故盧氏子亦名惇文。

景祐四年丁丑，先生時年二十一。

七月十六日，仙居縣太君鄭氏卒，葬於潤州丹徒縣龍圖公之墓側。

寶元元年戊寅二年，**先生時年二十二。**

康定元年庚辰，先生時年二十四。

服除，從吏部調洪州分寧縣主簿。

慶曆元年辛巳，盡八年。**先生時年二十五。**

按先生序彭應求詩，自言慶曆初爲分寧主簿，當是此年赴上。時分寧縣有獄不決，先生至，一訊立辨，士大夫交口稱之。《脩川志》：先生初仕分寧縣，有疑獄久不決，先生至，一訊立辨。邑人驚詫，曰老吏不如也。嘗被臺檄攝袁州盧溪鎮市征局，鮮事，袁之進士來講學於公齋者甚衆。

慶曆四年甲申，先生時年二十八。

部使者以爲才，奏舉南安軍司理參軍。《脩川志》：分寧簿廳舊在縣西七十步，毀於兵火。紹興初，移在縣治西園。其西有虛直堂，晦庵朱文公爲清江劉升之名，取《通書》中静虛動直之義。分寧舊祠先生于學，雜以諸賢，頗不專，後遂特祠。

慶曆五年乙酉，先生時年二十九。

南安獄有囚，法不當死，轉運使王逵欲深治之。逵苛刻，吏無敢相可否。先生獨力爭之，不聽，則置手版，歸取告身委之而去，曰：「如此尚可仕乎！殺人以媚人，吾不爲也。」逵感悟，囚得不死。

慶曆六年丙戌，先生時年三十。

大理寺丞、知虔州興國縣程公珦假倅南安，視先生氣貌非常人，與語，果知道者，因與爲友，令二子師之。及爲郎，每遷授當舉代，輒以先生名聞。二子即明道、伊川也。明道生於明道元年，伊川生於明道二年，時明道年十五，伊川年十四耳。故《明道傳》云：「自十五六時，與弟頤聞周惇實論學，遂厭科舉之業，慨然有求道之志。」先生手以《太極圖》授之。別本按《程氏家傳》，珦知虔州興國縣二年，就移知龔州二年。覃明堂恩改殿中丞，代還，在途而儂智高亂，陷龔州。按國史，皇祐二年有事于明堂，其明年智高叛。則珦之宰興國，正是年也。以轉運使王逵薦，移郴州郴縣令。長沙王民極云，先生首修縣學，有《修學記》。

當考。

慶曆八年戊子，先生時年三十二。爲郴縣令。知州事、職方員外郎李初平知其賢，不以屬吏遇之。嘗聞先生論學而嘆曰：「吾欲讀書，如何？」先生曰：「公老無及矣，某請得爲公言之。」初平遂日聽先生語，二年而後有得。初平兩知郴州，按《題名記》，此再任時也。

皇祐元年己丑，盡五年。先生時年三十三。李初平卒，子幼，先生曰：「吾事也。」爲護其喪歸葬之。往來經紀其家，始終不懈。

皇祐二年庚寅，先生時年三十四。爲郴州桂陽令。

皇祐五年癸巳，先生時年三十七。先生在郴、桂皆有治績，諸公交薦之。別本云：此後至丙申，載先生出處，疑有小誤，讀者更當以歲月參考。

至和元年甲午二年，先生時年三十八。用薦者言，改大理寺丞，制詞，王珪行，見附録。知洪州南昌縣。南昌人見先生來，喜曰：「是初仕分寧，始至能辨其疑獄者，吾屬得所訴矣。」嘗得疾，更一日夜始甦。潘興嗣視其家，服御之物止一弊篋，錢不滿數百。

嘉祐元年丙申，盡八年。先生時年四十。以太子中舍僉署合州判官事。先生性好山水，泝峽至秭歸，聞龍昌洞之勝，與廬陵蔣槩、洪崖彭德純遊焉。蔣記之，事見《秭歸集》。十一月至合州，十日視事。有《回謁鄉官昌州司録黄君慶牒》。牒見遺文。是歲轉殿中丞，賜五品服。別本云：按先生序彭推官詩石刻，在嘉祐二年正月十五，是時繫銜猶云「承奉郎、守太子中舍、僉署合州軍事判官廳公事周某撰」。又傳耆嘉祐二年冬作先生書，尚稱爲宮舍，則轉殿中丞賜五品服，疑不在元年。

嘉祐二年丁酉，先生時年四十一。

正月十五日，作《彭推官宿崇勝院詩序》。

九月，《回謁鄉士牒》稱爲「解元才郎」，今不詳其爲誰氏子，當是去年鄉貢，今年南省下第而歸者。聞先生學問，故來求見耳。

遂寧傅耆伯成少有俊才，年十四薦於鄉。先生妻黨陸丞自小溪解官東歸，過合陽，爲先生言傅之爲人。先生致書於傅，傅答書云：「執事以濟衆爲懷，神所勞賚。故得高士與施至術，而心朋遠寓名方，豈不盛哉！賤子聞之，弗勝喜蹈。」書言「心朋」，意似指二程。後書又云：「違遠高賢，鄙吝復萌。曩接高論，固多餘意，行思坐誦，嘿有所得，不遂溺於時好，失於古道也。」時傅已來合陽見先生矣。後書又謂：「蒙示《說姤》，意遠而不迂，詞簡而有法，雜之元結集中，不知孰爲元，孰爲周也？」盧次山謂其詞深義密，如軻之文。鄭夫人前適盧郎中次山必郎中族黨之知學者。味其言，尤爲知先生耳。

是歲，傅和先生《席上酬孟翺太博》詩。詩見附録。

嘉祐三年戊戌，先生時年四十二。

傅伯成請策題，先生未暇作，因遣人至遂寧探問新合州使君。有書寄傅，且託買皀紗，作夏衫并樗蒲綾袴段二箇。

按：先生在合州，與同事者三人：何涉、董宗式、李鄤。何涉之來，在先生前，李鄤在四年十月，惟宗式在三年三月。此乃三月四日書，則所探新合州爲宗式無疑耳。

嘉祐四年己亥，先生時年四十三。

左丞蒲公宗孟從蜀江道于合，初見先生，相與款語連三日夜，退而嘆曰：「世有斯人歟！」乃議以其妹歸之。

嘉祐五年庚子，先生時年四十四。

六月九日，先生解職東歸。時呂給事陶爲銅梁令，有送先生序并詩，今載集中。

先生初娶職方郎中陸參之女，封縉雲縣君。

按：嘉祐二年，傳與先生書云：「封君尊候康寧。」又云：「聞封君雅候甚平復。」當是素抱疾，故門人書問及之，然竟以不起。又按，呂和叔有詩賀其弄璋，未知陸所出否也。

至是再娶太常丞蒲師道女，是爲左丞宗孟之妹。左丞二姊五妹，其《別黎郎十娘》詩云「六娘周家婦，晚方偶良姻。乃是我手聘，不見五六春」是也。

先生在合，士之從之者衆矣，而尤稱張宗範有文有行，名其所居之亭曰養心，且語之以聖學之要，其汲汲於傳道授業也如此。一郡之人，心悅誠服。事不經先生手，吏不敢決，苟下之，人亦不從。既去，相與祠之南禪，正少時猶及見之。南禪濱涪江，爲大水所漂，今不存。淳熙八年，簽判何預祠之官舍。紹熙二年，正請於漕臺，祠之郡學。其後郡侯任逢重加修葺，姚自舜創田以備釋菜之用。今大帥曹叔遠又倣書院之意，增廣其田，以備延請堂長及養生徒之費云。

按：《劍門集》有先生詩。先生在合陽，無因過劍門，或是嘗過閬中蒲氏，聞劍門之勝，因往遊耳。

先生東歸時，王荆公安石年三十九，提點江東刑獄，與先生相遇，語連日夜。安石退而精思，至忘寢食。詳見遺事。

是歲趙清獻公抃以言事切直，出知虔州。別本：先生是年沿外臺檄按臨赤水縣簿書，與將仕郎、赤水縣令費琦遊龍多山，有唱和詩八首，正月刻石。又東歸時，十月二十一日，與余從周五人相會于江州東林寺，有題名。

嘉祐六年辛丑，先生時年四十五。

遂寧傅耆登第，相遇京師，先生刺云：「從表殿中丞、前合州從事周某，專謁賀新恩先輩傅弟。三月十二日手謁。」是歲二月辛未，御崇政殿試禮部進士。三月癸巳，賜進士王俊民等一百三十九人及第，傅第三十人。十二日，則唱名之三日耳。

遷國子博士，通判虔州。先生前在合陽，或譖之清獻，清獻臨之甚威。先生處之超然，清獻疑終不釋。至是熟試先生所爲，執其手嘆曰：「幾失君矣，今日乃知周茂叔也。」薦之於朝，論之於士大夫，終其身。

嘉祐八年癸卯，先生時年四十七。

行縣至雩都，邀餘杭錢建侯拓、四明沈幾聖希顔遊羅巖。正月七日刻石。

四月壬申朔，英宗登極，遷虞部員外郎，追贈父桂嶺君爵郎中。

五月，作《愛蓮說》。

是歲虔州民家失火，焚千餘間，朝廷行遣差替。時先生季點外縣，不自辨明，韓魏公、曾魯公皆知之，遂對移通判永州。程師孟，吳下人，樂易純質，喜爲詩，時知洪州，以詩送行。詩見附録。

英宗治平元年甲辰，盡四年。**先生時年四十八。**

治平二年乙巳，先生時年四十九。

三月十四日，有《同宋復古游廬山大林寺

至山巔》詩。復古名迪，善畫。

江南西路轉運使成都李公大臨才元以詩謁先生於濂溪云〔二〕：「簷前翠靄逼廬山，門掩寒流盡日閑。」指江州之濂溪也。運使李公丁憂，四月，先生以疏慰之。

清獻公自成都寄詩云：「君向濂溪湖外行，倅藩仍喜便歸程。」指道州之濂溪也。按《成都記》，清獻以是年四月視事，所寄詩當在四月以後。

十一月，合饗天地於圓丘，先生遷比部員外郎。

先生在武昌，嘗以詩一軸寄蒲左丞，除夕方達。次年正月，左丞成十詩答之〔三〕。別本：所寄詩有《對雪寄吳延之》等作，今皆不存矣。或曰觀《大林》詩并李才元詩及蒲詩，有云：「湓浦方營業，濂溪旋結廬。」疑先生往來廬山，定居九江，在此一二年間。

治平四年丁未，先生時年五十一。

先生素貧，初入京師，鬻其產以行。擇留美田十餘畝，畀周興耕之，以灑掃其父郎中之墓。至是自永州移文營道言之，因攜二子歸春陵展墓。

三月六日，與鄉人蔣瓘數人同遊含輝洞〔四〕。

八月，營道給吏文付周興，從先生之言也。

神宗登極，遷朝奉郎、尚書駕部員外郎，加贈父諫議大夫。六月十四日，與其兄之子仲章手帖云「可具酒果香茶詣墳前，告聞先公諫議」是也。其帖後歸張敬夫，今刻之道州桂林學宮。

先生在永三年，嘗作《拙賦》。既去，永人思之，爲立祠，題曰康功。胡宏仁仲別本作胡寅明仲。有詩云：「千古濂溪周別駕，一篇清獻錦江詩。」

是秋攝邵州事。九月，先生自邵陽發遞，以改定《同人說》寄傅伯成，傅時知嘉州平羌縣。明年，傅復書云：「蒙寄貺《同人說》，徐展熟讀，較以舊本，改易數字，皆人意所不到處，宜乎使人宗師仰慕之不暇也。」

先是，邵之學在牙城之中，左獄右庾，卑陋弗稱。先生始至，伏謁先聖祠下，起而悚然，乃度高明之地，遷於城之東南，逾月而成。

神宗熙寧元年戊申，盡十年。**先生時年五十二。**

荆湖北路轉運使孔延之爲先生作《邵學記》，書曰「治平五年正月三日」。其日先生率僚吏諸生告于先聖先師，亦書治平五年。神宗即位，改治平五年爲熙寧元年。時改元詔未到，故《學記》及《祝詞》皆作治平五年耳。後人徇尋常利便之說，輒從其學他所。乾道九年，知州事胡侯始復其舊，張敬夫爲詳其事而記之。

呂正獻公公著在侍從，聞先生名，力薦之。會清獻公在中書，擢授廣南東路轉運判官。有啓謝正獻公云：「在薄宦有四方之游，於高賢無一日之雅。」

熙寧三年庚戌，先生時年五十四。

轉虞部郎中，擢提點廣南東路刑獄。

熙寧四年辛亥，先生時年五十五。

以正月九日領提點刑獄職事，治在韶州。行部至潮州，有《題大顛堂》詩。至春州有詩，至惠州有《題羅浮山》詩。

時虞部郎中杜諮知端州，禁百姓采石，獨知州占斷，人號爲杜萬石。先生惡其奪民之利，因爲起請，凡仕於州者，買硯毋得過二枚，遂爲著令。

先生盡心職事，務在矜恕，得罪者自以爲不冤。俄得疾，聞水齧僊居縣太君墓，遂乞南康。

八月朔，移知南康軍。

十二月十六日，改葬於江州德化縣清泉社三起山。葬畢，曰：「強疾而來者，爲葬耳。今猶欲以病污麾紱耶？」上南康印，分司南京。

熙寧五年壬子，先生時年五十六。

先生平日俸祿，悉以周宗族，奉賓友。及分司而歸，妻子饘粥不給，曠然不以爲意。酷愛廬阜，至是遂居于書堂。正過九江，必造焉。距州城十許里，堂之左即先生之祠，乃塑像，三山帽，紫衣方領赤舄，坐乎方床之上。又左則爲光風霽月亭，自州城來者先至焉。右則愛蓮亭、拙堂，後爲一室，室之前刻《愛蓮説》、《拙賦》及《太極圖》、《通書》、墓碣、祠記、圖書，皆附晦翁解釋於其下。不著何人書，或云永嘉陳益之書之。門外數步即發源蓮花峰下，先生寓名以爲濂溪者。溪之外不二十里，即廬山。正嘗留詩。今夔漕王忠甫嘗爲德化縣，近因書道舊，云好事者重修書堂，前詩不復存矣。詩附録。

熙寧六年癸丑，先生時年五十七。

清獻公再尹成都，聞先生之去，拜章乞留。朝命及門，以六月七日卒。

二子壽、燾，時皆太廟齋郎，以十一月二十一日葬先生於仙居縣太君墓左，從遺命也。

清逸處士潘興嗣爲墓銘，左丞蒲宗孟爲墓碣，而孔延之之子文仲爲文以祭之，曰：「童蒙之歲，隨宦于洪。論父之執，賢莫如公。公年甚壯，玉色金聲。從容和毅，一府盡傾。」又曰：「有文與學，又敏政事。絕今不比，伊傅自視。」其後蘇文忠公追賦濂溪詩，有曰：「先生豈我輩，造物乃其徒。」言之至此，是必嘗見《太極圖》者，故推之於造物以形容之也。黄太史亦云：「人品甚高，胸中灑落，如光風霽月。」非其親見先生，接其辭氣，則其所以爲言，亦安能曲盡其妙。

惟先生稟生知之異質，加以汲汲於學，故一時老師宿儒，專門名家，一藝一能，有過於人，有聞於世者，無不訪問。然其所至，皆天造自得，所謂不由師傳，默契道體者，是爲得之。或謂陳摶傳种放，放傳穆修，修傳先生。今种、穆所著存於世者，古文而已，然亦未純於理。觀摶與張忠定語及公事先後，有太極動静分陰陽之意，然其所爲《龍圖記》，蓋直陳其數，無復文言，與《太極圖説》絶不相似。今觀《太極圖説》，精妙微密，與《易大傳》相類，蓋非爲此圖者不能爲此説，非爲此説者不能爲此圖，義理混然，出於一人之手，決非前人創圖，後人從而爲之説。正是以謂不由師傳、默契道體者之爲得之也。

或謂無極二字出於老子，先生之學蓋出老子。然老子之言無極，如列子、莊子之言無窮無極，釋氏之言無量無邊，蓋指四旁爲義。先生之言無極而太極，是指中間極至之理，未形之妙。今以其字之同，而不察其指之大異，比而同之，不惟不足以知先生之意，恐於老子之言亦未識其指歸也。

或謂先生與胡文恭公同師潤州鶴林寺僧壽涯，或謂邵康節之父邂逅文恭於廬山，從隱者老浮圖遊，遂同授《易》書，所謂隱者，疑即壽涯也。其後康節著《皇極經世書》，以數爲宗。文恭立朝，論堯遷閼伯於商丘，主辰，遷實沉於大夏，主參。商丘爲宋，宋火德。大夏爲幷，幷爲水。古稱參辰不並，火盛則水衰，宜進辰抑參。蓋亦星曆之學也。

先生之學，得之者莫如明道、伊川。明道、伊川嘗云：「靈山會下，若干人皆悟道。某敢道無一人悟者。若果有一人悟道，臨死時須求一尺帛裹頭。」蓋謂曾子以士之身死於大夫之簀爲非禮，必易之而後已。彼斷髮之人不能全，而歸之本之則無知，先生之所不取也。今以先生嘗請問於此二人者，即謂其學本出於此二人者，亦失之遠矣。蓋孔子問禮於老聃，訪樂於萇洪，謂孔子生知，未嘗師問老聃、萇洪者固不可，謂孔子之學本出於老聃、萇洪者可乎？此不待聖智知其必不然耳。

先生既没之後，春陵人祠之學官，復於里舍塑像。春秋二仲，有職於學官者，遵故事宿舍中，夙興盥薦惟謹。淳熙庚子，郡博士章穎捐俸金，率士子增大之，於廳之左右闢兩齋，扁曰吟風，曰弄月，以處學者。晦庵帥長沙，首遣祝幣臨奠，云云，詳見附録。今刻祠中。

壽字李老，一字元翁，第百一，生於合州。郡人何平仲及銅梁令吕陶皆以詩賀之。娶鄭氏，即先生母黨。元豐五年黄裳榜登第，初任吉州司戶，次秀州知錄，終司封郎中。

燾字通老，一字次元。蒲所生，生於虔州。初授司法，元祐三年李長寧榜登第。嘗知成都府，終朝議大夫、徽猷閣待制。

二子既顯，累贈宣奉大夫。

先生之學，門人弟子多矣，而二程爲能傳之。二程之學，門人弟子亦多矣。而謝上蔡、楊龜山、游定夫、張思叔、侯師聖、尹彦明爲能聞之。龜山傳之羅仲素，仲素傳之李延平，延平傳之晦庵先生。上蔡及師聖傳之胡文定，文定傳之五峰，五峰傳之張敬夫。敬夫及晦翁，相繼稍被召用，推明先生之學，所在祠先生於學官，以興起學者。而又解釋《太極圖説》及《通書》，正學者之差繆，明其心法，以示後世，使百世之下，有志之士得其書而讀之，如親授於先生。聖賢事業可學而能，孔孟之學絶而復續，豈誣也哉。然必嘗從事於此，心通嘿識，然後爲能眞知之矣。

近年以來，世之推行其學，講明踐修者益衆。臨邛魏華父了翁除潼川憲，下問政令所當先者，正謂之曰：「濂溪先生幸仕弊鄉，下車之初，宜遣祝幣，委簽判或教官告之，以導學者趨嚮。」既而華父更思所以表顯之者，遂有易名之請。上即可之，於是下太常定議，吏部覆議，久之議上，賜謚曰元，實嘉定十三年六月二十二日也。故併書之，以見聖朝褒崇儒學，以風勵學者如此其至，學者其可不勉之哉。

〔一〕某月某日：清道光間刊本周午橋編《濂溪志》作「五月五日」。

〔二〕以：原無，據同上并正誼堂全書本《周濂溪集》卷一〇補。

〔三〕明刻本多「今載《清風集》」五字。

〔四〕數人：明刻本作「區有鄰、歐陽麗、理掾陳賡」。「同遊含輝洞」下，明刻本尚有「洞在今營道縣南二里，刻石其陰」二句。

右正少時得明道、伊川之書讀之，始知推尊先生。而先生仕吾鄉時，已以文學聞於當世。遂搜求其當時遺文石刻，不可得。又欲於架閣庫討其書判行事，而郡當兩江之會，屢遭大水，無復存者。始仕遂寧，聞其鄉前輩故朝議大夫、知漢州傅耆曾從先生遊，先生嘗以《說姤》及《同人說》寄之，遂訪求之，僅得其目録及《長慶集》，載先生遺事頗詳。久之，又得其手書手謁二帖。其後過秭歸，得《秭歸集》；之成都，得李才元《書臺集》；至嘉定，得呂和叔《浄德集》；來懷安，又得蒲傳正《清風集》；皆載先生遺事。至於其他私記小説及先生當時事者，皆纂而録之。一日，與今夔路運司帳幹楊齊賢相會成都，時楊方草先生年譜，且見囑以補其闕，刊其誤。楊，先生之鄉士也，操行甚高，記覽亦極詳博，意其所考訂，必已精審。退而閲之，其載先生來吾鄉歲月，頗自差舛，甚者以周恭叔事爲先生事，又以程師孟送行詩爲趙清獻詩。於是屢欲執筆，未暇也。及來重慶，官事稍閒，遂以平日之所聞者而爲此編。然其所載，於先生入蜀本末爲最詳，其他亦不能保其無所遺誤。正往時嘗有志遍遊先生所遊之處，以訪其遺言遺行。今自以衰晚，莫能遂其初志。有志之士，儻能垂意搜羅，補而修之，使無遺缺，實區區之志也。嗚呼！天之未喪斯文也，故其絶千有餘年而復續，續之未久，復又晦昧，至近世而復燦然大明。小人之用事者，自以爲不利於己，盡力以抑絶之。賴天子聖明，大明黜陟，而斯文復興，如日月之麗天，人皆仰之，有願學之志。假令百世之下，復有能沮毁之者，其何傷於日月乎，其何傷於日月乎！嘉定十四年八月二十有九日，後學山陽度正謹序。

表》，皆口授，子弟執筆從傍書之。書至「買平紋紗衫材樗蒲綾袴段」，曰：「不太苛細否？」一曰：「此固哲人細事，如食之精，膾之細，魚之餒，紺緅之飾，紅紫之服，當暑之絺綌，《鄉黨》皆備書之。今讀之，如生於千載之前同堂合席也。豈可忽乎？」恐觀者之不達乎此，併令記之，以示同志云。嘉定十四年九月二十五日記。

正頃在成都，夜讀《通鑑》，其後常患目昏，不能多作字。其編類《濂溪家世年

周濂溪年譜

（近）許毓峰　編

據中國文化研究彙刊第三卷整理

周敦頤（一〇一七—一〇七三）生平事蹟，見前譜簡介。

本譜爲近人許毓峰編。許氏復編有《石徂徠年譜》（原載《責善半月刊》二卷二十期，一九四二年一月，今復整理收入本書）。本譜針對前人所編周子年譜，多詳於世系、履歷，而略於問學次第、道統授受之弊端，除詳考譜主仕歷、政績外，復對《太極圖説》、《通書》等著述的成書年代、授受淵源詳加辨析，對南北宋道學傳授淵源，提供了一條比較清晰的綫索。本譜引據資料豐富，縱横闢闔，對朱熹撰《濂溪先生事狀》、《宋史》本傳等書記載之誤，多所考辨，對諸書中關於周敦頤非醇儒而參雜佛學的觀點，反復辨駁，從而對周敦頤道學之精微，推崇備至。原譜載金陵、齊魯、華西三大學《中國文化研究彙刊》第三卷（一九四三年九月），後收入臺北商務印書館出版之《新編中國名人年譜集成》。本書所收，僅對版式、標點有較大改動，而原譜文字悉依原貌，個別漫漶之處及明顯誤字，則依譜文所標出處覈實原書，予以刊正。

小序

余每誦濂溪先生遺文，即歎仰景慕，思想之宏闊，哲理之精奧，孔孟後一人而已。是乃搜羅史料，採擇參證，不揣寡陋，撰成《周濂溪年譜》一卷。於譜内微有所見者：（一）先生非隱士。（二）先生《圖説》非傳自外方。（三）先生思想主幹，純爲儒家，所論『静』『無欲』非同於佛老。（四）二程從學先生非僅一次。以此亦可知後人對先生之妄爲詆娸，實如蚍蜉之撼樹，於先生之學有何損乎？此文之成，錢師賓四多所教正，並此謹謝。民國三二年四月識於鶴鳴園。

周氏世系圖

帝嚳……后稷……太王邑於周，遂以爲氏……漢興封周後於汝南……寬饒居青州，爲襄陽刺史……

如鍉以大理評事出知道州

如錫謫授道州參軍——宏（兄弟十八人）

宏 革……爲翰林學士，居永明

虞寬

從遠遷道州營樂鄉——知強

知強——

識終汀州上杭縣令

鐸（不仕）

正（不仕）

輔成終賀州桂嶺令，累贈諫議大夫——礪——仲章——壽；惇頤——燾

伯高舉進士特奏名，迪功郎

先生姓周名惇實，字茂叔，道州營道人。避英宗舊諱，改名惇頤（據潘興嗣撰《濂溪先生墓誌銘》、朱晦庵《濂溪先生事狀》、《宋史》本傳）。後築濂溪書堂於廬山之麓，學者宗之，稱爲濂溪先生（據《度譜》、《宋史》本傳）。

先生先世居汝南。至先生十一世祖如錫，謫授道州參軍，時兄如鍉爲道州刺使，遂同卜居寧遠大陽洞之望岡（據《湖南通志》）。

至先生曾祖從遠遷居道州營樂鄉（據《寧遠縣志》）。祖智強不仕，父輔成大中祥符八年蔡齊榜六舉以上特奏名賜進士出身，終賀州桂嶺令。累贈諫議大夫。先娶唐氏，生礪。唐氏卒，娶鄭燦女，是生先生（據《墓誌》、《墓碣》、《度譜》、《宋史》本傳）。

【備考】《東都事略》先生本傳作春陵人。

案：春陵乃唐興縣（宋乾德初改寧遠縣之鄉名，據《金石萃編》），其地與營道爲鄰。考先生先墓在春陵，先生亦嘗自題云：「沿牒歸春陵鄉里展墓」（澹山巖題名），故知傳著其貫，而《東都事略》則用其先墓所在之古鄉名。

宋真宗天禧元年丁巳

先生生於道州營道縣之營樂里濂溪保（據《度譜》、《墓誌》、《事狀》、《宋史》本傳）。月日不詳。

【備考】《方輿勝覽》謂：營道西二十八里爲濂水之源，東流十里爲濂溪保，左曰龍山，右曰象山，則先生故居也。

又案《輿地紀勝》謂先生故居在道州

西三十里。《湖南通志》謂在道州西二十五里。

同時有關之名臣或學者：穆修（字伯長）四十歲（太平興國三年生）。范仲淹（字希文）廿九歲（端拱二年生）。孫復（字明復）二十六歲（淳化三年生）。胡瑗（字翼之）二十五歲（淳化四年生）。石延年（字曼卿）二十四歲（淳化五年生）。胡宿（字武平）二十二歲（至道二年生）。石介（字守道）十三歲（景德二年生）。程珦（字伯溫）十二歲（景德三年生）。歐陽修（字永叔）十一歲（景德四年生）。趙抃（字閱道）、蘇舜欽（字子美）均十歲（大中祥符元年生）。李覯（字泰伯）九歲（大中祥符二年生）。邵雍（字堯夫）七歲（大中祥符四年生）。王拱辰（字君貺）六歲（大中祥符五年生）。孔延之（字長源）四歲（大中祥符七年生）。

是年穆修與泉州李秀才復會於京師（據《河南穆公集》卷二《送李秀才歸泉南序》）。

宋真宗天禧三年己未，先生三歲。

先生家居。

是年許渤（字仲容）成進士（據《宋元學案》卷一二）。

曾鞏（字子固）、司馬光（字君實）生。

宋仁宗天聖二年甲子，先生八歲。

先生家居。

是年周堯卿舉進士（據《宋史》卷四三二《周堯卿傳》）。

宋仁宗天聖七年己巳，先生十三歲。

先生家居。

先生故里西十里許，有月巖，先生常靜玩

其間，奇峰巍聳，層巖削矗，中爲巖洞，洞門東西望之若城闕，入其中，則宏敞虛明，空且圓，若月之望，東西視之，又如月上下弦，故呼爲月巖。巖中舊有亭，先生嘗讀書於此（據李發《月巖亭記》）。

先生少時穎悟，志趣高遠，信古好義，以名節自砥礪，里有濂溪，溪流縈紆隱隱如青羅帶然，溪上有石橋，名曰大富橋。先生常吟風弄月及釣游其上（據《濂溪故居大富橋記》，《濂溪先生事狀》）。

宋仁宗天聖九年辛未，先生十五歲。

先生父輔成以賀州桂嶺令卒。葬於道州營道縣營樂鄉鐘樂里（據張南軒《跋與仲章姪手帖》，《度譜》）。

諫議公既卒，先生遂鬻其田產，擇留美田十餘畝，畀族人周興耕之，以洒掃諫議公之墓（治平四年先生返里掃墓，自永州移文中嘗言之）。

先生偕母僊居縣太君自營道濂溪入京師，依舅氏鄭向（據《墓誌》，《事狀》）。

時鄭向公爲知制誥（據《續資治通鑑長編》卷一一〇）。見先生，知先生遠器，愛之如己子，公以惇名子，亦以惇名先生（據《濂溪先生墓誌》，《濂溪先生事狀》，《宋史·周惇頤傳》）。是時向似時敎先生。

是時穆修（字伯長）老益貧，愛古文，時學者方從聲律，未知爲古文，獨伯長首爲之倡。家有唐本韓、柳集，欲其行於世，乃募工自鏤板印數百部。是年夏攜入京師相國寺設肆鬻之。伯長性伉直不容物，有儒生至其肆取閱，或酬價不相當者，輒奪取怒視謂之曰：「先輩能讀一篇不失一句，當以一部爲贈。」或怪之，即正色曰：「誠如此？修豈欺人！（一作相欺）」自是經年不售（據《河南穆公集》卷三，《東都事略·穆修傳》，《曲洧舊聞》卷四）。

【考證】穆修《祭第二子文》曰：「汝沒之辰，我客京師，家避吾驚，不以時告，我之既還，聞於中途，延道哀號，知無及矣。」（《河南穆公集》卷三）蘇子美《哀穆先生文》曰：「後得柳子厚文刻貨之，售者甚少，踰年積百緡，一子輒死，將還淮西，道遇病，氣結胸中不下，遂卒。」（《河南穆公集》卷三）考穆修卒於明道元年（《東都事略》卷二一三《穆修傳》），知修售韓柳文集於京師當爲今年事。

宋仁宗明道元年壬申，先生十六歲。

先生從舅氏鄭向居京師（據《續資治通鑑長編》卷一一三，《濂溪先生墓誌》，《濂溪先生事狀》）。

夏，穆修客死於淮西道中（據《河南穆公集》卷三，蘇子美《哀穆先生文》）。

是年十二月，職方員外郎陸參爲崇文院檢討，蔡齊薦也（據《續資治通鑑長編》卷一一一）。

是年程顥（伯淳）生。

【考證】穆修授《太極圖》與先生之說，始於朱震，朱震《進周易表》謂：「陳摶以《先天圖》傳种放，放傳穆修，修傳李之才，之才傳邵雍，放以《河圖》、《洛書》傳李溉，溉傳許堅，堅傳范諤昌，諤昌傳劉牧。穆修以《太極圖》傳周惇頤，惇頤傳程顥、程頤。」（《周濂溪集》卷九，《宋史》四三五《朱震傳》）胡宏遵其說。

胡氏《通書序略》曰：「或曰周子傳《太極圖》於穆修，修傳《先天圖》於种放，放傳於陳摶，此殆其學之一師歟，非其至者也。」（《周濂溪集》卷七）陸象山亦謂：「朱子發謂濂溪得《太極圖》於穆伯長，伯長之傳出於陳希夷。」（《象山全集》卷二《與朱元晦書》）至黃宗炎更爲其排列一嚴整之授受系統，鑿鑿如有據然。其《太極圖辨》曾謂：河上公本名《無極圖》，魏伯陽得之以著《參同契》，鍾離權得之授呂洞賓，呂授陳摶，摶又得《先天圖》于麻衣道者，皆以授种放，放以授穆修，修以《先天圖》授李挺之，以《無極圖》授周子，云云。考《東都事略·李之才傳》謂：「陳摶讀《易》，以數學授穆修，修授之才。」又謂：「摶以象學授种放。」是种、穆又同師於摶矣。又考《東都事略·穆修傳》僅謂「師事陳摶而傳其《易》學」，並稱其以古文爲天下倡。無傳圖於放，授圖於濂溪先生事。後人謂濂溪先生傳圖於修者，均係推演朱氏之說。然朱氏《進周易表》爲紹興四年，濂溪先生卒於熙寧六年，相距尚有六十二年，朱說有無根據？實難憑信，況依朱說而自爲推演者乎？案修於今年夏離京師，卒於途中。濂溪先生於此一年中，從學與否？雖不可考，然以穆修之性情觀之，授圖之說，殊屬可疑。更案穆修與先生之思想路線，亦非一途。修乃上承韓愈之思想系統，專以古文爲事。其有文集行世，亦僅古文而已，毫無《太極圖說》思想。

宋初諸賢，對彼古文亦多稱述：韓琦《尹公墓表》曰：「天聖初，公獨與穆參軍伯長矯時所尚，力以古文爲主。」（《河南先生文集》卷二八）范文正公《尹師魯河南集序》曰：「五代文體卑弱，皇朝柳仲塗起而麾之；久之師魯與穆伯長力爲古文。……」歐陽修《論尹師魯墓誌》曰：「若作古文自師魯始，則前有穆修、鄭條輩，及有宋先達甚多。」（《河南先生文集》卷二八）沈晦《河東先生集後序》曰：「國初文章承唐末五代之弊，卑弱不振，至天聖間，穆修、鄭條之徒唱之。……」（《困學紀聞》卷十五）《蘇舜欽傳》亦曰：「天聖中學者爲文病偶對，獨舜欽與河南穆修好爲古文歌詩。」（《宋史》卷四四二）以此亦可見修與《太極圖說》思想過不相侔，謂修授圖與先生，豈非妄語？究其傳說之所自，或以修讀《易》好古文，而後人竟捏造此事！然濂溪先生《太極圖說》之微妙，又豈种、穆所能及？故以《圖說》之內容與穆修之思想系統考之，則傳圖之說，亦不攻自破。

宋仁宗明道二年癸酉，先生十七歲

先生仍從舅氏鄭向居京師（《續資治通鑑長編》卷一一三，《濂溪先生墓誌》）。

程頤（正叔）生。

是時孫復、石介已著名山左，均以斥對偶，排佛老，發揚堯、舜、禹、湯、文、武、周公、孔子、孟子、揚雄、王通、韓愈之道爲己任（參拙作《石徂徠年譜》）。

【備考】案：孫復、石介之思想，與柳開、穆修稍近，而先生之思想與修等迴異，由此亦可稍窺宋初南北學術之不同矣。

宋仁宗景祐元年甲戌，先生十八歲。

先生仍依舅氏居京師（據《濂溪先生墓誌》）。

一日王拱辰見先生，爲與先生世契，便受拜，及坐上大風起，說《大畜》卦（一作說《風天》、《小畜》卦），君貺乃起曰：「某適來不知受卻公拜，今某卻當納拜。」先生走避（據《程氏遺書》卷二二上唐棣録伊川語）。

王拱辰字君貺，開封咸平人。原名拱壽，年十九進士第一，仁宗賜以今名（《宋史》卷三一八《王拱辰傳》）。

【考證】王拱辰與先生說卦事，《遺書》未記年月，疑爲今年或今年前事。案《東都事略·王拱辰傳》謂天聖八年舉進士後除將作監丞，通判懷州，遷直集賢院。考拱辰今年似曾在京師。案今年五月歐陽修與石介書中嘗云：「君貺家有足下手作書一道。……」（考證見拙作《石徂徠年譜》）然濂溪先生於明年即隨舅氏鄭向赴杭，濂溪先生游於南時，均官於北，未嘗南往。至嘉祐五年末六年初，濂溪先生至京師時，拱辰正官於外。案《宋史·王拱辰傳》云：「乃以端明殿學士知永興軍，歷泰、定二州，河南大名府，積官至吏部尚書。神宗登極，恩當轉僕射，歐陽修以爲此宰相官，不應序進，但遷太子少保。熙寧元年，復以北院使召還。王安石參知政事，惡其異己，乘二相有故，出爲應天府。八年入朝爲中太一宮。」案拱辰知永興軍爲至和二年（《續資治通鑑長編》卷一八二），以此知嘉祐五六年間，拱辰均外官，當時濂溪先生雖曾至京師，亦無相晤之機。故將此事暫列於今年。

是年范仲淹知蘇州，有《與孫復書》（據《續資治通鑑》卷三九）。

孫復、石介相會於南京（據《石徂徠集》）。

宋仁宗景祐二年乙亥，先生十九歲。

先生舅氏鄭向以龍圖閣直學士知杭州（《續資治通鑑長編》卷一一六）。先生與母隨舅氏同往（據《濂溪先生墓誌》及《事狀》）。

是時蘇湖之學方興，范仲淹在蘇州首建郡學（據《續資治通鑑》，《范仲淹年譜》，《宋元學案》）。胡瑗爲吳興湖州學官（據《中吳紀聞》卷三）。胡先生學規良密，生徒數百（據《宋元學案》卷一）。自是蘇湖之學爲諸郡倡（《宋史》卷三一四《范純祐傳》）。

先生是時遊蘇、湖間，所師友皆一時名賢，遂奮然有見於道（《湖南通志·人物志》）。

是年孫復遊於泰山徂徠間，石介似在南京，均以堯、舜、禹、湯、文、武、周公、孔、孟之道爲倡（參拙作《石徂徠年譜》）。

宋仁宗景祐三年丙子，先生二十歲。

先生博學力行，聞道甚早，是時行義名稱已有聞於時，龍圖公以叙例應蔭子，乃奏補先生試將作監主簿（據《墓誌》，邢恕和叔叙述明道先生事，朱子《濂溪先生事狀》，《度譜》）。

先生是年娶陸氏職方郎中參之女（據《墓誌》，《度譜》）。

陸參少好學、淳謹。舉進士及第，嘗爲

縣令，有劫盜繫甚急，參愍之，呼謂曰：「汝迫於飢寒爲是耳，非性不善也。」命緩其縛。一夕逸之，吏急以告參，參命捕之。歎曰：「我仁惻緩汝，汝乃忍負參如此，脫復捕得，胡顏見參？」蔡文忠公以爲有淳古之風，嘗薦之朝廷，官員外郎，遷史館檢討。著《蒙書》十卷（《涑水紀聞》卷三，《續資治通鑑長編》卷一一一）。

【考證】《朱子語類》云：「問：『周子之學，是自得於心，還有所傳授否？』曰：『也須有所傳授，渠是陸詵壻，溫公《涑水紀聞》載陸詵事，是個篤實長厚底人。』」（董銖記）案潘興嗣撰《濂溪先生墓誌銘》云：「娶陸氏職方郎中參之女。」朱子誤以陸參爲陸詵。

是年蘇軾（子瞻）生。

宋仁宗景祐四年丁丑，先生二十一歲。

先生奉母依舅氏龍圖公鄭向居潤州。龍圖公卒，遂葬於丹徒縣（據《圖書集成·方輿彙編·職方典·鎮江府部》）。

【備考】《湖南通志·人物志》謂鄭向字公明，衡陽人。考文天祥《題名記》亦謂：「衡進士姓名可考者自向始。」疑《宋史·鄭向傳》作陳留人誤。向長於史學，著有《五代開皇紀》等書（《宋史》卷三〇一《鄭向傳》）。先生之學，當得益於鄭公匪淺也。

七月十六日，先生母僊居縣太君鄭氏卒。葬於潤州丹徒縣龍圖公之墓側（據《墓誌》，《度譜》）。

是年朱光庭（公掞）生。

宋仁宗寶元元年戊寅，先生二十二歲。

先生居潤州，范仲淹亦徙知潤州，許渤、胡宿至潤，與先生仲淹等交游（據《續資治通鑑長編》卷一二〇，《程氏遺書》卷三謝顯道記明道語，《濂溪志》）。

許渤在潤，每起必先問天氣寒溫，加減衣服，一加減定，即終日不換（據《程氏遺書》卷三謝顯道記明道語）。許渤嘗與其子隔一窗而寢，乃不聞其子讀書與不讀書。後伊川先生嘗曰：「此人持敬如此，曷嘗有如此聖人？」（據《程氏遺書》卷三謝顯道記伊川語）

許渤字仲容，其先許昌人，曾祖德恭終於華州蒲城主簿，遂爲蒲城人（據《范忠宣集》，《宋元學案》卷十二）。

【考證】晁景迂曰：「胡武平、周茂叔同師潤州鶴林寺僧壽涯，其後武平傳其學於家，茂叔則授二程。」（《經義考》）晁氏又曰：「元公師事鶴林寺僧壽涯，得有物先天地，無形本寂寞，能爲萬象主，不逐四時凋之偈。」案歐陽修撰《胡公墓誌》與《東都事略·胡宿傳》，無與濂溪先生同事壽涯事，僅謂「宿少時嘗善一浮圖」，考是時胡宿年已四十三，豈能云少？更考胡宿立朝論堯遷閼伯於商丘主辰，遷實沈於大夏主參，商丘爲宋，宋火德，大夏爲幷，幷爲水，古稱參辰不並，火盛則水衰，宜進辰抑參。蓋亦星歷之學，與濂溪先生及二程夫子之學不類。晁氏所謂同傳壽涯之學者，究何據耶？至黃晦木《太極圖辨》，又謂穆修以《無極圖》授濂溪先生，濂溪先生又得先天地之偈于壽涯，將其顛而倒之，成爲《太極圖》。穆修傳圖之說，前已駁斥其非，壽涯傳圖之說，亦屬臆測。案是時先生已名聞於時，從先生游者，亦甚夥，他人均未云此事，明道先生亦僅論及胡宿從遊，而未云同師壽涯事。何晁、黃二氏反知之如此之詳乎？又案王應麟嘗曰：「上蔡謝子爲晁以道《傳易堂記後序》，言安樂邵先生皇極經世之學，師承頗異，安樂之父昔於廬山解後，與文恭胡公從隱者老浮圖游。……」（案上蔡文今不傳，今據《困學紀聞》卷三）。《濂溪志》亦謂：「胡宿嘗至潤州與濂溪遊，或謂先生與濂溪同師潤州鶴林寺僧壽涯。或謂邵康節之父邂逅先生（胡宿）于廬山，從隱者老浮屠遊，遂同受《易》書。」度正謂隱者即壽涯。然壽涯究居廬阜抑住北固？已無確說。或曰：麻衣道者即壽涯，案陳振孫《直齋書錄解題》卷一謂：「《正易心法》一卷，舊稱麻衣道者授希夷先生。崇寧間，廬山隱者李潛得之，凡四十二章，蓋依託也。朱先生云南康戴主簿師愈撰。」如以舊說言之，麻衣道者尚在陳摶之先，何能與濂溪先生相接？如以戴師愈僞託言之，麻衣道者乃在濂溪先生之後，又何能以圖相授？又案《廬山志》引《歷朝通紀法喜志》謂：「茂叔《太極圖》其源從陳摶來，摶傳麻衣，今《正易心法》是，麻衣傳涯公東林總公廣之，茂叔得於總公也。」（總公傳圖之說，詳辨在後）是麻衣又在陳摶後，而壽涯亦居廬山，又謂濂溪先生《太極圖》傳於東林總而非傳於壽涯矣。與晁、黃二氏之說又相矛盾。《正易心法》確係戴師愈僞託無疑。朱晦庵先生嘗撰跋詳論。案《江西通志·人物志》謂：「戴師愈號玉谿子，星子人。博學強記，作《麻衣易》，後登隆興癸未進士，授湘蔭簿。」後人竟以此牽強附會。世欲好怪不實，以此可見，豈足爲信？晁氏謂先生在潤傳圖於壽涯，純屬臆想可知矣。其臆想之所由興，或以胡宿嘗從浮屠遊，今又至潤與先生交遊，故彼等即以此加諸先生耳。

是年孔文仲（經父）生。

宋仁宗寶元二年己卯，先生二十三歲。

先生居潤州。

宋仁宗康定元年庚辰，先生二十四歲。

先生服除，從吏部調洪州分寧縣主簿（據《墓誌》）。先生少時，即慨然欲有所施，以見於世。故今仕而行其志，爲政有能名（據蒲宗孟《墓碣》）。遇事剛果，有古人風（據《墓誌》）。

【考證】先生爲洪州分寧縣主簿，始於今年（康定元年）。朱晦庵《濂溪先生事狀》，謂「用舅氏龍圖閣學士鄭公向奏授洪州分寧縣主簿」，案《宋史》本傳亦依《事狀》。考是時鄭向已卒，《事狀》與《宋史》均誤。

宋仁宗慶曆元年辛巳，先生二十五歲。

先生爲洪州分寧縣主簿（據《濂溪集》卷八《彭推官詩序》）。

分寧縣有獄久不決，先生至，一訊立辨。邑人驚詫曰：「老吏不如也！」由是士大夫交口稱之（據《墓碣》，《事狀》，《宋史》本傳）。

先生嘗被外臺檄攝袁州盧溪鎮市征局，局

鮮事，先生立書院以授門人學，袁之進士來從先生學者甚衆。（案：度正《跋彭推官詩序》曰：「濂溪初仕時，年方踰冠，從而講學者已如此，亦足見其聞道之甚早也。」）因談及江左律詩之工，坐間能誦吉州彭推官（應求）篇者六七人，其字句能覷天巧，而膾炙人口，先生甚推許之（據王圻《續文獻通考》卷六一○《彭推官詩序》）。

分寧新邑宰上未踰月，而才明之譽，已飛數百里，或謂先生曰：「邑宰太博思永，即嚮所誦推官之子。」先生暨還邑局，聞推官之詩益多，竟誦記不忘（據《濂溪先生集》卷八《彭推官詩序》）。

是年王拱辰爲翰林學士（據《宋史》卷三一八《王拱辰傳》）。

宋仁宗慶曆二年壬午，先生二十六歲。

先生爲洪州分寧縣主簿（據《宋史》本傳）。

是年王安石、呂公著成進士。

宋仁宗慶曆三年癸未，先生二十七歲。

先生仍爲洪州分寧縣主簿（據《墓誌》）。

先生在洪州時，年甚少，玉色金聲，從容和毅，一府盡傾（據孔文仲祭文）。

宋仁宗慶曆四年甲申，先生二十八歲。

先生以部使者奏舉爲南安軍司理參軍（據《墓誌》，《墓碣》）。

【考證】周思誠《濂溪祠記》曰：「周先生慶曆間嘗宰桂陽，去今僅百八十年，……邑之士尚能記盜火前縣廳有木甌一，其高四尺，其闊視其高加尺焉。以貯官文書，其上鑞『慶曆四年置，桂陽縣令周』凡十字，而書押於下，實先生時舊物，然煨燼已久矣。」

考先生今年爲南安軍司理參軍，宰桂陽在皇祐二年，疑周記係傳說之誤。

宋仁宗慶曆五年乙酉，先生二十九歲。

先生爲南安軍司理參軍。南安獄有囚，法不當死，轉運使王逵欲深治之。逵苛刻，吏無敢與相可否，先生獨力爭之。不聽，先生置手版，歸取告身，委之而去，曰：「如此尚可任乎？殺人以媚人，吾不爲也。」逵感悟，囚得不死，且賢先生（據《墓誌》、《墓碣》、《事狀》、《東都事略》本傳）。

是年周堯卿卒。

先生與周堯聊其善，先生前赴潯州，嘗取道永明，訪堯卿於笛樓村，信宿乃去，時稱「濂川兩先生」（據《湖南通志·人物志》）。

周堯卿字子俞，道州永明人。警悟強記，天聖二年進士。爲學不專於傳注，問辨思索，探元通微。長於毛鄭《詩》及《左氏春秋》。卒年五十一（《宋史》卷四三二《周堯卿傳》）。

是年黃庭堅（魯直）生。游酢（定夫）生。李之才（挺之），石介（守道）卒。

宋仁宗慶曆六年丙戌，先生三十歲。

先生仍爲南安軍司理參軍（據《東都事略》先生本傳）。

先生倡明道學（據《東都事略》卷一一四本傳）。然時人見先生政事精絕，則以爲宦業過人，見先生有山林之志，則以爲襟懷洒落，罕知先生學之要者（《朱子語類》卷九三）。適大理寺丞、知虔州興國縣程公珦假倅南安，視先生氣貌非常人，與語，果爲學知道者，遂與先生爲友，並令二子顥、頤從學焉（據《伊川文集》

卷八《先公太中家傳》，朱熹《伊川先生年譜》引哲宗徽宗《實録》，《伊川文集》卷七《明道先生行狀》，朱熹《濂溪先生事狀》，《東都事略》卷一一四《周惇頤傳》）。

今年明道十五歲，伊川十四歲，鋭然欲學聖人（《張子語録》），自少刻勵，推明要道，以聖學爲己任（《呂氏童蒙訓》）。先生見顥、頤兄弟，愛其端爽，即謂人曰：「二子他日當以經行爲世所宗。」（據《曲洧舊聞》卷三）。先生每令彼尋仲尼顏子樂處所樂何事（據《程氏遺書》卷二上《呂與叔東見録》，《伊洛淵源録》卷一）。

【備考】二程夫子受先生之啓發，蓋始於此，後明道先生嘗曰：「學者要學得不錯，須是學顏子。」（《程氏遺書》卷三謝顯道記明道語）《朱子語類》云：「問伊川因何而見道？曰：他説求之六經而得，但也是於濂溪處見得個大道理占地位了。」宜乎清人李光地謂此乃「周程授受第一義」。其所以特重顏子者，或以顏子乃爲講心性之最高境地者，胡瑗至太學，亦以《顏子所好何學論》試諸生，當時北方學者如孫復、石介等罕言顏子，此乃宋初南北學風之不同歟？明道從先生論道，窮性命之理，率性會道，體道成德，遂厭科舉之業，慨然有求道之志，出處孔孟，從容不勉（《伊川文集》卷七《明道先生行狀》，《程氏遺書》附録河間劉立之叙明道先生事）。

【備考】朱熹嘗云：「周子自少即以學行有聞於世，而莫或知其師傳之所自。

獨以河南兩程夫子嘗受學焉，而得孔孟不傳之正統，則其淵源因可概見。然所以指夫仲尼顏子之樂，而發其吟風弄月之趣者，亦不得而悉聞矣。」所著「《易通》與《太極圖說》，並出程氏以傳於世。」「程先生兄弟語及性命之際，亦未嘗不因其說。觀《通書》之《誠》、《動靜》、《理性命》等章，及程氏書之《李仲通銘》，《程邵公誌》，《顏子好學論》等篇，則可見矣。」（《朱子大全》卷七五《周子太極通書後序》，卷八一《周子通書後記》）。

全祖望《周程學統論略》云：「明道先生傳在《哲宗實錄》中，乃范學士沖作；伊川先生傳在《徽宗實錄》，乃洪學士邁作；並云從學周子。兩朝史局所據，恐亦不祗呂芸閣《東見錄》一書。觀明道之自言曰：『自再見茂叔，吟風弄月以歸，有吾與點也之意。』則非於周子竟無所得者。《明道行狀》雖謂其『泛濫於諸家，出入佛老者幾十年，反求諸六經而後得之』，而要其慨然求道之志，得於茂叔之所聞者，亦不能沒其自也。若《遺書》中直稱周子之字，則吾疑以爲門人之詞，蓋因其師平日有『獨得遺經』之言，故遂欲略周子而過之也。周子所得，其在聖門，幾幾顏子之風。二程之所以未盡其蘊者，蓋其問學在慶曆六年，周子即以是歲遷秩而去，追隨不甚久。潘興嗣誌墓其不及二程子之從游者，亦以此。」（見《鮚埼亭集》）

【考證】二程今年從學先生當無可疑。二程嘗自曰：「昔受學於周茂叔。

……」（《呂與叔東見録》）伊川撰《明道先生行狀》曰：「先生之學，自十五、六時，聞汝南周茂叔論道，遂厭科舉之業。」考今年明道十五歲，伊川十四歲。更案《哲宗實録·程顥傳》，《徽宗實録·程頤傳》，從學先生事，亦均有明文記載。明道後日嘗曰：「吾學雖有所受」（《上蔡語録》），所謂「有所受者」，似即指此。或謂伊川撰《先公太中家傳》直稱先生之姓名，具不記從遊。在《遺書》中偶有稱道，亦祇稱「周茂叔」不稱先生，而稱胡瑗則曰「安定胡公」，或「翼之先生」，因此即謂其一親一疏，遂以汪玉山所謂「然謂二程受學恐未盡」之説爲是。梁任公撰《儒家哲學》亦曰：「朱派以爲二程出於濂溪，其實不然，二程但稱周子，不稱先生，先後同時，差十餘歲，關係異常淺薄。」案二程對濂溪不稱先生，亦未能否認其受學事。當時直稱師之字者多矣。考最以師道倡者，莫如石介。孫明復乃石介師也，然石介《與士熙道書》中竟曰：「四月十二日明復至。」（《石徂徠集》卷上）何以亦直稱其字？或曰二程對胡瑗則稱先生，今考亦不盡然。二程嘗曰：「胡安定在湖州置治道齋。……」（《程氏遺書》卷二上《呂與叔東見録》）又曰：「安定之門人往往知稽古愛民矣，則於爲政也何有！」（《程氏遺書》卷四游定夫録二先生語）何以未稱先生？如以是爲門人之詞，則直稱「茂叔」，安知其非門人之詞？更案橫渠乃二程長輩，二程竟屢稱子厚。

朱弁，晁說之（字以道）門人也，然朱弁於其所著《曲洧舊聞》內亦曰：「晁以道嘗爲余言。……」（《曲洧舊聞》卷一）又曰：「劉器之之訃至，東里晁以道對賓客誦『南嶽新摧天柱峰』之句。」（《曲洧舊聞》卷二）何以亦直稱其師之字？如此者多矣，豈能以此否認其師生關係？況二程思想之主幹均本源於先生（辨證見後），而從學事，又出諸二程之口，豈能有誤？至於潘興嗣撰《濂溪先生墓誌》而未及二程從學。亦無足奇，以其他從學先生者，《墓誌》中亦均未論及（李初平亦未及從學事），豈獨二程乎？更案前人均謂二程從學先生僅今年一次，後未相晤。今考二程從學先生二次：第一次在南安（即今年），第二次在郴縣（考證見後），先生授《太極圖》與二程之說，是否在今年，已無法考證，故今列於二次相見時，辨證見後。

是年冬，先生以轉運使王逵薦爲郴州郴縣令。有《修學記》（據《度譜》）。

宋仁宗慶曆七年丁亥，先生三十一歲。

先生移郴縣令。首修學校以教人（據《墓碣》，《墓誌》，《湖南通志·人物志》）。

宋仁宗慶曆八年戊子，先生三十二歲。

先生爲郴縣令（據《墓誌》，《墓碣》）。

明道與伊川至郴縣，復從學先生（據《程氏遺書》卷三與卷二二）。

明道前好田獵，今見先生，自謂已無此好，先生曰：「何言之易也，但此心潛隱未發，一日萌動，復如前矣。」後十二年明道在田野見田獵者，不覺有喜心。果知其未（據《程氏遺書》卷七）。

先生窗前草不除。明道問之，先生曰：「與自家意思一般。」（據《程氏遺書》卷三謝顯道記明道語）。

【備考】張橫浦曰：「明道書窗前有茂草覆砌，或勸之芟，曰：『不可，欲常見造物生意。』又置盆池畜小魚數尾，時時觀之，或問其故？曰：『欲觀萬物自得意。』草之與魚，人所共見，唯明道見草則知生意，見魚則知自得意。此豈流俗之見可同日而語？」（《宋元學案》卷十四）。據此亦可見明道受先生之啓發匪淺矣。

王應麟曰：「司馬公時至獨樂園，危坐讀書堂，嘗曰：『草妨步則薙之，木礙冠則芟之，其他任其自然，相與同生天地間。』亦各欲遂其生耳。張文潛《庭草》詩云：『人生羣動中，一氣本不殊。奈何欲自私，害彼安其軀？』」亦此意也。觀此則知周子窗前草不除之意。」（《困學紀聞》卷二）。

先生嘗曰：「一部《法華經》只消一個《艮》卦可了。」（據《程氏外書》卷十）

荀子言養心莫善於誠，先生曰：「荀子不識誠。」明道曰：「既誠矣，何事於養心哉？」（據《二程粹言》卷二）

案：先生《通書》論誠之理論，當始於是時，不過成書較晚耳。

【考證】案：前人均謂慶曆六年二程從先生遊後，後未相晤。未知二程於今明二年内又復從先生遊，考明道嘗曰：「某自再見茂叔後。」（《程氏遺書》卷三謝顯道記明道語）。據此知明道嘗復從先生遊。《程氏遺書》卷七又謂明道十六七時，好田獵，見先生自謂已無此好。考上年明道十六歲時似未從先生遊。更案《程伊川年譜》知明道於十八歲後，亦未嘗與先生相晤，又伊川云：「嘗見李初平問周茂叔云：『某欲讀書如何？』……遂聽說話二年乃覺悟。」（《程氏遺書》卷二二上）考李初平從先生問學在今年，而彼卒於皇祐元年。伊川既云嘗見李初平問學，又知其聽說話二年，據此知二程在今明二年內當均在郴從學先生無疑。不然，何能見李初平問學先生？此乃出於伊川之口，當信而無疑，後人所謂慶曆六年後二程未嘗再與先生相晤者，乃無據之言。

先生《太極圖說》當成於是年前。二程思想受此影響甚大，今錄圖於下（說參《濂溪集》卷一，正誼堂全書本）。

圖一：太極圖：

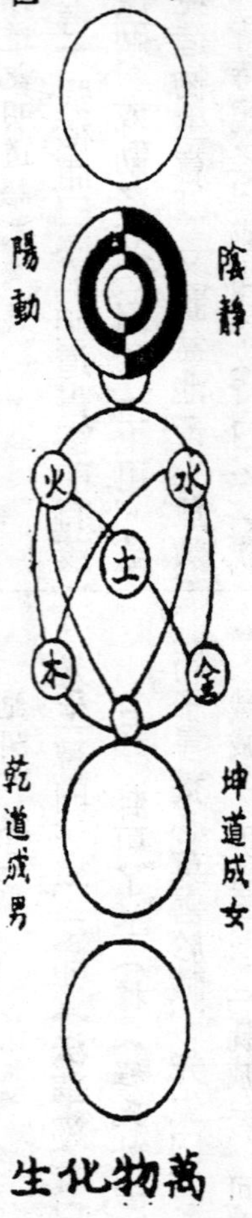

【考證】案：朱彝尊《太極圖授受考》謂慶曆六年「元公以轉運使王逵薦，移知郴縣。自是而後，二程未聞與元公覿面；然則從何手授乎？」（《曝書亭集》卷五八）。考二程於今年復從先生遊，前已論辨，毫無可疑。此乃朱氏疏忽處。更案邵伯溫《周易辨惑》曰：「伊川同朱公掞訪先君，先君留之飲酒，因以論道，伊川指面前食桌曰：『此桌安在地上，不知天地安在甚處？』先君爲之極論天地萬物之理，以及六合之外。」伊川嘆曰：「平生唯見周茂叔論至此。」案：先生除《太極圖說》外，其他未嘗論及六合之外。伊川所謂「平生唯見周茂叔論至此」者，當即指此《太極圖說》。伊川與康節飲酒乃爲熙寧七年事，而二程從先生遊共二次，首次在慶曆六年，時大程十五歲，二程十四歲；二次即今年，大程十七歲，二程十六歲。聽聞此說究在何次？以情理言之，似應在二次，即首次亦有所聞，而有所得，亦應在此次。據此亦可知先生《太極圖說》理論之構成，必在是年前。至於先生是否必將此圖手授二程？雖無碻證，然二程於是年或皇祐元年聽受先生《太極圖說》之理論，當爲事實。觀伊川之自語，及程氏後撰《定性書》、《識仁篇》、《程邵公墓誌》、《李寺丞銘》、《顏子好學論》等篇，亦知受先生此說影響甚鉅。至於《太極圖說》之淵源問題，除謂傳圖說穆修、壽涯前已詳辨其誤外，其他傳說尚多：如前人祁寬、朱子、黃勉齋、薛文淸，所謂圖乃手授二程，不由師傳，默契道體，其言雖不可盡依，然謂《太極圖》全套必竊之外方，更屬荒謬。清人即專造新說，藉攻先生。案黃宗炎《太極圖辨》謂《太極圖》自《無極圖》演變而來。創自河上公，河上公傳魏伯陽，又呂洞賓等。並謂《無極圖》主鍊丹，自下而上。彼謂先生一轉而爲自上而下，成《太極圖》。即如此說，亦正爲先生之創見。況河上公、呂洞賓，均神仙中人物，又何足據乎？與其云先生盜方外修鍊祕訣顛倒以成《太極圖》，莫如云方外好事者顛倒先生《太極圖》以言修鍊。錢師賓四《論太極圖與先天圖之傳授》一文中嘗曰：「濂溪去晦木亦已六百年，安知非方外好事者顛倒濂溪《太極圖》以言養生？」(見《學思》一卷六期)誠斯言矣。毛西河《太極圖說遺議》謂《太極圖》竊取《參同契》，並謂「方士所傳，老僧所授」。考《參同契》五代末孟蜀彭曉始爲之注釋，以世傳彭氏注本觀之，其《水火匡廓圖》似與《太極圖》之《陰靜陽重圖》有關，其《三五至精圖》似與《太極圖》之《五行定位圖》有關，朱子亦嘗云：「張忠定嘗從希夷學，而其論公事之有陰陽，頗與圖說意合。竊疑是說之傳，固有端緒，至於先生而後得之於心，而天地萬物之理，鉅細幽明高下精粗，無所不貫，於是始爲此圖以發其祕耳。」然其所爲《龍圖記》蓋直陳其數，無復文言，與《太極圖說》亦絕不相似。更案朱子所註《參同契》無

《水火匡廓》與《三五至精》二圖。而彭注本是否原有是圖，抑後人所增？亦屬疑問，即按先生《圖說》與《參同契》有關論之，亦必如朱子所云「至於先生而後得之於心」，構成其哲學理論，而籍以言道耳。亦非如毛氏所謂竊取也。毛西河又據南宋紹興間朱震所上先生《太極圖》，即疑先生竊取道藏中《上方大洞眞元妙經品圖》中之《太極先天圖》。朱彝尊《太極圖傳授考》遵其說。胡渭《易圖明辨》亦曰：「唐《眞元妙經品》有《太極先天圖》，與宋紹興甲寅朱震在經筵所進周子《太極圖》正同。今《性理大全》所載者，以三輪之左爲陽動，右爲陰靜，而虛其上下之二〇以爲太極，後人所改，非其舊也。」馮芝生先生《中國哲學史》亦疑此圖「或即濂溪《太極圖》之所本」。案朱震所上《太極圖》，陰靜在上，陽動在下，其圖如下：

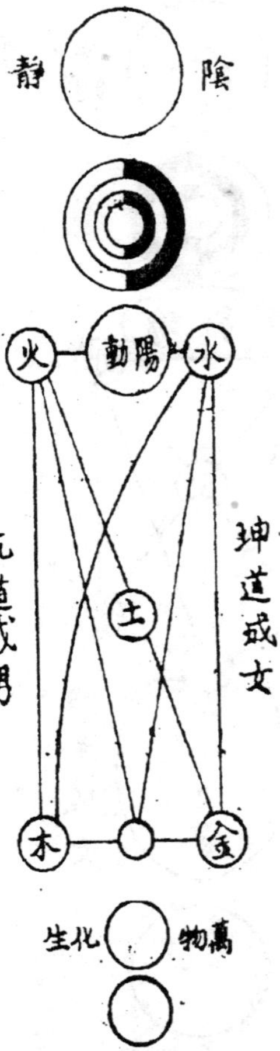

（圖二附注：此圖據《漢上易卦圖》卷上，通志堂經解本。毛氏《太極圖說遺議》與此稍異）。

《道藏·上方大洞眞元妙經品圖》中之《太極先天圖》，亦陰靜在上，陽動在下，其圖如（右）〔下〕：

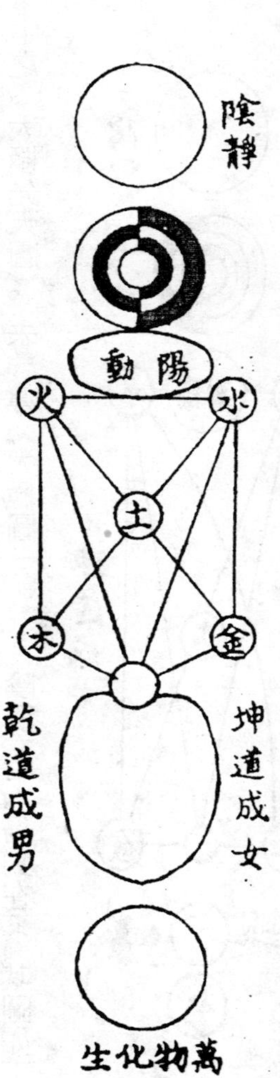

（圖三附注：此圖據《道藏》第一百九十六册。原圖第二輪，本黑中有白而白中無黑。毛氏《太極圖説遺議》故意將其改與太極圖同。似出揑造）。

朱震所上《太極圖》或據訛本鈔錄者。《眞元品·太極先天圖》，當係《道藏》抄竊，並修改先生《太極圖》而僞託者。案朱子《答胡廣仲書》曰：「《太極圖》舊本極荷垂示，然其意義終未能曉，如陰靜在上，而陽動在下，黑中有白，而白中無黑，及五行相生，先後次序皆所未明。」又《答胡廣仲書》曰：「夫太極之旨，周子立象於前，爲説於後，互相發明，平正洞達。……舊傳圖説，皆有謬誤。幸其失於此者，猶或有存於彼，是以向來得以參互考證，改而正之。凡所更改，皆有據依，非出於己意之私也（舊本圖子既差，而説中「静而生陰静」下多一「極」字。亦以圖及上下文意考正而削之矣）。若如所論必以舊圖爲據，而曲爲之説，意則巧矣，然既以第一圈爲陰静，第二圈爲陰動，則夫所謂太極者果安在耶？又謂先有無陽之陰，後有兼陰之陽，則周子本説初無此意，而天地之化，似亦不然。」（《朱子大全》卷四二）彼所謂舊圖者，即今所謂《眞元品圖》。然朱、胡均以此圖出濂溪先生後，而爲《太極圖》之傳鈔訛誤者，且附有圖説相證。故朱子曰：「向來得以參互考證，改而正之。」以此亦可見《眞元品圖》非創於唐，乃《道藏》修改先生《太極圖》而藉言修鍊者。毛西河雖引是圖，而亦自疑曰：「道經有御製序，奉敕入藏，似非可僞者，特必得儒書考證方可據。」考《道藏》抄襲宋儒語者多矣，如通神庵洞陽子註解《洞玄靈寶救苦妙經》曰：「一曰委氣立，蓋元始以一炁分判天地，運化陰陽爲萬物之本，周子所謂太極動而生陽，静而生陰，陽變陰合，而生木火金水土者此也。二曰順氣生，蓋天地既判，陰陽既立，則人受其冲和之氣以生，周子所謂二五之精，妙合而凝。乾道成男，坤道成女，萬物化生者此也。」淳祐間天慶觀道士董思靖註《洞玄靈寶自然九天生神章經》曰：「專曰混洞而不曰太無，則混洞幾淪於一物，而不足爲天地萬物之宗本；專言太無而不言混洞，則太無反淪於空寂，而不足爲陰陽萬物之樞紐。」此段顯係抄襲朱子解《太極圖》語套。上文均出南宋，其擅於竊襲，可想見。如此者曷勝枚舉。如謂《太極圖》抄襲《眞元品》，何如謂《眞元品》抄襲《太極圖》。案當時《太極圖》傳抄訛誤甚多，朱子曰：「幸其失於此者，猶或有存於彼。」而朱震所上《太極圖》，當亦據訛本致誤。案《圖說》云：「無極而太極，太極動而生陽，動極而靜，靜而生靜。」又云：「一動一靜，互爲其根。」如陰靜在上，陽動在下，太極安在？何能云「無極而太極」，更何能云「一動一靜，互爲其根」？則整個圖說將均不能與之相符矣。胡渭謂今傳《太極圖》「乃後人所改」，然後人何人所改？案《太極圖說》乃窮二氣之所根，極萬物之所行，其哲學理論之精奧，哲學方法之高妙，多發先聖之所未發，非爲此圖者，不能爲此說，非爲此說者，不能爲此圖，義理混然，出於一人之手，決非前人創圖，後人從而爲之說。其所謂「後人所改」者，實毫無依據，妄爲猜疑耳。關于《太極圖》之傳授問題，乃如上辨。除此之外，對《圖說》亦有持異論者，今再一一辨之：案《國史》先生原傳載《圖說》原文爲「自無極而爲太極」，朱熹於乾道間刻《圖說》時，爲「無極而太極」，少「自」、「爲」二字。因此乃議論紛紜。或曰《國史》增「自」、「爲」二字；或曰朱子刪「自」、「爲」二字。據實考之，當然以無

「自」、「爲」二字爲對。《國史》雖不致故意增添，而其所據抄本恐有誤耳。案當時無論《太極圖》、《圖說》，或《通書》，其抄本均有舛訛。《太極圖》傳鈔舛訛，前已論列。《圖說》、《通書》亦復編簡爛脫，謬誤散佚。案朱子題延平本《通書》嘗曰：「臨汀楊方（晦翁門人）得九江故家傳本校此本，不同者十有九處，……如《太極說》云『無極而太極』，『而』下多一『生』字。」其訛誤以此可見。後經朱子參互考證，始得其正。朱子記《濂溪傳》亦曰：「《國史》中有濂溪、程、張等傳，盡載《太極圖說》，蓋濂溪於是始得立傳。作史者於此爲有功矣。然此說本語首句但云『無極而太極』，今傳所載乃云『自無極而爲太極』，不知其何所據而增此『自』、『爲』二字？」（《朱子大全》卷七一。案《宋史·周惇頤傳》，已據朱本改正）案先生整個思想非如道家所謂有生於無，以此亦可見《國史》載「自無極而爲太極」顯然謬誤。又陸象山與朱子書曰：「『無極』二字，出《老子》『知其雄』章，吾聖人之書所無有也。老氏首章言無名天地之始，有名萬物之母，而卒同之，此老氏宗旨也。無極而太極即是此旨。」錢大昕亦曰：「韓康伯謂有必生於無。……濂溪言無極而太極，又言太極本無極，蓋用韓康伯義。」（《養新録》卷十八）其實老子所謂無極乃無窮之意，非若先生所言也。先生所謂「無極而太極」，非謂有生於無，乃謂太極不屬有無，不落方所，無極者，所以著夫無聲無臭之妙也。非無極之後則生太極，而太極之上先有無極也。案下文云「無極之眞，二五之精」，既言無極，則不復舉太極。如謂無極別爲一物，則此處豈非欠一太極字？象山又謂《通書》未嘗言及「無極」二字，謂《圖說》與《通書》不類。案《通書》乃補釋《圖說》之不足，思想一貫，毫無可疑。《圖說》着論宇宙之生成，《通書》着論人事入德之方法。乃欲人端莊靜一，以養誠於未發之前，而驗之於已發之後。《圖說》內之太極，即《通書》內之誠，「神」，與「一」也。《通書》內雖未明書「無極」二字，然解此二字之義者，又何能謂無？《通書》曰「寂然不動者誠也」。即所謂本然而未發者實理之體，性之眞也。而此實理之體，雖「寂然不動」，亦非眞靜也。所謂「動而無動，靜而無靜，神也。動而無動，靜而無靜，非不動不靜也。物則不通，神妙萬物」。以其雖涵動靜之理，而不能以動靜言，故曰「誠無爲」。所謂該貫動靜之理，而其本體則無爲也。以其「寂然不動」，更無形象可言，故曰「靜無」。所謂靜者非眞靜，無者亦非眞無。以其無形象可言，乃謂其無耳。正所謂無此形狀而有此道理耳。朱子嘗曰：「不言無極則太極同於一物，而不足爲萬化之根；不言太極則無極淪於空寂，而不能爲萬物之根。」此語碻爲恰當。又豈如陸、黄所云者哉！除此而外，又有謂先生主靜與無欲之說竊襲於道家。黄百家亦嘗云：「周子之《通書》固粹白無瑕，不若《圖說》之儒非儒，老非老，釋非釋也。」案先生主靜與無欲之說，與道家所謂虛無，佛家所謂空寂亦不同。《圖說》云：「聖人定之以中正仁義而主靜。」案「主靜」二字，乃言聖人之事。承上文「定之以中正仁義」而言，謂學者用功須先有立腳之處，非靜處全不用力之謂。案先生於《圖說》中又自注曰：「無欲故靜。」所謂無欲者何？《通書·聖學章》曰：「聖可學乎？曰可，曰：有要乎？曰有。請問焉，曰一爲要。一者無欲也，無欲則靜虛動直，靜虛則明，明則通；動直則公，公則溥，明通公溥庶矣乎。」既曰一，即非虛無空寂。所謂靜虛乃謂此心如明鑑止水，無一毫私欲塡於其中，故其動也，無非從天理流出，無一毫私欲撓之。靜虛者體也，動直者用也。所謂靜虛者，即如伊川所云「中有主則虛，虛則邪不能入」是也。若物來奪之，豈不實則暗，暗則塞乎？然先生所謂「一」者，即誠也，太極也。先生於《養心亭說》又曰：「寡焉以至於無，無則誠立明通。」即所謂「靜」「無欲」則「誠立明通」，既「誠立明通」，則有所主矣，則可物來順應矣。故曰「誠立賢也，明通聖也」。由此亦可知先生之中心思想，既非道家之虛無，亦非佛家之空寂，乃發揮儒家「誠」之思想耳，所謂「反身而誠，樂莫大焉」。清儒多謂《圖說》有亂聖道，毛西河又謂《圖說》全文均竊取於老莊。其說多咬文嚼字，斷章取義，妄爲曲解，毫無辨論價值。梁任公《儒家哲學》亦謂《圖說》是道教之主張。案先生之學，有部分似受老莊及佛家影響，似無可諱言；然先生乃融會諸家之思想，以構成其個人最高之哲學理論，而發揮吾儒誠與理之妙義，又豈可謂竊取老莊或佛家乎！《圖說》多本於《易》、《中庸》，而發揮前聖所未發揮者，張南軒云：「《太極圖》乃《易》綱領。」朱子謂先生之言「實不外乎六經、《論語》、《中庸》、《大學》七篇之所傳。」魏鶴山云：「求道者離於氣，而不知一理二氣之互根；言性者離於氣，而不知元亨變化之實理，知剛柔之善惡，不知剛不一於善，柔不一於惡也。知陰陽之爲動靜，不知陰不一於靜，陽不一於動也。先生始爲圖書貫融而劈析之。」許白雲亦云：「《太極》之圖，原出於《易》。而其義則有前聖所未發者。」《太極圖說》乃明道體之極致，其使人用功理會之處，乃在中正仁義，故曰「君子修之吉」。其學淵源精粹，實自得於心，秦漢而後，未臻於斯。先生思想骨幹，純爲儒家，無何疑難。如以部分涉獵佛老，即謂其竊取佛老可乎？自古及今，何個思想家未嘗稍受前人學說之影響？如其稍受影響，即謂其竊取，可乎？如此言之，恐均爲竊取矣。此不待聖智亦知其必不然矣。案先生《太極圖說》，乃上接洙泗千載之統，下啓河洛百世之傳，繼往聖，開來哲，明天理，正人心，立圖爲說，究宇宙之起源，窮萬物運行之規律，以見聖人之所以立人極，而君子之所當修爲者。其理論之妙，思想之高，又豈爲某家所能範圍哉？先生融會先聖之思想，建立其精密之哲學理論，造成煇煌燦爛之新儒學，奠定宋代理學家之理論基礎，其功可謂大矣。其對聖道又有何亂哉！

時知郴州事職方員外郎李初平知先生賢，不以屬吏遇之。既薦諸朝，又周先生不給，聞先生論學，歎曰：「吾欲讀書如何？」先生曰：「公老無及矣，某請得爲公言之。」初平遂日聽先生語（據《墓碣》，《墓誌》，《事狀》，《河南程氏遺書》卷二二唐棣録伊川語，《道學名臣言行録》卷一）。

【考證】案：潘興嗣《濂溪先生墓誌》謂「郴守李初平最知君。……」朱熹《濂溪先生事狀》謂「在郴時郡守李初平知其賢，……遂與之學」。《道學名臣言行外錄》亦謂「慶曆八年在郴，郡守李初平知其賢，不以屬吏遇之。」獨《宋史》先生（惇頤）傳謂：「移郴之桂陽令，治績尤著，郡守李初平賢之，語之曰：『吾欲讀書何如？』惇頤曰：『公老無及矣，請爲公言。』二年而有得。」（《宋史》卷四二七）考先生爲桂陽令在皇祐二年，李初平卒於皇祐元年，先生爲桂陽令時，初平已卒後一年，何能從學？案先生爲郴縣令與爲桂陽令根本兩事，潘興嗣《濂溪先生墓誌》亦曰：「移郴令，改桂陽令」。而《宋史》混作一談，誤矣。又案李初平從學先生之年代，各書記載不同，《度譜》謂慶曆八年，

《道學名臣言行外錄》卷首摘要謂慶曆六年，而內文叙述仍書慶曆八年，《宋元學案》謂慶曆六年，姚名達《程伊川年譜》同。《墓誌》、《事狀》及《程氏遺書》均未書明年代。考慶曆六年冬，先生始被薦爲郴縣令。到差當已年終。如謂初平問學先生始於慶曆六年，似爲不妥。又慶曆七年二程未從學先生（據《遺書》明道語）何能見初平問學？更案初平卒於皇祐元年（《度譜》，《學案》，）其卒時仍在郴，先生尚護其喪歸葬之。自慶曆八年至皇祐元年亦恰爲二年，故其問學先生事，當以今年始爲是。今依《度譜》與《道學名臣言行外錄》。疑《宋元學案》、姚名達《程伊川年譜》均誤。《學案》所謂「慶曆六年」者，恐係依據《言行外錄》卷首摘要之訛。

宋仁宗皇祐元年己丑，先生三十三歲。

先生爲郴縣令。

明道、伊川仍從先生學（據《程氏遺書》卷三與卷二二）。

李初平聽先生語，至今二年而有得（據《程氏遺書》卷二二唐棣録伊川語）。

李初平卒（據《道學名臣言行外録》卷一，《宋元學案》卷十二）。初平子尚幼，先生曰：「吾事也。」爲護其喪歸葬之。往來經紀其家，始終不懈。士大夫聞先生之風，識與不識皆指先生曰「是能葬舉主者」（據潘興嗣《墓誌》，《道學名臣言行外録》卷一）。

是年秦觀（字少游，一字太虛）生。

宋仁宗皇祐二年庚寅，先生三十四歲。

先生改郴州桂陽令（據《墓誌》，《事狀》）。

明道、伊川似亦離郴州，隨其父程（向）〔珦〕居龔州（據《伊川文集》卷十二《先公太中家傳》，《程氏遺書》卷二二）。明道後日嘗曰：「時可以興，某自再見茂叔後吟風弄月以歸，有『吾與點也』之意。」（《程氏遺書》卷三謝顯道記明道語）。

宋仁宗皇祐三年辛卯，先生三十五歲。

先生爲郴州桂陽令（據《墓誌》，《事狀》）。

先生在桂陽時，嘗於縣東鑿愛蓮池（據《湖南通志·山水志》）。

宋仁宗皇祐四年壬辰，先生三十六歲。

先生爲郴州桂陽令（據《墓誌》，《事狀》）。

是時胡瑗在太學，初人未信服，瑗使其徒之已仕者盛僑、顧臨輩，分置執事，又令孫覺說《孟子》，中都人士稍稍從遊。瑗亦每日升堂講《易》，音韻高朗，衆皆大（大）服（《宋元學案》卷一）。

范仲淹卒。

范仲淹字希文，其先邠州人，後徙江南，遂爲蘇州吳縣人。少之應天府依戚同文學。慶曆間嘗拜樞密副使，又除參知政事。泛通六經，尤長於《易》，學者多從質問，爲執經講解亡所倦。並推其俸以食四方遊士，士多出其門下。嘗自誦其志曰：「先天下之憂而憂，後天下之樂而樂。」後遷戶部侍郎徙青州，疾甚，請潁州，未至，卒，年六十四。贈兵部尚書，謚曰文正。著《丹陽集》二十卷，《奏議》十七卷。子四。後從祀孔子廟庭，稱先儒范子（《東都事略》卷五九，《宋史》卷三一四《范仲淹傳》，及《宋元學案》卷三）。

宋仁宗皇祐五年癸巳，先生三十七歲。

先生在桂陽治績尤著，諸公交薦之（據《墓誌》）。

案：明朱守蒙《桂陽縣修學記》云：「昔周茂叔嘗宰焉。雖歷世久遠，而淳風美化之在人心者，尚如一日也。」

是年楊時（字中立）生，晁補之（字無咎）生。

宋仁宗至和元年甲午，先生三十八歲。

先生用薦者言，遷大理寺丞，知洪州南昌縣。南昌人見先生至，均迎喜曰：「是能辨分寧獄者，吾屬得所訴矣。」於是富家大姓，黠吏惡少，更相告語，莫違教命，蓋不惟以抵罪爲憂，實以汙善政爲恥（據《墓誌》，《事狀》，《宋史》本傳）。先生屠姦剪敝，如快刀健斧（據《墓碣》）。

先生奉養至廉，所得俸祿，分給宗族，其餘以待賓客。不知者，以爲先生好名，先生處之裕如。在南昌時嘗得疾暴卒，一日一夜始甦。先生友潘興嗣赴視，先生家服御之物，止一敝篋，錢不滿百，人莫不嘆服（據《墓誌》）。

先生在南昌，爲治精密嚴恕，務盡道理。民久思之（據《墓誌》）。

宋仁宗至和二年乙未，先生三十九歲。

先生改太子中舍、僉書署合州判官事（據《墓誌》，《事狀》）。

先生離南昌時，任大中有《送周茂叔赴合州僉判》詩（文見《濂溪集》卷九）。

六月，先生赴任，泝峽至秭歸，聞龍昌洞之勝，遂與廬陵蔣槩，洪崖彭德純往遊。蔣槩嘗撰《巴東龍昌洞行記》以記其勝（文見《濂溪集》卷八）。因游者爲三人，蔣槩名此洞爲「三游洞」（據蔣槩《巴東龍昌洞行記》)。

先生過秭歸後，遂道於夔，亦曾少游（據《四川通志》)。

宋仁宗嘉祐元年丙申，先生四十歲。

先生沿江而上，過渝州，越三舍接巴州境，聞有溫泉寺，遂艤舟游覽。忽睹彭應求《宿崇聖院》詩（文見《濂溪集》卷八）。先生喜豁讀訖，乃録本寄應求子思永（案：是時思永為益州路轉運使）。後思永復書重謝，且曰：「願刻一石，若蒙繼以短序，尤荷厚意。」（據《濂溪集》卷八《彭推官詩序》）

十一月，先生至合州視事（據度正《跋先生賀傅伯成手謁》)。並回謁鄉官昌州司録黃君慶（牒文見《濂溪集》卷八）。

是年伊川入太學。國子監直講胡瑗以《顏子所好何學論》試諸生，得伊川所作論文，大驚異，即刻延見，授以學職（據朱子《伊川年譜》，《伊川文集》卷七題下小註）。

伊川此文，乃發揮先生《太極圖說》之妙義，今節錄於下：

「聖人之門，其徒三千，獨稱顏子爲好學。夫詩書六藝，三千子非不習而通也，然則顏子所獨好者何學也？學以至聖人之道也。聖人可學而至歟？曰：然。學之道如何？曰：天地儲精，得五行之秀者爲人，其本也，眞而靜；其未發也，五性具焉，曰仁、義、禮、智、信。形既生矣，外物觸其形，而動於中矣。其中動而七情出焉，曰喜、怒、哀、樂、愛、惡、欲。情既熾而益蕩，其性鑿矣，是故覺者約其情，使合於中，正其心，養其性，故曰性其情。愚者則不知制之，縱其情而至於邪僻，梏其性而亡之，故曰情其性。凡學之道，正其心，養其性而已。中正而誠則聖矣。君子之學，必先明諸心，知所養（一作往），然後力行以求至，所謂自明而誠也。故學必盡其心，盡其心則知其性，知其性，反而誠之，聖人也。……」（據《伊川文集》卷四，《二程全書》本）。

【考證】案：《伊川文集·好學論》下注云：「先生始冠游太學，胡安定先生以是試諸生，得此文，大驚異之，即請相見，遂以先生爲學職。」朱子《伊川先生年譜》云：「閒游太學，時海陵胡翼之先生方主教導，嘗以《顏子所好何學論》試諸生，得先生所試大驚，即延見，處以學職。」（《河南程氏遺書》附録）《宋史·程頤傳》云：「游太學，見胡瑗問諸生以顏子所好何學，頤因答曰：『學以致聖人之道也。』」（《宋史》四二七）。以上均未書明《好學論》作於何時。書明作於何時者，僅《朱子語類》，一謂「伊川《好學論》十八時作。」（《朱子語類》卷九三黄義剛記）一謂：「《好學論》是程子二十歲時已做得這文。」（《朱子語類》卷三〇潘時舉記）。案此二説均出《語類》，然自相矛盾。考此二説均非，無一是。案歐陽修撰《胡先生墓表》云：「爲光祿寺丞、國子監直講，迺居太學。」（《歐陽文忠全集》卷二五）胡瑗爲光祿寺丞國子監直講，乃在皇祐四年（《續通鑑長編》卷一七三），考伊川十八歲時，乃皇祐二年。是年十一月召胡瑗赴大樂所同定鐘磬制度（《續通鑑長編》卷一六九）。並未在太學。伊川是年亦未至京師，似從其父至龔州，何能以《好學論》相試？且伊川十八歲時，始離郴州不從濂溪先生學，思想尚未十分成熟，自亦嘗曰：「頤自十七八讀《論語》，當時已曉文義。」（《程氏遺書》卷十九楊遵道録）是時亦頗難撰此深奧有系統之論文。况胡瑗伊川於是年未嘗相晤乎？伊川此文非撰於十八歲時明矣。再考伊川二十歲時，即皇祐四年，此時胡瑗雖居太學，然是年伊川丁母憂，二月二十八日，終於江寧。」（《伊川文集》卷八）喪期内豈應外出？至至和二年服除後，又從太中公至徐州沛縣（《太中公家傳》），至今年太中公在沛縣任滿乃遷洛。伊川撰《先公太中家傳》亦曰：「嘉祐初，卜葬祖考於伊川，始居河南。」（《伊川文集》卷八）。伊川至今年始得游京師，更案《宋史·程頤傳》云：「瑗得其文，大驚異之，即延見處以學職。呂希哲首以師禮事之。」再案《龜山語錄》云：「伊川二十四五時，呂平原（希哲字）首師事之。」考伊川二十四歲，即嘉祐元年，二十五歲，即嘉祐二年。然嘉祐二年伊川上仁宗皇帝書時（案：伊川《上仁宗皇帝書》乃撰於嘉祐二年。《伊川文集·上仁宗皇帝書》下注，朱子《伊川先生年譜》，及《宋史·程頤傳》均謂撰於皇祐二年，誤。疑皇祐係嘉祐之訛），已稱「職事」，知其時已任職太學，然任職太學，應在撰《好學論》

之後，更案今年胡瑗亦正管勾太學（《續通鑑長編》卷一八四）。故知伊川《好學論》當撰於今年。伊川此文，全係發揮先生《太極圖說》之理論，故劉宗周嘗曰：「此伊川得統於濂溪處。」陸世儀亦謂伊川《顏子所好何學論》「得五行之秀者爲人」，皆先生《太極圖說》之言，所謂「得不傳之學於遺經」者，大抵聖賢之人，一經指點，即自會尋路讀書，如終守幾句師說，亦不善學者矣，謂伊川之學不本於先生，可乎？

宋仁宗嘉祐二年丁酉，先生四十一歲。

先生判合州（據《彭推官詩序》）。

正月十五日，先生遵彭思永之託，乃撰《彭推官詩序》。將仕郎守合州石照縣令王夢易題額。命工刻石置溫泉寺之堂（《濂溪集》卷八，王象之《蜀碑記》卷二，《四川通志·古蹟志》）。

案：度正《跋彭推官詩序》云：「濂溪雅好佳山水，復喜吟詠，吾鄉北巖釣魚巴岳龍多皆其勝處。」又曰：「明道十四五，伊川十三四從濂溪問學，遂厭科舉，慨然有求道之志，其後推官之子（思永）一見明道，歎其老成，遂以女妻之，其講聞之益，有所自矣。」（《濂溪集》卷八）

九月，先生回謁鄉士牒，稱爲「解元才郎」，今不詳爲誰氏子？蓋當時鄉貢之士，聞先生之學問，多來求見耳（據《度譜》）。

時有遂寧傅耆伯成者，少有俊才，勵志學古，年十四薦於鄉，先生妻黨陸丞自小溪解官東歸，過合陽，爲先生言傅之爲人，先生遂致書於傅。傅答書，謂先生「以濟衆爲懷」（文見《度譜》引《傅氏家集》）。

後傅耆至合陽從先生問學，離合後，又有與先生書（文見《度譜》）。

先生是時以所撰《姤說》示傅耆，故傅後書又曰：「蒙示《姤說》，意遠而不迂，詞簡而有法，雜之元結集中，不知孰爲元，孰爲周也？」（據度正《跋賀傅伯成手謁》，《傅氏家集》，《遂寧縣志》，《濂溪志》）

【備考】傅耆字伯成，遂寧人（《遂寧縣志》），勵志爲學，從學濂溪先生，蜀中學派，當首推之（《宋元學案》）。案《程氏遺書》附錄有伊川《謝傅耆伯壽手謁》，稱長官祕書，是耆又當字伯壽。

先生《通書》（原名《易通》）之作，蓋始是年。《通書》乃發明太極之妙，釋太極之蘊，補《圖說》之不足者。太抵推一理二氣五行之分合，以紀綱道體之精微，決道義文辭利祿之取舍，以振起俗學之卑陋。所論均陰陽變化，修己治人之事（文見《濂溪集》卷六，正誼堂全書本）。

【備考】戴東原云：「周子《通書》曰：『聖可學乎！曰：可，有要乎！曰：有。請問焉，曰：一爲要，一者無欲也。無欲則靜虛動直。靜虛則明，明則通；動直則公，公則溥。明通公溥庶矣哉。』此即老莊釋氏之說。」又曰：「人知老莊釋氏異於聖人，聞其無欲之說，猶未之信也，於宋儒則信以爲同於聖人。」（《孟子字義疏證》卷上）案先生所謂無欲，與佛老所講者絶然不同，前已論辨，兹不贅述。陸稼書曰：「周子所謂一，猶曾子所謂史，至程子主一無適之一，與周子又別，周子是説不離於欲，程子是説不離於他事，不專是欲。高景逸謂程子之主一自周子來，無適即周子無欲，誤矣。」（《問學録》卷四）。案先生所謂一，即無欲也，無欲則靜虛，所謂靜虛者，即如伊川所謂「中有主則虛，虛則邪不能入」是也，何能謂程子之主一非自周子來？

【考證】濂溪先生所作《通書》四十章，書約而道大，文質而義精。所論皆陰陽變化，正心養性，修己治人之事，故曰：「志伊尹之所志，學顏子之所學。」以荀、揚惡與混爲性，而不知天命之本然。故先生謂性不外乎仁、義、禮、智，而惡與混非性也。以老、莊以虛無爲道，而不知天理之至實，故先生謂爲道不離乎日用事物，而虛無非道也。又以佛氏以剗滅彝倫爲教，而不知天叙之不可易，故先生謂爲教必本乎君臣、父子、夫婦、昆弟，而剗彝倫非教也。故朱子《答何叔京書》亦曰：「《通書》文雖高簡，而體實潤愨，且其所論不出乎陰陽變化，修己治人之事，未嘗談無物之先，文字之外也。」誠乎其言。案《通書》本號《易通》，不知其改《通書》名之所自。至於《通書》之所傳，尹焞門人祁寬於紹興甲子（十四年）撰《通書後跋》嘗曰：「《通書》即其所著也。始出於程門，侯師聖傳之荆門高元舉、朱子發。寬初得於高，後得於朱，又後得和靖尹先生所藏，亦云得之程氏，今之傳者是也。」朱子《通書序》亦云：「所著之書，又多散失，獨此一篇，本號《易通》，與《太極圖說》並出程氏以傳。」案先生此書之寫作，雖較《圖說》爲晚，然其思想之構成，當與《圖說》同時。案慶曆年間二程從先生問學時，先生即曰「荀子不識誠」，二程以後論誠亦多本諸此，知二程受此說之影響亦甚大。至於此書是否傳諸程氏（程氏如藏此書，亦必後日所得，決非從學時所受者），或侯師聖傳之荆門高元舉、朱子發，此說雖無法確證，然甚可能，以侯師聖先從程氏學，後又嘗從濂溪先生問學故也。

此問題無關重要，姑置不論。今且論《通書》寫作之年代問題，余謂當始於今年。案度正《跋賀傳伯成手謁》曰：「按《傳氏家集》，濂溪在吾州嘗以《姤說》示之，其後在零陵又寄所改《同人說》，二說當即所謂《易通》者。」《通書》大部或係解卦者，疑六十四卦均有說。《姤說》、《同人說》亦必係《通書》之內者。其初《通書》之篇數，當亦較多。其所以未傳者，多散佚耳。度正《書晦庵太極圖解後》亦曰：「今之《通書》本名《易通》，則六十四卦疑皆有其說，今考其書，獨有《乾損益》、《家人》、《睽復》、《無妄》、《蒙艮》等說，而亦無所謂《姤說》、《同人說》者，則其書之散佚亦多矣，可不惜哉。」再案先生今在合州撰《養心亭説》曰「寡焉以至於無，無則誠立明通」，亦與《通書·聖學》章「無欲則静虚動直，静虚則明，明則通。動直則公，公則溥，明通公溥庶矣乎」義同。據此亦可知《通書》之寫作，當始於今年。案今所傳《通書》，在當時亦多殘缺舛誤。朱子嘗云：「承惠示濂溪遺文，極荷愛厚，不敢忘，不敢忘。《通書》向亦曾見一二，但不曾見得全文。今乃得一觀，殊慰卑抱。」（《延平師友問答》）朱子跋延平本又云：「臨汀楊方得九江故家傳本，校此本不同者，十有九處，然亦互有得失，其兩條此本之誤，當從九江本。……其十四條義可兩通，當並存之，……其三條九江本誤，而當以此本爲正。」後經朱子詳爲考證，始爲完善。又先生所著《易説》早佚。或曰：《太極圖説》即《易説》。因無依據，不敢妄加是非。先生更著有《論語説》（據《湖南通志·藝文經部》）。朱彝尊云：「案樂清劉氏黻《蒙川集》録目中載濂溪《論語序》文，疑當有是書矣。」（《經義考》卷二一三）亦早佚。先生著述多佚，惜哉。

先生是歲轉殿中丞，賜五品服，仍判合州（據《墓碣》，《輿地紀勝》卷一五九）。

先生長子壽生於合州（《度譜》，《輿地紀勝》卷一五九）。呂陶有《賀周茂叔弄璋》詩（文見《濂溪集》卷九）。

是年三月，上殿試進士。程顥、張載、朱光庭、蘇軾、蘇轍、曾鞏並登第。張載與二程始相晤（據《宋史》卷十二，《横渠行狀》，《程朱闕里志》）。

孫復（字明復）卒。邵伯溫（文子文）生。

宋仁宗嘉祐三年戊戌，先生四十二歲。

先生判合州（據《墓誌》，《事狀》）。

先生在合州，事不經先生手，吏不敢決，苟下之民不肯從，蜀之賢人君子皆喜稱之（《墓碣》，《事狀》）。

是年趙抃爲遂寧府轉運使（《輿地紀勝》卷一五五）。人或譖先生，趙公臨之甚威，先生處之超然（據《墓碣》，《事狀》）。

【備考】案：《釋氏資鑑》云：「嘉祐中，周元公通守贛上，尋有譖公於部使者，臨之甚威，公處之超然。寄師（佛印）偈……」云云（《續藏經》）。考此事乃先生今年在合州與趙抃事。趙疑終不釋，直至先生令虔，與趙抃相晤後，前後始解（《事狀》）。《資鑑》抄寫顛倒。其所引各詩，恐亦均屬無據之談，今皆未採。

三月，先生遣人至遂寧問新合州使君（據《與傅耆伯成書》）。

案：先生在合州與同事者三人，何涉、董宗式、李鄤，何涉來在先生前，李鄤在四年十月，惟宗式在三年（今年）三月。此書在三月四日，則所採新合州使爲宗式無疑。

三月四日，先生與傅耆伯成書，略曰：「……惇實自春來郡事併多，又新守將至，諸要備辦。稍有一日空暇，則或過客，或節辰，或不時聚會。每會必作詩，雅則雅矣，形勞神瘁，故尙未有意思爲足下作策問。勿訝勿訝。遂州平紋紗輕細者，此中人喚作漫（去聲）紗，染得好皁者，告買一疋，自要作夏衫，并買樗蒲綾袴段二個。碎事煩聒，愧悚，愧悚。急遣人探新守次，走筆不謹。……」（《濂溪集》卷八）。

蒲宗孟（閬中人，太常丞蒲師道之子）聞先生名，泛蜀江道合州，謁見先生。與先生款語連三日夜，退而歎曰：「世有斯人歟？」（據蒲宗孟《濂溪先生墓碣》，《度譜》，《宋元學案》卷十二）

縉雲縣君陸氏以疾卒（《度譜》）。

是年，明道任鄠縣主簿（據《明道行狀》）。明道生有妙質，從先生學，聞道甚早，張載見之，虛心求益。明道出京後，載通信以「定性未能不動」致問，明道爲破其疑，故答是書，使内外動靜通爲一。是書仍係發揮先生《圖説》與《論誠》之旨，故今節錄於下：「所謂定者，動亦定，靜亦定，無將迎，無内外。苟以外物爲外，牽己而從之，是以己性爲有内外也。且以性爲隨物於外，則當其在外時，何者爲在内？是有意於絶外誘，而不知性之無内外也；既以内外爲二本，則又烏可遽語定哉？夫天地之常，以其心普萬物而無心。聖人之常，以其情順萬事而無情。故君子之學，莫若廓然而大公，物來而順應。《易》曰『貞吉』，『悔亡』，『憧憧往來』，『朋從爾思』。苟規規於外誘之除，將見滅於東而生於西也。非惟日之不足，顧其端無窮，不可得而除也。人之情，各有所蔽，故不能適道，大率患在於自私而用智。自私則不能以有爲爲應迹，用智則不能以明覺爲自然。今以惡外物之心而求照無物之地，是反鑑而索照也。《易》曰：『艮其背，不獲其身，行其庭，不見其人。』《孟子》亦曰：『所惡於智者，爲其鑿也。』與其非外而是內，不若內外之兩忘也。兩忘則澄然無事矣。無事則定，定則明，明則尙何應物之爲累哉？」（據《明道文集》卷三《答橫渠先生定性書》）。

案：陸世儀曰：「兩程之學，本於周子，……《定性書》即周子『定之以仁義中正而主靜』之旨。」

【考證】案：《朱子語類》卷九三黃義剛記云：「《定性》是二十二、三時作，是時游山許多時甚好。」又《語類》卷九五陳淳錄云：「《定性書》在鄠縣作，年甚少。」然既云在鄠縣作，即不應云二十二三時所作。何者？以明道在鄠縣時，已二十六七，而二十二三時，尙未成進士，亦未至鄠縣故也。考明道二十一歲時，即皇祐四年，其母侯夫人於是年卒於江寧（《伊川文集》卷八《上谷郡君家傳》）。明道二十二三歲間，二程俱居憂，並未至京師，與橫渠亦未相晤。案呂大臨所作《橫渠行狀》云：「嘉祐初見洛陽程伯淳正叔昆弟於京師，共語道學之要。」（《張子全書》卷十五）《宋史·仁宗本紀》謂：嘉祐二年程顥、張載同登第（《宋史》卷十二）。是知橫渠與明道在思想上之接觸，與學術上之討論，必在嘉祐之後，非在嘉祐之前，以嘉祐前二人未相見故也。然嘉祐元年，明道已二十五歲，二年，二十六歲。是書絕非明道二十二、三時所作明矣。

案游酢《書明道先生狀後》曰：「明

誠夫子張子厚……虛心求益之意，懇懇如不及，逮先生之官，猶以書抵扈（疑係「鄠」之別字）。以『定性未能不動』致問。……」（《程氏遺書》附録）。由此亦可知是書必係明道任鄠縣主簿時所作。考明道至鄠縣任官時日，爲嘉祐三年。何以知之？案嘉祐五年二月明道撰《游鄠山詩序》曰「嘉祐二年始應舉得官」，又曰「五年二月初吉，聞貳車晁公來遊諸山……晁公見約同往」，又曰「今到官幾二年矣」（《明道文集》卷一）。以此推之，知明道至鄠就任，必在嘉祐三年。更據《張子年譜》與《和靖語錄》，知橫渠與二程相識，與橫渠在洛說《易》，後又歸陝西，乃嘉祐二年事（姚名達《程伊川年譜》將此事列於嘉祐元年，誤。以橫渠在未登進士前，未嘗至京師故也）。如以橫渠歸陝後與明道書，而明道在鄠之答書應爲今年。時明道二十七歲。姚名達《程伊川年譜》將此書列於嘉祐四年，誤。

宋仁宗嘉祐四年己亥，先生四十三歲。

先生判合州（《墓誌》，《事狀》）。

先生原配陸氏既卒，蒲宗孟有妹，明爽端淑，欲求配，尚未之得，乃議歸先生爲繼室（據蒲宗孟《墓碣》，《度譜》）。

先生在合嘗游銅梁巴嶽，並撰《天池》詩，略曰：「……風似相知偏到袖，魚如通信不驚槎。……」（據《蜀中名勝記》卷八）。

又《觀巴嶽木蓮》詩曰：「……嫩蕊曉隨梅雨放，清香時傍竹風來。……」（據《蜀中名勝記》卷十八引碑目）。

是年李覯（字泰伯）卒。胡瑗（字翼之）卒。晁說之（字以道）生。

宋仁嘉祐五年庚子，先生四十四歲。

正月，先生在合陽沿外臺檄按臨赤水縣簿書（據李𡌴《跋先生與令君費琦唱酬詩》）。與將仕郎、赤水令費琦游龍多（案《四川通志》，龍多山在合州西北百里），（當）與費琦唱和詩八首，刻於高崖（文見《濂溪集》卷八）。

先生居合時，嘗撰《冠巃亭》詩曰：「紫霄峰上讀書臺，深鏁雲中久不開。爲愛此山眞酷似，冠巃他日我重來。」（據《四川通志》卷三九）

又《讀英眞君丹訣》詩（《題酆都觀》三首之一）曰：「始觀丹訣信希夷，蓋得陰陽造化機。子自母生能致主，精神合後更知微。」（據《濂溪集》卷八）

【備考】案：朱子云：「《先天圖》傳自希夷。希夷又自有所傳，蓋方士枝術用以修鍊，《參同契》所言是也。」錢師賓四《論太極圖與先天圖之傳授》曰：「此謂希夷亦治《參同契》，非謂《參同契》只傳於希夷。今濂溪《太極圖》第二圈陰靜陰動，或謂其有資於《參同契》之《水火匡廓圖》，此或可信。然《參同契》在當時非難見書，濂溪嘗判合州，宜可得彭氏之注本。又濂溪有《讀英眞君丹訣》詩……是濂溪在蜀留心此道，亦有證明。然要之不必謂濂溪必得此於陳摶之傳授。」後人或以朱子謂「先天圖傳自希夷」，即疑先生《太極圖》亦傳自希夷。然先生《太極圖說》與《通書》已早成書於前，今觀此詩，益見後人所謂一派相傳之説非矣。

先生在合州，汲汲於傳道授業，士之從學者甚衆，而尤稱張宗範有文有行（據《濂溪事狀》）。時宗範建一亭，先生見而愛之，題其亭曰養心亭。並撰《養心亭説》曰：

「孟子曰：養心莫善於寡欲，其爲人也寡欲，雖有不存焉者，寡矣，其爲人也多欲，雖有存焉者，寡矣。」

「予謂養心不止於寡而存耳，蓋寡焉以至於無，無則誠立明通。誠立賢也。明通聖也。是賢聖非性生，必養心而至之。養心之善有大焉，如此存乎其人而已。」

「張子宗範，有行有文，其居背山而面水，山之麓構亭甚清淨，予偶至而愛，因題曰養心亭。既謝，且求説，故書以勉。」

（《濂溪集》卷八）

【備考】朱子云：「誠立謂實體安固，明通則實用流行，立如三十而立之立，通則不惑而鄉乎耳順矣。」度正《記》曰：「今觀濂溪《養心亭説》，自言偶至其亭愛之，遂爲題此名。且稱其人有行有文，又語之以聖學之要，其爲濂溪與進如此。張子之賢，不問而可知也。」案先生此説，僅知在合州時所撰，不知碻在何年，故繫於此。

何平仲亦於是時至合從先生游。平仲有《題張子養心亭》詩，有《留題養心亭》詩（據度正《記養心亭説》），又有贈先生詩（文見《濂溪集》卷九）。

先生在合時，郡民心悦誠服。及去，郡民相與爲祠以祀之（據《事狀》）。

六月九日，先生解合州職事歸京師（據度正《跋賀傅伯成手謁》，吕陶《送周茂叔殿丞序》）。

成都呂陶《送周茂叔殿丞序》曰：「……春陵周茂叔，志淸而材醇，行敏而學博。讀《易》《春秋》探其原，其文簡潔有制，其政撫而不柔。與人交，平居若汎愛，及其判忠訣，拯憂患，雖賁育之力，莫亢其勇。滀之深，流必長，趨之端，適必遠，廣而充之，斯民有望焉。然而常自誦曰：『俯仰不怍，用舍惟道。……』其信道篤而自知明歟。……」（據《淨德集》卷二九）

十月二十一日，先生至廬山。與余從周元禮、孫儼安禮、王深之長源、沈遯睿達、樂岳惟嶽，相會於東林寺（據《濂溪集》卷八《東林寺題》）。

先生東歸，與王安石相遇於京師。時安石已號通儒，與先生語連日夜，退而精思至忘寢食（據邢恕述明道先生事，《度譜》）。

【考證】案：羅景綸《鶴林玉露》云：「荆公年少，不可一世士，獨獲刺候濂溪，三及門而三辭焉。」是說究否屬實？無據可考。然今年安石與先生會談於京師，恐爲事實。梁任公謂：「五年（嘉祐）五月召入爲三司度支判官。而濂溪於是年六月解合州簽書歸京師。則荆公已去江東，而年已四十矣。以爲二人相遇於江東爲誤。其年與地皆不合。」（王荆公）案此最多不過謂二人相遇於江東爲誤。又何據知其今年未嘗相晤？考今年末，安石與先生均在京師。何嘗無相晤之機？更案謝無逸誌潘延之墓曰：「荆公、子固在江南，二公議論或有疑而未決，必曰姑置是，待他日茂叔來訂之。」又案潘興嗣、程師孟均係先生好友。而彼等與安石亦甚善。即按彼等之友誼關係論之，而安石與先生亦早應相識。相晤談於京師，似爲必然之事。梁氏之辨，實有所偏。致於前人所以謂二人相晤時，安石爲江東提點刑獄者，當亦有所因；案嘉祐三年正月，丙辰，安石提點江南東路刑獄（《續通鑑長編》卷一八七），十月甲子，爲度支判官，獻《萬言書》（《續通鑑長編》卷一八八）。嘉祐四年仍爲度支判官，又除館職（《續通鑑長編》卷一八九）。嘉祐五年五月，爲三司度支判官（《宋史》卷十二）。然《東都事略》與《宋元學案》竟謂嘉祐五年安石自提點江東刑獄召入爲三司度支判官。疑前書當多如此記載者。所以誤謂嘉祐五年安石與先生相晤於江東者，或由此耳。梁氏又曰：「彼講學之徒之造爲此說者，欲借荆公以重濂溪耳。」（王荆公案先生《圖說》與《通書》之妙，又豈安石所能及，有何借重於彼乎？以實論之，安石之見不見，又何足爲先生輕重，今所以辨之不憚詞費者，特欲糾其謬耳。

是時侯師聖學於伊川未悟，似於今年見訪先生於京師，或返京師之途中。先生曰「吾老矣，說不可不詳。」遂留師聖對榻夜談，越三日乃還。及還，伊川見而驚異之曰：「非從周茂叔來耶？」先生善開發人類此（據《宋史》四二七先生本傳，《宋史紀事本末》卷八十）。

【備考】案：侯師聖從學先生事不知何

年，考他時均無相晤機會，疑爲先生今年至京師時事，故列於此。

宋仁宗嘉祐六年辛丑，先生四十五歲。

先生既返京師，適從游之士傅耆登進士第，先生與之相遇於京師。唱名在三月癸巳十三日，先生往賀之，刺云：「從表殿中丞前合州從事周惇實專謁賀新恩先輩傳弟，三月十二日手謁。」（據《濂溪集》卷八，度正《跋賀傅伯成手謁》）

先生遷國子博士、通判虔州。道出江州，愛廬山之勝，有卜居之志。有溪發源蓮華峰下，潔清紺寒，下合於湓江，先生濯纓而樂之，因築室溪上，而取故里濂溪之名名之曰濂溪書堂。每從容謂友人潘興嗣曰：「可止可仕，古人無所必，束髮爲學，將有以設施可澤於斯民者，必不得已，止未晚也。此濂溪者，異時與子相從於其上，歌詠先王之道足矣。」（潘興嗣《濂溪墓誌銘》，蒲宗孟《墓碣》，桑喬《廬山紀事》）。

潘興嗣字延之，新建人，慎修之孫，以蔭授將作監主簿。少孤篤學。與王安石、曾鞏、王回、袁陟俱友善（《江西通志·潘興嗣傳》）。

先生既至虔州，知虔州者乃趙抃（據《續通鑑長編》卷一九三）。前先生在合時，趙爲使者，或譏先生，趙疑終不釋，至今熟視先生所爲乃悟。執先生手歎曰：「幾失君矣，今日迺知周茂叔也。」薦之於朝，論之於士大夫（據《墓碣》，黃庭堅《濂溪詞序》，朱子《濂溪先生事狀》）

先生既與趙抃相晤，先生嘗贈詩與趙，趙亦《次韻周茂叔國博見贈》詩，略曰：「蜀川一見無多月，贛水重來復後時。

……」(《濂溪集》卷九)

宋仁宗嘉祐七年壬寅，先生四十六歲。

先生通判虔州(《墓誌》，《事狀》)。

七月甲子，右司諫、知虔州趙抃爲禮部員外郎，兼侍御史知雜事(《續通鑑長編》卷一九七)。抃自虔赴召，先生送之。舟至萬安，同遊香城寺(案：香城寺在新建。又别本謂「抃自虔赴召，舟至造口同遊香林寺」，石刻可考。《大成集》以爲萬安香城，非也。案抃和詩有「贑江頭」一語，是時先生又似與抃同遊九江馬祖山，似以新建香城寺爲是)。先生有《香城寺别虔守趙公》詩，抃又作詩和之(文見《濂溪集》卷八)。

是年先生次子燾生於虔州(據《度譜》)。

何平仲聞先生得子，嘗以詩賀之(文見《濂溪集》卷八)。

宋仁宗嘉祐八年癸卯，先生四十七歲。

正月，先生在虔行縣至雩都，邀餘杭錢建、侯拓，四明沈幾聖希顔同游羅巖。先生有《游羅巖》詩，正月七日刻石(文見《濂溪集》卷八)。

時雩都人有王鴻字翼道者，工隸篆善八分書，皇祐中以鄉(薦)游太學，再薦省試第一，因失韻被黜，隱於邑南四十里，築室居焉。目其山曰峿山，巖曰需巖，從學者百餘人。先生既至雩都，遂以書幣聘鴻掌郡校，鴻不就，遯隱四十餘年(《江西通志·人物志》)。

四月壬申朔，英宗登極，先生遷虞部員外郎，仍通判虔州，追贈父桂嶺君爵郎中。

先生避英宗舊諱，改名惇頤(據《宋史》本傳，《墓誌》，《墓碣》，《事狀》)。

五月十五日，先生嘗以「愛蓮」名其居之

堂，並爲《愛蓮說》以刻石。四明沈希顏書，太原王摶篆額，江東錢拓上石。文曰：「水陸草木之花，可愛者甚蕃。晉陶淵明獨愛菊。自李唐來，世人盛愛牡丹。予獨愛蓮之出淤泥而不染，濯清漣而不妖，中通外直，不蔓不枝，香遠益清，亭亭淨植，可遠觀而不可褻玩焉。予謂菊，花之隱逸者也；牡丹，花之富貴者也；蓮，花之君子者也。噫！菊之愛，陶後鮮有聞。蓮之愛，同予者何人？牡丹之愛，宜乎衆矣。」（《濂溪集》卷八）

宋英宗治平元年甲辰，先生四十八歲。

先生通判虔州（據《墓誌》，《事狀》）。

冬，虔州民間失火，焚千餘家，朝廷行遣差替，時先生季點外縣，不自辯明，遂對移通判永州（據《墓誌》，《墓碣》，《度譜》）。

先生離虔時，程師孟知洪州（案：程師孟吴下人。與安石有場屋之舊，晚相遇，猶如布衣），有《送周茂叔通判虞部赴零陵》詩（文見《濂溪集》卷九）。

任大中聞先生通判永州，有《送永倅周茂叔還居濂溪》詩（文見《濂溪集》卷九）。

案：此係指營道濂溪，非廬阜濂溪。任詩有「直到瀟湘水盡頭」語。趙抃《寄永州通判周茂叔虞部》詩亦有「君去濂溪湖外行，倅藩仍喜便鄉程，……霜鴻只到衡陽轉。……」等語。知均指營道濂溪。

宋英宗治平二年乙巳，先生四十九歲。

先生自虔赴永。乘舟沿贛江而上，再轉長江而西，湘水而南。

三月十四日，抵廬山。遂與宋復古（案：復古名迪，善畫）游大林寺。至山巔，先生有題詩（文見《濂溪集》卷八）。

是時，江南西路轉運使成都李大臨才元聞先生至廬山，遂以詩謁先生於濂溪（詩見《濂溪集》卷九，《廬山志·藝文志》）。

後李大臨丁憂，先生以疏慰之（文見《濂溪集》卷八）。

四月，趙抃尹成都，聞先生判永，有《寄永州通判周茂叔虞部》詩（詩見《濂溪集》卷九）。

十一月，合饗天地於圜丘，加恩百官（《宋史》十三），先生遷比部員外郎（據《墓碣》）。在武昌嘗以詩一軸寄蒲宗孟，除夕方達（《濂溪集》卷九）。內有《對雪寄吳延之》之作（據蒲宗孟詩）。

宋英宗治平三年丙午，先生五十歲。

春，先生到永州視事（據蒲宗孟與先生詩），與永守陳郎中亦有舊（據先生《與蒲宗孟書》）。

蒲宗孟於客歲除夕接先生詩後，今年正月內亦成詩十首，奉寄先生（文見《濂溪集》卷九）。

四月六日，先生與尙書都官郎中知軍州事陳藻君章、郡從項隨持正、零陵令梁宏巨卿同遊澹山巖，並題名刻石（《金石萃編》卷一三二）。

七月六日，先生在永有《與二十六叔》等手帖（文見《濂溪集》卷八）。又有《寄鄉關故舊》詩曰：「老子生來骨性寒，宦情不改舊儒酸。停盃厭飲香醪味，舉筯常餐淡菜盤。事冗不知筋力倦，官清贏得夢魂安。故人欲問吾何況，爲道舂陵只一般。」（《濂溪集》卷八）

十二月十二日，先生與荆湖南路提點刑獄公事、尚書職方郎中程濬治之、尚書虞部郎中知軍州事鞠拯道濟同遊永州朝陽洞（案《湖南通志》：朝陽巖在零陵縣西南三里，巖有洞），並題名刻石（《金石萃編》卷一三四）。

是年蘇洵（字明允）卒。

宋英宗治平四年丁未，先生五十一歲。

先生仍通判永州（據澹山巖題名）。

正月丁丑英宗崩（《宋史》十三）。

二月一日，先生攜二子壽、燾自永州發春陵展墓。初，先生入京師時，嘗留美田十餘畝，畀周興耕之以洒掃其父郎中之墓，至是自永州移文營道言之（據《金石萃編》卷一三三，《澹山巖題名記》，《度譜》）。

三月六日，先生與鄉人蔣灌、區有鄰、歐陽麗、理掾陳賡同游含暉洞（案《湖南通志》：含暉洞在道州南五里，石洞如屋，東西兩門，内有泉從石罅出，極清冽），並刻石其陰（《濂溪集》卷八）。

先生歸時，與里中人言學，永、道間多得親炙先生教風。先生治人純以德化，簡質平易，不務赫赫名（《湖南通志·人物志》）。

三月十三日，先生迴至澹山巖，又與家人男壽、燾、姪立、姪孫蕃同遊（據《金石萃編》卷一三三）。

三月十四日，先生與尚書比部郎中、知軍州事鞠拯道濟，軍事推官項隨，前錄事參軍劉璞，零陵縣令梁宏，司法參軍李茂宗，縣尉周均同遊澹山巖（據《金石萃編》卷一三三。案《湖南通志》：澹山巖亦名澹巖，在永州零陵縣南二十五里)。

先生在永(案：先生通判永州，為時三載。《東都事略》於南安軍司理參軍後，有通判永州一語，而《宋史》本傳竟未載，可謂疏極)，嘗作《拙賦》(《度譜》，《輿地紀勝》卷五六)。略曰：「或謂予曰：人謂子拙。予曰：巧，竊所恥也。且患世多巧也，喜而賦之：巧者言，拙者默；巧者勞，拙者逸；巧者賊，拙者德；巧者凶，拙者吉。嗚乎！天下拙，刑政徹，上安下順，風清弊絕。」(《濂溪集》卷八)

何平仲嘗題先生《拙賦》(文見《濂溪集》卷九)。

神宗登極，先生遷朝奉郎、尚書駕部員外郎(據《墓碣》)，通判永州，權發遣邵州事(據《墓誌》，《輿地紀勝》卷五九，薛瑄《邵陽縣重修學記》，《湖南通志》)。

加贈先生父諫議大夫(《墓誌》)。

先生既去永，永人思之，爲立祠，題曰康功。後胡寅嘗有詩曰：「千古濂溪周別駕，一篇清獻錦江詩。」(《濂溪集》卷九)。

五月七日，先生自永倅往權邵守，同家屬遊九龍巖(案《東安縣志》：九龍巖在邵陽縣北一百里，唐宋名賢遊此者甚衆)，並刻石以志(據《湖南通志·藝文志》)。

六月十四日，先生有《與仲章姪手帖》(文見《濂溪集》卷八)。

八月，營道給吏文付周興俾掌墓田，從先生之言也(《度譜》)。

九月，先生自邵陽發遞所改定《同人說》與傅伯成。時傅知嘉州平羌縣(度正據《傅氏家集》)。

十一月，先生因感邵州州學（夫之子宮）置於惡地，掩於牙門，左獄右庾，卑陋不堪。前始至時，嘗拜堂下，惕汗流背，故今議遷之。擇地牙門之東南，因故學之材，徙而新之。郡民大悦，荷鍤簞食來助，逾月而成（《邵州新遷學釋菜祝文》，孔延之《邵州新遷州學記》，朱子《邵州州學濂溪先生祠記》，薛瑄《邵陽縣重修學記》，《湖南通志·學校志》）。

先生在邵嘗闢池種蓮，中壘石爲亭（據《湖南通志·山水志》）。

【考證】案：《宋史》先生本傳云：「熙寧初，知郴州，用抃及呂公著薦爲廣東轉運使。」（《宋史》卷四二七）。考先生爲廣東轉運判官（未為轉運使），在判永州與攝邵州後。潘興嗣撰先生《墓誌》云：「通判永州，今上即位，恩改駕部，趙公抃入參大政，奏君爲廣南東路轉運判官。」朱子撰先生《事狀》云：「改永州，權發遣邵州事。熙寧初，趙清獻、呂正獻公薦爲廣南東路轉運判官。」並未云通判永州後又曾知郴州。考先生爲郴縣令始於慶曆六年（無復知郴州事）。爲廣南東路轉運判官爲熙寧元年。相距二十三年之久，何以謂「熙寧初知郴州」？《宋史》恐爲邵州之誤。案《宋史》先生傳，對先生事蹟漏略不書者甚多，據先生《墓誌》、《事狀》與《名臣言行外録》，於知南昌時，已遷大理寺丞，《宋史》本傳未書。又通判虔州後，曾改虞部員外郎通判永州，又遷駕部員外郎攝邵州事，而後始爲廣南東路轉運判官，《宋史》均未書，此亦將邵州誤爲郴州之故歟！

是年胡宿（字武平）卒。

胡宿字武平，常州晉陵人，舉進士，爲楊子尉。召試，爲館閣校勘，改集賢校理，通判宣州，知湖州，築石塘百里，捍水患。大興學校，學者盛於江南自湖學始，先生之力爲多。既去而思之，名其塘曰胡公塘。而學者爲立生祠。久之爲兩浙轉運使，召修起居注、知制誥入內。時議者謂士大夫年七十當致仕，其不知止者，請令有司按籍舉行之。先生謂養廉恥，勸風化，宜有漸，如此非優老勸功之意，當稍緩其法。武吏察其任事與否，勿斷以年，文史使得自陳而全其節。及言皇祐新樂與舊樂難並用。禮部間歲一貢士不便，當用三年之制。皆如其言。先生兼通陰陽五行災異之學，上疏時，嘗以此論之。拜樞密副使，以老數乞謝事。治平三年，罷爲觀文殿學士知杭州。明年，以太子少師致仕，未拜而卒，年七十二，贈太子太傅，謚曰文恭。先生爲人清儉謹默，內剛外和，羣居不譁笑，與人言必思而後對。故其莅官臨事謹重不輒發，發亦不可回止。居母喪，年不至私室。從子宗愈，嘗受學於歐陽兗公（《東都事略》卷七一《胡宿傳》）。

宋神宗熙寧元年戊申，先生五十二歲。

先生仍攝邵州事（據《邵州新遷學釋菜祝文》）。

正月三日，新建邵州州學成，有殿以事先聖，有堂以集諸生，栖士有齋，藏書有閣。遠而望之，儼乎其可觀而法，即而趨之，靚乎其可居而樂（孔延之《邵州新遷州學記》)。彩章冕服，儼坐有序，諸生既集，先生率僚告成。並撰《邵州新遷學釋菜祝文》，又《告先師文》（文見《濂溪集》卷八）。

案：後人徇尋常便利之說，輒徙其學他所，乾道九年知州事胡侯始復其舊，張敬夫嘗爲詳其事而記之。

荆湖北路轉運使、朝奉郎、尚書度支郎中孔延之聞先生新建州學成，乃撰《邵州新遷州學記》（文見《濂溪集》卷八）。

案：先生自作祝文，與孔延之《邵州新遷州學記》均書治平五年正月三日，蓋神宗即位，改治平五年爲熙寧元年，時改元詔未到，故《祝文》與《學記》皆作治平五年。

先生治民，乃以仁愛爲心，政事務以教化爲急，今遷學既成，先生爲之講明道學，誘掖諸生（《輿地紀勝》卷五九）。

傅伯成至今始接到先生所寄改定《同人說》，遂覆先生書曰：「蒙寄貺《同人說》，徐展熟讀，較以舊本改易數字，皆人意所不到處，宜乎使人宗師仰慕之不暇也。」（度正據《傅氏家集》）。

是時，呂公著在侍從，聞先生名，力薦之，奏曰：「臣伏見尚書虞部員外郎、通判永州軍事周惇頤操行清修，才術通敏，凡所臨莅，皆有治聲。臣今保舉，堪充刑獄錢穀繁難任使，如蒙朝廷擢用，後犯正入己贓，臣甘當同罪。其人與臣不是親戚，謹具狀奏聞，伏候敕旨。」奏上，會趙抃在中書，遂擢授先生廣南東路轉運判官（據《墓碣》，《呂氏童蒙訓》，胡萍鄉本）。

先生後嘗以啓謝呂公著曰：「在薄宦有四

方之游，於高賢無一日之雅。」（《呂氏童蒙訓》）。

十二月十六日，先生至連州。與尙書屯田郎中、知軍州事何延世懋之同遊連州大雲巖，並留題（見《濂溪集》卷八）。

十二月二十六日，先生至德慶府，遂游三州巖留題（見《金石萃編》卷一三七）。

先生題惠州羅浮山詩，當亦撰於是年（文見《濂溪集》卷八）。

是年劉敞（原父）卒。

宋神宗熙寧二年己酉，先生五十三歲。

先生爲廣南東路轉運判官（《墓誌》，《事狀》）。

正月一日，先生遊陽春銅石巖（據《廣東通志·金石略》）。

正月七日，先生行部至肇慶府（高要），與軍事推官譚允，高要縣尉曾緒同遊七星巖，並題名刻石（據《金石萃編》卷一三七）。

案：《萇竹堂稿》：淳祐壬子呂中等又題字，謂先生書點點畫畫，端重沈實，無一毫苟且姿媚態，觀者可以想見先生道德之風。

是年，任大中有寄先生詩（文見《濂溪集》卷九）。

宋神宗熙寧三年庚戌，先生五十四歲。

先生轉虞部郎中，擢提點廣南東路刑獄（據《墓誌》，《墓碣》）。

宋神宗熙寧四年辛亥，先生五十五歲。

正月九日，先生領提刑獄職事（據《事狀》），行部至潮州，有《題大顚堂》詩（文見《濂溪集》卷八）。又嘗按部至春州，亦有題詩（文見《濂溪集》卷八）。

時虞部員外郎（中）杜諮知端州，禁百姓

采石，蓋端溪石爲硯最良，獨知州占斷，人號爲杜萬石。先生惡其奪民之利，因爲起請，凡仕於州者，買硯毋得過二枚，遂爲著令（《度譜》）。

先生領提刑獄，盡心職事，務在矜恕，以洗冤澤物爲己任，行部不憚勞苦，雖瘴癘險遠，亦緩視徐按（《宋史》本傳）。施設置措，未及盡其所爲，竟以勞得疾。聞水嚙仙居縣太君鄭氏墓，遂求知南康軍（據《墓誌》、《墓碣》、《事狀》）。

八月朔，先生移知南康軍（《度譜》），興學善俗，民從其化，士宗其學（據《廬山志·人物志》）。

十二月十六日，先生改葬鄭太君於江州德化縣廬阜三起山清泉社。葬畢，先生曰：「強疾而來者，爲葬耳，今猶欲以病汙麾紱邪！」上南康印。未幾分司南京而歸（據《墓碣》、《度譜》、《宋元學案》卷十二）。

先生領江州時，嘗題其堂曰生意堂，又有太極樓（《江西通志·勝蹟略》）。

是年尹焞（字彦明，一字德充）生。

宋神宗熙寧五年壬子，先生五十六歲。

先生酷愛廬阜，買田其旁，又嘗築濂溪書堂於其麓，至是始定居焉。先生平日俸祿，悉以周宗族，奉賓友。及分司而歸，妻子饘不給，曠然不以爲意（據《墓碣》、《事狀》，陳舜俞《廬山記》、《廬山志》）。

先生作濂溪書堂時，於堂前嘗鑿池種蓮於其中（據桑喬《廬山紀事》）。

【考證】濂溪在營道之西，距縣二十餘里，蓋營川之支流，以營道大富橋古碑記考之，自有所謂濂水者。先生嘗寓潯陽，愛廬山之勝，貧不能歸，遂卜居其下，因溪流以寓故鄉之名，築室其上，故名濂溪書堂，示不忘父母之邦之意。如胡瑗本陝西安定人，父訥爲海陵節度推官，瑗生於泰州，後亦自號安定。又案何棄仲《營道齋詩序》云：「惇頤字茂叔，遠宦南歸，弛肩廬阜，力不能返故居，乃結屋臨流，寓濂溪之名，志鄉關在目中也。」（《濂溪集》卷九，《伊洛淵源録》卷一）。而蘇文忠公與黄太史皆其同時人，乃耑指清濂爲義，若先生名之以自況者，不知何所據也？

蓮花峰之水西北行，逕花山，過新橋，爲濂溪港（桑喬《廬山紀事》）。先生嘗自題濂溪書堂詩曰：「……廬山我久愛，買田山之陰。田間有流水，清泚出山心。山心無塵土，白石磷磷沈。潺湲來數里，到此始澄深。有龍不可測，岸木寒森森。書堂構其上，隱几看雲岑。倚梧或欹枕，風月盈中襟。或吟或冥默，或酒或鳴琴。數十黄卷軸，聖賢談無音。窗前即疇囿，囿外桑麻林。千蔬可卒歲，絹布足衣衾。飽煖大富貴，康寧無價金。……」（《濂溪集》卷八）

趙抃、孔平仲均有《題濂溪書堂》詩。潘興嗣有贈先生詩，又《題濂溪詩》（文見《濂溪集》卷九）。

潘興嗣初調德化縣，以不能俯仰上官，棄官，築室豫章城南，日讀書其中，手抄至數百卷，自號清逸居士（據《江西通志·人物志》，《廬山志·藝文志》）。

先生嘗於九江城南甘棠湖（亦稱南門湖）湖心建一墩如月，先生名之曰浸月，或曰煙水亭，名取山頭水色薄暮籠煙之義（或曰先生子壽建）。（據同（志）〔治〕《九江府志》）。

先生居廬阜時，從學者甚衆，時安仁周文敏篤學敦行，不求聞達，乃至廬山從先生游。先生稱之曰「一團和氣人也」（據《宋元學案》卷十二）。

是時佛印（案《續藏經·續傳燈録》，佛印名了元，字覺老，青原十世法嗣雲門宗，（鐃）〔饒〕州浮梁林氏子。……元符元年正月四日卒，年六十七，僧臘五十二）住歸宗，先生謁之，相與論道。先生曰：「天命之謂性，率性之謂道，禪門何謂無心是道！」佛印曰：「疑則別參。」先生曰：「參則無畢，竟以何爲道？」佛印曰：「滿目青松一任看。」（據《續藏經》，《釋氏資鑑》卷十）。

【考證】案：《釋氏資鑑》謂先生謁佛印後有省，「一日忽見窗前草生，乃曰：『與自家意思一般。』」以偈呈師（佛印）曰：『昔本不迷今不悟，必融境會豁幽潛。草深窗外松當道，盡日令人看不厭。』遂請師（佛印）作青松主，追媲白蓮故事。」考先生所云「與自家意思一般」一語，乃首出於明道之口，然明道自第二次與先生相晤後，再未相見。先生此語，已早云於二十四五年前，豈至今始「忽悟」而云哉？《釋氏資鑑》特牽強附會，欲借先生取重耳。以此亦可知所記「以偈呈師」云云，當均出虛造，故今不取。案《性學指要》又謂：「元公初與東林總遊，久之無所入，總教之靜坐，月餘，忽有得。以詩呈總曰：『書堂几坐萬機體，日暖風和草自幽。誰道二千年遠事，而今只在眼睛頭。」總肯之，即與結青松社。」案《大藏經·佛祖通紀》卷四五、《佛祖歷代通載》卷十九，謂元豐三年（《廬山志》謂二年）詔升東林爲禪寺，南昌守王韶請常總主持，爲東林第一代祖師，元祐四年賜號昭覺大師。先生去官定居廬阜爲今年，先生輩世在先，「是時已學成書就，縱有習靜獻詩之事，亦與先生學術大本無關」（錢師賓四《論太極圖與先天圖之傳授》）。

案：《廬山志》又引《歷朝通紀法喜志》云：「茂叔《太極圖》，其源從陳摶來，摶傳麻衣，今《正易心法》是，麻衣傳涯公東林總公廣之，茂叔得於總公。」案舊稱麻衣道者授《正易心法》於陳摶，今反謂陳摶傳《正易心法》與麻衣。桑喬《廬山紀事》又謂陳摶受《正易心法》於廬山異人，或曰即許堅也。其記載顛倒舛誤，多所矛盾。當均出捏造，絕非事實。案：《正易心法》一書，本南宋湘陰主簿戴師愈作，託之麻衣。先生何能睹此，常總更何能傳此？蓋方外之人，喜引名儒以自重，多僞構事實，妄爲附會。後人竟以此對先賢肆爲詆娸，誠未審其實矣。

是年歐陽修（字永叔）卒。羅從彥（字仲素）生。

宋神宗熙寧六年癸丑，先生五十七歲。

先生居廬山。時趙抃再尹成都，聞先生去官，復奏乞留。時先生疾已篤（據《墓誌》，《事狀》，《宋史》本傳）。

案朱子《跋趙清獻公家問及富帖跋語後》曰：「趙清獻公晚知濂溪先生甚深，而先生所以告公亦甚悉，見於章貢送行之篇者，可考也。」

先生病革，致書與蒲宗孟曰：「上方興起數百年，無有難能之事，將圖太平。天下微才小智，苟有所長者，莫不皆獲自盡。吾獨不能補助萬分，又不得竊須臾之生，以見堯舜禮樂之盛，今死矣，命也！……」（據《墓碣》）

六月七日，先生卒於九江郡之私第（據《墓誌》，《事狀》）。

十一月二十一日，葬先生於德化縣德化鄉清泉社（案：清泉社亦名清泉鄉，在栗樹嶺亦名三起山。下）偎居縣太君鄭氏墓左，從遺命也（據《墓誌》，《事狀》），《廬山志》）。先配陸氏在太君墓右（據明童潮《濂溪墓祠堂記》）。

孔延之子文仲爲文祭之，略曰：「……公年壯盛，玉色金聲。……」（據《朱子語類》卷九三）

先生親戚蒲宗孟撰《墓碣銘》（文見《周子全書》卷四，傳經堂本）。

先生友人潘興嗣撰《墓誌》曰：「……善談名理，深於易學。作《太極圖》、《易說》、《易通》數十篇，詩十卷。今藏於家。……」（《濂溪集》卷十）

蘇軾後追賦《濂溪》詩曰：「……先生本全德，廉退乃一隅。因拋彭澤米，偶似西山夫。……先生豈我輩，造化乃其徒。……」（《濂溪集》卷九）

黃庭堅《濂溪詞序》曰：「茂叔人品甚高，胸中灑落，如光風霽月。好讀書，雅意林壑，初不爲人窘束世故。權輿仕籍，不卑小官，職思其憂，論法常欲與民決訟，得情而不喜。其爲小吏，在江湖郡縣蓋十五年，所至輒可傳。……茂叔短於取名，而銳於求志，薄於徼福，而厚於得民，菲於奉身，而燕及煢嫠，陋於希世，而尚友千古。聞茂叔之餘風，猶足以律貪，則此溪之水配茂叔以永久，所得多矣。……」（《濂溪集》卷九）

先生二子：長子曰壽，次子曰燾（據《墓誌》，《事狀》，《宋史》本傳）。

壽字季老，一字元翁。第百一。元豐五年進士。初仕吉州司戶，次秀州知錄，終司封郎中。詞翰甚妙，前輩多稱之。

燾字通老，一字次元，第百二。元祐三年李長寧榜登第。嘗爲黃池令，兩浙轉運使。時蘇軾知杭州，與燾唱酬甚夥。終寶文閣待制（據《墓誌》，《宋史》本傳，《東坡文集》，《山谷全集》，《宋詩紀事》）。

先生之學，門人弟子多矣，而二程獨能傳之。二程之學，門人弟子亦多矣，而謝上蔡、楊龜山、游定夫等爲能聞之。龜山傳之羅仲素、仲索傳之李延平、延平傳之朱晦庵。上蔡及侯師聖傳之胡文定，文定傳之五峰，五峰傳之張敬夫。及晦庵、敬夫稍被召用，推明先生之學。晦庵又解《太極圖說》及《通書》，正學者之差謬，使百世下有志之士，讀先生書，乃如親受於先生矣。

後人於濂溪港建濂溪祠以紀念先生。後朱子拜先生像，嘗爲贊曰：「道喪千載，聖遠言湮。不有先覺，孰開我人？書不盡言，圖不盡意。風月無邊，庭草交翠。」（《朱子大全》卷八五）

【備考】濂溪書院，一名濂溪書堂，一名濂溪祠。九江城內外濂溪書院共有三：案蔡錦青（芥舟）《重建濂溪書院碑記》謂九江舊有濂溪書院二：在濂溪港者，建於宋淳熙間，乾隆二十一年，移築蓮花峰下；在郡城豐儲坊者，建於明嘉靖間，天啓末廢爲周子祠。乾隆五十年郡守初之樸別建於城內世德坊之南者，今之濂溪書院也，咸豐癸丑太平軍陷郡城，燬焉（《盧山志》）。

嘉定十三年，賜先生謚元公（《宋史》本傳，《宋史紀事本末》卷八〇）。端平二年，詔從祀孔子廟庭。淳祐元年，封汝南伯（《宋史·理宗紀》，《宋史》本傳）。咸淳元年，命迪功郎鄧道主祀（《宋史·度宗紀》）。元延祐六年，封道國公（《元史·仁宗紀》）。明景泰七年，詔以元公裔孫襲五經博士。清康熙五十三年，改稱先賢。

參閱書目

《宋史》　脱脱等　浙江書局校刊本

《續資治通鑑長編》　李燾　光緒七年浙江書局刻本

《東都事略》　王偁　乾隆乙卯刻本

《宋史紀事本末》　馮琦、陳邦瞻、張溥　光緒十二年廣雅書局刻本

《續資治通鑑》　畢沅　四部備要本

《困學紀聞》　王應麟　餘姚守福堂本

《道學名臣言行外録》　李幼武　洪瑩仿刻宋本名臣言行録本

《周濂溪集》　周惇頤　正誼堂全書本，傳經堂藏書本

《二程全書》　程顥、程頤　四部備要本

《河南穆公集》　穆修　四部備要本

《河南先生文集》　尹洙　四部叢刊本

《范文正公集》　范仲淹　正誼堂全書本

《石徂徠集》　石介　正誼堂全書本

《浄德集》　吕陶　武英殿聚珍本

《山谷全集》　黄庭堅　四部備要本

《張子全書》　張載　四部備要本

《歐陽文忠公全集》　歐陽修　四部備要本

《朱子大全》　朱熹　四部備要本

《朱子語類》　朱熹　同治壬申應元書院刊本

《伊洛淵源録》　黄宗羲、全祖望　光緒五年長沙重刊本

《漢上易卦圖》　朱震　通志堂經解本

《參同契考異》　朱熹　守山閣叢書本

《易圖明辨》　胡渭　粵雅堂叢書本

《太極圖説遺議》　毛奇齡　蕭山陸凝瑞堂西河全集本

《經義考》　朱彝尊　四部備要本

《曝書亭集》　朱彝尊　四部叢刊本

《鮚埼亭集》　全祖望　姚江借樹山房本

《孟子字義疏證》　戴東原　乾隆四十三年孔刻戴氏遺書本
《十駕齋養新録》　錢大昕　光緒十年長沙龍氏重刊潛研堂全書本
《問學録》　陸稼書　正誼堂全書本
《儒家哲學》　梁啓超　中華書局飲冰室合集本
《王荆公》　梁啓超　中華書局飲冰室合集本
《中國哲學史》　馮友蘭　商務印書館出版
《佛祖通紀》　志磐　日本刻大藏經本
《佛祖歷代通載》　念常　日本刻大藏經本
《釋氏資鑑》　熙仲　續藏經本
《續傳燈録》　立極　續藏經本
《道藏輯要》　光緒丙午彭氏重刻本
《直齋書録解題》　陳振孫　武英殿聚珍本
《蜀碑記》　王象之　涵海叢書本
《輿地紀勝》　王象之　粤雅堂開雕本

《金石萃編》　王昶　經訓堂本
《曲洧舊聞》　朱弁　知不足齋叢書本
《中吴紀聞》　龔明之　粤雅堂叢書本
《蜀中名勝記》　曹學佺　粤雅堂叢書本
《廬山記》　陳舜俞　大藏經本
《廬山志》　吴宗慈　中國信古印書局出版
《湖南通志》　商務印書館本
《江西通志》　光緒六年刻本
《四川通志》　乾隆元年刻本
《廣東通志》　商務印書館本
《遂寧縣志》　民國十八年重修本
《程伊川年譜》　姚名達　商務印書館出版
《歷代名人年里碑傳總表》　姜亮夫　商務印書館出版

古靈先生年譜

（宋）陳�編

吴洪澤校點

宋紹興三十一年陳輝刻本《古靈先生文集》附

陳襄（一〇一七—一〇八〇），字述古，學者稱古靈先生，係官古靈（今福建福州）人。與陳烈、周希孟、鄭穆爲友，倡知天盡性之説，時號「四先生」。慶曆二年進士，歷浦城主簿，知仙居、河陽、濛陽三縣。以富弼舉薦，嘉祐二年充秘閣校理，判尚書祠部，編定昭文館書籍。出知常州，浚湖興學。神宗朝擢知諫院，除知制誥兼直學士院，數論新法不便，出知杭、陳二州。熙寧八年除右司郎中、樞密直學士。元豐三年卒，年六十四。

陳襄有知人之譽，詩文以「温厚深純，根于義理」見稱（《古靈陳述古文集序》）。著《古靈先生文集》二十五卷，存南宋紹興間裔孫陳輝重刊本，現藏北京圖書館。事迹見葉祖洽《陳先生行狀》、孫覺《陳先生墓誌銘》（《古靈先生文集》附録），《宋史》卷三二一本傳。

本譜爲陳襄六世孫陳曄所編，有跋稱「考《三朝實録》暨《文集》、《行狀》、《墓誌》、《家譜》諸書參校，有可據者，乃繫於歷歲之下」，末署「紹興三十一年十月」，時爲將仕郎。陳曄字日華，淳熙六年知淳安縣，慶元二年知汀州，爲治精明。四年秩滿，除廣東提刑。嘗爲删定官，又曾官通州。與袁説友、姜夔等交往。嘗修《鄞江志》八卷，著有《金淵利術》八卷等。事迹見《永樂大典》卷七八九四引《臨汀志》。此譜惟世系、仕歷、詩文繫年稍詳，其他則極簡略。

陳氏出自嬀姓，虞帝舜之後，夏禹封舜子商均於虞城。三十二世孫遏父爲周陶正，武王妻以元女大姬，生滿，封之於陳，賜嬀姓，以奉舜祀，是爲胡公。胡公二十六世孫軫爲楚相，封潁川侯，因徙潁川，稱陳氏。支分派別，不可得而考。在唐有陳忠，其先江左諸陳，世客潁川，一子邕。邕三子：夷行，夷實，夷則。夷行爲太子太保、檢校司空，相文宗。夷實一子翾，翾一子嘉，爲陵州別駕。別駕一子聞，爲陵州刺史。刺史三子：顯爲檢校侍中，江南道節度使；勳爲兵部侍郎；黯爲職方郎中。侍郎一子檄，自光之固始從王潮入閩，家於福州，仕閩爲太尉，推誠奉國功臣。太尉三子：令鎔爲大中大夫，令圖爲客省使，令猷爲檢校工部尚書。客省一子希穎，皇朝淳化中，以文林郎守果州司戶參軍。戶曹五子：則之，拱之，象之，恢之，裕之。象之，台州黃巖縣尉，累贈尚書兵部侍郎，後改贈金紫光祿大夫，舊名後去之字。金紫三子：交，將仕郎，試將作監主簿，贈正奉大夫；襄，樞密直學士，尚書右司郎中兼侍讀，贈少師；章，朝議大夫、提舉杭州洞霄宮，贈金紫光祿大夫。

真宗皇帝天禧元年丁巳

是年三月，公生於福州之古靈。後鄉人號爲古靈先生。東坡先生熙寧中倅杭，有詩貽公云：「去年柳絮飛時節，記得金籠放雪衣。」注：「杭人以放鴿爲太守壽。」

天禧五年辛酉

乾興元年壬戌

仁宗皇帝天聖元年癸亥

天聖九年辛未

明道元年壬申

明道二年癸酉

景祐元年甲戌

景祐四年丁丑

寶元元年戊寅

寶元二年己卯

康定元年庚辰

慶曆元年辛巳

慶曆二年壬午

於楊寘榜登進士第，授試秘書省校書郎、建州浦城縣主簿。

慶曆三年癸未

六月，到浦城，有《謁廟祝文》。

慶曆四年甲申

有《祈雨》詩、《祈雨祝文》、《送章衡秀才序》。

慶曆五年乙酉

有《答吕寺丞書》、《黄殿丞書》。

慶曆六年丙戌

有《答黄殿丞書》。

是年十月秩滿。

慶曆七年丁亥

以部使者舉爲台州仙居縣令，有《仙居勸諭文》。

慶曆八年戊子

有《謝關郎中書》。

皇祐元年己丑

有《勸學文》、《天台山習養瀑記》、《天台縣孔子廟記》。

皇祐二年庚寅

有《和鄭閎中仙居》詩十二首。

皇祐三年辛卯

用薦者改秘書省著作佐郎、知孟州河陽縣。有《懷友人陳烈》詩、《祭仙孫五郎文》。

皇祐四年壬辰

春過浦城，有《留題南峰寺》詩。到河陽，有《與蔡舍人》二啓。

皇祐五年癸巳

至和元年甲午

遷秘書丞，就移知彭州濛陽縣。

至和二年乙未

鄭國富公自太原入相，以文學政事薦公。

嘉祐元年丙申

有《白頭》詩。

嘉祐二年丁酉

遷太常博士。以鄭公之薦，召試秘閣校理。

嘉祐三年戊戌

判尚書祠部。

嘉祐四年己亥

編定昭文館書籍。有《郊祀大禮慶成》詩并表、《吳君唐卿墓誌銘》。

嘉祐五年庚子

著《中庸講義》。

嘉祐六年辛丑

有《殿中御史陳公墓誌銘》。是年冬，遷尚書祠部員外郎，出知常州。

嘉祐七年壬寅

有《請顧臨秘校主學書》。

嘉祐八年癸卯

仁宗皇帝登遐，英宗皇帝即位。公由尚書度支員外郎遷尚書司封員外郎，賜五品服。

英宗皇帝治平元年甲辰

召爲開封府推官。

治平二年乙巳

治平三年丙午

除三司鹽鐵判官。有《蘇明允府君挽詞》。

治平四年丁未

英宗皇帝登遐，神宗皇帝即位。公以諫議大夫奉使北虜。遷工部郎中，充秘閣校理，出知明州。有《英宗皇帝挽詞》、《使還咸熙館道中》詩二首、《黑崖道中》詩、《和東玉少卿見遺》詩、《過雄州南門偶書呈知府張皇城》詩、《奉使回上殿劄子》、《左侍禁陸公墓誌銘》、《開封府祥符縣主簿陸君墓誌銘》、《祭黃虞部文》。

神宗皇帝熙寧元年戊申

還鄉省松楸。有《和程公闢遊越山亭》詩、《春晚賞牡丹奉呈席上諸君》詩、《和程公闢遊宿猿洞詩二首》、《和程公闢紅梅》詩、《和程大卿遊昇山》詩、《和程大卿遊鳳池寺》詩、《和程大卿荔枝》詩、《和程大卿新闢諸寺門》詩、《和程大卿晝宿猿洞》詩。

是年冬，被召。

熙寧二年己酉

夏，到闕，遷尚書刑部郎中，修起居注，知諫院，管勾國子監公事。

秋，除侍御史知雜事，有旨候知制誥闕召試。公上疏力辭，詔從之。兼判吏部流內銓，賜三品服。有《辭修起居注知諫院》四狀、《修起居注舉自代狀》、《侍御史知雜事舉自代狀》、《辭中書候試知制誥狀》、《赴召修注上殿劄子》、《進誠明說併劄子》、《知諫院進劄子》、《乞正臺諫官劄子》、《議學校貢舉劄子》、《乞免御史劉述等罪狀》、《論制置三司條列乞行均輸法狀》、《彈劉攽王介狀》、《論祖無擇下獄狀》、《乞疏放秀越二獄干繫人狀》。

熙寧三年庚戌

春，召試知制誥。公自言嘗論常平新法，不聽，辭不就試。執政以爲當出，乃欲罷御史，以集賢殿修撰、陝西轉運使。勅未下，上批別進呈，謂執政曰：「吳申全不能講，欲候陳某受職，留講筵。」於是除秘閣校理，復修起居注，直舍人院，兼天章閣侍講，仍判銓。有《辭中書召試知制誥狀》併《申中書省狀》、《辭直舍人院判吏部流内銓勅内名銜狀》、《辭直舍人院判吏部流内銓兼天章閣侍講狀》、《辭修起居注狀》、《擇日祗受修起居注勅命狀》、《秘閣校理修起居注舉自代狀》、《辭兼天章閣侍講狀》、《彈李南公除京西運判不當狀》、《乞召還范純仁狀》、《彈御史裏行王子韶狀》、《彈步軍副都指揮使宋守約》三狀、《論差擇縣令劄子》、《論流内銓奏辟屬官劄子》、《論差選京朝官知縣劄子》、《彈秀州軍事判官李定狀》、《乞止絶權貴陳乞恩例劄子》、《論散青苗不便乞住支》五狀、《論李常待罪不報及吕公著落職劄子》、《論王安石劄子》、《論韓維充御史中丞與韓絳領制置司妨礙狀》、《論韓絳參知政事乞罷制置司狀》。

熙寧四年辛亥

秋，知制誥，遷尚書吏部郎中，兼直學士院。

冬，出知陳州。有《内制》一卷、《謝知制誥啓》、《到陳謝富相公啓》。

熙寧五年壬子

秋，移知杭州。有《勸學文》、《夫人吳氏

墓誌銘》。

十月，《餞送錢塘貢士登彼公堂》詩、《題忠定張公書後》。

是年，修錢塘六井。

熙寧六年癸丑

有《駕部陳公墓誌銘》。

是年春，六井迄工，東坡先生爲之記。有《和子瞻吉祥冬日牡丹》詩三首。

熙寧七年甲寅

有《和子瞻沿牒京口憶西湖寒食》詩。

移應天府留守，未至，復移知陳州。有《陳州謝到任表》、《自杭之宋過永樂院留題》詩。

熙寧八年乙卯

有《潁州府學釋奠勉童子》詩、《潁川賞花》詩二首。

是年冬召還，知通進銀臺司，兼門下封駁事，提舉進奏院，遷尚書右司郎中，樞密直學士，判太常寺，兼禮儀事。有《論差除勑不由封駁司劄子》、《謝轉樞密直學士啓》。

熙寧九年丙辰

兼侍講，知審官東院。有《經筵薦溫國司馬公而下三十士章藁》一卷、《理會吏部資序劄子》、《乞定審官東院條例狀》、《與富相公書》。

熙寧十年丁巳

提舉司天監。

冬，郊祀大禮，爲禮儀使。

有《依赦文舉陳烈狀》。

元豐元年戊午

春，奉勑詳定郊廟奉祀禮文。

夏，決口塞，詔改新閉決河曹村埽曰靈平，遣公爲祭謝使。

有《詳定禮文併制樂所定銅木尺度》一卷、《論樂劄子》、《祭天用樂劄子》、《崇國夫人符氏墓誌銘》、《故太師中書令曾魯公挽詞》二首。

元豐二年己未

春，兼判都省。

冬，慈聖光獻皇后崩，命公爲山陵鹵簿使，有《慈聖光獻皇后挽詞》二首。

元豐三年庚申

是年三月，公薨於京師，享年六十有四。將終，書「先聖先師」四字付其後。階爲朝散大夫，勳爲護軍，爵爲上黨郡開國侯。

明年九月，葬於常州宜興縣永定鄉蔣山之原，特詔常州供應所闕。後累贈少師。

家君重刊先正密學遺文於贛之郡齋，俾曄次第年譜以冠之，庶幾生平遊宦歲月之先後，與夫壯志晚節，詩文之辭力，曉然可見。曄謹承命，恭考三朝實録暨文集、行狀、墓誌、家譜諸書參校，有可據者，乃繫於歷歲之下云。皇宋龍集辛巳紹興紀號之三十一載十月朔旦，六世姪孫將仕郎曄謹拜手記。

四世從祖密學公平日所爲文章不知其幾，厥後裒綴爲卷者僅二十有五，目曰《古靈先生文集》，以聖天子詔冠之，殞有榮焉。里人大夫徐君世昌嘗摹刻於家，而其間頗有舛訛。歷歲漸久，且將漫漶。輝竊有意於校正，因仍未遑，每以爲恨。朅來章貢，屬數僚士參核亥豕，因命仲子曄推次年譜，併鋟之木，庶幾有以慰子孫瞻慕之心也。紹興三十一年十月既望，孫右朝請大夫、直秘閣、知贛州軍州、主管學事兼管内勸農營田事、提舉南安軍南雄州兵甲司公事、江南西路兵馬鈐轄輝謹題。

石室先生年譜

（宋）家誠之 編

吴洪澤 校點

明萬曆刻本《陳眉公訂正丹淵集》卷首

文同（一〇一八—一〇七九），字與可，號笑笑先生，梓州永泰（今四川鹽亭東）人。未冠能文，皇祐元年進士，爲邛州軍事判官，更攝蒲江、大邑二令。至和二年，調静難軍節度判官。嘉祐四年，召試館職，編校史館書籍，出通判邛州。治平二年，通判漢州，遷太常博士，知普州。熙寧三年，知太常禮院，出知陵州，徙興元府，歷度支、司封員外郎，徙知洋州。代還，判登聞鼓院。元豐元年，除知湖州，卒，年六十二。

文同博學多才，擅長書法、繪畫。尤以善畫竹著稱，爲國畫中湖州竹派創始人。又工詩文，寫景咏物詩尤富特色，有孟浩然、韋應物風致（楊慎《升庵詩話》卷一）。著有《丹淵集》，南宋時家誠之重新編次爲四十卷，并附遺文二卷、年譜一卷，現存明萬曆三十八年吴一標刊本、崇禎四年毛晋重刻本等。事迹見范百禄《文公墓志銘》（《丹淵集》附録）、《宋史》卷四四三本傳。

文同年譜，現存最早的是宋人家誠之所編《石室先生年譜》，該譜利用文集、墓誌，考述譜主的仕歷，較爲簡略。今人何增鸞、劉泰焰編有《文同年譜表》，附於《文同詩選》後（四川人民出版社一九八五年），亦可資參考。本書所收，即家誠之所編者。家誠之，字宜父，其先曲沃（今屬山西）人。紹熙、慶元間知邛州，刻文同《丹淵集》，並編纂此譜，置於卷端。

石室先生年譜

曲沃家誠之宜父編

天禧二年戊午，先生生。

按先生墓誌：元豐二年正月二十一日，卒於陳州，享年六十二。推而上之，實生於是年。

天聖八年庚午，先生年十三。

按先生墓誌，考都官公嘗誨之曰：「吾世爲德，汝其起家乎！將高吾門於吾廬之東偏以待，汝宜勉之。」公時年十三，俛而對曰：「謹奉教。」即是年也。

慶曆四年甲申

是歲，按《實錄》：文潞公除樞密直學士、知益州。七年，擢諫議大夫，入政府。

按先生墓誌：潞公守成都，譽公所贄文字，以示府學，學者一時稱慕之。必在是年或五年、六年之間也。

皇祐元年己丑

是歲，先生登進士第。

按《登科記》：皇祐元年三月，策進士馮京以下四百九十八人，先生第五。《蓋軫象天地賦》、《日昃不暇食詩》、《天聽君人之言論》。考先生墓誌亦同。

二年庚寅

是歲，先生赴邛州軍事判官。

按先生親筆《疏篁怪木碑》云：「王成諤力臣、文同與可、張鎬子京、樂褒聖舉，皇祐二年六月六日來此，命同畫。」

四年壬辰

是歲，先生在邛州，攝蒲江縣。有《移縣學諸生文》，皇祐四年二月七日，司戶參軍、權縣事仇偁立石。縣東三十里有忠孝寺，柱間有《紀行》云：「郡從事文同、糴江李奐、太學周之翰、進士文象，皇祐四年壬辰上巳前一日同遊。」《縣學文》作於二月，《忠孝寺紀行》作於三月，意仇偁者繼先生攝縣在後，方立石耳。

又按：先生《留題鶴鳴化壁》詩刻後云：「壬辰歲仲冬月書。」則先生自蒲江又攝大邑也。

五年癸巳

是歲，先生在邛州。

按先生親筆《墨林碑》云：「余皇祐癸巳從事此州，因閑爲此，後爲好事者所護，其迹如新。嘉祐辛丑來倅郡，治平乙巳復權守事。一紀之中。凡三覽此舊墨，令人眷眷。」又題云：「余皇祐癸巳從事此州，因閑作此二壁。嘉祐辛丑，自秘閣復貳郡政，已爲好事者欄護，其蹟如新。治平乙巳，復權守印，再覽舊墨，裴回其下，計此歲已十三秋矣。」

又按：先生《留題鶴鳴化上清宮》詩後：「癸巳歲季春月題。」又有《重序靜林寺僧惟己九皐集》，後云：「皇祐癸巳下元夜，杳杳堂書。」堂必在大邑縣治，今不復存矣。然先生有《賞豐亭》詩刻，在今郡圃豐榭，乃皇祐五年二月二十一日太守竇平立石，不知詩作於何時，立石在是年也。

至和元年甲午

是歲，先生邛州代還，再調靜難幕官，當在京師。

二年乙未

是歲冬末，先生赴靜難軍節度判官。

按：先生作《謝都運傅諫議啓》，首云：「蒙恩授前件官，已於去年十二月二十九日赴上訖。」又云：「向官西鄙，幸逃過尤。此官南豳，誓謹名節。」啓必作〔於〕次年之春，則知赴官於此年之冬末也。

嘉祐元年丙申

是歲，先生在邠州。

按：先生作《靜難軍靈峰寺新閣記》云：「嘉祐元年，同佐靜難幕。紫微山靈峰寺者，凡出必造焉。五月初一日記。」又作《問神詞》，序云：「丙申歲夏五月，南豳大旱，土人走寧之要冊池，取神水禱雨不應，余爲作《問神詞》使歌之。」

二年丁酉

是歲，先生在邠州。

按：公作《捕魚圖記》，後云：「嘉祐丁酉二月十日，新平官舍記。」又作《樗蒲格序》，後云：「嘉祐二年丁酉仲冬月十有三日，新平官舍序。」按《九域志》：邠州新平郡，靜難軍節度使。

三年戊戌

是歲，先生在邠州。有《送通判張總之都官赴闕序》云：「往年拜總之於成都，及來南豳，復得預總之職事。反覆參視，無有欹缺。」以先生墓誌考之，秩滿改太常丞，赴官靜難，在至和二年之末。秩當滿於是年，次年則召試矣，序蓋作於此時。

四年己亥

是歲，先生召試館職，判尚書職方，兼編校史館書籍。

按先生墓誌云爾。又按：先生《謝館職啓》云：「更佐兩郡，行周十年。近緣公章，入改朝序。」先生於皇祐二年赴邛州判官，至和二年赴靜難判官，至是蓋十年矣。

五年庚子

是歲，先生在朝。

按：先生作《道士袁惟正字行之序》，其略云：「予典校中秘書，暇日納涼於城南道宇，有道士肅予坐堂上，以字請。」其後云：「嘉祐五年庚子元日謹序。」又作《種柳詩序》，其略曰：「楊君灝巨川爲令，種柳千根，表絡諸道，作三詩紀其事。和者連章，以至大軸。攜入都下示余，屬以序。」後云：「嘉祐庚子人日安靜文同序。」然先生墓誌云：「以親老請通判邛州。」先生又作《榮州楊處士墓誌》云：「嘉祐五年二月葬，以書狀拜道士李有慶來詣山居。」意先生是年歸鄉矣。

六年辛丑

是歲，先生倅邛州。

按：《墨林碑》先生親筆，云：「嘉祐辛丑，來倅郡。」又作《嘉州平羌縣夫子廟記》云：「道士李有慶過邛訪余，五月十日記。」又作《成都楞嚴院畫六祖記》，後云：「予自秘閣校理乞侍親，得相於臨邛郡。」「嘉祐六年辛丑五月十五日，東園芳洲亭書。」東園即今倅廳之圃也。郡圃在西，故以東別之。同日又作《鳳凰山新禪院記》。鳳凰屬邛之大邑縣思安鎮，然按先生墓誌云：「通判邛州，至未幾，丁都官公憂。」則知先生是年必以憂去。先生後通判漢州，《謝成都端明啓》云：「向嘗遂外官之請，尋用持先子之憂。一居家山，四改歲序。」蓋自是至治平二年公赴漢州，四年矣。

七年壬寅

是歲，先生居憂在鄉。

按：先生家集有作《邛州永福院修桂新華閣記》，後云：「壬寅六月十日記。」必在家時作也。今碑已不復存，不可考矣。

八年癸卯

是歲，先生居憂在鄉。

按：先生作《梓州處士張希澤墓誌》云：「治平改元正月，以疾終於家。希澤初得疾，余持服里居。」考希澤得疾之初，必是年也。

又按：先生作《費先生詩集序》，亦稱「嘉祐癸卯，東平先生以詩爲示」云。

治平元年甲辰

是歲，先生在鄉。

按：先生作《梓州永泰縣重建北橋記》云：「上即位之明年，永泰縣重建北橋。既成，其令佐有請於邑人文同。治平元年二月一日記。」又作《東橋記》，後曰：「同者字與可，縣人。」又作《中江縣樂閑堂記》，後云：「治平元年五月日記。」又按先生墓誌：「服除歸館，又以母年請通判漢州。」蓋在是年。

二年乙巳

是歲，先生赴通判漢州，又攝守邛州。

按：《漢倅題名記》：「治平二年二月五日到任。」又按《墨林碑》先生親筆云：「治平乙巳，復攝守事。」蓋以漢倅來攝監邛也。又作《中江縣新堤記》云：「治平二年春，河內廖君子孟爲之，令貢士賈汝奇等二百人請余求文。」意此《記》作於未赴漢倅之時。以《邛州太守題名記》考之，嘉祐八年十二月七日，張赴以虞部郎中到任，治平二年八月二十四日，劉介亦以虞部郎中到任。張必未滿秩而去，先生必攝守於張之後、劉之前也。

又按：先生權邛州，《謝成都府尹啓》云：「爲治中之官，殊恐不職；行太守之事，固非其宜。然而一紀之中，三來於此。」自爲從事至攝守，十二年矣。然先生作《羅屯田墓誌》，首云：「治平二年九月十日，職方員外郎羅公登詣同於成都回車館，手授其先人行狀。」則先生八月解臨邛歸廣漢，道出成都，作此誌銘無疑矣。

三年丙午

是歲，先生在漢州，六月，知普州。

按：先生作《成都府運判霍侯燕思堂記》云：「既落之，侯謂廣漢郡尉文同曰：『無石以載，疑事之闕，將以屬子，子其謂何？』」同曰諾。治平三年二月十五日記。」又作《仁壽縣太君李氏埋銘》云：「宋治平三年丙午春，太常博士宋璋與其弟瑄葬其母夫人仁壽太君李氏於犀浦縣，俾其友廣漢郡尉、秘閣校理文同謹歲月之實，納諸壙中。」

又按：先生作《綿州李處士墓誌》云：「治平四年十月十五日，以疾卒于家。嘗憶去年六月，自廣漢移守安岳，道先生門下，入拜於南堂。先生與語：『恐不能久留於世。』別未百日，而秘書丞君遺使以狀來曰：『先人臨終，攬誼伯手屬之曰：吾死，當使普州誌吾墓。』」則知先生是年六月赴普州矣。

四年丁未

是歲，先生在普州。

按：先生作《成都府學射山新修祠宇記》云：「龍圖閣直學士趙公治平二年夏四月被詔守蜀，明年春三月上巳，來遊學射山。四年初五日記。」此記疑作於普州。又有《普州三亭》詩，曰《均逸》，曰《東溪》，曰《碧崖》。然按先生墓誌云：「賜五品服，知普州，丁仁壽憂。服除，熙寧三年知太常禮院。」則是年必以憂去官矣。

熙寧元年戊申

是歲，先生居憂在鄉。

二年己酉

是歲，先生居憂在鄉。

按：先生《題黃氏易圖後》云：「熙寧己酉孟冬望日，墨君堂書。」又有《夏日閑書墨君堂壁》詩云：「先人有弊廬，涪水之東邊。我罷漢中守，歸此聊息焉。」則墨君堂在先生所居明矣。十月十五日，又作《茂州汶川縣勝因院記》。十一月十五日，又作《彭州永昌縣治己堂記》。

三年庚戌。

是歲，先生在朝。

按先生墓誌云：「熙寧三年，加太常禮院，兼編修大宗正司條貫。」又作《送朱郎中詩序》，首云：「熙寧三年庚戌三月癸丑，同自蜀還臺，宿臨潼華清道館，朱康叔引名見訪。」又作《利州羊模谷仙洞記》云：「熙寧庚戌春，予還朝，利州通判寇諲爲予言」云云。記後：「九月二十三日。」

四年辛亥。

是歲，先生歸鄉，赴陵州。

按：先生作《陵州謝表》云：「臣已於三月五日赴任訖。」又作《榆陰》詩，自序云：「熙寧辛亥歲春，予自京師赴陵州，因過家省墳墓」云云。又有《辛亥孟秋虹下飲古井》詩。

五年壬子

是歲，先生在陵州。

按：先生作《送朱康叔郎中詩序》有云：「五年，同守陵州，康叔之子雒縣尉瞻之遣使致書。」後云：「壬子中元平雲閣序。」閣必陵之州治也。又作《仁宗皇帝飛白書序》，其略曰：「太子賓客掌公禹錫時預此集，乃蒙帝子之殊渥焉。熙寧五年十月，其孫文紀爲陵州貴平縣令，願將刊鏤，見求短引，以著其下。初八日謹序。」又《謝知府吳龍圖薦章乞召還書殿以備諮訪啓》云：「自從登科，以至遊宦，二紀於此，一節不回。」先生以皇祐元年登科，至此二十四年，啓必作於陵州。又以先生集考之，先生後知興元，《奏乞差洋州狀》云：「蒙恩除臣陵州，得一年十箇月，因改州爲監，復蒙就差知興元府。」則先生於是年冬罷去矣。

又按：先生作《張思孺挽詞》云：「昔在天彭郡，僑居過一冬，感君常見訪，無日不上從。」意先生罷陵州，寓居彭州，四年方赴漢中也。孟冬猶作《紆竹記》。

六年癸丑

是歲，先生自天彭赴漢中。

按：先生作《提刑張公射中金錢詩序》云：「公因作詩，大尹以下咸屬和焉。馳寄於同，使序其略。熙寧六年正月甲子謹序。」又作《送趙大資再任成都府詩序》云：「嘗欲有所論譔，以紀公之休懿。會赴官興元，道出門下，公因授以送行詩一篇，俾爲之序。熙寧六年上元日謹序。」又作《彭州胡氏三遇異人記》云：「熙寧六年春，余寓天彭，成都承天僧敏行無演在焉。」又作《彭州張氏畫記》云：「予寓彭累月，居甚閑暇。」後書：「熙寧六年中秋日謹記。」以是考之，先生必於是年之春至成都，辭臺府，復回天彭，乃赴興元也。又作《送敏行無演序》云：「無演自成都來，爲余設滅緣之梯，引除妄之綆。一日，忽語余以西還之期，書此贈別。熙寧六年癸丑季冬甲申書。」此必無演訪先生於興元耳。

七年甲寅

是歲，先生在興元。

按：先生作《拈古頌序》，後云：「熙寧七年甲寅五月戊子謹序。」雖不言作序之所，度前年已赴興元，後年上元作《送張嘉州序》於甚美堂，此年必在任爾。

又按：先生《奏乞差洋州狀》云：「蒙恩除臣知陵州，一年十箇月，因改州爲監，復蒙就差知興元府。今到任已及一年五箇月，替期非遠。切慮差官代臣赴闕，乞再差知洋州一次。」奏當作於此時。

八年乙卯

是歲，先生在興元。

按：先生作《送張益孺學士知嘉州序》，後有云：「朝中士大夫以詩餞之，視事之明日，即走書興元，求余爲序。熙寧八年上元，甚美堂書。」堂必興元之府治也。又作《靈夢記》云：「興元府唐安寺戒壇院六臂大悲觀世音菩薩者，乃通判軍府事、太子中舍盧洪徽之之夫人長安縣君朱氏之全飾也。」後云：「熙寧八年歲次乙卯二月十五日丁丑記。」

又按：先生《將赴洋州書東谷舊隱》詩，其間云：「昨從漢中歸，於此度炎燠。還當武康去，就養若雞鶩。」又作《夏日墨君堂》詩云：「先人有弊廬，涪水之東邊。我罷漢中守，歸此聊息焉。是時五六月，赤日烘遙天。」又云：「行將佩守符，復爾趨洋川。」又《種檜》詩序云：「熙寧辛亥春，予自京師赴陵州，過家省墳墓，見所居長衢比戶，競取檜栽，列植官道。後移興元，滿替復歸，待洋州闕，始四年爾，而檜已高大繁茂，深密可愛。予正得此過一夏，蒙庇厚矣。」詩蓋作於是年之夏，意公歸鄉度夏，方赴洋州耳。

九年丙辰

是歲，先生在洋州。

按：先生《題魯肅簡公尺牘後》云：「熙寧九年丙辰七月癸酉，洋州守居灊泉亭記。」

十年丁巳

是歲，先生在洋州。

按公墓誌：「洋州代還，判登聞鼓院。」蓋先生赴洋州於八年秋冬之間，至是秋滿還京師。考之《實錄》，不見除判鼓院之月日，而墓誌止言數月乞郡，疑是年冬赴京師，鼓院之命，或在元豐元年之春也。

元豐元年戊午

是歲，先生在朝。

按先生墓誌：「判登聞鼓院，數月乞郡東南，除知湖州。」又按《神宗實錄》：「元豐元年冬十月壬寅朔戊午，以判登聞鼓院、司封員外郎、集賢校理文同知湖州。」蓋十月十七日也。

又按：先生《寄題湖州沈秀才天隱樓》詩云：「自念久不偶，歸老東南州。地名水精宮，家有天隱樓。」詩蓋作於此時。又有《湖州提轉先狀》云：「已謀便道之行，即次提封之下。」此亦必作於是年之冬。

二年己未

是歲，先生卒。

按先生墓誌：「元豐二年正月二十一日，以疾卒於陳州之賓館。」蓋先生自京師赴湖州，至陳而卒也。

丹淵集目録跋

家誠之

按先生曾孫鷟所編家集，詩分爲十八卷，各以所居爲别：東谷古今詩三卷，南豳古今詩二卷，臨邛、廣漢古今詩各一卷，陵陽古今詩三卷，漢中古今詩二卷，梁洋古今詩三卷，西岡古今詩一卷，畫厨樂府、雜詠各一卷。東谷，先生里居也，而青城山六詩、普慈三詩、閬中雜詠，與夫過興州晴碧亭、蒼溪山寺、新津退思堂、左綿富樂山海師、彭州南樓詩皆在焉。臨邛，先生官居也，而彭山縣居、題象耳山、過金雞關、晋原清谿閣詩皆在焉。廣漢詩中則有成都楊氏江亭、劍州東園詩；陵陽詩中則有續青城四詩、子駿寶峰亭、華山等詩。漢中，先生出鎮之地，則有江原善頌堂、峰鐵峽詩。西岡，先生京師僦居之地，復有閿鄉值風、大熱過散關、將至隴城、鳴玉籌筆、夜發散關等詩。雖或出於寄題，或賦於沿檄，蓋未可知。然别之以所居之地，則不能不致後學之疑。且《超然臺賦》、《蓮》、《松》等賦雜出於詩中，樂府獨殿於詩後，挽詩既别之以門，復附之於詩，編次可謂不倫矣。先生之詩用是不復可譜，但譜其平生出處大槩耳。詩之次序則從其舊，惟取其詞賦列於首篇，以見先生用意於古學；樂府次之，古今詩又次之，他文又次之，仍分爲四十卷。又尋訪先生遺文，分爲兩卷，復以諸公往來書翰詩文繫之於末，庶知先生師友淵源所自云。慶元乙卯五月既望，南窗書。《丹淵集》目録後。

宋敏求事蹟簡録

張保見　編

宋敏求（一〇一九—一〇七九），字次道，趙州平棘（今河北趙縣）人，宋綬長子。天聖三年，以父蔭爲秘書省正字。寶元二年，召試學士院，賜進士及第。充館閣校勘，預修《唐書》，爲編修官。治平二年知制誥，同修《仁宗實録》。神宗朝拜右諫議大夫、龍圖閣直學士。元豐二年卒，年六十一。

敏求善爲文章，久處館閣，著書有《寶刻叢章》、《韻次宗室名》、《諱行後録》、《東觀絶筆》、《書闈前後集》、《西垣制詞》等十餘種，嘗爲《史記集注》，裒輯《李北海集》、《劉賓客外集》、《李衛公别集》、《孟東野集》等唐人文集凡八十五卷，預修仁宗、英宗《兩朝國史》、《仁宗實録》，奉詔修《百官公卿表》、《續本朝會要》，删定《九域志》。家富藏書，皆略誦習，以故博通經史百家，尤明故實。數爲禮官，「朝廷典故，士大夫疑義多就取正而後決」（見王偁《東都事略》卷五七，四庫本）。亦精筆札，能世其家，「凡當時巨卿銘碣，必得敏求字爲榮」（朱弁《曲洧舊聞》卷四，四庫本）。事蹟見蘇頌《龍圖閣直學士修國史宋公神道碑》（《蘇魏公文集》卷五一）、范鎮《宋諫議敏求墓誌銘》（《名臣碑傳琬琰集》中卷一六）、《宋史》卷二九一本傳。

據《中國歷代人物年譜考録》載，今人宋育文撰有《宋敏求年譜》，惜未見流傳。而碑、誌、傳叙述敏求事跡，或失于簡，或于它史相舛，有必要予以清理。因此，筆者不揣淺陋，譜其行事，名爲「簡録」，示其爲初探而略之意。

宋敏求，字次道，趙州平棘（今河北趙縣）人。

蘇頌《龍圖閣直學士修國史宋公神道碑》（《蘇魏公文集》卷五一，以下簡稱《神道碑》）云：「公諱敏求，字次道，宣獻公諱綬之長子也。世爲趙州平棘人。曾祖龜符，本州別駕；祖皋，尚書度支員外郎、直集賢院。幷以宣獻公任政府，追贈太師、中書令。而集賢公又兼尚書令，胙譙國公。……母夫人常山郡太夫人畢氏，故相文簡公之孫。公又娶其姪光祿少卿從善之女，號京兆郡君。……子男九人：慶曾，殿中丞；匪躬，著作佐郎；二早夭；尚賢，將作監主簿；正功，大理評事；表微、揆方，將作監主簿；處仁，始名。女子二人，適贊善大夫王佑、秘書丞呂希純，幷先亡。孫八人：焞，將作監主簿；燔、煜、[火侖]、[火追]、燀、灼皆未官。孫女七人，長適太常寺太祝曾說，次適白馬縣丞范祖德，五幼未有行。」

宋氏原籍，諸書多作「趙州平棘（今河北趙縣）」，惟徐自明《宋宰輔編年錄》卷四、王偁《東都事略》卷五七稱爲「隨州（治今湖北隨州市）平棘」，黃震《古今紀要》爲「隨州」，差距甚大。今按《宋史·地理志》，京西南路隨州所屬無平棘，河北西路慶源府（本趙州，宣和元年升為府）所屬有平棘。又《明一統志》卷六一云宋氏世爲趙州平棘人，後徙隨州。故亦可稱爲隨州人。推及徐自明、王偁所載，則顯係誤將移徙地作祖籍地，原籍當爲趙州平棘。又按《漢書·地理志》，平棘屬漢代常山郡，故宋氏，尤其是敏求每以「常山」稱。

天禧三年，敏求生。

《神道碑》及范鎮《宋諫議敏求墓誌銘》（《名臣碑傳琬琰集》中卷一六《墓誌銘》，以下簡稱《墓誌銘》）并云元豐二年四月甲辰（初六）卒，年六十一。《蘇魏公文集》卷一四哀辭《國史龍圖侍郎宋公次道五首》：「告卧春明日，災逢本命年。英靈百人敵，奄忽一朝捐。」可推得當生于是年。

天禧四年，二歲。

父宋綬年三十歲，九月，以知制誥充契丹國主生辰使（《續資治通鑑長編》以下簡稱《長編》卷九六）。宋人洪遵《學士年表》云天聖三年四月綬拜翰林學士，江少虞《宋朝事實類苑》卷二四云是年三十五歲，可知天禧四年綬三十歲。

天禧五年，三歲。

宋綬出使回，上《契丹風俗記》（《長編》卷九七）。

乾興元年，四歲。

二月戊午（十九日）眞宗崩，仁宗即位，未改元。

九月，宋綬權直學士院，尋罷（《宋會要輯稿》職官六之四九）。

十一月，宋綬奉詔同修《眞宗實錄》（《長編》卷九七）。

天聖元年，五歲。

天聖二年，六歲。

三月，因修《眞宗實錄》成，宋綬等受獎勵有差（《長編》卷一〇二）。

六月，宋綬提舉校勘《南史》、《北史》、《隋書》（《宋會要輯稿》崇儒四之六）。

天聖三年，七歲。

四月，宋綬拜翰林學士（《學士年表》）。

同年乾元節，以宋綬恩蔭爲秘書省正字（《神道碑》）。

按：乾元節即仁宗生日，乾興元年二月登基不久，便命以生日爲是節。天聖元年乾元節，詔文武可從本資奏蔭親屬。事具《宋史·仁宗紀一》。現存范鎮《墓誌銘》作「天聖二年，以宣獻公蔭，爲秘書省正字」，事同而繫年不同。今據《宋史·選舉五》「補蔭」條，凡降聖節（即皇帝生日）等，從本資補子爲秘書省正字的，僅三司使、翰林、資政殿侍講、龍圖閣學士，樞密直學士，太常、宗正卿，中丞，丞、郎，留後，觀察使，內客省使方有資格。天聖二年，宋綬不具備這種資格，此當是范鎮誤載或在傳抄本中因形似減筆而誤。

天聖四年，八歲。

宋綬兼翰林侍讀學士（《隆平集》卷七）。

天聖五年，九歲。

少能自立，方生十年而能承家學（《神道碑》）。

是年宋綬奉詔同修《三朝國史》（《郡齋讀書志》卷五），集官撰《鹵簿圖記》（陳均《九朝編年備要》卷九）。

天聖六年，十歲。

宋綬修成《鹵簿圖記》十卷，上之朝廷，是謂《天聖鹵簿圖記》，降敕褒諭（《長編》卷一二二）。

按：《圖記》見于《長編》、《文獻通考》、元人黃溍《文獻集》等書記載，或名以《記》、《書》，或云十卷、三十卷、七卷，或爲綬著，或與人合著。

今按宋綬《景祐鹵簿圖記序》（《玉海》卷八〇）所云當爲同馮元等合著，名爲《圖記》，十篇（此處或以篇為卷，似當為十卷）。

天聖七年，十一歲。

秋，宋綬因前判玉清昭應宮，至是以宮火災落學士銜（《長編》卷一〇八）。按：此處《宋會要輯稿》職官三之一四作景祐七年七月，景祐無七年，且其下亦云未幾復入翰林，同《長編》合，故顯係誤將天聖抄作景祐所致。

天聖八年，十二歲。

四月，宋綬復翰林學士。

六月，以《三朝國史》成受獎勵（《長編》卷一〇九）。

天聖九年，十三歲。

六月，宋綬等上《內東門儀制》五卷。

十月，以上書請許仁宗獨對群臣，忤太后意，罷翰林學士，以龍圖閣學士出知應天府（以《長編》卷一一〇）。

明道元年，十四歲。

是年十一月甲戌改元。

明道二年，五歲。

三月，太后崩。四月，宋綬受詔回（《宋史全文》卷七上）。

八月，特置端明殿學士，以宋綬爲之。綬奏應總攬威柄，整頓綱紀。十月，參知政事，十一月，看詳修纂國朝會要（《長編》卷一一三）。

景祐元年，十六歲。

十二月，宋綬奏請仁宗勿以治平自怠（《隆平集》卷七）。

景祐二年，十七歲。

九月，參知政事宋綬上中書總例四百二十

九冊（徐自明《宋宰輔編年録》卷四）。

按：《宋史全文》卷七下云「（景祐二年二月）參知政事宋綬爲樞密副使」，但未言其原因，亦未明其何時復參知政事，卻又于「四年夏四月」條下云「參知政事宋綬罷爲尚書左丞」，且《宋宰輔編年録》等宋人著述中亦未嘗載宋綬景祐二年爲樞密副使事。又，言宋綬爲樞密副使事嘗見于蘇轍《龍川略志》卷上，呂夷簡以宋綬爲參知政事排擠章得象，云「宋宣獻時以尚書爲樞密副使」，其事李心傳于《舊聞證誤》卷一據《國史》所載事實明其「謬誤尤甚」，并云「宋公嘗知樞密院，亦未嘗爲副樞也」。且宋綬以天聖九年十月以忤太后出知應天府，至明道二年四月太后崩後召還，十月始參知政事，斷無二月爲參知政事事，《宋史全文》此處所言全不合，顯誤，不取。

景祐三年，十八歲。

宋綬仍參知政事。

景祐四年，十九歲。

夏四月，因宋綬黨呂夷簡，蔡齊黨王曾而同罷執政（《長編》卷一二〇）。綬罷爲尚書左丞、資政殿學士，留侍經筵（《隆平集》卷七）。

寶元元年，二十歲。

三月，資政殿學士宋綬爲大學士（《長編》卷一二一）。

十一月乙巳（十三日），南郊禮儀使宋綬上《景祐鹵簿圖記》十卷（《長編》卷一二二）。

據宋綬《景祐鹵簿圖記》：「輒取舊所修正，各附其下，他即如舊。仍以親政之初元冠其篇題，表一王而大居正也。」則此次所上當爲綬本人據天聖舊編的修正本，又仁宗天聖中親政，是故仍當名爲「天聖圖記」，後人爲便于同前書區别，故因上于景祐而名爲《景祐鹵簿圖記》。實際上，兩書當爲一名。

是歲歲末，宋綬以資政殿大學士知河南府。由《隆平集》、《東都事略》并言景祐四年罷，「明年加大學士知河南府」，而十一月中旬尚在朝，可知。

寶元二年，二十一歲。

四月二日，以太常寺太祝因宋綬恩陳乞詔試學士院中等，賜進士出身（《宋會要輯稿》選舉九之九）。

康定元年，二十二歲。

宋綬三月知樞密院事，四月同提舉編修修國朝會要，九月參知政事，十二月卒，仁宗幸其第臨奠，贈司徒兼侍中，謚宣獻（《長編》卷一二六至卷一二九）。

按：此處謚「宣獻」，《長編》原作「忠獻」，誤，宋敏求《春明退朝録》卷上作「宣獻」，《宋會要輯稿》禮五八之一〇六亦云：「參知政事兵部尚書宋綬謚宣獻」，敏求爲綬之子，《會要》專記典故，較《長編》可靠，故《長編》爲誤書或誤抄。又范鎮《墓誌銘》言綬「贈太師、中書令、尚書令、燕國公」，當是以敏求升朝故，累贈而至。

慶曆元年至二年，二十三至二十四歲。

丁父憂。

慶曆三年，二十五歲。

據守喪三年制，當于是歲除服。

以光禄寺丞充館閣校勘（《神道碑》）。

慶曆四年，二十六歲。

是歲參與蘇舜欽、王益柔進奏院宴會，出簽書集慶軍節度判官事。因自陳祖母年高，願落職就近便養，未行，落館閣校勘，與京師差遣（《長編》卷一五三）。

慶曆五年，二十七歲。

閏五月爲編修《唐書》官，始參與《新唐書》編撰工作（《春明退朝録》卷下）。

九月，因王堯臣等上其所修唐武宗以來至哀帝《續唐錄》一百卷，復館閣校勘（《長編》卷一五七）。《續唐錄》，《文獻通考·經籍考》二十一引陳振孫語：「按《兩朝史志》，初爲一百卷，其後增益爲一百四十八卷。」

慶曆六年至慶曆八年，二十八歲至三十歲。

丁祖母鄭國夫人憂，許在家修《唐書》。時敏求父已去世，又無叔伯，敏求以嫡孫成服。

按：鄭國夫人卒年，史無詳載，今據《神道碑》、《墓誌銘》，幷言敏求成服在復校勘後，姑繫於此。

皇祐元年，三十一歲。

是歲除服，入太常禮院。

十一月，以禮官議定石祖仁當以嫡孫爲祖父服喪，著爲定式（《宋會要輯稿》禮三六之三）。

皇祐二年，三十二歲。

編撰成《東京記》三卷。

周煇《清波別志》卷三：「後得《東京記》，亦宋所著，記事止皇祐二年。」則成書不當早于本年，姑繫于此。

皇祐三年至五年，三十三至三十五歲。

從宋庠辟通判西京留守司。

按：《神道碑》：「雅爲丞相宋元憲公

所知，從辟洛陽。」《長編》卷一七〇云宋庠于皇祐三年被言官所劾知河南府；司馬光《傳家集》卷一三《送次道通判西京》：「首夏郊原秀。」可知當起于三年四月。

至和元年，三十六歲。

八月，奉命回局編修《新唐書》（《玉海》卷四六）。

著《河南志》二十卷。

趙希弁《讀書後志》卷五下《長安志》條云：敏求著《河南志》時署銜爲「通判西京留守司兼畿内勸農事」，則至遲當成書于是年，故姑繫于此。

著《三川官下記》二卷。

按：《漢書·地理志第八上》知宋之西京河南府即漢之河南郡，秦之三川郡，亦即今之河南洛陽一帶。陳思《寶刻叢編》卷四：「僕近歲官洛，因覽宋次道《三川官下記》知之。」可知是書所記當爲河南府。又《神道碑》云該書爲「記當官所聞見與其應用」，而敏求官洛僅此一次，則是書似當撰于此時，故繫于此。

以所處接近三輔，已有志于編撰《長安志》，并開始收集資料（趙彦若《長安志序》）。

至和二年，三十七歲。

在局修書。

嘉祐元年，三十八歲。

七月，以集賢校理受命考試開封府舉人（《宋會要輯稿》選舉一九之一三）。

九月辛卯改元。

嘉祐二年，三十九歲。

是年春知太平州，未滿歲召還。

按：敏求知太平州的時間史無載，今據歐陽修《文忠集》卷一一四本年文《舉宋敏求同知太常禮院札子》：「其人見是知州差遣。」司馬光《傳家集》卷一四《送次道知太平州》：「專城方四十，自古以爲榮。」梅堯臣《宛陵集》卷五六《送次道學士知太平州因寄曾子固》：「春浦楊花撩亂飛，春江魮魚來正肥。」范鎮《墓誌銘》：「凡三臨州，率不滿歲召還。」可推知。

嘉祐三年至嘉祐四年，四十歲至四十一歲。

在局修書。

嘉祐四年，四十二歲。

《新唐書》成，以三司度支判官、太常博士、集賢校理進尚書工部員外郎（《歐陽文忠公年譜》）。

不久，考績合格，增秩一等爲刑部員外郎，餘如故（沈遘《西溪文集》卷六《三司度支判官工部員外郎充集賢校理宋敏求可刑部員外郎餘如故制》）。

嘉祐六年，四十三歲。

閏八月，以度支判官、刑部員外郎、集賢校理爲契丹生辰使（《長編》卷一九五）。

嘉祐七年，四十四歲。

出使回，著《入蕃錄》二卷。

《神道碑》云是書爲「記當官所聞見與其應用」，敏求入蕃僅此一次，此書似當著于是年，故繫此。

嘉祐八年，四十五歲。

三月辛未，仁宗崩，四月壬申朔，英宗嗣位，未改元。

是歲墜馬傷足，出知亳州，十二月庚辰召還，以集賢校理充修《仁宗實録》檢討官（見《墓誌銘》、《神道碑》、《長編》

卷一九九)。

輯《顔眞卿集》十五卷。

《文獻通考》卷二三三引「陳氏曰」嘉祐輯，則至遲是年成書，故繫于此。

治平元年，四十六歲。

十二月，以實録院檢討官、集賢校理同修起居注(《長編》卷二〇三)。

是歲得王溥家所藏《李白詩集》上、中二帙，開始增廣樂史所裒集《李翰林集》(《皕宋樓藏書志》卷八六宋敏求《李太白文集後序》)。

治平二年，四十七歲。

知制誥，同修撰《仁宗實録》，同判太常寺(《墓誌銘》)。

七月，以知制誥判禮部，上言英宗褒崇濮安懿王應如兩制奏(趙汝愚《宋名臣奏議》卷八九)。

治平三年，四十八歲。

知制誥，修《仁宗實録》幷同修起居注。

九月，奉詔題濮安懿王及三夫人廟主于園(《長編》卷二〇八)。

十二月，奉詔來年正月爲冊封皇太子典禮書寶官(王珪《華陽集》附録卷三)。

治平四年，四十九歲。

正月丁巳英宗崩，神宗立，未改元。

遷兵部郎中(《墓誌銘》)。

代李柬之爲英宗山陵禮儀使(《宋會要輯稿》禮二九之四七、三七之一一)。

以英宗在殯，言宗室不可嫁娶(《墓誌銘》)。

撰定祔廟祧遷信祖文字(《長編》卷二四〇)。

熙寧元年，五十歲。

三月十八日，以言宗室可嫁娶與前議異，

以兵部郎中降刑部郎中，依舊職知絳州（《宋會要輯稿》職官六五之二九）。

五月，因轉對，請州置學官以便士人求學，從之（《群書考索後集》卷二七）。

是月，在樂史所裒集《李翰林集》二十卷的基礎上，廣收遺佚，定《李太白文集》三十卷成（《皕宋樓藏書志》卷六八宋敏求《李太白集後序》）。

十二月，由知絳州召還，復兵部、修撰如故（《墓誌銘》、《神道碑》）。

熙寧二年，五十一歲。

二月，議定冬至晦日臨朝當避日（吴曾《能改齋漫録》卷二）。

四月，奉詔編修閤門儀制（《玉海》卷六九）。

秋七月，《仁宗實録》成，拜右諫議大夫（《直齋書録解題》卷四，《墓誌銘》，《宋史·神宗紀一》）。

熙寧三年，五十二歲。

本年，以知制誥奉詔重修門儀制，同群臣議文德殿儀制（《文獻通考》卷三五四）。

夏四月乙丑，以知制誥奉命看詳減省銀臺司文字，以草呂公著責詞忤王安石而求罷，不久，封還李定任監察御史裏行詞頭，固求解職，罷知制誥，以右諫議大夫奉朝請（《長編》卷二一〇）。後李大臨、蘇頌當草制，亦以封還詞頭罷，時稱「熙寧三舍人」（《宋史》卷三三一）。李定亦罷（《長編》卷五〇〇）。

九月，爲制科初考官，置指陳時病語最切直的孔文仲爲第三等，再次忤怒王安石，神宗爲之黜落孔文仲（《長編》卷二一五）。

本月，完成《唐大詔令集》編撰工作（該

書敏求自序）。

十一月，撰《春明退朝錄》二卷（該書敏求自序）。

十二月，爲史館修撰，引宋太宗淳化二年例議定正旦御殿文武進退儀注（《長編》卷二一八）。奉命詳定命官、使臣過犯（《宋史》卷一五）。

按：爲史館修撰事，蘇頌《神道碑》與《長編》同。范鎮《墓誌銘》作「四年加史館修撰、集賢院學士」，無別的文獻佐證，且《墓誌銘》舛誤較多，此處疑又爲范鎮失察，將兩事作一事記，或銘文在傳抄中失實所致，故從《長編》。

熙寧四年，五十三歲。

九月，以右諫議大夫、史館修撰、同判太常寺爲集賢院學士（《長編》卷二二六）。

十月二十九日，上言請校訂秘閣圖書，事竟不行（《宋會要輯稿》職官一八之四、一八之四九）。

熙寧五年，五十四歲。

四月，就塞大河決口事致祭。七月，以右諫議大夫集賢院學士判秘閣兼知審官東院（《長編》卷二三三、二三五）。

是年議定元會受朝賀儀制，著《元會故事》一卷。

據《文獻通考》卷一〇八，敏求于是年議元會事，帝準之。《元會故事》似作於此時。

熙寧六年，五十五歲。

編次《諸國貢舉錄》（《宋史》卷四九六）。

熙寧七年，五十六歲。

八月，以右諫議大夫充郊祀禮儀使（《宋會要輯稿》禮二八之六三），上《編修門儀制》十冊。九月，上《蕃夷朝貢錄》二十一卷。十二月，提舉萬壽觀，後爲避父嫌名改醴泉觀（《長編》卷二五五、二五六、二五八）。

熙寧八年，五十七歲。

三月，奉詔續修《國朝會要》（《長編》卷二六一）。

十一月，以知制誥鄧潤甫上言當用淳厚之人以變風俗，拜龍圖閣直學士（《長編》卷二七〇）。按：此處所載與蘇頌《神道碑》、彭百川《太平治跡統類》卷一二、司馬光《涑水記聞》卷一六同。范鎮《墓誌銘》作「七年」，誤。又《宋史全文》卷一二作「拜知制誥」，諸文所載幷無敏求復爲知制誥事，且前後所言事實幷與《長編》同，顯係誤書，今從《長編》。

熙寧九年，五十八歲。

二月，《長安志》二十卷成書，見是書卷首趙彥若序，題爲「熙寧九年二月」，則至遲至此時當已成書，故繫于此。

三月，以考校第一甲進士不當罰銅十斤（《長編》卷二七三）。

熙寧十年，五十九歲。

五月，奉詔修仁宗、英宗《兩朝正史》，七月，進讀紀草，神宗服靴袍立聽顧問終篇始坐（《長編》卷二八二、二八三）。

元豐元年，六十歲。

十一月，奉命同群臣詳定正旦御殿儀注（《長編》卷二九四）。

本年，又奉詔詳定正殿御殿儀注，上《朝會儀》二篇、《令式》四十篇，詔頒行（《宋史》卷一一六）。

元豐二年，六十一歲。

四月甲辰，卒，贈禮部侍郎（《宋會要輯稿》儀制五之九）。

五月，趙彥若受司馬光薦，代敏求修《百官公卿表》（《長編》卷二九八）。

元豐四年

八月，司馬光、趙彥若修成《百官公卿表》上之。

元豐五年

六月，《兩朝正史》成書，王珪等上之，故史館修撰宋敏求賜銀絹百五十（《長編》卷三二七）。

元祐元年

十一月，詔因故龍圖閣直學士宋敏求嘗預修仁宗、英宗《兩朝國史》，特與子孫一名太廟齋郎（《長編》卷三九一）。

南豐年譜

（清）姚範 編
吴洪澤校點

《援鶉堂筆記》卷四五

曾鞏（一〇一九—一〇八三），字子固，世稱南豐先生，南豐（今屬江西）人。嘗從歐陽修學古文，又與王安石爲密友。嘉祐二年進士，歷太平州司法參軍，召爲館閣校勘、集賢校理，熙寧間出通判越州，歷知齊、襄、洪、福、明、亳、滄州，累遷中書舍人，元豐六年卒于江寧，年六十五，南宋理宗時追謚文定。

曾鞏是唐宋古文八大家之一，爲文自然純樸，結構嚴謹，條理分明。《宋史》稱其「立言于歐陽修、王安石間，紆徐而不煩，簡奥而不晦，卓然自成一家」。其文在後世頗具影響，清代桐城派作家更奉其爲文章典範。著有《元豐類稿》五十卷等，今人陳杏珍、晁繼周有校點本《曾鞏集》（一九八四年中華書局）。事蹟見曾肇《子固先生行狀》（《曲阜集》卷三）、韓維《曾公神道碑》（《南陽集》卷二九）以及《宋史》卷三一九本傳。

現存較早的曾鞏年譜有五種：宋朱熹曾編《曾子固年譜》，隨《元豐類稿》刊行（《直齋書録解題》卷一七），久已失傳。清姚範所編《南豐年譜》，較簡略，收入道光十六年刊《援鶉堂筆記》卷四五；清孫葆田編《曾南豐年譜》一卷，以抄本傳世；清楊希閔編《曾文定公年譜》一卷，刊入《十五家年譜》、《歷代名人年譜大成》等；近人周明泰編《曾子固年譜稿》，有民國間排印《三曾年譜》本；近人王焕鑣編《曾南豐先生年譜》，較爲詳細，刊於一九三〇年《江蘇國學圖書館館刊》，後又由公孚印書局、重慶商務印書館排印，與楊希閔譜均流傳較廣。今人王琦珍編《曾鞏年譜》（《曾鞏評傳》附，一九九〇年江西高校出版社），對楊、王等人所編年譜均有辯證，可參看。

南豐年譜

朱子所爲文定之譜不可見，今考其略於此。

真宗天禧三年己未，先生生於是年。

按荊公爲子固之祖《諫議墓志》云：公歿八年，而博士子翬生。

四年庚申

五年辛酉

王荊公蓋生於是年。

李壁註公詩，亦云生天禧辛酉。余檢公祭吴充文及《吴充傳》，攷之不謬，《宋史》本傳紀公年，誤也。

乾興元年壬戌

曾牟生。

樹按：荊公《博士墓誌》：子男六人：煜、翬、牟、宰、布、肇。

仁宗天聖元年癸亥

二年甲子

博士於是年得進士第。

三年乙丑

四年丙寅

博士爲越州節度推官，當在前後二三年間。公母夫人吴氏亦或歿於是時。王荊公爲《曾公夫人吴氏墓誌》云：「夫人年二十四來歸，三十有五以病終。子男三：翬，牟，宰。女一。博士時爲越州節度推官。」所云女一者，疑即公所爲《關景暉妻曾氏墓表》所云「翬之長妹也」。《表》云嘉祐二年卒，年三十二，推之，生於丙寅矣。公自云有妹九人。

樹按：本傳四弟，則子宣、子開，朱母出。

五年丁卯

六年戊辰

七年己巳

八年庚午，是年先生年十二。

《墓誌》云：「能文，語已驚人。」《行狀》云：「試六論，援筆而成。」

九年辛未

明道元年壬申

二年癸酉

景祐元年甲戌，先生年十六。

《學舍記》云：十六七時，竊六經之言與古今文章，有過人者知好之，則於是銳欲與之竝。

二年乙亥

三年丙子

《上齊工部書》疑在丙子、丁丑之間。

四年丁丑

寶元元年戊寅

《墓誌》云：始冠，遊太學，歐陽公一見其文而奇之。

按：是年三月，歐公方自夷陵移光化軍乾德縣，次年權武成軍節度判官廳公事，幷不居京師。至康定元年六月，始召還，復充館閣校勘。

二年己卯

康定元年庚辰

《李丕志》云：康定初，先人寓南康，與李君居竝舍。

慶曆元年辛巳

《王君俞哀辭》云：慶曆元年，予入太學，居數月歸。

按：見歐公當在此年。然歐公於是年始改集賢校理，未爲學士。

二年壬午

《劉伯聲墓誌》：慶曆初，余家撫州，州掾

張文叔與其内弟劉伯聲從。予與伯聲皆罕與人接，得專意以學問磨礱爲事，居三年乃歸。

三年癸未

是年九月，爲《分寧雲峰院記》、《禿禿記》。《上齊學士書》當在三、四二年之間。

四年甲申

是年歐公爲龍圖閣直學士，而公有《上歐陽學士書》，似初受知於門下者。又後《上歐陽舍人書》云：「閒居江南，爲文無媿於四年時。」疑指此四年也。又按《臨川集·曾公夫人萬年太君黄氏墓誌銘》云：「慶曆四年，卒於撫州，年九十二。」而此書云「祖母年九十餘」。

是年五月，上蔡學士書。

五年乙酉

上歐、蔡書疑在是年。歐公以蔣之奇論事降滁州。《送劉希序》。

六年丙戌

送趙宏。送王希。《僊都觀三門記》。《吳太初哀辭》云：「弟景初視余於臨川。」《上歐陽舍人書》言：「舍人先生當時之急有三。」

按：歐是年未爲舍人。又按：歐公爲《曾致堯神道碑》云「慶曆六年夏，其孫鞏稱其父命」云云，則求碑文於是年。

七年丁亥

《與介甫（弟）〔第〕一書》疑在是年。從泗上出，及舟船侍從以西，蓋侍博士。介甫誌所云「罷官十二年，復至京師」也。

是年，博士卒於南京。後公謝杜公書：

「昔犖之得禍，罰於河濱。」

《醒心亭記》、《上杜相公書》、《三月十五日》詩、《繁昌興造記》、《上歐陽謝誌銘》。

是年葬博士。

八年戊子

《墨池記》、《菜園院佛殿記》、《金山寺水陸堂記》。

皇祐元年己丑

《宜黄縣學記》、《思軒詩序》、《送周屯田序》。

王聞修《續編》云：「《臨川集》有《都官郎中周君墓誌》，疑即此人。」余按誌中不著名，然云以進士起至尚書屯田郎中，求監池之永豐監，遂致仕，已而今天子大享明堂恩除都官，於家以卒，則《續編》之言可信。又誌云「卒於皇祐四年，春秋七十七」，而此序蓋博士既歿之後，疑在此前後一、二年也。

二年庚寅

三年辛卯

四年壬辰

五年癸巳

兄煜卒於江州。

至和元年甲午

《學舍記》。

是年晁夫人來歸，年十八，公年三十六。

《先大夫集序》。

二年乙未

《顔魯公堂記》。

《杜相公書》在此後一、二年間，書云：「九歲於此，初不敢爲書以進。」

嘉祐元年丙申

《與王介甫（弟）〔第〕二書》，疑介甫提

點江東刑獄之日。

二年丁酉

是年，章衡榜進士。

《擬峴臺記》。

是年夏，公南歸，見《關景暉妻墓表》。

《孫司封書》當在二年以前。介甫爲孫抗誌云卒於嘉祐三年，而儂智高以皇祐五年平，又稱祖袁州。按祖以至和元年知袁州，見李覯《學記》。

三年戊戌

《思政堂記》、《新建縣廳壁記》。

四年己亥

爲太平司法參軍，當在是年。

《墓誌》云：嘉祐二年進士，爲太平州司法參軍，歲餘，召編校史館書籍，歷館閣校勘、集賢校理兼判官告院。嘗爲英宗實錄檢討官，不踰月，出判越州。

五年庚子

其召編校書籍，爲館閣校勘，當在是年之冬。《與王深甫書》亦在是年，書云「去年，（弟）〔第〕二妹嫁王補之者，不幸疾不起」，而補之妻以四年卒。又云「在官折節於奔走」云云，則爲司法也。

六年辛丑

是年至京。公祭晁夫人文云：「始來京師，辛丑之歲。」

十一月壬申，女慶老卒。

七年壬寅

《清心亭記》。是年二月，晁夫人卒。

按：公繼娶李氏，禹卿之女，不知何時。

有《送李材叔序》，材叔名獻卿。又爲李迂志其孫漢卿。

八年癸卯

《陳書目錄序》。

英宗治平元年甲辰

《王子直序》當在二年前。

二年乙巳

《王深甫序》當在三年後。

《與王介甫書》。

三年丙午

九月甲寅，女興老卒。

《筠州學記》、《蘇明允哀辭》、《相國寺維摩院聽琴序》。

四年丁未

贈黎、安二生，當在此年後。文云「東坡自蜀以書至京師」，則蘇公以三年歸蜀，熙寧二年還朝。

神宗熙寧元年戊申

《瀛州興造記》、《尹公亭記》、《張文叔文集序》、《廣德鼓角樓記》。

二年己酉

爲英宗實錄檢討官，不踰月，通判越州。按曾子開《行狀》云：「編校書籍積九年，自求補外，轉移積十餘年。」《墓誌》云：「自求補外，凡十二年。」

《廣德湖記》。

《送傅向老序》云「得之於山陰」，則是倅越州之日。

《越州鑑湖序》二年冬。

三年庚戌

《錢純老詩序》十一月。

四年辛亥

五年壬子

《齊州北門水記》。

六年癸丑

《齊州二堂記》。二月。《齊州雜詩序》。二月。

是年，自齊州移襄州。

七年甲寅

八年乙卯

《襄州長渠記》。八月丁丑。

九年丙辰

《王容季文集序》。

是年，自襄州移洪州。

《強幾聖集序》，當在九年以後。韓魏公以八年卒，幾聖九年卒，序或在元豐元、二年後。

十年丁巳

是年二月，葬晁夫人於建昌軍南豐縣龍池鄉之源頭。

《子翊墓誌》云：「熙寧十年春，予蒙恩予告，葬其弟子翊於南豐。」

《徐孺子祠堂記》。記云：「予爲太守之明年。」

是年，移福州。

元豐元年戊午

《王平甫集序》。

是年，公六十，在福州。其上執政書云「去歲之春，有此邦之命」，又云「去秋到職」，而福州禱雨，在元豐元年五月，則公以十年至福州也。

十月，《展墓文》云：「去歲在江西，蒙恩省視松楸。今自福州被召還朝，又得便道展拜墓下。」

二年己未

《越州救菑記》。

知明州。

按：是年召未至，知明州。正月二十五日至明州，見《到任表》。

徙亳州。

按：公《徙亳州狀》云「五月三十日，

奉敕知亳州」，又云「在外十有一年，已更六任」。

三年庚申

《洪州東門記》、《過滄州上闕疏》。《移滄州狀》云：「臣遠違班列，十有二年。」按：是年徙知亳州，不行，留勾當三〔班〕院。

四年辛酉

爲史館修撰。

五年壬戌

四月，試中書舍人。九月，丁母憂。

六年癸亥

四月丙辰，卒於江寧府。

曾子固年譜稿

（近）周明泰　編
李春梅校點

民國二十一年排印三曾年譜本

譜主曾鞏（一〇一九—一〇八三）字子固，南豐（今屬江西）人。其生平事蹟，參見前譜簡介。

曾鞏年譜，以清楊希閔編《曾文定公年譜》、近人王焕鑣編《曾南豐先生年譜》流傳最廣，王譜尤以翔實見稱，而今人王琦珍編《曾鞏年譜》則較簡明。本書所收兩種年譜，清姚範所編，附見於《援鶉堂筆記》，傳本較少，故爲校點行世。但該譜極簡略，許多事迹不備。周明泰譜與王焕鑣譜所出年代相當，王譜雖詳，也未能該括周譜，故又據民國間排印《三曾年譜》本校點，以備查檢。

宋真宗天禧三年己未，公生。

曾鞏，字子固，南豐人。幼警敏，能文。甫冠，名聞四方。《宋史》本傳。

公姓曾氏，諱鞏，字子固。其先魯人，後世遷豫章，因家江南。其四世祖延鐸始爲建昌軍南豐人。曾祖諱仁旺，贈尚書水部員外郎；祖諱致堯，尚書戶部郎中，直史館，贈右諫議大夫；考諱易占，太常博士，贈右銀青光祿大夫，其履閱行實，則有國史若墓銘在。

公生而警敏，自幼讀書爲文，卓然有大過人者。韓維撰《神道碑》。

母周氏，豫章郡太夫人；吴氏，會稽郡太夫人；朱氏，遂寧郡太夫人。仝上。

公諱鞏，字子固，建昌軍南豐人。曾祖諱仁旺，贈尚書水部員外郎；祖諱致堯，尚書戶部郎中，直史館，贈右諫議大夫；考諱易占，太常博士，贈光祿卿；母吴氏，文城郡太君；母朱氏，仁壽郡太君。曾肇撰《行狀》。

公生而警敏，不類童子。讀書數百千言，一覽輒誦。仝上

公曾氏，諱鞏，字子固。其先魯人，後世遷豫章，因家江南。公之四世祖延鐸，始爲建昌軍南豐人；曾祖諱仁旺，贈尚書水部員外郎；祖諱致堯，太宗、眞宗時上書言天下事，嘗見選用，仕至尚書戶部郎中，直史館，贈右諫議大夫，文忠歐陽公爲銘其墓碑；考諱易占，太常博士，贈光祿卿。公生而警敏，讀書過目輒誦。《墓誌銘》。

母曰文城郡太君吴氏，仁壽郡太君朱氏。仝上。

祖致堯，累贈太子太師、密國公。《南豐

縣志》。

考易占，追封魯國公。仝上。時年三十有一。

兄曄，字叔茂，生於大中祥符二年，時年十有一。《亡兄墓誌銘》。

天禧四年庚申，二歲。

天禧五年辛酉，三歲。

乾興元年壬戌，四歲。

弟宰，字子翊，生。《亡弟湘潭主簿子翊墓誌銘》。

仁宗天聖元年癸亥，五歲。

公祖致堯初葬南豐之東園，水漬墓，是年改葬龍池鄉之源頭。王荊公撰《曾公墓誌銘》。

天聖二年甲子，六歲。

魯公中進士第，與兄子曄同榜。

天聖三年乙丑，七歲。

天聖四年丙寅，八歲。

長妹生。《鄆州平陰縣主簿關君妻曾氏墓表》。

天聖五年丁卯，九歲。

次妹生。《江都縣主簿王君夫人曾氏墓誌》。

天聖六年戊辰，十歲。

天聖七年己巳，十一歲。

天聖八年庚午，十二歲。

年十有二，試六論，援筆而成，辭甚偉也。曾肇撰《行狀》。

天聖九年辛未，十三歲。

明道元年壬申，十四歲。

明道二年癸酉，十五歲。

景祐元年甲戌，十六歲。

十六七時，闚六經之言與古今文章有過人者，知好之，銳意欲與之並。《學舍記》。

兄子覺，字道濟，生。《亡姪韶州軍事推官墓誌銘》。

景祐二年乙亥，十七歲。

弟布，字子宣，生。《宋史·曾布傳》。

景祐三年丙子，十八歲。

入京赴試未售，與王介甫定交。

景祐四年丁丑，十九歲。

自京師歸。

寶元元年戊寅，二十歲。

寶元二年己卯，二十一歲。

康定元年庚辰，二十二歲。

從魯公寓南康。《尚書比部員外郎李君墓誌銘》。

慶曆元年辛巳，二十三歲。

入太學，與王君俞定交，即館其家。《王君俞哀辭》。

始冠，遊太學，歐陽公一見其文而奇之。《墓誌銘》。

上歐陽學士第一書，幷獻雜文《時務策》兩編。

慶曆二年壬午，二十四歲。

歸撫州，上歐陽學士第二書。

撫州掾張文叔與其內弟劉伯聲從公遊。《劉伯聲墓誌銘》。

田况爲諫官，公上書諷之使言。上齊工部書，請入學臨川。

介甫是年簽書淮南判官，八月赴任。公作《懷友》一首寄之，以中庸之道相策勉。

第八妹德耀，字淑明，生。《曾氏女墓誌銘》。

有《之南豐道上寄介甫》詩。

慶曆三年癸未，二十五歲。

介甫請假省覲祖母於臨川，因謁公，歷秋冬而後返。作《同學》一首別公。

東明劉希聲來臨川，從公遊。《送劉希聲序》。

公之江西南昌，遇王希潛之，因相從遊。《送王希序》。

撰《分寧縣雲峰院記》、《禿禿記》、《刑部郎中張府君神道碑》。

慶曆四年甲申，二十六歲。

五月，上蔡學士書，論諫官之制，宜朝夕侍於上，以時諫諍。

第九妹德操，字淑文，生。《仙源縣君曾氏墓誌銘》。

公祖妣萬年太君黃氏卒於撫州，年九十有二。

公是時就州學，有《上歐陽舍人書》，言當世之急。又獻所作《通論》雜文一篇、《先祖述》文一卷。請歐陽公撰祖父密公神道碑，復薦王安石，書其所爲文一篇進於公。

是歲，再與歐陽舍人書，薦王回、王向。略云：「頃嘗以王安石之文進左右而以書論之。既達，而先生使河北，不復得報，然心未嘗忘也。近復有王回者、王向者，父平爲御史，居京師。安石於京師得而友之，稱之曰『有道君子也。』」下略。

慶曆五年乙酉，二十七歲。

五月四日，劉希聲歸東明，公作序送之。

公葬祖妣萬年太君黃氏於南豐，王荆公爲作《墓誌銘》。見《臨川集》卷第九十九。略云：「夫人江寧黃氏，兼侍御史、知永安場諱某之子；南豐曾氏，贈尚書水部員外郎諱某之婦，贈諫議大夫諱某之妻。凡受縣君封者四：蕭山、江夏、遂昌、雒陽。受縣太君封者二：會稽、萬年。男子四，女子三。以慶曆四年某月日卒於撫州，壽九十有二。明年某月葬於南豐之某地。夫人十四歲無母，事永安府君至孝，修家事有法。二十三歲歸曾氏，不及舅水部府君之養。下略。

張久中來臨川，從公遊。

是時朋黨之論興，歐、蔡二公相繼罷去。公有上歐、蔡書，言去就之義，幷成《憶昨》詩一篇，《雜説》三篇，寫寄二公。

慶曆六年丙戌，二十八歲。

歐陽公爲公祖致堯作《神道碑》。見《居士集》卷第二十一。略云：「公諱致堯，字某，撫州南豐人也。少知名江南，當李氏時不就鄉里之舉。李氏亡，太平興國八年舉進士及第，爲符離主簿，累遷光祿寺丞，監越州酒税。數上書言事，獻文章。太宗奇之，召拜著作佐郎，直史館。視汴河漕運稱旨，遷秘書丞，爲兩浙轉運使、諫議大夫。中略。用封禪恩累遷戶部郎中。大中祥符五年五月某日卒於官，享年六十有六。用其子易占恩，再遷右諫議大夫。初葬南豐之東園，水壞其墓，某年月日改葬龍治鄉之源頭。慶曆六年夏，其孫鞏稱其父命以來請，曰願有述，遂爲之述。」下略。

王荆公爲公祖致堯作《墓誌銘》。見《臨川集》卷第九十二。《誌》云：「公歿八年而博士子鞏生，生三十五年，鞏以博士命，次公生平事，使來曰：『爲我誌而銘之。』」按鞏生於天禧三年己未，生三十五年，則當爲皇祐五年癸巳。而博士卒於慶曆七年丁亥，到癸巳已七年矣。尚安得云以博士命？或謂係二十五年誤作三十五年。此以年分推之似無舛，而以事實攷之亦無稽。余意鞏生於公歿後八年，至二十八歲，適當公歿後三十五年。正歐陽公作《神道碑》之時，蓋同時以父命所乞者也。

慶曆七年丁亥，二十九歲。

寄歐陽舍人書。略云：「去秋人還，蒙賜書及所撰《先大夫墓碑銘》，反覆觀誦，感與慚幷。」下略。

弟肇，字子開生。

八月十五日，作《醒心亭記》。

九月，奉魯公至南京。

上杜相公衍書，求見。作《上杜相公》詩。

魯公病卒，年五十九歲。是時惟公侍左右，醫藥喪葬之資悉出於杜公《謝杜相公書》。劉沆蓋亦嘗周公。公以家貧口衆欲遠遊，以振其難。《與劉沆龍圖啓》。

有《與王介甫第一書》。

撰《繁昌縣興造記》、《張久中墓誌銘》。

慶曆八年戊子，三十歲。

故知臨川文中「公歿後八年而博士子鞏生」句下係衍一「生」字，使去之，而以三十五年承上句之意，自公歿後算起則在是年也。

作《吳太初哀辭》。略云：「象先以喪至州下，亦死，年三十一歲。三試於禮部不中。余與之善，後七年，其弟景初來視余於臨川，慶曆六年也。

與趙宏游。

與王希游。八月，希去之京師。公作序送之。

撰《湘冠》詩，及《和滁州九詠》九首。

公時病肺。

撰《仙都觀三門記》。

族兄叔卿字升之，登進士第。叔卿，曅弟。《南豐縣志》。

父憂。

撰《菜園院佛殿記》。

九月十二日，撰《墨池記》。

撰《尚書都官員外郎王公墓誌銘》。介甫之父。

父憂。

皇祐元年己丑，三十一歲。

公葬考諱易占。於南豐之先塋。王荆公爲作《墓誌銘》。見《臨川集》卷第九十三。略云：「公少以廕補太廟齋郎，爲撫州宜黃、臨川二縣尉。舉三司法，中進士第，改鎮東節度推官。還，改武勝節度掌書記、崇州軍事判官，皆不往。用舉者監真州裝卸米倉，遷太子中允、太常丞、博士，知泰州之如臯、信州之玉山二縣。知信州錢仙芝者有所丐於玉山，公不與，即誣公。吏治之，得所以誣公者，仙芝則請出御史。當是時，仙芝蓋有所挾，故雖坐誣公抵罪，而公亦卒失博士。歸不仕者十二年，復如京師，至南京病，遂卒。娶周氏、吳氏，最後朱氏，封崇安縣君。子男六人：曄、鞏、牟、宰、布、肇，女九人。公以端拱己丑生，卒時慶曆丁亥也，後卒之二年而葬，其墓在南豐之先塋。」下略。

撰《金山寺水陸堂記》。

十二月，撰《宜黃縣縣學記》。

皇祐二年庚寅，三十二歲。

有《謝杜相公書》。

皇祐三年辛卯，三十三歲。

有《辛卯歲讀書》詩。

有《謝杜相公啓》。

皇祐四年壬辰，三十四歲。

撰《胡君敏墓誌銘》。

皇祐五年癸巳，三十五歲。

兄暐卒，十二月葬。撰《亡兄墓誌銘》。略云：「上略。君年四十有五，皇祐五年以進士試於廷，不中，得疾歸，卒江州。娶李氏，子曰覺，曰[illegible]，女二人。卒之歲十二月某日。葬建昌軍南豐縣某鄉某原某里也。弟鞏爲其銘。」

撰《永安縣君謝氏墓誌銘》。介甫之祖母。

上孫司封書，直孔宗旦之誣。

至和元年甲午，三十六歲。

退休於家，專以學爲事。《學舍記》。

妻晁氏文柔來歸。《亡妻晁氏墓誌銘》。

撰《虞部郎中戚公墓誌銘》。

按：《誌》稱皇祐六年正月八日，公之子師道遂以公從陳氏葬，蓋《誌》作於三月，以前猶未改元也。

九月十五日，撰《思軒詩序》。

十二月二日，撰《先大夫集後序》。

至和二年乙未，三十七歲。

有《與杜相公書》。

略云：「去門下以來九年於此。中略。鞏年齒益長，血氣益衰，疾病人事不得以休。然用心於載籍之文，以求古人之緒言餘旨，以自樂於環堵之內，而不亂於貧賤之中。雖不足希盛德於萬一，亦庶幾不負其意。」

撰《永州軍事推官孫君墓誌銘》。

嘉祐元年丙申，三十八歲。

撰《撫州顏魯公祠堂記》、《福昌縣君傅氏墓誌銘》。

按：《記》云今天子至和三年，《誌》亦稱至和三年二月卒，蓋皆未改元時作。

嘉祐二年丁酉，三十九歲。

三月登進士第。《宋史》本傳及《神道碑》。同時公弟牟、布，從弟阜，妹壻王無咎，俱中進士弟。

按：牟爲魯公第三子，曾爲衡州安仁令。《魯公神道碑》。阜字子山，曾宰蘄之黄梅。《塵史》。又嘗由隴州通判邠州。劉邠《彭城集》。無咎，字補之。《王字無咎序》。

七月，長妹卒。

《鄆州平陰縣主簿關君妻墓表》略云：「關君景暉妻曾氏，鞏之長妹也。嘉祐二年，鞏與二弟得進士第南歸，而吾妹及景暉視余於淮南。至眞州得疾，七月某日卒於余之舟中，年三十有二。有女一人，曰某。始五歲，景暉以其喪歸。」

撰《故朝散大夫尚書刑部郎中充天章閣待制兼侍讀上輕車都尉賜紫金魚袋孫公行狀》。

撰《擬峴臺記》、《司封員外郎蔡公墓誌銘》、《太子右司禦率府副率致仕沈君墓誌銘》、《撫州金谿縣主簿徐洪墓誌銘》、《衛尉寺丞致仕金君墓誌銘》《永興尉章佑妻張氏墓誌銘》。

嘉祐三年戊戌，四十歲。

調太平州司法參軍。

有《太平州回轉運狀》、《太平州與本路轉運狀》、《代太平州知州謝到任表》、《代太平州知州謝賜欽恤刑獄敕書表》、《代太平州知州謁廟文》、《太平州祈晴文》。

撰《洪州新建縣廳壁記》、《秘書少監贈吏部尚書陳公神道碑銘》。

冬過池州，冬至日撰《思政堂記》。

謁李白墓，有詩。

公姑河東縣太君卒，年七十有四。尚書都

官員外郎臨川吳君諱某之夫人也。王荆公爲作《墓誌銘》。見《臨川集》卷第一百。荆公實夫人之外孫，而夫人歸之以其孫者也。

嘉祐四年己亥，四十一歲。

爲太平州司法參軍。

五月，次妹卒。撰《江都縣主簿王君夫人曾氏墓誌》。

略云：「王無咎妻曾氏，先君第二女也。中略。生二女，年三十有三，嘉祐四年五月三日，以疾卒。十二月，葬建昌南城。」

女慶老生。《二女墓誌銘》。

有《與王介甫第二書》。

作《明妃曲》二首。

撰《閬州張侯廟記》。

從兄庠中進士第。《南豐縣志》。

嘉祐五年庚子，四十二歲。

爲太平州司法參軍。

第七妹歸王補之。

有《與王深甫書》。

略云：「上略。鞏此侍親，幸無恙。宣和日得書四弟應舉，今亦在京師。去年第二妹嫁王補之者，不幸疾不起，以二女甥之失其所依，而補之欲繼舊好，遂以第七妹歸之。此月初，亦已成婣。

歐陽公舉公充館職。《居士集》。

召編校史館書籍，歷館閣校勘、集賢校理，兼判官告院。曾肇撰《行狀》。

有《集賢殿春燕呈同舍》詩。

有《送程公闢使江西》詩。

撰《庫部員外郎知臨江軍范君誌銘》。

嘉祐六年辛丑，四十三歲。

在京師編校史館書籍。

夫人晁氏來京師，病。

按《祭亡妻晁氏文》云：「始來京師，辛丑之歲，子之方壯，疾疹中傷。」

八月，校讎《陳書》，請徵集《梁》、《陳》等書。《陳書目録序》。

九月，妹德耀卒。

《曾氏女墓誌銘》略云：「先君第八女諱德耀，字淑明。生二十歲，許嫁大理寺丞王幾，行有日矣。嘉祐六年九月戊寅，以疾卒於京師。」

十〔年〕〔月〕，長妹葬。

《鄆州平陰縣主簿關君妻曾氏墓表》略云：「六年十月丁酉，葬於杭州錢塘縣履泰鄉龍升原。景暉之始葬吾妹也，來請銘不及，余與之皆恨焉。」

十一月，女慶老殤。

《二女墓誌銘》略云：「慶老，吾妻晁氏出也，生三歲而夭。實嘉祐六年十一月壬申。」

校正《鮑溶詩集》，作《目錄序》。

考次李白詩，作《李白詩集後序》。

弟宰進士及第。《亡弟湘潭主簿子翊墓誌銘》。

嘉祐七年壬寅，四十四歲。

在京師編校史館書籍。

二月，夫人晁氏卒。

《亡妻宜興縣君文柔晁氏墓誌銘》略云：「以嘉祐七年二月甲子卒於京師，年二十有六。有子男曰綰，太廟齋郎；曰綜，未仕也。女慶老，三歲而死。」

有《合醬作》詩。

十一月五日，撰《清心亭記》。

是歲冬，《梁》《陳》等書稍稍集於館閣，公與同館校之。《陳書目録序》。

妹壻關景暉中進士第，撰《鄆州平陰縣主

簿闕君妻曾氏墓表》。

嘉祐八年癸卯，四十五歲。

在京師編校史館書籍。

三月二十九日，仁宗崩。撰《仁宗皇帝挽詞》三首。

七月，與趙彥若、孫洙、孫覺等校定《陳書》，上之，撰《陳書目錄序》。

撰《仁壽縣太君吳氏墓誌銘》。介甫之母。

英宗治平元年甲辰，四十六歲。

在京師編校史館書籍。

治平二年乙巳，四十七歲。

在京師編校史館書籍。

繼室李氏生女興老。《二女墓誌銘》。

有子進弟之喪。母朱太夫人來京師。

子進嘗是弟牟之字。

四月戊戌，詔議崇奉濮安懿王典禮。六月己酉，詔尚書集三省御史臺議奉濮安懿王典禮。甲寅，罷尚書省集議，令有司博求典故，務在合經。《宋史·英宗紀》。

撰《爲人後議》。

治平中，大臣嘗議典禮，而言事者多異論。歐陽公方執政，患之。公著議一篇，據經以斷衆惑，雖親戚莫知也。後十餘年，歐陽公退老於家，始出而示之。歐陽公謝曰：「此吾昔者願見而不可得者也。」《墓誌銘》。

有《答王深甫論揚雄書》。

撰《王深父文集序》。

撰《夫人周氏墓誌銘》、《關景仁之妻池州貴池縣主簿沈君夫人元氏墓誌銘》。

有《與王介甫第三書》。

略云：「上略。子進弟奄喪已易三時矣，悲苦何可以堪？二姪年可教者，近已隨老親到此。二尤小者，六舍弟尚且留在懷仁，視此痛割，何可以言？承介甫有女弟之悲，亦已屢更時序。竊計哀戚何以自勝？餘惟強食自愛，不惜時以一二字見及。」

兄子覺中進士第。《亡姪韶州軍事推官墓誌銘》。

治平三年丙午，四十八歲。

在京師編校史館書籍。

撰《相國寺維摩院聽琴序》。

撰《試祕書省校書郎李君墓誌銘》、《李君妻太原王氏墓誌銘》、《都官員外郎胥君墓誌銘》。

撰《蘇明允哀辭》、《筠州學記》。

九月，鎖宿景德寺試國子監進士。《二女墓誌銘》。

女興老殤。

《二女墓誌銘》略云：「興老卒時始二歲。實治平三年九月甲寅。是時，余方鎖宿景德寺試國子監進士，不得視其疾、臨其死也。」

治平四年丁未，四十九歲。

在京師編校史館書籍。

正月，英宗崩。撰《英宗皇帝挽詞》二首。

有《館中祭丁元珍文》及《丁元珍挽詞》二首。

有《贈黎安二生序》。

弟肇中進士第。

神宗熙寧元年戊申，五十歲。

在京師編校史館書籍。

詔修《英宗實錄》。《宋史·神宗紀》。

爲《英宗實錄》檢討官，不踰月罷。曾肇撰《行狀》。

有《英宗實錄院謝賜御筵表》及《申請劄子》。

撰《尹公亭記》、《贈職方員外郎蘇君墓誌

銘》。

四月乙巳，弟宰卒，年四十有七。

陳師道來謁，遂從公學。

是歲，王介甫在京爲翰林學士。請坐講，公著《諫官議》以諷。

撰《瀛州興造記》、《廣德軍重修鼓角樓記》、《戚元魯墓誌銘》。

十二月十七日，撰《張文叔文集序》。

熙寧二年己酉，五十一歲。

爲編校書籍積九年，自求補外，轉徙六州更十餘年。人皆爲公慊然，而公處之自若也。曾肇撰《行狀》。

出通判越州，屬歲饑，公興積藏，通有無，老稚怡怡，不出里閭，鼓腹而嬉。韓維撰《神道碑》。

爲通判，雖政不專出，而州賴以治。初嘉祐中，州取酒場錢給牙前之應募者，錢不足，迺俾鄉戶輸錢助役，期七年止。後酒場錢有餘，應募者利於多入錢，期盡而責鄉戶輸錢如故。公閱文書得其姦，立罷輸錢者二百餘戶，且請下詔約束，毋擅增募人錢。歲饑，度常平不足仰以賑給，而田居野處之人不能皆至城郭，至者群聚，有疾癘之虞，前期喻屬縣富人使自實粟數，總得十五萬石。視常平價梢增以予民，民得從便受粟，不出田里而食有餘，粟價平。又出錢粟五萬，貸民爲種糧，使隨歲賦入官，農事賴以不乏。曾肇撰《行狀》。

公自庚子召編校史館書籍至是歲，凡九年。撰有《新序目錄序》、《梁書目錄序》、《列女傳目錄序》、《禮閣新儀目錄序》、《戰國策目錄序》、《南齊書目錄序》、《唐令目錄序》、《徐幹中論目錄序》、《說苑目錄序》。

有《熙寧轉對疏》。

略云：「准御史臺告報，臣寮辭朝日具轉對。臣愚淺薄，恐言不足采。然臣竊觀唐太宗即位之初，延群臣圖天下之事，而能絀封倫，用魏鄭公之說，所以成貞觀之治。」下略。

撰《唐德湖記》、《送向傳老令瑞安序》、《壽昌縣太君許氏墓誌銘》、《永安縣君李氏墓誌銘》、繼室李氏之母。《壽安縣太君張氏墓誌銘》原室晁氏之祖母。

有《南湖行》二首。

是年冬，撰《越州鑑湖圖序》。

閏十一月，妹夫王補之卒，年四十有六。

外舅晁宗恪卒。

熙寧三年庚戌，五十二歲。

通判越州。

有《請訪問高麗世次劄子》、《越州賀提刑夏倚狀》。

十月，撰《館閣送錢純老知婺州詩序》。

十一月，兄子覺卒。

《亡姪韶州軍事判官墓誌銘》略云：「治平二年及進士第，爲吉州司法參軍，有能吏名。用薦者爲韶州軍事判官。行至虔州得疾，卒於驛舍，熙寧三年十一月己丑日也，年三十有七。覺字通濟，母李氏，妻鄧氏、夏氏、范氏，有子修偃。」

是年冬，改知齊州軍州事。

齊俗悍（疆）〔彊〕，豪宗大姓，抵冒僭濫。其尤無良者，群行剽劫，光火發塚，吏不敢正視。公屬民爲伍，謹譏察，急追胥，且捕且誘，盜發輒得，市無攫金，室無穴壞，貨委於塗，犬不夜吠。韓維撰

《神道碑》。

爲州務去民疾苦，急姦彊盜賊，而寬貧弱。曰爲人害者不去，則吾人不寧。齊曲堤周氏，衣冠族也，以貲雄里中。周氏子高橫縱淫亂，至賊殺平民，污人婦女，服器擬乘輿。高力能動權貴，州縣勢反出其下，故前後吏莫敢詰。公至，首取高寘於法。歷城章丘民聚黨數十，横行村落間，號霸王社，椎埋盜奪，篡囚縱火，無敢正視者。公悉擒致之，特配徙者三十一人，餘黨皆潰。是時州縣未屬民爲保伍，公獨行之部中，使譏察居人行旅，出入經宿皆籍記，有盜則鳴鼓相援。又設方略，明賞購，急追捕，且開人自言，故盜發輒得。有葛友諒者，屢剽民家，以名捕不獲。一日自出告其黨，公予袍帶酒食，假以騎從，輦所購金帛隨之，徇諸郡中。盜聞，多出自言。友諒智力兼人，公外示章顯，實欲攜貳其徒，使之不能復合也。齊俗悍彊，喜攻劫，至是豪宗大姓斂手莫敢動，寇攘屛迹，州部肅清，無枹鼓之警，民外戶不閉，道不拾遺。曾肇撰《行狀》。

在齊，會朝廷變法，遣使四出。公推行有方，民用不擾。使者或希望私欲有所爲，公亦不聽也。河北發民濬河，調及他路，齊當出夫二萬，縣初按籍二丁、三丁出一夫，公括其隱漏，後有至九丁出一夫者，省費數倍。又損役人，以舒民力。弛無名渡錢，爲橋以濟往來。徙傳舍，自長淸抵博州，以達於魏，視舊省六驛，人皆以爲利。其餘力比次案牘簿書，藏之以十五萬計，它州亦然。既罷，州人絕橋閉門遮留，夜乘間乃得去。

仝上。

有《齊州謝到任表》。略云：上略。歷事聖君於三世，與游儒館者十年，不知茍曲以取容，但信樸愚而自守。下略。

有《齊州到任謁舜廟文》、《謁夫子廟文》、《謁諸廟文》。

熙寧四年辛亥，五十三歲。

知齊州軍州事。

有《賀熙寧四年明堂禮畢大赦表》、《進奉熙寧四年明堂絹狀》。

夫人晁氏追封宜興縣君。《亡妻晁氏墓誌銘》。

四月，齊魯旱，有《泰山祈雨文》。

六月，得雨。有《泰山謝雨文》、《喜雨》詩。

八月壬申，兄子覺葬於南豐龍池鄉之原頭。撰《亡姪韶州軍事推官墓誌銘》。

外舅晁宗恪與其夫人合葬於揚州江都縣之廣陵鄉。撰《光祿少卿晁公墓誌銘》。

有《喜二弟侍親將至》詩、《正月六日雪霽》詩、《二月八日北城閒步》詩、《西湖二月二十日》詩、《次道子中書問歸期》詩、《寄鄆州邵資政》詩、《郡齋即事詩二首》、《寄致仕歐陽少師》詩、《到郡一年》詩。

熙寧五年壬子，五十四歲。

知齊州軍州事。

有《謝熙寧五年曆日表》。

二月庚午，作州北水門。

三月丙戌，水門成。撰《齊州北水門記》。

作北渚亭。有《北渚亭》詩、《北渚亭雨中》詩。

夏，齊復旱，有《泰山祈雨文》、《嶽廟祈雨文》。

六月得雨，有詩。

按：原題云：「去年久旱，六月十三日入境得雨。今年復旱，得雨亦六月十三日也。」

撰《祭歐陽少師文》。

按：歐公卒於是歲八月壬申。見《宋史·神宗紀》。

撰《刑部郎中致仕王公墓誌銘》、《殿中丞致仕王君墓誌銘》。

撰《祭王逵龍圖文》。

有《墨妙亭》詩、《孔教授張法曹以曾論薦特示長箋》詩、《酬強幾聖》詩。

公在齊所爲詩，尚有《閱武堂》詩、《閱武堂下新渠》詩、《環波亭》、《鵲山亭》、《芍藥廳》、《水香亭》、《靜化堂》、《仁風廳》、《凝香齋》、《芙蓉橋》、《百花臺》、《百花堤》諸詩，《北湖》詩、《西湖》詩二首，《西湖納涼》詩、《雨後環波亭次韻四首》、《北池小會》詩、《霧淞》詩、《趵突泉》詩、《金線泉》詩、《舜泉》詩、《鵲山》詩、《華不注山》詩、《鮑山》詩、《郡樓》詩、《鄆州新堂》詩、《靈巖寺兼簡重元長老二劉居士》詩。

熙寧六年癸丑，五十五歲。

知齊州軍州事。

有《謝熙寧六年曆日表》。

二月己丑，撰《齊州雜詩序》、《齊州二堂記》。

有《祭張唐公文》。下注六月一日。

舅朱延之卒。撰《天長朱君墓誌銘》。

徙知襄州軍州事。

州有大獄久不決，公一閱知其冤，盡釋去，一郡稱其神明。韓維撰《神道碑》。

襄州繼有大獄，逮繫充滿，有執以爲死

罪者。公至閲囚牘，法當勿論，即日縱去并釋者百餘人。州人譟呼曰：「吾州前坐死者衆矣，甯知非冤乎？」曾肇撰《行狀》。

有《襄州謝到任表》。略云：「上略。伏念臣素堅向學之心，幸遇好文之主，備名儒館，十有三年。然而三易外邦，五回星歲，比亦再過於雙闕，未嘗一對於清光。」下略。

時呂升卿求公失，無所得。《奏乞回避呂升卿狀》略云：「臣先任齊州，得替後呂升卿爲京東路察訪於齊州，多端非理，求臣過失。賴臣無可摭拾。

有《離齊州後詩五首》、《寄齊州同官》詩、《孫少述示近詩兼致高仰》詩。

秋冬不雨，有《襄州諸廟祈雨文》、《大悲祈雨文》、《襄州嶽廟祈雨文》。

熙寧七年甲寅，五十六歲。

知襄州軍州事。

有《謝熙寧七年曆日表》、《進奉熙寧七年同天節銀南郊銀絹狀》、《進奉熙寧七年天節銀絹狀》。

二月，有《祭孔長源文》。

春旱，有《諸廟祈雨文》、《薤山祈雨文》、《邪溪祈雨文》。

三月。妹德操卒。

《仙源縣君曾氏墓誌銘》略云：上略。諱德操，字淑文者，吾之第九妹也。嫁江都王氏，中略。不幸年三十有一以死，有子二。卒於熙甯七年三月庚子。

五月復旱，有《五龍堂祈雨文》、《靈溪洞祈雨文》、《大悲祈雨文》、《諸葛武侯廟祈雨文》。

有《大悲謝雨文》、《諸廟謝雨文》、《諸寺院謝雨文》。

八月，妹夫王平甫卒。有《祭王平甫文》。

熙寧八年乙卯，五十七歲。

知襄州軍州事。

有《謝熙寧八年曆日表》、《進奉熙寧八年同天節功德疏表》、《進奉熙寧八年同天節銀絹狀》。

撰《襄州宜城縣長渠記》。

有《韓魏公挽歌詞二首》。

按：魏公卒於是年六月戊午，見《宋史·神宗紀》。

公在襄所作詩有：《送高秘丞》詩、《送程殿丞還朝》詩、《康定軍使高祕丞自襄陽司農寺勾業寺丞自光化相繼遷拜簽判程殿丞受代還朝預有惜別之意輒書長句奉呈》詩、《贈張伯常之郢見過因話荆楚故事仍貺佳什》詩、《伯常少留別業寄詩索酒因以奉報》詩、《贈黃降自宜城赴官許昌》詩、《招澤甫竹亭閒話》詩、《和張伯常自郢中將及敝境先寄長句》詩、《和張伯常峴山亭晚起元韻》詩、《峴山亭置酒》詩、《題張伯常漢上茅堂》詩、《送豐稷》詩、《遊鹿門不果》詩、《漢陽泊舟》詩、《高陽池》、《漢廣亭》、《聞喜亭》、《劉景升祠》、《隆中》、《蔡洲谷隱寺》、《萬山鄖口》諸詩。

公在襄所爲文，有《襄州偏學寺碑跋》、《魏侍中王粲石井欄記跋》、《韓公井記跋》、《襄州興國寺碑跋》、《常樂寺浮圖碑跋》。

撰《司封郎中孔君墓誌銘》。

九月，以孫頎替公知襄州。

上《襄州乞宣洪二郡狀》。

狀云：「右臣今任至今年九月成資，已

蒙差太常少卿孫頎替臣成資闕。今臣去替祇有數月，竊念臣爲有私便，欲乞就移洪州或宣州一任，情願守待遠闕。謹具狀奏聞。」

有《襄州與交代孫頎啓》。

去襄歸。有《初發襄陽攜家夜登峴山置酒》詩。

十一月戊寅，交阯陷欽州；甲申，交阯陷廉州。十二月辛亥，平章閣待制趙卨爲安南道招討使，嘉州防禦使李憲副之，以討交阯。《宋史·神宗紀》。

熙寧九年丙辰，五十八歲。

徙知洪州軍州事，充江南西路兵馬都鈐轄。

春正月戊辰，交阯陷邕州。庚辰，遣使祭南嶽、南海，告以南伐。二月戊子，宣徽南院使郭逵爲安南道招討使，罷李憲，以趙卨副之。十二月癸卯，郭逵敗交阯於富良江，獲其僞太子洪眞，李乾德遣人奉表詣軍門降，逵遂班師。《宋史·神宗紀》。

徙知洪州。歲大疫，公儲藥物飲食，在所授病者，民以不夭死。師出安南，道江西者且萬人，公陰計逆具，師至如歸，既去而市里有不知者。韓維撰《神道碑》。

在洪，會歲大疫，自州至縣鎮亭傳皆儲藥，以授病者。民若軍士不能自養者，以官舍舍之，資其飲食衣衾之具，以庫錢佐其費。責醫候視，記其全失多寡以爲殿最，人賴以生。安南軍興，道江西者，詔爲萬人備，州縣暴賦急斂，芻粟價踴貴，百姓不堪。公獨不以煩民，前期而辦，又爲之區處次舍井爨什器，皆有條理。兵既過而市里不知也。曾肇撰《行狀》。

有《移守江西先寄潘延之節推》詩。

有《洪州謝到任表》。略云：「上略。竊食累朝，備官儒館。智非早悟，曾不習於人情；學匪兼通，固難堪於世用。茲緣私請，得假善藩，惟八換於歲期，已四臨於外服。」下略。

有《洪州到任謝兩府啓》。

有《洪州謁諸廟文》、《謁夫子廟文》、《諸寺觀祈晴文》、《諸寺觀謝晴文》。

有《祭西山玉隆觀許眞君文》。

有《奏乞回避呂升卿狀》。

撰《壽安縣錢氏墓誌銘》、《太子賓客致仕陳公神道碑銘》、《王容季墓誌銘》、《王容季文集序》。

從兄庠卒。撰《秘書省著作佐郎致仕曾君墓誌銘》。

有《賀克伏交阯表》。

熙寧十年丁巳，五十九歲。

知洪州軍州事。

有《謝熙寧十年曆日表》、《賀熙寧十年南郊禮畢大赦表》，有《奏乞與潘興嗣子推恩狀》。

建徐孺子祠堂，有記。

撰《光祿寺丞通判太平州吳君墓誌銘》。

三月假歸展墓。《戊午十月展墓文》。

是月庚申，葬弟宰及妻晁氏、妹德耀暨二女於南豐龍池鄉之源頭。撰《亡弟湘潭縣主簿子翊墓誌銘》、《亡妻宜興縣君文柔晁氏墓誌銘》、《曾氏女墓誌銘》、《二女墓誌銘》。

五月乙亥，撰《江州景德寺新戒壇記》。

是歲春，授直龍圖閣，移知福州軍州事，兼福建路兵馬鈐轄，賜緋章服。公辭不往，有《辭直龍圖閣知福州狀》。《狀》

上，不允，遂以八月九日到任。

加直龍圖閣知福州。福無職田，歲鬻園蔬自入，常三四十萬。鞏謂太守不宜與民爭利，罷之。後至者亦不復取也。《宋史》本傳。

進直龍圖閣，知福州，兼福建路兵馬鈐轄，賜五品服。時閩有大盜數千人，朝廷赦其罪，降之。餘黨擬不順，往往屯聚，居人惴恐。瀕海山林阻深，椎埋剽盜，依以爲淵藪，公以方略禽獲募誘亡慮數百人，增置巡邏，水行陸宿，坦如在郛郭。召判太常寺，未至，改知明州。韓維撰《神道碑》。

閩粵負山瀕海，有銅鹽之利，故大盜數起。公至部，時賊渠廖恩者，既赦其罪，誘降之。然餘衆觀望，十百爲群，既潰復合，陰相推附，至連數州。其尤桀者隸將樂縣，縣嘗呼之不出，愈自疑且起，踵恩所爲。居人大恐，公念欲緩之恐勢滋大，急之是趣其爲亂，卒以計致之，前後自歸若就執者幾二百人。又擒海盜八人，自殺者五人，老姦宿偷相繼縛致者又數十人，吏士以次受賞。公復請並海增巡檢員，以壯聲勢。自是幅員數千里，無敢竊發者，民山行海宿，如在城郭。曾肇撰《行狀》。

福州多佛寺，爲僧者利其富饒，爭欲爲主守，賕請公行。公俾其徒自相推擇，籍其名，以次補之，授文據廷中，卻其私謝，以絕左右徼求之敝。民出家者，三歲一附籍，殆萬人，闔府徼賂，至裒錢數千萬，公至不禁而自止。廢寺二，皆囊橐爲奸者，禁婦女毋入寺舍。仝上。

有《福州謝到任表》。

略云：「伏奉勅命，授臣守本官直龍圖閣，就差權知福州，已於今月初九日到任，上訖。中略。伏念臣蹇薄多艱，戇愚少與，遇繼承於興運，未進望於淸光。至於九換歲期，常從外徙；四臨州部，曾未代還。」下略。

有《寄留交代元子發》詩。

有《福州謁夫子廟文》、《謁諸廟文》。

撰《都官員外郎曾君墓誌銘》。

元豐元年戊午，六十歲。

知福州軍州事。

有《謝元豐元年曆日表》、《進奉元豐元年同天節功德疏狀》、《進奉元豐元年同天節銀狀》。

入夏不雨，公率吏士祈雨。

《題禱雨文後》略云：「福州元豐元年戊午，自四月甲子至五月辛巳，凡十有八日不雨，田已憂旱。太守率屬吏士分禱諸佛祠迎像能致雨者，陳之通路，用浮屠法爲道場，率屬吏士羅拜以請。中略。蓋自辛巳至丙申，凡十有六日，無日不致禱。自丙戌至甲午，四境多得雨。至丁酉，乃皆有餘。」下略。

有《福州鱔溪禱雨文》、（附）《題禱雨文後》、《諸廟禱雨文》、《謝雨文》。

有《擬貢荔枝狀》、幷《荔枝錄》。

有《福州舉知泉州陳樞久不磨勘特與轉官狀》、《福州回曾侍中狀》。

公在福州所作詩，有《遊東山示客》、《大乘寺》、《聖泉寺》、《昇山靈崖寺》、《鳳池寺》、《元沙院》、《旬休日過仁王寺》、《亂山》、《西樓》、《夜出城南禱雨》、《上元》、《寒食》、《荔枝》、《西園席上》、《親舊書報京師盛聞政聲》諸詩。

有《福州奏乞在京主判閒慢曹局或近京一便郡狀》。

略云：「臣到任今年八月已及一年。遠去庭闈，爲日已久。中略。伏望聖慈憫惻，以臣老母見在京師，與臣一在京主判閒慢曹局差遣，或就移近京一便郡，庶便親養。」下略。

有《上執政書》。

略云：「上略。誠以鞏年六十，老母年八十有八。老母寓食京師，而鞏守閩越，仲弟守南越。二越者天下之遠處也，于著令有一人仕于此二邦者，同居之親當遠仕者皆得不行。鞏固不敢爲不肖之身求自比于是也，顧以道里之阻，既不可御老母而南，則非獨省晨昏、承顔色，不得效其犬馬之愚，至于書問往還，蓋以萬里，非累月踰時不通。此白首之母子所以義不可以苟安，恩不可以苟止者也。」下略。

召判太常寺，去閩。有《北歸》詩三首。

十月，便道之南豐展墓。有《展墓文》。

十二月，改知明州。有《召判太常寺上殿劄子》，未果上。有《移明州乞至京師迎侍赴任狀》。

撰《王平甫文集序》。

元豐二年己未，六十一歲。

知明州軍州事。

正月二十五日到任，有《明州謝到任表》。

略云：「臣於去年十二月于江甯府進福州公文，送到敕牒一道，就差臣權知明州。當月十八日，於眞州據進奏（言）〔院〕狀，準中書孔目房帖子，臣乞迎侍老母赴任不行。已於今年正月二十五日到任上訖。中略。而臣濫中臺之優秩，玷內閣之美名，然而荏苒十年，周流六郡。」下略。

有《明州到任謝兩府啓》。

有《進奉元豐二年同天節銀絹狀》。

有《明州擬辭高麗送遺狀》。

有《存恤外國人劄子》。

有《明州修城祭土神文》。

撰《洪州東門記》、《道山亭記》、《越州趙公救菑記》。

改知明州。有詔完州城，公程工賦材，省費十六，民不知役而城具。韓維撰《神道碑》。

明州有詔完城，既程工費，而會公至，初度城周二千五百餘丈，爲門樓十，故甓可用者收十之四。公爲再計，城減七十餘丈，門當高麗使客出入者爲樓二，收故甓十之六，募人簡棄甓可用者量酬以錢，又得十之二。凡省工費甚衆，而力出於役兵傭夫，不以及民。城成，總役者皆進官，而公不自言也。曾肇撰《行狀》。

五月三十日，改知亳州，上《乞至京迎侍赴任狀》。

道楚赴亳，始識張耒於山陽。

有《亳州謝到任表》。

略云：「上略。然臣籍雖預於內朝，身屢更於外服，已凋零於齒髮，久轉走於東南。中略。今者獲便養於親闈，預分憂於輔郡。」下略。

有《移亳州回人賀啓》、《亳州到任謝兩府啓》、《到亳州與南京張宣徽啓》、《亳州謁諸廟文》、《謁夫子廟文》、《明堂後祭廟文》。

亳亦號多盜，治之如齊，盜爲引去。曾肇撰

《行狀》。

十月乙卯，曹太后崩。《宋史·神宗紀》。有《慰慈聖光獻皇太后上仙奏》。撰《金華縣君曾氏墓誌銘》。王回之母。

有《雪》詩。

有《祭宋龍圖文》。

元豐三年庚申，六十二歲。

移知滄州。

有《授滄州乞朝見狀》。略云：「臣遠違班列，十有二年。中略。曾未得須臾之間，進望清光，竊不自揆，願奉德音。犬馬之情，固非一日之積。今將至京師，伏望聖慈許臣朝見。」

有《移滄州過闕上殿劄子》。

知滄州，道由京師。召對，神宗察公賢，留勾當三班院，數對便殿，其所言皆安危大計，天子嘉納之。韓維撰《神道碑》。

鞏久外徙，世頗謂偃蹇不偶，一時後生輩鋒出，鞏視之泊如也。過闕，神宗召見，勞問甚寵，留判三班院。疏議經費，以節用爲理財之要，帝稱善。《宋史》本傳。

會徙滄州，召見。勞問甚寵，且諭之曰：「以卿才學，宜爲衆所忌也。」遂留公京師。公亦感激奮勵，欲有所自効。數對便殿，所言皆大體，務開廣上意。上未嘗不從容領納，期以大任。曾肇撰《行狀》。

留京，勾當三班院。

十月二十六日，賜對延和殿。

上《乞登對狀》、《乞賜唐六典狀》。

有《謝賜唐六典表》、《謝元豐三年曆日表》、《賀元豐三年明堂禮畢大赦表》。

十一月二十一日，垂拱殿進呈劄子五道：

一、《請令長自舉屬官劄子》，一、《請令州縣特舉士劄子》，一、《請西北擇將東南益兵劄子》，一、《議經費劄子》，一、《請減五路城堡劄子》。

有《再議經費劄子》。

有《申明保甲巡警盜賊劄子》。

撰《劉伯聲墓誌銘》、《尙書都官員外郎陳君墓誌銘》。

有《答葛蘊》詩。

元豐四年辛酉，六十三歲。

在京判三班院。

有《再乞登對狀》。

有《請改官制前預選官習行逐司事務劄子》、《請改官制前預令諸司次比整齊架閣版籍等事劄子》。

有《乞出知潁州狀》。

略云：「上略。臣母年九十有一，比嬰疾疹，舉動步履，日更艱難。陛下處臣京師，臣幸得侍庭闈，以便醫藥，聖澤至厚，常恐不能克堪。今臣弟布得守陳州，臣母憐其久別，欲與俱行。顧臣之宜，惟得旁郡，庶可奉親，往來以供子職。而抱疾之親，陸行非便。今與陳比境許、蔡、亳州及南京皆不通水路，顧潁可以沿流，臣誠不自揆，不諱萬死之責，敢昧冒以請。伏望聖慈差臣知潁州一任。」下略。

秋七月己酉，詔曾鞏充史館修撰，專典史事。《宋史·神宗紀》。

帝欲合（纍）〔累〕朝國史爲一書，加鞏史館修譔專典，不以大臣監總，既而不克成。《宋史》本傳。

手詔中書門下曰：「曾鞏史學，見稱士類，宜典五朝史事。」遂以爲史館修撰，管勾編修院，判太常寺兼禮儀事。公入謝曰：「此大事，非臣所敢獨當。」上諭以「此特用卿之漸耳，毋重辭」。韓維撰《神道碑》。

有《回人賀授史館修撰狀》。

諭公使自擇其屬，公薦邢恕以爲史館檢討。《墓誌銘》。

有《請以近更官制如周官六典爲書劄子》。

有《史館申請三道劄子》。

八月，有《申中書乞不看詳會要狀》。

十一月，上《太祖總論》，撰《太祖皇帝總序》幷《進狀》。

撰《尚書比部員外郎李君墓誌銘》。

妹德操葬於揚州江都縣東興鄉。撰《仙源縣君曾氏墓誌銘》。

元豐五年壬戌，六十四歲。

在京官史館修撰。

有《擬辭免修五朝國史狀》。

按：《玉海》載元豐四年七月，鞏充史館修撰。十一月，鞏上《太祖總論》，不稱上意，遂罷修五朝史。今集中此篇爲擬狀，或未上而罷修之詔已下。而曾肇撰《行狀》，言公夙夜討論，未及屬稿，會正官名，擢中書舍人。又《揮麈三錄》亦言曾南豐元豐五年受詔修五朝史，爲中丞徐禧所沮，寢命。繼丁憂而終，蓋未嘗濡毫也。是鞏之未修五朝國史，寔毫無疑義。然《四庫全書》中有《隆平集》，題宋曾鞏撰，紀太祖至英宗五朝之事。《提要》則稱其「簡略瑣碎，不合史法，斷其出於依託，非鞏所作也。」

正月，錢純老卒。有《朝中祭錢純老文》。

會官制行，拜中書舍人，尋掌延安郡王箋

奏。《宋史》本傳。

大正官名，擢拜中書舍人，賜三品服。時除授日數十百人，公各舉其職以訓，丁寧深厚，學者以爲復見三代遺風。今天子爲延安郡王，其牋奏故事命翰林學士典之，先帝特以屬公。九月，以母喪罷。韓維撰《神道碑》。

四月，擢試中書舍人，賜服金紫。九月，

丁母憂。曾肇撰《行狀》。

按：母朱太夫人年九十有二。

四月，正官名，擢拜中書舍人，賜紫章服。《墓誌銘》。

有《辭中書舍人狀》，未上。

有《授中書舍人舉劉攽自代狀》。

有《謝授中書舍人表》。

有《授中書舍人謝啓》。

有《回人賀授舍人狀》。

有《論中書錄黃畫黃舍人不書檢劄子》。

有《請給中書舍人印及合與不合通簽中書外省事劄子》。

按：公集中載制辭總二百三十三首，詔四首，策三首，皆是時作。

公在職百餘日，病。曾肇撰《行狀》。

撰《翰林侍讀學士錢君墓誌銘》。

元豐六年癸亥，六十五歲。

母憂。

四月丙辰，卒於江寧府。韓維撰《神道碑》。

按：丙辰爲十一日。

公剛毅直方，外謹嚴而內和裕，與人交不苟合，朋友有不善必盡言其過，有善必推揚其所長。獎掖後進，汲汲惟恐不逮。其爲政嚴而不擾，必去民疾苦而與所欲者，未嘗按劾官吏，所蒞至於今思之。天子且欲大用，而公不幸死矣。自大理寺丞五遷尙書度支員外郎，換朝散郎，勳累加輕車都尉。韓維撰《神道碑》。

元配晁氏，光祿少卿宗恪之女。繼室李氏，司農少卿禹卿之女。子男三人：綰，瀛州防禦推官，知揚州天長縣事；綜，瀛州防禦推官，知宿州蘄縣事；綱，右承務郎，監常州稅務。二女，早卒。孫男六人：悊、忘、愈、悬、㤆、憇。悊假承務郎，餘未仕。孫女五人。公生平無所好，惟藏書至二萬卷，皆手自讎定，又集古今篆刻爲《金石錄》五百卷，出處必與之俱。既沒，集其遺稿爲《元豐類稿》五十卷，《續元豐類稿》四十卷，《外集》十卷。仝上。

四弟：牟、宰、布、肇，繼登進士第，布、肇以文學論議，有聲當世。九妹皆得其所歸。仝上。

子男三人：綰，太平州司理參軍；綜，太廟齋郎；綱，承務郎。曾肇撰《行狀》。

娶晁氏，宜興縣君；又娶李氏，嘉興縣君。三男子：綰，太平州司理參軍；綜，太廟齋郎；綱，未仕。孫六人。悊、忘、愈、悬、㤆、憇。公既卒，上以綱爲承務郎，悊爲假承務郎，敕所在量給其喪事。《墓誌銘》。

元豐七年甲子

六月丁酉，葬於南豐從周鄉之源頭。敕所在給其喪事。韓維撰《神道碑》。

按：丁酉爲二十九日。

理宗時賜謚文定，邑人陳宗禮所請。《建昌府志》。

辛未之夏，讀《曾文定公集》，將爲公編定年譜。屬稿猶未及半，聞時人有作公年譜者，且印以行世，遂欲擱筆。既而見其書有與予書出入之處，如謂公以父命請介甫銘密公之墓爲在慶曆三年，而以公改知齊州爲在熙寧五年。前一事當在慶曆六年，予已詳論於書中。至公改知齊州則在熙寧三年，有集中《謝到任表》所言「與遊儒館者十年」之句可攷。公以嘉祐五年庚子入京充館職，至熙甯三年庚戌恰滿十年。且與六年《襄州謝到任表》作「十有三年」者，可以互證，屈指能數，不容有誤。於是決意卒成予書，將以質諸後人也。秋浦周明泰校竟自記。

司馬温公年譜

（清）顧棟高 編
劉承幹 校
尹 波校點

求恕齋叢書本

司馬光（一〇一九—一〇八六），字君實，號迂夫，晚號迂叟，陝州夏縣（今屬山西）涑水鄉人，世稱涑水先生。景祐五年進士，仁宗朝累官天章閣待制兼侍講，知諫院。英宗朝進龍圖閣直學士。神宗朝，擢翰林侍讀學士，權御史中丞。因與王安石政見不合，出知永興軍。熙寧四年，改判西京御史臺，退居洛陽十五年，編修《資治通鑑》。哲宗即位，太皇太后臨朝，召拜門下侍郎。元祐元年拜尚書左僕射，主持朝政，數月間盡廢新法，斥黜新黨。同年九月病卒，年六十八，贈太師、温國公，謚文正。

司馬光爲宋代著名政治家、史學家。著述多達二十餘種，主要有文集、《資治通鑑》、《涑水紀聞》以及《續詩話》等傳世，現存文集有南宋刊本《温國文正司馬公文集》八十卷（四部叢刊初編影印本）、《司馬温公全集》一百一十六卷、明刊本《司馬文正公傳家集》八十卷等。事迹見蘇軾《司馬温公行狀》、范鎮《司馬文正公墓誌銘》及《宋史》卷三三六本傳。

明馬巒編有《司馬温公年譜》六卷（萬曆四十六年司馬露刻本），保存了一些珍貴資料，但疏誤處也不少。因此清陳宏謀對其删繁補闕，訂正訛誤，纂成一卷本，乾隆六年刻入《司馬文正公傳家集》，此後一再翻刻，流傳較廣。後來顧棟高又編有《司馬温公年譜》八卷，是譜既參考了馬譜，又取材豐富，排比考異，不乏創獲。可與所纂《王荆公年譜》參看，對新舊黨争以及神宗、哲宗兩朝之政局，均有參考價值。有民國六年南林劉氏刊《求恕齋叢書》本。

序

昔讀《開有益齋讀書志》，知無錫顧君震滄曾撰温公、荆公二年譜，心嚮往之，迄未能得。去年五月，海豐吴仲飴侍郎自津寄此二譜來，受而讀之，喟然歎曰：「天下國家之盛衰，豈不在乎當國之一人哉！」温公於天禧三年己未十月十八日生，於元祐元年丙寅九月初一日薨於相位；荆公於天禧三年九月二日生，於元祐元年四月初六日薨於金陵，年均六十有八歲。兩公生死同在一年，而其學術之異同，政事之得失，朝廷之用舍，人材之進退，宋室之盛衰，合兩年譜觀之，粲然在目，其有功於讀史者匪淺矣。震滄撰自雍正初年，取明萬曆中涑水十八世孫露及馬鑾編輯年譜，補其疏略，舉熙寧、元祐兩朝之事，詳悉無遺。又與温公之消長，實惟荆公，因獨創之，與《温公年譜》相捋，而書亦並傳。嗚呼！國家至百有餘年，豈無墮壞缺失，有待補苴，而況强鄰睥睨，用度侈糜，有大力者，足以振靡而起懦，挽弱而爲强，豈不甚善。若以祖宗爲不足法，以天變爲不足畏，以人言爲不足信，傅會經義，别創新法，阻排異己，汲引小人，開邊而兵折於外，藴利而財積於上，瘡痍滿目，謗讟盈野，國家危殆，自不待言，而已亦不能安其位矣。温公柄政，民氣稍蘇。章、蔡得君，倡言紹述，而社稷已亡，舉族北轅。歸獄首禍，非荆公而誰乎？後之人輕言變法，不至覆國不止。今有鑒於此兩譜，不禁涕淚不已也！歲次强圉大荒落孟陬，吴興劉承幹序。

司馬温公年譜序

自古名儒大賢，靡不有年譜以稽其學力之先後，出處之事蹟，然多出于門人子弟編輯成書。其次則年代遼遠，而景其遺風者，往往因其文以譜其事，如昌黎、廬陵年譜，凡有數家。今所傳吕汲公、洪興祖及胡柯、孫謙益諸人皆是也。温國文正公距今七百餘載，而年譜獨闕，凡公敷陳之章奏，往來之書牘，無由合諸正史，攷其本末，讀者病焉。幸賴公集中篇目之下題所譔年月，而其要者，或反闕遺，間不能無差誤。竊不自揣量，輒因公篇目之散見者，合諸《行狀》、《神道碑》及《宋史》本傳、《通鑑綱目》，而諸家文集、《名臣言行録》、百家小説及公書集中有自注者，俱采入焉。條貫離析，鈎稽同異，鱗次櫛比，凡排纘八閱月而始成。既成，而自公髫齡以及没齒，粲然大備。覽者如執几杖于公之旁，而親公之謦欬談笑也。庸敢拜手以紀之曰：公通籍垂五十年，歷事四帝，凡朝廷大議無不與。然迹其爲相柄政，出生民於塗炭，厝宗社於奠安者，自元豐末年至元祐之九月，一年而已。中間力争大計而牴牾者有三：初與韓魏公争刺義勇，繼與歐公争濮王典禮，最後與荆公争新法，皆章奏至六七上，或至中書面白，甚且上章乞罷以去。嗚呼！荆公偏拗不足論，至如韓公、歐公皆天下元老，而不能虚心采納，卒至貽一時之患，負百代之謗，其故何哉？韓公天才揮霍，而自信太深；歐公忠愛有餘，而讀書多泥，又不能無己見好勝。唯公忠厚質直，根于天性，學問所到，誠貫金石，自少至老，沈密謹慎，因事合變，動無過差，故其文不事高奇，粥粥乎如菽粟之可以療飢，參苓之可以已病。使有聖人者作，收而置之德行、政事、文學之科，吾知其不取彼而取此也。譜凡分八卷，其事迹散在書册而無年可附者，另爲《遺事》一卷，以附其後云。雍正癸丑仲冬下浣，後學棟高謹書。

司馬太師温國文正公年譜參訂書目

《宋史》本紀
《宋史·禮志》
《宋史·河渠志》
《宋史·宰執表》
《宋史》列傳
《續資治通鑑》
《續綱目》
《文獻通考》
鄧元錫《函史下編》
丘瓊山《大學衍義補》
《宋名臣琬琰集》
《宋名臣言行録》
《傳家集》
《稽古録》
《徽言》
《朱子文集大全》
《范忠宣公集》
《楊龜山集》
《邵氏聞見録》
范蜀公《東軒日記》
《程鉅夫集》
錢牧齋《初學集》
《倪鴻寶集》
元懷《拊掌録》
蘇軾《調謔編》
俞文豹《吹劍録》
馬永卿《嬾真子録》
張淏《雲谷雜紀》
王暐《道山清話》
程棨《三柳軒雜識》
俞文豹《清夜録》
費衮《梁溪漫志》

《朱子語類大全》
《歐陽文忠公集》
《王荊公集》
《蘇文忠公集》
《二程遺書》
陳于陛《意見》
朱竹垞《詞綜》
李宗孔《宋稗類鈔》

朱弁《曲洧舊聞》
蔡絛《鐵圍山叢談》
馬純《陶朱新録》
孫宗鑑《東皋雜録》
明劉定之《劉氏雜志》
長谷真逸《農田餘話》
皇甫庸《近峰聞略》

司馬太師温國文正公年譜目録

司馬太師温國文正公象

温公《自題寫真》

黄髪霜鬚細瘦身，從來未識漫相親。居然不可市朝住，骨相天生林野人。

朱子《題温公畫像贊》

篤學力行，淸修苦節。有德有言，有功有烈。深衣大帶，張拱徐趨。遺像凜然，可肅薄夫。

方正學先生《題公贊》

儒者之澤，大行於民，伊周以來，唯公一人。始未可爲，萬鍾不受，逢時多艱，爲世父母。凡民之心，唯久乃安，欲其即從，聖人猷難。亦獨何修，政化甚速，誠於爲善，四海悦服。用術相欺，唯恐不深，公神在天，汝果何心？

温公《自題寫真》于《傳家集》見之，因欲訪求其遺像，後閲《名臣言行録》中有模印者，則面方而橢微胖，與公所自題絶不似。邑先輩泉南先生謂予曰：「其少時曾見先叔所購温公真容，係名人筆，貌清癯，眉間有三皺紋，其蒿目憂世之心可見。當時寶若拱璧，今未知誰屬矣。」乃訪其孫某，令善丹青者，以墨筆鉤得之，而併識公詩及朱子、正學先生二贊於後，以誌區區景仰之意云。棟高謹識。

司馬太師温國文正公年譜凡例 共二十條

一、公年譜向無底本，其歷官自諫院以前，凡十五任。《綱目》、《通鑑》俱未載遷轉年分次第，俱于公詩文内參互得之。此外，如叙清河郡君卒年六十，繫元豐五年壬戌，推算到公之娶妻爲年二十歲；公子康卒于元祐五年庚午，年四十一歲，見范太師祖禹所譔《墓誌》中，推算其生年爲皇祐二年庚寅，公年三十二歲。俱用細字旁注其下，非敢杜譔憑臆也。

一、公文章篇目下識年月最詳，而如《祔廟議》、《配天議》、《宗室襲封議》，係國家大典禮，反無年分。今以《宋史·禮志》考之，仁宗祔廟，爲崩之本年嘉祐八年癸卯十一月二十九日。配天明堂，爲英宗治平元年甲辰季秋大饗。宗室襲封，注云「時在學士院」。按《宋史·神宗本紀》，熙寧二年，詔祖宗之後世襲補外官。公時以翰林學士建議，中有去年閏十一月之文，則當在熙寧三年無疑也。考據最確，精于史學者自知之。

一、公生平於國家典禮、政事無不關預，故譜公者必與史相表裏，如《祔廟》、《配天》二議，均可爲百代法。《祔廟》則議僖祖親盡，宜遷于夾室，雖後來朱子非之，而議禮者必以此爲公。案：《配天》則謂不必泥《孝經》嚴父之説，宜仍以真宗配明堂爲便，禮官孫抃執議，不果行，而其理自精當不易。今于每條下附載當日施行如何，並同時禮官及後儒議論亦附載一二，以俟折衷。

一、公文體似西漢，其奏議當不在陸贄之下，故于論刺義勇及争新法，其指陳利害痛切處，不嫌多載。非特使事之原委瞭然，而文氣古雅深厚，學者讀之，亦可資長筆力。

一、公與人書牘，懇懇款款，紆餘反覆，其入情理而善悟人處，亦與長公兄弟相伯仲。故與介甫三書，撮其尤切要者著之外，如《與景仁論律吕書》繫樂中公案，《與范夢得書》，則一部《通鑑》之發凡起例也，故亦多采録焉。

一、公爲相知民情，識利病，重改作，慎法度。蓋自弱冠侍天章公杭幕時，器識已見一斑。其代作《兩浙不宜添置弓手狀》，時方二十二歲，録之以志公相業所自始，狀下不誌年月，但云「先公知杭時爲作」。今以史攷之，知爲康定元年元昊反叛，劉平敗績，朝廷議刺弓手之後。時母夫人喪甫踰年，明年天章公殁。公《論義勇疏》有云：「臣于康定慶曆間，丁憂在陜，備見當日籍鄉弓手事。」蓋此二親繼喪時也。

一、公筮仕與西夏相終始，大指謂當用長筭、謹條教、蓄財穀、明疆界、完城堡爲務，不宜規小利起事盜息。先于至和中，爲龐潁公建議修屈野、河西二堡，以兵官恃勇輕進而敗，上疏申明其事。熙寧初，争横山言誘納叛臣爲非計，末後言朝廷雖得六砦，終喪永樂，得不償失，乞不拒絶夏人請地，以息邊疆。臨殁猶惓惓焉。録之以見公籌畫西事，始終精審持重，並以識有宋馭邊之大略焉。

一、仁宗世多事姑息，公每上疏力陳其弊，言赦者害多利少，非國家之善政。又言凶年而寬刑辟，是教民爲盗，其勢不至多殺不止。蓋不獨登州許遵一事與荆公争執已也。録之以誌公之爲治識大體、不矜小惠云。

一、公由龐潁公薦拔，故集中書牘及龐氏傳誌爲多。其生平交契，則范景仁、吕獻可二人最爲莫逆，故一則爲誌其墓，一則爲作生傳。至晦叔則謂其愼默太過，蓋臨終重以國事相付託也。録之以誌公生平游從之好云。

一、公與荆公平生相善，同年生，同爲羣牧判官、脩起居注，同爲翰林學士。其薨也，亦先後五閲月爾。荆公薨于元祐元年四月初五日，公薨于是年九月初一日，相距凡一百四十五日。汴宋之天下，荆公壞之，而公補之，天若生此兩人爲勝負者。公嘗與荆公書云：「忠信之士，一時齟齬可憎，失勢後必徐得其力。諂諛之徒，將有賣公以自售者。」及荆公薨時，公已病，折簡與晦叔云：「介甫無他，但執拗耳。今日宜從優厚，以振起頽薄之風。」節録前後書牘，以誌公之盛德如此。

一、公生平學問用力一「誠」字，與二程、康節相切磋往來，其所作《子絶四》及《致知在格物論》，精微深造，能自道所獨得處，故伊川謂公平生用心甚苦。堯夫云：「君實脚踏實地人。」又曰：「九分人也。」一時門人如范夢得、劉元城輩，承公指教，故能更歷顛沛，卓然爲元祐完人。誌之以明涑水學派。

一、公退居洛，與文、富諸公爲洛陽耆英會，圖形妙覺僧舍，雖慕尚白傅，而勳名德業實過之。公又作真率會，詳著其爵秩年齒，以志有宋一時巨公碩德，㮣在里閈，風流盛事，炤耀千古。讀者良起執鞭之慕。

一、公集中多自稱景祐五年進士，東坡譔公行狀稱「至和三年，仁宗違豫」，考之于史，景祐無五年，至和無三年，即寶元、嘉祐之元年也。蓋寶元以十一月改元，嘉祐以九月改元，史臣編年追改，而當日臣子于未改之月，猶稱舊年號，諸集皆然。今于改元之年兩存之，而下注云：「某月改。」不唯于公集符合，而凡讀宋人集者，俱有所考正焉。

一、公于詩非所屑意，而生平事蹟有散見于歌詠及賡和之中者，摘録一二，隨其年附入，以當紀事。蓋散者合之，斷者聯之，血脉聯貫，宛若公之自譜，匪欲誇多，止求摭實云爾。

一、瀛州治河，公奉飭相視者再，于上前極論者三四，而公全集中不載，獨載《乞優賞宋昌言劄子》耳。蓋上前面奏之語，公未嘗退而存録也，今據《宋史·河渠志》補入。

一、公生平仕宦久，歷任多，于凡用兵、刑獄、議禮、定樂、河渠、水利、貢舉、學校、舉官、選士，靡不歷有條奏。而同時意見有不同者，如論貢舉須逐路取人，與歐陽公不同；瀛州治河置上約，韓魏公以爲非是。正見當日諸正人羣而不黨處，今撮略兩公議論，而附以後儒折衷。間有鄙見，亦附一二。

一、是編以坡公《行狀》爲藍本，而質以正史，附以他書，其間缺略者補之，如登第後，《行狀》不載華州判官，及至和元年不載爲羣牧使、鄆州不載典學之類。訛舛者正之，如云「蘇州任未上，丁太夫人憂」之類。而公之出處無遺漏矣。

一、公殁後，元祐之贈封賜謚，紹聖之削奪仆碑，靖康之追雪，建炎之配享，以及易世而後，金皇統之龜杏示異，元皇慶之從祀孔廟，另録爲《卷後》。亦以見邪正必不相容，而秉彝百世不泯。彙著之，使讀者易于攷見。

一、《漢書》于王莽、揚雄傳，俱分上下卷，其奏疏文字連篇累牘者，俱詳載不遺。後來朱子祖之作《張魏公行狀》，錢牧齋作《孫高陽行狀》，俱不下數十萬言。今譜亦仿此例，分爲八卷，每條揭其綱于前，而節録其語于後，寧詳毋略，首尾完備，並使四朝典故，粲若列眉，于讀史之功，良有裨益。

一、凡年譜俱列于全集之首，無單行者，故詩文俱止録其篇目。而公集自明代已稱罕覯，恐學者不見本末，故每篇俱芟繁舉要，務使大意撿括，明白易曉。奏疏存什之七，書牘存什之三，他書及正史補入者什之一二，而公之精藴，盡萃于是。使委巷小生，卷帙不多，獲窺全豹，于以廉頑立懦，通達治道，於聖天子化民成俗之意，未必無小補云。

余編是譜，蓋在癸丑之秋冬，嗣後凡遇藏書家，輒訪求温公事蹟，殘編隱牒，靡不搜采，暨就正四方有道君子，增易改竄，易稿凡六七矣。獨以未得公誕生之月日爲憾。至訪諸星士家不獲。閲四年丙辰，爲今上龍飛之首年，余應鴻博試入京師，而吴君大年亦以是年春成進士，授工部虞衡司主事。洎相見，出一帙授余曰：「頃得一祕牒，當以相贈。」視之，則明萬曆中涞水馬君巒所輯公年譜也。余得之狂喜。馬君爲公鄉人，又經公十八世孫露校定，宜可信不誣。則公生之月日，與營葬天章公及樹碑之月日干支俱載，皆余所未及睹者。恨其書疏略，且訛舛者不啻什三四。如公服除授官，編在慶曆五年乙酉，公年二十七歲，以公詩自序攷之，明云「慶曆甲申」，公時年二十六歲。生子康，編在慶曆八年戊子，公年三十七歲，以范太史祖禹譔康墓誌銘攷之，康卒于元祐五年庚午，年四十一，逆數之，其生年當皇祐二年庚寅，公時年三十二歲。與王介甫同爲羣牧判官，係至和元年甲午，公年三十六，有《宋史》介甫本傳及歐陽修《薦安石劄子》及《言行録》可攷也。馬編之慶曆乙酉，與武成軍判官同歲。殊不知公在武成歷二年，而後歸京師，中改大理評事，爲國子直講，遷本寺丞。至三十一歲，受龐莊敏公之薦，召試館閣校勘，因知太常禮院。在太常歷三年，除史館檢討，改集賢校理。又二年，而始與介甫同官。相去至十年之久，而併歸之初起官之歲，無論崇卑相懸，且判官與羣牧使，内外隔絶。是蓋約略意擬，草率填入，其爲訛謬益甚。如此等類，不一而足。蓋雖子孫及鄉里之後輩，或就傳聞及他書訂定，未嘗以公之自著及誌銘之年月，細加推算，反不若數千百里之遠，疏逖後進之爲攷覈得真也。謹詳加參校，凡余所未備者補入之，馬書之訛漏者訂正之，就兩書參稽，益精核，而是編可以盡先生之生平而無憾矣。蓋出余區區用心之勤苦，而馬譜之獲自吳君，則實有佽助，其功尤不可没云。

乾隆元年九月中浣，棟高又書。

司馬太師温國文正公年譜卷之一

錫山顧棟高輯　吳興劉承幹校

公諱光，字君實，其先河内人，出自晉安平獻王孚。衍之裔孫征東大將軍陽始葬今陜州夏縣涑水鄉，子孫因家焉。曾祖政，值五代衰亂，不仕，以公貴贈太子太保。祖炫，舉進士第，試祕書省校書郎，知耀州富平縣事，卒官，贈太子太傅。父池，事眞宗、仁宗，爲利州路轉運使、御史知雜事、三司副使、尙書吏部郎中、充天章閣待制，歷知鳳翔、河中、同、杭、虢、晉六州，以清直仁厚，號爲名臣，贈太子太師。曾祖母薛氏，祖母皇甫氏，母聶氏，並贈溫國太夫人。司馬氏累世聚居，食口常不減數十，推一人爲之長，主家事，宗族均取給焉。

真宗天禧三年己未

十月十八日，公生於光山官舍。母夫人聶氏，祕閣校理震之女，生二子，長諱旦，字伯康，丙午生，長公十三歲，公其次子。

涑水馬巒輯公年譜云：「公父池爲光山令，十月十八日生公于此。」葉佑之譔公《光山祠記》。縣學内有司馬井，世傳公生時汲井水以浴之，後人建涑水書院祀公。舊記有云：「光雖僻陋，而生司馬溫公，則光之爲光也大矣。」見《明一統志》。公生光州，因以爲名。《黄氏日鈔》。

天禧四年庚申，公年二歲。

天禧五年辛酉，公年三歲。

乾興元年壬戌，公年四歲。

二月，仁宗即位。

天聖元年癸亥，公年五歲。

公嘗親書一帖云：「光年五六歲，弄青胡桃，女兄欲爲脱其皮，不得。女兄去，一婢子以湯脱之。女兄復來，問脱胡桃皮者，光曰：『自脱也。』先公適見，訶之曰：『小子何得謾語？』光自是不敢謾語。」《邵氏後録》。

天聖二年甲子，公年六歲。

始讀書。公爲兒時，凜然如成人。性不喜華靡，長者加以金銀華美之服，輒羞赧棄去之。時天章公監安豐酒稅，因家於壽之安豐。

天聖三年乙丑，公年七歲。

聞講《左氏春秋》，大愛之，退爲家人講，即了其大義。自是手不釋書，至不知飢渴寒暑。

天聖四年丙寅，公年八歲。

天聖五年丁卯，公年九歲。

天聖六年戊辰，公年十歲。

天聖七年己巳，公年十一歲。

天章公爲羣牧判官，與龐潁公籍、張尙書存，數相往來。客至置酒，果止梨栗棗柿，肴止脯醢菜羹，公時以童子侍側。龐獨器異公，後薦公館閣校勘，同知太常禮院。及知鄆州、幷州，皆辟公自佐。張公遂以女妻公。

公後有《祭龐潁公文》云：「念昔先人，久同僚寀。越自童齔，得侍坐隅。撫首提攜，愛若子姓。甫勝冠弁，遽喪所天。唯公眷憐，過於平日。既釋縗服，還齒簪裾。舉首朝端，緊公是賴。爰加振拔，俾出泥塗。讎校祕文，討論前載。逮公出牧，兩託後車。」又《祭張尙書文》云：「在昔先公，與公同省。閒來問訊，延就中堂。光時弁髦，立侍左右。蒙公一見，許以成人。不卜不謀，遂妻以子。」皆實錄也。

天聖八年庚午，公年十二歲。

天聖九年辛未，公年十三歲。

《迂書序》云：「余生六歲，父兄教之書，雖誦之，不能知其義。」又七年始得稍聞聖人之道，朝誦之，夕思之。

公幼時，患記誦不如人。羣居講習，衆兄弟既成誦，游息矣，獨下帷絕編，迨能倍誦乃止。用力多者收功遠，其所精誦，乃終身不忘也。公嘗言：「書不可不成誦，或在馬上，或中夜不寢時，詠其文，思其義，所得多矣。」《家塾記》。

明道元年壬申，公年十四歲。

明道二年癸酉，公年十五歲。

公于書無所不通，文辭醇深，有西漢風。天章公當任子，次及公，公推與二從兄，然後受，補郊社齋郎，再奏將作監主簿。坡公撰《行狀》。

是年謁孫之翰於華州。

公《書孫之翰墓誌後》云：「明道中，公在華州，光始以太廟齋郎得謁見。」馬譜云：「公辭蔭補官事，在未第之先，未審的在某年，故總附于十九歲之下。」據此條，明道中已補齋郎，爲公十五歲時無疑。

景祐元年甲戌，公年十六歲。

天章公加直史館，復知鳳翔府。李燾《續通鑑長編》。

景祐二年乙亥，公年十七歲。

景祐三年丙子，公年十八歲。

景祐四年丁丑，公年十九歲。

景祐五年寶元元年**戊寅，公年二十歲。**

三月，舉進士甲第，聞喜宴獨不戴花，同年曰：「君賜不可違也。」乃簪一花。有《送同年郎景微歸會稽榮覲序》。篇末識景祐五年季夏，是年改元在十一月，故季夏猶稱景祐也。

改奉禮郎、華州判官。

時天章公知同州，同年石昌言除同州推官，公以吏事時往省覲，與昌言遊處，尋龍興寺李德林撰《隋文帝碑》、吳道子畫壁。

按：坡公《行狀》及《宋史》本傳，俱不載公爲華州判官事。然公與昌言詩自叙最悉，云：「昔年三月浪，鱗翼化雲雷。竹箭流俱上，芙蓉幕對開。注云：釋褐，昌言除同州推官，光華州判官。瀵泉揚沸渭，泰華聳崔嵬。捧檄容歸省，飛觴復屢陪。時先人知同州，光以吏事時往省覲，復得與昌言遊。芬芳襲芝室，嘉慶侍蘭階。吳壁評殘筆，隋碑讀漬苔。同州龍興寺即隋文帝故宅，寺有李德林撰碑，國公吳道子畫，畫或未就而止，云以俟後之能者。清陰依玉樹，和氣樂春臺。薄宦俄成別，私門忽遇災。一朝捐綵服，五載泣纍衰。」其文炳然可據，意坡公以爲無關輕重而略之。《宋史》亦因之而不改耳。

范淳夫言：「公初宦時年尚少，家人每每見其臥齋中忽蹶起，著公服，執手板，危坐久，率以爲常，竟莫識其意。」淳夫嘗從容問之，答曰：「吾時忽念天下事。」夫人以天下安危爲念，豈可不敬耶！《山谷冷齋語》。

時年十六。

是年娶夫人張氏，禮部尚書存之女，夫人

按：公《叙清河郡君》云：「夫人年六

十卒。」又云：「十六歸于司馬氏。」時元豐五年，公年六十四歲。是夫人少公四歲，十六來歸，故知是年爲公二十歲也。

寶元二年己卯，公年二十一歲。

作《顏太初雜文序》。《序》云「在同州得其所爲《題名記》」，蓋此時已離同州矣。天章公由同州徙杭州，公辭所遷官，求籤書蘇州判官事以便親，許之。未上，丁太夫人憂。《行狀》。

按：公《送李子儀序》云：「寶元中，從事在蘇，子儀僑居州下，得從之遊。」《送丁浦江序》云：「及壯，侍親之吳。」與此所云「未上」者不合，蓋坡公誤也。公後有詩云：「命奇不得報劬勞。」自注云：「光仕始周歲，二親繼喪。」故知爲是年也。公喪母夫人在二十一歲，以公詩自序云「光仕始周歲，二親繼喪」知之。又東坡撰公《行狀》云：「太夫人服未除，丁天章公憂。」則是內艱將滿，再丁外艱，知爲二十三歲也。又公詩云：「五載服驪衰。」自二十一至二十五恰好五年，二十六補官。馬氏譜謂：「二十二歲母夫人錢塘縣君聶氏卒，公時籤署平江軍節度判官事，以內艱去任。」據云「依龐莊敏公撰《天章府君碑敘》修」，姑兩存其說，以俟知者。

康定元年庚辰，公年二十二歲。

公侍天章公于杭州，時元昊反，劉平敗績，朝廷議刺鄉兵，兩浙路亦議添置弓手，置指揮使、節級等名目。公代天章公奏狀，極陳其五不可。略云：「西戎梗邊，三方皆聳，人心易動，當務安之。一旦詔書大加調發，擐甲執兵，學習戰陣，吳人輕怯，易惑難曉，以爲欲傚河北、陝西沿邊鄉兵，謂國家以權計點之，假名捕盜，漸欲收爲卒伍，戍守邊防。至欲毁體捐生，竄匿山澤。雖復明加告諭，而衆情鼎沸，不可戶說。人心搖動，不可一也。吳越素不習兵，以故常少盜賊，不過聚結朋黨，私販茶鹽，事訖則散，不能久相屯結，又無銳利兵器，爲害尚輕。今若避差點者竄匿無歸，必至流爲寇盜，加以弓矢刀戟之類，許其私置，是假之利兵，供其剽劫。以及私販茶鹽之徒，皆有器械，抵拒吏士，益難擒討。積微至著，漸不可長，不可二也。姦吏貪饕，唯喜多事，今計杭州管界，當差若干人，他州比率大凡有幾，縣胥里長于兹相慶，止規自潤，豈恤其他！雖朝廷嚴爲懲禁，而利之所在，死亦冒之；加以版籍差誤，戶口異同，毫釐不當，互相告決，追呼無時，獄訟不止。是民未暇爲公上給役，而先困于貪吏之誅求，不可三也。民皆生長畎畝，所識不過耒耜，加以吳人駑弱，天下所知。一旦使棄其所長，學所不習，徒煩教調，終無所成。就使有成，不堪使用。則是虛有煩費，而與不添置無異，不可四也。吳子壽夢以前，世服于楚，自申公、巫臣教吳乘車射御，其後楚人戎車歲駕，以至吳亡。自是以來，號稱輕狡。遠則劉濞，近至錢鏐，其間承風倔強無數，豈唯其人之跋扈，亦由習俗之樂亂也。幸賴祖宗以來，訖于陛下，柔服（疆）〔彊〕暴，變移無迹。今忽無故黷玩威靈，狎侮危事，示以逆德，畀之凶器，生姦回之心，啓禍患之兆，臣恐非國家之便，不可五也。方今兩浙雖水旱稍愆，未至流殍，閭閻無事，盜賊不添，縱使有之，隨發擒討，甚有餘力，不假更求。正恐平居興役，有害無利。臣職忝密近，官備藩方，不敢默默。伏望陛下特令兩浙一路更不添置。或以事須過防，舊人太少，則乞量加添補，更不立指揮使等名目及閱習諸事，衆情大安，別無生事。」

觀公此條奏，後日太平宰相規模，肇于此矣。治平中，與韓魏公爭刺義勇，大指略同。公識慮精審，洞悉利害，蓋自少年時而已具。大抵點習鄉兵，教習戰陣，無論兩浙、陝西，均爲有害無利。觀公前後諸疏，可曉然矣。

慶曆元年辛巳，公年二十三歲。

冬十二月癸未，天章公以疾終于晉州之安靖堂，壽六十有二。公繼丁外艱，偕兄旦泣護旅櫬，歸于故鄉。

前編譜天章公之喪亦係此年，但無月日可考，今照馬氏譜增入。據云：「依龐莊敏撰《天章府君碑敘》修定。」宜可信，從之。

公執喪累年，毀瘠如禮。

按：《宋史》天章公本傳，公知杭州，爲轉運使江鈞、張從革所劾，降知德州，徙知晉州，卒。則當是庚辰、辛巳兩年間事耳。坡公《行狀》云：「公歷知鳳翔、河中、同、杭、虢、晉六州。」無德州，則或係虢字之訛也。

慶曆二年壬午，公年二十四歲。

作《十哲論》、《四豪論》、《賈生論》，譔《蘇騏驥墓誌銘》。秋八月癸酉，葬天章公于涑水南原之晁村，以從先塋。先夫人曹氏，母夫人聶氏祔。偕兄旦，洎從兄里，請龐莊敏公籍撰隧碑。冬十月丙辰，建石墓道。

此條亦照馬氏譜增入，依龐莊敏碑叙修定也。月日確然，可信不誣。但母夫人聶氏以前，又有先夫人曹氏，豈係公前母耶！公集中從未之及，當存以俟考。

慶曆三年癸未，公年二十五歲。

慶曆四年甲申，公年二十六歲。

天章公服除，籤書武成軍判官事。

按《宋史·地理志》：武成軍舊係滑州，領縣三：白馬、韋城、胙城。

馬氏譜以公服除，籤書武成軍判官，編在二十七歲乙酉。今以公詩自叙攷之，明云：「慶曆甲申，余適延安，過太行山相思亭下。」又武成致齋有《奉酬吴沖卿》詩，亦在慶曆四年甲申。又乙酉冬，公罷武成幕來京師，有詩自序云：「去歲與東郡幕府諸君同遊河亭，望太行雪。」以三事參考，則公服除補官，在甲申不在乙酉明矣。馬譜蓋誤也。

按公《謝校勘啓》云：「始就鄉舉，徑叨上第，天降之禍，服縗五年，洎免喪爲吏，從事藩方。」則知己卯至甲申，中間隔五年也。

公詩自序云：「上郡南三十里有相思亭，在太行山之麓，二水所交平皋之上，往來者徒習其名，莫詳其義。慶曆甲申，余適延安，過其下。于時夏虜梗邊，征戍未息，竊感《東山》《采薇》之義，叙其情而憫其勞，因作五詩，庶幾不違周公之旨，且以釋亭之名耳。」武成致齋有《奉酬吴沖卿寺丞太學宿直見寄二首》。

慶曆五年乙酉，公年二十七歲。

改宣德郎、將作監主簿，權知韋城縣事。有《祭龍廟祈雨文》，作《機權論》、《才德論》、《廉頗論》、《龔君實論》、《河間獻王贊》、《不以卑臨尊議》、《史評十八首》、《述國語》、《送李揆之序》。

是冬罷武成幕，來京師。

公詩自序云：「去歲與東郡幕府諸君同遊河亭、望太行雪，飲酒賦詩。今冬罷歸京邑，悵然有懷。」蓋在武成，幾歷二年矣。

慶曆六年丙戌，公年二十八歲。

改大理評事，爲國子直講，遷本寺丞。

按公《送李子儀序》云：「寶元中，光從事在蘇，子儀僑居州下，得從之遊。」是爲寶元二年己卯間。二年子儀升進士第，是爲慶曆二年壬午。又五年，光與子儀俱官太學，日夕相從，是爲六年丙戌。蓋自己卯至丙戌，中間隔七年。又云：「子儀遭憂去職，服除來還，則光去遷他官。」蓋是己丑校勘之年矣。公居是職，歷三年也。

慶曆七年丁亥，公年二十九歲。

祀南郊，有《禮畢賀赦絶句》。案：公《稽古錄》，是年十一月戊戌，上祀圓丘，大赦。

是年冬十一月，貝州卒王則據城反，龐穎公籍爲樞密副使，公有《上龐樞密論貝州事宜書》。

略云：「貝州軍士，恩過而驕，自求速死，蚤晚之間終就屠滅。若兵久不決，萬一城中之寇未即伏誅，而他變旁起，不逞之人，同惡相濟，則憂未可弭也。不則自知罪惡無狀，降首無由，擁其徒衆，盜取庫兵，收載寶賄，豨突而出，建旗鳴鼓，攻剽城邑。以數千之衆，散之趙、魏之郊，東連青、徐，亦足以爲齊民之患，未易以旬月擒也。愚竊以爲宜發近郡之兵，塹環其郛，勿攻勿戰，使不得出。而又陰以重賞，募人入城焚其積聚，使逃無所出，守無所資。然後以重臣奉明詔，有能捕斬首惡，若唱先出降者，待以不次之賞。如是，不過旬月，逆卒之頭可致于闕下。萬一議者有欲用兵碎而不以計破者，非計之得者也。」

按：書中所云，蓋恐如明季流寇之事耳。時朝廷用明鎬爲體量安撫使，詔貝州有能獲賊者，授諸衛上將軍。百姓劉文慶等約爲内應，夜垂縆引官軍入城數百人，賊率衆逆戰，官兵不利，復縋而出。明年閏正月，從南城爲地道入，破之，伏誅。

慶曆八年戊子，公年三十歲。

作《名苑序》。

皇祐元年己丑，公年三十一歲。

龐穎公籍爲樞密使，召試館閣校勘，同知太常理院。

有《謝校勘啓》，又《謝龐參政啓》。

是年，爲貢院屬官，取筠州進士劉恕第一。

公《十國紀年序》云：「皇祐初，有詔士能講解經義者，聽別奏名。應詔者數十人，趙周翰爲侍講，知貢舉，光爲屬官。問以《春秋》、《禮記》大義，其中一人所對最精詳，先具注疏，次引先儒異說，末以己意論而斷之。凡二十問，所對皆然。主司驚異，擢爲第一。及發黏名，乃進士劉恕，年十八矣。光以是慕重之，始與相識，道原乃其字也。道原是歲賦詩論策亦入高等，殿試不中格，更下國子監試講經，復第一。」

秋八月，皇帝臨策賢良方正及武舉進士，公與范景仁受詔，讎校策卷，寓直于景福殿東廂，凡三日，得詩十三首，有《讀武士策》詩、《觀試騎射》詩。

按：公後有與范景仁書云：「昔者與景仁同在貢院，充點檢官主文，試進士《民受天地之中以生論》。當是時，場中秉筆者且千人，皆以爲民之始生，無不秉天地中和之氣也。其文辭之美固多，以愚觀之，似皆未得劉康公之指，嘗欲私出鄙意論之，因循汩沒，卒不能就，于今三十五年矣。」蓋是年爲元豐癸亥，公年六十五歲，距皇祐己丑，爲三十五年也。

皇祐二年庚寅，公年三十二歲。

公同知太常禮院。

是年告歸過家，有《諸兄子字序》。凡十四人。

京字元宗，亮字信之，稟字從之，元字茂善，育字和之，良字希祖，富字希道，齊字居德，方字思之，爽字成德，衮字補之，章字晦之，奕字襲美，裔字承之。

按：此十四人，公集中不更見，獨司馬富于元祐元年十月提舉公葬事。

子康生。先是生二子，童、堂皆夭。至是生康，康字公休。

按：范太史祖禹譔康墓誌云：「康卒于元祐五年庚午，年四十一歲。」逆算其生年，當在是年庚寅。馬氏譜以康生于戊子，爲公三十歲，今攷范太史撰《公休墓誌》，逆數之，的係庚寅，非戊子，馬氏蓋誤也。

公又有《元日示康廣宏》詩，廣、宏皆公之兄子，而前此十四人中未有，蓋皆庚寅以後生也。王荆公有《司馬光親兄之子宏試將作監主簿制》，宏爲伯康之子，范忠宣公壻，生子朴，靖康中使金國，以忠義著名。

乞印行《荀子》、《揚子法言》。

略云：戰國以降，百家蠭起，先王之道，荒塞不通，獨荀卿、揚雄排攘衆流，張大正術，使後世學者坦知去從。今國家博采藝文，扶翼聖化，凡莊、列異端，醫方異技，靡不摹刻，以廣其傳。顧兹二書，猶有所闕，誠恐賢達之言，寖成廢墜。伏乞下崇文院，將《荀子》、《揚子法言》本精加考校，雕板送國子監，依諸書例印賣。

閏十一月，朝命太子中舍致仕胡瑗定雅樂，公與范景仁皆與考正，有《與范景仁論樂書》。

先是知制誥王洙言：「舊樂宫小商大，是臣強君弱之象。」乃與瑗等更造鐘磬上之，其法與李照一律。自是黄鐘律短，而所奏樂音高。又其鐘弇而直，聲鬱不發。著作佐郎劉羲叟曰：「此謂害金，帝將有心腹之疾。」已而果然，遂復命詳定。時益州鄉貢進士房庶謂：「嘗得古本《漢書志》，其說以志所云：『子穀秬黍中者，以一千二百黍實管中，黍盡，得九十分，爲黄鐘之長九寸，加爲一尺，是謂以律生尺。』志所云：『一爲一分者，乃九十分之一，而非以一黍爲一分。』後儒不知此，乃欲累黍爲尺以制律，是律生于尺，非以律生尺法，非是。」范景仁是其說，公與之書，略云：

蒙示房生尺法云：「嘗得古本《漢書》云：『度起于黃鐘之長，以子穀秬黍中者，一黍之起積于一千二百黍之廣，度之九十分，黃鐘之長，一爲一分。』今文誤脱『之起，積一千二百黍』八字。故自前世以來，累黍爲之，縱置之則太常，橫置之則太短。今新尺橫置之，不能容一千二百黍，則大其空徑四釐六毫，是以樂聲太高。又嘗得開元中笛及方響，校太常樂下五律，教坊樂下三律，皆由儒者誤以一黍爲一分，其法非是。不若以一千二百黍實管中，隨其短長斷之，以爲黃鐘九寸之管，九十分，其長一爲一分，取三分以度空徑，數合則律正矣。」景仁盛稱此論，以爲可以正積古之謬。光竊思之，有所未喻，敢布陳之。景仁曰：「房生家有《漢書》，異于今本。」光按：累黍求尺，其來舊矣。生所得書，不知傳于何時，而相承積謬，由古及今，更大儒甚衆，曾不寤也。又其書既云「積一千二百黍之廣」，何必更云「一黍之起」？此四字者，將安施設？劉子駿、班孟堅之書，不宜如此冗長也。且生欲以此實中，乃求其長，何得謂之積一千二百黍之廣？景仁曰：「度量衡皆生于律者也。」今先累黍爲尺，而後制律，返生于度與黍，無乃非古人之意乎？光謂不然，夫使古之律存，則歙其聲而知其聲，度其長而知其度，審其容而知量，校其輕重而知權衡。今古律已亡矣，非黍無以見度，非度無以見律，律不生于度與黍，將何從生耶？夫度量衡皆所以佐律而存法。古人制四器以相參校，以爲三者有一存，則其餘從可推。

又謂後世器有壞，而物之形不變，故借黍自然之物以寓法焉。今四器皆亡，不取于黍，將安取之？夫量有虛實，衡有低昂，皆易差而難精，不若因度求律之爲審。房生今欲先取容一龠者，爲黃鐘之律，則是律不生于尺，而生于量也。量與度皆非律，捨彼用此，將何擇焉？景仁曰：「古律法空徑三分，圍九分。今新律空徑三分四氂六毫。此四氂六毫者，何從出耶？」光謂不然，夫徑三分，圍九分者，數家舉成數而言耳。四氂六毫不及半分，故棄之也。又律管至小而黍粒體圓，其中豈無負戴庣空不滿之處？而必欲責其絲忽不差耶？景仁曰：「生以一千二百黍，積實于管中以爲九寸，取其三分，以爲空徑，此自然之符也。」光按量法，方尺之量，所受一斛，此用累黍之法較之則合矣。若從生言，度法變矣。而量法自如，則一斛之物，豈能滿方尺之量乎？景仁曰：「量權衡皆以千二百黍爲法，何得度法獨用一黍？」光按黃鐘所生，凡有五法：一曰備數，二曰和聲，三曰審度，四曰嘉量〔二〕，五曰權衡。量與衡据其容與其重，非千二百黍不可。至于度法，止于一黍爲分，無用其餘，若數與分，則無所事黍矣，安在其必以千二百黍爲之定率也？景仁曰：「生云今樂太高，太常黃鐘適當古之仲呂。」不知生所謂仲呂者，果后夔之仲呂耶，開元之仲呂耶？若開元之仲呂，則安（之）〔知〕太高非昔之太下耶？笛與方響，里巷之樂，庸工所爲，豈能盡得律呂之正？乃欲取以爲法，考定雅樂，不亦難乎？此皆光之所大惑也。

皇祐三年辛卯，公年三十三歲。

公同知太常禮院。

論夏竦不當謚文正。

略云：「字之美者極于文正，竦何人，可當此謚！」書再上，乃改謚文莊。

論內臣麥允言不宜給鹵簿。

略云：「孔子謂唯名與器不可假人，今允言近習之臣，非有元勳大勞，而贈以三公之官，給以一品鹵簿，使之鼓吹簫鐃，烜赫道路，是揚其僭侈之罪，使天下側目，扼腕而疾之，非所以爲榮也。伏乞追寢前命。」

五月，論修築皇地祇壇。

略云：「壇制卑陋，平漫無堿，不與禮典相應。今圓丘之制，極爲崇峻，豈宜于方丘有所闕略。乞下有司，依唐《郊祀錄》制度增修。」

八月，論劉平招魂葬不合典禮。

略云：「案晉世袁瓌、賀循等議，以爲非身無棺，非棺無槨，苟無喪而葬，招幽魂氣，于德爲愆義，于禮爲不物。當時詔書明有禁約，今劉平沒身虜廷，子慶孫等所請招魂葬，不可聽許。」

十二月，奏乞移高禖壇。

略云：「壇處勢下，就彼塡疊，功費甚大，兼夏秋淫潦，未免浸漬。謹按北齊之制，高禖爲壇于南郊壇旁。乞依此制，于其旁一二里，踢行高燥地修築爲便。」

論張堯佐不當除宣徽使。

略云：「伏見臺諫官以張堯佐事守閤請對，陛下堅拒不納。昔漢元帝欲用馮野王爲御史大夫，恐人謂私于後宮，遂不用。今堯佐有野王之嫌，而無其才。陛下不次用之，自散郎至宣徽使，其爲聖德之累不小。前臺諫官不得對之日，陰霧冥冥，跬步相失，天意昭然，有如告語。伏祈陛下克謹天戒，亟召諫官，杜塞寵倖，則天下歌頌盛德于無窮矣。」

皇祐四年壬辰，公年三十四歲。

遷殿中丞，除史館檢討，修日曆，改集賢校書。

按公《謝檢討啓》云：「俄承乏于瞽宗，遂參革于天祿，所虞揚汰，敢冀甄收，何期佑弼之司，誤辱褒稱之奏。俾登史觀，贊治信書，紬記言記動之殊，辨所見所聞之實。」則自太常禮院，隔兩年始薦授茲職也。

爲邵興宗作《賢良策問》一首。

八月，作《龍圖直學士李公墓誌銘》諱某字公素，公同年進士。

作《秀州眞如院法堂記》，有《祭郭侍讀文》。

皇祐五年癸巳，公年三十五歲。

譔《縉雲縣尉張君基誌銘》。

至和元年甲午，公年三十六歲。

公于皇祐、至和間，名猶未甚輝赫。呂正獻公曰：「若君實者，可謂實過其名也。」後公隆名蓋代，士無賢不肖，皆知畏而愛之。而知於衆人未知之前者，龐丞相與正獻公二人而已。《自警編》。

除羣牧司判官。

公嘗曰：「昔與王介甫同爲羣牧司判官，包孝肅爲使，時號淸嚴。一日羣牧司牡丹盛開，包公置酒賞之，公舉酒相勸，光素不喜酒，亦強飲之。介甫終席不飲，包公不能強也，光以此知其不屈。」《聞見録》。

按：《言行錄》，介甫以至和中召試館職，固辭，乃除羣牧判官。《宋史》本傳，歐陽修薦爲諫官，以祖母年高辭，修以其須祿養言于朝，用爲羣牧判官。歐集內《薦安石劄子》亦云「至和中」，此云「公與同官」，故知當爲是年也。此條坡公《行狀》不載，今補入。

譔《玉成縣君楊氏墓誌銘》。

是年，龐穎公籍以戶部侍郎知鄆州事，辟公典學。

公《敘清河郡君》云：「始余爲學官，笥中衣無幾，一夕盜盡卷以去，時天向寒，衾無纊絮，客至無衫以見，余不能不嗟歎。君曰：『但願身安，財須復有。』余賢其言，爲釋然。」

譔《王內翰贈商雒龐主簿詩後序》。

敘云：「始平公先君子贈中書令，至道初，爲商雒主簿，時中書舍人王公謫官商州，贈以詩，至和元年始平公以前相國在鄆，從容出王公詩示光曰：『爲我刻于商雒，以慰吏民之光。』光退而序其事，並詩，往刻焉。」

通判鄆州事，有《祭黃石公文》。

按：《行狀》云：「龐籍爲鄆州，徙并州，皆辟公通判州事。」而公誌鄆州處士王君則云：「至和中，光從故丞相龐公鎮鄆州，公命光典州學。」《敘清河郡君》又云：「爲學官。」則公之典州學爲有據矣。然按《祭黃石公文》云：「鄆士居神宇下，曠冬無雪，宿麥將枯，唯神救民之死，赦吏之罪，敢不祗率所部，以承事神！」則又似通判之職，而非學官所有事也。豈一年中先典州學，旋即判州事耶？姑存以俟考。又按爲羣牧司時，牡丹盛開，則當在三月中，爲學官時云：「天向寒。」則當在九月、十月。《祭黄石公文》云：「曠冬無雪。」則到是年歲盡矣。一年中凡三易任，據公文約略先後如此。

至和二年乙未，公年三十七歲。

正月二十四日，與東阿張主簿書。

略云：「光幸蒙丞相辟署來此官，朝廷委之察舉境內賢士大夫。到官以來，竊觀諸縣中賢者，無如足下，所以奉知，固不俟足下之求也。今乃貶損書誨，殊非所望，君子患不能，不患人不知，足下勉修之而已。」

按：公集中編此書，下識嘉祐二年正月，按是時公在并州，東阿非并州所屬，其爲謬誤無疑。考《地理志》，鄆州領東阿縣，則當在是年通判鄆州時也。

是年，龐潁公籍除河東路經略安撫使，知并州事，辟公通判州事。

至和三年嘉祐元年**丙申**九月改元，**公年三十八歲。**

公在并州。

時仁宗始違豫，國嗣未立，天下寒心而不敢言。范景仁爲諫官，首發其議，公聞而繼之上疏，言：「大宗無子，則小宗爲之後者爲之子。願陛下擇宗室賢者，使攝儲貳，以待皇嗣之生，退居藩服，次則令典宿衛，尹京邑，亦足係天下之望。」疏三上，其一留中，其二付中書。

九月，因公事至絳州，私歸拜墳，不敢至夏縣而去。題絳州鼓堆祠。

《與范景仁書》。

略云：「光向者不自知其賤且愚，輒以社稷深遠之計，奏聞朝廷，自夏及秋，囊書三上，杳然若投沙礫于滄海之中，此必所言涉千里之遠，歷九閽之深，或棄或遺，而不得上通也。是敢輒取所上奏稿，獻于左右。伏冀景仁因進見之際，爲明主開陳兹事，取光所上三奏，略賜省覽，無使孤遠之臣，徒懷憤默默，而無所告語。今光宦于千里之外，爲邊州下吏，而景仁朝夕出入禁闥，天下之責，治亂安危者，不在光皆在景仁，光所言止于是而已。」

與李子儀書，答聞喜馬寺丞中庸書。作《聞喜縣修文宣王廟記》、爲馬寺丞作。《張共字大成序》。爲越州張推官作。

嘉祐二年丁酉，公年三十九歲。

公在并州。

五月五日，管句麟府軍馬公事郭恩爲夏人所襲，歿于忽里堆。潁公坐貶節鉞，言者欲并及公。公上書請獨治臣罪，朝廷不許。

《行狀》云：時趙元昊始臣，河東貧甚，官苦貴糴，而民疲于遠輸。麟州窟野河西多良田，與夏人接界，疆場不明，虜盜耕其地，俯窺麟州，爲河東憂。潁公命公按視，公用知麟州事武戡議，謂：『宜乘虜罷兵時，築二堡河西，以禁耕者，且爲州耳目。募民有能耕麟州閒田者，復其稅役，有能耕窟野河西者，長復之。如此耕者必衆，官雖無所得，而糴自賤，可以漸紓河東患。』潁公移麟州如公言，而兵官郭恩勇且狂，于五月五日夜，醉引千餘人渡河，時虜兵已復聚，恩不爲備，遇敵死之，議者歸罪潁公，罷節度使，知青州。」

公譔《潁公墓誌銘》云：「初，武戡建議：『請乘虜罷兵時，築二堡于河西，以禁耕者，且爲州耳目。』光還以告公，從之。既與管句軍馬事郭恩、走馬承受黄道元，率兵不滿千人，涉窟野之西，至忽里堆，不爲備，遇伏。恩、道元皆沒，戡脱走得歸。初，戡之往也，虜兵已復聚，戡不敢興役。及敗，乃言其日行視堡地，爲虜所掩，以至失亡。會虜遣道元歸，朝廷命御史按之。御史新拜官，欲排擊大臣以爲名，移幕府取文書。公以築堡之事，光實與焉，恐并獲罪，乃留檄光之書，以其餘與之。御史遂劾公擅築堡于邊以敗師徒，又匿制獄所取文書，坐是解節鉞，知青州事。光守闕上書，具言其狀，自請斧鉞之誅，朝廷不許。公又上奏，引咎自歸，乞矜免光罪，光卒不坐。」

有《晉祠祈雨文》、《謝晴文》、《祭晉祠文》、《并州學規後序》。

夏六月，公離并州，改太常博士、祠部員外郎、直祕閣，判吏部南曹。

《與夏祕丞倚書》。

略云：「光初離并州一驛，曾于遞中領所賜書，以道途無便可以報謝。暨至都下，則朝論紛紛，以忽里之敗爲皆因築堡，引惹生事。光每爲開述虜侵漢地事體本末，及二堡不可不築之故，而氣燄方張，不可鄉邇。光遂閉口不敢復言，但乞分取諸君之罪，而并坐之。所上之奏，非特爲龐公也，亦具述當日與諸君謀議本末，令朝廷明知是非。夫邊臣欲自于漢地内立一小堡，已謂之引惹生事，罪及元帥，則後來者所爲可知，益使戎狄輕漢矣。」

《論窟野河西修堡狀》。

略云：「河西一帶田土，積年爲夏虜所侵。臣詢訪本州官吏，以虜侵盜日久，諭之以理，則不肯退縮；逼之以兵，則動成戰鬬；召之重定界至，則偃蹇不來。如何區處可以不戰而得所侵之地？官吏皆言州城之西，臨窟野河，自河直抵界首五六十里，並無堡障斥堠，以此虜得恣耕其田，虜騎直至城下，而州人不知。今誠乘虜騎退散之時，急于河西二十里左右，增置二堡，每堡不過十日可成。比至虜中再行點習，此堡已皆有備，虜不能爲害，如此則麟州永無侵軼之虞，州兵出入，有所宿頓，堡外先所侵之田，虜皆不能耕種矣。臣心亦以爲，虜侵耕至河，則麟州孤危，果能成此二堡，爲麟州耳目藩蔽，于事誠便。遂具以所言白于龐籍，籍用臣言，即牒麟州，令修築二堡。因欲乘間，故不暇取旨俟報，但曾奏知而已。不期牒到之後，元未興修，虜已復大集，兵官但齎酒食，不爲戰備，以致喪敗。此乃諸將恃勇輕敵之所致，非修堡之過也。況自元昊納款以來，麟州修建堡寨，乃出兵過窟野河西者，前後非一次，雖與虜遇，未嘗敗北，則知今日之敗，在于無備，不在修堡與過河也。今議者乃悉歸罪于龐籍，臣豈敢晏然不言，苟求自免？臣雖不肖，義不忍爲。伏望陛下獨治臣罪，以正典刑。」

《第二狀》。

略云：「先曾奏陳爲麟州修堡事，乞獨

治臣罪，未奉俞旨。今竊聞龐籍移知青州，夏倚等各有責降。臣伏自念修堡之事，若治其罪，臣當爲首，今籍等先受其責，而臣未蒙譴罰，臣實内慙，無以自處。況臣在并州日，龐籍凡處置邊事，無一不詢及于臣，臣以知慮淺短，上爲朝廷之憂，下爲龐籍之累，復不即重誅，罪釁愈重，不容于死。伏望察臣前後所陳本末，嚴賜誅譴，以正刑書。」

九月二十四日，《答明太祝忱書》，《答陳祕校充書》。作《迂書序》、《功名論》、《知人論》、《古文孝經指解序》、《進古文孝經指解序表》。内云：「臣幸得補文館之缺，以文史爲職。竊覩祕閣所藏《古文孝經》傳注遺逸，堙微不傳，輒以所聞爲之指解。」則知當爲直祕閣之年。注云「元年」者，蓋誤也。

馬氏譜據《長編》云：「至和元年十一月丁未，公上《古文孝經》，詔送祕閣。」按公以至和二年六月離并州，始改太常博士、直祕閣判吏部南曹，則當元年方在并州外任，如何云「以文史爲職」，得見祕閣所藏《古文孝經》傳注乎？馬譜與《長編》俱誤也。

四月癸巳卒。

譔《程夫人墓誌銘》。夫人爲二蘇之母，以

嘉祐三年戊戌，公年四十歲。

遷開封府推官，賜五品服。

按：是年公《乞虢州狀》云：「臣服闋以來，十有餘年，未嘗得近鄉里，展省墳墓。近方欲上煩朝廷，陳乞家便一官。爲判吏部南曹，未及一年，所以未敢陳請。今知已降勅命，授臣開封府推官。伏望聖慈矜察」云云。

是知判吏部爲嘉祐二年，開封府推官爲三年也。

八月二十七日，《進交趾獻奇獸賦表》。

交趾貢異獸，謂之麟。公言：「眞僞不可知，假使其眞，非自然而至，不足爲瑞；若僞，恐爲遠人所笑。乞厚賜其使，而還其獸。」因奏賦以諷。

有《交趾獻奇獸賦》，作《朋黨論》。

嘉祐四年己亥，公年四十一歲。

遷度支員外郎判句院。

按：公《乞虢州第三狀》：「臣自去歲蒙恩除開封府推官，臣以久不到陝州鄉里，兩曾乞知虢州，不蒙聽許，臣以開封府重難之處，不敢更有陳請。就職以來，已踰半載。今竊知已降敕命，除臣判三司度支句院。」是知與開封府推官隔一年，當爲嘉祐四年也。

馬氏譜編在「五年庚子，公年四十二歲」者誤。

譔《石昌言哀辭》。

辭云：「余與昌言同年登進士第，遊好凡二十年。」又云：「前年光自晉陽歸，昌言延我于中堂，酌滑臺暑釀以飲我。」則知公離并州，在嘉祐二年六月。而公爲杜君作誌亦云：「秋，光在京師也。」

譔《彭城縣君劉氏墓誌銘》。

嘉祐五年庚子，公年四十二歲。

判度支句院。

按：公《論財利疏》有云：「臣判度支句院甫二年耳，上自三司使，下至檢發官，改易皆徧，甚者或更歷數人[二]。」則是己亥、庚子二年也。

譔《贈太常博士吳君墓誌銘》。諱元亨，公之從母夫也。

譔《贈都官郎中司馬君行狀》。公再從伯父子里，登進士第，《宋史》有傳。

〔一〕四：原作「曰」，據《司馬文正公傳家集》卷六一《與范景仁書》改。

〔二〕人：原脱，據四部叢刊本《司馬公文集》卷二三《論財利疏》補。

司馬太師温國文正公年譜卷之二

錫山顧棟高輯　吴興劉承幹校

嘉祐六年辛丑，公年四十三歲。

擢修起居注，五辭而後受命，同判尚書禮部。

按：公《辭狀》云：「臣向辭開封府推官，及判三司度支句院，朝廷一有指揮，不令辭免，臣即時就職。臣意以爲朝廷命已行，必不可移，雖辭之終無所益，是以黽勉從事，不敢復言。及覩王安石前者辭差修起居注，章七八上，然後朝廷聽許，臣乃追自悔恨。嚮者非朝廷不許，由臣請之不堅故也。況臣與安石相去遠甚，今乃與同被選擢，比肩並進。」據《宋史·仁宗本紀》：嘉祐五年五月己酉，安石召入爲三司度支判官，直集賢院。明年，除同脩起居注。安石《辭狀》云：「臣去年始蒙恩直集賢院，至今入館日淺，不敢冒昧貪榮。」朝廷聽許，未幾，復申前命。至五辭乃受。公所云「比肩並進」指此。

三月戊申，侍上幸後苑賞花釣魚，有《奉聖旨次韻御製》詩。

五月二十八日，上《日食遇陰雲不雨乞不稱賀狀》。

略言：「欽天監奏，今年六月朔，太陽交食。臣伏覩近世以來，曆官先具日月時刻，及所食分數奏聞。至日或爲陰雲所蔽，或不滿分數，百官皆奉表稱賀。臣愚以爲日之所照，周徧華夷，雲之所蔽，至爲近狹，若太陽實虧，而有浮雲翳塞，雖京師不見，四方必有見者。天意若曰：『人君爲陰邪所蔽。』災慝著明，天下皆知其憂危，而朝廷獨不知也。食不滿分者，乃曆官術數之不精，當治其罪，亦非所以爲賀也。臣職在禮官，掌羣臣慶賀章表，不敢不言。」是歲，司天言：「當食六分之半。」至六月一日，果食四分而雨，不復稱賀。自後遂踵以爲常。

七月，遷起居舍人，同知諫院。

按：公于治平二年七月六日《辭龍圖閣直學士狀》云：「臣自嘉祐六年七月初，入諫院供職到今，已涉五年。」知爲是年七月無疑。按《宋史·仁宗本紀》云：「六月丙子，以司馬光知諫院。」是月壬子朔，由壬子數至丙子，當爲二十五日。此云「七月」者，蓋朝命以六月下，公入院辦事則在七月也。

上三劄子。其一論君德有三，曰仁、曰明、曰武。仁者，非嫗煦姑息之謂，興教化，脩政治，養百姓，利萬物，是爲人君之仁。明者，非煩苛伺察之謂，知道誼，識安危，別賢愚，辨是非，是爲人君之明。武者，非強亢暴戾之謂，惟道所在，斷之不疑，姦不能惑，佞不能移，是爲人君之武。伏見陛下推心御物，端拱淵默，羣臣有所敷奏，不復詢訪利害，一皆可之。誠使陛下左右前後之臣，皆忠實正人則善矣。萬一有姦邪在焉，則豈可不爲之寒心哉！其二論致治之道有三，曰任官、曰信賞、曰必罰。勿以日月積久而置高位，勿以資塗相值而居重職；勿以名行賞，而天下得飾名以求功；勿以文行罰，而天下得巧文以逃罪。有功則增秩加賞，而勿徙其官；無功則降黜廢棄，而更求能者，有罪則流竄行誅，而勿加寬貸。其三言養兵之術，務精不務多。一留中，一下中書，一下密院。

八月十五日，論赦及疏決。

略曰：「古之赦出無常，嚴謹周密，不可前知。今國家三年一郊，未嘗無赦，每歲盛夏，皆有疏決。是使猾吏悍民，亡匿不過周歲，則晏然復出爲平人，往往指望，謂之熱赦。致愿慤之民，憤邑惴恐，凶狡之羣，志滿氣揚。又祖宗每歲不過一次疏決，死罪以下，皆遞降一等。近歲或至再三，自徒以下一切赦之，此所以使百職隳慢，姦邪恣睢者也。」

十七日，進《五規》，一曰《保業》，二曰《惜時》，三曰《遠謀》，四曰《重微》，五曰《務實》。

二十五日，論舉選進士。乞天下諸州府軍

監任內，舉德行經術一人，大藩舉二人，轉運使提點刑獄舉三人，兩制以上歲舉一人。舉狀送下貢院，擇舉主最多者取三十人，本貫敦遣赴闕，試經義時務策各一道，但取義理優長，不取文辭華美。授官並與進士第一甲同，在明經之上。若犯私罪及正入己贓，舉主連坐，不以赦原。若因勢要而舉之，及爲人屬請者，并科違制之罪，受賕者以枉法論。又明經一科，少有應者，蓋緣立格太高，致舉人合格者少。乞後明經所試墨義，止問正文，不問注疏。其所試大義，但能具注疏本意，講解稍詳者爲通。若能先具注疏本意，次引諸家雜說，更以己意裁定，援據該贍，義理高遠者，爲優等，與折二通。若以己見穿鑿，雖文詞辯給，亦降爲不通。凡明經以六通，諸科以四通以上爲合格。又舊制明經以《周易》、《尚書》爲小經。今欲乞以《周易》、《尚書》、《毛詩》爲一科，三《禮》爲一科，《春秋》三傳爲一科，皆習《孝經》、《論語》，爲帖經。

閏八月八日，乞分十二等以進退羣臣。略曰：「今之所謂官者，古之爵也。所謂差遣者，乃古之官。今官爵混淆，品秩紊亂，名實不副，員數濫溢，是以官愈多而事愈廢。欲治而清之，莫若于舊官九品之外，別分職任差遣爲十二等：宰相第一，兩府第二，兩制以上第三，三司副使、知雜御史第四，三司判官、轉運使第五，提點刑獄第六，知州第七，通判第八，知縣第九，幕職第十，令錄第十一，判司簿尉第十二。其餘文武職任差遣，並以此比數。若上等有闕，即于次等擇才以補之。」

十三日，辭免北朝國信使。略云：「臣緣名犯北朝諱，所行文字，雖可改更，竊慮臨時語言不能記憶，或有觸犯。又臣體羸多病，性不耐寒，兼不經館伴，未能諳練南北事體，資性拙訥，恐辱王命。伏望聖慈，別賜差官。」尋改差人。

始平公以光得免使北，賜之以詩，依韻酬和，有「幸免驅車涉沙漠，尚容載筆侍宣溫」之句。

二十六日入對，言：「臣昔通判幷州所言三章，願陛下果斷力行。」仁宗沈思久之，曰：「得非欲選宗室爲繼嗣者乎！此忠臣之言，但人不敢及耳。」公曰：「臣言此，自謂必死，不意陛下開納。」上曰：「此何害？古今皆有之。」因令公以所言付中書，公曰：「不可，願陛下自以意諭宰相。」是日，公復言江淮鹽事，詣中書白之，韓琦問公今日復何所言，公曰：「所言宗廟社稷大計也。」琦喻意不復言。後十餘日有旨，令公與御史裏行陳洙同詳定行戶利害，洙與公屏語曰：「日者大饗明堂，韓公攝太尉，洙爲監祭。公從容謂洙：『聞君與司馬君實善，君實近建言立嗣事，恨不以所言送中書，無自發之，行戶利害非所以煩公也。』欲洙見公達此意耳。」

是月，同范鎭赴崇政殿，覆考應制舉人。試卷內圓、稆兩號，辭理俱高絕。而稆所對事目有漏落，公與范公議，以圓爲第三等，稆爲第四等。考官胡宿力請黜之。公言：「稆所對于四人中最爲切直，若不蒙取錄，恐天下謂朝廷虛設直言極諫之科，而曰後將以直言爲諱。」乃復收入等。圓蓋蘇軾，[illegible]蓋蘇轍也。後子由有挽公詩云：「少年眞狷淺，射策本麤疏；欲廣忠言地，先收衆棄餘。」蓋指此。是役也，王介甫亦與，有《夜讀試卷呈君實待制景仁內翰》詩。介甫是時知制誥，不肯撰蘇轍制詞，韓魏公改命沈遘爲之，蓋此時氣類已微分矣。

九月，公復上疏：「臣向者進說陛下，意謂即行，今寂無所聞，此必有小人言陛下春秋鼎盛，何遽爲此不祥之事？小人無遠慮，特欲倉猝之際，援立其所厚善者耳。定策國老、門生天子之禍，可勝言哉？」帝大感動，曰：「送中書。」公至中書，見韓琦等曰：「諸公不及今定議，異日禁中夜半出寸紙，以某人爲嗣，則天下莫敢違。」琦等拱手曰：「敢不盡力！」後月餘，詔英宗判宗正寺。

論荒政。

略曰：「今歲淮南、兩浙，因今歲水災乏食，民往往販鬻私鹽，至有持兵刃與官軍拒鬭相殺傷者，此大盜之漸，不可不禁止。蓋由有司搉之太急，故抵冒爲奸。臣謂陛下宜戒諭職司，稍弛鹽禁而嚴督盜賊，緩課利不充之罰，急羣行剽劫之誅，廢告捕私鹽之賞，旌討擒強暴之功，此弭患未形之道也。」

論臣寮上殿屏人。

略曰：「故事，臣寮上殿奏事，悉屏左右內臣。今內臣不過去御座數步，君臣對問之言，皆可聽聞，恐致漏洩機事，大爲不便。今後應遇臺諫兩府官上殿奏事，左右并于殿角板障門外踢道下祗候，仍委都知押班于兩邊門下檢校，如敢竊有覘聽者，并具姓名聞奏。」九月二十八日奉旨，自今衹令御藥侍臣及扶侍四人立殿角，以備宣喚，餘悉屏去。

論燕飲。

公與王陶同上疏：「道路皆言陛下近日宮中燕飲微爲過差，賞賚動以萬計，耗散府庫，調斂細民。況酒之爲物，傷性敗德，殆非所以輔養聖躬之道。伏望陛下悉罷燕飲，安神養氣。後宮妃嬪，進見有度；左右小臣，賞賚有節。及厚味腊毒之物，無益奉養者，皆不宜數御，以傷太和。」

十月初二日，論蘇安靜不宜充内侍省押班。

十一月十四日，論張方平不宜任秦鳳路經略安撫使。

略云：「方平知秦州日，邊人虛稱西夏點兵侵犯邊境，惶擾失度，移牒鄰路，索兵自救，仍飛奏上聞，致朝廷疑憂。已而按省，皆無事實。身爲元帥，乃怯懦輕易至此，萬一疆埸實有警，何以待之？伏望嚴加譴謫，更擇明知沈勇之人，以代其任。」

二十五日，乞懲勸均税官吏。

有《答劉太博忱書》、《贈都官郎中司馬君墓誌銘》。

十二月十四日，論復著豐州。

略云：「豐州地勢孤絶，外迫寇境，向有永安、來遠、保寧三寨，皆以蕃族守之。自元昊攻陷州城，三寨蕃族盡爲所虜，今所存唯丘（嘘）〔墟〕草莽而已。若建以爲州，則須復設外寨，備置官吏，廣屯兵馬，多積芻糧，皆應調發内地之民以奉之，此所謂徇虛名而受實弊也。頃年朝廷欲修豐州城，嫌其單外，乃于其南數十里築永寧堡。其地窪下，疏惡難守。今既修豐州，則永寧堡深在腹內，無所復用。不若徑遷堡于豐州故城，兵馬芻糧，不更增益，但擇使臣有材略者使守之，不必假以知州之名，仍召募蕃漢之民，使墾闢近城之田，俟其蕃庶如舊，然後升以爲州，未晚也。」

嘉祐七年壬寅，公年四十四歲。

公知諫院。

正月十二日，論上元遊幸。

略曰：「上元觀鐙，本非典禮，正以時和年豐，與百姓同樂，爲太平之榮觀。去歲諸州多罹水旱，有司不明大體，務修故事，不稱陛下子惠元元之意。又連日遊幸，在于聖躬亦爲煩勞。伏望停止，以安養聖神。幸甚。」

十九日，論以公使酒食遺人刑名。

略曰：「聖王之教，尚忠厚而貴愷悌。故詩有《鹿鳴》、《伐木》、《既醉》、《行葦》，美燕好之相樂；禮有幣帛饔餼，行于邦國，贄獻飲酒，施于鄉黨。近歲以來，中外有司喜以微文刺舉苛細，至于宴飲相從，酒食相饋，皆集累成過，抵以峻法。若朝廷因之遂爲著令，臣恐百司無所措其手足，虧損聖朝堂堂之化，非細故也。臣請申明舊條，應以公使錢及財物贈遺人及受者，并須贓滿五疋以上方得科罪，其不滿及以飲食之物相饋餉者，皆勿論。」

論諸科試官。

略曰：「臣伏見朝廷取勘諸處發解考試諸科官，以所解諸人到省，十有九不中者。臣竊唯國家本設六科，以求通經之士。竊唯去歲貢院出題，曲爲奇巧，或離合句讀，故相迷誤。或取卷末經注字數，以爲問目。雖有善記誦之人，亦不能對。其去設科本意甚遠，是罪在貢院出義題官，不在諸處發解官也。今舉人被黜，又幷發解之官亦坐停替。臣恐學者從此益棄本原，殆非崇經術之道。伏望朝廷委官覆考，仍勑貢院將來科場依條出義，毋得更如今來詭僻苛細，至時仍有十有九不中之人，然後將諸處考試官行罰，則彼皆無辭，而人亦不以爲冤矣。

二十八日，論上元令婦人相撲。

略曰：「今月十八日，聖駕御宣德門，召諸色藝人，各進技藝，內有婦人相撲者，亦被賞賚。臣竊以宣德門乃國家之象魏，而使婦人臝戲于其前。陛下動遵儀典，而所司巧佞，妄獻奇技，以污瀆聰明。臣區區實所重惜。若舊例所有，望因此斥去，仍詔有司嚴加禁約，今後婦人不得于街市以此聚衆爲戲。若今次上元始預百戲之列，即乞取勘因何致在籍中。或有臣僚奏聞，因此宣召者，並重行譴責。」

論公主宅內臣。

略云：「近聞有聖旨令召前管句兗國公主宅內臣二人，復還本宅。此二人向在主第，罪惡山積，當伏重誅。陛下寬典，僅斥之外。今數月復令召還，道路籍籍，口語可畏，非所以成公主肅雍之美，彰陛下義方之訓也。伏望追止前命。」

二月初四日，論正家上殿。

略云：「臣先曾上言公主宅內臣過惡，乞不召還。近聞內臣梁懷吉仍赴公主宅依舊句當。外議無不駭異，謂陛下曲徇公主之意，不復裁以禮法，使之無可畏憚，觸情任性，以邀君父，慍賤其夫，不執婦道，將何以觀法四方，昭示來世！伏望陛下斥逐梁懷吉等，另擇柔和謹愿者，以補其闕。仍敕公主若屢違詔命，雖天子之子，亦不可得而私，庶幾有所戒懼，率循善道。」

二十八日，論李瑋知衛州。

略云：「臣竊聞駙馬都尉李瑋出知衛州，兗國公主入居禁中，瑋母楊歸其兄璋之宅，家人悉令散遣。伏以陛下追念章懿皇后，故使瑋尙主，欲以申固姻戚。今乃母子離析，家事流落，陛下獨無雨露之感，悽愴之心乎？宜且留李氏，徐以義理曉諭，公主庶幾回心易慮，復歸本宅。若公主必無復歸李氏之（主）〔志〕者，則瑋既蒙斥逐，公主亦不宜全無貶損。」尋詔公主降封沂國。

判檢院，權判國子監。

三月，除知制誥，力辭，章至九上，乃許。有《上龐始平相公述不受知制誥書》。改授天章閣待制兼侍講，賜三品服，仍知諫院。

五月十一日，有《上殿謝官劄子》。

六月二十九日，上《謹習疏》。

略云：「頃年以西鄙用兵，權置經略安撫使，得以便宜從事。及西事已平，因而不改。河東一路，總二十二州軍，唐始置沿邊八節度之權，不能過也。將相大臣典州者，多以貴據自恃，淩忽轉運使，使不得舉職。又朝廷務省事，崇行姑息之政。至于胥吏讙譁，而逐御史中丞；輦官悖慢，而退宰相；衛士凶逆，而獄不窮奸；澤加于舊，軍人詈三司使，而法官以爲非犯階級，疑于用法。其餘有一夫流言于道路，而爲之變法推恩者多矣。凡此，皆非所以習民于上下之分也。朝廷如是，四方效之，于是元帥畏偏裨，偏裨畏將校，將校畏士卒。姦邪怯懦之臣，至有簡省教閲，使之驕惰；保庇羸老，使之繁冗；屈撓正法，使之縱恣；詆訾粟帛，使之憤惋。甘言諂笑，無所不至，于是士卒翕然譽之。一或不然，則怨怒叢于其身，而禍亂生。長此不已，日滋月益，豈有異唐之季世乎？」

七月，上《財利疏》。

略曰：「在隨材用人而久任之，養其本原而徐取之，減損浮冗而省用之。又以宰相領總計使之官，凡天下金帛錢穀隸于三司。如內藏庫、奉宸庫之類，總計使皆統之。歲終則會其出入之數，若入寡而出多，則總計使察其所以然之理，求其費用之可省者，以奏而省之，必使歲餘三分之一，以爲備禦不虞之計。凡三司使副判官、轉運使及掌內藏、奉宸等庫之官，皆察其能否，而定其誅賞。或謂宰相論道經邦，不宜領錢穀，不知治體者之言。《周禮》以冢宰制國用，唐制以宰相領鹽鐵、度支、戶部，自古及今，皆宰相職。」

按：仁宗末患在財匱，公此疏所云，亦與荆公以宰相領制置三司條例略同矣。但公意耑主省國家之用，而荆公則欲網天下之利，其用處自不同耳。

八月二十七日，乞早令皇子入內。

略云：「凡人爭絲毫之利，至相爭奪。今皇子辭不貲之富，首尾十月，其賢于人遠矣。然臣等竊以臣子有君命召不俟駕之禮，使者有受命不受辭之義。凡宣召皇子，內臣皆乞責降，且以大義責皇子，宜必入。」英宗遂受命。

九月，充媛董氏薨，追贈婉儀，又贈淑妃，輟朝成服，百官奉慰，定謚，行册禮，葬給鹵簿。公上言：「董氏名秩本微，病亟之日方拜充媛。古者婦人無謚，近制唯皇后有之。鹵簿本以賞軍功，未嘗施于婦人，唯唐平陽公主有舉兵佐高祖定天下之功，乃得給。至韋庶人始令妃主葬日皆給鼓吹，非令典，不足法。」

十二月，論壽星觀御容。

先是本觀有真宗時所畫壽星，內臣吳知章稱是真宗御容，欲張大其事，遂更畫御容爲壽星服，以易其像，改爲崇先觀。知章又請別建更衣殿及諸屋宇，所費踰數十萬。公上言：「祖宗神靈所憑依，止在太廟木主，未聞別有象設。漢氏始爲原廟，已爲達禮者所譏，況畫御容于道宮佛寺，而又爲壽星之服，其黷禮益甚。知章妄希恩澤，興造事端，乞下所司明正其罪。所有創（漆）〔添〕屋宇，乞一切停止。」

二十二日，論后妃封贈。

時有司新定後宮封贈法，皇后與妃皆贈三代。公上言：「禮之所慎，別嫌明微，妃不當與后同。袁盎引卻慎夫人坐，正爲此耳。或謂外廷兩府皆贈三代，妃正一品，不可以後之，此又不然。夫禮，內外異宜，自宰相、樞密副使，名秩雖殊，而比肩爲臣，俱贈三代，不足爲嫌。皇后與妃，位次相亞，而有妾主之分，此尤宜分別名器，以防僭差者也。」

二十七日，《奉和御製龍圖等閣觀三聖御書》。

《進瞻彼南山詩表》。

略云：「陛下以十二月二十三日、二十七日，再幸天章閣，悉召宰輔侍從之臣，徧觀瑞物及先帝御書御集。又幸寶文閣，親爲飛白書，並御墨紙筆以賜羣臣。又賦詩，命羣臣屬和。又幸羣玉殿，置酒作樂，比暮而罷。其酒醪肴蔌，羅花金器，多出禁中。于二十七日，仍面諭羣臣：『前日之燕，辦于造次，未盡朕心，故欲重與卿等爲樂。今天下方無事，無惜盡醉，以稱朕意。』是日凡爲燕之具，又加厚于前，其所以勞來存撫羣臣，莫非出于陛下之志，是以羣臣膏沐寵光，淪肌浹髓。四方聞者，無不咨嗟歎息。臣願推此心以被天下，將見四海之內，無不沈酣于茂恩，饜飫于盛德矣。不勝鼓舞抃蹈之至，謹成《瞻彼南山詩》七章，隨表上進。」

嘉祐八年癸卯，公年四十五歲。

公知諫院。

春正月己酉，公同翰林學士范鎮知貢舉。

三月戊申，故相龐籍卒，公升堂拜其妻如母，撫其子如昆弟，時人賢之。本傳〔無〕，照馬氏譜增入。

是月，仁宗崩。四月朔，英宗即位，得暴疾，詔請皇太后同處分軍國事。

四月十三日，《上皇太后疏》。

略云：「章獻明肅太后，保佑先帝，進賢退姦，有大功于趙氏，特以親用外戚小人，故負謗天下。今太后初攝大政，四方之人，莫不觀聽，以覘盛德。大臣忠厚如王曾，清純如張知白，剛正如魯宗道，質直如薛奎者，當信之用之；鄙猥如馬季良，讒諂如羅崇勳者，當疏之遠之，則天下服。」

十五日，上《遺賜疏》。時仁宗遺賜金珠，直百餘萬，公所得近千緡，乃率同列上疏言：「國有大憂，中外窘乏，不可耑用乾興故事。若遺賜不可辭，宜許侍從上進金錢，佐山陵費。」不許。公乃以所得珠爲諫院公使錢，金以遺舅氏，義不藏于家。

二十七日，上皇帝疏。略云：「大行皇帝春秋未甚高，選擇陛下于宗族之中，授以天下，恩德隆厚，踰于天地。漢宣帝爲昭帝後，終不追尊衛太子、史皇孫。光武起布衣有天下，自以爲後。元帝亦不追尊鉅鹿都尉、南頓君。惟哀、安、桓、靈，皆自旁親入繼大統，追尊其父祖，天下非之。願陛下深以爲戒，杜絕此議，勿復聽也。」

上《山陵擇地劄子》。略云：「大行皇帝以十二月二十七日大葬，而朝廷遣使按行山陵，未知定處，或欲于永安縣外，廣求吉地。臣以陰陽之書，使人拘而多畏，向以謹于時日之故，堅用八日大斂[一]。自後聖躬有疾，至今未瘳，其無驗亦已明矣。況國家葬永安，已百有餘年，官司儲偫，素皆有備。今改卜他所，不唯更須創置，民力弗堪，亦恐大行皇帝眷戀祖宗，未肯即安于新陵也。」

五月二十一日，論御藥寄資。略云：「句當御藥院，內臣中職任最爲親近，祖宗朝恐其名位寖崇，則權勢太重，故常用供奉官以下爲之。若轉至內殿崇班，則令出外，此誠防微杜漸至意。近歲頗隳舊法，往往闇理官資，久而不去，深爲不便。今踐祚之初，宜革積弊。乞自今後凡轉官至內殿崇班以上者，並須出外，一遵祖宗之制，不得仍留內廷差遣。」

是月，有《祭龐穎公文》。

六月一日，上《祔廟議》。略云：「禮，天子七廟，三昭三穆，與太祖之廟而七。太祖之廟，萬世不毀，其餘親盡則毀，示有終也。自漢以來，天子或起于布衣，以受命之初，尚在三昭三穆之次，故或祀四世，或祀六世，其太祖以上之主，雖屬尊于太祖，親盡則遷。故漢元帝之世，太上廟主瘞于寢園。魏明帝之世，處士廟主遷于園邑。晉武帝祔廟，遷征西府君。惠帝祔廟，又遷豫章府君。自是以下，大抵過六世則遷，蓋以太祖未正東嚮之位，故止祀三昭三穆；若太祖已正東嚮之位，則並昭穆而爲七也。唐高祖初立祀四世，太宗增祀六世。及太宗祔廟，則遷弘農府君于夾室；高宗祔廟，又遷宣皇帝于夾室，皆祀六世，此前代之成法也。惟明皇立九室，祀八世，事不經見，難可依據。今若以太祖、太宗爲一世，則大行皇帝祔廟之日，僖祖親盡，當遷于西夾室，于先世典禮及近世之制，無不符合矣。」

議既上，禮官孫抃等以爲廟數未過七世而遷之，古無其比，寢不遷。至英宗祔，乃遷藏。熙寧中，安石當國，復言僖祖廟比稷、契，不宜毀廟，而下祔于子孫，宜還廟享。韓維、孫固等議言：「太祖靖大難，垂統百世，宜爲宋太祖。僖祖仰尋功業，未見所因，似未可引契、稷爲比。」神宗頗主維、固議，而安石持之堅，卒奉僖祖爲始祖東向，而太祖居第四室。政和中，蔡京祖之，爰立十室。紹興南渡，建太廟于臨安，凡九世十二室。董棻、王普等上疏：「熙寧尊僖祖居東向，而太祖退處昭穆之位，上無以當天地神祇顧歆之意，下無以答億兆臣庶尊仰之心，速宜正厥違誤。」詔下禮官集議，不果行。至孝宗升祔，鄭僑等據以爲請，諸儒樓鑰、陳傅良等翕然附議，相汝愚主之。于是自昌陵祔廟，踰二百年而始正太祖東向之位，如公議矣。時朱文公熹獨主安石之說，與汝愚爭辨，謂僖祖神主遷于治平，未及數年，而神宗復奉以爲始祖，已爲得禮之正。元祐大儒程頤議論與安石每異，至論廟制，則深以僖祖爲不當。祧議者特以司馬光、韓維之賢，人所敬信，其議偶不出此，而安石以變亂穿鑿得罪，公議遂堅守二賢之說，並安石當取者而廢之，惑已。蓋禮家聚訟，從來已久，然考之典禮，終以公之說爲正，即文公亦未盡合也。

是月壬申，譔《太子太保龎公墓誌銘》。諱籍。

又譔《大理寺丞龎之道墓誌銘》。籍長子，與公同娶張氏。

二十二日，《上兩宮疏》。

略云：「皇帝與皇太后兩宮相恃，如頭目之與心腹。自後萬一奸人欲有關說，涉于離間者，當立行誅戮，以明示天下，使咸知讒佞之徒，不能欺惑聖明。」

七月十四日，論夏國入弔。

略曰：「陛下繼統之初，四裔之人皆欲奉望天表，又聞向曾不安，意謂未能視朝，故輒敢桀黠。今誠即殿廷數步之地，使之稽首拜謁，瞻仰陛下神武之姿。歸至其國，轉相告語，使蠭蟻之衆，心服氣沮，此上兵伐謀之道也。」

二十六日，論進賀表恩澤。

略云：「諸路轉運使下至班行幕職權知州軍等官，各遣親屬進賀登極表至京師，朝廷一例推恩，或所遣不係親屬者，亦除齋郎，此蓋承五代姑息藩鎮之弊。揆之于理，誠爲太濫。況朝廷以近日官吏繁冗，特減諸色奏蔭。若如此，則向所減省，悉爲虚設。乞進表人若係五服内親者，授以一官。其不係親屬，量賜金帛罷去，庶幾少救濫官之失。」

乞簡省細務不必盡關聖覽。

略云：「人君之職，一在量材而授官，二在度功而行賞，三在審罪而行罰。伏見國家舊制，如三司鞭一胥吏，開封府補一廂鎮之類，往往皆須奏聞。此蓋國初艱難權時之制，今日誠傷煩碎，乞概從簡省。陛下養性安身，以耑念人君之三職。幸甚。」

八月癸未，譔《清逸處士魏君墓誌銘》。諱閑，字雲夫，父諱野，有大名。

九月二十三日，論趙滋宜落軍職。

略云：「臣先曾上言，趙滋爲人剛愎，不可管軍。近聞滋對契丹人使，禮貌驕倨，不遵舊式。竊以先帝深于生民之至計，親屈帝王之尊，與契丹約爲兄弟，自後和親垂六十年。今滋數乘客氣以傲使人，爭小勝以挑強胡，臣恐釁隙一開，朝廷未得安枕而卧。乞落軍職，毋使爲國生事。」

二十九日，乞撤去福寧殿前尼女。

略云：「大行皇帝在福寧殿，自啓菆以來，每日裝飾尼女，置于殿前，傳以粉黛，衣之綺繡，狀如俳優，又類戲劇，見者無不駭異。乞下有司，應將來靈駕進發，凡儀仗送終之物，有鄙俚無稽不合禮典如此類者，悉宜撤去。」

十一月三日，論虞祭當親行禮。

略云：「虞者孝子之事，非臣下所得攝。前以木主未至京師，塗中不可一日不虞，故權使羣臣攝事。今木主近在内殿，而有司不根禮意，尚如塗中代攝，于敬恭之情，有所未盡。今至卒哭尚有三虞，乞陛下親行其禮。」

再論醫官宋安道宜斥去。

略云：「臣曾上言，醫官宋安道等方術無驗，乞別擇良醫，未聞施行。竊以爲聖體已安，今覩陛下不親虞祭，乃知殊未痊復。竊聞安道等奏皇太后及語大臣，皆云陛下六脈平和，體中無疾。今疾狀如此，其面謾亦可知矣。又聞朝廷選擇醫官，皆試以《難經》、《素問》。夫醫者得之于心，未必皆讀古書，而徒記誦古書者，未必能治病。今擇此等人與安道雜處，是以展轉相仗，雷同附和，而久不見功也。又聞病人能自知其病者，未甚病也；憎良藥而不受者，病在内拒之也。今陛下不安如此，而常自謂無疾，卻醫不御，則病益深矣。不更求名醫，強進良藥，縱陛下不自惜，奈宗廟社稷何！」

七日，論張茂則。

略云：「舊制，内臣年未五十，不得充内侍省押班。近除張茂則，年止四十八歲，恐此例一開，内臣攀援求進，不可禁止。陛下踐祚伊始，尤宜謹守祖宗法，以示天下至公者也。」

二十六日，《上皇太后疏》。

略云：「竊聞皇帝向日疾勢稍增，舉措言語，不能自擇。左右一一上聞，致殿下不能堪忍，兩宮微相責望。方今仁宗新棄天下，天下危于累卵，豈可效常人之家，爭語言細故？况皇帝自藩邸以至踐祚，孝謹溫仁，殿下所親見；偶嬰疾沴，亂其本性，言語動作，不自省記，此乃有疾者之常，不足爲怪。殿下于天下之理無所不通，豈可責有疾之人以無疾之禮耶？乞精擇醫工，治皇帝之疾，嚴戒左右，皇帝有舉措言語不合常度者，不得以聞。殿下惟和神養氣，安靖國家，俟聖躬痊復，然後舉治平之業以授之，不亦美乎！」

是日，又《上皇帝疏》。

略云：「臣于四月二十七日及六月二十二日，皆曾上疏，勿使姦邪之人有所離間。向以聖體未安，舉動言語不能自省，而左右妄爲增飾，必無事實。雖然，豈可使天下聞之？伏望陛下親詣皇太后閣，克己自責，以謝前過，溫恭侍養，過于未登大位之時。如此則上下感悅，宗社永安。古之孝者，雖不慈之母，猶能使之感悟，况皇太后聖善著聞，自陛下有疾以來，日夜泣禱神祇，憂勞困悴，陛下豈可不思有以安慰之乎？」

十二月二日，論後宮等級。

略曰：「前代皆擇良家子充後宮位號，祖宗朝猶有公卿大夫女在宮掖者，皆須年十二三以上，醫工診視，防禁甚嚴。近歲頗隳舊制，等級寖多，監勒牙人，使之僱買，至有軍營市井婦女，雜處其間，深爲未便。今陛下即位之初，嬪御未備，宜乘此時定立制度，依約古禮，後宮共爲幾等，等幾人，未足且虚其數，已足不可更增。若求乳母，亦須選擇良家性行和謹者，方得入宮。垂之爲萬世法，此誠治亂之本也。」

十五日，乞延訪羣臣。

略云：「凡人，牆之外則目不見，里之前則耳不聞。天子奄有四海，若不問之于人，何從知之？宜詔侍從近臣，每日輪一員值資善堂，夜則宿于崇文院，以備不時宣召。」又云：「爲國之要，在審察人材，周知下情而已。審察人材之謂明，周知下情之謂聰。明則百官稱其職，聰則萬幾當其理。百官稱其職，萬幾當其理，治之極也。賢不肖渾淆之謂昏，下情不上通之謂蔽。昏則百職隳曠，蔽則萬幾乖戾。百職隳曠，萬幾乖戾，亂之至也。」

譔《諫院題名記》。

略云：「古者諫無官，人無不得諫者，自漢以來始制官。居是職者，當置其大，捨其細，先其急，後其緩，專利國家而不爲身謀。天禧初，眞宗詔置諫官六員，責以職事。慶曆中，錢君始書其名于版。光恐久而漫滅，嘉祐八年刻著于石，後之人將歷指其名而議之曰：『某也忠，某也詐，某也直，某也曲。』嗚呼，可不愼哉！」

〔一〕八日：原作「八月」，據《司馬公文集》卷二五改。

司馬太師温國文正公年譜卷之三

錫山顧棟高輯　吴興劉承幹校

治平元年甲辰，公年四十六歲。

春正月辛酉，詔以仁宗配饗明堂。公與吕公著上《配天議》。

公知諫院。

時仁宗祔廟，季秋大饗明堂，議以仁宗配，詔臺諫與兩制官集議。公議云：「孝子之心，誰不欲尊其父？聖人制禮，以爲之極，不敢踰也。古之帝王，自非建邦啓土及造有區夏者，皆無配天之文。故《詩》曰：『思文后稷，克配彼天。』《我將》之詩，祀文王于明堂。前漢以高祖配天，後漢以光武配明堂。外此，雖周之成、康，漢之文、景、明帝，德業非不美，而子孫不敢推以配天者，避祖宗也。《孝經》曰：『嚴父莫大于配天，則周公其人也。』孔子以周公制禮作樂，而文王適其父，故引之以證聖人之德莫大于孝，非謂有天下者，皆當尊其父以配天也。近世祀明堂者，皆以其父配五帝，此乃誤識《孝經》之意，而違先王之禮，不可以爲法也。景祐二年，仁宗詔禮官稽按典籍，辨崇配之序，定二祧之位。乃以太祖爲帝者之祖，比周之后稷；太宗、眞宗爲帝者之宗，比周之文、武。然則祀眞宗于明堂以配五帝，亦未失古禮。今仁宗雖豐功美德，洽于四海，而不在二祧之位，議者乃欲捨眞宗而以仁宗配，恐于祭法不合。又以人情言之，是絀祖而進父，不唯乖違典禮，恐亦非仁宗之意也。議者又欲以太祖及三宗迭配郊丘及明堂，臣等亦以爲不可。何則？國家受天永命，傳祚萬世，若繼體守文之君皆得配天，則子孫將有無窮之數，與祖宗無別也。臣等竊謂宜遵舊禮，以眞宗配五帝于明堂，行之爲便。」議上，而觀文殿學士孫抃等執議謂：「《易》稱：『先王作樂崇德，薦之上帝，以配祖考。』蓋祖考並可配天，符於《孝經》所稱。雖周家不聞廢文配而移于武，廢武配而移于成。然《易》之配考，《孝經》之嚴父，歷代循守，不爲無説。魏明帝祀文帝于明堂以配上帝，史官謂是時二漢之制具存，則魏所損益可知，亦不可謂章、安之後，配祭無傳，遂以爲未嘗嚴父也。今以《我將》爲祀文王于明堂，而作者安知非孔子删《詩》時獨取《周頌》之全盛者而著之，而其餘並創而不存乎？仁宗臨御天下四十二年，功德可謂極盛，今祔廟之始，抑而不得配帝，甚非所以宣章嚴父之大孝。」詔從抃議。

三月，上《皇帝事皇太后當如濮王疏》。略云：「臣聞陛下昔在藩邸，事濮王承順顔色，曲盡孝道，凡宮中之事，皆委陛下幹之，無不平允。陛下事皇太后，當一如濮王然後可。視天下之政，當一如宮中之事然後可。况濮王之親以恩，皇太后之親以義，其奉養之謹，非特有所加，則無以取信也。宮中之事小，天下之事大，其聽斷之勤，非特有所加，則無以致治也。」《長編》。

夏四月，上《出宮人疏》。略云：「前代帝王升遐之後，其後宮下陳，盡放之出宮，所以遂物情，重人世，省浮費，遠嫌疑也。」癸未，放宮人三百三十五人。《長編》。

十四日，論永昭陵建寺。

略云：「竊聞中旨，于永昭陵側別建一寺。凡臣僚之家無人守墳，乃于墳側置寺，啗以微利，使之守護種植。至國家守衛山陵，有司備具。若云資薦求福，則仁宗皇帝寬仁恭儉，恩洽四海，何待別置一寺，更度數僧，然後得生天堂樂處也？況仁宗晚年，詔天下無名額寺屋及百間者，並特與名額，計創（漆）〔添〕千有餘處，而數月之間，宮車晏駕，其無驗亦已明矣。今國喪之後，帑藏空虛，百姓罷敝，乃復興此無名之役，殊非中外所望。逆禮傷孝，蠹財勞人，徒使僧徒妄求恩澤，臣竊爲朝廷惜之。」

定奪貢院科場不用詩賦。

略云：「中書送下判國子監呂公著劄子，乞科場更不用詩賦，委得允當。然進士只試論策，又似太簡。乞除論策外，更試《周易》、《尚書》、《毛詩》、《周禮》、《儀禮》、《春秋》、《論語》大義。共十道爲一場，其策只問時務，所有進士帖經墨義，從來不曾考校，顯是虛設，乞更不試。」

十七日，乞車駕早出祈雨。

略云：「陛下踐祚已踰期年，百姓未聞屬車之音，重以鄙者聖體不安，遠方之人，訛言未息。若聞車駕一出，則遠近釋然，莫不悅喜。況今春少雨，麥田枯旱，王者以四海爲家，何必信瞽史之言，選揀時日，而不急百姓之急哉！」

二十四日，乞今後有犯惡逆不令長官自劾。

略云：「近聞開封府屢有子殺父母者。竊見刑部格敕及《刑統》，百姓有犯惡逆以上，州縣量事貶降，刺史以上附表自劾，以敦風敎。又因朝廷務行寬政，失出槪置不問，小有失入則終身廢棄。以此官吏遇此等及毆詈尊長者，專務掩蔽，唯恐上聞，止從杖罪斷遣，蓋避自劾之恥，遂使頑民益無忌憚，名敦風教，其實壞之。王者當善善惡惡，未聞寬此悖逆之民，以爲仁政也。乞今後除去貶降長吏及附表自劾二條，專令內外大僚，覺察州縣官吏，如有敢將惡逆不孝不睦等罪隱蔽，不依正法斷遣者，並糾舉聞奏，以故出入罪論。」

五月十八日，論爲治所先。

時皇太后還政于帝，公首上疏言：「治身莫先于孝，治國莫先于公。皇太后聽政之時，左右侍衛不敢不恪，求須之物，無敢不備。既委去政柄，隨勢傾移，侍奉懈慢，供給有闕，其責皆歸陛下。臣愚以爲外朝之刑賞黜陟，自聖心決之。至禁廷之取捨賜予，不若皆稟于皇太后。陛下與中宮勿有所耑，如此則慈母歡欣于上，臣民頌詠于下。不然，萬一有絲毫缺失，流聞于外，或皇太后憂患不樂，內生疾疢，則陛下何以勝此名于天下哉！臣謂治身莫先于孝者，此也。陛下奮自宮邸，入纂皇極，舊恩宿怨，豈能盡無？然今日即政之初，皆不可留于聖慮。夫爵祿非以厚人君之所喜，刑罰非以快人君之所怒。今日苟有才德高茂，合于人望者進之，雖宿昔怨讎勿棄；有器識庸下，無補于時者退之，雖親暱姻婭勿錄。如此，則野無遺賢，朝無曠官，上下悅服，朝廷大治。不則所進者皆平日所親愛，所退者皆平生所不快，所賞者皆諂諛而無功，所罰者皆忠諒而無罪。如此，則中外解體，紀綱隳紊。臣謂治國莫先于公者，此也。」

十九日，論皇太后取索。

略云：「臣聞自來内中凡有所須，止用御寶合同文字，于諸司取索，立時供應，過後方申三司覆奏。若皇太后一一須待（木）〔本〕閤使臣申牒，候得御寶乃供，竊慮行遣往復，太爲迂迴。萬一欲得藥餌什器之類，有司懈慢，不能應時而至，有傷慈母之心。乞令兩府再議，凡皇太后所取，一如聖旨立應，已乃具數奏太后，以防矯僞。」

二十五日，乞后族不推恩。

略云：「臣竊聞陛下欲加曹佾使相，皇太后再三不許。又聞聖旨推恩與皇后本家。臣愚以爲皇太后既深執謙遜，抑損外親，則后族亦恐未宜褒進。一則示人子恭孝之心，不敢使后族先于母黨；二則示人君即政之初，不可以爵祿待賢之具，私椒房之親，于聖德益有光榮矣。」

二十八日，《上皇太后疏》。

略云：「聖體復初，四方無事。殿下推而不居，率土臣民，莫不稱頌。但道路之口，皆言皇帝與皇后奉事殿下恭勤之禮，甚加于往時，而殿下遇之太嚴，接之太簡。或時進見，殿下雖賜之坐，如待疏客，語言相接，不過數句，須臾之間，已復遣去，使之疑惑恐懼，而不敢自親。推其本原，蓋由皇帝遇疾之際，必有讒人造飾語言，互相間搆，掇拾絲毫之失，無不納于殿下之耳。殿下雖至仁慈，不能無怒。皇帝以剛健之性，屈于衆口，無以自伸，能不憤悒？遂使兩宫之間，介然相失，久而不解。今殿下歸政皇帝，臣恐讒人愈不自安，力謀離間。彼皆自營一身之私，非爲國家與殿下之計也。願殿下斥遠其人，勿置左右，召諭皇帝，以向來紛紛，皆此屬所爲，自今以後，母子之間，當坦然無疑。皇帝必涕泣拜伏，感激推謝，然後兩宫之歡，一皆如舊。凡皇帝皇后進見之際，殿下宜賜以溫顔，留之從容，往來無時，勿加限絶。或置酒語笑，與之欣欣自得，一如家人之禮。如此，則心平氣和，眉壽無疆，國家乂安，内外無患。與其信任讒慝，猜防百端，終日戚戚，憂憤生疾，國家不寧，禍亂横生，二者得失，相去遠矣。皇帝内則仁宗同堂兄之子，外則殿下之外孫壻，今日爲萬民父母，孰云非殿下之力？固宜撫存愛念，以終（太）〔大〕惠。不可追數得疾之時，以爲罪咎。至皇后自童孺之歲，朝夕游戲于殿下之懷，分甘哺果，撫循煦嫗，有恩無威。今正位宫中，恃昔日之愛，不自疏外，猶以童孺之心望于殿下；或有求須，不時滿意，則愠懟怨望，不能盡如婦姑之禮。殿下責之，固其宜也。事過之後，則不宜憎疾如仇讎。方今宫闈之内，殿下骨肉至親，止于皇帝、皇后、長公主及皇子、公主數人而已。其餘皆行路之人，于殿下何有哉？夫貴莫貴于爲天子之母，富莫富于四海之養。有此富貴而不能自樂，使受恩之子婦，彷徨而不自安，踧躡而不敢進，雖内懷反哺之心，而無由施展，臣竊爲殿下惜之。臣父子皆蒙先帝大恩，心非木石，惟望殿下母子和悦，國家安寧，是臣所以爲報效也。」

七月十八日，論任守忠十大罪，乞正典刑。略云：「臣竊聞內侍省都知任守忠擅取奉宸庫金珠數萬兩，獻遺中宮，仍受中宮賞賜。伏以守忠蒙先帝賞拔，日侍左右，專以詼諧諂諛，苟求說媚，罪一。總領近侍，予奪自恣，援引親黨，排抑孤寒，罪二。資性貪惏，老而益甚，珍寶溢私室，第宅甲京師，罪三。妄行威福，所愛者雖有大罪，掩蓋不言；所惡者雖有瑕疵，糾責成事，使宮禁之內，側足屏息，罪四。濮王之薨，守忠監護喪事，因匄奪不滿意，誣長子宗懿以不孝，使被譴責，感憤成疾以死，罪五。先帝屬意聖明，守忠沮壞大策，希圖倉猝之際，擇立昏懦，以邀大利，罪六。陛下既爲皇子。守忠內懷憂懼，日于先帝之前，離間百端，隔絕內外，罪七。及陛下纂統，不幸遇疾，守忠增飾語言，撰造事迹，交搆兩宮，遂成深隙，計其深謀，無所不至，罪八。及皇太后恭還大政，守忠陡異炎涼，用昔時讒陛下之計，爲今日譏皇太后之辭，使皇太后終日涕泣，悒快成疾，罪九。皇后正位尚新，天下聳觀令德，守忠輒爲皇后畫策，並不稟問皇太后，矯傳教旨，開祖宗寶藏，逆婦姑之禮，開驕侈之源，使皇后受其惡名，而己收其重利，罪十也。伏乞明示四方，斬於都市。」

按：此皇后即宣仁后也。三疏中所稱，不無于宣仁有礙，而宣仁卒爲婦德之冠。元豐末，首起公爲輔相，倚任略無猜嫌，豈非臣主俱美哉。抑或初正位中宮時，因公言而弼成其德者實多歟。又皇后求須必稟于皇太后，則公前疏所稱「內廷賜予，中宮勿有所專」者，朝廷已行之矣。公之調停骨肉，功爲不小，而當日之昌言不諱，尤稱盛事云。

論內侍差遣。

略云：「臣向時上殿，伏見陛下宣諭，以內臣差遣，並一切委之都知司。臣當時奏陳，以爲非便。今任守忠恃此權勢，至罪盈惡極。幸賴陛下神斷，斥而去之。然不收還威福之柄，則去一守忠，生一守忠也。伏望自今以後，一應要切公事，並親加選擢，必擇其人忠勤有功者。不職則立加貶退，不必一一勘會資序，檢尋體例。」

《貢院乞逐路取人狀》。

略云：「勘會嘉祐三年、五年、七年三次科場，內開封府、國子監並約四人五人中取一人及第。而西北、河東、陝西及近邊夔、利等路，至有全無人及第者。蓋緣每次所差試官，皆兩制三館之人，其所好尚，即成風俗，淵源漸染，文采自工。而使僻遠孤陋之人，混同封彌，考校長短，勢不侔矣。孔子曰：『十室之邑，必有忠信。』豈可大段不均如此。國家用人之法，非進士及第，不得美官；非善爲賦詩論策，不得及第。而非遊學京師者，不善爲賦詩論策。致使四方學士，老于京師。自間歲開科以來，遠方舉人，憚于往還，只在京師寄應，妄冒戶貫，比舊尤多。朝廷雖重爲科禁，然以美官厚利誘人于前，而以苛法空文禁之于後，必不行矣。今柳材所請逐路糊名，與在京各以分數裁定，委得均平允當。或又謂諸路自以文藝疏拙，理宜黜退。是大不然。國家設官以待賢能，豈宜專取文藝！四方之人，雖于文藝或有所短，而其餘有益于公家之用者，蓋亦多矣。豈可盡加棄斥耶？乞隨其文理善惡，每十人中取一人，其不滿十人者，六人以上亦取一人，五人以下更不取。如允所奏，乞下貢院施行。」

參知政事歐陽修力言其不可者有六。略云：「言事之人，但見每次科場東南進士得多，而西北進士得少，故欲改法。殊不知四方風俗異宜，東南好文，故進士多而經學少；西北尚質，故進士少而經學多。今以進士、經學合而較之，則其數多矣。若必論進士則多少不等，此臣所謂偏見之一端。不可一也。國家方以官濫爲患，取士數必難增，若欲多取西北，卻須多減東南。今東南進士取解者二三千人處，只解二三十人，是百人取一人，蓋已裁抑之矣。西北至多處不過百人，而解至十餘人，是十人取一人，已十倍假借之矣。若至南省又減東南而增西北，則是裁抑者復裁抑，假借者又假借。不可二也。東南初選已精，故至南省合格者多；西北初選已濫，故至南省合格者少。今若一例十人取一人，則東南必多屈抑，而西北必多謬濫。至于他路，理不可齊，偶有一路合格者多，亦限以十一落之，偶有一路合格人少，亦須充足十一之數，使合落者得，合得者落，取合顛倒。不可三也。且朝廷專以較藝取人，而使有藝者屈落，無藝者濫得，不問謬濫，只要諸路數停。不可四也。且言事者本欲多取諸路土著之人，若此法一行，則寄應者必爭趨而往，今開封府寄應之弊可驗矣。法出而姦生。不可五也。廣南東、西路自知無藝，只來一就省試而歸，冀作攝官。朝廷以北人不便嶺外煙瘴，因亦許之。今若一例與諸路十人取一，其謬濫又非西北之比。不可六也。臣謂宜且遵舊制，不問東西南北，混合爲一，唯才是擇。又黏名謄錄而考之，其無情如造化，其至公如權衡，此乃當今可行之法爾。若謂士習浮華，當先考行，就如新議，亦須只考程藝耳，安能必取行實之人哉！」

按：分路取人，公與歐陽公各執一論，端臨馬氏以歐陽之說爲是。然南人之優于北者文藝耳，朝廷取人固不專尚文藝，況汴宋鉅公碩德，多出西北，故有祖宗朝不用南人爲宰相之言，則又似公之說爲允也。

二十八日，論程戡、施昌言。

略云：「夏國屢起事端，邊境不可不備。伏見鄜延經略使程戡，資性姦回；涇原經略使施昌言，老病昏昧。皆以斗筲罷懦之才，當折衝禦侮之任。一旦警急，必敗大事。乞早擇智勇，以代其任。」

九月三日，乞日御講筵，不宜于重陽後罷〔降〕〔講〕。

十月十日，論除盜。

略云：「竊聞降敕下京東西災傷州軍，如委是家貧偷盜斛斗者與減等，此大不便。《周禮》荒政十有二，皆推寬大之恩，獨于盜賊愈更嚴急。頃年州縣務爲小仁，凶年小加寬縱，必至盜賊公行，或死或流，然後乃定。今若朝廷明降敕文，則是勸民爲盜也。恐始于寬仁，終於酷暴[一]，意在活人，而殺人更多。伏望收還此敕，嚴責州縣，多方擘畫救濟。如有一人敢劫奪人斛斗者，立加擒捕，依法施行。」

論備邊。

略云：「去歲先帝登遐，趙諒祚遣使來致祭，高宜押伴入京，語言輕肆，致使者自訴于朝。臣當時與呂誨上言，乞加宜罪，朝廷不以爲意。今諒祚攻圍堡寨，驅脅熟戶八十餘族，殺掠弓箭手約數千人，朝廷乃更齎詔撫諭。若更辭禮驕慢，傲很則畏之。彼順從則侮之，侵掠不已，未審將何以待之？伏望博延羣臣，訪以馭邊之策，不可外示閒暇，而養成大患。」

論蓄積。

略云：「近歲宮中及民間皆不務蓄積，一有水旱，則無以相救，欲開倉振貸，則軍儲尚猶不足；欲括取于蓄積之家，則富者又將告匱，又使民間不敢積貯。儻凶歲復至，更于何處取之？臣聞平糴之法，必謹視年之上下。而向時有司豐年不肯預爲收貯，直至凶歲，更行收糴，官錢既少，百姓不肯自來，則搜括無異寇盜，緣此穀價益貴。伏望敕下災傷州軍，見今收糴，一切止住。其有常平、廣惠倉之處，盡數出糶振貸。並諭蓄積之家，許行起息，借貸與人。候豐年官爲理索，委轉運使相度豐稔之處，價賤者廣謀收糴，價平則止。如本路闕少錢物，即于他處那移應副。論者必謂官無閒錢。臣見沿邊州軍，凶歲常用數百錢糴米一斗，若豐歲可糴一石。臣不知有司何故于凶歲則有錢供億，至豐歲則云無錢也？」

十一月十五日，論軍中階級。略云：「祖宗鑒唐末姑息之弊，立軍制曰一階一級，全歸伏事之儀。有敢違犯者，罪至死。近歲主兵臣僚好施小仁，務行寬貸，遂使行伍之間，驕恣悖慢，是活一人之命，而軍法不立，漸至下陵上替，所繫乃億萬人之命也。伏望申明階級之法，敢有輒行寬貸者，嚴加罪譴。」

二十二日，乞罷陝西義勇。韓魏公琦言：「唐置府兵，最爲近古。今之義勇，河北幾十五萬，河東幾八萬，勇悍純實，稍加簡閱，即唐之府兵也。陝西事當一體，刺手背以爲義勇甚便。」乃命徐億等往陝西諸州，籍每戶三丁之一刺之，凡十五萬六千餘人，人賜錢二千。公上言：「此于民有世世之害，于國家無分毫之利。何謂于民有世世之害？河北、陝西、河東，景祐以前，本無義勇，凡州縣色役，並上等有力戶支當，其下等人戶除二稅之外，更無差徭。自元昊叛亂，契丹壓境，遂于三路人戶，不問貧富，但有三丁之家，揀一丁充鄉弓手及強壯。其時西邊事宜尤急，尋將陝西鄉弓手盡刺面，充保捷正軍。其河北、河東稍緩，遂只刺手背皆爲義勇。比于陝西，雖免離家去鄉戍邊死敵之患，然一刺手背，則終身拘綴。或欲遠出幹事，糴賤販貴；或遇水旱凶荒，欲分房逐熟；或典賣田產，欲浮遊作客；皆慮官中非時點集，不敢東西。又當差點之際，州縣之吏，寧無乞覓？教閱之時，人員教頭，寧無斂掠？是于常時色役之外，添此一種科徭也。若果然無害于民，則民皆樂從，又何必更刺其手背以防逃竄乎？況陝西于慶曆年中，民家已各喪一丁，刺充保捷矣，今又取其次丁充義勇，不較之河北、河東而更甚乎！且既籍之後，州縣義勇皆有常數，每有逃亡病死，必隨而補之，是使陝西之民，世世子孫，常有三分之一爲兵也。臣故曰：于民有世世之害也。何謂于國無分毫之利？唐初府兵各有營府，不屬州縣，有將軍、郎將、折衝、果毅以相統攝，是以令下之日，數萬之衆，可以立具。今鄉兵則不然，雖有軍員、節級之名，皆其鄉黨姻族，平居相與，拍肩執袂，飲博鬬毆之人，非如正軍有階級上下之嚴也。平居無事，聚集教閱，則上有行陣旗鼓，關弓纊弩，坐作叫噪。一聞敵寇大入，邊城不守，殺掠蹂踐，卷地而來，則莫不風聲鶴唳，奔波迸散。其軍員、節級，將逃竄自救之不暇，豈有一人能爲縣官率士卒而待寇乎？臣故曰：于國無分毫之利也。」又曰：「今建議者必曰：即日河東、河北，不用衣糧，而得勝兵數十萬。皆教閱精熟，可以戰敵。又兵出民間，合于古制。臣請言其不然。彼數十萬者，虛數也；教閱精熟者，外貌也；兵出民間者，名與古同而實異也。何以言之？河北、河東州縣，既承朝廷之意，各揀刺義勇，只求數多，據帳籍言之，誠有數十萬之衆矣。萬一敵寇在近，官中急欲點集之時，則一人不可見矣，豈非虛數乎？平常無事，州縣教閱之日，觀者但見其旗號鮮明，鉦鼓備具，行列有序，進退應節，即歎美以爲眞可戰敵。殊不知彼皆隊舞聚戲，聞敵寇之來，則瓦解星散，不知所之矣，豈非外貌乎？古者兵出民間，耕桑之所得，皆以衣食其家，故處則富足，出則精鋭。今既賦斂農民之粟帛，以贍正軍，又籍農民之身以爲兵，是一家獨任二家之事也，豈非名與古同，而實異乎？」又曰：「臣于康定、慶曆間丁憂在陜，備見當日籍鄉弓手事，始者明出敕牓云：「但欲使守護鄉里，必不刺充正軍。」牓猶未收，而已盡刺充保捷指揮，令于邊州屯戍矣。當此之時，自陜以西，號哭之聲，彌天亘野，盡室逃避。官中縶其父母妻子，急加追捕。鬻賣田園，以充購賞。曁刺面之後，人員敎頭，利其家富，百端誅剝。衣糧不足以自贍，須至取于私家，或至屯戍在邊，則更須千里供送。祖父財產，日銷月鑠，以至于盡。

況其平日所習，唯桑麻耒耜，至于甲冑弩槊，雖日加敎閲，不免生疏。而又資性戇愚，加之畏懦，臨敵之際，得便即思退走，不唯自喪其身，兼更拽動大陣。自後官中知其無用，遂大加沙汰，給與公憑，放令逐便。而惰游已久，不復肯服稼穡之勞。兼田產已空，無復歸處，皆流落凍餒，不知所在。長老至今言之，猶長歎出涕，其爲失策，較然可知。今朝廷雖云『止刺手背，只在鄉里，不令戍邊』，而朝廷號令，前後失信已多，雖復家至戶說，終不肯信。逃亡避匿，刑獄必繁，怨嗟之聲，足以動搖羣心，感傷和氣。萬一諒祚大舉入寇，乃欲驅此烏合村民以拒之，不亦難乎？此適足取諒祚之笑而已。」凡六上劄子，五進狀，不聽。

公復至中書，與魏公辨，魏公曰：「兵貴先聲，諒祚方桀驁，使驟聞益兵二十萬，豈不震慴？」公曰：「兵貴先聲者，爲無其實也，獨可欺于一日之間耳。今吾雖益兵，實不可用，不過十日，彼將知其詳，尚何懼？」魏公曰：「君但見慶曆間鄉兵刺爲保捷，憂今復然。已降敕與民，永不充軍戍邊矣。」公曰：「朝廷常失信，民未敢以爲然，雖光亦不能不疑也。」魏公曰：「吾在此，君無憂。」公曰：「君長在此地，可也。異日他人當位，因公見兵用之運糧戍邊，反掌間事耳。」魏公默然，訖不爲止。不十年，皆如公慮。

按《稽古錄》：是年十一月乙亥，詔刺陝西農民爲義勇，無慮十四萬人。

十二月五日，乞賜降黜。

略云：「臣以論陝西義勇事，不當上意，乞賜降黜，未蒙施行。蓋謂臣一言不從，未可遽求引去。然臣非獨爲此一事而已。臣備位諫職，三年有半，比于臣未作諫官之時，無分毫之勝，豈可不自媿耻，尚竊寵榮」云云。

是年進《歷年圖》五卷。

《稽古錄序》云：「采戰國以來至周之顯德，凡小大之國，所以治亂興衰之迹，舉其大要，集以爲圖，每年爲一行，六十年爲一重，五重爲一卷。其天下離析之時，則置一國之年于上，而以朱書諸國之君，及其元年繫于其下，從而數諸國之年則皆可知矣。凡一千三百六十有二年，離爲五卷，命曰《歷年圖》。」後注云：「右周威烈王二十三年至周顯德六年，並論、序，臣于英宗皇帝治平元年所進。」不可考其月日，故附載于此。

治平二年乙巳，公年四十七歲。

公知諫院。

正月十日，論陳述古宜加重辟。

略云：「陝西都轉運使陳述古，曾因巡邊妄奏西鄙寧靜，後因副總管劉几稱西人將入寇，怒其與己違異，擅移几知鳳翔府。未幾，殺掠弓箭手及熟戶蕃部數千人，亦不發兵救援。朝廷止勘其奏狀不實及擅移劉几，以爲罪不至重。臣竊以熟戶蕃部及弓箭手，皆生長邊陲，習于戰鬭，國家賴以藩蔽。述古自避翻覆之辜，抑遏將官，不許救護，致委數千戶于虎口，恐後日諸路皆不敢于極邊居止，熟戶蕃部皆有叛國從賊之心，爲害不小。乞投之荒裔，以謝邊民。」

十一日，論皮公弼不宜權發遣三司判官。

略云：「尚書都官員外郎皮公弼，所在以貪饕致富，在京師造請不倦。近降詔書，權發遣三司判官。九年之內，擢爲職司，是開此僥倖之門，以爲佞邪躁進之途也。伏望勒歸本任。」

十三日，論王廣淵不宜除直集賢院。

略云：「廣淵雖薄有文藝，而善進取稱爲第一。昔漢景帝爲太子，召上左右飲，衛綰獨稱疾不行。及即位，待綰有加。周世宗鎭澶淵，張美爲三司吏，悉力應奉。及即位，薄其爲人，不用。今廣淵當仁宗之世，以文章私自結于陛下，豈忠臣哉？願黜之以厲天下。」

二月五日，論招軍。

略云：「臣聞朝廷于在京及諸路廣招禁軍，其災傷處又招飢民以充廂軍。竊唯西邊用兵之時，廣加招募之兵及千人特遷一官，以此冗兵愈衆，國力愈貧。見今府庫殫竭，倉廩空虛，不知何苦更復召募？是蓋只取虛數，不論疲軟。况飢民止因一時乏食，若刺以爲兵，是使之終身失業也。伏望罷招禁軍，據所有斛斗救濟農民，俟豐稔仍復舊業。幸甚。」

三月，蒙恩給假至陝州焚黃，有《感懷紀事》詩。蓋自皇祐二年庚寅告歸，至是十六年矣。有「十六載重歸，順塗歌式微」之句。又《辭（憤）（墳）》詩一首，自序云：「嘉祐元年，通判并州，因公事至絳，私歸拜墳，不敢至夏縣而去。于今十年。」有「十年一展墓，旬浹復東旋」之句。《遊三門開化寺》，有「我來何所得，聊此濯塵纓」之句。

十五日，《宿魏雲夫山莊》詩有云：「不惜煙霞地，暫容韁鎖身。明月空回首，白雲應笑人。」

登平陸北山，回瞰陝城，有《奉寄李八丈學士》詩：「相壟依仁域，棠陰接故園。懷歸聊露請，子告辱推恩。」

《陝城桃李零落已盡硤石山中今方盛開馬上口占一絕》云：「西望飛花千樹暗，東來芳蕊一番新。行人不惜泥塗倦，喜見年光兩處春。」

四月十九日，論錢糧。

略云：「臣今蒙恩給假，至陝州焚黃，竊見緣路諸州，倉庫空乏，至官吏軍人料錢月糧，並須逐旋支給。其餘臣所不到處可知。窘竭如此，何以爲國？伏望明諭中外文武臣僚，有熟知天下錢糧利害者，并許上書自言。擇其材幹出羣者，爲轉運使、副、判官及三司使、副、判官，仍每至年終撮計天下錢穀盈縮，以行升黜。」

與翰林學士王珪等上《濮安懿王典禮議》。時英宗已大祥。初，公知帝必將追隆所生，嘗因奏事言：「漢宣爲孝昭後，終不追尊衛太子、史皇孫。光武上繼元帝，亦不追尊鉅鹿、南頓君。」既而韓琦等言：「禮不忘本，濮安懿王德盛位隆，所宜尊禮，請下有司集議。」帝令須大祥後議之。至是詔禮官與待制以上議。王珪等相視莫敢發，公獨立議云：「爲人後者爲之子，不得顧私親，若敬愛之心分于彼，則不得專于此。秦、漢以來，帝王有自旁支入承大統者，或推尊父母以爲帝后，皆見非當時，取譏後世。況前代入繼者，多宮車晏駕之後，援立之策，或出臣下，非如仁宗皇帝年齡未衰，深維宗廟之重，祇承天地之意，于宗室衆多之中，簡拔聖明，授以大業。陛下今日所以負扆端冕，子子孫孫萬世相承者，皆先帝德也。臣等竊以爲濮王宜準先朝封贈期親尊屬故事，高官大國，極其尊榮；譙國太夫人王氏、襄國太夫人韓氏、仙遊縣君任氏，并改封大國太夫人，考之古今，實爲宜稱。」

珪即命吏具以光手稿爲案議上，中書奏：「珪等所議，未見詳定濮王當稱何親，名與不名？」珪等議：「濮王宜稱皇伯而不名。」參知政事歐陽修引《喪服大記》，以爲人後者爲其父母降服爲期，而不沒父母之名，以見服可降，而名不可沒也。若本生之親，改稱皇伯，前世皆無典據，進封大國，則又禮無加爵之道。請下尚書集議。

五月十二日，論環慶路經略使孫長卿不宜

加集賢院學士、充河東路都轉運使。

略云：「長卿前在環慶，不曉邊事，熟戶番部叛亡幾盡。宜加譴責，豈宜更授以重任。乞改前命，于遠小處責降。」

六月二十八日，論北邊事宜。

略云：「近聞契丹之民有捕魚界河，伐柳白溝之南者。朝廷以知雄州李中祐爲不材，選將代之。竊以國家當戎狄附順之時，好與之計較末節，爭競細故；及其桀驁，又從而姑息之，益使戎狄有輕中國之心。近者西戎之禍生于高宜，北狄之禍起于趙滋。朝廷方賢此二人，故邊臣皆以生事爲能。今若選將代中祐，則來者必以滋爲法，而以中祐爲戒。漸不可長。宜敕邊吏，疆埸細故，徐以文檄往反，（使）〔使〕其官司自行禁約。若輕以矢刃相加者，坐之。」

七月初六日，除龍圖閣直學士，判流內銓，改右諫議大夫。

公辭狀略云：「臣準閤門告報，已降敕命，除臣龍圖閣直學士、散官差遣並依舊者。臣自嘉祐六年七月，初入諫院到今，已涉五年。國朝以來，居此官未有如臣之久者。與人立敵，前後甚衆，朝夕冀望解去，不意更加獎擢，授以美職，仍居舊任。既荷寵祿，則猝無得去之期，禍敗必不可免。伏望聖慈憫其久在諫職，使得息肩于外，只以舊職知河中府，或襄、虢、晉、絳一州，所除龍圖閣直學士敕告，更不敢祗受。」狀三上，尋得旨免諫職。餘依前降指揮。

八月十一日，上疏論三事。時京師大水。

略云：「近日水災之變，耆耋之人皆言耳目所記，未嘗覩聞。陛下安得不側身恐懼，思其所以致此之咎乎？皇太后鞠育聖躬，在于襁褓，陛下有疾，皇太后于先帝梓宫之前，叩頭祈請，額爲之傷，豈可謂無慈愛之心于陛下？不幸爲讒人離間，遂介然有隙。《傳》曰：「大德滅小怨。」先帝擢陛下于衆人之中爲天子，唯以一后數公主屬于陛下，而梓宫在殯，已失皇太后之歡心，長公主數人皆屏居閑宫，希曾省視。今設有閭里之民，家有一妻數女，及有數畝之田，十金之產，老而無子，養同宗之子以爲後。其人既沒，其子得田產而有之，遂疏母棄妹，使之愁憤怨歎，則鄰里鄉黨之人，謂其子爲何如人哉？此陛下所以失人心之始也。先帝厭倦萬幾，陛下即位，益事謙遜，凡有奏請，不肯予奪。知人之賢不能舉，知人不肖不能去，知事之非不能改，知事之是不能從，此天下所以重失望也。國家置臺諫之官，爲天子耳目，防大臣壅蔽，大臣裁定政事，而臺諫或以異議干之，陛下當自以聖意察其是非。今乃復付之大臣，彼安肯以己之所行爲非，而以他人所言爲是？是陛下獨取拒諫之名，而大臣坐得專權之利。以君相之重，而欲以賤臣校其勝負。是以四方懷忠之士，皆望風不進，結舌沮氣。此天下所以又失望也。伏願于此三者，皆留聖念，行以至誠，勿謂空言。人心既悅，天道自和，百穀蕃昌，嘉瑞並至，豈不美哉！」

十四日，乞節用上殿。略云：「公私窮窘固非一日，今復遇大災，非痛自節約，無以應答天意。節用之道，必自近始。伏望上自乘輿服御之物，下至潁王、公主婚嫁之具，悉加裁損。出六宮冗食之人，罷後苑、文思苑所造淫巧服玩，止諸處不急之役。然後命有司考求在外凡百浮費，一切除去。羣臣勿濫加賞賜。將來南郊自非犧牲玉帛供神之物，其餘青城儀仗，亦令有司參詳減省。臣聞凶荒殺禮事天，貴內誠而賤外物，故器用陶匏，席用稿秸，況于儀仗之類，何爲不可減乎？此不可與庸俗之人執文泥例者謀之，唯在聖意斷之而已。」

十七日，論濮安懿王典禮。

略云：「向者詔羣臣議合行典禮，王珪等二十餘人皆以爲宜準先朝封贈期親尊屬故事，而政府獨欲尊濮王爲皇考，巧飾辭說，惑誤聖聽。臣請爲陛下別白言之。政府言：『《儀禮》云：爲人後者爲其父母。即出繼之子于所生稱父母之明證。』臣按禮法，必須指事立文，使人曉解。今欲言爲人後者爲其父母之服，若不謂之父母，不知如何立文？此乃政府欺罔天下之人，謂其皆不識文理也。又言漢宣、光皆稱其父爲皇考，夫宣帝以孫繼祖，故尊其父爲皇考，而卒不敢尊其祖爲皇祖考；至光武名雖中興，其實創業，即自立七廟，猶非太過，況但稱皇考，其謙遜甚矣。今陛下親爲仁宗之子，以承大業，而復尊濮王爲皇考，則置仁宗于何地乎？設使仁宗尚御天下，濮王亦萬福，當是之時，命陛下爲皇子，不知謂濮王爲父、爲伯？若先帝在則稱伯，沒則稱父，臣計陛下必不爲此行也。以此言之，濮王當稱皇伯，又何疑矣？」

歐公《言行錄》：公嘗自云：「修平生何

嘗讀《儀禮》?偶一日至子弟書院中，几間有之，因取讀，見『爲人後者爲其父齊衰杖期』云云，其意與修合，由是破諸異議，自謂得之多矣。」據此，歐公于《禮經》實屬鹵莽，此語乃其從實供招，而復云得之多，則仍是護前。如此大事，豈容以護前取勝也?

乞改郊禮。

略云：「國朝之制，三歲一郊，仍于其間改用禮者甚衆，非奉天之意有倦略事，有不得已者也。今暴雨爲災，圜丘之側，流潦尚深，青城之材，頗多散失，加以寒冬將近，諸營漂沒，屋宇敗壞，衣褐俱盡。臣謂此時不可不小有變更。若隨時損益，于九月十月之間，于大慶殿恭謝天地，亦足昭寅畏之志，減省大費，無便于此。」

十月，乞經筵訪問。

略云：「臣備員勸講，見陛下好學不倦，然未嘗發言，有所詢問，恐未能宣暢經旨。乞自今或有臣等講解未盡之處，乞賜詰問。或慮一時記憶不能詳備者，許令退歸討論，次日別具劄子敷奏。」

十二月十七日，乞令選人試經義。

略云：「舊制，資蔭出身人初授差遣者，並令審官院流內銓試詩、賦、論，或五經墨義十道。近來多乞試詩，就使詞采高妙，施于治民亦無所用。乞今後試《孝經》、《論語》共三道，仍面加詢問，使之口說。擇其義理精通者，並與家便差遣，庶使公卿子弟，皆向學知道。」

[一]終於：原作「終無」，據《司馬公文集》卷三一改。

司馬太師温國文正公年譜卷之四

錫山顧棟高輯　吴興劉承幹校

治平三年丙午，公年四十八歲。

正月辛酉，從兄太常少卿里卒于乾州官舍，

公作墓誌。

公爲龍圖閣直學士。

十三日，論追尊濮安懿王爲安懿皇。

略云：「前世帝王以旁支入繼大統尊其父爲皇者，自漢哀帝始。其後，安、桓、靈繼之。今陛下法漢之昏主，不足以爲榮。仁宗德澤在人，海内所以歸附陛下者，以親受仁宗之命，爲之子也。今加尊號于濮王，孰不解體？不足以爲利。孝子愛親則祭之以禮，今以非禮之虚名加于濮王，于濮王亦復何益？此蓋政府欲文過遂非，不顧于陛下之德有所虧損也。又聞欲託皇太后手書，及不稱考而稱親，雖復巧飾百端，豈能欺皇天上帝與天下之人乎？」

《進通志表》。

略云：「臣少好史學，病其煩冗，常欲刪去其要，爲編年一書，力薄道悠，久而未就。伏遇皇帝陛下留意藝文，講求古訓。臣有先述《通志》八卷，起周威烈二十三年，盡秦二世三年。《史記》之外，參以他書，于七國興亡之迹，大略可見。不敢自匿，謹繕寫隨表上進。」

二月八日，論呂誨、范純仁、呂大防不宜出外。

公以龍圖閣直學士奉敕修纂《類篇》。

寶元二年十一月，翰林學士丁度等奏：「今脩《集韻》，添字既多，與顧野王《玉篇》不相參協。欲乞委脩韻官，將新韻添入，別爲《類篇》，與《集韻》相副施行。」時修韻官獨有史館檢討王洙在職，詔洙脩纂。久之，洙卒。嘉祐二年九月，以翰林學士胡宿代之。三年四月，宿奏乞光祿卿直祕閣掌禹錫大理寺丞張次立同加校正。六年九月，宿遷樞密副使，又以翰林學士范鎮代之。治平三年二月，范鎮出知陳州，又以龍圖閣直學士司馬光代之。見《類篇》卷後記。

三月二日，論傅堯俞、趙鼎、趙瞻不宜出。時三人新使契丹還，上疏乞與誨同貶。

十一日，乞與傅堯俞等同責降。略云：「臣于陛下即位之年四月二十七日，已曾上疏豫戒追尊之事。及政府請議典禮，陛下令候過大祥。臣與傅堯俞等六人即白政府以爲人後者，不得顧私親之議。及詔禮官詳定，臣又獨手撰奏章。若治其罪，臣當爲首。今堯俞等皆已遣逐，而臣蒙恩除龍圖閣直學士。同罪異罰，有累公朝。臣實無顏尙居故位，乞一例責降。」

夏四月辛丑，詔編《歷代君臣事迹》。公奏曰：「紀傳之體，文字繁多，學者不能綜，况于人主？欲上自戰國，下至五代，凡關國家盛衰，生民休戚，善可以爲法，惡可以爲戒者，依《左氏傳》體，爲編年一書，名曰《通志》。約戰國至秦二世，爲八卷以進。」英宗悅之，命續其書，置局祕閣。公又薦翁源縣令劉恕、將作監主簿趙君錫有史學，乞同修。詔從之。後君錫以父喪不赴，命太常博士劉攽代之。

此據《續通鑑》所載。案公作《十國紀年序》云：「英宗命自擇館閣英才同修。公對曰：『館閣文學之士誠多，至于耑精史學，臣所知唯和川令劉恕一人而已。』」與此所稱翁源令稍異。

公《與劉道原書》云：「近因修南北朝《通鑑》，得細觀李延壽書。叙事簡徑，比于南北朝正史，無煩冗蕪穢之詞，竊謂可亞陳壽。恨不作志，使數代制度沿革，皆沒不見。道原《五代長編》，若不費功，計不日即成。若與沈約、蕭子顯、魏收三志，依《隋志》篇目刪次補葺，別爲一書，與《南》《北史》、《隋志》並行，則雖正史遺逸，不足患矣。不知肯有意否？其符瑞等皆無用，可刪。《後魏·釋老志》，取其要用者，附于《崔浩傳》後，《官氏志》中氏族，附于宗室及代初功臣傳後。如此，則《南》《北史》更無遺議矣。」

治平四年丁未，公年四十九歲。

公任龍圖閣直學士。

春正月八日，英宗崩，神宗即位。

二月，公知貢舉。

公率同列上言：「所考試合格進士許安世以下三百五人，分四等；明經諸科二百十一人，分三等。」詔進士第一、第二、第三等賜及第，第四等賜同出身；明經諸科第一、第二等並賜及第，第三等賜同出身。敕下貢院放榜。《長編》。

宋初承唐五代，每歲一行貢舉。至眞宗天禧三年改爲四歲一行，至仁宗嘉祐二年改爲間歲一行，至是始定三年一貢舉之制，百世不改。案，《稽古録》云：「是年十月丁亥，詔自今三年一開舉場。」

參知政事歐陽修疏薦。

略云：「臣伏見龍圖閣直學士司馬光，

德性淳正，學術通明。自列侍從，久司諫諍，讜言嘉話，著在兩朝。自仁宗至和服藥之後，羣臣便以皇嗣爲言。五六年間，未有定議。最後光敷陳激切，感動主聽，仁宗豁然開悟，遂決不疑。由是先帝選自宗藩，入爲皇子。曾未踰年，仁宗奄棄萬國，先帝入承大統。蓋以人心先定，故得天下帖然。今以聖繼聖，遂傳陛下。由是言之，光于國有功爲不淺矣。而其識慮深遠，性尤慎密。光既不自言，故人亦無知者。今雖侍從，日承眷待，而其忠國大節，隱而未彰。臣忝在政府，詳知其事，不敢不奏。

按：公以濮議與歐公齟齬爲不少矣，而歐之薦公不遺餘力，古大臣之用心如此。未幾，歐罷參知政事，而公遂駸駸大用。

三月，除翰林學士，固辭，不許。有《辭免翰林學士狀》二、《劄子》一。

帝面諭公曰：「古之君子或學而不文，或文而不學，唯董仲舒、揚雄兼之。卿有文學，何辭爲？」公曰：「臣不能爲四六。」上曰：「如兩漢制詔可也。」公曰：「本朝故事，不可。」上曰：「卿能舉進士，取高等，而曰不能四六，何也？」公趨出，上遣內臣至閤門，強公受告，拜而不受。趣公入謝，曰：「上坐以待公。」公入至廷中，以告置公懷中，不得已受。《行狀》。

閏三月，議祧遷。

略云：「臣先于嘉祐八年，仁宗祔廟時，已曾上言，僖祖當遷夾室，當時議臣皆不以爲然，朝廷遂從衆議。臣謹按《王制》稱：天子七廟，三昭三穆，與太祖之廟而七。明太祖之外，止有三昭、三穆。是以前代帝王，于太祖未正東向之時，大率所祀不過六世。若僖祖于今日方議祧遷，則是太祖之外，更有四昭三穆，與太祖之廟而八，不合先王典禮。臣愚以爲仁宗祔廟之時，僖廟已當遷于夾室。今大行皇帝祔廟，順祖當遷于夾室，臣既承詔旨與議，不敢不盡所見以對。」

是年，英宗升祔，始遷僖祖于夾室。後熙寧六年，王安石復用元絳之議，謂：「若是，則子孫得以功德加其祖考。」乃復僖祖還太廟爲始祖。王偁曰：「甚矣！禮之難言也。宋興，創業垂統實自太祖，而始祖之奉乃捨本統之所因，而推追尊之所自，是豈合于禮哉！元絳之言美則美矣，而未盡善也。至今太祖東嚮之位，猶未正云。」

按：伊川謂「畢竟介甫所見，高于世俗之儒」，朱子因之，遂力祖安石議，而絀韓維、孫固及公之説，與汝愚爭辨。夫程、朱大儒，豈後世所敢輕議！然公此議，畢竟允協。後之議禮者自辨之。

夏四月，除御史中丞。

初，中丞王陶謀欲易置大臣，自規重位，因劾韓琦不押文德殿班爲跋扈。琦閉門待罪。吳奎以陶爲過言。詔陶爲翰林學士，而公爲御史中丞，兩易其任。奎又言陶排抑忠良，不黜無以責大臣展布。陶遂言奎附宰相欺天子。帝以陶過毁大臣，出知陳州，奎亦罷知青州。公言：「宰相不押班，細故也。陶言之誠過，然自頃宰相權重，今陶復以論宰相罷，則中丞不可復爲。臣願候宰相押班然後就職。」復言：「吳奎名望素重于陶，今與陶並黜，恐大臣皆不自安。請且留奎政府，以慰士大夫之望。」帝並從之。

《初除中丞上殿劄子》。

略曰：「臣蒙恩備位風憲，天下細小之事，皆未足言，先以脩身、治國之要，爲陛下陳之，此太平之原本也。脩心之要有三：曰仁，曰明，曰武。治國之要有三：曰官人，曰信賞，曰必罰。臣爲諫官時，即以此六言獻之仁宗。其後以獻英宗，今以獻陛下。平生學力所得，盡在是矣。」

五月十二日，乞留韓維、呂景。

略曰：「二人爲陛下腹心耳目之臣，于臣僚中最爲難得，一旦俱從外補，臣竊爲陛下惜之。必若不可留，乞于舊臺官呂大防、郭源明、馬默等數員內選擇一人，以補其闕。所貴得質直之人，克厭衆心。」

二十二日，乞簡省御史條約。

略曰：「伏見國家每選御史官，拘定資序。是以百僚之中，可舉者至少。苟資序相値，則又未必賢。夫御史之職，但當求忠亮方正之人。區區資序，何足比較？乞自今減省條約，庶幾取人路廣，有可選擇。」

二十四日，上《聽斷書》。

略曰：「近來政府言職迭相攻毀，分爲兩朋，有如讎敵。蓋由人臣各務逞其私志，互爭勝負，不顧己之是非。人主不忍違逆人情，兩加全護，不肯判其得失。是以紛紛日鬬，而未有已也。人君當以剛健爲德，以重厚爲威。乞自今後以大公至正之道決之，若大臣所謀果是，不必顧惜言者；言者所陳果當，不必曲徇大臣。位無高下，言無先後，唯是之從。若其人固有爭執，陛下更以理道往返與相詰難，果有可取，勿憚改爲。若漢宣帝之于趙充國，則萬事無不當矣。必若是非顯然，而其人（疆）〔彊〕很不已，雖加罪黜，天下豈以爲不可哉。」

乞不更責降王陶。

初，陶出知陳州，謝章詆宰相不已，執政議再貶陶。公言：「陶誠可罪，然陛下欲廣言路，屈己受陶，而宰相獨不能容乎？」乃已。

略云：「竊聞政府以王陶謝上表語言狂率，恣爲詆毀，欲乞重有責降。臣伏見仁宗皇帝以來，委政宰輔。宰輔之權，誠爲太重。今若又以表文爲詆毀重加責降，臣恐人主之權益去，大臣之勢遂成，興衰之譏，于此乎在。伏乞于宰臣進呈之際，諭以躁人之言，不足深責。前已斥外，豈可更加貶責？若其再三執奏，則正色語以王陶前作中丞，譏切朕躬，不無過敢之語，朕亦未嘗加怒，欲以開廣言路；豈可觸犯卿等，必欲再三責降，方爲快意耶？此非欲保全王陶，欲使臣僚知陛下英武，他日大臣儻有欺妄，臣下敢言之耳。」

按：公疏中口口不滿魏公，豈非以其刺義勇事太固執耶？然王陶謂魏公跋扈，實出小人傾險，覬居重位，非如唐子方于文潞公之比。但魏公似宜避嫌耳。而吳奎謂宜加遠斥，以保全大臣，豈可謂之阿附哉？乃公于王陶則曲爲寬假，于魏公則責賢者備。幸逢魏公大度，于公始終無嫌間，若荆公當不免虎口矣。

六月三日，論王廣淵。

略曰：「臣待罪憲府，受任以來，于今踰月，而寂無所糾，誠負大恩。伏見直龍圖閣兼侍讀王廣淵，傾巧姦邪，交結近侍。乞盡奪去職名，除一遠地監當。」已而以舊職出知齊州，仍賜章服。公言：「如此，乃是賞之，非斥之也。乞依臣前奏，并去比來章服。」

論郭昭選等不宜除（閭）〔閤〕門祗候。

略曰：「國初草創，天步尚艱，故即位之始，必以左右舊人爲腹心耳目。近遂踵爲故事，凡東宮僚吏，一概超遷，謂之隨龍。夫（闔）〔閤〕門祗候，在文臣爲館職，豈可使厮役爲之？又聞因昌王入言得此特旨，此尤不可。陛下之于昌王，但當極其友愛。至爵賞權柄，當決之聖心。昌王亦不當關預，陛下亦不當聽從。漢館陶公主爲子求郎，明帝且不許，況爲他人求官職乎？」

六月十一日，論高居簡不宜仍句當御藥院，乞加竄逐。

略曰：「祖宗以御藥一職最爲親密，至內殿崇班，即令出外。蓋以日月浸久，官資稍高，防其憑恃威靈，竊弄權柄，慮至深遠。伏見高居簡工讒善佞，久處近職，罪惡甚多，宜亟行竄逐。或聞陛下欲待居簡自求引退，此特以待國之大臣耆年有德者則可爾，豈所施于閨閤小臣？彼自託宮禁，譬如狐鼠依憑城社，豈肯離去！伏望陛下送居簡付所司，明治其罪，以彰至公之道。」章五上，上爲盡罷寄資內臣，居簡亦補外。

按：宋之法制如此，豈復有明季宦官之禍？況宋制內官極品，不過云內殿崇班，而明乃有司禮、秉筆之稱。以絲綸之柄，寄于閹寺之手，紀綱安得不倒置哉？

六月十七日，言振贍流民。

略曰：「臣竊見朝廷差官，支撥粳米給河北經過流民，大人一斗，小人五升。仍告諭在京難以住泊，令速往豐熟州軍存活者。臣竊恐朝廷此舉，有損無益。何則？民之去來，視乎利害。若京師可以住泊，雖驅之亦不肯去；若外州可以存活，雖留之亦不肯止，固非口舌所能告諭。今京師差官散米，恐河北饑民未流移者聞之，亦且誘引入京。京師之米有限，而河北饑民無窮，既而無米可給，則不免聚而餓死。一斗五升之米，止可延數日之命，豈能濟其饑饉之厄哉？夫民非樂去其鄉，直以豐稔之歲，粒米狼戾，公家既不肯收糴，私家又不敢積蓄，上下偷安，莫爲久計，一遇水旱，則索然無以相救。加之監司守宰，多不得人。增無名之賦，興不急之役，民無以爲生，遂不免有四方之志，委其累世之業，相攜就道。若所詣之處，復無所依，進退失據，彼老弱不轉死溝壑，壯者不起爲盜賊，將安歸乎？以臣愚計，莫若謹擇公正之人爲監司，察守宰不勝任者易之，然後多方那融斛斗，先振土著農民。若富室有蓄積者，官給印曆，聽其舉貸，量出利息，候豐熟之日，官爲理索，示以必信，不可誑誘。則將來百姓爭務蓄積，而饑民知有可生之路，自然不棄舊業，浮游外鄉。居者既安，則行者思返，縣縣皆然，豈得復有流民哉！臣向謂王者以天下爲家，不可使惻隱之心止于目前者，此也。」

按公此疏，則貧民舉債，富民取息，官且代爲清理，是勸富民積蓄，而使貧民有可生之路也。荆公乃惡其兼并，而欲以青苗代之。夫使民與民交易，雖兼并不至甚病，而況又有官法以持之！若使官與民交易，則有州縣之抑配，吏胥之侵尅，里正之追呼，官府之敲朴。如以石壓卵，其勢立碎，患不可同年語矣。且官出印曆，則富民不敢重取利，貧民亦不敢不思償。又此止行于凶歲，非如青苗之法，歲歲必欲取四分之息也。其利害之相去，不較然遠哉？

本朝上蔡張沐爲內黄令，歲饑，勸民富出貸，令俟豐熟日出息以償。未幾，富民爭出粟，縣遂以濟。張清恪公伯行《救荒事宜》亦云：「勸諭蓄積之家，許行出利借貸與人，候豐熟日償還，如有姦猾之人不肯償還者，官爲理索追比，不令逋欠。」是近世名賢，猶有舉行公之遺意者。

七月二十七日，論王中正不可句當御藥院。

略曰：「伏見陛下盡罷寄資近臣高居簡等，令補外，中外欣然。尋聞復留陳承禮、劉有方二人，又以王中正句當御藥院。是去一居簡，得一居簡也。中正素聞姦猾，頗好招權。又聞陛下好令內臣采訪外事及群臣能否。夫陛下有腹心耳目股肱之臣，天下之事，何患不知？今乃深處九重之內，采道聽塗說之言，納曲躬附耳之奏哉！是讒邪得以逞其愛憎，而陛下爲之受其譏謗也。聞中正差往陝西，知涇州劉渙等曲加諂奉，鄜延路鈐轄吳舜臣違失其意，俄而渙等進擢，舜臣降黜，是中正弄權，已有明驗。臣恐天下將輿金輦璧而奉之矣。外議又言，山陵禮畢，韓琦必求引退，兩府當有遷補。萬一有無廉耻之人，或陰結此屬，以求進用，此治亂安危之本，不可不察。」

《論王中正第三劄子》。

略云：「伏奉手詔：『王中正等事，得之何人？』臣蒙恩擢御史中丞，凡與賓客語言，無不詢訪時事，率皆奏陳。此事臣得之賓客，前後非一人。至事之有無，唯陛下知之。若無，臣不敢避妄言之罪。萬一有之，不可不戒。」

八月八日，英宗靈駕發引。二十七日，葬永厚陵。公奉敕充山陵儀仗使，賜絹一百四、錢二百貫充盤纏。二十九日，降中使，賜箔金五十兩、銀合重三十兩。三上章辭，從之。

九月八日，論石椁。

略曰：「永厚陵皇堂卷𥓓石四重，其二重並寄枋木之上。陛下孝心深遠，以爲枋木終歸朽腐，儻異日石隕墜，于梓宮非便，發自聖謀，欲爲石椁。而修奉山陵都護宋守約、鈐轄張若水乃敢百端沮難，令石匠作頭供狀稱：『進入梓宮後，連夜造作計二十四時辰，方得了畢。如别差人定奪，能先得了當者，甘軍令不辭。』是致日期皆曾改移。臣目覩內臣黃懷信用夷牀澀牀等下梓宮，數刻之間，安厝已畢。乃知守約等欺罔挾詐。乞嚴行責降，遇赦不原。黃懷信宜優與酬獎。」

論衙前。

略曰：「近下詔書，以州郡差役之煩，令民無敢力田積穀，求致厚產，令中外臣僚詳定利害奏聞者。臣見國家以民間苦里正之役，改置鄉戶衙前。又以諸鄉貧富不同，乃立定衙前人數，選物力最高者一戶補充。行之十年，民困愈甚。富者反不如貧，貧者不敢求富，其故何也？向差里正，例有更番，借使鄉有上等十戶，一戶應役，則九戶休息，可以耑意營生。今衙前乃一概差遣，其有力人戶，常充重役，自非家計淪落，則永無休息之期。以爲抑強扶弱，寬假平民；殊不知富者既盡，則貧者亦必不免，是使日削月朘，靡滅消耗，不至民窮而爲盜賊不止也。又里正止管催稅，人所願爲。衙前所管官物，乃有破壞家產者。是民之所苦在衙前，不在里正。今廢里正而存衙前，是廢其所樂，而存其所苦也。臣嘗行村落中，見農民生具甚微，問其故，皆曰不敢爲也。今欲多種一桑，多置一牛，蓄二年之糧，藏十匹之帛，鄰里已目爲富室，指抉以爲衙前矣。況敢益田疇葺廬舍乎？臣聞其言，惄焉傷之。安有聖帝在上，使民不敢爲久生之計？伏望特下指揮，令州縣相度上件里正衙前，與鄉戶衙前，各具利害奏聞，隨其所便，別立條法，庶令百姓敢營生計。」

此荆公僱役之法所由始也。其法分民之貧富爲五等，輸錢名免役錢。若官戶、女戶、寺觀、單丁、未成丁者，亦等第輸錢，名助役錢。先是州縣雇直多少，隨戶等均取，雇直又增取二分，以備水旱，謂之免役寬賸錢。當時以衙前爲重役，當之者無不破家竭產。韓絳爲江南東西路安撫使，爲五則衙前奏行之，民以爲便。及爲三司使，首建議除鄉役及弓手與蠲除外，其餘幷出錢。品官不必充役，而無業之民，得以應募。荆公領條例司，深以爲然。遂推廣衙前之法以及他役，上下皆以爲便。范忠宣獨憂之，曰：「民力自此愈困矣。」或曰：「每歲差夫一丁費萬錢，今以七千免一丁，又免百姓奔走執役，豈不便乎？」公曰：「每歲差夫雖曰萬錢，然隨身者不過三千，又得一丁就食于官。今免夫所出七千，盡歸于官矣。民又坐食于家。蓋力者，身之所出，錢者，非民所有。今捨所有而征所無，民安得不病？此一事富民不親執役者以爲便，窮民有力而無錢者非所便也。又况差夫必計其的確合用之數，縱使所差倍其所役，則力愈衆，民愈不勞。今若出錢免夫，雖三分之二亦可取十分免夫錢，其弊無由致察。又從來差夫不及五百里外，今免夫錢無遠不屆，若遇掊克之吏，則爲民之害，無甚于此。」

九月二十四日，論橫山。

略曰：「臣聞有邊臣言趙諒祚部將輕泥嚷側欲以橫山之衆，攻取諒祚。」朝廷許令招納。臣竊唯諒祚雖時有偃蹇，然猶稱臣奉貢，未敢顯然自絕。今乃誘其叛臣以圖之，恐邊事之興，由此而始。嚷側自程戡在鄜延時，已有聲聞，云欲歸降。迄今數年，朝廷屢召邊臣與之謀議，安有虜中全不覺悟，寂無誅討者！臣竊疑其内挾詐謀，或者諒祚久懷逆計，以朝廷待之恩禮優厚，無因而發，故遣其部將詐降以卜之。若朝廷受之，則將歸曲而責直，得爲以背叛之名。或者使其部將詐言勢孤力弱，不能獨制諒祚，乞朝廷遣將出師爲助，而陰設伏兵以徼大利。此二者皆未可知，若一有之，則今日受之，正墮其計中矣。縱使嚷側實有降心，蓋亦私有忿恨，或别負罪慝，反側不安，欲藉大國之威。其所部之民，未必肯盡從也。雖其自言權勢之强，甲兵之盛，蓋亦自誇以求售，實未必然。借令實能舉兵以敵諒祚，戰而勝之，則是滅一諒祚，生一諒祚也。若其不勝，必引其餘衆南奔中國。諒祚悉其境内之民以追之，怒氣直辭，長驅入塞。當是之時，非口舌文移所能解。臣恐朝廷不唯失信于諒祚，又將失信于嚷側也。若嚷側餘衆無幾，猶可以縛而送之，以緩諒祚之兵。然形迹已露，諒祚必叛無疑也。若嚷側餘衆尚多，還北不可，入南不受，窮無所歸，必將突據邊城，以救其命，更爲中國之患。陛下不見侯景之事乎？今内郡無一年之蓄，左藏無累月之財，民間貧困，十室九空，小有水旱，則化爲流殍。戎事不講，將帥乏人，士卒驕惰。教閲稍頻，則愠懟怨望；給賜小稽，則揚言不遜；被甲行數十里，則喘汗不進；遇鄉邑小盗，則望塵奔北。國勢如此，乃欲挑陸梁之虜，不亦殆乎？爲今之計，莫若且勤内治，俟百職既舉，庶政既修，百姓既安，倉庫既實，將帥既選，軍法既立，士卒既練，器械既精，然後唯陛下之所欲爲。今八者無一，而輕信狂謀詭辯，臣恐不止爲邊境之憂而已。願陛下深留聖思，毋貽後悔。」不聽。

時朝廷遣將种諤，發兵迎之，取綏州，得戶萬五千，兵萬人，費六十萬萬。夏人誘殺知保安軍楊定，西方用兵自此始。

按：《行狀》及《綱目》、《通鑑》皆云西戎部將嵬名山，此云輕泥嚷側，小異。

二十七日，論不得言赦前事。

略云：「伏覩手詔：『中外言事按察官司，不得以赦前事舉劾。』臣唯按察之官，以赦前事興起獄訟，枉繫平民，禁之誠爲大善。至御史言事之臣，恐難一例。何則？御史主于糾摘姦邪，姦邪之狀，非一日所爲。國家數下赦令，一歲或至再三，若赦前舉不得言，則可言者無幾矣。萬一朝廷誤用姦邪之臣，御史欲言，則違今日之詔；不言，則陛下何從知之？臣恐言者得以箝口偷安，姦邪得以放心不懼，非國家之利。伏乞追改前詔，除去『言事』兩字。」

論張方平不宜參知政事。

略云：「伏見陛下用翰林學士承旨張方平參知政事。方平姦邪貪猥，衆所共知。兩府係國安危，苟非其人，爲害不細。臣職在繩糾，不敢塞默。」

復除翰林學士，兼侍讀學士。

初，公論張方平不協物望，難居政府，帝不從，故罷公中丞，仍還經帷。通〔達〕〔進〕銀臺司呂公著封還除目，曰：「光以舉職賜罷，是爲有言責者不得盡其言也。」詔以告直付閤門。公著又言：「制命不由門下，則封駮之職，因臣而廢，願理臣之罪。」帝曰：「所以從光者，賴其勤學耳，非以言事故也。」

是月，王安石亦除翰林學士。

按：《行狀》不載論張方平事，蓋方平素與蘇洵游，坡公爲之諱也。

十月一日，再論張方平。

略曰：「臣近上言張方平事，未蒙施行，尋聞除臣翰林學士兼侍讀學士。若臣所言果是，則方平當罷政事。若其非是，則臣爲譖毀忠賢，亦當遠貶。今兩無所問，而臣復加美職，未曉所謂。伏望察臣前言方平事，爲是，爲非？早賜施行，所有新命，未敢祗受。」方平尋以父喪罷。

《溫公日錄》云：延和登對，論張方平，上作色曰：「朝廷每有除拜，衆言輒紛紛，非朝廷好事。」光曰：「此乃朝廷好事也。知人，帝堯所難，況陛下新即位，萬一用姦邪，臺諫循默不言，陛下何從知之？此乃非朝廷好事也？」

初二日，乞免翰林學士，不許。

略曰：「臣奉聖旨令讀《資治通鑑》，其書卷帙尚少，須日逐編修。史籍繁多，恐難應奉禁林文字，乞免翰林學士一職。伏蒙宣諭，但權免學士院文字。臣退自唯念，若取學士之名以自榮，而不供學士之職，素餐孰甚于此？伏乞遂其私願，只以侍讀學士耑修《資治通鑑》，材器稍宜，職業無曠，不勝幸甚。」

甲寅，初赴經筵讀《資治通鑑》。

帝預製序文，面賜公，令候書成寫入，又賜潁邸舊書二千四百二卷。

《溫公日錄》云：甲寅，予初赴經筵，上手書《資治通鑑序》以授光。光受讀，降再拜。讀《三家爲諸侯論》，上顧禹玉等，稱美久之。

壬申，譔《武陽縣君程氏墓誌銘》。東坡、潁濱之母。

十二月，上《類篇》四十五卷。

序云：「雖有天下甚多之物，苟有以待之，無不各獲共處。夫字書之于天下，可以爲多矣。然而從其有聲也，而待之以《集韻》，凡字之以聲相從者，無不得也。從其有形也，而待之以《類篇》。凡字之以形相從者，無不得也。既盡之以其聲，而又究之以其形，而字書之變乃曲盡。蓋景祐中，諸儒始受詔爲《集韻》之書。既而以爲有形存而聲亡者，不可以得于《集韻》，于是又詔爲《類篇》，凡累年而後成。以《說文》爲本，而其例有九，凡十四篇，目錄一篇，每分上、中、下，總四十五卷，文三萬一千三百一十九，重音二萬一千八百四十六。」

熙寧元年戊申，公年五十歲。

公任翰林學士兼侍讀學士。

《言行錄》：呂晦叔曰：「昨使契丹，北中接伴問副使狄諮曰：『司馬中丞今爲何官？』諮曰：『今爲翰林兼侍讀。』曰：『不爲中丞耶？聞是人甚忠亮。』」

二月丙午，公登對，乞一州，上不許。曰：「君子小人皆知卿方正，呂公著使契丹，亦問『有司馬光者，其人甚方正，今爲何官』，名爲夷狄所知，奈何出外？」初，公罷御史中丞，契丹因問公著以公何不爲中丞，公著歸告于上，故上知之。《長編》。

公方登對，時上問曰：「召還韓維如何？」公曰：「韓維、陳薦，忠厚方正者也。呂誨與傅堯俞、范純仁、呂大防，皆中正之臣也。願陛下常識其名。」《范忠宣言行拾遺》。

謝賜《資治通鑑序》。

略云：「褒貶是非，古人有所未至；造端立意，愚臣不能自言。陛下一賜指陳，渙然冰釋。至于『博而得其要，簡而周于事；典刑之總會，冊牘之淵林』，臣實何人，克堪斯語。」

三月二十一日，辭免館伴。

略曰：「人之材性，各有能否。臣講讀經史，麤有可采，而應對賓客，實非所長。向以名犯北朝諱，元不曾接伴，亦不曾奉使。兩朝事體，正如牆面。加以稟性昏戇，恐言語之際，必有遺忘差錯，或漏洩機事，或抵觸使人，恐貽朝廷之憂。伏乞于兩制中別差人館伴，責無闕誤。」

《議謀殺已傷案問欲舉而自首狀》。

知登州許遵奏：「婦人阿云于母服內與韋阿大定婚，後嫌韋阿大，夜間就田中用刀斫傷。縣尉令弓手句到，問：『是你斫傷本夫，實道來，不打你。』阿云遂從實招。刑部、大理寺皆作謀殺已傷，當婦絞。遵上議，準律因犯殺傷而自首者，得免所因之罪，婦當減二等，不當絞。」詔下公與王安石定奪。安石以爲遵議是，後朝廷竟從安石議。

公上議，略云：「凡因犯他罪本無殺傷之意，不得已致有殺傷者，佗罪雖得首原，殺傷不在首例。其直犯殺傷，更無他罪者，唯未傷則可首，但係已傷，皆不可首也。豈可以謀與殺分爲兩事，欲以謀爲所因之罪，得以首原乎？況阿云嫌夫醜陋，親執腰刀，就田野中，因其睡寐，斫近十刀，斷其一指。初不陳首，直至官司執錄，將行拷打，勢不獲已，方肯招陳。情理如此，有何可憫？遵更爲之伸理，欲令今後有如此之類，並作減二等斷遣。竊恐賊殺横行，良民受弊，非法之善者也。許遵所奏，不可聽許，臣與王安石各有所見，難以同共定奪，乞朝廷特賜裁酌施行。」

權知審官院。

七月十七日，請不受尊號。

宰臣曾公亮等請上尊號，公例當答詔，上疏言：「尊號起于唐武后、中宗之世，原非令典。先帝治平二年，辭尊號不受，天下莫不稱頌。末年，有諂臣建言，國家與契丹常有往來書，彼有尊號，而我獨無，以爲深耻。于是羣臣復以非時上尊號。昔文帝時，單于自稱天地所生日月所置匈奴大單于，未聞文帝復爲大名以加之也。願陛下不允所請，仍令更不上表。」

上大悦，手詔答公：「朕方以淫雨、地震，實憂被此鴻名，有慚面目。况在諒陰，亦難當是盛典。卿可善爲答辭，使中外知朕至誠，非欺衆邀名者。」遂終身不復受尊號。

八月九日，乞聽宰臣等辭免郊賜。

時執政以河朔災傷，國用不足，乞今歲親郊，兩府不賜金帛，送學士院取旨。公言：「兩府所賜以匹兩計，止二萬，未足以救災。乞自文臣兩省、武臣宗室刺史以下，皆減半。」

十一日，邇英奏對。

八月十一日，進讀已，上問：「河北災變，何以救之？」公對曰：「饑年難得者唯穀，若降金帛，令配賣以收糴，則重增煩擾，且糴之亦無所得。」上曰：「已令漕五十萬石矣。」對曰：「瀛州損百五十萬，今所漕僅能補三分之一。」上曰：「然則奈何？」對曰：「水所不及，州縣頗稔，可糴。又汴流未絶，可多漕江、淮之穀以濟之。」上又問：「諫官難得人，誰可者？」對曰：「臣賤官，何敢薦人？」上固問之，對曰：「臣倉猝不能記，容臣退而密奏。」上因論治道，言「州縣長吏多不得人。」對曰：「天下三百餘州，擇之誠難，但能擇十八路監司，使各擇所部知州，知州擇所部知縣，則得人多矣。不可但取資叙及酬奬爲之。」上又問：「兩府辭郊賚，于事何如？」對曰：「臣已有奏狀，乞更博訪近臣，裁以聖意。」上曰：「誰不同？」對曰：「臣獨有愚見，他人皆不以爲然。」上曰：「朕意亦謂當聽其辭，乃所以成其美，非薄之也。然減半無益，不若盡聽之。」對曰：「求盡納者，人臣之志；賜其半者，人主之恩也。」後數日，與王禹玉、王介甫同進呈郊賚劄子于延和殿，公言：「節用當自貴近始，宜聽兩府辭賚。」介甫曰：「昔常袞辭賜饌，時議以爲袞自知不能，當辭位，不當辭祿。今郊賚所費無幾，惜之徒傷國體。且國用不足，非當今之急務也。」公曰：「袞辭祿不猶賢于持祿而固位者乎？國家自眞廟之末，用度不足，近歲尤甚，何得言非急務？」介甫曰：「不足，由未得善理財之人故也。」公曰：「善理財者，不過頭會箕斂，以盡民財。民窮爲盜，豈國之利？」介甫曰：「不然，善理財者，不加賦而國用足。」公曰：「天下安有此理？天地所生財貨百物，止有此數，不在民則在官，此不過設法陰奪民利，其害甚于加賦，乃桑弘羊欺武帝之言，司馬遷書之，以譏武帝之不明耳，豈可據以爲實？」介甫曰：「國初趙普等爲相，賞賚或以萬數。今郊賚不過三千，豈足爲多？」公曰：「普等運籌帷幄，以萬數不爲過。今助祭不過奏中嚴外辨、沃盥奉帨巾，有何功而得比普等？」爭論久之。禹玉曰：「司馬光、王安石各執一見，言俱是，唯陛下裁擇。」上曰：「朕意亦與光同，今且以不允答之。」是日，適會介甫當制，遂引常袞事責兩府，兩府亦不復辭。明日邇英講讀罷，獨留介甫與語，兩府不敢先出，以俟之，至晡後乃出。不數日，介甫參知政事。

是日，舉諫官。

略曰：「臣今日面奉聖旨，使采訪可爲諫官者。臣退自思忖，言事官以三事爲先。第一不愛富貴，次則重惜名節，次則曉知治體。具此三者，誠亦難得。伏見三司鹽鐵副使呂誨，累居言職，不畏（疆）〔彊〕禦，再經謫降，執節不回；侍御史呂景，外貌和厚，內守堅正，見得知耻，臨義不疑。于臣所知，此兩人似堪其選。」

兼史館修撰。

十一月，奉敕與張茂則同相視二股河及生隄利害。是年六月，河溢恩州，又決冀州，北注瀛。七月，又溢瀛州。樂壽埽都水監丞李立之請于恩、冀、深、瀛等州創生隄三百六十七里以禦河，而河北都轉運使言：「當用八萬三千餘人，役一月成。今方災傷，顧徐之。」迺詔公乘傳相度四州生隄，回日兼視二股河利害。《宋史·河渠志》。

甲午，公入辭，因請河陽、晉、絳。上曰：「汲黯在朝，淮南寢謀，卿未可去也。」《長編》。

司馬太師温國文正公年譜卷之五

錫山顧棟高輯　吳興劉承幹校

熙寧二年己酉，公年五十一歲。

公任翰林學士兼侍讀學士，權知審官院。

春正月，公入對，請用都水監丞宋昌言策，於二股之西置上約，擗水令東，俟東流漸深，北流淤淺，即塞北流，放出御河、胡盧河下流，以紓恩、冀、深、瀛以西之患。《宋史·河渠志》。

初，商胡決，河入魏之北，至恩、冀、乾、寧，入於海，是謂北流。嘉祐八年，河流決於魏之第六埽，遂爲二股，東至德、滄，入於海，是謂東流。時議者多不同，李立之力主生隄，帝不聽。卒用昌言說，置上約。

三月，公入奏：「治河當因地形水勢，若

強用人力，橫立隄防，則逆激旁潰，不唯無成，仍敗舊績。臣慮見東流已及四分，急於見功，遽塞北流。而二股分流，十里之內，相去尚近。況地勢復東高西下，若河流並東，一遇盛漲，水勢西合入北流，則東流遂絕。或於滄、德隄埽未成之處，決溢橫流，雖除西路之患，而害及東流，非策也。宜專護上約及二股隄岸。若今歲東流止添二分，則此去河勢自東候至八分以上，河流衝刷已闊，滄、德隄埽已固，自然北流日減，可以閉塞，兩路俱無害矣。」《宋史·河渠志》。

譔《右班殿直傅君墓誌銘》。堯俞之祖。

夏四月，公復與張鞏、李立之、宋昌言、呂大防、程昉等行視上約。

時北京留守韓琦上言：「今歲兵夫數少，向日緣二股及嫩灘闊千一百步，是以可容漲水。今截去八百步有餘，則將東大河於二百餘步之間，下流既壅，上流湍怒，又無兵夫脩護隄岸，其衝決必矣。況自德至滄皆二股下流，既無隄防，必侵民田。設若河門束狹，不能容納漲水，上下約隨流而脫，則二股與北流爲一，其患愈大。況恩、深州所創生隄，其東則大河西來，其西則西山諸水東注，腹背受敵，兩難捍禦。望速遣近臣至河所集議。」帝在經筵以琦疏諭公，命同張茂則再往相視。《宋史·河渠志》。

再使河北，有詩云：「桑麥青青四月初，皇華使者又脂車。爲臣豈得辭王事，只向金鑾坐讀書。」蓋此時正以翰林學士脩《通鑑》也。

公入奏：「二股河上約並在灘上，不礙河行，但所進方鋸牙已深，至北流河門稍狹，乞減折二十步，令近後仍作蛾眉埽裹護，其滄、德界有古遥隄當加葺治。所脩二股本欲疏導河水東去，生隄本欲捍禦河水西來，相爲表裏，未可偏廢。」帝謂二府曰：「韓琦頗疑修二股。」王安石曰：「異議者，皆不攷其事實故耳。」《宋史·河渠志》。

五月，譔《右屯衛大將軍令邦墓誌銘》。

六月，論召陝西邊臣。

略曰：「臣任御史中丞日，聞國家招納夏國降民，曾上章言其不可。俄而种諤等起綏州之役，楊定爲夏虜所殺，陝西騷然，困於餽戍。朝廷謫降諤等以謝夏虜，方能得其稱臣，復奉舊約。今使者尚未返命，聞陛下復召諤等引對，不知陛下欲何所興爲？夫西夫不守信義，猶見輕於鄉黨，況於王者臨撫四夷？前日种諤棄百年之信，興兵掩其不備，僅能得不食之地百餘里，饑虜萬餘人。今地則歸之虜庭，民則逃散略盡，其爲失策，豈不昭然？況目今瘡痍未復，憂患未弭，虜疑忌中國，警備已嚴，怨毒之心，蓄而未發。諤等乃欲復爲前日所爲，臣恐其兵連禍結，不可救解，非獨邊鄙之患也。伏望陛下深念。」

撰《虞部郎中李君墓誌銘》。諱某，公從母之夫。

論風俗。

略曰：「國之致治，在於審官，官之得人，在於選士。竊見近歲士大夫好爲高奇之論，喜誦老、莊之言，流及後生，口誦耳剽，有讀《易》未識卦爻，已謂《十翼》非孔子之言；讀《禮》未知篇數，已謂《周官》爲戰國之書；讀《詩》

未盡《周南》《召南》，已謂毛、鄭爲章句之學；讀《春秋》未知十二公，已謂《三傳》可束之高閣。其科場舉人，發口秉筆，動言性命，流入老、莊，縱虛無之談，騁荒唐之詞，以此獵取科第。祿利所在，如水赴壑，若不嚴加禁遏，用此舉選，臣恐向去任官之士，皆何晏、王衍之徒，而正始、永嘉之弊，將復見於今矣。伏望戒勵中外，仍指揮禮部貢院，先曉示進士，若有僻經妄說，言涉老、莊者，雖復文辭高妙，亦行黜落。庶不致疑誤後學，敗亂風俗。」

按：所謂好爲高奇，喜誦老、莊者，則荆公其人也。一出而已敗壞風俗若此，所謂生於其心，害於其政者歟！

八月五日，上《體要疏》。

略曰：「臣聞爲政有體，治事有要，自古聖帝明王，垂拱無爲，而天下大治者，因此道也。竊見陛下踐祚以來，孜孜求治，於今三年，不遑日昃，繼之以夜。雖古之聖王，有不能及。而功業未著者，殆未得其體要故也。祖宗設內外百司以相統御，使上下有序，尊卑有等。今陛下好使大臣奪小臣之事，小臣侵大臣之職。是以大臣解體，不肯竭忠；小臣諉上，不肯盡力。而陛下方用爲致治之本，此臣之所大惑也。夫今之兩府，皆古宰相之職，若百官之長非其人，刑賞大政失其宜，陛下當責之兩府。至於錢穀條例，此三司之事。今乃使兩府大臣悉取三司條例，別置一局，聚文士數人與之謀議改更，制置三司皆不與聞。臣恐所改更者未必勝於其舊，而徒紛亂祖宗成法。考古則不合，適今則非宜。吏緣爲姦，農商失業，數年之後，將不復振矣。且兩府於天下之事無所不總，若百官之職，皆使兩府治之，則在上者不勝其勞，而在下者爲無所用矣。又監牧使主養馬，四園苑主課利，今乃使監牧使不屬羣牧司，四園苑不屬三司提舉使。則在下者各得專權自恣，而在上者不委其下，在下者不稟其上，能爲治乎？若此之類，臣竊恐似未得其體也。凡天下之事，必委之本路將帥、監司、守宰，使之自爲方略，責以成效，而施其刑賞，然後事乃可集。何則？久於其任，識其人情，知其物宜，賞罰之權，足以休戚，所部之人，使之信服故也。今朝廷好別遣使者銜命奔走，旁午於道，所至徒有煩擾，未必有益。何則？事之利害，吏之能否，皆非使者所能素知，不免臨時詢采。若所詢者或遇公明忠信之人，猶僅能得其一二。或遇私闇姦險之人，則是非爲之倒置矣。非將帥、監司、守宰皆賢，而使者皆愚也。累歲之講求與一朝之議論，積久之采察與目前之毁譽，精麤詳略，其勢不同故也。其有居官累歲，而仍不知事之利害與人之能否，或雖知利害，而不能變更，雖知能否，而不能黜陟。則更當擇賢者以代其任，不當數遣使者擾亂其間，使不得行其職業也。又庸人之情，苟策非己出，則媢嫉沮壞，唯恐其成。借使使者規畫盡善，當職之人，必不肯協力以成其事；返命之日，必從而敗之，曰竭力成功，於我何有？此所以不如毋遣之爲愈也。況今之轉運使，即古使者之任，苟得其人而委之，賢於暫遣使者遠矣。若其自爲姦慝貪縱，或有所隱蔽欺妄，然後別遣使者案之，若案得其實，有罪則當刑，不才則當廢。未必但遣使者往治其任。而於當職之人，無所利，亦無所廢，是又使之拱手旁觀，偷安竊祿，而在外之官，舉無所用也。若此之類，臣恐似未得其體也。今朝廷之士皆曰：『陛下聰明剛斷，威福在己。』臣竊以爲未也。夫帝王之道，當務其遠者大者。國之大事，當與公卿議之，而不使小臣參之。四方之事，當委牧伯察之，而不當使左右覘之。儻公卿、牧伯尚不能擇賢者而任之，小臣左右獨能得賢者而使之乎？苟爲不賢，則險陂私謁，無不至矣。今陛下好於禁中出手詔指揮外事，非公卿所薦舉，牧伯所糾劾，或非次而遷官，或無故而廢罷，外人疑駭，不知所從。自以爲聰明剛斷，威福在己。臣竊以爲過矣。夫公卿所薦舉，牧伯所糾劾，其當與否，皆有迹可見，責有所歸，故不敢大爲欺罔。若姦臣密白陛下，使陛下自爲聖意以行之，則威福集於私門，怨謗歸於陛下矣。安得謂之威福在陛下耶？况詔中所指揮者，率非大事。至於西禁美官，邊藩將帥，省府職任，諸路監司，或姦邪貪猥之人，陛下嚮日所明知而斥去者，或更改官而升資，或不久復進用，然則威福之權，果不在陛下，而陛下偶未之思也。陛下必欲威福在己，莫若謹擇公卿大臣明正忠信者，與之公議事之是非與人之賢否，陛下淸心平慮，擇其是者而行之，非者不得復奪也，擇其賢者而用之，不肖者不能復爭也。如此，則謀者舉者雖在公卿大臣，而行之用之皆在陛下，安得謂之威福不在己耶？陛下此之不爲，而顧彼之久行，臣竊恐似未得其要也。古人有言曰：『謀之在多，斷之在獨。』漢世有大政令，必下公卿大夫博士議郎議，天子稱制以決之，曰丞相議是，或曰廷尉當是，群臣厭然，無有不服。今陛下聽群臣各盡其情，此誠善矣。然終不肯以聖志裁決，遂使群臣尚勝者以巧文相攻，辯口相濟，反覆再三，無有限極，非嘉事也。夫人主務明先王之道而不習法令。近者登州婦人阿云謀殺其夫，重傷垂死，中材之吏，皆能立辨。事已經審刑院、大理寺、刑部斷爲死罪，而前知登州許遵文過飾非，妄爲巧說。朝廷命兩制定奪者再，命兩府定奪者再，爭論縱橫，至今未定。夫以田舍一婦人，委一法吏足矣。今乃紛紜至此，終於棄百代之常典，悖三綱之大義，使良善無告，姦凶得志，豈非徇其枝葉而忘其本根之所致耶？若此之類，竊恐似未得其要也。此皆衆人所私議，竊歎而莫敢明言者。臣以受恩深重，不顧斧鉞言之，唯聖明裁察。」

是年春二月，王荆公參知政事，創制置三司條例（使）〔司〕，議行新法。荆公與宰相陳升之領其事，遣八使察農田水利賦役於天下。又定謀殺傷首原法，故公言及之。

復奏，敕同張茂則及都水監官、河北轉運使相度閉塞北流利害。後公罷行，獨遣茂則。

先是七月中，二股河通快，北流稍自閉。戊子，張鞏奏：「上約累經泛漲，並下約俱已無虞，東流勢漸順快，宜塞北流，除四州水患，又使御河、胡盧河下流各還故道，則漕運無壅遏，郵傳無滯留，塘泊無淤淺。復於邊防大計有利，歲減費不可勝數。唯是東流南北隄防未立閉口，修隄工費宜預備，望選習知河事者，與臣等熟議以聞。」

八月己亥，公入辭，言：「鞏等欲塞二股河北流，臣恐勞費未易。幸而可塞，則東流淺狹，隄防未全，必致決溢，是移恩、冀、深、瀛之患于滄、德等州也。宜俟三二年，東流益深闊，隄防稍固，北流漸淺，薪芻有備，塞之便。」帝曰：「東流、北流之患孰輕重？」公曰：「兩地皆王民，無輕重。然北流已殘破，東流尚全。唯當併力護上約，則東流日增，北流當日減耳。」帝曰：「上約安可保？」公曰：「昨經大水而無虞，來歲地腳已牢，復何慮？且上約居河之側，聽河北流，猶懼不保，今欲横絕使不行，庸可保乎？」帝曰：「若河水常分二流，何時當有成功？」公曰：「借使分爲二流，於張鞏等不見成功，于國家亦無所害。何則？水勢分則害小。鞏等急欲塞北流，此皆自爲其身謀，不顧國力與民患也。」帝曰：「防捍兩河，何以供億」？公曰：「分二流則勞費減半，減北流財力之半，以備東流，何不可？」帝曰：「卿等至彼視之。」時東流已及六分，鞏等因欲閉斷北流，帝意嚮之。公以爲須及八分，仍須待其自然，不可施功。安石曰：「光議事屢不合，今令視河，後必不從其議，是重使不安職也。」庚子，乃獨遣茂則，罷公行。茂則奏：「二股河東流，已及八分。」張鞏等亦奏：「丙午，大河東徙，北流淺小。戊申，北流閉。」賜詔獎諭，公仍賜衣帶馬。集中有謝表。

按：元年冬十一月，相視二股河。及是秋八月，公入奏方略，集中俱未載。今據《宋史·河渠志》補入。公始則排衆議，不創生隄，專主上約。後則謂不宜預塞北流，宜待其自閉。半年之間，其言無不售者，此因勢利導，大禹所謂行所無事也。一時異議者，非懦則躁。懦則未見成功，撓於羣議；躁則急欲集事，僥倖受賞。識不定，持之不堅也。魏公能任大事者，而亦爲此言，彼未嘗親歷，不免爲羣言所惑耳。

《續文獻通考》曰：熙寧元年六月，河決恩、冀、瀛州。二年浚二股河，以導東流。蓋司馬光請用宋昌言、程昉之議也。韓琦以爲不可，惟光力主之。七月，二股河通大河東流，而商胡河北流稍塞。蓋東流者，自滑、恩經德、滄入海之路。北流者，商胡、乾寧入海之路。

十一日，論責降劉述等。

初，公與王安石爭許遵議，踰年不決。文彥博、富弼多主公說，帝方嚮安石，卒從之。至是遂著爲令，凡謀殺已傷，案問自首者，減罪二等。知雜御史兼判刑部劉述封還其詔，並率御史劉琦、錢顗，共劾安石任偏見而立新議，害天下大公，願罷逐以慰天下。詔述差官取勘，琦、顗降監酒稅。中外駭愕。

公上劄子，略云：「謀殺已傷自首刑名，天下皆知其非。朝廷違衆議而行之，又罪守官之人。臣恐來者皆箝口側目，以言爲諱。威福移于臣下，聰明有所壅蔽，非國家之福。伏望赦述等，更不取勘劉琦等，別除一差遣，庶稍息羣議。」

撰《仁和縣君潘氏墓誌銘》。皇從姪，右武衛大將軍蓬州刺史令超之夫人。

九月壬辰，王安石薦呂惠卿爲崇政殿説書。公諫曰：「惠卿憸巧，非佳士，使安石負謗於中外者，皆其所爲也。」帝言：「安石不好官職，自奉甚薄，可謂賢者。」公曰：「安石誠賢，但性不曉事而愎，此其所短也。又不當信任呂惠卿。惠卿眞姦邪，而爲安石謀主，安石爲之力行，故天下併指爲姦邪也。近者進擢不次，大不厭衆心。」帝曰：「惠卿進對明辨，亦似美才。」公對曰：「惠卿誠文學辨慧，然用心不正，江充、李訓若無才，何以能動人主？」帝默然。《言行録》。

十月，陳升之同平章事，帝問公曰：「近相升之，外議云何？」公對曰：「陛下擢用宰相，臣愚何敢與？」帝曰：「第言之。」公曰：「閩人狡險，楚人輕易，今二相皆閩人，二參政皆楚人，必援引鄉黨之士，充塞朝廷，風俗何以更得淳厚？」帝曰：「升之有才智，曉民政邊事。」公曰：「但不能臨大節而不可奪爾。凡才智之士，必得忠直之人從旁制之，此明主用人之法也。」帝又問王安石何如。對曰：「人言安石姦邪，則毀之太過，但不曉事，又執拗耳。」帝又論臺諫天子耳目，公對曰：「陛下當自擇人，今言執政短長者，皆斥逐之，盡易以執政之黨，臣恐聰明將有所蔽蒙也。」上曰：「諫官難得，卿更爲擇其人。」公退而舉陳薦、蘇軾等四人。同上。

二相二參政，考《宰輔表》，熙寧二年

曾公亮、陳旭同平章事。曾公亮係泉州晉江人，陳旭建州建陽人，皆閩產也。二參政謂王安石，撫州臨川人；唐介，江陵人，皆楚產也。夫介甫之執拗，與二公之不協物望，誠不免于譏。至唐子方之忠鯁，與介甫議論不合，至疽發背而死，而公乃以二楚人並稱，何也？此未可解。按：旭即升之。

邇英進讀，至蕭何、曹參事，帝曰：「漢常守蕭何之法，不變可乎？」公對曰：「何獨漢也，使三代之君，守禹、湯、文、武之法，雖至今存可也。漢武帝用張湯言，取高帝法紛更之，盜賊半天下。元帝改宣帝之政，而漢始衰。由此言之，祖宗之法，不可變也。」後數日，呂惠卿進讀，因言：「先王之法，有一年而變者，正月始和布法象魏是也；有五年一變者，巡狩考制度是也；有三十年一變者，刑罰世輕世重是也。前日光言非是，其意以諷朝廷，且譏臣爲條例司官耳。」公曰：「布法象魏，布舊法也，何名爲變？諸侯變禮易樂者，王巡狩則誅之，不自變也。刑新國用輕典，亂國用重典，是爲世輕世重也，非變也。且治天下譬如居室，敝則修之，非大壞不更造也。公卿侍從皆在此，願陛下問之。三司使掌天下財，不才而黜之可也，不可使執政侵其事。今爲制置三司條例司，何也？宰相以道德佐人主，安用例？苟用例，則胥吏足矣。今爲看詳中書條例司，何也？」惠卿不能對，則詆公曰：「光爲侍從，何不言？言而不從，何不去？」公作而答曰：「是臣之罪也。」上曰：

「相與論是非耳，何至是？」講畢賜坐戶外，帝命徙坐戶內，左右皆避去，帝曰：「朝廷每更一事，舉朝訩訩，何也？」公曰：「青苗出息，平民爲之，尚能蠶食下戶，至飢寒流離，況縣官法令之威乎？」惠卿曰：「青苗法，願取則與之，不願不強也。」公曰：「愚民知取債之利，不知還債之害，非獨縣官不強，富民亦不強也。昔太宗征河東，立和糴法，時斗米十餘錢，民樂與官爲市。其後物貴而和糴不解，遂爲河東世世患。臣恐異日之青苗，亦猶是也。」上曰：「陝西行之久矣，民不以爲病。」公曰：「臣陝西人也，見其病，不見其利。」上曰：「坐倉糴米何如？」坐者皆起曰：「不便，上已罷之，幸甚。」帝曰：「未罷也。」公曰：「京師有七年之儲，而錢常苦乏，苦坐倉糴米，錢益乏，米益陳，奈何？」惠卿曰：「坐倉得米百萬斛，則省東南百萬之漕，以其錢供京師，何患無錢？」公曰：「東南錢荒，而米狼戾，今不糴米而漕錢，棄其有餘，取其所無，農末皆病矣。」侍講吳申起曰：「光言至論也。」公曰：「此皆細事，不足煩人主，但當擇人而任之，有功則賞，有罪則罰，此陛下職也。」帝曰：「然。」公趨出，帝曰：「卿得毋以惠卿之言不樂乎？」公曰：「不敢。」《行狀》。

司馬君實與呂吉甫在講筵，因論變法事，至於上前紛拏，上曰：「相與論是非，何至乃爾？」既罷講，君實氣貌愈溫粹，而吉甫怒氣拂膺，移時尚不能言。人言：「一個陝西人，一個福建子，怎生廝合得著？」《道山清話》。

七日，再舉諫官。

略曰：「昨日面奉聖旨，令臣采訪可任諫官者。伏見龍〔圖〕閣直學士陳薦，忠厚質直；直史館蘇軾，曉達時務，勁直敢言；職方員外郎王元規，志操堅正，居官皆著風迹；集賢校理趙彦若，平居恂恂，遇事剛勁。此四人者，臣所素知，竊謂可備諫職。」

八日，乞優賞宋昌言。

略曰：「臣去冬奉敕相度二股河及生隄利害，當時都水監丞宋昌言建議：「欲於二股河口兩岸置立上約，擗水令入東流，候東流漸深，北流淤淺，即閉塞斷北流，放出御河、胡盧河下流，以除恩、冀、深、瀛四州以西水患。」臣等具此利害奏聞，蒙朝廷聽許。同列以策非己出，百端沮毀，謂必不可成，不如併力脩生隄。賴聖明剛斷，必使修置上約。今秋，擗攔水勢，一併入東流，其北流尋以閉斷，雖頗漂損近東滄、德等州，然恩、冀、深、瀛以西州軍，蒙利亦爲不少。昌言不可謂之無功矣。今若與向稱二股河不可成者一例受賞，臣恐無所沮勸。設使向者修置上約不成，或背了二股併入北流，其同列豈肯分昌言之罪哉。望與復舊官外，更別加酬獎。」

十一月，撰《華陰侯仲連墓誌銘》。魏恭憲王元佐之曾孫。

撰《皇從姪右屯衛大將軍士虯墓記》。

熙寧三年庚戌，公年五十二歲。

公任翰林學士兼侍讀學士，差知審官院。

正月，公子康以明經登上第。康時二十一歲。與王禹玉、范景仁、宋次道之子同時登科，公有《和景仁瓊林席上偶成》詩：「念昔瓊林賜宴歸，綵衣絲綬正相宜。將雛雖復慰心喜，負米翻成觸目悲。殿角花猶紅勝火，樽前髮自白如絲。桂林衰朽何須恨，幸有新枝續舊枝。」康釋褐試祕書省校書郎、耀州富平縣主簿，公奏留國子監聽讀。

二月六日，再乞資蔭人試經義。略云：「臣先曾起請資蔭人初授差遣者，更不試詩，只試《孝經》、《論語》大義三道，未蒙施行。今復差知審官院，竊見試詩一首，實爲無益。無論假手於人，就得沈、宋、曹、劉，有何所用？《孝經》、《論語》雖不多，而立身治國之道，盡在其中。即未能踐履，亦使知有周公、孔子，仁義禮樂，豈可與一首律詩爲比哉！」

十一日，乞不揀退軍置淮南。略曰：「臣聞朝廷欲揀禁軍年四十五以上減下，請給並其妻孥(一)，徙置淮南就食。臣唯禁軍皆生長京師，親姻聯布。年四十五未爲衰老，一旦別無罪負，徙置淮南，恐人情惶惑，大致愁怨，意外之變，不可不防。梁分魏博之兵，致張彥之亂。此近事之可鑑者也。況兵士本欲備禦邊陲，今淮南非用武之地，虛設禁兵，亦爲無用。萬一邊陲復有警急，必更求益兵，廣加招募，是棄已經教閱經戰之兵，而坐收市井畎畝之人，欲減兵而冗兵更多，欲省費而大費更廣，非計之得者也。伏願且依舊法，禁軍減充小分，復不任者放充百姓，聽使在京居止，但勿使老病尚占名籍。人情既安，於事爲便。」

河北安撫使韓琦請罷青苗法，帝感悟，下

其章執政，諭(今)〔令〕罷法。安石遂稱疾求去，帝命公草答詔。有云：「士夫沸騰，黎民騷動，乃欲委遠事任，退處便安。在卿私謀，固爲無憾；朕所屬望，將以諉誰？」安石抗章自辨，帝命呂惠卿諭旨，復手札諭安石曰：「詔中二語，失於詳閱。今覽之甚媿。」安石固請罷，上固留之，獎慰良久，乃復出，而持新法益堅。

十二日，除樞密副使，固辭不拜。

初，上欲大用公，訪諸安石。安石曰：「是爲異論者立赤幟也。」及安石稱疾不出，遂有是命。

二十日，上《乞罷條例司常平使疏》。

略曰：「臣近蒙聖恩，除樞密副使。竊唯陛下所以用臣之意，蓋察其狂直，庶幾有補於國家。若徒以祿位自榮，而不能救生民之患，則陛下亦安用之？臣見今日建畫之臣，設官則以冗增冗，立法則以苛益苛。臣先曾上疏，言不當設制置三司條例司，及不當別遣使者，擾亂州縣。又因經筵侍坐，言散青苗錢不便。自後朝廷更遣使者提舉諸色，實耑散青苗錢。臣竊自疑，智識淺短，不足以知天下變通之務。又疑因臣之言，激怒建畫之臣，使行之益力，由是閉口不敢復言。今行之纔數月，中外言者鼎沸。然所言大率皆止論今日之害，而臣所憂者，乃在十年之後，非今日也。夫民之富者，常借貸貧民以自饒，貧者常假貸富民以自活。雖苦樂不均，猶彼此相資，以保其生。今縣官乃自出息貸民，富者不願取，貧者乃欲得之。官以多散爲功，故不問民之貧富，各隨戶等抑配。復恐以逋欠爲累，必使貧富相保。貧者督之急，則散而之四方，富者則獨償數家所負。春債未畢，秋債復來，歷年寖深，債負益重。幸遇豐稔，則併催積年所負之債。是使百姓豐凶常無休息之期也。貧者既盡，富者亦貧，臣恐十年之後，富者無幾何矣。若不幸國家有邊隅之警，凡粟帛軍需之類，將從誰取之？且常平倉，乃三代聖王之遺法也。國家每遇凶年，專賴此錢穀以振濟飢民。今一旦盡作青苗錢，則豐年將以何錢平糴，凶年將以何穀賙贍？臣聞先帝嘗出內藏庫錢一百萬緡，助天下常平糴本。今無故盡散之，他日復欲收聚，何時得及此數乎？使庫物常如泉源，無有窮竭則可矣。若皆取百姓膏血以實之，安可不加愛惜，而用如糞土哉？陛下若不肯變更，以循舊貫，十年之後，富室既盡，常平既壞，帑藏又空，不幸有方二三千里之水旱[二]，餓殍滿野。加以四夷侵犯，戎車塞路，轉餉不休。當是之時，民之羸者不轉死溝壑，壯者不起而爲盜賊，將何之矣？此時雖有知者，不能善其後。今使者爭獻謀畫，各矜智巧，變更祖宗法度，非一事也。欲計畝率錢，僱人充役，決汴水種稻，澆溉民田，及欲洩三十六陂水，募人耕佃。道路之人，共所非笑。而條例司自以爲高奇之策，書以授常平使者，必欲行之天下，大小遑遑，不安其生。苟不罷廢此局，則生民永無休息之期矣。陛下誠能昭然覺悟，罷制置三司條例司，及追還諸路提舉常平廣惠倉使者，則太平之業，依然復故，臣雖盡納官爵，但得爲太平之民，以終餘年，其幸多矣。」

二十二日，《辭樞密副使劄子》第五上。

略云：「臣以受陛下非常之知，不可全無報效，是以乞罷條例司及常平使者，若陛下果能行此，勝於用臣爲兩府；若言無可采，臣獨何顔，敢當重任。」

【貼黄】近傳聖旨諭臣：「以樞密本兵之地，官各有職，不當更引他事爲辭。」臣今若已受敕告，即誠如聖旨。今未受恩命，則猶是侍從之臣，於事無不可言者。況二事並是向年已曾上言，以其無效，所以不敢當。今日新命，非爲侵官，乞聖明裁察。

二十七日，公與介甫書。

略曰：「光自接侍以來，十有餘年，屢嘗同僚，不可謂無一日之雅。向者與介甫議論朝廷事，數相違戾，未知介甫之察不察。然于光向慕之心，未始變移也。竊見介甫獨負天下大名三十餘年，識高而學富，難進而易退，遠近之士，識與不識，咸謂介甫不起則已，起則太平可立致。今從政始期年，而士大夫在朝廷及自四方來者，莫不非議介甫，如出一口。下至閭閻細民，小吏走卒，亦竊竊怨歎。介甫亦嘗聞其言而思其故乎？光不敢苟避譴怒，請爲介甫一一陳之。今天下詆毁介甫之甚者，無所不至，光獨知其不然。介甫固大賢，其失在用心太過，自信太厚而已。自古聖賢所以治國者，不過使百姓各得其職[三]，委任而責成功。養民者，不過輕租稅，薄賦斂。介甫以爲此皆腐儒之常談，不足道。于是財利不以委三司而自治之，更立制置三司條例司，聚文章之士，及曉財利之人，使以講利。孔子有言：『君子喻于義，小人喻于利。』使彼誠君子耶，則固不能言利；誠小人耶，則唯民是虐，以飫上之欲，又可從乎？而又不次用人，暴得美官。于是言利之人，攘臂環視，衒鬻爭巧，各出新意，以就功名。其爲害固已甚矣。又置提舉常平廣惠倉使者四十餘人，使行新法。雖皆選擇才俊，其中亦有輕佻狂躁，凌轢州縣，騷擾百姓。于是農商喪業，謗議沸騰，怨嗟行路。迹其本原，咸以此也。夫侵官，亂政也，介甫更以爲治術，而先施之。貸息錢，鄙事也，介甫更以爲王政，而力行之。徭役自古皆從民出，介甫更欲斂民錢而使之。此三者，常人皆知其不可，而介甫獨以爲可，此光所謂用心太過者也。自古聖人無過周公、孔子。然周公未嘗無過，孔子未嘗無師。今介甫以爲我之所見，天下莫能及，合則喜之，不合則惡之。賓客僚友，謁見論事，或所見小異，微言新令之不便者，介甫輒艴然加怒，詬詈黜逐。明主寬容如此，而介甫拒諫乃爾，無乃不足于恕乎？介甫于天下之書無不觀，一旦爲政，矻矻焉窮日力，繼之以夜，徒使上自朝廷，下及田野，內起京師，外周四海，士吏兵農，工商僧道，無一人得襲故而守常者。紛紛擾擾，莫安其居。何介甫總角讀書，白頭秉政，乃盡棄其所學，而從今世淺丈夫之謀也？近者，藩鎮大臣有言散青苗錢不便者，天子出其議以示執政，而介甫遽悻悻然不樂，引疾卧家。光被旨批答，見士民方不安如此，而介甫乃欲辭位而去，非明主拔擢委任之意。故直敘其事，以義責介甫，意欲介甫早出視事，更新令之不便于民者，以福天下。辭雖樸拙，然無一事不得其實者。竊聞介甫頗相督過，上書自辨，至使天子手書遜謝，又使呂學士再三諭意，然後乃出視事。視事誠是也，然當速改前令之非者，以慰安士民，報天子之盛德。今則更加忿怒，行之愈急，是必欲力戰天下之人，與之一決勝負。光竊爲介甫不取也。光近蒙聖明過聽，欲使之副貳樞府。光竊唯驟蒙大恩，不可不報，故輒敢進當今之急務，乞罷制置三司條例司，及追還諸路常平使者。主上以介甫爲意，未肯俯從。光竊念主上親重介甫，動靜取舍，唯介甫之爲信。介甫曰可罷，則天下之人咸被其澤；曰不可罷，則天下之人咸被其害。方今生民之憂樂，國家之安危，唯繫介甫之一言。介甫何忍必遂己意而不恤乎？夫人誰無過？君子之過，如日月之食。介甫誠能進一言于主上，則國家太平之業，皆復其舊。而介甫改過從善之美，愈光大于目前，于介甫何所虧喪而固不移哉？光今所言，正逆介甫之意，明知其不合，然敢一陳其志，以終益友之義。幸與忠信之士謀其可否，不可以示諂諛之人，必不肯以光言爲然也。彼諂諛之人，因緣改法以爲進身之資，一旦罷局，譬如魚之失水，此所以必欲挽引介甫，使不得（山）〔由〕直道行。介甫奈何徇此曹之所欲，而不思國家之大計哉？夫忠信之士，于介甫當路之時，或齟齬可憎，及失勢之後，必徐得其力。諂諛之士，今日誠有順適之快，一旦失勢，將有賣介甫以自售者。介甫將何擇焉？」

介甫復書：「重蒙君實指教，以爲侵官、生事、征利、拒諫，以致天下怨謗。某則以爲受命于人主，議法度而修之于朝廷，以授之於有司，不爲侵官。舉先王之政，以興利除弊，不爲生事。爲天下理財，不爲征利。闢邪說，難壬人，不爲拒諫。至于怨誹之多，則固前知其如此也。人習于苟且非一日，士大夫多以不恤國事，同俗自媚于衆爲善。上乃欲變此，而某不量敵之衆寡，欲出力助上以抗之，則衆何爲而不洶洶然？盤庚之遷，胥怨者民也。盤庚不爲怨者故改其度，以度義而動，不見可悔故也。如君實責我以在位久，未能助上大有爲，以膏澤斯民，則某知罪矣。如曰今日當一切不事事，守前所爲而已，則非某之所敢知。」

詞彊而辨。然文章之妙則至矣。

《與介甫第三書》：「重辱示諭，知不見棄外，不勝感悚。夫議法度以授有司，此誠執政事也。然當舉其大而略其細，不當無大無小，盡變舊法以爲新奇也。且介甫誠能擇良有司而任之，弊法自去。苟有司非其人，雖日授以善法，無益也。介甫所謂先王之政者，豈非泉府賒貸之事乎？竊觀其意，似與今日小異。且先王之善政多矣，顧以此獨爲先務乎？今之散青苗錢者，無問民之貧富，願與不願，強抑與之，歲收其什四之息，謂之不征利，光不信也。至于闢邪說，難壬人。果能如是，乃國家生民之福。但恐介甫之座，日相與變法而講利者，邪說壬人，爲不少矣。介甫偶未之察耳。盤庚遷都，而臣民有不從者，不忍脅以威刑，故勤勞曉解，其卒皆化而從之。非謂盡棄天下之言，而獨行己志也。光豈勸介甫以不恤國事而同俗自媚哉！蓋謂天下異同之議，亦當少垂意采察而已。」

《辭樞密副使劄子》，第六上。略云：「臣近曾上疏，乞罷二事，未聞朝廷少賜采錄，但聞條例司愈用事，催散青苗錢愈急，中外人情愈恟恟。臣當此際，獨以何心敢當高位？伏望陛下出臣所上疏，宣示中外臣庶，共決是非。若臣言果非，乞收還敕告，治臣妄言及違慢之罪。」

公謁告之六日，上復趣令入見，公固辭，乞早收還敕告。上遣劉有方諭公以依舊供職。公入對曰：「臣自知無力于朝廷，朝廷所行皆與臣言相反。」上曰：「反者何事也？」公曰：「臣言條例司不當置，又言不宜多遣使者外撓監司，又言散青苗錢害民。豈非相反？」上曰：「言者皆云，法非不善，但所遣非其人耳。」公曰：「以臣觀之，法亦不善，所遣亦非其人也。」上曰：「元敕不令抑勒。」公曰：「敕雖不令抑勒，而所遣使者皆諷令抑勒。如開封府界十七縣，唯陳留姜潛張敕榜縣門及四門，聽民自來，請自給之，卒無一人來。以此觀之，十六縣恐皆不免于抑勒也。」上敦諭再三，公再拜固辭。上曰：「當更思之。」會安石復起視事，乃下詔允光辭，收還敕誥。知通進銀臺司范鎮，封還詔書者再，帝以詔直付光，不由門下。鎮曰：「由臣不才，使陛下廢法，乞解職。」許之。

帝嘗謂左丞蒲宗孟曰：「如光，未論別事，只辭樞密一節，朕自即位以來，唯見光一人。」

韓魏公聞公初除樞副，辭不受，以書與潞公勉之云：「主上倚重之厚，庶幾行道。道或不行，然後去之可也。似不須堅讓。」潞公以書呈公，公曰：「自古被這般官爵引壞了名節爲不少矣。」魏公聞之，云：「君實作事，當求之古人。」

公既辭樞密副使，名重天下。韓魏公元臣舊德，猶相歆慕，在北門與公書云：「多病寖劇，闕于修問。但聞執事以宗社生靈爲意，屢以直言正論開悟上聽，懇辭樞弼，必冀感動。大忠大義，充塞天地，横絶古今，固與天下之人歎服歸仰之不暇，非于紙筆一二可言也。」又書云：「音問罕逢，闕於致問，但與天下之人，欽企高誼，同有執鞭忻慕之意，未嘗少忘也。」又書云：「伏承被命再領西臺，在于高識，固有優游之樂，其如蒼生之望何？此中外之所以鬱鬱也。」

馬氏巒曰：三書見《東萊詩話》，世所行魏公《安陽集》遺此，故雖縉紳間亦罕有知者。祈博雅君子搜訪全文，刊入集中，亦百世一快云。

按：公以濮議與歐公齟齬，而歐力薦公。以刺義勇與韓公爭辨，而韓傾倒至此，昔賢心事可想。

三月二十八日，擬學士院試李清臣等策問一首。時王介甫言于上，以爲天變不足畏，祖宗不足法，流俗不足恤，故因策目以此三事質于所試者。范景仁後至，曰：「流俗不足恤一事，我已爲策目矣。」遂削之。明日，禁中以紙帖其上，別出策目試清臣等。

問：先王之治盛矣，其遺文餘事可見于今者，《詩》、《書》而已矣。詩曰：「文王陟降，在帝左右。」《書》曰：「面稽天若。」蓋言王者造次動靜，未嘗不考察天心而嚴畏之也。《詩》曰：「毋念爾祖，聿修厥德。」《書》曰：「有典有則，貽厥子孫。」蓋言嗣王未有不遵禹、湯、文、武之法，而能爲政者也。《詩》曰：「先民有言，詢于芻蕘。」《書》曰：「有廢有興，出入自爾，師虞庶言同則繹。」蓋言與衆同欲，則令無不行，功無不成也。今之論者，或曰天地與人，了不相關，薄食震搖，皆有常數，不足畏忌。祖宗之法，不必盡善，可革則革，不足循守。庸人之情，喜因循而憚改爲，可與樂成，難與慮始，紛紜之議，不足聽采。意者古今異時，《詩》、《書》陳迹，不可盡信耶；將聖人之言，深微高遠，非常人所敢知，先儒之解，或未得其旨耶？願聞所以辨之。

《通鑑》：帝諭王安石曰：「聞三不足之説否？」安石曰：「不聞。」帝曰：「陳薦言，外人云：卿以爲天變不足畏，人言不足恤，祖宗之法不足守。昨學士院試館職策問，意指此三事。」安石默然。

四月十六日，請自擇臺諫官。略曰：「臣見近日言條例司害民及呂惠卿姦邪者，率被責降，或更加以惡名。如呂公著告辭云『乃誣方鎮，有除惡之謀』，中外聞者，無不駭愕。竊唯執政之意，止欲禁塞言者，使不敢復言，更擇背公死黨之人，以居其位。如此，豈社稷之福？今被逐者，臣不敢留。願陛下自擇公正剛直者，布之言路，勿爲羣臣所欺蔽。則天下幸甚。」

邇英讀《通鑑》賈山上疏，因言從諫之美，

拒諫之禍。上曰：「舜堲讒説殄行，若臺諫欺罔爲讒，安得不黜？」公曰：「進讀及之爾，時事臣不敢論也。」及退，帝留公，謂曰：「呂公著言藩鎭欲興晉陽之甲，豈非讒説殄行也？」公曰：「公著平日與儕輩言，猶三思而發，何故上前輕發乃爾？外人多疑其不然。」上曰：「此所謂靜言庸違者也。」公曰：「公著誠有罪，不在今日。向朝廷委公著舉臺官，公著乃盡舉條例司之人，與條例互相表裏，使熾張如此。今乃復言其非，此所以可罪也。」《言行録》。

安石未知名時，以韓、呂爲巨族，藉之取重，乃深與公著交。及執政，患臺諫多横議，薦爲御史中丞。既而公著言條例不便，帝又使公著舉呂惠卿爲御史。公著曰：「惠卿誠有才，然姦邪不可用。」安石積怒。會帝語執政「呂公著常言韓琦將興晉陽之甲，以除君側之惡」，安石因用爲罪，貶知潁州。且命宋敏求草制，明著罪狀。敏求不從，但言敷陳失實。安石怒，命陳升之改其語行之。《温公日録》及《通鑑》。

荆公與申公素相厚，嘗曰：「呂十六不作相，天下不太平。」及薦申公爲中丞，以謂「有八元、八凱之賢」。未半年，所論不同，復謂「有驩兜、共工之姦」。荆公之喜怒如此。蓋孫覺莘老嘗爲上言：「今藩鎭大臣如此論列，而遭挫折。若唐末五代之際，必有興晉陽之甲，以除君側之惡者矣。」上已忘其人，但記美鬚，誤以爲申公也。《見聞録》。

申公居洛，一日對康節長歎曰：「民不堪命矣。」康節曰：「介甫者遠人，公與君實引薦至此，尚何言？」公作曰：「公著之罪也。」仝上。

五月二日，論李定。初，李定爲秀州判官，孫覺薦之朝，召至京師，李常見之，問曰：「君從南方來，民謂青苗法如何？」定曰：「民便之。」常曰：「舉朝方共爭是事，君勿爲此言。」定即往白安石，安石大喜，立薦使入對，由是言新法不便者，帝皆不聽，遂拜監察御史裏行。知制誥宋敏求、蘇頌、李大臨封還制書，詔諭數四，頌等執奏不已，並坐格詔命落職。公疏言：朝廷知大臨等累次封還詞頭，今復草之，則爲反覆，必難奉詔。因欲以違命之罪罪之，使今後無敢立異者。若果如此，自非偷合苟容之人，皆不得立于朝矣。且陛下果知其賢，何不且試之，俟其功效顯著，然後進用，何必今日與臣下力爭勝負？

二十一日，作《四言銘》。

六月，上《宗室襲封議》。先是二年，中書樞密院言：「祖宗受命百年，皇族日以繁衍，而親疏未有等殺，請參酌典制聞奏。議定宣祖、太祖、太宗之子，皆擇其後一人爲宗，世世封公，補環衛官，以奉祭祀，不以服族盡故殺其恩禮。其非祖免親，不賜名授官，許應進士、明經。」十一月甲戌，詔曰：「祖宗昭穆，是宜世世之封；王公子孫，抑有親親之義。若乃服族之既竭，洎于才藝之並優，在隨器以甄揚，使當官而勉懋。宜依中書、樞密所奏，祖宗之後，世襲補外官，非祖免親，罷賜官授名。」議曰：「臣等竊原聖人制禮，必使嫡長世世承襲者，所以重正統，而絶爭端也。古者諸侯生立世子，死則襲爵，無則立嫡孫，無嫡孫則以次立嫡子同母弟，此皆爲始薨之時，應襲爵之人也。國朝故事，常封本宫最長者一人爲國公。陛下以爲非古，故去年十一月十一日降敕稱『三祖之子，皆擇其後一人爲宗』，又稱『非祖免親，更不賜名授官』。禮院參詳，既言擇一人爲宗，即與自來事體不同，合依禮令傳嫡明矣。又閏十一月五日奉旨：『祖宗之子並令傳嫡襲封，諸宫院已封公者，見今且依舊，將來更不承襲。』臣等詳觀兩次詔旨，皆欲以復古禮而襲正統也。今據禮院所定，諸王後合襲封人內，秦王之後，陳薦等欲立其庶曾孫克繼，韓忠彦等欲立其庶長孫承亮；楚王之後，陳薦等欲立其庶曾孫世逸，韓忠彦欲立其庶長孫從式；魏王之後，衆禮官皆欲立其嫡孫同母弟宗惠。臣等看詳，三王見今自有正統，而承亮、從式、宗惠，並係旁支，若此三人襲封，則子子孫孫常居環衛，與國無極。其正統子孫祖免以外，更不賜名授官，數世之後，降爲皀隸。如此，三人何幸而封，正統何罪而絶？不唯與禮令乖違，亦非聖詔所謂爲宗傳嫡者也。所以然者，蓋緣禮令據初薨之時定爲嗣之人，今日于數世之後定當爲後者，事體有殊，而耑執令文，所以有此紛紜也。案忠彦等以爲令文與古稍異，若無嫡孫而有嫡曾孫，則舍曾孫而立嫡子同母弟，若無母弟又立庶子，不論旁支，常以親近者爲先。不知令文所謂子孫承嫡者，蓋言嫡子嫡孫，百世相繼不絶。唯不幸而絶，則有立嫡子同母弟以下之事，非謂有嫡曾孫舍之不立，而立嫡子之母弟也。晉庾純、吳商、王敞、范宣諸儒所論，並言嫡統不絕，則旁支無繼襲之道。必若忠彥等所云，但以行尊屬近者爲嗣，則國家故事，取本宮最長者一人封公，已足遵行矣。何必近日更有改作乎？臣等謹依古禮及令文，并去年兩次聖旨指揮，重行定奪：秦王之後，合以克繼襲封；楚王之後，合以世逸襲封；魏王之後，合以仲蒼襲封。其餘並如衆禮官議所定。」公自注云：「時在學士院，朝廷以爲非是，兩制議者各贖銅三十觔，禮院各追一官。」六月丁丑，封宗室秦、魯、蔡、魏、燕、陳、越七王後爲公。

九月辛丑，乞差前知資州龍水縣事范祖禹同修《資治通鑑》。

按《宋史》：九月戊子朔，辛丑，是月之十四日。

前已辟劉攽、劉恕，與祖禹共三人。及公歸洛，詔聽以書局自隨。而二公在官所，獨祖禹在洛，公專以書局委之，故是書祖禹致力尤多。

公貽范夢得書云：「夢得今來所作叢目，方是將《實錄》事目標出，其《實錄》中事應移在前後者，必已注于逐事下訖，假如《實録》貞觀二十三年李靖薨，其下始有靖傳。傳自鎖告變事，須注在隋義寧元年唐公起兵時。破蕭銑事，須注在武德四年滅銑時。斬輔公祏，須注在七年平江東時。擒頡利，須注在貞觀四年破突厥時。他皆倣此。自《舊唐書》以下，俱未曾附注，如何遽可作《長編》也。請且將新、舊《唐書》紀志傳及統紀補錄，並諸家傳記小說，以至諸人文集，稍干時事者，皆須依年月，注所出篇卷于逐事之下。《實錄》所無者，亦須依年月日添附，無日者附于其月之下，稱是月；無月者，附于其年之下，稱是歲；無年者，附于其事之首尾。如《左氏傳》稱「初，鄭武公娶于申」之類。及爲某事張本起本者，皆附事首者也。如衛文公復國之初，言「季年乃三百乘」。因陳完奔齊，而言「完始生，筮知八世之後，成子得政」。因晉悼公即位，而言「其得官得人，不失伯業」。因衛北宮文子聘于鄭，而言「裨諶草創，子産潤色」。因吴亂，而言「吴夫槩王，爲棠谿氏」。注云傳終言之之類，皆附事尾者也。有無事可附者，則約其時之早晚，附于一年之下。如《左傳》子罕辭玉之類，必無的實年月也。假如宰相有忠直姦邪事，無處可附者，則附于拜相時。他官則附于到官時，或免卒時。其有處可附者，不用此法。但稍與其事相涉者，即注之，過多不害。假如唐公起兵，諸列傳中有一兩句涉當時者，但與注其姓名于事目之下，至時雖別無事迹可取，亦可以證異同，考月日也。嘗見道原云：『只此已是千餘卷書，日看一兩卷，亦須二三年功夫也。』俟如此附注俱畢，然後請從高祖初起兵脩《長編》，至哀帝禪位而止，其起兵以前，禪位已後事，于今來所看書中見者，亦請令書吏別用草紙錄出，每一事中間空一行許素紙。以備翦開黏綴故也。隋以前者與貢父，梁以後者與道原，令各脩入《長編》中。蓋緣二君更不看此書，若足下止修武德以後、天祐以前，則此等事盡成遺棄也。二君所看書中有唐事，亦當納足下處，修入《長編》耳。其修《長編》時，請據事目下所該新舊紀、志、傳及雜史、小說、文集，盡檢出一閱。其中事同文異者，則請擇一明白詳備者錄之。彼此互有詳略，則請左右采獲，錯綜銓次，自用文辭修正之，一如《左傳》叙事之體也。此並作大字寫。若彼此年月事迹有相違戾不同者，則請選擇一證據分明，情理近于得實者，修入正文，餘者注于其下，仍爲叙述所以取此舍彼之意。先注所舍者云：某書云云，某書云云，今按某書證驗云云。或無證驗，則以事理推之云云，今從某書爲定。若無以考其虚實是非者，則云今兩存之。其《實録》正史未必皆可據，雜史、小説未必皆無憑，在高鑒擇之。凡年號皆以後來者爲定，假如武德元年，則從正月便爲唐高祖武德元年，更不稱隋義寧二年；玄宗先天元年正月，便不稱景雲三年；梁開平元年正月，便不稱唐天祐四年也。詩賦等若止爲文章，詔誥若止爲除官，及妖異止于怪誕，詼諧止于取笑之類，便請直删不妨。或詩賦有所譏諷，如中宗時回波詞諠譁，竊恐非宜；肅宗時李泌誦《黄臺瓜辭》之類。詔誥有所戒諭，如德宗《奉天罪己詔》，李德裕《討澤潞諭河北三鎮詔》之類。及大政事，號令四方，或因功遷官，以罪黜官，其詔文雖非事實，要知當時託以何功，誣以何罪，亦須存之。或文繁多，節取要切者可也。妖異有所警戒，凡國家災異，本紀所書者，並存之。其本志强附時事者，不須也。讖記如李淳風言武氏之類，及因而致殺戮叛亂者，並存之。其妄有牽合，如木入斗爲朱字之類，不須也。相貌符瑞，或曰此爲人所忌，或爲人所附，或人主好之，而諂者僞造，或實有而可信者，並存之。其餘不須也。妖怪或有儆戒，如鬼書武三思門，或因而生事，如楊慎矜墓流血之類，並存之，其余不須也。詼諧有所補益，如黄幡綽謂自己兒最可憐，石野猪謂諸相非相之類，存之。其餘不須也。並告存之。大抵《長編》寧失于繁，無失于略。千萬，切禱切禱。今寄道原所修廣本兩卷去，此即據《長編》録出者，其《長編》已寄還道原。恐要見式樣故也。」

熙寧三年，御史中丞光等累次全臺上疏：「參知政事王安石，妄生姦詐，熒惑聖聽，及公亮等各務依違，未曾辨正，乞明其罪，不蒙施行。竊以《易》喻履霜，《書》戒作福。《易》、《書》之義，其知幾乎？安石首倡邪術，欲生亂階，違法易常，輕革朝典。而又牽合衰世，文飾姦言，徒有嗇夫之辨談，拒塞爭臣之議論。加以朋黨親舊，蟠據重任，專制威福，人心動搖，天下驚駭。苟陛下不遏其端，其爲禍不小矣。臣職居御史，身爲諫官，臣與安石猶冰炭之不可共器，如寒暑之不可同時，是以屢犯天顏，甘蒙鈇鉞。伏望誅逐亂臣，延納正士，上順皇太后之意，下慰億兆人之心，則臣等就退誅戮，無所復恨。」

按：公以治平四年四月除御史中丞，九月罷，復還經幄。自後以翰林學士兼侍讀學士，至是年出知永興軍，中間凡四年，皆供翰林之職，邇英進講。而此表猶書中丞職銜，且云「身爲諫官」，此豈其兼官耶？又《通鑑》前列朝散大夫右、諫議大夫權御史中丞。荆公于是年亦有《答司馬諫議書》，則諫議中丞之官，公固始終兼攝矣。

癸丑，罷翰林學士，以端明殿學士出知永興軍。永興軍，宋京兆府，今西安府。

公入見，求去。帝曰：「王安石素與卿善，何自疑？」公曰：「安石執政，凡忤其意如公著輩者，皆毁其素履，中以危法。臣不敢避削黜，但欲苟全素履。且臣善安石，孰如呂公著？安石初舉公著，後亦毀之。彼一人之身，何前是而後非？必有不信者矣。」求去益力，帝乃許之。

按：《宋史·神宗本紀》，是年九月癸丑，作東、西府以居執政[四]。癸丑，係月之二十六日，荆公集有十月七日，公與諸宰執俱遷入新府謝上表。是時，荆公方得君，鋭意改更戍法，置將官，行保甲、募役、市易諸法。明年，遂同平章事。公既奏彈安石，故不崇朝而即去也。

十月辛酉，撰《贈比部郎中司馬君墓表》。

公從兄，諱某，以天禧四年卒，公生纔二年。男京以天章公蔭入官，至是年七月壬寅，夫人福昌縣太君王氏卒，十月辛酉，祔葬于墓，公爲之表。

十一月二日，朝辭進對，乞免永興軍路青苗免役錢。

略云：「臣竊見陝西百姓，自城綏州，供應諸般科配，近復有環慶事宜，加以今年亢旱，五稼不熟，人戶流移者，已聞不少。伏見先所散青苗錢，貧破百姓。今又聞欲令州縣出免役錢，若果行此，其爲害必又甚于青苗。何則？上等人戶自來更互充役，有時休息。今歲歲出錢，是常無休息之期也。下等人戶及單丁、女戶等，從來無役，今盡使之出錢，是孤貧鰥寡之人，俱不免役也。錢少則不足以僱人，錢多則須重斂。僱人不足，則公家闕事；重斂于民，則衆心愁恐。且受僱者，皆浮浪之人，使之主守官物，則必侵盗，使之幹集公事，則必爲姦，事發則挺身逃亡，無有田宅宗族之累。建議者亦自知其不可，乃云：「若僱召人不足，即依例輪差，支與逐處所定僱錢。」若僱錢可以了事，則自當有人應募。今既無人應募，必是錢少不足充役。是徒有免役之名，而役猶不免，但無故普增數倍之稅也。以富庶之域，猶不能堪，況當陝西彫敝之時乎？伏乞特免永興軍一路青苗免役錢，以愛惜民力，耑奉邊費，其餘則繫自朝廷裁酌。」

乞不令陝西義勇戍邊及刺充正兵。

略曰：「臣先任諫官日，伏見國家揀刺陝西義勇，臣累曾論列，以爲無益于用。近聞環慶路用之與西賊戰鬭，望風奔潰，致主將陷沒，其不可用已顯然。臣竊聞議者猶欲教閱義勇，以抗西賊。若止令守護鄉土，猶于人情不至大擾。若發以戍邊，或如慶曆中刺充正兵，則衆人覩環慶之敗，譬如無罪往就死地。國家既重賦斂以盡其財，又逼之戰鬭以絕其命，是驅良民使爲盜賊也。彼爲官軍則惜生，故望風退走，彼爲盜賊則必死，自可以一敵百。臣恐今日教之挽射擊刺，乃他日爲盜之資也。廟堂萬一行此，詔下之日，臣恐論列不及，今當遠離朝廷，不得不先事言之。」

按《宋史》：是年八月己卯，夏人犯大順城，環慶路鈐轄李信等敗績。是月，慶州巡檢姚兕敗夏人于荔原堡，鈐轄郭慶、都監高敏死之。九月癸丑，詔環慶陣亡義勇餘丁當刺者悉免，則其餘正丁，仍不免刺矣。公與魏公爭論者，未及十年而其言歷歷若左券。

乞留諸州屯兵。

略曰：「臣竊聞永興路所管十州，屯駐禁軍至少，皆是沿邊就糧兵士。常時分爲上、下番，一半在逐州。或遇邊上稍有警急，則盡皆抽去，逐州更無守把兵士。臣竊惟事必須思患預防，萬一犬羊奔突，間諜內應，或盜賊乘虛，姦人竊發，其本州官吏，手下無兵，雖有智勇，將安所施？宜逐州各添一指揮。永興爲關中根本，宜添兩指揮。若朝廷別無兵士可以差撥，乞于沿邊就糧兵士內撥留在逐州，屯駐邊上，更不得句抽，庶幾緩急有備。」

按：三疏俱于朝辭日奏請。公未至永興，而爲地方熟計利害，懇懇款款如此，眞仁人之言哉。

《知永興軍謝上表》。

略曰：「荷恩至重，任責尤深。唯此咸秦，昔爲畿甸。論其平時，誠爲樂土；在于今日，適値凶年。經夏亢陽，苗青乾而不秀；涉秋淫雨，穗腐黑而無收。羸老懷溝壑之憂，姦猾啓萑蒲之志。正宜安靜，不可動搖，譬諸烹魚，勿煩擾則免于糜爛；如彼種木，任生殖則自然蕃滋。」

十二月一日，《申宣撫權住製造乾糧皺飯狀》。

略曰：「準宣撫使節文，州軍將床一斗，變造乾糧五觔，如見在床數不多，即一色變造皺飯。光竊計義勇戍守之時，每人日給米二升半，一月口食共七斗五升。若更加乾糧一秤，並械器衣裝，恐一人之力，難以勝任。又須差配百姓，不無騷擾。竊見慶曆年中，議出兵討伐元昊，亦曾令陝西諸州製造，後所在堆積，盡成朽腐。今公私困竭，而復造此無用，誠爲可惜。且國家備邊，止于戍守，則沿邊自有倉廩，無用乾糧皺飯，徒使遠近驚駭，謂國家又欲出兵，不爲便穩。光已指揮令停造，更聽候宣撫（衛）〔使衙〕指揮。

是月丁卯，荆公加同平章事。

〔一〕弩：原作「拏」，據《司馬公文集》卷四一《乞不揀退軍置淮南劄子》改。

〔二〕千里：原作「十里」，據右引書卷四一《乞罷條例司常平使疏》文字改。

〔三〕百姓各得其職：《司馬公文集》卷六〇《與王介甫書》作「百官得稱其職」，是。

〔四〕西：原作「酉」，據《宋史》卷一五《神宗本紀》二改。

司馬太師温國文正公年譜卷之六

錫山顧棟高輯　吳興劉承幹校

熙寧四年辛亥，公年五十三歲。

公以端明殿學士爲永興軍安撫使，奏授子康守正字。

正月一日，上疏諫西征。

略曰：「近見朝廷及宣撫司指揮，欲分義勇作四番，于沿邊戍守。選諸軍驍鋭及募閭里惡少爲奇兵，造乾糧皺飯布囊力車，以備饋運。悉取歲賜秉常之物，散給緣邊。又竭內地府庫甲兵財物以助之。只如永興一路所發人馬，甲八千副，錢九萬貫，銀二萬三千兩，銀盌六千枚。迫以軍期，急于星火，民吏驚駭，皆云：「今春將大舉六師，以討秉常之罪。」若此言果實，臣竊爲陛下危之。豈惟無功，必有後患。若朝廷初無出征之意，則何爲坐散府庫之財，疲生民之力？倘將來虜騎入寇，將何以禦之？臣先任御史中丞日，曾上言國家當先修舉八事，然後可言用兵。今八者無一，又關中十室九空，盜賊紛起，乃欲輕舉大衆以挑猛敵，豈不殆乎？或又云：「未討秉常，先欲試兵，誅一小族。」此尤不可。捨有罪之強寇，誅無辜之小族，勝之不武，不勝爲笑，將無以復號令外蕃矣。伏望悉令停罷，明下詔諭，曉以朝廷不爲出征之計。愛惜財力，以備振救饑窮，實唯國家之福。」

三日，《罷修腹內城壁樓櫓及器械狀》。

略曰：「伏緣營造樓櫓，須藉城基厚闊，方可安置。今解、虢兩州城壁，皆稱闊處只及四五尺，須是先貼築城基，方可創修，非大段興功，無以辦濟。今廂軍全闕差使，官庫亦少見錢。又去年饑饉，人戶流移。若更如此，必須煩擾。況永興一路州軍，盡在腹裏，去沿邊絕遠。若蕃賊入寇，亦未能便到城下，其樓櫓修下，數年不用，不免損壞。伏乞特降指揮，所有腹內州軍城壁樓櫓，並候將來豐熟修葺，其器甲且據不堪數目，逐漸依程課脩，所貴公私皆得辦濟。」尋得旨依奏。自後永興一路獨得免。

八日，乞不添屯軍馬。

略曰：「大凡添屯軍馬，先須約度本處糧草可以贍養與否。今關中饑饉，倉庫空虛，贍養舊軍猶恐不足，更添新者，何以支吾？雖朝廷更發左藏庫、內藏庫添助支費，亦不免令州縣配賣于百姓，轉增貧困。況糧草是重滯之物，不可從遠處興販，必須本處土地所生。今饑饉如此，何由可得？況即今人戶流移，至二三月，必轉更饑乏。若國家坐視不救，竊恐死亡轉衆，盜賊轉煩。夫戎狄擾邊，手足之疾，百姓離散，乃腹心之憂，豈可重外輕內，逐末忘本哉？伏望更不添屯。儻以邊鄙未寧，不免量添，即乞分散往諸州軍就糧，委逐處兵官精加訓練，不須聚在永興軍、邠州、河中府三處。」

十九日，奏乞本路兵士與趙瑜同訓練駐泊兵士。

略曰：「伏準差莊宅使趙瑜，充本路都鈐轄，與臣專管句訓練。臣所管永興軍一十三縣，民事至多，實無餘力同監教閱，又不可耑委趙瑜獨行訓練。又，永興軍舊管兵士，向來並係鈐轄劉斌、都監李應之同共管句。今新添兵士，只令趙瑜與臣專管訓練，所有舊兵士，未知趙瑜管與不管？若令通管之時，其新來兵既在永興駐泊，本路兵官豈可卻管轄不得？竊慮向去新兵士不服舊兵官，舊兵官不應副新兵士，各分彼我，則致生事。乞令本路兵官與趙瑜同共訓練(一)，所貴公共同心，管句得便。」

是月，奏《乞所欠青苗錢許重疊倚閣狀》：

「勘會準司農寺牒，近準熙寧二年九月四日敕節文：所借過青苗錢斛，如遇災傷五分以上，合隨夏稅納者，展至秋稅。合隨秋稅納者，展至次年夏稅。寺司看詳敕意，若秋料內更遇災傷，自合送納夏料錢斛了足，不許再行倚閣，疾速催納了足，關報提刑轉運司，準此施行。臣竊詳朝廷散青苗錢斛，本爲救接饑民，非爲乘此艱食規求利息也。今司農寺乃令不得將兩次災傷重疊倚閣，竊恐此事不合敕意。蓋一次災傷，民間未至困窮，青苗錢尚許倚閣。豈有連併兩次災傷，舊來積蓄既盡，新穀又復不收，卻令將何物可以輸納？州縣見司農寺有此指揮，不問有無，嚴行督促，使貧民何以自存？爲民父母，必不肯如此，况災傷倚閣，自稅賦幷借貸過斛斗，並候豐熟日送納；如更遇災傷，亦權住催理，何故青苗錢獨不許重疊倚閣耶？臣已指揮本路災傷地分永興軍、河中、陝西、同、華、耀、乾、解八州軍，未得依司農寺指揮，更聽候朝旨。」是年，鄧綰判司農寺。

次日，乞判西京留臺，不報。

《奏爲乞不將米折青苗錢狀》。略曰：「朝廷元散青苗錢，指揮取利不得過二分。今提舉常平司乃依見今饑年貴價，將本倉陳次斛斗，紐作見錢支散與人，每陳色白米一斗，紐作見錢七十五文。又豫定將來粟麥之價，粟每斗二十五文足，麥每斗四十文足。則是貧民于正二月間請得陳色白米一石，卻將來要納新好小麥一石八斗七升五合，粟要納三石。若送納見錢，即又須賤糶，以償官中本利。于正耗之外，更以巧法取之顯見所散青苗錢大爲民害矣。竊唯朝廷之意，本以兼併之家放債取利，侵漁細民，故設此法。今官中取利，乃約近一倍。使向去米價轉貴，則取利轉多，雖兼併之家，不至如此。伏望朝廷依先降指揮，借貸與第四等以下人戶，更不取利。若不能如此，即乞不以元糶價貴賤，紐作見錢。只據散出斛斗，至將來成熟，令出息二分，每散得一斗米者，納一斗二升。細色如此，民猶不至窮困。官中取利雖薄，亦不減二分原數。如允所請，伏乞早降指揮。」

按：凶年折錢取息，是于青苗本法之外，又增一重刻剝矣。公此二疏，能于新法中去其尤毒民者，堯夫先生所謂寬一分，則民受一分之益也。

詔移知許州，辭不赴。

帝必欲用公，召知許州，令過闕上殿。方下詔，謂監察御史程顥曰：「朕召司馬光，卿度光來否？」顥對曰：「陛下能用其言，光必來。不能用其言，光必不來。」帝曰：「未論用其言，如光者常在左右，人主自可無過。」公果辭召命。《言行録》。

按《行狀》云：「頃之移知許州，不赴，遂乞判西京留臺。」不書月，當在是年判西京之前無疑。

夏四月癸酉，公判西京留司御史臺。

先是，公在永興，以言不用，乞判留臺，不報。至是，又上疏曰：「臣之不才，最出羣臣之下。先見不如呂誨，公直不如范純仁、程顥，敢言不如蘇軾、孔文仲，勇決不如范鎮。今陛下唯安石是信，附之者謂之忠良，攻之者謂之讒慝。臣今日所言，陛下之所謂讒慝者也。若臣罪與范鎮同，即乞依鎮例致仕。若罪重于鎮，或竄或誅，所不敢逃。」久之，乃得請。

始卜居洛陽，《潛丘劄記》云：「公自熙寧四年辛亥四月罷歸洛，至元豐八年三月入朝，凡居洛十有五年。」自是絶口不復論事。公《初到洛中書懷》詩云：「三十餘年西復東，勞生薄宦等飛蓬。所存舊業唯清白，不負明君有樸忠。早避喧煩眞得策，未逢危逐好收功。太平觸處農桑滿，贏得閭閻鶴髮翁。」

范景仁曾約居洛。既而卜居許下，公《和景仁卜居》詩云：「壯齒相知約歲寒，索居今日鬢俱斑。拂衣已解虞卿印，築室何須謝傅山。許下田園雖有素，洛中花卉足供閒。他年決意歸何處？便見交情厚薄間。」

司門范郎中云：叔父蜀郡公鎭，近居許昌，作高菴以待司馬公，累招未至。菴極高，在一臺基上。司馬公居洛。作地室墜而入，以避暑熱。故蜀郡作高菴以爲戲也。北京留守王宣徽，洛中園宅尤勝，中堂七間，上起高樓，更爲華侈。司馬公在陋巷所居，才能芘風雨，又作地室，常讀書于其中。」洛人戲云：「王家鑽天，司馬家入地。」龐元英《文昌雜録》。

五月甲午，右諫議大夫呂誨卒，公作墓誌銘。

獻可屬疾，一日，手書託公以墓誌銘，公亟省之，已瞑目矣。公呼之曰：「更有以見屬乎？」獻可復張目曰：「天下事尚可爲，君實勉之。」誌其墓未成，河南監牧使劉航仲通自請書石，既見其文，遲迴莫敢書。其子安世曰：「成吾父之美，可乎？」遂書之。仲通又陰囑獻可諸子：「勿摹本，恐非三家之福。」時小人蔡天申厚賂鐫工，得本以獻安石，安石得之，挂壁間，謂其門下士曰：「君實之文，西漢之文也。」獻可忍死，屬公以天下事。後公入相，再致元祐之盛，獻可已不及見矣。天下誦其言而悲之。

至公薨，獻可之子由庚作挽詩云：「地下若逢中執法，爲言今日再昇平。」記其先人之言也。《言行録》。

八月，有《祭呂獻可文》。中有云：「道不媿心，名高天下。壽夭不校，餘復何言！知我之深，見于臨歿。今茲永訣，文不逮情。」

壬申，譔《禮部尚書張公墓誌銘》。諱存，字誠之，公夫人之父。

有《祭張尚書文》。

九月辛卯，大饗明堂，加公上柱國。

熙寧五年壬子，公年五十四歲。

公以端明殿學士判西京留臺。子康監西京糧料院，遷大理評事。

正月，譔《殿中丞薛府君墓誌銘》。諱儀，字式之。

奏遷書局于洛陽。

十三日，答李大卿孝基書。

作《投壺新格》。略曰：「君子學道從政，勤勞罷倦，必從容晏息以養志游神，蕩而無度，將以自敗。故聖人制禮以爲之節，因以合朋友之和，飾賓主之歡，且寓其教，投壺與其一焉。觀夫臨壺發矢之際，性無麤密，莫不聳然恭謹，志存中正，豈非治心之道歟！一矢之失，猶一行之虧也，豈非修身之道歟！兢兢業業，慎終如始，豈非爲國之道歟！君子之爲之也，確然不動其心，儼然不改其容，未得之而不懾，既得之而不驕。小人則俯身引臂，挾巧取奇，苟得而無媿，豈非觀人之道歟！由是言之，聖人取以爲禮，宜矣。余今更定新格，爲圖列之左方，并各釋其指意焉。」

八月二十九日，作《呂獻可章奏集序》。

《邵氏後錄》云：獻可以追尊濮園事擊歐公，如曰「首開邪議，妄引經證，以枉道悅人主，以近利負先帝」者凡十四章，具載奏議中，司馬文正作序，乃首載歐公《諫臣論》，以爲誠言。文正之言，以獻可能盡歐公所書諫臣之事，使歐公無得以怨歟？抑以歐公但能言之，獻可實能行之也。不然，獻可排歐公爲邪，反以歐公之論序獻可之奏，又以爲誠言，可乎？歐公晚著《濮議》一書，峕與獻可辨，獨歸過獻可，爲甚矣。

《答呂由庚推官手書》。誨之子。

略曰：「示諭史院所取文字，光前此亦蒙取兩朝所上章疏，光以身今尚存，難將諫草納授史官。但答云：『事多涉機密，不敢錄上。伏乞朝廷于禁中及中書密院檢尋，如有可采，乞下史院修纂。』若子孫之于祖父，又似不同，正當發揮前烈，垂之不朽。唯于慈壽乞增奉養一事，恐當諱避。其餘言時政闕失，彈奏大臣等事，今日不錄申史院，則先公平生事業，遂汨沒矣。」

熙寧六年癸丑，公年五十五歲。

公以端明殿學士兼翰林侍讀學士，判西京留臺。奏授子康檢閱《資治通鑑》文字。

是年，提舉西京嵩山崇福宮，始闢獨樂園。

公自言兩任留臺，四任崇福。未知崇福始于何年。按元豐五年九月二十六日《謝提舉崇福宮表》云：「仍再領于祠庭，遂十更夫歲籥。」蓋此時已經十年，追溯至前，當以熙寧六年爲始。

又《花菴詩序》云：「時任西京留臺，廨舍東，新開小園無亭榭，乃構木插竹爲遊涉休息之所。」作詩有「猶恨簪紳未離俗，荷衣蕙帶始相宜」之句。蓋此時尚有職掌，未得遊賞自如。至是年，提舉崇福，始闢獨樂園，故下序云：「迂叟讀書，多處堂中。」則崇福決當爲是年無疑也。

記云：「六年，買田二十畝于尊賢坊北闢以爲園，其中爲堂，聚書五千卷，命之曰讀書堂。堂南有屋一區，引水北流貫宇下，中央爲沼，方深各三尺，疏水爲五派注沼中，狀若虎爪。自沼北伏流出北階，懸注庭下，狀若象鼻。自是分爲二渠，繞庭四隅，會于西北而出，命之曰弄水軒。堂北爲沼，中央有島，島上植竹，圓周三丈，狀若玉玦。攬結其杪，如漁人之廬，命之曰釣魚菴。沼北橫屋六楹，厚其墉茨，以禦烈日。開戶東出，南北列軒牖以延涼颸。前後多植美竹，爲淸暑之所，命之曰種竹齋。沼東治地爲百有二十畦，雜蒔草藥，辨其名物，而揭之畦北。植竹方徑丈，狀若棋局，屈其杪，交相掩以爲屋。植竹于其前，夾道如步廊，皆以蔓藥覆之，四周植木藥爲藩援，命之曰采藥圃。圃南爲六欄，芍藥、牡丹、雜花，各居其二，每種止植兩本，識其名狀而已，不求多也。欄北爲亭，命之曰澆花亭。洛城距山不遠，而林薄茂密，常若不得見，乃于園中築臺，構屋其上，以望萬安、轘轅，至于太室，命之曰見山臺。迂叟平日多處堂中讀書，上師聖人，下友羣賢，窺仁義之原，探禮樂之緒，自未始有形之前，暨四達無窮之外，事物之理，舉在目前。所病者學之未至，夫又何求于人，何待于外哉？志倦體疲，則投竿取魚，執衽采藥，決渠灌花，操斧剖竹，濯熱盥手，臨高縱目，逍遙徜徉，唯意所適。明月時至，清風自來，行無所牽，止無所泥，耳目肺腸，悉爲己有。踽踽焉，洋洋焉，不知天壤之間，復有何樂可以代此也。因合而命之曰獨樂園。」公居洛，買園于尊賢坊，以獨樂名之。始與邵康節遊，嘗曰：「光陝人，先生衛人，今同居洛，即鄉人也。有如道學之尊，當以年德爲貴，官職不足道。」嘗一日著深衣，自崇德寺書局散步洛水隄上，因過康節天津之居，謁曰：「程秀才。」既見，乃溫公也。問其故？曰：「司馬出程伯休父，故曰程。」因留二絕，其一曰：「拜罷歸來抵寺居，解鞍縱馬免傳呼。紫衣金帶盡脫去，便是林間一野夫。」其二曰：「草軟波清沙路微，手攜笻杖著深衣。白鷗不信忘機久，見我又穿岸柳飛。」康節和云：「冠帶紛華塞九衢，聲名相軋在前呼。獨君都不將爲事，始信人間有丈夫。」又云：「風背河聲近亦微，斜陽淡泊隔雲衣。一雙白鷺在煙外，將下沙頭卻背飛。」程子曰：「熙寧中，洛陽以清德爲朝廷尊禮者，大臣曰富韓公，（待）〔侍〕從曰司馬溫公、呂申公。士大夫位卿監以清德早退者十餘人。好學樂善有行義者，幾二十人。康節隱居謝聘，皆相從。忠厚之風，聞于天下。里中後生皆知畏廉恥，欲行一事，必曰無爲不善，恐司馬、端明、邵先生知。」《程氏遺書》。有《諭衢州僧若訥文》。

熙寧七年甲寅，公年五十六歲。

公以端明殿學士，兼翰林侍讀學士提舉崇福宮。

四月十八日，《應詔言朝政闕失狀》。略曰：「伏讀三月三十日詔書，喜極以泣，未知中外臣寮曾有以當今之急務，生民之疾苦，爲陛下別白言之者。臣父子受國厚恩，備位侍從，頃以衰疾，自求閒官，不復預朝廷之議，四年于兹，而猶居位食祿，不敢避當塗怨怒，塞默不言。竊見執政獨任己意，惡人攻難，任所親愛爲臺諫官。又使詢訪四方利害，驅迫州縣，承其旨意，皆言新法至便，經久可行。又更增條目，務求新巧，各事更張。又令使者督責所在監司州縣，競爲苛刻，奉行新法，稍不盡力，則謂沮壞，立行停替。誤有違犯，皆不理赦，與犯贓罪同。又潛遣邏卒，聽市道之人謗議者，執而刑之。又出牓立賞，募人告捕誹謗朝政者。臣不知自古聖帝明王之政，果如是乎？臣唯今日之闕政，其大者有六。一曰廣散青苗錢，使民負債日重，而縣官實無所得。二曰免上戶之役，斂下戶之錢，以養浮浪之人。三曰置市易與細民爭利，而實耗官物。四曰中國未治，而侵擾四夷，得少失多。五曰結保甲，教習凶器，以疲擾農民。六曰信狂狡之人，妄興水利，勞民費財。而六者之中，青苗、免役錢爲害尤大。何則？力者，民所生而有；穀帛，民可耕桑而得。至于錢，則縣官之所鑄，民不得私爲。自古農民不過出力役，稅不過穀帛。唐末兵興，始有稅錢者，故白居易詩云：『私家無錢鑪，平地無銅山。』言責民以所無也。今有司立法，唯錢是求。民値豐歲，賤糴其穀以輸官；至凶年無穀可糴，吏責其錢不已，欲賣田則家家賣田，欲賣屋則家家賣屋，欲賣牛則家家賣牛。無田可售，不免伐桑棗，撤屋材賣其薪，或殺牛賣其肉，得錢以輸官。一年如此，明年將何以爲生乎？故自行新法以來，農民尤被其害者，皆斂錢之咎也。今天下北盡塞表，東被海涯，南踰江、淮，西及邛、蜀，連歲亢旱，種穀不入，民采木實草根以延朝夕之命，州縣方督迫青苗免役錢，鞭笞縲絏，唯恐不逮。婦子遑遑，如在湯火，呼天號泣，無復生望。臣恐鳥窮則啄，獸窮則攫，起爲盜賊，瀰漫山野，州縣不能禁，官軍不能討。當此時，方議除去新法，亦何益哉？事勢如此，而廟堂方晏然，自謂太平之業八九已成。此臣所謂痛心疾首，忘寢與食者也。今陛下詔書已知前日之失，而于新法無所變更，是猶臨鼎哀魚之爛而益其薪，終何補乎？伏望斥遠阿諛，收還威柄。青苗錢勿復散，其已散者分數年催納，不收利息。盡除免役錢，復差役如舊。罷市易務，其所積貨物，依元價出賣，所欠官錢，亦除利催本。罷拓土開境之兵，息保甲教閱，使服田力穡。所興修水利，凡利少害多者，悉罷之。如此，則中外懽呼，上下感悅，雨必霑洽矣。臣今年衰疾寖增〔二〕，恐一旦溘先朝露。是以冒死一爲陛下言之。倘復不之信，則天也，臣不敢復言矣。」

是年四月，荆公罷相，以觀文殿大學士出知江寧府。

熙寧八年乙卯，公年五十七歲。

公以端明殿學士兼翰林侍讀學士，提舉崇福宫。

命姪弘求范堯夫作詩序。

序略云：「古之君子，修身、齊家然後刑于國與天下。蓋其言動有法，出處有常，子孫幼而視之，長而習之，不爲外物所遷，則皆爲賢子弟。猶齊人之子不能無齊言也。端明殿學士司馬公以清德直道名天下，其修身治家，動有法度，子弟習而化之，蓋亦不言之教矣。又申之以詩章，俾其諷誦警策，則宜其子孫世有令聞。苟尚不能自修而入于君子之塗者，則其人可知矣。弘，予之子壻，持公詩求序于余，余樂道公之盛德，又因以勉之。熙寧八年月日，高平范某序。」見《范忠宣公集》。

是年春二月，荆公復起爲同平章事。

熙寧九年丙辰，公年五十八歲。

公以端明殿學士兼翰林侍讀學士，提舉崇福宫。

二月，譔《駕部員外郎司馬府君墓誌銘》。諱某，字周卿。

是年冬十月，荆公再罷相，以使相判江寧府。

熙寧十年丁巳，公年五十九歲。

公以端明殿學士兼翰林侍讀學士，提舉崇福宫。

是年春，與景仁同至河陽謁晦叔，館于府之後園。既去，晦叔名其館曰「禮賢」。夢得作詩以紀其事。後一年，公作詩繼和，呂公具燕，設口號，有云：「玉堂金馬，三朝侍從之臣；清洛洪河，千古圖書之奥。」《東萊詩話》。

四月，與吴丞相充書。

按：《宋史》，充字沖卿，浦城人。子安持，安石壻也。充心不善安石所爲，數爲帝言政事不便，帝察其中立無與，欲相之。及安石去，遂代爲平章事。充欲有所變更，乞召還公及呂公著、韓維、蘇頌等。公亦以充可告語，乃與之書。略云：「自京師來者多云相公時齒及姓名，或云亦嘗有所薦引。光自居洛以來，仕宦之心，久已杜絕，年垂六十，精力衰耗，豈容復冒榮干進？但以從遊之久，今日特蒙齒記，知己之恩，不敢不報。竊見國家自行新法以來，中外恟恟，民困于煩苛，迫于誅斂，愁怨煩苛，轉死溝壑，日夜引領，冀朝廷覺悟，一變弊法，幾年于兹矣。今日救天下之急，苟不罷青苗、免役、保甲、市易，息征伐之謀，而欲求成效，猶惡湯之沸，而益薪鼓橐也。欲去此五者，必先別利害以悟人主之心，欲悟人主之心，必先開言路。今病雖已深，猶未至膏肓，失今不治，遂爲痼疾，雖有扁、魏、姚、宋之佐，將末如之何。丈夫讀書行道，合則利澤施四海，不合則令名高千古，事君如此，亦可謂無負矣。」

九月，作《邵堯夫先生哀辭》：「慕德聞風久，論交傾蓋新。何須半面舊，不待一言親。講道切磋直，忘懷笑語眞。重言蒙踸實，佩服敢書紳。」先生嘗以予爲脚踏實地之人。

元豐元年戊午，公年六十歲。

公任端明殿學士兼翰林侍讀學士，提舉崇福宮。

有《六十寄景仁》絶句、《和景仁七十一偶

成》絕句。

按景仁長公十一歲，公薨于元祐元年丙寅，年六十八，景仁以七十九誌其墓，又二年，至元祐三年戊辰，景仁薨，年八十一。

又元祐元年詔起蜀公，天下望公與溫公同升。公辭表有云：「六十三而告老，蓋不待年；七十九而復來，豈云中禮！」是其年之證也。

正月十六日，《答程伯淳書》。

略云：「昨承問及張子厚謚，倉卒奉對，以漢、魏以來此例甚多，無不可者。退而思之，有所未盡。竊唯子厚平生用心，欲率今世之人，復三代之禮者也。漢、魏以下，蓋不足法，《郊特牲》曰：「古者生無爵，死無謚。」爵謂大夫以上者。《檀弓》記禮所由失，以謂士之有誄，自縣賁父始。子厚官比諸侯之大夫，則宜謚矣。然《曾子問》曰：「賤不誄貴，幼不誄長，禮也。」唯天子稱天以誄之，諸侯相誄，猶爲非禮，況弟子而欲誄其師乎？孔子沒，哀公誄之，不聞弟子復爲之誄也。今諸君欲謚子厚而不合古禮，非子厚之志。與其以陳文範、陶靖節、王文中、孟貞曜爲比，其尊之也，曷若以孔子爲比乎？承關中諸君決疑于伯淳，而伯淳謙遜，博謀及于淺陋，不敢不盡所聞以獻。唯伯淳裁擇而折衷之。」

【附】龜山先生跋：「橫渠先生既沒，其門人欲謚爲明誠。中子以謚議質諸明道先生，先生與溫公參訂之，故有是書。其辭義典奧，而引據精密，足以是正先儒之謬，故寶藏之，以傳後學。」

按：《龜山集》中有《司馬溫公與明

道先生帖》，下注云：「溫公《家集》中不載，故附見于此。」今按公《傳家集》具載此書，但無年月日可考，而龜山所藏帖末有云：「光再拜伯淳大丞座右。正月十六日。」款式詳備，當是公之眞蹟，而編集者脱去。龜山去溫公時未遠，猶當及見其手澤耳。横渠卒于熙寧十年丁巳十一月，鄜去洛千餘里，逮明道致書，而公裁答，自當在明年正月。則此書爲戊午正月無疑。

九月，譔《劉道原十國紀年序》。

略曰：「道原垂死，口授其子羲仲爲書，屬光使譔埋銘及《十國紀年序》，且曰：『始欲諸國各作《百官》及《藩鎭表》，未能就，幸于序中言之。』光不爲人譔銘文已累年，所拒且數十家，不獲承命，悲媿尤深。故序平生所知道原之美，附于其書，以傳來世。」

元豐二年己未，公年六十一歲。

公以端明殿學士兼翰林侍讀學士，提舉崇福宮。

十月，坐蘇軾詩案罰銅。

知湖州蘇軾以事不便民者不敢言，以詩託諷，庶有益于國。中丞李定、御史舒亶言軾侮慢，自熙寧以來，作爲文章，怨謗君父。逮軾赴臺獄，詔定與知諫院張璪、御史舒亶等雜治之，且（今）〔令〕多引名士，欲置之死。詩案引及公，謂司馬光在西京葺一園，名獨樂，作詩寄之。此詩言四海望光執政，陶冶天下，以譏見任執政不得其人也。又言兒童走卒，皆知其姓字，終當進用，緣光曾言新法不便，終當用光改變此法也。

又言光卻瘖默不言，意望光依前上言擊新法，因併以陷公也。吳充申救甚力，帝亦憐之，軾遂得輕貶。坐詩案黜罰者，自公而下，凡二十二人，公坐罰銅。《宋鑑》兼《詩林》、《長編》。

東坡嘗簡公曰：「軾以愚暗獲罪，咎自己招，無足言者。但波及左右，爲恨殊深。雖高風偉度，非細故所能塵垢。然軾思之，不翅芒背耳。」《東坡尺牘》。

溫公在西京葺獨樂園，坡老作詩寄之云：「青山在屋上，流水在屋下。中有五畝園，花竹秀而野。花香襲杖屨，竹色侵盞斝。樽酒樂餘春，棋局消長夏。洛陽古多士，風俗猶爾雅。先生卧不出，冠蓋傾洛社。雖云與衆樂，中有獨樂者。全才德不形，所貴知我寡。先生獨何事？四海望陶冶。兒童誦君實，走卒知司馬。持此欲安歸，造物不我捨。聲名逐吾輩，此病天所赭。撫掌笑先生，年來效瘖啞。」胡仔《漁隱叢話》。

按：公闢獨樂園，在熙寧六年癸丑，坡公與之詩，至是歷七年矣，而姦黨猶以詩末句陷公。是時金陵已食祠祿四年，然小人奉金陵爲頭目，凡指斥新法者，皆目爲謗訕。後來京、卞諸姦，皆託名紹述，則欲不以金陵爲亡宋之罪人，不可得矣。

五月十七日，作《四言銘系述》。

十一月二十七日，答孫長官察書。諱之翰從子。

略曰：「蒙貺書，示以尊伯父行狀、墓誌及所誌《唐史記》，令光爲之碑，以紀述遺烈。光自幼接侍周旋，今日得附以不朽，何榮如之？但伏自唯念，凡刊琢金石，必聲名足以服天下，文章足以傳後世。愚陋如光，恐羞污人之祖考，而歿其德善功烈，遂止不敢爲。至今六七年，所辭拒者且數十家，倘獨爲尊伯父爲之，其取數十家子孫讎疾，當何如哉？雖然，竊有愚意。今世之人，既使人爲銘，納之壙中，又使一人爲銘，植之隧外，壙中者謂之誌，隧外者謂之碑。必使二人爲之，愚竊以爲惑。今尊伯父既有歐陽公爲之墓誌，如公可謂聲名足以服天下，文章足以傳後世矣，他人誰能加之！伏願足下止刻歐陽之銘，植于隧外以爲碑，則尊伯父之名，自可光輝于無窮，又足以正世俗之惑，爲後來之法〔三〕，不亦美乎？」

十二月，《書孫之翰墓誌後》。略曰：「歐陽公言，自初任以美才清德，爲時所重。在諫院言宮禁事，切直無所避。在陝不飾廚傳，凡當官公論，不私其所愛，外和而內勁，喜言唐事。學者終歲讀史，不如一日聞公論。此乃光親所覩聞，可謂實錄而無媿矣。公名高于世，歐陽公以文雄天下，固不待光言，而後人信之。然歲月滋久，恐後人見歐陽公之文，以爲如世俗但飾虛美以取悅其子孫，故敢冒僭越之罪，嗣書其末。」

《書孫之翰〈唐史記〉後》。略曰：「孫公昔著此書，甚自重惜，嘗別緘其藁于笥，盥手然後啓之，謂家人曰：『凡有水火兵刃之急，他貨財盡棄之，此笥不可失也。』爲江東轉運使，行部輒以自隨，過亭傳休止，輒取增損改易，未嘗去手。會宣州有急變，乘驛遽往，不暇挈以俱。既行，金陵大火，延及轉運廨舍，弟子察親負其笥，避于沼中島上。公聞之亟還，入門問曰：『《唐書》在乎？』察對曰：『在。』乃悅，餘無所問。自壯年至白首乃成，亦未以示人。文潞公嘗從公借觀，公但錄《姚崇》、《宋璟論》與之，况他人固不得見也。元豐二年，察自陽翟來洛陽，以其書授光曰：「伯父平生之志，萃于是書。朝廷先取之，留禁中不出，恐遂散逸，不傳于人，今錄以授子。」光得之驚喜，顧無以爲報，請受而藏之，異日或廣布于天下，使公之志業，煒煌千古，庶幾亦足以少報乎？」

元豐三年庚申，公年六十二歲。

公以端明殿學士兼翰林侍讀學士，提舉崇福宫。

三月十日，作《先公遺文記》。

略曰：「《玉藻》曰：『父殁而不能讀父之書，手澤存焉耳。』揚子曰：『書，心畫也。』今之人，親殁則畫像事之。畫像外貌也，豈若心畫手澤之爲深切哉？」

七月，譔《河東節度使守太尉開府儀同三司潞國公文公先廟碑》。

是年，元豐官制成。帝謂執政曰：「官制將行，欲取新舊人兩用之。」又曰：「御史大夫非光不可。」王珪、蔡確相顧失色。珪憂甚，不知所出，確曰：「陛下久欲收靈武，公能任其責，則相位可保也。」珪喜，謝確。帝嘗欲召司馬光，珪薦俞允帥慶，使上平西夏策。珪意以爲既用兵深入，必不召光，雖召，將不至。已而光果不召。永樂之敗，死者十餘萬人，皆珪啓之。《宋史·王珪傳》。

八月，《與王樂道書》。

元豐四年辛酉，公年六十三歲。

公任端明殿學士兼翰林侍讀學士，提舉崇福宮。

八月二十七日辛巳，進所修《百官公卿年表》十卷、《宗室世表》三卷。

序略曰：「國家臺省寺監衛率之官，止以辨班列之崇卑，制廩祿之厚薄，多無職業。其所謂官，乃古之爵也；所謂差遣，乃古之官也；所謂職者，乃古之加官也。自餘功臣、檢校官、散官、階勳、爵邑，徒爲煩文，人不復貴。凡所以鼓舞羣倫，緝熙庶績者，曰官、曰差遣、曰職，三者而已。于三者之中，復有名同實異，交錯難知，又遷徙去來，常無虛日。欲觀其大略，故自建隆以來，文官知雜御史以上，武臣閤門使以上，內臣押班以上，遷除黜免，刪其繁冗，存其要實，以倫類相從，先後相次，爲《百官公卿表》。」

按：《稽古錄》內十七卷至二十共四卷，自宋太祖建隆之元，至英宗治平四年，公自注云：「臣于神宗皇帝時所進《百官公卿表大事記》，而不著年月日。」考《宋史·神宗本紀》元豐四年八月辛巳，公與趙彥若上所修《百官公卿年表》十卷，是月爲乙卯朔，由乙卯至辛巳，爲二十七日無疑。但《宋史》止稱《公卿表》，無「《大事記》」之名。又云十卷，與《錄》內四卷不合，則史臣之脫誤耳。案《公乞寫稽古錄表》云：「臣于神宗皇帝時，受詔修《國朝百官公卿表》，臣依司馬遷法，自建隆元年至治平四年，各記大事于上方。書成上之，有詔附于國史。」元豐四年八月所進即此書。史臣特省文耳。又《宋五朝事略》共四卷，止二十八葉，亦無離爲十卷之理，當以《稽古録》公所自注爲正。

是年，《書儀》成。

按：公《書儀》十卷，無序文，無跋語，年月不可考。但據首卷表奏首行内云：「元豐四年十一月十二日中書劄子，據詳定官制所修到公式令節文。」則知公《書儀》成于是年無疑也。

元豐五年壬戌，公年六十四歲。

公任端明殿學士兼翰林侍讀學士，提舉崇福宫。

正月，作洛陽耆英會，有《序》：昔白樂天在洛，與高年者八人遊，時人慕之，爲九老圖傳于世。宋興，洛中諸公繼而爲之者凡再矣，皆圖形普明僧舍。普明，樂天之故第也。元豐中，潞國文公留守西都，韓國富公納政在里第，自餘士大夫以老自逸于洛者，于時爲多。一日，潞公悉集士大夫老而賢者于韓公之第，置酒相樂，賓主凡十有一人，尚齒不尚官。既而圖形妙覺僧舍，時人謂之洛陽耆英會。宣徽王公方留守北都，聞之，以不得與坐席爲恨。貽書潞公，願寓名其間。其爲諸公嘉羡如此。光未及七十，用狄監、盧尹故事，亦與于會。潞公命光序其事，不敢辭，時五年正月壬辰。

韓國公富弼字彦國，年七十九。

潞國公文彦博字寬夫，年七十七。

司封郎中致仕席汝言字君從，年七十七。

太常少卿致仕王尚宫字安之，年七十六。

太常少卿致仕趙丙字南正，年七十五。

秘書監致仕劉几字伯壽，年七十五。

衛州防禦使致仕馮行己字肅之，年七十五。

太中大夫充天章閣待制楚建中字正叔，年七十三。

司農少卿致仕王謹言字不疑，年七十三。

太中大夫張問字昌言，年七十一。

龍圖閣直學士、通議大夫張燾字景元，年七十。

端明殿學士兼翰林侍讀學士、太中大夫、提舉崇福宮司馬光字君實，年六十四。

《聞見錄》：「元豐五年文潞公以太尉留守西都，富韓公以司徒致仕，集洛中公卿大夫年德高者，爲耆英會，尙齒不尙官，就資聖院建大廈曰耆英堂。令閩人鄭奐繪像堂中。時諸公年皆七十餘，宣徽使王拱辰留守北京，貽書潞公，願與其會，年七十一。獨溫公年未七十，潞公素重其人，用唐九老狄兼謩故事，公辭以晚進不敢。潞公令鄭奐自幕後傳溫公像，又之北京傳王公像，于是與會者凡十三人。公以地主攜妓樂就富公宅作第一會，至富公會送羊酒，不出，餘皆以次爲會。洛陽多名園古刹，有水竹林亭之勝，諸老鬚眉皓白，衣冠甚偉，每宴集，都人隨觀之。潞公以爲同甲會，司馬郎中旦、程太中珦、席司封汝言皆丙午生也，亦繪像于資勝院。其後溫公與潞公又爲眞率會，有約，酒不過五行，食不過五味，唯菜無限。楚正議違約，增飲食之數，罰一會。皆洛陽太平盛事也。」

潞公遊龍門，光以室家病，不獲參陪，獻詩十六韻。

二十七日，始作《疑孟》。

壬子晦，夫人清河郡君張氏卒于洛陽。

二月辛巳晦，葬夫人于涑水先塋。

公叙清河郡君略曰：「夫人卒年六十。自十六適司馬氏，上承舅姑，旁接娣姒，下撫甥姪，莫不悦而安之。御婢妾寬，而知其勞苦。故其没也，自族姻至于厮養，無親疏大小，哭之極哀，久而不衰。近世墓皆有誌，刻石摹其文以遺人。余以爲婦人無外事，有善不出閨門，故止叙其事存于家。」

是年，再與范景仁論樂。

先是，元豐三年神宗詔景仁與劉几、楊傑定樂。景仁曰：「定樂當先正律。」乃作律尺籥合升斗豆區鬴斛，欲圖上之，訪求眞黍以定黄鍾。而劉几即用李照樂，用四清聲。樂成，詔罷局，賜賚有加。景仁謝曰：「此劉几樂也，臣何與焉？」及提舉崇福宫，欲造樂獻之，乃請大府銅爲之。逾年乃成，比李照下一律有奇，書中邀公至潁昌就觀，當在是年也。

《答景仁書》。

略曰：「近于夢得處連得所賜兩書，云：『周鬴、漢斛已成，欲令光至潁昌就觀之。』以家兄約，非久入洛，不可捨去。然竊有愚見，願薦之左右。周室既衰，禮闕樂弛，典章亡軼，疇人流散，重以暴秦，焚滅六籍。自漢以來，諸儒取諸胸臆，以億度古法，牽于文義，拘于名數，較竹管之短長，計黍粒之多寡，競于無形之域，訟于無證之庭，迭相否臧，紛然無已，雖使后夔復生，亦不能決。彼周鬴出于《考工記》，事非經見，是非固未得而知。如漢斛者，乃劉歆爲王莽爲之，就使其眞器尚存，亦不足法。況景仁復改其制度，恐徒役心力，費銅炭耳。」

景仁復書。

略曰：「周鬴、漢斛，其法具存。魏、晉以來，其尺至有十五種。蓋由横黍縱黍所爲，而不稟于律，是以卒不能作樂，止用舊聲，終唐世無變改者。至周王朴始用魏、晉所棄之法，遂以仲呂爲黄鐘。太祖皇帝患之，特下一律。仁宗皇帝留意數十年，終無所得。及上仙太皇，猶以李照、胡瑗所置銅律置神御前。然李照以縱黍累尺，與今太府其律尺應古樂，而鐘磬才中大族，是樂與律自相矛盾也。胡瑗之樂，君實已詳知之，此不復云。前歲議樂，按太常鎛鐘皆有大小輕重，非三代不能爲。然最大者，今爲林鍾，而仲呂乃居黄鍾子位。考之正差五律，與前後言者相符。雖經鐫鑿，尚可補治，若以大小次之，必得其正。又用李照之樂，則不若仲呂之愈也。何則？太蔟商聲，宋子京所謂若實寄于臣管是也。是大不可，又況十二律皆有清聲？花日新撰譜與鄭、衛無異，而以薦郊廟可乎？《考工記》，世以爲漢儒所爲。《漢志》載劉歆之說，多所牽合。某亦于二書深疑之，近因鬴斛考其制作，無復疑矣。又知大府之尺與權衡，皆古之稟于律者，唯量出于晉、魏之貪政，與律不合，須君實面言乃悉。竊以爲論此者，今世無如吾二人講求難問之多而且久也。得君實來協同其說，以破千餘年之惑，則吾徒事業固亦不細矣。難兄若朝夕來，不敢奉邀，候歸陝，歲首垂訪，春中卻同入洛，幸也。」

六月丁丑，譔《揚雄太玄經序》：「漢五業主事宋衷始爲《玄》作《解詁》，吴鬱林太守陸績作《釋（失）〔正〕》，晉尚書郎范望作《解贊》，唐門下侍郎平章事王涯注經及《首測》宋興，都官郎中直昭文館宋維翰通爲之注，秦州天水尉陳漸作《演玄》，司封員外郎吴祕作《音義》。慶曆中，光始〔得〕《太玄》而〔作〕《讀玄》，自是求訪此數書，皆得之，又作《説玄》，疲精勞神三十餘年，訖不能造其藩籬，以其用心之久，棄之似可惜，乃依《法言》爲之集注。誠不知量，庶幾來者或有取焉。」

按：公生平不信孟子，獨尊信揚雄，是年，作《疑孟》而叙《太玄》，眞不可解。

秋，作《遺表》。自注云：「吾苦語澀，疑爲中風之候，恐朝夕疾作，猝然不救，作《遺表》。自書之，常置卧内，俟且死以授范堯夫、范夢得，使上之。八年三月七日，宫車晏駕，此表無用，留以示子孫，欲得知吾事君區區之心耳。」略曰：「陛下天縱睿哲，燭物精敏。踐祚以來，鋭志求治，得一王安石，任之不疑，雖古周公、管仲、樂毅、諸葛孔明，亦無以過。而安石既愚且愎，足己自是，肆其胸臆，變辭舊章，興害除利，捨是取非。其尤病民傷國者，略舉四條。其一曰青苗錢。分命使者，誘以重賞，強散息錢，朘民求利。取新償舊，負債歲多，官守空簿，實無所獲，貨重物輕，公私兩困。其二曰免役錢。縱富強應役之人，使家居自逸；征貧弱不役之戶，使流離轉死。使農家捨其穀帛與力，而峕責以錢。錢非私家所鑄，要須貿易外求。豐歲穀賤，不得半價，盡糶所收，未能充數。若值凶年，則又無穀可糶，人人賣田，無主可售，遂使殺牛賣肉，伐桑鬻薪。來年生計，安敢復議？用此僱浮浪之人，以供百役，使緩則爲姦，急則逃竄。處事若此，豈非倒置？其三曰保甲。自唐募長征兵，賦農民穀帛以養之。今穀帛稅如故，又復使事戰陣，是一身二任矣。又罷巡檢兵士及尉司弓手，皆易以保甲，半月一代。彼畎畝之人，尚未能操弓挾矢，已復代去。用此擒盜，不亦難乎？又奪其衣食，使無以生，是驅民爲盜也；使比屋習戰，誘以官賞，是教民爲盜也；又(撤)〔撤〕去捕盜之人，是縱民爲盜也。謀國如此，果爲利乎？其四曰市易。遣吏坐列販賣，與細民爭利，下至菜果油麪，駔儈所得，皆榷而奪之，使道路怨嗟，遠近羞笑，商旅不行，酒稅虧損，奪彼與此，得少失多。又稱貸于民，恣其所取，使無賴子弟得醉飽之資，在家父兄受督責之苦，傾貲破產，十有六七。凡此四者，皆逆人情，違物理。安石乃以峻法驅之，有違新法者，不以赦降去官原免，其所犯重于十惡盜賊。又有种諤、薛向、王韶、李憲、王中正之徒，行險徼倖，輕動干戈，輕慮淺謀，發于造次，深入自潰，僅同兒戲。使兵夫數十萬，暴骸于曠野，資仗巨億，棄捐于異域。失亡狼籍如此，而建議行師之人，晏然曾無媿畏，更蒙寵任。臣竊見十年以來，天下以言爲諱，大臣偷安於祿位，小臣苟免於罪戾，宗廟社稷，危如累卵。而陛下深居九重，日聞諛臣之言，以爲天下太平之功，十有八九。臣是以不勝憤懣，爲陛下忍死言之。庶幾陛下覽其垂盡之辭，察其顧忠之志，廓然乾斷，罷苗役，廢保甲，以寬民農；除市易，絶稱貸，以惠工商；斥退聚斂之臣，褒顯循良之吏；禁約邊將，不得貪功而危國；制抑近習，不使握兵而兆亂；除苛察之法，以隆易簡之政；變刻薄之俗，以復敦樸之化。使衆庶安農桑，士卒保首領，宗社永安，傳祚無窮。則臣沒勝于存，死榮于生矣。」

九月二十六日，朝命敕提舉西京嵩山崇福宫，候滿三十箇月，不候替人，發來赴闕。

《謝提舉崇福宫表》。

略曰：「臣被遇三朝，忝塵二禁，紆天光之顧問，侍經席之從容。亦嘗委總憲司，訖無報稱；擢陪樞府，不敢叨居。剖竹雍都，蔑聞于治效；分臺洛邑，幸養于沉痾。仍再領于祠庭，遂十更夫歲籥。頃自受命先帝，俾刊舊聞；逮陛下之纘圖，發德音而繼至。而臣以簡策之浩繁，致歲時之淹久，座縻廪禄，久去班行，尚或無厭，復求自便。豈謂陛下大德包荒，曲垂開可，恕顓愚之無狀，容僥倖以滋多。臣敢不深戒晏安，祗勤夙夜，畢精撰述，圖報生成。」

按：公四任崇福，此年當爲第四任矣。逆溯至前，當以熙寧六年爲提舉第一任。此後再滿三十箇月，至元豐八年二月，此任方滿。公前後提舉崇福凡十二年有奇。八年二月，再乞西京留臺，未奉朝旨。旋于三月七日，遭神宗皇帝喪，赴闕入臨，則是熙寧六年以前，至四年四月，當爲兩任留臺也。

十二月十三日，書《心經》後贈紹鑒。

〔一〕兵官：原作「兵士」，據《司馬公文集》卷四四《奏乞兵官與趙瑜同訓練駐泊兵士狀》改。

〔二〕寢：原作「寑」，據右引書卷四五《應詔言朝政闕失事狀》改。

〔三〕後：原脱，據右引書卷六二《答孫察長官書》補。

司馬太師温國文正公年譜卷之七

錫山顧棟高輯　吳興劉承幹校

元豐六年癸亥，公年六十五歲。

公任端明殿學士兼翰林侍讀學士，提舉崇福宫。

作《子絕四論》〔一〕。

略曰：或問：「子絕四，何以始于毋意？」迂叟曰：吉凶（晦）〔悔〕吝，未有不本于意者也。是以聖人除其萌，塞其源，惡奚自而至哉？或曰：「毋意于惡既聞矣，敢問聖人無意于善乎？」曰：不然，聖人之爲善，豈有意乎？聖人執禮義以待事，不爲善而善至矣。或曰：「然則聖人之心其猶死灰乎？」曰：不然，聖人之心如宿火耳。夫火，宿之則晦，發之則光，引之則然，鼓之則熾，既而復掩之，則乃晦矣。深而不消，久而不滅者，其宿火乎！治其心以待物，物至而應，事至而辨，豈若死灰哉？灰死則不復然，奚所用？

按：朱子以意爲私意。公竟謂聖人無意于善。此孟子所謂由仁義行，非行仁義；孔子所謂從心所欲，不踰矩也。論最深微。

作《致知在格物論》。

略曰：「人情莫不好善而惡惡，慕是而羞非。然善且是者蓋寡，惡且非者實多，何哉？皆物誘之，物迫之，而旋至于莫之知，富貴汩其智，貧賤翳其心故也。唯好學君子爲不然。己之道誠善也是也，雖茹之以藜藿如粱肉，臨之以鼎鑊如茵席；誠惡也非也，雖位之以公相如塗泥，賂之以萬金如糞土。如此則視天下之是非善惡如數一二，如辨黑白，安有不知者哉。所以然者，物莫之蔽故也。《大學》曰：『致知在格物。』格，猶扞也，禦也。能扞禦外物，然後能知至道矣。鄭氏以格爲來，或者猶未盡古人之意乎？」

按：程、朱訓格爲到，爲窮至事物之理，其說精矣，至矣。然公之說，亦自有不可磨滅處。

《與范景仁第八書》。

略曰：「來諭云『以中和作樂未可置，必是非有定乃止。』此議上有先聖，下有來哲，是非必有所定。若但以筆舌相攻，則光與景仁借令有老彭壽，是非何時而定耶？是以置之。昨在鄉里作《子絕四》及《致知在格物》二論，輒敢錄呈。有不合于理處，更望景仁攻難，勿以前不受教，遂棄之也。」

景仁復第八書。

略曰：「皇祐中，與君實官太常，同議大樂。阮天隱、胡先生深詆李照非是。最後房庶來，又言二人者亦非是。何則？以尺而起律也。又謂王朴之樂高五律，已而依庶之說，（今）〔令〕制尺律篇三種，而律才下三格，與李照同。是時朝廷特授庶一官，罷歸，庶亦自黜其言之不中。然君實初與胡、阮同非李照者，今復主之，豈末之思耶？王朴樂某亦同房庶非之，雖高五律，君臣民事物不相干。今復欲用之，何可得也？胡瑗所作比王朴下半律，仲更嘗言之，君實已悉李照之樂，聲雖發揚，又下三律，然君臣民事物，皆失其位。不可不深念之。」

《與范景仁第九書》。

略曰：「聞景仁欲奏所爲樂，此大不可，恐爲累非細。光寧可爲景仁屈服，景仁所論爲是，光所論爲非，不願景仁上此奏也。且景仁所論果是，但存文字傳于後世，必有施行之時，何必汲汲自薦于今日也？切告，切告！不可，不可！」

范蜀公《東齋記事》云：「君實與余莫逆交也，唯議樂爲不合。往在館閣時，決于同舍，不能決，遂弈棋以決之，君實不勝乃定。其後二十年，君實在西京爲留臺，予往候之，不持他書，唯持所撰《樂論》八篇示之。爭論者數夕莫能決，又投壺以決之。予不勝，君實懽曰：『大樂還魂矣！』凡半月，卒不得要領而歸。豈所見然耶，將戲謔耶，抑遂其所執不欲改之耶？」

按：「二十年」疑當作「三十年」。蓋二公初官太常時論樂，爲仁宗皇祐二年庚寅，爭論未決，至神宗元豐三年庚申，復詔景仁與劉几定樂，而劉几用李照四清聲，樂成賜賚。而景仁自以意更造，請太府銅爲周鬴漢斛，逾年乃成，比李照下一律有奇。邀溫公就觀，公更與辨論，蓋在辛酉、壬戌兩年，上距皇祐庚寅，蓋已三十四年矣。若云二十年，則當爲熙寧三年庚戌，公方在京師爲翰林學士，未得云西京留臺也。

按：宋世論樂異同者，有和、胡、阮、李、范、馬、劉、楊八人，而自元祐五年劉几定樂之後，復詔蜀公詳定。樂成，二聖御延和殿召執政同觀，賜詔嘉獎，以樂下太常。蓋當元祐之三年，溫公不及見矣。夫樂之得失，非後儒所敢輕議。然蜀公謂前所奏樂以太蔟爲黄鍾，宫商易位爲非是。元祐以後，係蜀公所定，而自後姦邪執政，君弱臣強，馴有靖康之禍。豈樂與治不相應耶，抑蜀公所定未爲得耶？後當有辨之者。

是年，作眞率會。

伯康與君從七十八歲，安之七十七歲，正叔七十四歲，不疑七十三歲，叔達七十歲，光六十五歲，合五百一十五歲。口號成詩：「七人五百有餘歲，同醉花前今古稀。走馬鬬雞非我事，紵衣絲髮且相暉。」

《范忠宣行狀》云：「公判留臺時，一時耆舊多在洛，公與司馬公皆好客而家貧，相約爲眞率會，脫粟一飯，酒數行，過從不問一日。洛中誇以爲盛事。」

作《河南志序》。

略曰：「唐麗正殿直學士韋述爲《兩京記》，近宋君敏求字次道演之，爲《河南》、《長安志》，凡其廢興遷徙，及宮室城郭坊市、第舍、縣鎮、鄉里、山川、津梁、亭驛、廟寺、陵墓之名數，與古先之遺迹，人物之俊秀，守令之良能，花卉之殊尤，無不備載。開編粲然，如指諸掌，其博物之書也。太尉潞公留守西京，其子慶曾願因公刻印以廣之，使後世聞今日洛都之盛者，得之如身逢目覩。潞公命光爲之序，光于次道友人也，不敢辭。」

作《竚瞻堂記》。

略曰：「天子大饗明堂，召河東節度使潞國文公自北都人覲京師，以相祀事。禮成，復命公爲太尉，留守西都，于是公尹洛者凡三矣。天子仍賜詩云：『西都舊士女，白首竚瞻公。』洛人因相與搆堂于資聖佛祠，肖公之像于其中，名之曰『竚瞻』。又二年，河南進士某某等以書抵光，請書其事于石。光曰：『光僑居洛邑十有三年，日聞士民之譽公者如出一口，敢問公之治洛，其規爲施置何如？』衆皆曰：『其簡而有節，安而不擾乎？』光曰：『諸君知其一，不知其二。自古爲人臣者，或得于君而失于民，或得于民而失于君。若夫事君以忠，養民以仁，惻然至誠，積于胸中，夙夜不倦，悠久不渝，晦之而益光，隱之而益彰，彌千百年無幾人，其唯公乎？不然，何天子之寵光，便蕃而不厭；下民之悅服，悠久而不忘？若是其備也。」衆皆曰：『然。』遂爲之記。」

十一月一日，《序賻禮》。

元豐七年甲子，公年六十六歲。

公任端明殿學士兼翰林侍讀學士，提舉崇福宮。

著《葬論》。

略曰：「昔者吾諸祖之葬也，家甚貧，不能具棺槨。自太尉公而下，始有棺槨。然金銀珠玉之物，未嘗以錙銖入于壙中。將葬太尉公，族人皆曰：『葬者，家之大事，奈何不詢陰陽？』吾兄伯康無如之何，乃曰：『詢于陰陽則可矣，安得良葬師而詢之？』族人曰：『近村有張生者，良師也，數縣皆用之。』兄乃召張生，許以錢二萬。張生，野夫也，世爲葬師，爲野人葬，所得不過千錢，聞之大喜。兄曰：『汝能用吾言，吾畀爾葬。不用吾言，將求他師。』張生曰：『唯命是聽。』于是兄自以己意處歲月日時，及壙之淺深廣狹，道路所從出，皆取便于事者，使張生以葬書緣飾之曰大吉，以示族人。族人皆悦，無違異者。今吾兄七十九，以列卿致仕，吾年六十六，忝備侍從，宗族之從仕者二十有三人，視他人之謹用葬書，未必勝吾家也。前年吾妻死，棺成而斂，裝辦而行，壙成而葬，未嘗以一言詢陰陽家，迄今無他故。吾常病陰陽家立邪説以惑衆，爲世患，于喪家尤甚。頃爲諫官，嘗奏乞禁天下葬書，當時執政莫以爲意。今著茲論，庶俾後之子孫，葬必以時，欲知葬具之不必厚，視吾祖。欲知葬書之不足信，視吾家。」

《答兩浙提舉趙宣德屼書》。抃之子。

略曰：「承辱示先大資少保行狀，欲令光作誌文。光不爲人作碑誌已十餘年，所辭拒者甚多。前與孫令書，叙不可爲之故頗詳。去年富公初薨，光往弔，酹其孤，朝奉在草土中號泣自擲，必欲使光作墓誌，光特以語孫令者告之，竟辭不爲。今若獨爲先公爲之，則是有所輕重厚薄于其中也。仰違尊命，罪戾實多，伏望大君子垂恕。」

作《韓魏公祠堂記》。

十月三日，作《中和論》。

十二月戊辰，進《資治通鑑》。有序。

略曰：「臣嘗患史冊文事繁多，欲刪削冗長，舉撮機要，取善可爲法，惡可爲戒者，爲編年一書。私家力薄，無由可成。伏遇英宗皇帝，睿智文明，思歷覽古事，爰詔下臣，俾之編集。仍命自選辟官屬，于崇文院置局，以内臣爲承受。眷遇之榮，近古莫及。不幸先帝違棄羣臣，陛下欽承先志，寵以冠序，錫之嘉名，每開經筵，常令進讀。隕身喪元，未足云報。會差知永興軍，以衰疾不任治劇，乞就冗官。陛下曲賜容養，差判西京留司御史臺，及提舉嵩山崇福宫。前後六任，仍聽以書局自隨，給之祿秩，不責職業。臣既無他事，得以研精極慮，窮竭所有，日力不足，繼之以夜。編閱舊史，旁采小說，抉摘幽隱，校計毫釐。上起戰國，下終五代，凡一千三百六十二年，修成二百九十四卷。又略舉事目，年經國緯，以備檢尋，爲《目錄》三十卷。又參羣書，評其同異，俾歸一途，爲《考異》三十卷。合三百五十四卷。自治平開局，迄今始成。臣之精力，盡于此書。伏望陛下寬其妄作之誅，察其願忠之意。以清閒之燕，時賜省覽。懋稽古之盛德，躋無前之至治，俾四海羣生，咸蒙其福。則臣雖委骨九泉[二]，志願永畢矣。」

帝諭輔臣曰：「前代未嘗有，此書過荀悅《漢紀》遠矣。」詔以光爲資政殿學士，降詔奬諭，賜帶如二府品數。

《薦范祖禹狀》。

略曰：「臣于熙寧三年奏，范祖禹自前知資州龍水縣事，同修《資治通鑑》，至今首尾十有五年。由臣頑固，此書久而未成，致祖禹淹回沈淪。祖禹安恬靜默，如可以終身者。臣誠孤陋，所識至少，誠見祖禹智識明敏，而性行溫良，如不能言。好學能文，而謙晦不伐，如無所有。操守堅正，而圭角不露，如不勝衣。

于士大夫中，罕遇其比。今所修書已成，竊爲朝廷惜此良寶。伏望陛下或使之供職祕省，觀其述作；或使之入侍經筵，察其學行。自餘進用，繫自聖衷。」

公子康公休告其友晁說之曰：此書成，蓋得三人焉。《史記》、前後漢，則劉貢父；三國歷九朝而隋，則劉道原；唐迄五代則范淳夫。其在正史外，楚漢事，則司馬彪、荀悅、袁宏；南北則崔鴻《十六國春秋》，李延壽《南北史》、《太清記》。亦采《建康實錄》，以下無譏焉。柳芳《唐曆》最可喜。唐以來稗官野史，暨百家譜錄、正集、別集、墓誌、碑碣、行狀、別傳，亦不敢忽。

高氏《緯略》曰：《通鑑》一事用三四處出處纂成，正史之外，用雜史諸書凡二百二十二家。

致堂胡氏寅曰：公六任冗官，皆以書局自隨。歲月既久，又數應詔上書，論新法之害。小人欲中傷之，而公行義無可訾者。乃倡爲浮言，謂書之所以久不成，緣書局之人利尚方筆墨絹帛，及御府果餌金錢之賜耳。既而承受中貴人陰行檢校，乃知初雖有此旨，而未嘗請也。公于是嚴課程，省人事，促修成書。其表有云：「日力不足，繼之以夜，簡牘盈積，浩于淵海，其間牴牾，不敢自保。」今讀其書，蓋自唐及五代，采取微冗，日月或差，良有由也。公以議論不合，辭執政而不居，舍大藩而不爲，甘就冗散，編集舊史，盡願忠之志，而憸險細夫，顧謂眷戀匪頒之入。孟子曰：「如使予欲富，何辭十萬而受萬乎？」小人以臆度君子，類皆如是。

張新叟言：洛陽有《資治通鑑》草，盈兩屋。黄魯直閲數百卷，訖無一字草書。此公所謂平生精力，盡于此書」者，如人之不能讀何？公嘗謂：「吾此書惟王勝之嘗讀一徧，餘人不能數卷，已倦睡矣。」公此書歷英宗、神宗二世，凡十九年而書成。見《文獻通考》。

元豐八年乙丑，公年六十七歲。

公任資政殿學士，提舉崇福宫。

正月十九日，作《無爲贊》。

學黄、老者，以心如死灰，形如槁木爲無爲。迂叟以爲不然，作《無爲贊》：兩治心以正，保身以靜，進退有義，得失有命。守道在己，成功在天，夫復何爲？莫非自然。

二月，再乞西京留臺。有狀。

略曰：「臣先于元豐五年九月二十六日，

敕受提舉西京嵩山崇福宮，候滿三十箇月，不候替人發來赴闕。至今月此任當滿，今年六十有七耳。耳目手足雖未全衰，數年以來昏忘特甚，臨繁處劇，實所不堪。但臣前後提舉已經四任，坐享俸給，全無所掌。今復求丐，實自心媿。竊見西京留司御史臺及國子監，麤有職業。伏望聖慈特于上件兩處差遣內除授一任。」

癸巳，神宗疾甚，三省樞密請立皇太子及皇太后權同聽政，許之，（且）〔且〕謂輔臣當以呂公著、司馬光爲師傅。

二十九日，《答韓秉國中和書》。

三月七日，神宗崩，哲宗即位。

十五日，《答韓秉國第二書》。

略曰：「光與秉國，皆知中庸之爲至德而信之，所未合者，秉國以無形爲中，光以無過無不及爲中，此所謂同門而異戶也。夫喜怒哀樂之未發，常設中于厥心，豈有形于外哉？荀卿太學所謂虛靜定者，不以欲惡蔽其明，不以怵迫亂其志，不以得喪易其操，豈得寂然無思慮哉？光前書云：『願秉國動靜語默，飲食起居，皆在于中，久必自得之。』秉國亦嘗留意采其言乎？」

尹和靖曰：溫公平生用心甚苦，每患無著心處。明道、伊川嘗歎其未止，一日溫公謂明道：「某近日有箇著心處，甚安。」明道曰：「何謂也？」溫公曰：「只有一箇『中』字，著心于中，甚覺安樂。」明道舉似伊川，伊川曰：「司馬端明卻只是揀得一箇好字，卻不知教他常把一串念珠，卻似省力，試說與時，他必不受也。」又曰：「著心，只那著的是何？」《二程外書》。

十七日，乞奔神宗皇帝喪。

略曰：「臣前奏陳乞于留臺國子監内除授臣一任，未奉朝旨。旋于今月七日，忽奉遺制，大行皇帝奄棄天下。臣哀荒摧絶，無地自處，即欲號泣奔走，徑詣京師，展臣子萬分之一。但念國朝故事，未嘗有近臣奔喪之例，遲違未敢。今已于十七日起離西京赴闕，隨百官班入臨，聽候指揮。」

《行狀》：公赴闕，臨，衛士見公入，皆以手加額曰：「此司馬相公也。」民遮道呼曰：「公無歸洛，相天子，活百姓。」所在數千人聚觀之。公懼，會放辭謝，遂徑歸洛。太皇太后聞之，詰問主者，遣使勞公，問所當先者。

二十二日，太皇太后遣入内供奉官梁唯簡宣諭：「邦家不幸，大行升遐，嗣君沖幼，同攝國政。公歷事累朝，忠亮顯著，毋惜奏章，贊予不逮。」

公《謝宣諭表》云：「臣懷先帝盛德，奔赴闕庭，止欲一望梓宫，少展臣子之哀，即退歸洛邑，復就冗官。不意陛下過有聽采，特降中使，曲加獎飾，待以耆舊，許之盡言。臣本何人，克堪厥任？但冀天下由此識陛下之心，嘉言響應，正論日聞。斯乃四海羣生之福，豈伊微臣，獨爲慶幸？」

三十日，上《乞開言路劄子》。

略曰：「近歲士大夫以言爲諱，下情蔽而不上通，上恩壅而不下達，閭閻愁苦于下而上不得知，明主憂勤于上而下無所訴，此皆罪在羣臣。而愚民無知，歸怨先帝。今日所當先者，莫若廣開言路。

不論有官無官，在京及在外州軍，並委主判官，晝時進入，不得強有抑退。陛下乞賜省覽，其狂愚鄙陋者，亦不加罪。如此，則嘉言日進，羣情無隱，陛下唯所欲爲，無不如志矣。」

四月十九日，進《修心治國之要劄子》。略曰：「昔仁宗皇帝擢臣知諫院，臣初上殿，即言人君之德三：曰仁，曰明，曰武。致治之道三：曰任官，曰信賞，曰必罰。英宗皇帝時，臣曾進《歷年圖》，復于後序言之。大行皇帝擢臣爲御史中丞，臣初上殿，所言莫不本此三者。今陛下新承大統，太皇太后同聽萬幾，臣復以修心治國之要爲獻。蓋天下治亂興亡安危之道，無易于此。伏願陛下留神幸察。」

是月，太皇太后有旨散遣修京城邏卒，罷減皇城内覘者，止御前工作，出近侍之無狀者三十餘人。戒飭中外，無敢苛刻暴斂，廢導洛司物貨場及民間戶馬，寬保馬年限。皆從中出，大臣不與。

二十七日，《乞去新法病民傷國者疏》。略云：「臣向在朝廷，屢言新法非便，觸忤權貴，冒犯衆怒。先帝憐其孤忠，不以爲罪，仍蒙寵擢，置之樞廷。臣以言未行，力辭不受。臣非惡富貴而好貧賤，正欲感悟先帝，知臣爲國不爲身，庶幾采納狂瞽，使百姓獲安，基局永固而已。即又自乞冗官，退伏閭里。雖身處于外，區區之心，何日不在先帝之左右？所以不敢自赴闕廷如此之久者，亦猶辭樞廷之志也。熙寧七年歷時不雨，先帝遇災而懼，深自刻責，誕布詔書，廣開言路。臣當是時，極有開陳，而建議之臣知所立之法，不合衆心，天下之人，必盡指其非，恐先帝覺悟，而己受誤國之罪，伏欺罔之刑，乃勸先帝，繼下詔書，言新法已行，必不可動。臣之所言，正爲新法，若新法不動，臣尚何言？自是閉口不敢復預朝廷議論，十有一年矣。然每覩生民之愁苦，憂社稷之阽危，中夜之間，未嘗不失聲撫心也。不意上天降禍，先帝升遐，臣之寸誠，無由披露，鬱抑憤懣，自謂終天。及奔喪至京，乃蒙太皇太后陛下，特降中使，訪以得失，是臣積年之志，一朝獲伸。顧天下事務至多，臣思慮未熟，但乞下詔，使吏民皆得實封言事。即而聞有旨，罷修城役夫，撤詷邏之卒，止御前造作。及臣歸西京後，繼聞斥退近習之無狀，戒飭有司奉法失當過爲煩擾者，罷物貨專場及民所養戶馬，又寬保甲年限。凡臣所欲言者，陛下略已行之。小臣稽慢，罪當萬死。然尚有病民傷國，有害無益者，如保甲、免役錢、將官三事，皆當今釐革所宜先，臣今別具狀奏聞。議者必謂三年無改于父之道。然此謂無損于民，無害于國者耳。若病民傷國者，改之當如救焚拯溺。昔漢文帝除肉刑，斬右趾者棄市，笞五百者多死。景帝元年即改之，笞者始得全。武帝作鹽鐵、榷酤、均輸等法，天下困弊；昭帝用賢良文學之議而罷之，後世稱明。唐代宗縱宦官，公求賂遺，置客省，拘滯四方之人。德宗立未三月，悉禁止罷遣之，時人望致太平。德宗晚年，有宮市五坊小兒，暴横爲民患，鹽鐵月進羨餘。順宗即位皆罷之，中外大悅。是皆改父之政而當者，人誰非之哉？况先帝之志，本欲求治，而群下競爲紛更，此乃羣臣之罪，非先帝之過也。况今太皇太后陛下，以母改子，非子改父，何憚而不爲哉？唯聖明裁察。」

《乞罷保甲狀》。略曰：「兵出民間，雖云古法，然古者八百家出車一乘，閒民甚多，不妨稼穡。兩司馬以上，皆選賢士大夫爲之，無侵漁之患。今籍鄉村之民，三丁取一爲保甲，授以弓弩，教之戰陣。特置使者，專切提舉。一丁教閱，一丁供送，名謂五日一教。而保正保長，以泥堋除草爲名，日聚之教場，得賂則縱，是耕耘收穫稼穡之業，幾盡廢也。國家承平日久，民不識兵革，一旦畎畝之人，皆戎服執兵，奔驅滿野，見者以爲不祥。事既草創，調發無法，比戶騷擾，不遺一家。又巡檢指使，按行鄉村，往來如織。保正保長，依倚弄權，坐索供給，多責賂遺，小不副意，妄加鞭撻。貧民罄家所有，無以供億。使者徧行，按閱所至，犒設賞賚，糜費金帛，以巨萬計。臣不知設保甲于農民之勞既如彼，爲國家之費又如此，終將何所用哉？若使之捕盜賊，衛鄉里，則何必如此之多？若使之戍邊境，征戎狄，則平日在教場之中，坐作進退，有似嚴整，若必使之與戎狄相遇，塡然鼓之，鳴鏑始交，其奔北潰敗，可以前料。當此時，豈不誤國事哉！又保甲中，往往有自爲盜者，亦有乘保馬行劫者。然則設保甲保馬，本欲除盜，乃更資盜也。自教閱保甲以來，河東陝西京西盜賊，至敢白晝公行，入縣鎮殺官吏，官軍追討，終不能制。三路未至大饑，而盜賊已如此。萬一遇數千里之蝗旱，而失業飢寒，武藝成就之人，所在蜂起，其爲患可勝言哉？今雖罷戶馬，寬保馬，而保甲猶存者，蓋未有以其利害之詳奏聞者也。臣愚以爲宜悉罷保甲，使歸農，召提舉官還朝。量逐縣每五十戶置一弓手，但令捕賊給賞，若獲賊數多，及能獲強惡賊人者，各隨功大小，遷補職級。務在優假，使人踊躍，然後募本縣有勇力武藝者投充，必多應募。或武藝衰退者，許他人指名與之比較，若武藝勝于舊，即令充替。一縣之中，其壯勇者既爲弓手，其羸弱者雖使爲盜，亦不能爲患。其餘巡檢、兵士、縣尉、弓手、耆長、壯丁，逐捕盜賊，並乞依祖宗舊法。」

《乞罷將官狀》。略曰：「臣竊見國朝以來，置總管、鈐轄、都監、監押，爲將帥之官，凡州縣有兵馬者，其長吏未嘗不兼同管轄，蓋知州即一州之將，知縣即一縣之將故也。先帝欲征伐四夷，患諸州兵官不精勤訓練，于是議者請分河北、陝西等路諸軍若干人爲一將，別置將官，使之專（功）〔切〕訓練。其總管以下，及知州知縣，皆不得關預。及有差使，量留羸弱下軍及剩員，以充本州官白直，及諸般差使，其餘禁軍，皆制在將官。臣愚以爲職事脩舉，在于擇人，苟得其人，雖總管等皆能訓練；不得其人，雖將官亦何所爲？此非徒無益，兼復有害。爲州縣及總管等官，而于所部士卒，不相統攝，有如路人，雖許差將下兵士，而將官往往占護，不肯差撥。萬一有非常之變，羣盜猝至，何以責其竭節守義，不棄城竄匿，或以酒食迎賊，以甲兵獻賊，斂民財以賂賊者乎？况戎狄傾國大舉，長驅而來者乎？《易》曰：『安不忘危，存不忘亡。』宜于沿邊腹内州軍，量其大小緊慢，大藩常留千餘人，小州亦留數百人，不得差發他往。悉罷將官，其逐州縣禁軍，並委長吏與總管等官，同共調舉教閱。仍令逐縣各選有勇力武藝之人，充弓手以守衛城邑，討捕盜賊。力足以守，然後遇寇盜之至，責其棄城等罪而誅之，彼亦甘心矣。」

按：《通鑑》熙寧三年十二月，改諸路更戍法。初，太祖懲五代之弊，用趙普策，收四方勁兵，列營京畿，以備宿衛，分番屯戍，以捍邊圉。于時將帥之臣，入奉朝請，獷暴之民，收隸尺籍。雖有桀驁恣肆，而無所施其間，爲什長之法，階級之辨，使之内外相維，上下相制，截然而不可犯。其後定兵制。天子之衛兵，以守京師，更番戍邊者曰禁軍；諸州之鎮兵，以分給役使者曰廂軍；選于戶籍，或應募使之團結，以爲所在防守者曰鄉軍；具籍塞下，以爲藩籬者曰蕃軍。大抵四者而已。至是議者以更戍法雖無難制之患，而兵將不相識，緩急不可恃，乃部分諸路將兵，總隸禁旅，使兵知其將，將練其兵，平居知有訓厲，而無番戍之勞。尋置京畿、河北、京東西路二十七將，陝西五路四十二將。然禁旅盡屬將官，飲食嬉遊，養成驕惰。又將官遂與州郡長吏爭衡，每將各有部隊將訓練官等數十人，而諸州舊有總管、鈐轄、都監、監押。設官重復，虛破廩祿，知兵者皆知其非，卒不能奪也。

《乞開言路狀》。略曰：「臣自到西京以來，朝夕伏聽朝廷維新之政。今太府少卿宋彭年言，在京不可不並置三衙管軍臣僚，水部員外郎王諤乞令依保馬原立條限，均定逐年合買之數，又乞令太學博士增置《春秋》博士，使諸生肄業。朝廷以非職而言，各罰銅三十斤。臣聞之，悵然失望。陛下臨政之初，而二臣首以言事獲罪，臣恐忠臣解體，直士挫氣，太平之功，未可期也。今二臣之罰，既不可追。伏望陛下如臣前奏，論事無可取者，寢而不問，庶幾言者猶肯源源而來。昨日進奏院遞到告身，差臣知陳州，今于一州之外，言及他事，亦爲越職。然臣若不言，則亦無所用于聖世矣。」

五月，詔公起知陳州，且令過闕入見。

十五日，《謝御前劄子催赴闕狀》。略云：「臣今月十五日平明，接到御前劄子一道，令臣早赴闕廷者。臣狂瞽妄言，宜從誅譴，曲荷開納。并以臣羸老，過形矜恤。螻蟻命微，無階報謝。臣專候陳州遠接兵士到，即起發赴闕次。臣無任瞻天望聖，激切屏營之至。」

二十三日，到京師，乞改求諫詔書。時詔百官言朝廷闕失，牓于朝堂，而大臣有不悅者。詔語中設六事以禁遏之，曰：「若陰有所懷，犯非其分，或扇搖機事之重，或迎合已行之令，上以觀望朝廷之意，以僥倖希進，下以眩惑流俗之情，以干取虛譽。若此者，必罰無赦。」太后封詔草示公，公曰：「此非求諫，乃拒諫也。人臣唯不言，言則入六事矣。」

略曰：「臣昨奉聖旨，令入見，于今月二十三日到京，蒙降中使以五月五日詔書賜臣看閱，中間所云六事，臣以爲人臣唯不言，言皆可以六事罪之。其所言或于羣臣有所褒貶，則可謂之陰有所懷；本職之外微有所涉，則可謂之犯非其分；陳國家安危大計，則可謂之扇搖機事之重；或與朝旨暗合，則可謂之迎合已行之令；言新法之不便當改，則可謂之觀望朝廷之意；言民間之愁苦可憫，則可謂之眩惑流俗之情。然則天下之事，無復可言者矣。是詔書求諫，而終于拒諫也。伏望聖明刪去中間一節，如臣三月三十日所奏，頒布天下。」

二十七日，詔除門下侍郎，力辭，不許。

元豐五年，官制成，改同中書門下平章事爲左、右僕射，參知政事爲門下中書侍郎，尚書左、右丞。公所授蓋次相之職也。

是日，中使梁唯簡賜手詔云：「賜卿手詔，深體予懷，更不多免。嗣君年德未高，吾當同處萬務，所賴方正之士，贊佐邦家，想宜知悉。再宣諭前日所奏，乞引對上殿訖赴任，其日已降指揮，除卿門下侍郎，切要與卿商量軍國政事。早來所奏，備悉卿意，再降詔開言路，俟卿供職施行。」辭第二劄子遂止不上。

初，公被門下侍郎召，固辭不拜，兄旦引大義語之曰：「生平誦堯舜之道，思致其君。今時可而違，非進退之正也。」公幡然就位。方是時，天下懼公之終不出，及聞此，皆欣然稱曰：「長者之言也。」《宋史》列傳。

時蘇軾自登州召還，緣道人相聚號呼曰：「寄謝司馬相公，毋去朝廷，厚自愛，以活百姓。」

二十八日，請更張新法。

略曰：「王安石不達政體，變亂舊章。陛下即政之初，變其一二，歡呼之聲，已洋溢四表，則人情灼然可知。陛下何憚而不并其餘悉更張哉？譬如有人誤飲毒藥，致成大病，苟知其毒，斯勿飲而已矣。豈可云：『姑少少減之，俟積以歲月，然後盡捨！』臣向曾上言，教閱保甲，公私勞費，而無所用。斂免役錢，寬富而困貧，以養浮浪之人，使農民失業。將官專制軍政，州縣無權，無以備倉猝。此皆所害者大，所及者衆，先宜變更。捨非取是，去害就利，計無急于此。」

六月四日，乞以降拜先後立班。

略曰：「臣于前月二十七日，準告身授臣守門下侍郎。二十八日，三省樞密院同奉聖旨，除知樞密院外，門下、中書侍郎、左右丞、同知樞密院事班次等，並以除拜先後爲次。今月四日，延和殿進呈，竊見張璪等奏乞推臣在上。臣以不才，誤蒙朝廷拔擢，置之執政之末，已爲忝竊，况超越倫輩，特出其右，在臣愚何以克堪？伏乞以新得聖旨，以除拜先後爲序，在安燾之下。」

十四日，《乞申明求諫詔書》。

略曰：「前詔書止牓朝堂，所詢不廣，見者甚少。臣愚欲望聖慈，除去中間一節，仍乞徧頒天下。或慮奏狀繁多，難以親覽，即乞降付三省，委三省官看詳，取其可取者，用黄紙籤出，再進入。」

《與范堯夫經略龍圖書》。

略曰：「光昨在洛中，及至京師，兩于河中遞次得所賜書。值光治裝赴陳州，忽忽事多，久不脩報，明恕必察其非疏懈也。向承就移慶帥，即踐世官，復修舊治，計堯夫必樂就職。然士論所鬱鬱者，猶多也。今歲大暑異常，邊地必稍愈，更祈節愼。不宣。」

七月二日，《看閲呂公著所陳利害劄子》。

略云：「臣今月一日夜，蒙降到呂公著劄子一道，付臣看閲。臣自公著到京，止于都堂衆中一見，自後未嘗有簡帖往來。今公著所陳，與臣所欲言者無異。唯有保甲一事，欲就農隙敎習。臣愚以爲朝廷既知其爲害于民，便當一切廢罷。臣續奏聞，與公著劄子同封上。」

時公著入自揚州，爲尚書左丞。舊日參知政事之任。

三日，《乞罷保甲劄子》。

略曰：「讀登極詔書，戒敕邊吏，令不得侵擾外界，務要靜守疆埸，則此保甲保馬的實有何所用？徒令府界及五路農民不堪愁苦。近者羣盜王沖，乘保馬行劫，又獲鹿縣保甲，斫射毆傷提句孫文、巡檢張宗師。以下陵上，大亂之源，漸不可長，有害無利，較然明矣。乞斷自聖志，盡罷諸保甲使歸農，依舊置耆長壯丁巡捕盜賊，戶長催督税賦。保馬量給價錢，分配兩騏驥院及諸軍，其保甲中武藝已成之人，收拾逐縣弓手內，許蔭本戶田二頃，免其二税。若本戶田不足，聽蔭親戚田，務在優假，使人勸募。」

是月，罷保甲。

十四日，《乞降臣民奏狀》。

八月八日，《乞降封事籤帖》、《乞不貸強盜白劄子》。

十四日，《乞不貸故鬬殺劄子》。

九月三日，《乞省覽農民封事》。

十五日，與呂公著同舉程頤。略曰：「臣竊見河南處士程頤，力學好古，安貧守節，言必忠信，動遵禮義。年踰五十，不求仕進，眞儒者之高蹈，聖世之逸民。伏望聖慈，擢以不次，足以矜式士類，裨益風化。」

十月十七日，《乞裁斷政事劄子》。略云：「皇帝陛下、太皇太后陛下，事無大小，皆委執政，垂拱仰成。萬一羣臣有所見不同，勢均力敵，莫能相一者，伏望陛下特留聖意，審察是非，唯是之從，則羣臣莫敢不服。不可使用人賞罰之權，盡歸執政，人主不得而專也。」

二十四日，上《議可劄子》。

十二月二日，《進孝經指解劄子》。略云：「臣嘗撰《古文孝經指解》，皇祐中，獻于仁宗皇帝。竊慮歲久，遺失不存。今繕寫爲一冊上進，伏乞少賜省覽。

四日，《上革弊劄子》。略云：「臣觀今日公私耗竭，遠近疲弊，其原大概出于用兵。神宗皇帝以幽、薊、雲、朔淪于契丹，靈夏、河西專于拓跋，交趾、日南制于李氏，深用爲恥，慨然有征伐開拓之志。于是邊鄙武夫，自謂衛、霍不死；白面書生，自謂良、平更生；聚斂之臣，捃拾財利，自謂桑、孔復出，相與誘惑。先帝于是制提舉官，強配青苗，多收免役，以聚貨錢。又驅畝畝之人爲保甲，使捨耒耜習弓手。又置都作院，多造器甲。又養保馬，使賣耕牛市駔駿，而農民始愁苦矣。部分諸軍，無問邊州內地，各置將官。捨祖宗教閱舊制，競爲新奇，朝晡上場，罕得休息，而士卒始怨嗟矣。置市易司，坐列販賣，增商稅色件及菜果，而商賈始貧困矣。又立賒貸之法，誘不肖子弟破其家。又令民封狀增價，以買坊場，致其子孫鄰保，籍沒貲產，不能賠償。又增茶鹽之額，賤買貴賣，強以配民。又設措置河北糴便司，廣積糧穀，于臨流州縣以備饋運。教兵既久，積財既多，妄動深入，曾未足威服戎狄，而中國已重困。幸遇皇帝陛下、太皇太后陛下首戒邊吏，毋得妄出侵掠。凡征伐開拓之議，皆已休息。則此紛紛之法，皆爲虛設。今吏民上封事者千有餘章，未有不及此數事者。而猶因循不知改轍，議者謂革弊不可倉猝，當徐徐有漸。此何異使醫治疾，而曰勿使遽愈，且勿除其根源使盡也？其爲醫者謀則善矣，其爲疾者謀，奚利哉？」

《與范堯夫經略龍圖書》。略云：光閒居十五年，本欲更求一任散官，守候七十，即如禮致仕。久絕榮進之心，分當委任田里，凡朝廷之事，未嘗挂慮。況數年以來，昏忘特甚，誠不意冒居此地，蒙人主知待之厚，特異于常。義難力辭，黽勉就職，故事多所遺忘。新法固皆面牆，朝中士大夫百人中所識不過三四，如一黃葉在烈風中，幾何其不危墜也。又爲世俗妄被以虛名，不知其中實無所有，上下責望不輕，如何應副得及？荷堯夫知待久，望深督以所不及，聞其短拙，隨時示諭，勿復形迹，此獨敢望于堯夫，不敢望于他人者也。」

宋景濂《題司馬公手帖後》云：「右公與范忠宣書一通，藏楚郡龍雲從家，雲從請題其後。濂聞哲宗初立，崇慶太后同聽政，起公知陳州，過闕留爲門下侍郎。忠宣亦從慶州召還，爲右諫議大夫，俄遷給事中。此書正此時所遺，其殆元豐乙丑之冬，或元祐丙寅之春乎？夫公自熙寧辛亥居洛，再任留司御史臺，四任提舉崇福宮，至是始司政柄。故書中有閒居十五年之言。公年蓋已六十有七，新法方盛行，小人附和者衆，公度不可止，遂絶口不言事。故又有『更求一任散官，守候七十，即如禮致仕』之言。當是時，章惇、蔡確、黄履、邢恕等蛇蟠蚓結，牢不可解。公新自外至，孑然獨立，故又有『如一黄葉在烈風中，幾何而不危墜』之言。公之志爲可悲矣。然公與忠宣素相知，其居洛日，忠宣方丐罷齊州之政，判西京留臺，乃同爲眞率會，則其志同道合，固非一日之故。熙寧之法，又皆共怒其爲害，而其設施或不同者，忠宣則欲去其泰甚，公則欲鋤剗而絶其本根。雖書有『隨時示諭，勿復形迹』之請，二賢之見，猝有未易合者，豈天未欲平治天下，故使之然歟！公遺此書後，僅及數月，且觀化冥冥之中。忠宣繼公爲左僕射，務以博大開上心，忠篤革士風，四海方翹首望治，曾未幾何，穎昌之命亦遽下矣，不亦重可悲夫？閲此帖，當知治亂之機所繫，初不可以尋常簡牘視之也。」

十二日，神宗祔廟，禮畢，遷公正議大夫。公自以不與顧命，辭不敢當，五上劄子辭謝，詔不許。

是年，范堯夫爲左諫議大夫，公以親嫌爲言。章惇曰：「臺諫所以糾繩執政之不法。故事，執政初除，親戚及所舉之人，見爲臺諫官者，皆徙他官。今皇帝幼沖，太皇太后同聽萬幾，當動循故事，不可違祖宗法。」公曰：「純仁、祖禹作諫官，誠協衆望，不可以臣故，妨賢者進，臣甯避位。」《九朝通略》。

按：此乃章惇假託故事，以陰撓正人之進耳。使非宣仁獨斷，曷由致元祐之盛哉。

〔一〕子絶四論：《司馬公文集》卷七四署作「絶四論」。

〔二〕骨：原作「國」，據《司馬文正公傳家集》卷一七《進資治通鑑表》改。

司馬太師温國文正公年譜卷之八

錫山顧棟高輯　吴興劉承幹校

元祐元年丙寅，公年六十八歲。

公任門下侍郎。

是年，公作《徽言》。

序略云：「余少好讀書，老而不厭，然昏耄日甚，不能復記。暇日因讀諸子史集，采其義與經合者，錄而存之。苦于秉筆之勞，或但撮其精要，注所出于其下，欲知其詳，則取本書證之。命曰《徽言》，置諸左右，時取觀以自儆，且詔子孫。涑水迂叟，時年六十八。」

陳氏曰：司馬光手鈔諸子書，題其末曰：「余此書類舉人鈔書。然舉子所鈔獵其詞，余所鈔覈其意。舉人志科名，余志道德。迂叟年六十八。」蓋公在相位時也。方機務塡委，且將屬疾，而好學不厭，克勤小物如此。所鈔自《國語》而下六書，其目三百一十有二，小楷端謹，百世之下肅然起敬。眞跡藏邵康節家，其諸孫迈守漢嘉，從邵氏借刻，攜其板歸越，今在其郡從姪遵古家。

公始得疾。

正月十四日癸卯，詔公與尙書左丞呂公著朝會與執政異班，特令兩拜起居，免舞蹈。

公《謝表》云：「臣猥以瑣才，預聞機政。去春以後，疾疹屢生。入冬以來，飲食漸少。迨茲歲序之首，頓覺筋力之衰，拜起絶艱，朝請殆廢。欲避位則爲罪益大，欲就列則強力不前。朝夕爲衆目所觀，啓處無措躬之地。敢謂陛下特虧著定之儀，曲遂形骸之便，欲辭則力所不支，欲受則自知非分。踧踖心悸，戰兢汗流。」

二十一日庚戌，請假將治。

二十三日壬子，朝廷差中使押醫官沈士安、朱有章、楊文蔚、陳易簡等，每日到公家診視，公上劄子辭免。

二十四日癸丑，乞罷免役錢依舊差役。略云：「臣竊見免役之法其害有五：上戶舊充役，固有陪備而得番休，今出錢比舊費特多，年年無休息。下戶舊不充役，今例使出錢。舊所差皆土著良民，今皆浮浪之人，恣爲姦欺。又農民出錢難于出力，凶年則賣莊田牛具以錢納官，又提舉司唯務多斂役錢，積寬賸以爲功。此五害也。今莫若直降敕命，委縣令佐揭簿定差，其人不願身自供役，許擇可任者僱代。唯衙前一役，最號重難，今仍行差法，陪備既少，當不至破家。若猶矜其力難獨任，即乞如舊，于官戶、寺觀、單丁、女戶，有屋產莊田者，隨貧富以差出助役錢。尙慮役人利害，四方不能齊同，乞許監司守令審其可否，可則亟行，如未究盡，縣五日具措畫上之州，州一月上轉運司，以聞朝廷，委執政審定，隨一路一州各爲之敕，務要曲盡。」

初，章惇取公所奏疏略未盡者駁奏之。呂公著言：「惇專欲求勝，不顧大體。望選差近臣詳定。」于是蘇軾言于公曰：「差役、免役，各有利害。」公曰：「于君何如？」軾曰：「三代之法，兵農爲一。至秦始分爲二，唐中葉盡變府兵爲長征卒。自是以來，農出穀帛以養兵，兵出性命以衛農，雖聖人復起，不能易。

今免役之法實大類此，公欲驟罷免役而行差役，正如罷長征而復民兵，蓋未易也。」公不以爲然，軾又陳于政事堂，光色忿然，軾曰：「昔韓魏公刺陝西義勇，公爲諫官，諍之甚力，韓公不樂，公亦不顧。豈今日作相，不許軾盡言耶？」公謝之。范純仁謂公曰：「差役一事，當熟講而緩行，不然，滋爲民病。可先行之一路，以觀其究竟。」公持之益堅，純仁曰：「是使人不得言爾，若欲媚公以爲容悅，何如少年合安石以速富貴哉？」公又謝之。自是役人悉用見數爲額，唯衙前用坊場河渡錢僱募，餘悉定差。

初，差役之復，爲期五日，同列病其太迫。知開封府蔡京獨如約，悉改畿縣雇役，詣政事堂白光，光喜曰：「使人人奉法如君，何不可行之有？」《綱目》時蘇子由爲右司諫，《乞罷章惇知樞密院狀》云：「惇與三省同議司馬光論差役事，明知光所言事節有疏略差誤，而不推公心詳議，雷同衆人，連書劄子，一切依奏。及既已行下，然後論列可否，至紛爭殿上，無復君臣之禮。若使因此究窮利害，立成條約，使推行更無疑阻，猶或可原。今乃不候修完，便乞再行指揮，使諸路一依前件劄子施行，卻令被差人戶具利害實封聞奏。此不過欲使被差之人有所不便，人人與司馬光爲敵，但得光言不效，則朝廷利害更不復顧。」又《乞罷蔡京開封府狀》云：「朝廷原限敕到五日內，具利害擘畫申本州，本州限一（年）〔季〕聞奏，奏到各隨宜修改，並無限定日期差撥。今開封輒敢差人監勒，于數日內蹙迫了當，故意擾民，以壞成法。尚賴百姓久苦役錢，乍獲復舊，更無詞說。不爾必致紛紜，爲害不小。」又《乞罷蔡京知眞定府狀》云：「京以臺諫劾奏，乞請外任，而宰相曲加庇蓋，除京知眞定府。眞定天下重鎮，是宰相上欺朝廷，下困臺諫」云云。此時宰相蓋指韓縝，溫公亦在內。

按：章、蔡用心本同，欲因差役一事未便，致民情怨忿，得有隙以破壞元祐之政耳。特章以權位相埒，故敢忿爭，蔡以官職尚卑，惟事諂媚。而溫公不悟，喜其順己，此亦如介甫之喜惠卿，陰墮其術中而不覺也。被子由一一指出，此蘇氏智識過溫公處。

《言行錄》：役法差、募二議俱有弊，吳、蜀之民以僱役爲便，公與荆公皆早貴，少歷州縣，不能周知爾。

按：公不知僱役之利，欲一切以差役代之，誠不免如蘇、范二公所譏。然議者謂保甲、僱役，百世通行，荆公之法未嘗有弊，則非也。保甲、僱役，今日誠爲善政，而荆公所設，則斷斷不可行。何則？今日之保甲，蓋不過如古比閭族黨，相保相任，譏查盜賊，使不得容留匪類耳。而荆公則使之披甲執兵，教習戰陣，在家有供億之苦，前途有死亡之禍。蓋與今日之爲保甲者，萬萬不侔矣。至吳中盛行僱役，蓋亦聽民間之通融計置，或其人自能充當，則可不費一錢，或本年安然無事，雖惷愚亦可幸免，未嘗預計一年之力役若干，而一概斂錢，且使貧弱下戶助之出錢也。荆公之僱役，蓋于兩稅之外，別取庸錢耳，豈可謂之無害哉？

二十八日，供奉官劉永年傳宣：司馬光見患在家，特放正謝，仍免赴景靈宮、福寧殿謝恩。

公上劄子辭云：「朝廷進以高位，加之寵命，榮動搢紳，澤流苗裔，豈可即安私室，專養沈痾，不造王庭，坐受圭組？候臣患稍痊日，止依十四、十七日所降指揮，減拜入謝。」

二月三日壬戌，上《論西夏劄子》。略云：「伏見神宗皇帝以夏國主趙秉常爲臣下所囚，興兵致討，收其邊地，建米脂等六寨，皆孤僻單外，難于應援。然中國得之雖無所利，虜中失之爲害頗多，是以必欲得之。前年，嘗遣使者深自辨訴，請臣服如故，其志止欲求復舊境。于今爲計，止有二策：一者返其侵疆，二者禁其私市。何謂返其侵疆？凡天子即位，蕩滌瑕穢，小大無遺。誠能于此踰年改元之際，曠然推恩，盡赦前罪，元係夏國舊日之境，並以還之，豈得不鼓舞抃蹈，世世臣服者乎？何謂禁其私市？西夏所產，不過羊馬氈毯，茶綵百貨，皆出中國。舊制，官給客人公據，方聽與西人交易。近歲法禁疏闊，私市日夕公行，西人雖不獲歲賜，而公私無乏，所以得偃蹇自肆。今責其累年之罪，明敕邊吏嚴禁私市，俟其公私困弊，彼自屈服。然須權時別立重法，犯者必死無赦。此事全在邊帥得人，邊帥未盡得人，此法恐未易可行，不若前策，道大體正，萬全無失也。」

《乞不禁絕私市先赦西人》〔一〕。

略云：「臣前上言，西人未服，中國不能無憂。妄上二策，執政用臣下策。上令禁私市，又立法不嚴，邊吏獲一漏百，私市滔滔如故，此適足激怒西人。萬一微犯邊境，或表牒中形不遜語，至時朝廷轉難處置。不若用臣上策，早相彌縫，時難得而易失，不可忽也。若更遷延，則赦之無名。此安危所繫，若俟執政論議僉同，恐失機會。」

公論西戎，大略以和戎爲便，用兵爲非。時異議者甚衆，公持之益堅。其後太師文彦博與公合，衆不能奪，議乃定。《行狀》。

《乞罷提舉官劄子》。

略云：「臣竊見天聖中，諸路各有轉運使一員，亦無提點刑獄，唯河北、陝西置轉運使兩員。當是時，官少民安，事無不舉。景祐初，始復置提點刑獄，或時置轉運判官，尋復廢罷。自王安石執政以來，欲力成新法，諸路始置提舉常平廣惠、農田水利官，其後每事各置提舉官，事權一如監司，依勢立威，舉錯率易。天下籍籍，皆由此來。臣愚以爲宜盡罷，凡本路錢穀財用事，悉委轉運司；刑獄、平常兵甲盜賊事，悉委提點刑獄管句。仍選聰明公正之人爲之，是去草者絶其本，救水者回其原也。」

與呂晦叔簡。時公疾益甚，而青苗、免役、將官之法猶在，西夏之議未決。公歎曰：「四害未除，吾死不瞑目矣。」因折簡與晦叔。

略云：「自晦叔入都，及得共事，每與寮寀，行坐不相離，未嘗得伸悃愊。今不幸又在病告，杳未有展覿之期，其邑邑可知。晦叔自結髮至仕，學而行之，端方忠厚，天下仰服。垂老乃得秉政，平生所藴，不施于今日，將何俟乎？比日以來，物論頗譏晦叔慎默太過，若此際不諍，國事蹉跌，則入彼朋矣。願慎旃，慎旃！光自病以來，悉以身付醫，家事付康，惟國事未有所付，今日屬于晦叔矣。」

《論錢穀宜歸一劄子》。略云：「祖宗之制，天下錢穀自常平倉隸司農寺外，其餘皆總于三司。一文一勺，他司不敢擅取，故能知其大數，量入爲出，詳度利害。指揮百司轉運使諸州，如臂使指，故能倉庫充溢，用度有餘。自改官制以來，備置尚書省六曹二十四司及九寺三監〔二〕，將舊日三司所掌事務，散在六曹及諸寺監，五曹及内外百官，各具理財之法，申奏施行，户部不得關預。今之户部尚書，猶舊日三司使之任，而左曹隸尚書，右曹不隸尚書，是天下之財，分而爲二也。譬如人家有財，使數人主之，互相侵奪，人人得取而用，財有增益者乎？今縱未能大有更張，且令尚書並領左右曹侍郎。諸司支用錢物，不見户部符不得應付。舊日三司所掌事務，散在五曹及諸寺監者，並乞收歸户部。如此則利權歸一，天下之財可得而理矣。」

隨乞宫觀表辭位，不許。略云：「臣以病羸，拜起及上下馬不得，請假將治，已及月餘。日來大勢雖退，飲食亦稍進，然氣體疲乏，自料筋力完復，近亦數月，遠則半年。豈有執政大臣，身據高位，坐受厚俸，既不趨朝，又不供職，養病于家之理？乞除宫觀差遺一任，以養衰殘。伏望聖慈，早賜開允。」

閏二月庚寅朔，除守尚書左僕射兼門下侍郎。舊日同平章事之任，蓋首相也。三日壬辰，朝命吕公著爲門下侍郎。

公以病，未任入謝，三上劄子辭，不許。

時荆公已病，弟和甫以邸吏狀示公，適報司馬公作相，公悵然曰：「司馬十二作相矣。」《聞見録》。

遼人聞之，敕其邊吏曰：「中國相司馬矣，慎無生事開邊隙。」《神道碑》。

公作相日，親書牓藁揭于客位，曰：「訪及諸君，若覩朝政闕遺，庶民疾苦，欲進忠言者，請以奏牘聞于朝廷，光得與同僚商議，可行者進呈，取旨行之。若但以私書寵諭，終無所益。若光身有過失，欲賜規正，即以通封書簡，分付吏人令傳入。光得内自省訟，佩服改行。至于整會官職差遣，理雪罪名，凡干身計，並請一面進狀。光得與朝省衆官公議施行，若在私第垂訪，不許語及。光再拜諮白。」《容齋隨筆》。

追贈清河郡君張氏爲潁川郡夫人。

夫人爲禮部尚書存之女，公登朝，封清河縣君，及爲學士，改郡君。至是年，除左僕射，追贈潁川郡夫人。

《焚黄祭文》云：夫人胄自德門，無禄早世，久同困約，不與顯榮。朝推恩渥，追錫嘉命，魚軒翟茀，燭耀重泉。

是年，改葬先令于洛陽。

《到墓祭文》云：「闕塞之陽，伊川之湄。地形爽塏，水脈厚深。唯靈去故就新，永寧兹宅。不騫不圮，保固億年。」

按：公叙清河郡君云：「葬涑水先

塋。」則公之祖父皆葬陝州夏縣。今祭文云「闕塞」「伊川」，則爲遷葬洛陽無疑。後公與子康卒，又俱歸葬陝州，不從先人墓次，則不可解矣。

葬潁川郡夫人。

《啓殯祭文》云：「旅宦飄飖，家無常所。櫬櫝未瘞，久寓西郊。逢時之良，遷就窀穸。撤攢云始，取道有期。撫事悵然，益增感悼。」

按：清河郡君于元豐五年二月，葬涑水，而此云云，意當時或是權厝耳。

《乞黄庭堅同校資治通鑑》。

略云：「臣于去年九月奉旨，令范祖禹及臣男康，將《資治通鑑》副本重行校定。又奉旨送國子監鏤板。竊緣上件文字稍多，范祖禹近差充修實録官，恐日近校定不辦。竊見祕書省校書郎黄庭堅，好學有文。望特差令同校定。所貴早得了當。」

《乞令校定資治通鑑所寫稽古録》。

略云：「臣先于英宗皇帝時，嘗采獵經史，上自周威烈王二十三年，下盡周世宗顯德六年，略舉每年事，編次爲圖，年爲一行，六十行爲一重，五重爲一卷，凡一千三百六十二年，共成五卷，謂之《歷年圖》。上之，以省煩文，便觀覽。臣又于神宗皇帝時，受詔修《國朝百官公卿表》，臣依司馬遷法，自建隆元年至治平四年各記大事于上方，書成上之，有詔附于國史。今更討論經史，上自伏羲，下至周威烈王二十二年，略序大要，以補二書之闕，合爲二十卷，名曰《稽古録》。欲繕寫奏御，而私家少筆吏，恐日近不能了畢。竊見先有旨，令范祖禹等校定臣所修《資治通鑑》。伏望幷上件《稽古録》，送到本局繕寫校對，以次進讀。仍令侍讀官隨文解釋，則前王軌轍，皆可概見。」

進《稽古録》二十卷。

表文略云：「臣光言：竊以九州四海，一日萬幾。將察知民物之性情，蓋布在文武之方策，雖歷年多而舉其大要，則用力少而見夫全功。恭惟皇帝陛下，富有春秋，敉寧方夏。念終始典于學，於緝熙單厥心。延登老成，親近觀講。發《論語》章句，探經藝之同歸；誦《寶訓》丁寧，憲祖宗之不易。有本如是，實惟濫觴。惟稽古堯、舜之舊章，惟信史《春秋》之成法。高山可仰，覆轍在前。載籍之編，患乎太漫。鑒觀之主，日不暇遑。敢用芟夷，略存體要。由三晉開國，迄于顯德之末造，臣既具之《歷年圖》。自六合爲宋，接乎熙寧之始元，臣又著之《百官表》。乃若威烈丁丑而上，伏羲書契以來，悉從論纂，皆有憑依，總而成書，名爲《稽古録》二十卷。因仍書局繕寫奏篇，兹冒昧以上陳，助聰明之遠覽。」

此篇《傳家集》中不載，見于《稽古録》弁首，後署銜云「正議大夫、守尚書左僕射兼門下侍郎、上柱國、河内郡開國公臣某上進」。則當公居首相時，元祐元年閏二月後也。又《文獻通考》所載陳氏説，亦云元祐初所上。今案録内分三種：十一卷下帙至十六卷，則自周威烈二十三年至周顯德六年，公自注云：「臣于英宗皇帝治平元年所進《歷年圖》。」十七卷至二十卷，則自宋太祖建隆之元至英宗治平四年，公自注云：「臣于神宗皇帝時，所進《百官公卿表》、《大事記》。」首卷至十一卷之上帙，則自伏羲至周威烈王二十二年，公自注云：「臣今所補，總名爲《稽古錄》，撮錄簡而明，論序雄深雅健，上匹西漢。」朱子嘗刻于長沙，欲面奏取進充宮僚進講。又曰：「溫公之言如桑麻穀粟，其願忠君父之志，更歷三朝，然後成就。」又曰：「小兒讀六經了畢，即令接續讀去亦好。」

論振濟。

略云：「臣竊惟百姓流移之後，散米煮粥，民徒更聚而餓死，官中所費多，而民實無所濟。伏覩近降朝旨，令速行振濟。乞更令指揮縣令佐，體量鄉村人戶，有闕食者，一面申知上司及本州，更不候回報，直行振貸。仍逐戶計口，出給曆頭，大人日給二升，小人日給一升。令各從民便，或五日或十日或半月一次，齎曆頭詣縣請領。縣司亦置簿照會，俟夏秋成熟日，據簿曆上所貸過糧，令隨稅送納。一斗只納一斗，更無利息。其令佐若別有良法，亦聽從便，要在民不乏食，不至流移而已。」

三月，乞撫納西人。

衛尉丞畢仲游予公書。

略曰：「昔安石以興作之說動先帝，而患在不足，故凡政之可得民財者，無不用。蓋散青苗，置市易，斂役錢，變鹽法者是也。而欲興作，患不足者，情也，今但廢罷諸法，凡號爲利而傷民者，一切埽去。則向來用事于新法者，必操不足之情，言不足之事，以動上意，雖石人猶將使動，則向之廢罷者，將復行矣。爲今之策，當大舉天下之計，深明出入之數，以諸路所積之錢粟，一歸地官，使經費可支二十年之用。數年之間，又將十倍于今日，使天子曉然知天下之餘于財也。則不足之論，不得陳于前，然後所論新法者始可永罷矣。昔安石之居位也，中外莫非其人，故其法能行。今欲救前日之弊，而左右侍職司使者，十有七八皆安石之徒，雖起二三舊臣，用六七君子，然累百之中存其十數，烏在其勢之可爲？以此救前日之弊，如人久病而少間，其父子兄弟喜見顏色，而未敢賀者，以其病之猶在也。」公得書聳然，然迄不爲慮。

四月六日癸巳，王介甫卒于金陵。

按：《宋史·哲宗本紀》，荆公薨于四月癸巳。是月戊子朔，由戊子至癸巳，爲四月六日。

公與晦叔簡曰：介甫過人處甚多，但性不曉事，而喜遂非，遂至敗壞百度，以至于此。今方矯其失，革其弊，不幸介甫謝世。反覆之徒，必更詆毁百端。光意以爲宜優加厚禮，以振起浮薄之風，不識晦叔以爲何如？

十三日，辭接續支俸。

略云：「臣以假滿百日，自四月以後，不敢勘請俸給。聞近有聖旨，特再給臣寬假將治，其俸給等接續支給。臣自今年正月二十一日，以病在朝假，至今不管本職公事，已及一百一十餘日，入覲之期，未能自定。竊以百日停俸，著在舊章。況臣當表率百僚，豈敢廢格？伏望任支，候參假日依舊。」

按：公以正月二十一日請假，連閏計至四月十三日，爲一百十二日。

十五日壬寅，朝命呂公著爲尚書右僕射兼中書侍郎，公與同上《合兩省爲一疏》。略云：「臣等聞，三王不相襲禮，國家設官分職，張立治具，不媿漢、唐，何必循其陳迹，而失當今之宜也？謹按西漢以丞相總百官，而九卿分治天下之事；光武中興，身親庶務，事歸臺閣，尚書始重矣。及魏武建魏國，置祕書令，典尚書奏事；文帝改祕書爲中書，自是中書親近，而尚書疏外矣。東晉以後，天子以侍中常在左右，多與之議政事，又有門下，而中書權始分降。及南北朝，大抵皆循此制。唐初始合中書、門下之職，故有同中書門下三品、同中書門下平章事。其後又置政事堂，蓋以中書出詔令，門下掌封駮，日有爭論，故使兩省先于政事堂議定，然後奏聞。沿至國朝，莫之能改，非不欲分也，理勢不可復分也。唐末以内世臣領樞密使參預朝政，五代改用士人，其權重于宰相。太祖受命，以宰相專主文事，參知政事佐之；樞密使耑掌武事，副使佐之。自是百有餘年，官司相承，中外安帖，文書簡徑，事無留滯。神宗皇帝以唐官職繁冗，欲革而正之，誠爲至當。然但當據今日之事實，删去重複，不必依唐之六典，分令中書取旨，門下覆奏，尚書施行也。凡寺監及州縣，一切申尚書省，尚書省送中書取旨，中書得旨送門下省覆奏，畫可，然後翻錄下尚書省，尚書省復下六曹，方符下諸處，以此文字繁冗，行遣迂回，困于留滯。又本置門下省，欲以封駁中書、樞密院，若令舉職，須日有駁正，執政大臣遂或不協。近日中書文字有急速者，往往更不送門下，則門下一官，殆爲虛設。臣等衆共商量，欲依舊令中書、門下通同職業，每有政事差除，及臺諫官章奏，三省通同商議，同共進呈。其政事有差失，封還詞頭。又兩省諫官，皆得論列，則號令之出，亦不爲不審愼矣。如此，則政事歸一，吏員不冗，文書不繁，行遣徑直，于事務時宜，斯爲簡便。」

按：《哲宗本紀》，申公爲僕射在四月壬寅，是月戊子朔，至壬寅爲十五日。《言行錄》云：官制，三省並建，而中書獨爲取旨之地，門下、尚書奉行而已。公曰：「三省均輔臣，自後同進呈取旨，而各行之，非有故，日聚爲故事。」

乞令六曹長官專達。

略云：「今尚書省事無大小，皆決于僕射。僕射自朝至暮，省覽文書，精力疲倦。而于經國之大體，不暇精思而熟慮，非朝廷責宰相之意也。竊以六曹長官，古之六卿，事之小者，豈可不令專達？臣等欲乞今後凡有詔令，及臣民所上文字，降付尚書省者，侍郎籤過，尚書判準，應奏上者直奏上，應行下者直行下。即未得允當者，委侍郎、尚書改判。事之可否，皆決于本曹長官，更不經由僕射、左右丞。或事體稍大，或理有可疑，非六曹所能專決者，聽詣僕射、左右丞咨白，或上殿取旨。若本曹顯有不當，即行糾劾。所貴上下相承，行遣簡徑，事務易集。」

乞令三省諸司無條方用例。

略云：「舊例只是前官所行，豈足永爲後法？近歲三省及百司多用例破條，諸色人亦多攀援體例，希求恩澤。欲令今後凡有正條者，並須依條，無條方許用例。前例若是，所當遵行；前例若非，即宜釐革。」

進呈《上官均奏乞尚書省事類分輕重某事關尚書某事關二丞某事關僕射白劄子》。尋得（依旨）（旨依）。

略云：「尚書省事不至大者，並委長官專決，應奏上者奏上，應行下者行下。若事體大，非六曹所能專決者，即申都省委僕射、左右丞同商量，或送中書取旨，或直批判指揮。所有常程文字，並只委左右丞；事體稍大及所疑者，方與僕射商量同批判。」

乞令六曹删減條貫。

略云：「法貴簡要。近歲法令繁多，六曹條貫至有三千六百九十四册，寺監在外，諸司敕令格式亦一千餘卷。雖強力精敏者，不能徧觀覽，况于備記而必行之。今欲特降指揮下尚書六曹，委長貳郎官看詳，本曹條貫有全無義理，防禁太繁，難爲遵守者，盡令删去。唯取紀綱大體切近事情者，作本司條貫。限兩月申奏施行。」

請科場仍用經義及設經明行修科。

略曰：「隋、唐設明經、進士兩科，而進士日隆，明經日替。所以然者，以明經專取記誦，不詢義理。有司務離經析注，多方以誤之。是致舉人自幼至老，腐唇爛舌，虚費勤勞。至于賦詩論策取進士，專摘其落韻失平仄偏枯不對，蜂腰鶴膝，以爲進退，是致舉人專尚詞華，不根道德。其中或游處放蕩，容止輕儇，言行醜惡者，不能無之。神宗皇帝深鑒其弊，于是悉罷賦詩及經學諸科，專以經義論策試進士，此誠百世不易之法。但王安石不當以一家私學，欲蓋掩先儒，又黜《春秋》而進《孟子》，廢六藝而尊百家，但考核文學，不勵德行，此其失也。今國家大議科場制度，臣以爲莫若以先朝成法，合明經、進士爲一科，立《易》、《書》、《詩》、《周禮》、《儀禮》、《禮記》、《春秋》、《孝經》、《論語》爲九經，《春秋》止用左氏傳，公、穀、陸淳等説並爲諸家。《孟子》止爲諸子，更不試大義。應舉者聽自占習三經以上，皆須習《孝經》、《論語》。又每歲委升朝文官保舉經明行修各一人，若所舉違犯名教，必坐舉主無赦。如此，士皆慎擇，不敢妄舉，而士之居鄉居家，唯懼玷缺外聞，不待學官日訓月察，立賞告訐，而士行自美矣。第一場先試《孝經》、《論語》大義五道，內《孝經》一道，《論語》四道。第二場試《書》、《詩》、《周禮》、《儀禮》、《禮記》、《春秋》、《周易》各五道，各隨所習經書就試。第三場試論二道，一于儒家諸子書内出題，一于歷代正史内出題。第四場試策三道。皆問時務。考策之日，方依解額定去留，編排高下。經明行修舉人，別作一項。其推恩注官，及異時選擇清要，比進士特加優異。如此，舉人皆尊尚經術，旁覽子史，而又能有行義，豈不賢于今日之所取乎？今乞復詩賦者，皆向日老舉人，不習經義，故爲此説動摇科場。至明法一科，若果能知道義，自與法律冥合，何必日誦徒、流、斬、絞之書，令爲士之日已習成刻薄，殆非所以長育人材，敦厚風俗也。伏乞以臣所奏，委他執政，詳定施行。

按：唐、宋明經，不過帖書墨義。端臨馬氏云：「曾見呂許公夷簡應舉試卷，因知墨義之式，蓋十餘條，有云：『作者七人矣，請以其名對。』則對云：『七人某某也，謹對。』有云：『見有禮于其君者，如孝子之養父母也。請以下文對。』則對云：『下文曰：見無禮于其君者，如鷹鸇之逐鳥雀也。謹對。』有云請以注疏對者，則對云注疏曰云云，謹對。有不能記憶者，則只云對未審。大概如兒童挑誦之狀。故自唐以來賤其科，不肯就。」王荆公特令士子就經文作大義，蓋于其中發揮義理，不耑尚記誦，較詩賦則爲近本原，較明經則更發揮有文采，即今日八股所自始，誠百世不易之法也。荆公、溫公，俱同此見。

又按：溫公不喜《孟子》，故集中有《疑孟》。此云《孟子》止列諸子，更不試大義，蓋猶此志也。范堯夫謂溫公曰：「《孟子》恐不可輕黜，亦猶六經之《春秋》矣。」溫公從之。

二十四日，舉張舜民等充館閣。

略云：「臣竊見奉議郎張舜民，材氣秀異，讀書能文，剛直敢言，竭忠憂國；通直郎孫準，學問優博，文辭弘贍，行義無缺，久淹下僚；河南府左軍巡判官劉安世，才而自晦，願而有立，力學修己，恬于進取。其人並堪充館閣之選，如後不如所舉，臣甘當同罪。」

公爲相，每詢士大夫私計足否？人怪而

問之。公曰：「儻衣食不足，安肯爲朝廷而輕去就耶？」《自警編》。

龔深之言：公作相，除李公擇爲戶部尚書。門人問曰：「公擇文士，恐于吏事非所長。」公曰：「天下謂朝廷急于利久矣，舉此人爲戶部，使天下知朝廷意，且息貪吏聚斂掊刻之心。」同上。

公爲相，欲知選事，問吏部；欲知財利，問戶部。凡事皆與衆人講求，便者存之，不便者去之。此天下所以受其惠也。范祖禹《上哲宗疏》。

五月二日戊午，尚書省劄子：「光所患已安，唯足瘡有妨拜跪，不候假，特放正謝。仍權免赴前後殿起居，許乘轎，三日一至都堂聚議，或門下尚書省治事。」

按本紀：是月丁巳朔。

《辭三日一至都堂劄子》。略云：「臣伏覩今月二日聖旨，聞命震恐，無地自處。竊念臣臟腑雖安，飲食如故，但兩足無力，瘡口未合，步履艱難，拜起不得，以此未果朝參。至于數日一至政事堂，乃唐世以來，宿德元老，高年有疾，朝廷尊禮，特降此命。豈伊微臣所敢倫擬？況臣自正月二十一日請朝假，至今百三十餘日，豈有未見君父，輒赴省供職？況臣于病中除左僕射，雖累具劄子辭免，未蒙開允。方俟覲天顏，面陳至懇，豈可遽治尚書省事？伏望聖慈，俟痊可日與諸執政一例供職。」

按：公自正月二十一日請假，連閏計至五月初二日，爲一百三十二日。

四日庚申，又蒙聖旨依前降指揮，不許辭免，仍令閤門告示，許肩輿至內東門外，令男扶掖至小殿引對，特免起居，令引見前一日聞奏。

《辭入對小殿劄子》。

略云：「臣奉今月二日聖旨，以恩禮太優，不敢輒當。今于四日，又奉聖旨，許肩輿至內東門外，令男扶掖至小殿引對。如此，則禮數太重，尤不敢當。富弼三世輔臣，德高望重，神宗皇帝故特制此禮，豈臣敢與爲比？況親屈乘輿，特御小殿，以臣勤君，其罪至大，決不敢受。只候垂簾日于延和殿引見，并乞上殿。然事有不得已者，臣即日上下馬不得，及足上有瘡，深惡馬汗。欲乞許權乘小轎子至常時下馬處下轎子，并令臣男康入殿，遇拜時扶掖，候痊安日，皆復舊規。」

三省同奉聖旨，令乘轎子至崇政殿門外，于延和殿垂簾日引對，餘並依前降指揮。

十二日戊子，于延和殿入見，辭免左僕射之命，不許。

《辭男康章服劄子》。

略曰：「臣以兩足無力，拜起不得，特許令臣男康上殿扶掖。臣既不得請，臣男復賜章服，父子忝竊，誠不自安。所有臣男恩命，乞賜寢罷。」

《乞與諸位往來商量公事劄子》。

略曰：「臣近奉聖旨，許乘轎子三日一次至都堂聚議。伏緣三省樞密院，各有職事，難以臣故，必令三日一聚議。去歲曾有指揮，遇暇日有公事，許于東西府聚議。其東西府近北，舊有便門，臣欲乞于近南更開一便門，許乘小竹轎子往諸位商量。其執政有欲商量公事者，亦許來臣本位，更不一一奏聞。」

京師職事官，舊皆無公廨，雖宰相執政，

亦僦舍以居。每遇出省或有中批外奏急速文字，則省吏徧持于私第呈押，既稽緩，又多漏洩。元豐初，始建東西二府于右掖門之前，每府相對爲四位，俗謂之八位。裕陵幸尚書省回，嘗特臨幸，駐輦環視久之。時張侍郎文裕以詩賀宰執，元參政厚之和云：「黄閣勢連雙鳳闕，紫樞光直右銀臺。」蓋東府與西闕角相近，西府正直右掖門也。《石林詩話》。

按：《宋史·神宗本紀》，熙寧三年庚戌九月癸丑，作東西府，以居執政。石林云「元豐」，蓋誤也。詳在《荆公年譜》中。中書居東府，門下居西府。是時，吕申公爲中書侍郎，而公爲門下侍郎，故欲于兩府近南開一便門，以通往來也。厥後公薨于西府，此時蓋挈家移入。荆公有《遷入東府謝表》云：「輟車府之旁牽，載其帑重；移饔官之烹割，侑以鼓歌。」即此可見。徽宗崇寧以後，京、卞執政，宰相例賜第京師，兩府又成虛設矣。

二十日，乞不帖例貸配。

略云：「伏見從來命官犯罪，大理寺既依法定斷，更令刑部檢例，朝廷依而行之，謂之特旨。夫既稱特旨，當臨時斷在朝廷。若先令刑部帖例，朝廷依此施行，乃是輕重之權，反在有司也。欲今後命官犯罪，大理寺定斷，委刑部看詳，具狀申中書省。百姓犯大辟罪，大理寺定斷，委刑部看詳，具狀申門下省。俱不帖例。委中書、門下省官，相度情理輕重，同共商量，臨時擬定。或依法，或貸命編配，取特旨施行。」

六月十二日，《乞進呈文字劄子》。

略云：「臣今月十八日，合至都堂，遇其日垂簾，乞許臣隨執政赴延和殿常起居及上殿進呈文字，令臣男康隨入，遇拜時扶掖，仍乞自今後準此。」中使徐湜傳聖旨：「且令入都堂尙書門下省治事。所有入殿起居，且頤養筋力，直候秋涼引對。所有元上劄子，今卻令封還，幷賜食二合。」

乞官劉恕一子。

略云：「臣受勑編修《資治通鑑》，首先舉恕同修。恕博聞強記，尤精史學。十國五代之際，羣雄競逐，九土分裂，歲月交互，事迹差舛。非恕精博，他人莫能整治。自未死之前，未嘗一日捨書不修。今臣等皆蒙天恩，獨恕一人不得霑預，良可矜憫。乞如劉攽等所奏，除恕一子官，使平生苦心竭力，不爲虛設。」

乞罷保甲招置長名弓手。

略云：「竊見府界及三路保甲，雖罷團教，猶冬教一月。臣以爲不若盡罷之便。何則？鄉村無賴子弟乍入城市，聞見紛華，自恃身爲保丁，坐索本家供給，飲博遊蕩，習以成性。今雖罷團教，不肯復歸南畝，旣家藏利兵，又身挾武藝，由是邀結黨友，羣行攻劫，州縣不能制，父兄不能禁，所以數年來，年不甚饑，而盜賊縱橫，入縣鎭殺官吏。儻不幸遇蟲蝗、水旱，將若之何？以臣愚見，莫若盡罷保甲。每若干戶置長名弓手一名，與免戶下租稅差徭，務爲優假，使人欣慕。多置節級及指揮使等名目，以爲賞功資級。每捉殺到強盜一人，即以次遷一級。如此，則本縣勇健之士，見前出官之望，應募必多。勇健旣充弓手，其餘懦弱者雖爲盜，亦不足患。又凡爲強盜者，不肯于本管地分作過，蓋恐累及本地捕盜人，無所自容故也，其本地捕盜人，往往莫肯發舉，其賊發地分捕盜人雖欲擒捕，又莫知其處，官中雖立三限科校，終無所益，由此共爲掩覆。若變主懦弱，則多方抑塞，不令聲賊。變主強梁，則共賠所失之財，勸和使休，是致羣盜益無忌憚。又告捕得賊，多被賊人讎報，焚燒莊舍，屠害老小，其賞錢豈宜留滯，而往往爲州縣沮難，使之解體。欲乞今後捕盜官役，更不立三限科校，只以擒賊多少，論其功賞。若敢隱蔽，從重治罪。又每州各借官錢數十貫，專充告捕賞錢。每獲強盜，當日支給，即移牒出賊州縣捕盜人，科以不覺察罪，籍沒賊人及窩藏家財產，償所支賞錢。其尤強惡賊人，朝廷特于常法外，多立賞錢者，不在此例。若果行此法，則既免教閱勞費之患，無賴子弟又有所歸投，勇健之士見前有仕進之望，爭討賊立功，不待教閱，而弓手武藝自然不敢衰退；不須點差，而鄉兵自足。賊發地分，捕盜人不知賊處，免虛受刑責；出賊地分，爲累及身，不敢蔽匿；被盜之家，無人抑塞，有所伸訴。賊盜窮窘，無所容身，稍冀衰息矣。」

七月，乞設十科舉士法。

略云：「爲政得人則治。然人之才，或長于此而短于彼。雖皋、夔、稷、契，各守一官，况于中人，安可求備？若指瑕掩善，則朝無可用之人；苟隨器授任，則世無可棄之士。臣備位宰相，職當選官，若專引知識，則嫌于挾私，難服衆心。若止循資序，則官非其人，何以致治？乞設十科舉士。一曰行義純固，可爲師表科；有官無官人皆可舉。二曰節操正方，可備獻納科；舉有官人。三曰智勇過人，可備將帥科；舉文武有官人，此科亦許鈐轄以上武臣舉。四曰公正聰明，可備監司科；舉知州以上資序。五曰經術精通，可備講讀科；有官無官人皆可舉。六曰學問該博，可備顧問科；有官無官人皆可舉。七曰文章典麗，可備著述科〔三〕；有官無官人皆可舉。八曰善聽獄訟，盡公得實科；舉有官人。九曰善治財賦，公私俱便科；舉有官人。十曰鍊習法令，能斷請讞科。舉有官人。應侍從以上，每歲于十科中舉三人，中書置籍記之，有事須才，執政案籍視其所舉科，隨事試之。有勞又著之籍，內外官闕，取嘗試有效者，隨科授職。所賜告命，仍具所舉官姓名，其人任官無狀，坐以謬舉之罪。」得旨施行。

乞令監司州縣各舉案所部官吏。

略云：「一路一州，官吏衆多，儻未指定合覺察事件，致寬則一切不問，急則濫及無辜。又不可但令覺察有罪，不令舉薦賢才。今欲立舉薦四條，一曰仁惠，二曰公直，三曰明敏，四曰廉謹。按察四條，一曰苛酷，二曰狡佞，三曰昏懦，四曰貪縱。凡監司州縣于所部內，皆得以此八條舉按官吏。」

《乞進呈文字第三劄子》。

略云：「臣于前月十二日參假以來，兩具劄子，奏乞隨執政于延和殿進呈文字，皆蒙聖恩封回，令候秋涼。陛下矜愛微臣，誠至深至厚。然中心委細，無由一一面陳，實內自媿懼。臣自體當近日以來，病勢亦似更減，步履比向時稍輕。欲乞于今月八日，隨執政赴延和殿常起居，及上殿進呈文字，取進止。」

《乞不拒絕西人請地劄子》。略云：「臣近具劄子，奏乞于今月八日隨執政于延和殿進呈文字，復蒙聖慈封回。然臣區區之心，所以欲于八日入對者，竊見夏國宥州有牒差人詣闕，計會所侵疆土城寨。竊慮其日進呈，此邊鄙安危之機，不可不察。臣自今年二月，累曾上言，乞因新天子即位，西人恭順之際，赦其罪戾。無何，臣在病假，不得面論，遷延至今，虜已遣使，直求侵地，辭意寖慢，前所議詔書，已不可下。然陛下爲天下主，寧爲百姓屈己，少從所請，以舒邊患，不可激令憤怒，致興兵端。何則？靈夏之役，本由我起，今既許其內附，若靳而不與，彼必謂恭順無益，不若以武力取之。小則上書悖慢，大則攻陷新城。當此不得已而與之，其爲國家恥，無乃甚于今日乎？竊慮進呈之際，羣臣猶見小忘大，守近遺遠，惜此不毛無用之地，使兵連不解，爲國家無窮之憂，伏願決自聖心，爲兆民計。」是時文彥博意與公合，會夏主秉常卒，遣使來告哀，詔自元豐四年用兵所得城砦，待歸我永樂陷執民，當畫以給還。

八月六日辛卯，詔常平倉依舊法，罷青苗錢(四)。

略云：「常平倉法，豐歲添價收糴，凶歲減價出糶，物價常平，公私兩利，此三代良法也。熙寧初，執政盡將糴本作青苗錢，散與人戶，令出息二分，置提舉官以督之。坐此錢貨愈重，穀直愈輕，朝廷深知其弊，故罷提舉官，令將累年蓄積，盡作常平倉本，依舊法施行。今欲特降指揮下諸路提點刑獄，乘有此糴本之時，委豐熟州縣，多添錢數，廣行收糴。其南方卑溼地，難以久貯者，候價稍增，即行出糶，不得令積壓損壞，仍令州縣將十年以來斛斗價分定三等，若價及下等而不收糴，價及上等而不出糶，及收貯不如法，變轉不以時，致有損壞，並監官不逐日入場，至壅滯糶糴人戶，並取勘施行。如能用心及時糶糴者，量與酬獎。所貴官吏各各用心，州縣皆有儲蓄，雖遇荐饑，民無菜色。又得官中所積之錢，稍稍散在民間，可使物皆流通。」

八日癸巳，薦鄆州處士王大臨除太學錄。

乞約束州縣不得抑配青苗錢。略云：「先朝初散青苗錢，本爲利民。後因提舉官速要見功，務求多散，名爲情願，其實抑配。或舉縣句集，或排門鈔劄。亦有無賴子弟謾昧尊長，錢不入家。亦有他人冒名詐僞請去，莫知爲誰，及至追催，皆歸本戶。朝廷深知其弊，故悉罷提舉官，不復立額考較，天下莫不欣戴。昨于四月二十六日有敕命，令給常平錢穀，限二月或正月。竊慮州縣多不曉朝廷之意，將謂卻欲廣散青苗錢，多收利息，嚴行督責，一如未罷提舉官時。今欲續降指揮，下諸路提點刑獄司，今後州縣只將常平倉錢穀，依舊法趁時糴糶，其青苗錢更不支俵。所有舊欠二分之息，盡皆除放，元支本錢，隨見欠多少，分作料次，令隨稅送納。」

所舉孫準有罪，乞自劾。

略云：「臣先舉孫準行義無缺，堪充館閣之選。近聞準與妻家爭訟，罰銅六斤。臣奏乞連坐責降，伏蒙聖慈批還。伏緣臣舉狀稱準行義無缺，今準閨門不睦，妻妾交爭，是行義有缺。于臣爲貢舉非其人。臣近奏十科，『或有不如所舉，其舉主從律科罪』。雖見爲執政，亦須降官示罰，豈可身自立法，而首先犯之？乞如臣前所奏施行，所貴率厲羣臣，審慎所舉。」

八月二十一日丙午，辭大禮使。

略云：「臣先奉敕充明堂大禮使。臣自去冬患腳膝無力，至今正月下旬，全妨拜起，遂請朝假，至今首尾八箇月。幸蒙聖恩，每次朝見，許臣男扶掖。將來饗明堂，在上帝前不可使人扶掖，又隨皇帝陟降拜伏，必恐未能一一如禮。伏望聖慈別賜差官充大禮使。」

按：公以正月二十一日請假，此云首尾八箇月，連閏計已到八月二十一日矣。公薨在九月朔日，明堂禮成不賀，則此時距其薨之丙辰，僅十日耳。公可謂鞠躬盡瘁，死而後已者歟。

二十四日，辭明堂宿衛。

略云：「臣先奉聖旨，明堂特與免侍祠攝事導駕及稱賀陪位，止令宿衛。在于人臣，恩禮優厚，無以復加。然臣近日患左足掌底腫痛，全然履地不得，跬步不能行，未知痊愈之期，將來明堂宿衛亦恐祗赴不得。伏望聖慈特賜矜免，乞恩不已，慙懼無地。」

辭提舉修《實錄》。

略云：「臣自受命以來，以衰羸多病，罕曾到局供職，近又患左足腫痛，不能履地，日甚一日，未有痊愈之期。所有修《神宗皇帝實錄》，伏乞別賜差官提舉。」

九月丙辰朔，公薨于西府。

時兩宮虛己以聽公爲政，公亦自見言聽計從，欲以身殉天下，躬親庶務，不舍晝夜。賓客見其體羸，舉諸葛孔明食少事煩以爲戒。公曰：「死生，命也。」爲之益力。病革，諄諄不復自覺，如夢中語，然皆朝廷天下事也。既歿，其家得遺奏八紙，上之。皆手札論當世要務。太皇太后哭之慟，與帝臨其喪，輟視朝三日。京師人爲之罷市往弔。及如陝葬，送者如哭私親。嶺南封州父老，亦相率具祭都中，京師民畫其像，刻印鬻之，家置一本，飲食必祝焉。四方爭遣人購之，京師畫工有致富者。

公病亟，猶肩輿見呂申公，議改都省。臨終，牀簀蕭然，唯枕間有役書一卷。故申公爲輓詞云：「漏殘餘一榻，曾不爲黃金。」《談圃》。

公忠信孝友，恭儉正直，出于天性。自少及老，語未嘗妄。其好學如飢之嗜食，于財利紛華，如惡惡臭。誠心自然，天下信之。退居于洛，往來陝郊，陝、洛間皆化其德，師其學，法其儉。有不善，曰：「君實得毋知之乎？」博學無所不通，音樂律曆天文書數，皆極其妙。晚節尤好禮，爲冠昏喪祭法，適古今之宜。不喜釋、老，曰：「其微言不能出吾書，其誕吾不信也。」不事生產，買第洛中，僅庇風雨。有田三頃，喪其夫人，質田以葬。惡衣菲食，以終其身。有《文集》八十卷、《資治通鑑》三百二十四卷《考異》三十卷、《曆年圖》七卷、《通曆》八十卷、《稽古錄》二十卷、《本朝百官公卿表》六卷、《翰林詞草》三卷、《注古文孝經》一卷、《易説》三卷、《注繫辭》二卷、《注老子道德論》二卷、《集注太玄經》八卷、《大學中庸義》一卷、《集注揚子》十三卷、《文中子傳》一卷、《河外諮目》三卷、《書儀》一卷、《家範》四卷、《續詩話》一卷、《遊山行記》十二卷、《醫問》七篇。其文如金玉穀帛藥石也，必有適于用。無益之文，未嘗一語及之。公歷事四朝，皆爲人主所敬。然神宗知公最深，公思有以報之，常誦《孟子》之言曰：「責難于君謂之恭，陳善閉邪謂之敬，〔謂〕吾君不能謂之賊。」故雖議論違忤，而神宗識其意，待之愈厚。及拜資政殿學士，益有意復用公也。

公亦識其意，故爲政之日，自信而不疑。嗚呼！若神宗可謂知人矣，其知之也深。若公可謂不負所知矣，其報之也大。《行狀》。

公所服之衣衾，隸書百有十字，曰「景仁惠」者，端明殿學士范公之所贈也，曰「堯夫銘」者，右僕射高平公所作也。元豐中，公在洛，蜀公自許往訪之，贈以是衾。先是，高平公作《布衾銘》以戒學者，公愛其文義，取而書其衾之首。及寢疾，西府治命斂以深衣，而覆以是衾。公于物澹無所好，惟于德義若利欲。其清如水，而澄之不已；其直如矢，而端之不止。故其居處必有法，動作必有禮。其被服如陋巷之士，一室蕭然。圖書盈几，經曰：「靜坐，泊如也。」又以圓木爲警枕，小睡則枕轉而覺，復起讀書。蓋恭儉勤禮，出于天性，自以爲適，不勉而爲。與二范公爲心交，以直道相與，以忠告相益，其誠心終始如一。將歿，而猶不忘祖禹。觀公大節與其細行，雖不可遽數，然本于至誠無欲，天下信之。故能奮然有爲，超絶古今。居洛十五年，若將終身焉。一起而功被天下，內之嬰童婦女，外之蠻夷戎狄，莫不敬其德，服其名，惟至誠故也。范淳夫撰《布衾記》。

黄文獻公撰《白雲許先生墓誌》曰：其觀史有《治忽幾微》若干卷，起太皥氏，迄宋元祐元年秋九月，尚書左僕射司馬光卒。蓋以爲光卒則宋之治不可復興，誠一代理亂之幾，故附于續經而書孔子卒之義，以致其義也。」

〔一〕不：《司馬公文集》卷五〇原文作「未」。

〔二〕九寺：原作「九等」，據右引書卷五一原文改。

〔三〕著述：原作「著術」，據右引書卷五一原文改。

〔四〕八月六日：右引書卷五四《乞趁時收人糴常平斛㪷白劄子》，於題下注云：「八月三日三省同上。」與此小異。

司馬太師温國文正公年譜卷後

錫山顧棟高輯　吳興劉承幹校

元祐元年丙寅

九月丙辰朔，公薨于西府。

太皇太后聞之慟，上亦感泣不已。時方躬祀明堂，禮成不賀。二聖皆臨其喪，哭之哀甚，輟視朝三日。贈太師溫國公，襚以一品禮服，賻銀三千兩，絹四千匹，賜龍腦水銀以斂，賜謚文正。見行狀。

范忠宣公純仁祭文。二十九日甲申，見本集。

烏虖！天胙有邦，畀之元龜。篤生我公，爲世父師。夷、齊之淸，淵、騫之德，子產之惠，叔向之直。人有其一，足以成名，公兼衆德，乾乾不寧。九流百家，金匱石室，鉤索沈隱，裁其失得。根柢治亂，經綸皇極。作爲文章，有書秩秩。寶圭大裘，望之肅然。冬陽夏冰，赴者爭先。仁、英兩朝，煌煌厥聲。國有正人，折姦于萌。荏苒者木，求直于繩。我公盡規。君心則寧。赫赫神考，體貌有德。公獻其可，嚴嚴翼翼。言有未用，不敢愛爵，深衣幅巾，歸休于洛。公則休矣，四方顒顒。君子野人，洎于他邦。聞風懷歸，于父于兄。天施不齊，或怨寒暑。公獨何施，四海一譽。元豐之末，國有大事。穆穆文母，佑我聖嗣。爰立作相，媚于神人。我公在廷，其重千鈞。士賀于朝，民歌于廛，農慶于野，兵休于邊。煥爾慄寒，養其饑孱。無痡于肌，無莠于田。培其本根，枝葉則茂。豈曰我作？憲章唯舊。於赫聖考，左右上帝。休公于家，實遺聖子。《卷耳》思賢，夙夜周京。不惑不疑，成此太平。公之去來，人之戚嬉。非人戚嬉，帝之從違。豈人事耶？天實爲之。某以不才，辱公知人。人之相知，貴相知心。唯公我知，洞達表裏。采其所長，謂或可使。申固義好，丘山不移。匪我則然，公實取之。泚泚清洛，獨樂之園，嘉藥春敷，脩竹夏寒。清酌翛然，我招我從。瑯瑯嘉言，有銘在躬。朝聽過實，備位樞機。入與國論，獲親風規。六七年間，爲益不貲。私祈白首，從公以歸。憂勞傷生，公既遘疾。庶幾有瘳，卒相王室。國祠既誓，公以喪聞。我心之悲，不獲走門。入哭于室，公既大歛，終天永違，不見一面。人生有死，如旦暮耳。曾子將沒，知免而喜。公身既修，公志既畢。既壽令終，無一或失。有如公者，古今萬一。我每念此，紓心之悲。猶有鬼神，實聞我辭，烏虖哀哉！

蘇文忠公軾祭文。見本集。

烏虖！百世一人，千載一時。唯時與人，鮮偶常奇。公事仁宗，百未一施。獨發大議，唯天我知。厚陵之初，先事而規。帝欲得民，一尊無私。母子之間，莫如孝慈。人所難言，我則易之。神宗知公，敬如蓍龜。專談仁義，輔以詩書。枉尺直尋，願公少卑。公曰天子，舜禹之姿。我若言利，非天誰欺。退居于洛，四海是儀。化及豚魚，名聞乳兒。二聖見公，曰予得師。付以衡石，唯公所爲。公亦何爲？視民所宜。有莠則鋤，有疾則醫。問疾所生，師老民疲。和戎上策，決用無疑。此計一定，太平可基。譬如農夫，既畬既菑。投種未粒，矧穫而吹。賓客滿門，公以疾辭。不見十日，入哭其帷。

天爲雨泣，路人垂洟。畫像千家，飲食必祠。矧我衆僚，左右疇咨。共載一舟，喪其楫維。終天之決，寧復來思。歌此奠章，以侑一卮。烏虖哀哉！

哲宗再遣使詔其孤康，又遣大臣諭指，俾奪遺命，從官葬，命入内内侍省供奉官李永言乘驛至涑水相地卜宅。此照錢牧齋《初學集》中所載，當必有據。而坡公《行狀》則云命户部侍郎趙瞻、入内内侍省押班馮宗道護其喪歸葬，與此小異，存參。

十月甲午，掘壙。

發陜、解、蒲、華四州卒，穿土復上方，百工爲葬具。復命公從子富提舉之。

十二月丙戌，墓成。

元祐二年丁卯

正月辛酉，葬公于陜西陜州之夏縣涑水鄉。

元祐三年戊辰

上敕翰林學士蘇軾撰《神道碑》文。文繁不録。

上親爲篆字以表其首，曰「忠清粹德之碑」。

范蜀公鎮誌其墓。文全載，見《名臣琬琰之集》。

公諱光，字君實。自兒童時，凛然如成人。至既沒，其家得遺奏八紙上之，皆手札當世要務。已上墓誌全文，悉取蘇文忠公所撰《司馬公行狀》，惟删去《行狀》所載公論交趾貢異獸、蘇轍舉直言及經略安撫使便宜從事非永世法、充媛董氏追贈非令典，并言太皇太后有所取用，當如上所取，西戎遣使致祭，邊臣生事，及言用宫邸省直非平日法等六七事，皆《行狀》全文，故不復載録，獨録范公所序而銘之銘文云。

翰林學士蘇軾狀公如此，蓋直記其事，俱鎮所目擊，足以示後世者。鎮與公出處交遊，四十餘年如一日。公之所以在家如在朝也，事必稽古而行之，動容周旋，無不在禮。嘗自號爲迂叟，而親隸書以抵鎮曰：「迂叟之事親，無以逾古人，能不欺而已矣，事君亦然。」今觀公得志，澤加于民。天下所以期公者，豈止不欺而已哉？且約鎭生而互爲之傳，後當作銘。公則爲鎭傳矣，鎭未及爲而公薨。烏虖，鎭老矣，不意爲公銘也。

銘曰：於穆安平，有魏忠臣。更六百年，有其元孫。元孫溫公，前人是似。晬其誠心，以佐天子。天子聖明，四世一心。有從有違，咸卒用公。公之顯庸，自我神考。命于西樞，曰予耆老。公言如經，其或不然。帝獨賢公，欲使並存。公退如避，歸居洛師。帝徐思之，既克知之。知而不以，以遺聖子。唯我聖子，協帝神母。人事盡矣，天命順矣。如川之迴，如水之開。或蹈其機，豈人也哉？公亦不知，曰是唯天。二聖臨我，如山如淵。公亦相之，亦何所爲。唯天是因，唯民是師。事既初定，公亦不留。龍袞蟬冠，歸于其丘。公之在朝，布衣脫粟。唯其爲善，唯日不足。生既不有，死亦何失？四方頌之，豈唯茲石。

初，蜀公所作銘詩云：「天生斯民，乃作之君。君不獨治，爰畀之臣。有忠有邪，有正有傾。天意若曰，待時而生。皇皇我宋，盛器之重。十年萬億，海內一統。而熙寧初，姦小淫縱。以朋以比，以閉以壅。乃于黎民，誕爲愚弄。人不聊生，天下詾詾。險詖憸猾，唱和雷同。謂天不足畏，謂衆不足從，謂祖宗不足法，而敢爲誕慢不恭。赫赫神宗，洞察于中，乃竄乃斥，遠佞投凶。誅鋤蠹毒，方復任公。奄棄萬國，未克厥終。二聖繼承，謀謨輔佐，乃曰斯時，非公不可。召公洛京，虛心至誠。公至京師，朝訪夕諮。

公既在位，中外咸喜。信在言前，拭目可觀。日親萬幾，勤勞百爲。盡瘁憂國，夢寐以之。曾未幾月，援溺振渴。事無巨細，悉究本末。利興害除，賞信罰必。曰賢不肖，若別黑白。耆哲俊乂，野迄無遺。元惡大憝，去之不疑。無有遠近，風從響應。載考載稽，名實相符。天胡不仁，喪吾良臣；天實不恕，喪吾良輔。烏虖公乎，而不留乎？山岳可泐也，公之意氣，堅不可奪也。江海可竭也，公之正論，浚不可遏也。烏虖公兮，時既得矣，道既行矣，志亦伸矣，而壽止于斯。哀哉哀哉！

此蜀公初所作銘也，其辭峭峻。公子康屬蘇軾書之。軾曰：「軾不辭書，懼非三家之福。」遂易今銘。並見《琬琰集》。

按：公薨日，正當宣仁秉政，羣賢彙進之時。而坡公之言已如此，蓋當創鉅痛深之後也。然銘文之體，自可不必。

是年，又命內侍省供奉官李永言起樓于墓之東南，樓之大制，基極相距凡四丈有五尺，上爲四門，門爲二牖，下爲二門，門爲一城，複閣周于碑，迴廊環于閣，繚垣四起，爲之蔽衛。凡七月而畢事，土木金石杇墁丹雘之工，總會一萬六千有奇，而所損之數稱是。

《宋史》本傳：公立神道碑，帝遣使賜白金二千兩，康以費皆官給，辭不受，不聽。遣家吏如京師納之，乃止。

元祐五年庚午

六月丁酉，公子康卒。

康自居公喪，居廬蔬食，寢于地，遂得腹疾，至是不能朝謁。賜優告。疾且殆，猶具疏所當言者以待，曰：「得一見天子極言而死無恨。」使召醫李積于兗[一]，積老矣，鄉民聞之，往告曰：「百姓受司馬公恩深，今其子病，願速往也。」來者日夜不絕，積遂行，至則不可爲矣。年四十一而卒。見《琬琰集》范太史祖禹所撰墓誌。

公在洛，應用文字皆出范淳夫手。一日，謂公休曰：「此子弟職，豈可不習？」公休辭不能。淳夫曰：「請試爲之，當爲改竄。」一再撰成，已可用。淳夫喜曰：「未有如此子好學也。」公事無大小，必與淳夫議。至于家事，公休亦不不自專，問于淳夫而後行。公休之卒，淳夫哭之慟，挽詩云：「鮑叔深知我，顔淵實喪予。」《晁氏客語》。

十一月甲申，葬陝州夏縣文正公墓次。朝廷特贈右諫議大夫，遣將作監丞張淳督運木就護殯葬，官給錢百萬。遣中使弔問妻子，賜錢五十萬，又賻錢三十萬，布帛有加。既又遣內侍問行日，賜白金五百兩助襄事。

康卒，子植幼，宣仁后憫之，呂大防謂，康素以邵伯溫爲西京教授以教植，伯溫既至官，誨植曰：「溫公之孫，大諫之子，賢愚在天下，可畏也。」植聞之，力學不懈，卒有立于世。《宋史·邵伯溫傳》。

紹聖元年甲戌

夏四月，以章惇爲尚書左僕射兼門下侍郎。

惇之被召也，陳了翁瓘時爲通判，道謁之，惇聞瓘名，邀與同載，詢以當世之務，瓘因問曰：「天子待公爲政，敢問何先？」惇曰：「司馬光姦邪，所當先辨，無急于此。」瓘曰：「公誤矣，果爾，將失天下望。」惇厲色曰：「光不纂紹先烈，肆意大改成緒，誤國如此，非姦邪而何？」璀曰：「元豐之政，本異熙寧，則先志固已改而行之，溫公不明先志，而用母改子之說，行之太遽，所以紛紛，至于今日。爲今之計，唯當絕臣下之私情，融祖宗之善意，消朋黨，持中道，庶乎可以救弊。若又以熙、豐、元祐爲說，無以厭服公論，恐紛紛未艾也。」辭辨淵源，議論勁正，惇雖忤意，亦頗驚異，留璀共飯而別。見《言行録》。

張氏無垢曰：司馬公與王介甫，清儉、廉耻、孝友、文章，爲天下學士大夫所宗仰。然二公所趣，則大有不同，其一以正進，其一以術進。介甫所學者申、韓，而文之以六經；溫公所學者周、孔，亦文之以六經。故介甫之門多小人，而溫公之門多君子。溫公一傳而得劉器之，再傳而得陳瑩中。介甫一傳而得呂太尉，再傳而得蔡新州，三傳而得章丞相，四傳而得蔡太師，五傳而得王太傅云。張無垢撰《劉元城盡言集序》。

秋七月，奪公及呂公著贈謚。

時黃履、張商英、上官均、來之邵等交章論司馬光等變更先朝之法，畔道逆理，詔光及公著各追所贈官幷謚告，及追所賜神道碑額，仍下陝西、鄭州，各于逐官墳所，拆去官修碑樓，及倒碑磨毀奉敕所撰碑文訖奏。

章惇、蔡卞請發光、公著冢，斲棺戮尸。帝問許將，將對曰：「此非盛德事也。」帝乃止。監察御史常安民上言：「張商英在元祐時，上呂公著詩求進，諛佞無耻，近乃乞毀司馬光、呂公著神道碑。周秩爲博士，親定光謚爲文正，近乃乞斲棺鞭尸。陛下察此輩之言，果出于公論乎？」安民尋亦補外。

紹聖四年丁丑

二月，追貶公爲清遠軍節度副使。

三省言：「司馬光等倡爲姦邪，詆毀先帝，變易法度，罪惡至深，當時凶黨雖已死及告老，亦宜薄示懲沮。」遂追貶。

三月，詔中書舍人蹇序辰等編類公等章疏。

序辰上疏言：「朝廷前日正司馬光等姦惡，明其罪罰，以告中外，唯變亂典刑，改廢法度，訕讟宗廟，睥睨兩宮，觀事考言，實狀彰著。其章疏案牘，散在有司，若不彙緝，而藏之歲久，必至淪棄。願選官編類，人爲一帙，置之二府，以示天下後世之戒。」章惇、蔡卞請即命序辰等編類，凡司馬光等一時施行文書，攟拾附著，纖悉不遺。

薛昂、林自乞毀《資治通鑑》板。

太學博士陳瓘因策士題，特引序文，以明神考有訓。于是林自駭曰：「此豈神考親製耶？」瓘曰：「誰言其非也？」自又曰：「亦神考少年之文爾。」瓘曰：「聖人之學，得于天性，有始有卒，豈有少長之異？」自辭屈媿歎，遽以告卞，卞乃密令學士置板高閣，不復敢議毀矣。

四月，又追貶公爲朱厓軍司戶參軍。

元符三年

春正月，哲宗崩，徽宗即位。

五月，追復公等三十三人官。從韓忠彥之言也。

崇寧元年壬午

復追貶公等四十四人官。

諫議大夫彭汝霖言：「諸人罪狀已經紹聖黜削，案籍俱存，但可據以行，不必俟指名彈擊。」于是公等四十四人，復貶奪有差。

詔籍元祐、元符黨人，公等二十一人子弟，毋得官京師。

九月，立黨人碑于端禮門。

時蔡京猶未愜意，乃與其客強浚明、葉夢得籍公及文彥博、呂公著等凡百二十人，等其罪狀，謂之姦黨，請御書刻石于端禮門。

崇寧二年癸未

九月，令州縣立黨人碑。

蔡京又自書姦黨爲大碑，頒于郡縣，令監司長吏廳皆刻石。有長安石工安民當鐫字，辭曰：「民愚人，固不知立碑之意。但如司馬相公者，海內俱稱其正直，今謂之姦邪，民不忍刻也。」府官怒，欲加之罪。民泣曰：「被役不敢辭，乞免鐫安民二字于石末，恐得罪後世。」聞者媿之。

崇寧五年丙戌

正月，毀黨人碑。

帝以星變，避殿損膳，劉逵請碎元祐黨人碑，寬上書邪籍之禁，帝從之，夜半遣黃門至朝堂毀石刻。翌日，蔡京見之，厲聲曰：「石可毀，名不可滅也。」

靖康元年丙午

二月，除黨籍學術之禁。

復贈公爲太師，還賜謚。

建炎元年

詔配饗哲宗廟庭，詔罷觀文殿大學士贈太師蔡確配享，以公代之。見《文獻通考》。

紹興十五年

秦檜當國。七月，禁私史，公曾孫司馬伋遂言《涑水記聞》非公論著之書。時李光家亦舉光所藏書萬卷焚之。

理宗寶慶二年

圖像于昭勳崇德閣。

度宗咸淳元年

從祀孔子廟廷。《宋鑑》。

皇統八年戊辰

夏邑令王廷直建祠修復。

廷直自記曰：紹聖間仆溫公墓碑，而磨其文。靖康復公官爵，欲追立而未暇，迄今五十餘年，薶之深土，毁滅朽漫，不傳于世。天眷有德，乃生杏樹一枝于碑座龜趺之側，蟉枝屈盤，春花夏實。廷直以皇統戊辰秋八月，行令夏臺，問諸守僧圓眞，訪得舊本于公曾姪孫曰作、曰通之家，命工刊模。碑面穴隙不可鐫磨，碑陰碎裂，間實以土蓋。初仆時，自龜而上，推撲使然也。欲別選鉅石作豐碑，則又無大葬時朝廷物力。公曾姪孫作曰：「不若横碑作小段而模立之，則龜杏不損，後之人知其異焉。」因斲碑而爲四，額一、趺一，共六石。僧法洪率闔邑僧院，咸出貲助之。圓眞又出私帑，于墳院法堂之後，設堂以祀公，置碑石焉，號曰《溫公神道碑堂》。見《通志》。

按：皇統，金熙宗年號，八年戊辰，正當宋高宗紹興之十八年，距紹聖仆碑時，計五十有五年矣。

元皇慶元年壬子

平章政事察罕繪圖幷修復之碑，使廣平程鉅夫爲序。

序曰：「公之墓碑，仆于羣憸之口，而斷碑之隙，有杏生焉。金皇統間，夏邑王令建祠修復，老杏迄今二百餘年矣。白雲翁家與之鄰，益封殖，皇慶之元，翁爲平章政事，出所繪圖及修復之碑，使廣平程某序之。」鉅夫序所謂夏邑令王者，壽春王廷直，金皇統間夏邑令也。白雲翁者，元平章察罕也。」見《程鉅夫集·老杏圖詩序》。

按：皇慶，元仁宗年號，是年壬子，距宋紹聖元年甲戌仆碑，計共二百十九年。

皇慶二年癸丑

詔從祀孔子廟廷。距公卒時元祐元年丙寅共二百二十八年。

按：公從祀于宋度宗咸淳元年，是時，宋方播遷，元一統，不遵宋制，至此乃復從祀。

明天啓二年壬戌

錢謙益得公石碑于長安肆中，有《記司馬文正公神道碑後》。

記曰：「天啓壬戌，得《司馬文正公神道碑》刻于長安肆中，紙敝墨渝，深加寶重，而又竊怪其不甚行于世也。遂命良工裝潢，屬友人程孟陽題而藏諸篋。衍後三年乙丑，被放歸田，讀元人《程鉅夫集·溫公墓碑老杏圖詩序》，復于《通志》得金夏邑令壽春王廷直所自記云：『斵碑爲四，額一、趺一，共六石。』余得此碑，凡四紙，縱長丈餘，橫半之，與斵碑爲四之說符合，爲皇統時所修復無疑。余所存者，四石而已，其額與趺皆不可考。然而是碑也，仆于宋，復于金，龜趺之僅存，老杏之封殖，鬼神護持，而余乃幸而得之，又豈易哉！」見《牧齋初學集》。

〔一〕李積：原作「學積」，據《范太史集》卷四一《直集賢院提舉西京嵩山崇福宮司馬君墓誌銘》改。

司馬太師温國文正公年譜遺事一卷

錫山顧棟高輯　吴興劉承幹校

公幼時與羣兒戲于庭，一兒登甕，足跌沒水中。衆皆棄去，公持石擊甕，破之水迸，兒得活。其後京、洛間畫以爲圖。《宋史》本傳。

邇英進讀《通鑑》三葉畢，上更命讀一葉半，讀至蘇秦約六國從事，上曰：「蘇秦、張儀掉三寸舌，乃能如是乎？」公曰：「臣所以存其事于書者，欲見當時風俗專以辨説相高，人君委國而聽之，此所謂利口覆邦家者也。」上曰：「卿進讀每存規諫。」公曰：「非敢然也，欲陳著述之本意耳。」《日録》，下同。

上謂晦叔曰：「司馬光方直，其如迂闊何？」晦叔曰：「孔子上聖，子路猶謂之迂；孟軻大賢，時人亦謂之迂闊。況光豈免此名？大抵慮事深遠則近于迂矣。願陛下更察之。」

公嘗謂金陵曰：「介甫行新法，乃引用一副當小人，何也？」介甫曰：「方法行之初，舊時人不肯向前，因用一切有才力者；候法已成，即當逐之耳。」公曰：「介甫誤矣，君子難進易退，小人反是。若小人得路，豈可去也？必成讎敵，他日得毋悔之！」介甫默然。後果有賣荆公者。《元城語録》。

潞公謂溫公曰：「彦博留守北京，遣人入大遼偵事，回云：『見虜主大宴羣臣，伶人劇戲作衣冠者，見物必攫取懷之。有從其後以鞭朴之，其人反顧曰：司馬端明耶？』君實清名，在夷狄如此。」公媿謝。《聞見録》。

王荊公知制誥，吳夫人爲買一妾，公見之，曰："何物女子？"曰："夫人令執事左右。"曰："汝誰氏？"曰："妾之夫爲軍大將，部米運失舟，家貲盡沒猶不足，又賣妾以償。"公愀然曰："夫人用錢幾何得汝？"曰："九十萬。"公呼其夫，令爲夫婦如初，盡以錢賜之。司馬溫公從龐潁公辟爲太原府通判，尚未有子，夫人爲買一妾，公殊不顧，夫人疑有所忌也。一日教其妾，俟我出，汝自飾至書院中，冀公一顧也。妾如其言，公訝曰："院君出，汝安得至此？"亟遣之。潁公知之，對僚屬咨其言。二公不好聲色，不愛官職，不殖貨利皆同，平生相善。至論新法不合，始著書絕交矣。

按：公通判并州，起至和二年乙未，至嘉祐二年六月離并州，凡二年半，蓋當公三十七至三十九歲。而康生于（元）〔皇〕祐二年庚寅，爲公年三十二歲。此云通判太原時，尚未有子，非也。或更在庚寅以前爾。

公居洛，嘗同范景仁登嵩頂，由轘轅道至龍門，涉伊水至香山，憩石樓，臨八節灘，凡所經從，多有詩什，自作序曰《遊山錄》。士大夫爭傳之。公不喜肩輿，山中亦乘馬，路險策杖以行，故嵩山題字云："登山有道，徐行則不困，措足于平穩之地，則不跌。慎之哉！"

荊公主雇役，溫公主差役。蘇內翰、范忠宣，溫公門下士，復以差役爲未便。章子厚，荊公門下士，亦以雇役爲未盡。三人雖賢否不同，皆聰明曉吏治，兼知南北風俗，其所論甚公，各不私于所主。元祐初，溫公復差役，改雇役。子厚議曰："保甲、保馬，一日不罷，有一日害。如役法，則熙寧初，以雇役代差役，議之不詳，行之太速，故後有弊。今復以差役代雇役，當詳議熟講，庶幾可行。而限止五日，太速，後必有弊。"公不以爲然，子厚罪去。蔡京者知開封府，用五日限，盡改畿縣雇役之法爲差役，白溫公，公喜曰：「使人人如君，何患法不行？」子厚入相，復議以雇役改差役，置司講論，久不決。蔡京兼提舉，白子厚曰：「取熙寧、元豐法施行之耳，尙何講焉！」子厚信之，雇役遂定。京前後觀望反覆，賢如溫公，暴如子厚，皆足以欺之，誠小人也。

蘇子由上疏曰：「熙寧雇役之法，三等人戶，並出役錢，上戶以家產高，強出錢。無藝下戶昔不充役，亦遣出錢。故此二等人戶不免咨怨。至于中等，昔既已自差役，今又出錢不多，雇法之行，最爲甚便。罷行雇法，上下二等，忻躍可知。唯是中等，則反爲害。且以畿縣中等例，出役錢三貫，若經十年，爲錢三十貫而已。今差法既行，諸縣手力最爲輕役，農民在官日使百錢，最爲輕費，然一歲之用，已爲三十六貫，二年役滿，爲費七十餘貫，罷役而歸，寬鄉得閑三年，狹鄉不過一歲。以此較之，則差役五年之費，倍于雇役十年，賦役所出，多在中等，如此條目，不便非一，故天下皆思雇役而厭差役。今五年矣，則臣所謂宜因茲修法，爲安民靖國之術者也。」然大臣終莫肯改。《穎濱遺老傳》。

熙寧二年，介甫初參政，時呂獻可任御史中丞，將對于崇政殿。而司馬公爲翰林學士，侍講邇英閣，亦將趨資善堂，以俟宣召，相遇于路，並行而北。溫公密問曰：「今日請對，欲言何事？」獻可舉手曰：「袖中彈文，乃新參也。」溫公愕然曰：「以介甫之文學行義，命下之日，衆皆喜于得人，奈何論之？」獻可正色曰：「君實亦爲此言耶？安石雖有時名，上意所向。然好執偏見，不通物情，輕信難回，喜人佞己，聽其言則美，施于用則疏。若在侍從，猶或可容，置諸宰輔，則天下必受其弊矣。」溫公曰：「與公素爲心交，苟有所懷，不敢不盡。今日之論，未見不善之迹，似傷悤遽，或別有章疏，願先進呈，姑留是事，更改籌慮，可乎？」獻可曰：「上新嗣位，富于春秋，朝夕所與謀議者，二三執政而已。苟非其人，將敗國事，此乃腹心之疾，治之唯恐不及，顧可緩耶？」語未竟，閤門吏抗聲退班，乃趨而去。溫公退自經筵，默坐玉堂，終日思之，不得其說。既而搢紳間寖有傳其章疏者，往往竊議其太過。未幾變更祖宗法，專務聚斂，百姓騷然。然後前日之議者，始媿仰歎服，以爲不可及。溫公退居洛陽，每論當世人物，必曰：「呂獻可之先見，范景仁之勇決，皆予所不及。」《劉諫議集》。

韓子華絳入相，繼王荆公之後，政事有未便者，賢士大夫或置不用，公將更易振舉之。奏：「古者冢宰制國用，今天下財用出入，宰相乃不預聞。」始置局中書，稽考天下財用之數，量入以爲出。援用司馬光。上曰：「吾于光豈有所愛？顧光未肯來耳。」《韓子華行狀》。

公既改新法，或謂公曰：「元豐舊臣如章惇、呂惠卿輩，皆小人。他日有以父子之義間上，則朋黨之禍作矣，不可不慎。」公曰：「天若祚宋，必無此事。」遂改之不疑。

公與兄伯康友愛尤篤(二)，伯康年將八十，公奉之如嚴父，保之如嬰兒。每食少頃，則問曰：「得無饑乎？」天少冷，則撫其背曰：「衣得無薄乎？」《范太史集》。

晁無咎言，溫公有言：「吾無過人者，但平生所爲，未嘗有不可對人言者耳。」

伊川先生每與君實說話，不曾放過。如范堯夫十件事，只爭得三四件便已。先生曰：「君實只爲能受人盡言，儘人忤逆更不怒，便是好處。」《程氏遺書》。

初，溫公議凡役人皆不許雇人以代。然東南及西蜀諸路，民有高貲，或子弟業儒，皆當爲弓手執賤役，既不許募代，甚苦之。呂公令一切聽募，民情大悅。《呂申公家傳》。

公薦元城充館職，曰：「知所以相薦否？」曰：「獲從公遊舊矣。」公曰：「非也，光居閒，足下時節問訊不絶，光位政府，足下獨無書。此光之所以相薦也。」客有言于公，范淳甫在言路，必能協濟。公正色曰：「子謂淳甫見光有過不言乎？殆不然也。」《范太史遺事》。

公欲令進士召朝官保任，然後應舉。范忠宣公曰：「舉人難得朝士相知，士族近京猶可，寒遠之士，尤不易矣。徒令求舉，未必有益。」公從之。

公嘗謂人曰：「吾與景仁，兄弟也，但姓不同耳。然至于論鍾律，則反覆相非，終身不能相一。」公集中有《和范景仁緱氏别後見寄求決樂議》詩云：「至樂存要渺，失易求之難。昔從周道衰，疇人曠其官。聲律久無師，文字多缺漫。仁皇憫崩壞，廣庭集危冠。紛紜鬭筆舌，異論誰能殫。或欲徇陳迹，竅厚濳鎪剜。或欲立新意，妄取舊史刊。古今互齟齬，大抵皆欺謾。景仁信其説，墨守不可干。賤子欲面從，誰與換膽肝。此求必議決，深谷爲崇巒。何如兩置之，試就中和看。」又有《和韓秉國招范景仁飲景仁不至云方作書與光（論）樂（論）》詩云：「小桃佳李實如拳，西湖盡眼鋪芳蓮。景仁不從鄉賢飲，爲此論樂方窮研。周衰官失疇人散，鍾律要渺誰能傳。近人欺衆出私意，最可憫笑房生顛。如光初不辨宫羽，是非得失安敢耑？每煩教諭累百紙，頑如鐵石不可鐫。王李阮胡相詆毁，各出所學何妨偏。景仁家居鑄龠斛，欲除民瘼恐未然。要須中和育萬物，始見大學之功全。」又有《景仁新鑄龠斛次韻寄呈》，云：「裁筩累黍久研精，况復新修龠斛成。豈校忽微爭口語，本期淳古變人情。既言樂律符今尺，但恐簫韶似鄭聲。若欲世人俱信服，鳳皇再集潁川城。」

程子與侯仲良語及牛李事，因言溫公在朝，欲盡去元豐間人。程子曰：「作新人才難，變化人才易。今諸人之才皆可用，且人豈肯甘爲小人？在君相變化何如耳！且宰相用之爲君子，孰不爲君子？此等教他們自做，未必不勝如吾曹。」仲良曰：「若然，則無紹聖間事也。」

在講筵時，曾說與溫公云：「更得范純夫在筵中尤好。」溫公彼時一言亦失，欲道：「他見修史，自有門路。」某應之曰：「不問有無門路，但筵中須得他。」溫公問：「何故？」某曰：「自度少溫潤之氣，純夫色溫而氣和，尤可以開陳是非，道人主之意。」後來遂除侍講。

溫公薨，朝廷命伊川先生主其喪事。是日也，祀明堂禮成，而二蘇往哭溫公。道遇朱公掞，問之，公掞曰：「往哭溫公，而二程先生以為慶弔不同日。」二蘇悵然而反，曰：「鏖糟陂裏叔孫通也。」自是時時謔伊川。他日國忌，禱于相國寺，伊川令供素饌，子瞻詰之曰：「正叔不好佛，胡為食素？」正叔曰：「禮，居喪不飲酒食肉。忌日，喪之餘也。」子瞻令其肉食，曰：「為劉氏者左袒。」于是范純夫輩食素，秦、黃輩食肉。呂申公為相，凡事有疑，必質于伊川，進退人才，二蘇疑伊川有力，故極口詆之云。

司馬溫公辭副樞密，名冠一時，天下無賢不才，浩然歸重。呂申公亦以論新法不合，罷歸。熙寧末，中公起知河陽，明道以詩送行，復為詩與溫公，蓋恐其以不出為高也。及申公自河陽乞在京宮祠，神宗大喜，召登樞府。人以二公出處為優劣。先生曰：「呂公世臣，不得不歸見上；司馬溫公諍臣，不得不退處。」先生有贈溫公詩，云：「二龍閒卧洛波清，今日都門獨餞行。願得賢人均出處，始知深意在蒼生。」

溫公薨，門人或欲遺表中入規諫語。程子正叔云：「是公平生未嘗欺人，敢死後欺君乎？」

伊川與君實語，終日無一句相合；明道與語，直是道得下。

程子曰：「君實之語，自謂如人參甘草，病未甚時，可用也，病甚，則非所能及。觀其自處，必自有救之之術。」又曰：「某接人多矣，不雜者三人，張子厚、邵堯夫、司馬君實。」

司馬溫公修《通鑑》，伊川一日問：「修至何代？」溫公曰：「唐初也。」伊川曰：「太宗、肅宗，端的如何？」溫公曰「皆篡也。」伊川曰：「此復何疑？」伊川曰：「魏徵何如？」溫公曰：「管仲，孔子與之，某于魏徵亦然。」伊川曰：「管仲知非而反正，忍死以成功業，此聖人所取其反正也。魏徵只是事讎，何所取耶？」溫公竟如舊說。

先生曰：「明道猶有謔語，若伊川則全無。」問：「如何謔語？」曰：「明道聞司馬溫公解《中庸》，至『人莫不飲食，鮮能知味。』有疑遂止。笑曰：我將謂從天命之謂性，便疑了。」伊川謂明道曰：「吾兄弟近日說話太多。」明道曰：「使見呂晦叔，則不得不少；見司馬君實，則不得不多。」已上《二程遺書》。

熙寧之初，吳興劉公位臺端，以論事忤大臣，謫知江州。一時無敢言者，獨文正溫公抗章于廷諍之。公將行，文正造門叙別，又以手翰問行期，有「道勝名立」之言，其相與之意厚矣。夫天下之善士，斯友天下之善士。二公始終一節，不約而同，其取友可知。覽是遺墨，三復興歎。乃附其說于後。《龜山文集》。

陳氏曰：「司馬光撰《書儀》，前一卷爲表章書啓式，餘則冠婚喪祭之禮詳焉。又《居家雜禮》一卷，司馬光撰。《四家禮範》五卷，張栻、朱熹所集司馬、程、張、呂氏諸書，而建安劉珙刻于金陵。」

《朱子語錄》：胡叔器問四先生禮，晦庵先生曰：「二程與橫渠多是古禮，溫公則大概本《儀禮》，而參以今之可行者。溫公較穩，其中與古不甚遠，自七分好。大抵古禮不可全用，如古服古器，今皆難用。」又曰：「溫公本諸《儀禮》，最爲適古今之宜。」

馬廷鸞曰：「溫公此書，專本《儀禮》，其大者莫如婚、喪。婚禮，『婦見舅姑』條下注：若舅姑已歿，則有三月廟見之禮。此《儀禮》説也。《儀禮》凡單言廟，皆謂禰廟，非祖廟也。公謂婦入門拜先靈，則三月廟見之禮可廢，此于禮爲稍略。而朱文公遂以爲惑于陳鍼子先配後祖之説，故以婦入拜祖先爲未然。此禮當考。按鍼子所譏，自謂鄭忽當迎婦時，不先告廟。注家引公子圍告莊共之廟而後行爲證。即非婦入門時事。喪禮，『卒哭而祔』，亦《儀禮》説也。《儀禮》，『三虞，明日以其班祔』，公直用之，此于禮爲太遽。《檀弓》明言『殷練而祔，周卒哭而祔，孔子善殷，而云周已戚』，公於注文，但略言而不詳述，蓋練而祔，公所不取故耳。大槩溫公誠篤之學，嘗答許奉世秀才書。公自幼誦諸經，讀注疏，以求聖人之道，直取其合人情物理，目前可用者從之。此其大指也。」已上《文獻通考》。

朱文公《與鄭知院書》曰：「熹鄉在長沙，嘗得溫公《稽古録》正本，別爲刊刻，殊勝今越中本。欲待成書奏御，未竟而來。又欲面奏行下取索，則又未及而去。每念此盡溫公所以願忠君父之志，更歷三朝，然後成就。其論人君之德有三，而才有五者，尤爲懇切，不可不使聖主聞之。不知可以一言及之，行下本縣取索投進否？然不必及熹姓名，恐罪累之迹，延及先賢，反致忠言不得聞達也。聞中司已兼讀官，幸更與議之，同君舉子壽諸公共白之也。」《朱子文集大全》。

司馬溫公屢言王廣淵，章八九上，留身，乞誅之以謝天下，聲震朝廷。是時滕元發爲起居注，侍立殿坳。既歸，廣淵來問元發：「早來司馬君實上殿，聞乞斬某以謝天下，不知聖語如何？」元發戲云：「我只聽得聖語云，依卿所奏。」《元懷拊掌録》。

東坡公元祐時登禁林，以高才狎侮諸公卿，率有標目。獨于司馬溫公不敢有所重輕。一日，相與論免役、差役利害，偶不合，及歸舍，方卸巾弛帶，乃連呼曰：「司馬牛！司馬牛！」蘇軾《調謔編》。

公家一僕，三十年止稱君實秀才。蘇子瞻學士來謁，聞而教之，明日，改稱大參相公。公驚問，以實告。公曰：「好好一僕，被東坡教壞了。」《輟耕録》。

金人入洛，傳令軍中，無得驚動司馬太師家。《黄氏日鈔》。

溫公不好佛，謂其微言不出儒書，而《家法》則云：「十月就寺齋僧誦經，追薦祖先。」象山知荆門，上元當設醮，乃講《洪範》錫福章以代之。俞文豹《吹劍録》。

溫公曰：「世俗信浮屠，以初死七日，至七七日、百日小祥、大祥，必作道場功德，則滅罪生天。否則，入地獄受剉燒舂磨之苦。夫死則形朽腐而神飄散，雖剉舂磨燒又安得施？唐李舟曰：『天堂無則已，有則賢人生；地獄無則已，有則小人入。』今以父母死而禱佛，是以其親爲小人，爲罪人也。」同上。

溫公之任崇福，春夏多在洛，秋冬在夏縣，每日與本縣從學者十餘人講書。用一大竹筒，筒内貯竹籤，上書學生姓名。講後一日，即黏籤令講，講不通則公微數責之。公每五日作一暖講，一杯一飯一麪一肉一菜而已。溫公先隴在鳴條山，墳所有餘慶寺。公一日省墳，止寺中。有父老五六輩上謁，云欲獻薄禮。乃用瓦盆盛粟米飯，瓦罐盛菜羹。公享之如太牢。既畢，復前啓曰：「某等聞端明在縣，日爲諸生講書，村人不及往聽，今幸略説。」公即取紙筆，書《庶人章》講之。既已，復前白曰：「自《天子章》以下，各有《毛詩》兩句，此獨無有，何也？」公默然少許，謝曰：「某平生慮不及此，當思其所以奉答。」村父笑而去，每見人曰：「我講讀曾難倒司馬端明。」公聞之不介意。馬永卿《嬾真子録》。

司馬溫公元豐末來京師，都人奔走競觀，即以相公目之，左右擁塞，馬至不能行。及謁時相于私第，市人登樹騎屋窺之。隸卒或止之，曰：「吾非望而君，願一識司馬公耳。」至于呵叱不退，而屋瓦爲之碎，樹枝爲之折。及薨，京之民罷市而往弔，鬻衣以致奠，巷哭以過車者，蓋以千萬數。上命戶部侍郎趙瞻、內侍省押班馮宗道護其喪歸葬。瞻等還告：「民哭公哀，甚如哭其私親，四方來會葬者，蓋數萬人。」而嶺南封州父老，相率致祭，且作佛事以薦公者，其詞尤哀。炷香于首頂，以送公葬者九百餘人。京師民畫其像，刻印鬻之，家置一本，飲食必祝焉。四方皆遣人購之京師，時畫工有致富者。蔡京南遷道中，市飲食之類，及知爲京，皆不肯售，至于詬罵，無所不道，州縣護送吏卒驅逐之，稍息。人之賢不肖，于人心得失，一至于此。兒童誦君實，走卒知司馬溫公，蓋千載一人而已。張淏《雲谷雜記》。

司馬君實洛中新第初遷日，一日步行，見牆外暗藴竹籤數十，問之，則曰：「此非人行之地，將以防盜也。」公曰：「吾篋中所有幾何？且盜亦人也，豈可以此爲防！」命亟去之。王暐《道山清話》。

暐又記溫公無子，又無姬侍，裴夫人亡後，嘗忽忽不樂，時至獨樂園，于讀書堂危坐終日，作小詩云：「暫來還似客，歸去不成家。」

按：公子康以皇祐二年庚寅生，時公年三十二歲，夫人係尚書張存之女，亦非裴姓。公年六十四，喪清河郡君，六十七而復召，明年九月薨，其鰥居在家之日甚少，所記皆謬說也。後世謂溫公無子，由此。特筆于此，以志其誤。

溫公在永興，一日行國忌香幕次中，客將有事欲白公，誤觸燭臺，倒在公身上。公不動，亦不問。同上。

司馬君實嘗言：呂晦叔之信佛近夫佞，歐陽永叔之不信近夫躁。皆不須如此，信與不信，纔有形迹便不是。同上。

上一日在講筵，既講罷，賜茶，甚從容，因謂講筵官：「數日前見司馬光作《王昭君》古風，甚佳，如『宮門銅鐶雙獸面，回首何時復來見。自嗟不若住巫山，布袖蒿簪嫁鄉縣』，讀之使人愴然。」時公病足，在假已數日矣。呂惠卿曰：「陛下深居九重之中，何從而得此詩？」上曰：「亦偶然見之。」惠卿曰：「此詩不無深意。」上曰：「卿亦嘗見此詩耶？」惠卿曰：「未嘗見此詩，適但聞陛下舉此四句爾。」上曰：「此四句有甚深意？」同上。

張文潛言嘗問張安道：「司馬君實直言王介甫不曉事，是如何？」安道云：「賢只消去看《字說》。」文潛云：「《字說》也只是二三分不合人意思處。」安道云：「若然，則足下亦有七八分不解事矣。」文潛大笑。同上。

余嘗謂近世鉅公，歐陽文忠似韓退之，司馬文正似蘧伯玉，王荆公似王夷甫，蘇文忠似司馬遷。程棨《三柳軒雜識》。

謚之美者，極于文正。司馬溫公嘗言之，而身得之。國朝以來，有此謚者，惟公與王沂公、范希文而已。若李司空昉、王太尉旦，皆謚文貞，後以犯仁宗嫌名，世遂呼爲文正，其實非本謚也。如張文節、夏文莊，始皆欲以文正易之，而朝論迄不可。費袞《梁谿漫志》。

蜀公與溫公同遊嵩山，各攜茶以行，溫公以紙爲貼，蜀公用小木合子盛之。溫公見之，驚曰：

「景仁乃有茶器也？」蜀公聞其言，留合與寺僧而去。後來士大夫茶器精麗，極世間之工巧，而心猶未厭。晁以道嘗以此語客，客曰：「使溫公見今日茶器，不知云如何也？」朱弁《曲洧舊聞》。

元祐黨籍凡三等，僕家舊有《元祐姦黨碑》，其文曰：「皇帝即位之五年，旌別淑慝，明信賞刑黜，元祐害政之臣，靡有佚罰。乃命有司，夷列罪狀，第其首惡，與其附麗者以聞。得三百九人。皇帝命書而刻之石，置于文德殿門之東壁，永爲萬世之臣戒。又詔京書之，將頒之天下。臣竊惟陛下聖神英武，遵制揚功，彰善癉惡，以紹先烈。臣敢不對揚休命，仰承陛下孝弟繼述之志！司空、尚書左僕射兼門下侍郎臣蔡京謹書記。

文臣曾任執政官二十七人：司馬光、呂大防、文彥博、劉摯、范純仁、韓宗彥、梁燾、曾布、王巖叟、蘇轍、王存、傅堯俞、鄭雍、趙瞻、韓維、孫固、范百祿、胡宗愈、李清臣、劉奉世、范純禮、安燾、陸佃、呂公著俱元符

黃履、張商英、蔣之奇俱元祐

曾任待制官以上四十九人：蘇軾、劉安世、范祖禹、朱光庭、姚勔、趙君錫、馬默、孔武仲、孔文仲、吳安持、孫覺、錢勰、李之純、鮮于侁、趙彥若、趙卨、王欽臣、孫昇、李周、王汾、韓川、顧臨、賈易、呂希純、曾肇、王覿、范純粹、呂陶、王右、豐稷、張舜民、張問、楊畏、

鄒浩、陳次升、謝文瓘俱元佑

餘官一百七十七人：秦觀、黃庭堅、晁補之、張耒、吳安詩、歐陽棐、劉唐老、王鞏、呂希哲、杜純、張保源、孔平仲、湯馘、司馬康、宋保國、黃隱、畢仲游、常安民、汪衍、余爽、鄭俠、常立、程頤、唐義問、余卞、李格非、陳瓘、任伯雨、張庭堅、馬涓、陳乳、陳光裔、蘇嘉、

龔夬、王回、呂希績、吴儔、歐陽中立並元祐尹材、葉伸、李茂直、吴處厚、李績中、商倚、陳祐、虞防、李祉、李深、李之儀、范正平、曾蓋、楊綝、蘇昞、葛茂宗、劉謂、柴衮、洪羽、趙天祖、李新、衛鈞、衮公適、馮伯藥、周證、孫琮、范彙中、鄧考甫、王察、趙珣、封覺民、胡端修、李傑、李賁、趙令時、張集、石芳、金極、高公應、安信之、張夙、黄策、吴公遜、高漸、周永微、郭執中、鮮于綽、呂諒卿、朱紘、王貫、吴明、梁安國、王吉、檀固、蘇迥、何大受、王箴、鹿敏求、曾紆、汪公望、高士育、鄧忠臣、种師極、郁睨、韓治、秦希甫、錢景祥、錢希白、何大正、周紆、呂彦祖、梁寬、沈于、羅鼎臣、曹興宗、劉勃、王極、黄安期、于肇、陳師錫、黄遷、黄邦正、許克甫、胡良、楊朏、梅君俞、寇宗顔、張居、李修、逢純熙、高道格、黄才、曹興、侯顧道、周遵道、林膚、葛輝、宋壽巖、王公彦、王交、張甫、許安修、劉吉甫、胡潛、楊環寶、王陽、倪直孺、蔣津、王守、梁俊民、陳唐、董祥、鄧元中、陸表民、葉世英、謝潛、劉經國、張裕、扈充、張恕、陳并、洪芻、周諤、蕭彤、趙越、滕友、江詢、方造、許端卿、李昭玘、向訓、陳察、鍾正甫、高茂華、楊彦璋、廖正一、李夷行、彭醇、梁士並元符

曾任宰臣二人：王珪元祐、章惇元符

右令準尚書兵部符，備降敕命指揮，立石監帥廳。崇寧四年二月日，比兩浙常平司所立碑。」時天下監司郡守皆立之，後因星變遂毁。馬純《陶朱新録》。

按：禹玉與蔡持正比欲沮溫公作相，致興徐禧永樂之役，殺數十萬人，罪不容誅。而章子厚尤首開紹述，戕害善類。今乃入元祐黨籍中，此蓋京、卞小人，自相傾軋，置之黨籍，以禍

之耳，豈知適所以榮此二人！而元祐諸公，且避如糞穢，羞同此席哉！

吾州蒼梧先生胡德輝珵，嘗對劉元城歎息張天覺之亡。元城無語，蒼梧疑而問之，元城云：「元祐黨人只是七十八人，後來附益者不是。」又云：「今七十八人都不存，惟某在耳。」元城爲此言時，實宣和六年十月六日也。蓋紹聖初，章、蔡得志，凡元祐司馬諸人，皆籍爲黨，無非一時忠賢。七十八人者，可指數也。其後世每得罪于諸人者，騣騣附益入籍。至崇寧間，京悉舉不附己者，籍爲元祐姦黨，至三百九人之多。于是邪正混淆，其非正人而入元祐黨者，蓋十六七也。建炎、紹興間，例加褒贈推恩，其後議者謂其間多姦邪，今日子孫又從而僥倖恩典，遂有詔甄別之。費衮《梁谿漫志》。

以上皆文臣曾任執政官二十七人，待制官以上四十九人，餘官一百七十七人，曾任宰臣二人。通計四項，凡二百五十五人，合諸三百九人之數，尚少四十五人。乾隆五年三月二十四日，余在江西德化縣，于唐東賓案頭見宋搨《黨人碑》，又有武臣一項，但字多殘缺不可讀，當求善本補足之。

按：元長以書法名世，世所傳蘇、黄、米、蔡，蓋指京也。後以其行穢惡，易以蔡襄。其實君謨之行輩，高于蘇、黄，不宜反置蘇、黄之後。小人人品不端，並其文藝亦不傳，可爲至戒。余所見宋搨《黨人碑》，蓋元長眞蹟也。何時得善本讀之，一則可補足三百九人之數，二則可識蔡京手書眞本，豈不猶欽實籙哉！丁丑六月下浣一日又書。

宋《元祐黨籍碑》成于蔡氏父子，其意則王安石啓之也。安石嘗作《曹杜》詩以寓意，謂神姦變化，自古難辨，辨之而不疑者，惟禹鼎焉！魑魅合謀，蓋非一日，太丘之社，其亡也晚。蓋以喻新法異意之人，將爲宋室之禍也。其後門生子壻，相繼得政，果鑄寶鼎，列元祐諸賢司馬光而下姓名于其上，以安石比禹、稷，而以司馬諸公爲魑魅。呂惠卿載謝章曰：「九金聚粹，畫圖魑魅之形。」自此黨論大興，賢才消伏，卒致戎馬南騖，赤縣丘墟。一言喪邦。安石之謂也。後金兵入汴，見鑄鼎之像而歎曰：「宋之君臣，用舍如此，焉得久長？」遂怒而擊碎之。

此碑自崇寧五年毀碎，遂稀傳本，今獲見之，猶《欽實籙》矣。當毀碑時，蔡京厲聲曰：「碑可毀，名不可滅也。」嗟乎，烏知後人之欲不毀之，更甚于京乎？諸賢自涑水、眉山數十公外，凡百二十人史無傳者，不賴此碑，何由知其姓氏哉？故知擇福之道，莫大乎與君子同禍；小人之謀，無往不福君子者也。石工安民乞免著名，今彼此集諸賢位中，赫然有安民在。倪元璐《題元祐黨人碑後》。

黃定者，于紹聖間有以牛冤事質司馬溫公，公因作《冤牛問》曰：「華州村往歲有耕田者，日晡疲甚，乃枕犂而卧。乳虎翳林間，怒髭搖尾，張勢作威，欲啖而食之。屢前，牛輒以身立其人之體上左右，以角拉虎甚力，虎不得食，垂涎至地而去，其人則熟寢未之知也。虎行已遠，牛具離其體，人則覺而惡之，意以爲妖，因杖牛，牛不能言而奔，輒自逐之，盡怒而得，愈見怪焉。歸而殺之，解其體，食其肉，而不悔。夫牛有功而見殺，盡力于不見知之地，死而不能以自明。向使其人早覺，而悟虎之害己，則牛知免而獲德矣。惟牛出身捍虎于其人未覺之前，此所以功立而身斃也。嗚呼！觀此可以見夫天下之大甚于捍虎，忠臣之功力于一牛嫌疑之情過于伏體，不悟之心，深于熟寢。苟人主或察焉，則忠之限何所自別哉？《傳》稱妾佯殭而棄酒，上存主父，下存主母，猶不免于笞。固有忠臣獲罪亦猶此夫！客有因牛冤之事，親過而弔焉。余聞其語，感而書牛冤云。」又自跋曰：「是牛也，能捍虎于其人未寤之前，而不全其功于虎行之後，其見殺宜哉！」馬純《陶朱新録》。

按：公以元祐元年丙寅薨，至九年甲戌始改元紹聖。是時，宣仁已上賓，公之歿已久矣。此蓋勢局大變之後，論者爲公不平，假設爲公言，以發其憤耳。其所謂冤牛者，殆即以况公也歟！

周益公云：「蘇子容聞人語故事，必令人檢出處。司馬溫公聞新事，即便鈔録，且記所言之人。故當時諺曰：『古事莫告子容，今事勿告君實。』」吴郡皇甫庸《近峰聞略》。

溫公一日登崇德閣，約康節久而不至，乃作一（約）〔詩〕以候之，云：「淡日濃雲合復開，碧伊清洛遠灤回。林間高閣望已久，花外小車猶未來。」康節至，和其韻云：「君家梁上年時燕，過社今年尚未迴。爲罰誤君凝望久，萬花深處小車來。」

熙寧間，荆公創行新法，任用吕惠卿等，溫公爭之不得，賦《春遊》詩云：「人物競紛華，驪駒逐鈿車。此時松與柏，不及道旁花。」

紹聖間，馬從一監南京排岸司，適漕使至，隨衆迎謁，漕一見怒甚，即叱之曰：「聞汝不職，來欲按汝，何不亟去，尚敢來見耶？」從一惶恐，自陳湖湘人，迎親竊祿，求哀不已。漕察其語南音也，乃稍霽威云：「湖南亦有司馬氏乎？」從一答曰：「某姓馬，監排岸司耳？」漕乃微笑曰：「然則勉力職事可也。」初，蓋誤認爲溫公族人，故欲害之。自是從一刺謁，但稱監南京岸而已。傳者皆以爲笑。已上俱蔣仲舒《堯山外紀》。

溫公論碑誌，謂古人有大勳德，勒銘鐘鼎，藏之宗廟，其葬則有豐碑以下棺耳。秦、漢之間，始命文士褒贊功德，刻之于石，亦謂之碑。降及南朝，復有銘誌薶之墓中。使其人果大賢耶，則名聞昭顯，衆所稱頌，豈待碑誌始爲人知！若其不賢也，雖以巧言麗辭，强加采飾，徒取譏笑，其誰肯信？碑猶立于墓道，人得見之。誌乃藏于壙中，自非開發莫之覩也。蓋公剛方正直，深嫉諛墓而云然。予嘗思之，藏誌于壙，恐古人自有深意。韓魏公四代祖葬于趙州，五代祖葬于博野，子孫避地，歷祀綿遠，遂忘所在。魏公既貴，始物色得之，而疑信相半。乃命儀公祭而開壙，各得銘誌，然後韓氏翕然取信，重加封植而嚴奉之。蓋墓道之碑易致移徙，使當時不納誌于壙，則終無自而知之矣。故予謂古人作事，必有深意，藉誌以諛墓則不可，若止書其姓名官職鄉里，繫以卒葬歲月，而納之壙，觀韓公之事，恐亦未可廢也。

溫公論魏惠王有一商鞅而不能用，使還爲國害，喪地七百里，竄身大梁。予竊謂商鞅刻薄之術，始能帝秦，卒能亡秦。使用之于魏，其術猶是也。孟子不遠千里而來，惠王猶不能聽其言，其妄庸可知矣。溫公不足惠王以，不聽孟子仁義之言，而乃責其不用商鞅功利之說，何耶？公于此必有深意，特予未之曉爾。

司馬溫公獨樂園之讀書堂，文史萬餘卷，而公晨夕所常閱者，雖累數十年皆新若手未觸者。嘗謂其子公休曰：「賈豎藏貨貝，儒家惟此耳。然當知寶惜。吾每歲以上伏及重陽間，視天氣晴明日，設几案于當日所，側羣書其上，以曝其腦，所以年月雖深，終不損動。至于啓卷，必先視几案潔淨，藉以茵褥，然後端坐看之。或欲行看，即承以方版，未嘗散空手捧之，非惟手汗漬及，亦慮觸動其腦。每至看竟一版，即側右手大指面襯其沿，而覆以次指面撚而挾過，故得不至揉熟其紙。每見汝輩多以指爪撮起，甚非吾意。今浮屠老氏，猶知尊敬其書，豈以吾儒，反不如乎？當宜誌之。」

溫公可謂知仁勇，他那活國救世處，是甚次第，其規模稍大，又有學問，其人嚴而正。《朱子語類》。

義剛曰：「溫公力行處甚篤，只是見得淺曰是。」同上。

子思所謂誠，包得溫公所謂不妄語者，溫公誠在子思誠裏。同上

曹兄問諸先生，皆以爲司馬公許多年居洛，只成就得一部《通鑑》。及到入朝，卻做得許多不好事。曰：「道司馬公做得未善，即是；道司馬公之失，卻不是。當時哲廟若有漢昭之明，便無許多事。」又曰：「不知有聖人出來，天下事何如處置？」因舉《易》云：「井渫不食，行惻也；求王明，受福也。」同上。

溫公忠直，而于事不甚通曉。如爭役法，七八年間直是爭此一事，他只說不合令民出錢，其實不知民自便之，此是有甚大事，卻如何捨命爭。同上。

溫公爲諫官，與韓魏公不合，其後作《祠堂記》，極稱其爲人，豈非自見熙寧之事故也？韓公眞難得，廣大沈深。

司馬公憂國之心，至垂絕猶未忘，道鄉亦然。竊謂到此無可奈何，亦只得休矣。先生曰：「全不念，卻如釋氏之忘。若二分者，又似太過。問夫子曳杖負手，逍遙而歌，卻不然。」曰：「夫子猶言明王不興，天下孰能宗予，依舊是要做他底。」同上。

與其得小人，不若得愚人。溫公晚年更歷之，多爲此說。同上。

范蜀公作《溫公墓誌》，乃是全用東坡《行狀》，而後面所作銘，多記當時姦黨事。東坡令改之，蜀公因令東坡自作，因皆出蜀公名，其後卻無事。若范所作，恐不免被小人掘了。同上。

《涑水記聞》，呂家子弟力辨以爲非溫公書，某嘗見范太史之孫某說，親收得溫公手書藁本，安得謂非溫公書？某編《八朝言行錄》，呂伯恭兄弟亦來辨。爲子孫者，只得分雪，然必欲天下之人從

己，則不能也。同上。

溫公省試，作《民受天地之中以生論》，以生爲活。其説以爲民能受天地之中，則能活也。溫公集中自有一段如此説，也説得好。卻説他人以生爲生育之生者，不然。拗論如此。某舊時這般文字，及《了齋集》之類，盡用子細看過，其有論此等去處，盡拈出看。少年被病翁監看，他不許人看，要人讀其有議論好處，被他監讀煞喫工夫。又云：「《了翁集》後面説禪，更没討頭處。」病翁笑曰：「這老子後來説話如此，想是病心風。」同上。

正獻爲溫公言佛家心法，只取其簡要，此呂氏之學也。同上。

問：「明道論元祐事須並用熙、豐之黨。」曰：「明道只是欲與此數人者共變其法，且誘他入腳來做。」問：「如此卻是任術？」曰：「處事亦有不能免者，但明道是至誠爲之。此數人者，亦不相疑忌。然須是明道方能了此。」後來元祐諸公，治得此黨太峻，亦不待其服罪。溫公論役法疏略，悉爲章子厚所駁，只一向罷逐不問，所論是非，卻是太峻。然當時如蔡確輩，留得在朝廷，豈不害事！同上。

《司馬氏家譜》曰：「公子康生三子，曰植、曰威、曰槙。威無後。植生二子，曰興老、世孫，俱早亡。槙生二子，曰佑，曰伋。伋官禮部侍郎，扈從至越，子姓皆從之。未幾，卒于行寓，卜葬山陰之亭山，因家焉。吏部公贈開國伯，實爲山陰始遷之祖，子孫弗克北還，明錄其後百，凡繇差使，不與編氓伍，周、程、張、邵、司馬、朱，一也。訪之夏縣，無人焉，迺移文于浙，有司遵守如故。十一世孫竹，上請立廟專祀，蓋始有瞻依矣。伋數傳而以八音紀名，至相則從木，而八音始盡。上距溫公凡十有五世。即今見存食指在紹興，及改遷廣右桂陽者，不過百數計。相字邦柱，別號菲泉，正德辛巳進士，以刑部主事過夏展墓，後終河南按察司僉事。」

元城先生父開府，與公爲同年契，因遂從學于公。熙寧六年舉進士，不就選，徑歸洛。公曰：「何爲不仕？」劉公以「漆雕開斯未能信」之語以對。公說安世從公學，與公休同業，凡一四日一往，以所習所疑質焉。公忻然告之，無倦意。久之，問盡心行己之要，可以終身行之者。公曰：「其誠乎？」劉公問：「行之何先？」公曰：「自不妄語始。」自是拳拳勿失，終身行之。《名臣言行録》。

元城先生曰：「公于國子監之側得故營地，創獨樂園，自傷不得與衆同也。以當時君子自比伊、周、孔、孟，公乃以種竹澆花事，自比唐、晉間人，以救其弊也。」《元城語録》。

洛俗，春月放園，園子得茶湯錢，與主人平分。一日，園子呂直納公十千，公令持去，再三欲留之，公怒，乃持去，回顧曰：「只端明不要錢。」後十餘日，呂直創一井亭，問之，乃用前日不受十千也。《黄氏日鈔》。

參寥如洛，遊獨樂園，有地高亢，不因枯枿，生芝二十餘本。謂老圃：「盍潤澤之，使長茂？」圃曰：「天生靈物，不假人力。」寥歎曰：「眞温公之役也。」《後山談叢》。

公在留臺，每出，前騶不過三節。後官宫相，乘馬或不張蓋，身持扇障日。伊川程先生謂公曰：「公出無從騎，有未便者。」公曰：「光惟求人之不識耳。」《景仰撮書》。

公爲康節買宅，富公爲買園。康節所藏契約，猶以二公爲户。故昔人詩有云：「温公宅子富公池，併入堯夫户不知。」洛陽風俗之美可想。

獨樂園有讀書堂、釣魚庵、采藥圃、見山臺、弄水軒、種竹齋、澆花亭，公賦七詠以紀之，自擬于董仲舒、嚴子陵、韓伯休、陶淵明、杜牧之、王子猷、白樂天之列。元城先生謂公自比唐、晉間人以救時弊，蓋指此也。《傳家集》。

公依《禮記》作深衣冠簪，幅巾紳帶，每出朝服乘馬，用皮匣貯深衣隨其後，入獨樂園則衣之。《聞見録》。

《洛陽園記》：獨樂園卑小，不可與他園班。其曰讀書堂者，數椽屋。澆花亭者，益小。弄水、種竹軒者，尤小。見山臺者，高不過尋丈。曰釣魚菴、采藥圃者，又特結竹梢蔓草爲之。所以爲人欽慕者，不在于園爾。

夏縣西二十里坡底村有獨樂園故阯，蓋公別墅涸瀾莊也。《名臣言行録》稱，公居洛，兄旦居夏縣，皆有園池勝槩。然夏之園池，即此地耳。舊有小祠祀公，壁間嵌方石，刻公子諫議君詩，題曰：「康寒食上冢，至涸瀾莊，追公祖烈，感而爲詩。」其詩云：「祖學當年向此勤，子孫今日繼清芬。賢能自過高陽里，尊寵無慚萬石君。花滿一川紅蕊亂，渠環千頃翠波分。高門駟馬留餘慶，當見吾家世有聞。」《公休集》世失傳，特記于此。嘉靖十年，知縣鍾恕恢拓其祠，刻石既成，然猶襲稱獨樂園，蓋未深考耳。又縣東南五里，地名赤峪。入山一里許，有石洞，深一丈五尺，闊一丈，俯瞰谿流，清靜可愛，石巖鑿「玉谿」二字，相傳公嘗讀書于此，或云寓此修《通鑑》。

〔一〕友愛：原作「尤愛」，據《范太史集》卷三六《和樂庵記》改。

王荆文公年譜

（宋）詹太和 編
吴洪澤校點

影印元大德五年刊本《王荆文公詩》卷首

王安石（一〇二一—一〇八六），字介甫，號半山，撫州臨川（今屬江西）人。慶曆二年進士，歷淮南簽判，知鄞縣，通判舒州。嘉祐初，召爲群牧判官，出知常州、提點江南東路刑獄。入爲三司度支判官，奏獻《萬言書》，極陳當世急務，除知制誥。神宗朝除知江寧府，召爲翰林學士。熙寧二年，除諫議大夫、參知政事。三年十二月，拜禮部侍郎、同中書門下平章事，進行變法改革，備受反對派攻擊。七年四月，罷相，出知江寧府。明年復相，以《三經新義》立於學官，進尚書左僕射、門下侍郎。九年十月，判江寧府。元豐三年，封荆國公。元祐元年四月卒，年六十六，謚文公，進封舒王。

王安石是中國歷史上著名的政治改革家，文學成就也卓絶過人，尤以散文突出，爲唐宋八大家之一。因此，對王安石的研究爲歷代學者重視，宋詹太和、李燾，清顧棟高、蔡上翔、楊希閔，近人柯敦伯、柯昌頤、梁啓超、姜豪、沈卓然，今人梁明雄、李燕新、周憲文、李德身、高文等均編有王安石年譜。李燾所編年譜，未見流傳。此譜爲詹太和所編，主要爲仕歷繫年，間及詩文著述，較簡略，但作爲唯一傳世的宋人編王安石年譜，也彌足珍貴。詹太和（一〇九三—一一四〇），字甄老，嚴州遂安（在今浙江淳安西南）人。政和八年進士，歷揚子縣尉，知江、虔、撫三州，紹興十年卒。事見《浮溪集》卷二八《詹太和墓誌銘》。本譜爲紹興十年詹太和知撫州，校刊《臨川集》時所編，附于文集刊行。今據《北京圖書館古籍珍本叢刊》影印元大德五年王常刻本《王荆文公詩》所附年譜校點。

王荆文公年譜

桐廬詹太和甄老譜

真宗皇帝天禧五年辛酉

公生於是年。

仁宗皇帝慶曆二年壬午，公二十二歲。

楊寘牓中甲科，以祕書郎簽書淮南節度判官廳公事。

時韓魏公作鎮。公後有《入瓜步望揚州》詩：「白頭追想當時事，幕府青衫最少年。」又，《魏公挽詞》亦有述。

慶曆三年癸未　四年甲申

在揚州。有《憶昨示諸外弟》等詩。

慶曆五年乙酉

有《與徐兵部書》。

慶曆六年丙戌

《馬漢臣墓誌》曰：「慶曆六年，漢臣從余入京，待進士舉。」蓋揚州官滿，是年方趨京師。尋授明州鄞縣宰。

慶曆七年丁亥

曾子固作《喜似》贈黃御史曰：「五年，時送別介父於洪州。」又曰：「介父時爲縣於鄞，蓋慶曆七年也。」

公有「自縣出，屬民使浚渠川」等語，及《經遊記》、《鄞女墓誌》并詩。

慶曆八年戊子

作《縣齋》詩：「收功無路去無田，竊食窮城度兩年。」又：「到得明年官又滿，不知誰見此花開。」

皇祐元年己丑

二月二十八日，刻善救方，立之縣門外。

皇祐二年庚寅

《別鄞女》詩：「年登三十已衰翁。」公生辛酉，是歲庚寅，三十矣。

皇祐三年辛卯

改殿中丞，通判舒州。

是年，召試館職，有狀，免試，發赴舒州。

皇祐四年壬辰

到舒，有《答平甫》等詩：「只愁地僻經過少，舊學從誰得指南。」晚封舒國，《謝表》亦云：「惟兹邦土之名，昔者宦遊之壤。」

皇祐五年癸巳

是年歐陽文忠公奏：「伏見殿中丞王安石，德行文學，爲衆所推，守道安貧，剛而不屈，久更吏事，兼有時才。曾詔試館職，久而不就。乞用此人，補充諫官。」公以祖母年高辭之。

是年，祖母吳氏卒。曾子固誌其墓，亦載此。

至和元年甲午

免試，特除集賢校理。公有狀，以私計辭。歐陽公言：「群牧司領内外坊監判官，比他司俸入最優。」乃以公兼群牧司判官。

至和二年乙未

王逢原寄公詩：「借使牛羊雖有責，獨於鳳鳥豈無嗟。」是年有酬答等詩。

嘉祐元年丙申

公上執政書曰：「方今仁聖在上，而安石得以此時被使畿内，而有不樂於此」云云。

王逢原有送公行畿縣詩，公亦有酬答。

嘉祐二年丁酉

三年戊戌

改太常博士，知常州。《謝表》云：「比在群牧，常求外官，伏蒙朝廷改職畿縣。未試賢勞之力，已纏悸眩之痾。區區本懷，懇懇自訴，遂承優詔，特與便州。」

嘉祐四年己亥

有《酬提刑邵學士》詩：「曾詠常州送主人，豈知身得兩朱輪。」蓋先曾有詩送沈康知常州也。

嘉祐五年庚子

改江東提刑，有《寄沈鄱陽》幷《度麾嶺寄孫莘老》等詩。

嘉祐六年辛丑

除三司度支判官，尋除直集賢院。

嘉祐七年壬寅

除同修起居注，力辭，不許。尋除工部郎中、知制誥，糾察在京刑獄，管幹三班院。

嘉祐八年癸卯

仁宗皇帝登遐，英宗皇帝即位。

是年八月，丁母憂，事見《送陳和叔》詩引。

治平元年甲辰　二年乙巳

公持服。

治平三年丙午

十一月，有狀辭赴闕，乞分司於江寧府居住。

治平四年丁未

英宗皇帝登遐，神宗皇帝即位。

起以故官知江寧府。狀辭赴闕，且乞分司。又狀辭江寧府，若未許分司，則乞一留臺宫觀差遣，不許。冬，方就職。《謝表》云：「先帝登遐，既不獲奔馳道路。陛下即位，又未嘗瞻望闕廷」云云。

熙寧元年戊申

除翰林學士。

熙寧二年己酉

以右諫議大夫參知政事。

熙寧三年庚戌

十月，自參知政事拜同中書門下平章事、史館大學士。

熙寧四年辛亥　五年壬子　六年癸丑

作相。

熙寧七年甲寅

以觀文〔殿〕大學士知江寧府。

熙寧八年乙卯

自金陵復拜平章事，昭文館大學士。是年，以《經義》成，進加左僕射，兼門下侍郎。未幾，喪子雱，復求去位。

熙寧九年丙辰

以使相再鎭金陵。到任未幾，納節與平章事。懇請數四，乃改右僕射。未幾，又求宮觀。累表，得會靈觀使。

熙寧十年丁巳

是年大禮，加恩，特授開府儀同三司、舒國公。再恩，方改特進，封荆國公。

元豐元年戊午

食觀使祿，居鍾山，有《示蔡元度》詩、《寄吳氏女》等詩。

元豐二年己未

有《半山園即事》、《歌元豐》等詩。

元豐三年庚申　**四年辛酉**

元豐五年壬戌

是年，《字説》成，進表，繫銜「觀文殿大學士、集禧觀使、特進、上柱國、荆國公」。

元豐六年癸亥

是年冬，公被疾。

元豐七年甲子

公引病，奏乞以住宅爲寺，有旨賜名報寧。既而疾愈，稅城中屋以居，不復別造。

元豐八年乙丑

神宗皇帝登遐，哲宗皇帝即位。覃恩，公守司空。《謝表》曰：「居竊萬鍾，初未知於辭富；坐彌九載，方有俟於黜幽。」蓋自熙寧十年至是，食觀使祿，適九年矣。又有《寄吳氏女子》等詩。

元祐元年丙寅

是年四月，公薨。贈太傅。

王荊公年譜

（清）顧棟高編
劉承幹校
尹波校點

求恕齋叢書本

譜主王安石（一〇二一—一〇八六）之生平事跡，參前詹太和編《王荆文公年譜》簡介。

本譜爲顧棟高所編。顧棟高（一六七九—一七五九），字震滄，無錫（今屬江蘇）人。康熙六十年進士，授内閣中書，累官國子監司業。以經學、史學知名。著有《大儒粹語》、《春秋大事表》及《毛詩類釋》等。事見《清史稿》卷四八〇。

顧棟高於雍正十一年（一七三三）完成《司馬温公年譜》後，即接受家玉停建議，復編《王荆公年譜》，成於雍正十三年（一七三五）。嗣後歷時十多年，又求得荆公像，冠於篇端。顧氏認爲在熙、豐、元祐政局中，「與温公爲消長者，實惟半山」，因此所編司馬光、王安石兩譜，實可互相參考。由於他採取了褒司馬光而貶王安石的觀點，不無愛憎於其間，難免有失偏頗。爲證兩人互爲「消長」，致有「生同齒，没同歲」之説，從而誤信《宋史·王安石傳》，考訂王安石生於天禧三年（一〇一九）。但對王安石變法過程的譜述，仍有一定參考價值。至民國年間，沈卓然有鑒於其觀點之誤，加以删節訂正，重編爲《王安石年譜》，收入《王安石全集》。另外，清人蔡上翔亦撰有《王荆公年譜考略》，史料翔實，可參看。

王荆國文公象

荆公傳神自讚

我與丹青兩幻身，世間流轉會成塵。但知此物非他物，莫問今人猶昔人。

余既得溫公眞容，列於年譜之首，復欲得荆公像。乾隆丙辰，應鴻博試入都，訪諸臨川師。師曰：「吾鄉有荆公祠，塑像可摹也。」越四年乙未，郵書索之。師回札云：「現在無丹青者，容俟異日。」十餘年來，未得便，輒往來於心不能去。歲己巳，同年彭樂君丈開府江右，余復致書，幷求公生年月日。逾年有書來，且致公小像二。其一爲著色絹，則面方而偉，耳長過鼻，右耳根有三黑子，左亦如之，而中間相去微遠，呂惠卿所謂「公面有䵴」，豈即黑子之謂耶？祠成於崇寧五年，郡守田登因公宅創祠，肖公像而祀之。此時距公卒不遠，像當得眞。而余於千載後，求之二十年，始得拜瞻遺像，屬有天幸云。庚午九月中浣，顧棟高謹識。

【附】樂君來札

《王荆公年譜》，此爲千秋傳編，不可不成。其生卒、遺像，大費搜訪，今始得之。爲畫二小幅：一紙如書葉大小，付刊；一著色在絹，欲令好古深心，見昔賢眞面目於彷彿間耳。

王荆國〔文〕公年譜序

余編次《温公年譜》既成，家玉停謂余：「汴宋之局，温公與荆公二人爲乘除，盍將荆公事叙次之，則於熙寧及元祐之故益瞭然。」余然其言。因就公集，參以史氏記及他書舊聞，得熟觀公前後本末，洒喟然歎曰：宋以相忍爲國，積且百年。神廟思雪歷世之恥，奮然欲刷幽冀，答靈夏，特念其事重大，未敢明言於廷。得一荆公者，拔於庶僚之中而驟用之。公入對，口稱堯、舜之道，實挾管、商之術，以傾動主上，故神廟之委心聽命於公者，此如燕昭之築臺以禮望諸，昭烈之枉駕以迎諸葛，欲伸其積志，而舉國以聽其所欲爲也。公之設計，以爲欲用兵必先聚財，欲聚財不得不立法。而貸民出息，興修水利，己所親試之而歷有效，因遂恣意更張。其用兵也，先於交阯及西南諸夷，非其本意也。特欲擊滅一二弱小之國，以試吾武力而足吾甲兵。待吾輿圖日廓，賦入益廣，儲待充而士卒練，然後可以惟吾所爲，而無不如志。而靈夏之强，次於幽薊，乃用昔人攻瑕之策，併力從事，欲先舉西夏以漸及於契丹，此公設施次第本謀也。故凡可以斂天下之財者無不爲，凡言財利者無不用。迨一旦靈夏稽首，幽薊遠遁，然後息財利而言仁義，絀心計之臣而崇用老成之士。公所日夜圖謀者如是。卒之大欲難酬，契丹見形生疑，更求地界，而公持「欲取姑與」之説，捐地七百里矣。西夏禍結，兵連不解，最後興永樂之師，得不償失，喪師徒六十萬矣。財詘於上，民怨於下。譬如爲人行賈，罄其人之家貲，商於巨洋絶島之區，一出而遇颶風，再出而罹寇盜，家貲蕩盡，猶復持籌不已。噫，謀國如此，豈不殆哉！自古居甚美之名，而欲行難成之事，違衆人之欲，以僥倖不可必之功，力小任重，鮮不蹶者。使非温公從其後而補救之，則汴宋之亡，當不待青城之辱。余於兩公循環終始之故，不禁三歎息也。既因家玉停之言而叙公生平，編以年月先後，爲上、中、下三卷，并論其所以然者，附於《温公年譜》之後。雍正乙卯九月中浣書。

王荆國文公年譜目録

卷上　起真宗天禧三年己未公生，至英宗治平四年丁未公年四十九歲。

卷中　起神宗熙寧元年戊申公年五十歲，至神宗熙寧六年癸丑公年五十五歲。

卷下　起神宗熙寧七年甲寅公年五十六歲，至哲宗元祐元年丙寅公年六十八歲，是年四月癸巳公薨，爲月之六日。

卷後　起哲宗元祐二年丁卯，至理宗淳祐元年辛丑削去從祀。

遺事　一卷

王荆國文公年譜凡例

一、荆公少壯時，歷任比温公差少。獨訖仁宗之世，自簽判淮南至知制誥，内外凡九任，既無行狀、墓誌銘可考，其年月先後次第，俱於其往來書疏及詩小注參考得之，引據最確，讀者可一覽曉然。

一、《宋史》譔公本傳，前後多疏漏，如歐陽修爲公延譽，列於登第之前，似公獻詩文以求售者。不知此時公已歷淮南任三年，有曾子固《上歐陽書》可考也。歐集中明云，至和中，薦王安石爲諫官，不就，後言於朝，爲羣牧判官，在至和元年甲午。而本傳乃云公以祖母年高辭，不知公祖母謝氏卒於皇祐五年六月，去此已及一年，有曾子固《墓誌銘》可考也。又，《宋史·仁宗本紀》明云嘉祐五年五月己酉，召王安石入爲三司度支判官，而安石本傳乃云嘉祐三年，顯相矛盾，譌謬益甚。今據本傳及他書一一考正。

一、《宋史·哲宗本紀》公薨於元祐元年丙寅四月，本傳云年六十八歲。以歲月考之，當爲己未生。又，公自作《鄞女墓志》云慶曆七年四月生，明年六月死，則當爲慶曆八年戊子。公有《别鄞女》詩云「行年三十已衰翁」，由己未至戊子，恰年三十，益灼然可據無疑。乃蘇穎濱集中謂公與馮京皆生於辛酉，疑誤。至《宋稗類鈔》謂同生於戊子，益誤。今據《宋史》及公本集爲斷。

一、公平生執拗不曉事，然觀其知鄞縣時上孫司諫書，論責民出錢，購人捕鹽之害，洞晰利病，後來攻新法者或不如。提點江東刑獄時與劉原父書，河役告病，即止，且自媿悔。公絶非强愎不受盡言者。無他，公此時位卑，無諂諛小人以迎合之故也。謹條識其歲月，以見公未柄政時，其本心不昧如此。

一、公平生以孟子自處，其對仁宗《上殿》，以魏徵、諸葛孔明不足道，蓋即孟子「管、晏不爲」之意。然孟子戒言利，荆公專言利；孟子止王之大欲，勸王行王政，荆公專事聚斂、練兵，有事契丹、西夏，正犯孟子所謂「盡心力而爲之，後必有灾」者。蓋名相慕而實相反者也。其偃然自負，已於酬歐公贈詩見之，列此以志公之大言無實，原於幼學有素云。

一、公爲惠卿所賣，居金陵日，往往寫「福建子」三字。然觀其《與吕吉甫書》，周旋回護，不敢一語直斥其非，固緣憂讒畏禍之深，亦由護前自信之至，蓋恐被君子之笑譏，因甘受小人之凌侮，所謂「匿怨而友」者此也。此書當惠卿出知陳州之日，怨仇已成，列之以著公之狼狽，由誤信小人致此云。

一、公所行新法十八事，俱照正史撮録大略，以便觀覽。至熙寧七年去位，韓、吕繼之。一切榷蜀茶、行手實諸法，皆七年四月去位之後、八年二月再入相之前，係惠卿所創建，於公無與，故概不入。

一、公柄政日，黜逐臺諫，屏斥元老，具載史書，此當歸諸廟堂，未宜載入公譜。且如此便成謗書，非後學譜先賢之意，故概不入。惟少時高自標置，其病根隱然伏中處，由翰林學士爲執政，其心術漸漸移易處，雖軼事必録，蘄無失公之真面目而已。

一、公於赴召啓行日，與寶覺大師會宿金山，晚有疾，乞以所居爲報寧寺，大儒舉動豈宜如此？東坡撰公制詞云：「少學孔、孟，晚師瞿曇。」是公真像贊，事雖小必書，以表其微也。

一、公於經筵争坐講，史傳失載。考吕獻可論公十事，其三曰「侍讀、侍講請坐自尊」，及曾子固所著《講官議》可見。或謂子固此議爲伊川發，非也。伊川以元祐元年爲崇政殿説書，而子固以元豐六年卒，年代遠不相值。東坡以形跡之似，遂以老泉之疑荆公者疑伊川，蓋亦所謂貌相耳。特書之以補史書之闕。

王荆國文公年譜卷上

錫山顧棟高輯　吴興劉承幹校

公姓王氏，諱安石，字介甫，撫州臨川人。其先出太原，不知始所以徙。曾祖諱明，以子觀之貴，贈尙書職方員外郎。祖諱用之，衛尉寺丞；祖妣謝氏，封永安縣君。父諱益，初字捐之，年十七，以文見張忠定公詠於昇州，一見稱賞，爲改字舜良。祥符八年進士，初任建安主簿，判臨江軍，出領新淦縣，知廬陵縣，移知新繁。所至有聲，改殿中丞，尋知韶州，改太常博士、尙書都官員外郎。丁外艱，服除，通判江寧府，卒官，年四十六。子七人，長安仁，字常甫；次安道，字勤甫；次即公；次安國，字平甫；次安世，字某；次安禮，字和甫；次安上，字純甫。公秉政後，追贈曾祖太師、中書令；祖贈太師、中書令、兼尙書令；考贈太師、中書令、兼尙書令、康國公；母吴氏，贈楚國太夫人。

真宗天禧三年己未九月二日，公生。

母夫人吴氏，臨川處士吴君諱畋之女，母曰黄氏。公於夫人爲長子。兩兄前母徐氏出也，夫人愛之甚于己子，待前母之族如己族。曾子固《墓志》云：「黄氏曉書史，兼喜陰陽術數學，故夫人亦通於其説。」

四年庚申，公年二歲。

五年辛酉，公年三歲。

乾興元年壬戌，公年四歲。

仁宗天聖元年癸亥，公年五歲。

二年甲子，公年六歲。

少好讀書，一過目終身不忘。

三年乙丑，公年七歲。

四年丙寅，公年八歲。

五年丁卯，公年九歲。

六年戊辰，公年十歲。

叔祖尚書主客郎中諱觀之卒，年六十二。明年葬，葬後若干年，公夫人張氏卒，而公墓塋，乃改卜合葬於眞州揚子縣萬寧鄉銅山之原。而公叙其事行曰：「某，公兄孫也，受命於叔父而爲銘。銘而次公之行事不能詳者，以某不得事公，而公之沒，叔父尚少故也。」蓋公是時年甫十歲。

七年己巳，公年十一歲。

八年庚午，公年十二歲。

公《與祖擇之書》：某生十二年而學。

《宋史》公本傳：屬文動筆如飛，初若不經意，既成，見者皆服其精妙。

九年辛未，公年十三歲。

明道元年壬申，公年十四歲。

二年癸酉，公年十五歲。

是年春，從都官公還臨川，於舅家見金谿民方仲永。仲永生五年，未嘗識書具，忽啼求之。父異焉，與之，即書詩四句，并自爲其名。其詩以養父母、收族爲意，傳示一鄉秀才。自是指物作詩立就，其文理皆有可觀者。至是，年十二三矣，令作詩，不能稱前時之聞。

見外祖母黃夫人。夫人春秋高矣，視其禮猶若女婦然。公有《憶昨詩示諸外弟》云：「此時少壯自負恃，意氣與日爭光輝。乘閒弄筆戲春色，脫略不省旁人譏。坐欲持此博軒冕，肯言孔孟猶寒饑。」

公以癸酉從都官公還臨川。十五歲以上，大抵從宦游，住居官舍，但某年歷某處則不可考矣。《先大夫述》云：「宦游嘗奉親行，獨西川以遠，又法不聽。在蜀之新繁，未嘗劇飲酒，歲時思慕，哭殊悲。其自奉如甚嗇者，異時悉所有（又）〔以〕貸於人，治酒食，須以娛親。」據此則都官公雖仕宦，而七男三女家累重大。初不及營半椽，直至丁丑判江寧府，己卯卒官，其家始寄金陵，此荆公初年本末也。

按：公與子固同撫州府，直至十八入京師，始與定交。以前大抵閉門獨學，無師友。使常居臨川，早已聞聲相思久矣。此亦十五以前從宦游之證也。

景祐元年甲戌，公年十六歲。

從都官公居臨川，是年公祖衛尉寺丞用之卒。

《先大夫述》云：「丁衛尉府君憂，服除，通判江寧府。」按：年分當在是年。

二年乙亥，公年十七歲。

從都官公居臨川。

按：公以明年丙子，即從都官公入京師謁選。自癸酉十五歲至此，生平住居臨川止此三年有餘，以後則寄居金陵矣。

三年丙子，公年十八歲。

從都官公入京師，始與曾子固定交。

子固贈公詩云：「憶昨走京城，衡門始相識。疏簾掛秋日，客庖留共食。紛紛說古今，洞不置藩域。有司甄棟幹，度量棄樗櫟。振轡行尚早，分手學壖北。初冬憩海昏，夜坐探書策。始得讀君文，大匠謝刀尺。」

四年丁丑，公年十九歲。

四月，都官公判江寧府。

公《憶昨》詩云：「丙子從親走京國，浮塵坌並緇人衣。明年親作建昌吏，四月挽船江上磯。」「建昌」疑「建康」之訛。《先大夫述》云：「平居未嘗怒笞子弟，每置酒，從容爲陳孝悌仁義之本，古今存亡治亂之所以然，甚適。」

寶元元年戊寅，公年二十歲。

閉門勤學，以稷、契自許。

《憶昨》詩云：「端居感慨忽自寤，青天閃爍無停暉。男兒少壯不樹立，挾此窮老將安歸？吟哦圖書謝慶弔，坐室寂寞生伊威。材疏命賤不自揣，欲與稷契遐相希。」

二年己卯，公年二十一歲。

二月二十三日，都官公卒於金陵。

《憶昨》詩云：「旻天一朝畀以禍，先子泯沒予誰依。精神流離肝肺絶，皆血被面無時晞。」

康定元年庚辰，公年二十二歲。

寄居金陵。

公作《李通叔哀辭》云：「予既孤，寄金陵家焉。從二兄入學爲諸生，常感古人汲汲於友，以相鐫切，以入於道德。遇通叔於諸生間，放心不求而歸，邪氣不伐而自遯去。其所爲文，一本於古，作《太阿》詩貽之，通叔亦作《雙松》詩以爲報。」

康定二年慶曆元年**辛巳，公年二十三歲。**十一月，改元。

過胥山，謁伍子胥廟。

是年，赴京師就禮部試。

《李通叔哀辭》云：「予待禮部試，留京師。通叔再斥於太學而歸，予與之别曰：『予明年亦斥而歸，或得官，皆宜在淮、江之南。』」可知以是年入京師也。

十二月，外祖母黃夫人卒。

撰《仙源縣太君夏侯氏墓碣》。謝希深之夫人。

二年壬午，公年二十四歲。

三月，吳正肅公育知貢舉，二十二日，皇帝御崇政殿，賜進士及第出身八百三十九人，公與呂公著晦叔俱登第。《續通鑑》。

《憶昨》詩云：「母兄呱呱泣相守，三載厭食鍾山薇。屬聞下詔起羣彥，遂自下國趨王畿。刻章琢句獻天子，釣取薄祿歡庭闈。」

《上相府書》云：「某幸以此時竊官於朝，受命佐州，分不宜以恩上。顧其勢有宜憐者，大母春秋高，宜就養。顧殯先人之丘冢，自託於筦庫，以終犬馬之私。」

簽書淮南判官，八月赴任。

《上田正言書》云：「某五月還家，八月抵官，每欲布書道懷。揚，東南之吭也，舟輿至自汴者，日十百數，因得問汴事。」

魏公知揚州，王荆公初及第，爲簽判，每讀書至達旦，略假寐，日已高，急上府，多不及盥漱。魏公見荆公少年，疑夜飲放逸，一日從容謂荆公曰：「君少年，毋廢書，不可自棄。」荆公不答，退而言曰：「魏公非知我者。」魏公後知其賢，欲收之門下，荆公終不屈。故荆公《日錄》中短魏公爲多，每曰：「韓公但形相好耳。」作《畫虎圖》以詆之。公薨，荆公挽詩云：「幕府少年今白髮，傷心無路送靈輀。」猶不忘少年之語也。《名臣言行錄》。

與孫正之定交。閏九月十一日，正之奉親

從其兄官於溫。有《送孫正之序》。正之名侔。

撰《淮南江浙荆湖南北等路制置茶鹽礬酒稅兼都大發運副使贈尚書工部侍郎蕭公定基神道碑》。

三年癸未，公年二十五歲。

公任淮南判官。

《送陳興之序》云：「先人爲臨江軍判官，實佐今駕部員外郎陳公恕。其後二十五年，公之子興之主泰之如皋簿，某爲判官淮南，以事出如皋，遇之，相好也。其後二年歸京師。」

按：據此則公任淮南通判首尾歷三年，而公之生，正當都官公判臨江之年無疑。

三月，請假省覲祖母於臨川，復至舅家見諸外弟。

《憶昨》詩云：「身著青衫手持版，奔走卒歲終淮沂。淮沂無山四封庳，猶有廟塔尤峨巍。時時登高一悵望，想見江南多翠微。歸心動蕩不可抑，霍若猛吹翻旌旗。騰書漕府私自列，仁者惻隱從其祈。暮春三月亂江水，勁櫓健帆如轉機。還家上堂拜祖母，奉手出涕縱橫揮。出門信馬來何許，城郭宛然相識稀。永懷前事不自適，卻指舅館接山扉。當時髫兒戲我側，於今冠佩何頎頎。」問仲永。曰：「泯然衆人矣。」王子曰：「仲永之通悟，受之天也。卒之爲衆人，則其受於人者不至也。」作《傷仲永》。烏石岡距臨川三十里，公外家吳氏居其間。故詩云：「不知烏石岡邊路，到老相尋得幾回。」

臨川郡學在撫州州治之東城隅之上，釁

門庭階之間，有池不廣，而旱暵不竭，世傳以爲右軍墨池。每當貢士之歲，或見墨汁點滴浮於水面，則次春郡人必有登科者。公《送和甫奉使江南》詩「爲我聊尋逸少池」，皆紀實也。

至南豐謁曾子固。

子固贈公詩云：「維時南風薰，木葉晃繁碧。頽雲走石瀨，逆阪上文鷁。欣聞被檄來，窮閭駐鑣軾。促榻叩其言，咸池播純繹。行身抗淵損，及物窺龍稷。霧草變衰黄，吟蛩鬧朝夕。君子畏簡書，薄言返行役。自從促櫂去，會此隆冬逼。」

據此詩及《上徐兵部書》，則公以三月乞假省覲，歷兩月至臨川，復至子固家，留連歷秋冬而後返。

公《初去臨川》詩有「東浮谿水渡長林，上阪回頭一撫心。已覺省煩非仲叔，安能養志似曾參」之句。

公作《同學一首别子固》。

略云：「予在淮南，爲正之道子固，正之不予疑也。還江南，爲子固道正之，子固亦以爲然。將欲相扳以至乎中庸而後已。噫！官有守，私有繫，會合不可以常，作《同學一首别子固》。」

《上徐兵部書》云：「蒙職事畀之嚴符，開以歸路。暮春三月，登舟而南，桴江絶湖，綿二千里，風波勁悍，雨潦湍猛，窮兩月乃至家。展先人之墓，十年縈鬱，一旦釋去。此時還職不時，以懼以慚。然去父母之邦，古人所爲遲遲也。不識職事讁之，宜何如？」

按：公以癸酉還臨川，至是恰十年矣。

撰《户部郎中贈諫議大夫曾公致堯墓志

銘》。

按序云：「公歿於祥符五年壬子，歿後八年，而博士子鞏生，生二十五年，而鞏以博士命來乞銘。」計共三十二年，以年分推之，當爲是年癸未，曾蓋與公同年生也。而刻本誤作生三十五年，則當爲皇祐五年癸巳，博士卒於慶曆丁亥，到癸巳歿已七年矣，尙得云博士命耶？博士諱易占，鞏之父，致堯之子。

是年四月，公讀鎭南邸報，有詩云：「衆善夔龍盛，予虞絳灌憸。」

按：《綱目》慶曆三年四月，夏竦罷，以杜衍爲樞密使，韓琦、范仲淹爲樞密副使，石介作《慶曆聖德詩》，蓋此時也。

是月，撰《揚州新園亭記》。

《記》云：「經始於慶曆二年十二月某日，凡若干日卒功。」

八月，撰《張刑部詩序》。

四年甲申，公年二十六歲。

是年，公歸京師。子雱生。

按《宋史》：雱卒於熙寧九年丙辰，年三十三。數其生年，當爲是年甲申。

自揚州歸，與叔父會京師，命作《大中祥符觀新修九曜閣記》。

《與張太博書》。

略云：「某愚不識事變，惟古人是信。得堯、舜之書，閉門讀之，貫穿上下，浸淫其中，將一窮之而已矣。不幸而失先人，母老弟弱，衣穿食單，乃始憮然欲仕，往即焉而乃幸得，於今三年矣。憂患疾疹，學日以落，而廢職之咎，幾不免。蒙執事延問之勤，使獻所爲文，敢自閉匿，以虛教命之辱？謹書文凡十篇獻左右，復書所志以爲之先焉。」

按：此書公以伊、呂自命，於此可想見。

曾子固《上歐陽舍人書》云：「鞏之友王安石，文甚古，行甚稱其文，雖已得科名，居今知安石者尚少也。彼誠自重，不願知於人，嘗言非先王無足知我。如今雖無常人千萬不害，顧如安石者不可失也。謹書其所爲文一編進左右，幸賜觀之。」

按：曾再上書云：「書既達，而先生使河北，不復得報。」歐公以慶曆四年八月出爲河北都轉運使，故知當爲是年也。此時公已登第，歷揚州任三年，復歸京師。《宋史》本傳以此事列於登第之前，似公緣此以得科第者，失之遠矣。觀此書自明。

舊制，秩滿許獻文求試館職，公獨否。

初，韓魏公知揚州，介甫以新進士簽書判官事。魏公雖重其學，而不以吏事許之。介甫秩滿去，會有上韓公書者多用古字，韓公笑謂僚屬曰：「惜王廷評不在此，其人頗識難字。」介甫聞，以爲輕己，由是怨之。《記聞》。

撰《外祖母黄夫人墓表》。

《表》云：「夫人以康定二年卒，後四年，某還自揚州，表其墓。」以年分數之，當在是年。

《與祖擇之書》。

《書》云：「某生十二年而學，學十四年矣，於聖人之所謂文者私有意焉。執事欲收而教之，謹書所爲書、序、原、說若干篇獻左右。」據此則知，此書爲公二十六歲，當在是年無疑。

五年乙酉，公年二十七歲。

公在京師，任大理評事。

與王回、王向定交，致其文於曾鞏。王回字深父。

曾子固《再上歐陽舍人書》云：「頃嘗以王安石之文進左右，而以書論之，既達，而先生使河北，不復得報。近復有王回、王向者，安石於京師與爲友，稱之曰有道君子，以書來言者三四，又寓其文以來。鞏覽之，而知二子誠魁閎絕特之人，不待見而已能信之。三子者，樹立自有法度，非苟求聞於人。而鞏汲汲言者，欲得天下之才，盡出於先生之門，以爲報耳。伏惟還以一言，使之是非有定焉。」

曾子固來書云：「鞏至金陵後，渡江來滁上，見歐陽先生，住且二十日，今從泗上出，及舟船侍從以西。歐公悉見足下之文，愛歎誦寫，不勝其勤，間以王回、王向文示之，亦以書來云：『此人文字，世所無有。』嘗編《文林》，悉時人之文佳者，此文與足下文多編入矣。歐公甚欲一見足下，能作一來計否？歐公更欲足下少開廓其文，勿用造語及模擬前人云，孟、韓文雖高，不必似之，取其自然耳。」

按：歐公以慶曆五年八月出知滁州，此書當在是年。歐公與荆公未識面，而寄語相商，古人造就後學之心如此。荆公文鑱刻，其源蓋出昌黎，而天性拗強，亦所謂文如其人。讀此可窺見其少年所樹立矣。

撰《曾公夫人萬年太君黃氏墓志銘》。

六年丙戌，公年二十八歲。

公在京師。

五月，京師雨雹。公有《丙戌五月京師作》二首：「北風閣雨去不下，驚沙蒼茫亂昏曉。傳聞城外八九里，雹大如拳死飛鳥。」「浮雲披離久不合，太陽獨行乾萬物。誰令昨夜雨雱霈，北風蕭蕭寒到骨。」

公撰《馬漢臣墓志》云：「慶曆六年，漢臣從予入京師待進士舉，六月病死。死時予亦病，其叔父在京師，因得棺歛歸金陵。」

撰《眞州司法參軍杜君渙墓志銘》。

秋七月，出京師。

七年丁亥，公年二十九歲。

再調知鄞縣。

春二月，大旱，詔求直言。公讀詔有詩云：「去秋東出汴河梁，已見中州旱勢强。日射地穿千里赤，風吹沙度滿城黄。近聞急詔收羣策，頗説今年又亢陽。賤術縱工難自獻，心憂天下獨君王。」

按：公此時已勃勃欲試，睥睨一世之志，基於此矣。

四月壬戌，鄞女生。

《上杜學士衍言開河書》。

略云：「鄞之爲邑，跨負江海，水有所去，故人無水憂。而深山長谷之水，四面而出，溝渠澮川，十百相通。長老言，錢氏時置營田吏卒，歲浚治之，人無旱憂，恃以豐足。今營田廢已六七十年，向之渠川，稍稍淺塞，山谷之水，轉以入海，而無所瀦。幸而雨澤時至，田猶不足於水，若方夏歷旬不雨，則衆川之涸，可立而待。故今之邑民最畏旱，而旱輒連年。是皆人力不至，而非歲之咎也。某爲縣於此，幸歲大穰，以爲宜乘人之有餘力，大浚治川渠，使有此瀦，可以無不足水之患。而民亦皆懲旱之數，聞之皆翕然勸趨，無敢愛力。夫苟有大利，雖民所不欲，猶將强之，況其所願欲哉！竊以爲此亦執事之所欲聞也。」

撰《胡君墓志銘》。作《慈谿縣學記》。

七月，作《撫州招仙觀記》。

十一月丁丑，作《鄞縣經游記》。

是月，上書乞歸葬都官公。

公知鄞縣，讀書爲文，二日一治縣事。起陽隄堰，決陂塘，爲水陸之利。貸穀於民，立息以償，俾新陳相易。興學校，嚴保伍，邑人便之。熙寧初爲執政，所行之法，皆本於此。然公知行於一邑則可，不知行於天下不可也。又所遣新法使者，皆刻薄小人，急於功利，遂至決河爲田，壞人墳墓、室廬，不可勝紀。青苗雖取二分之息，民請納之費多十之七八。又公吏冒民，新舊相因，天下益騷然矣。

八年戊子，公年三十歲。

公任鄞縣。

《請杜醇先生入縣學書》云「某得縣於此踰年」，則當任鄞之二年也。

六月辛巳，鄞女卒，葬崇法院之西北，有《别鄞女》詩：「行年三十已衰翁，滿眼憂傷祇自攻。今日扁舟來訣汝，死生從此各西東。」

《上運使孫司諫書》，論責民出錢購人捕鹽之害。略云：「鄞於州爲大邑，某爲縣於此兩年，見所謂大戶者，其田多不過百畝，少者至不滿百畝。百畝之入，其尤良者直二百千。一切養生送死皆由田出，州縣百須又出於其中。方今田桑之家，尤不可時得者錢也。今責購而不可得，則其間必有鬻田以應責者。夫使良戶鬻田以賞無賴告訐之人，非所以爲政也。又其間必有扞州縣之令而不時出錢者，州縣不得不鞭械以督之。鞭械吏民使之出錢，以應捕鹽之購，又非所以爲政也。重告訐之利以敗俗，廣誅求之害，急較固之法，以失百姓之心，犯者不休，告者不止，購將安出？出於大戶之家而已，大家將有由此而破產失職者。安有仁人在上，而使下有失職之民乎？今之世必欲變法，今以從古之制，固未能也，循今之法而無所變，有何不可，而必欲重之乎？」

按：公此書，日後元祐諸公指陳新法之害者，不過如此，而反覆痛切或不如。公此時絕非不曉事者。

七月，撰《餘姚縣海塘記》。

再上杜學士書。時杜改使河北。

是年，得旨歸葬，遂以某月日與昆弟奉都官公之喪，葬江寧府之蔣山。曾子固志其墓。

《與孫侔書》字正之。略云：「先人銘固嘗用子固文，但事有缺略，向時忘與議定。又有一事，須至別作，然不可以書傳。某於子固亦可以忘形跡矣，而正之云然，則某不敢易。欲正之作一碣石，立於墓門，使先人之名德不泯，幸矣。」

按：此書未知作於何年，以都官公墓志故，附入於此。

皇祐元年己丑，公年三十一歲。

公任鄞縣。

去年都官公葬事訖，即回鄞任，是年秋冬間入京師，明年春送北使，故《示長安君》詩云：「自憐湖海三年隔，又作塵沙萬里行。」蓋知鄞縣，由丁亥至己丑，恰三年也。

二月二十八日，刻《善救方》，樹石縣門外左。

按：《宋史·本紀》，慶曆八年二月癸酉，頒《慶曆善救方》。公爲刻之，有《後序》，見《集》中。

《答孫元規沔大資書》。

略云：「某聞閣下之名日久，獨未嘗得望履舄於門。比者得邑海上，而聞左右之別業實在敝境，猶不敢因是以求聞。卒然蒙賜教督，讀之茫然，不知其爲媿且恐也。」

上（郎）〔蔣〕侍郎書。

撰《伍子胥廟銘》。

序云：「康定二年，予過胥山，周行廟庭。後九年，樂安蔣公爲杭使，新之，余與爲銘。」按年分計之，因當是年。

撰《太常博士曾公易占墓志銘》。鞏之父。

序云：「公歿於慶曆丁亥，後二年而葬。」當爲是年己丑。

是年，復歸京師。

公《登越州城樓》詩云：「可憐客子無定蹤，一夢三年今復北。」是任鄞歷三年也。

二年庚寅，公年三十二歲。

公在京師候差遣，授殿中丞。

是年春，送契丹使出塞。有《伴送北朝人使詩序》。

《序》云：「某被敕送北客至塞上，語言

之不通，而與之並轡十有八日，亦默默無所用吾意。時竊詠歌以娛，愁思當笑語，悉錄以歸，示諸親友。」公有《示長安君》詩云：「自憐湖海三年隔，又作塵沙萬里行。」《和曾子翊授舒掾》之作云：「舊游筆墨苔今老，浪走塵沙鬢已斑。」是在鄞縣之後舒州之前，故知爲是年也。又詩云：「一馬春風北首燕，卻疑身得舊山川。回頭不見辛夷發，始覺看花是去年。」其爲春初無疑。長安君，公長妹適張氏者，公集中有《長安縣太君王氏志》。曾子翊，係子固之弟，諱宰，嘉祐六年進士，初授舒州司戶參軍。有《北客置酒》詩。

按：此據子固撰《亡弟子翊墓志銘》，宜可信。然疑「嘉祐」爲「慶曆」之訛。若嘉祐六年，則當爲辛丑，公年四十三歲，在京師任（二）〔三〕司度支判官，直集賢院，無緣於舒州相遇，且與詩中所稱絕不類也。

奉使道中，寄育王山長老常坦詩。

五月二十五日，撰《撫州祥符觀三清殿記》。

十月二十日，撰《信州興造記》。

三年辛卯，公年三十三歲。

公以殿中丞通判舒州。

三月，長兄安仁常甫監江寧府鹽院。

六月，長兄常甫卒，年三十七。

九月十六日，《題舒州山谷寺石牛洞泉穴》詩。

序云：「皇祐三年九月十六日，自州之太湖過懷寧縣山谷乾元寺宿，與道人文銳、弟安國擁火游石牛洞，見李翱習之書，聽泉久之，明日復游，乃刻習之後。」

撰《贈尚書刑部侍郎王公墓志銘》。

撰《廣西轉運使孫君抗墓碑》。

四年壬辰，公年三十四歲。

公通判舒州。

四月，葬長兄安仁於都官墓東南五步。

公撰《亡兄王常甫墓志》云：「先生七歲好學，讀書二十年。當慶曆中，天子詔州縣大置學，先生以學完行高，江淮間州爭欲以爲師，弟子慕聞來者，往往千餘里，磨礱淬濯，成就其器，不可勝數。而先生始以進士下科補宣州司戶，至三月，轉運使以監江寧府鹽院，又三月卒。又七月葬，則卒之明年四月也，實皇祐四年。生兩女，無子。時母夫人吳氏尚在。」後曾子固撰《仁壽縣太君墓志》云：「二長子前死，夫人已老矣，身爲字其孤兒，忘其力之憊。」則是安道尚有子也。

撰《太常少卿分司南京沈公墓志銘》。

撰《李君夫人盛氏墓志銘》。

五月，撰《老杜詩集後序》。

五年癸巳，公年三十五歲。

公以殿中丞通判舒州。

文彥博薦公恬退，乞不次進用，以激奔競之風。尋召試館職，不就。

公《乞免就試狀》云：「奉聖旨依前降指揮發來赴闕就試。臣以祖母年老，先臣未葬，二妹當嫁，家貧口衆，難住京師。比嘗以此自陳，乞不就試，幸蒙聽許。方懼爲罪，不圖執事之臣，更以臣爲恬退，令臣無葬嫁奉養之急，而逡巡辭避，不敢當淸要之選，雖曰恬退可也。今特以營私家之急，擇利害而行，謂之恬退，非臣本意。兼臣罷縣守闕，及今二年有餘，老幼未嘗寧宇，即令赴闕，實於私計有妨。伏望特寢召試指揮，且令終滿外任。」《舒州被召試不赴偶書》：「戴盆難與望天兼，自怪虛名亦自嫌。槁壤太牢俱有味，可能蚯蚓獨清廉。」夏，赴姑蘇視積水。六月十五日，書天童瑞新道人壁。

六月十四日，祖母永安縣君謝氏卒於撫州之臨川。

十月，作《芝閣記》。

十一月十五日，葬永安縣君於金谿縣之某鄉某原，曾子固志其墓。時兩兄安仁、安道已前卒。

撰《都官郎中致仕周公墓志銘》。

皇祐六年至和元年**甲午，公年三十六歲。**三月改元。

公由舒州赴闕，乞除一在外差遣，不願就試。

三月二十二日，除公集賢校理。公疏辭四上，乃除公羣牧判官。

公《辭狀》云：「臣頃者再蒙聖恩召試，臣以先臣未葬，二妹當嫁，家貧口衆，難任京師，乞且終滿外任，比蒙矜允，獲畢所圖。而門衰祚薄，祖母、二兄、一嫂相繼喪亡，窘迫比前爲甚。所以今兹纔至闕下，即乞除一在外差遣，不願就試。所以然者，以舊制入館即當供職一年，臣方（其）〔甚〕貧，勢不可處。不圖朝廷不加考試，有此除授。更聞特與推恩，不俟一年即與在外差遣。夫一年供職，乃是朝廷舊制，是臣前所乞以爲私養要君，而誤陛下以無名加寵。又累朝廷隳廢久行之法，臣雖不肖，獨何敢冒過分之寵，而以身爲廢法之首乎？伏望追還所授，特與除一在外合入差遣。」凡四上狀。

歐陽修薦公爲諫官，以祖母年高辭，歐以公須祿養言於朝，用爲羣牧判官。公本傳。

歐《劄子》云：「伏見殿中丞王安石，德行文章，爲衆所推，守道安貧，剛而不屈，久更吏事，兼有時才，曾召試館職，固辭不就。往年陛下增置臺諫官四員，今尚有虛位。伏乞用安石與呂公著補之，足四員之數，必能規正得失，裨益聰明。」

按：歐公薦公爲諫官，不就，復言於朝，用爲羣牧判官，蓋當至和元年，歐集內薦公《劄子》下注云「至和中」可考也。此云「以祖母年高辭」，非是。公祖母謝氏卒於皇祐五年六月，至此已及一年，《宋史》作傳者未之考耳。又公集中無辭諫官表。按歐《劄子》下云「乞留中」，遂不出，意當日諫官之命未下也。

司馬溫公嘗曰：「至和中，某與介甫同爲羣牧司判官。時包孝肅爲使，號清嚴。院中牡丹盛開，包公置酒賞之，舉酒相勸，光素不喜酒，亦強飲之，介甫終席不飲，包公不能強也。光以是知其不屈。」《聞見録》。

撰《金谿吳君蕃墓志銘》。公母舅。

撰《朝奉郎守國子博士知常州李公餘慶墓志銘》。

六月，撰《通州海門興利記》。

七月，同蕭君玉、王深父、弟安國平父、

安上純父遊褒禪山，作《游褒禪山記》。

十一月，撰《贛縣主簿蕭君墓志銘》。

二年乙未，公年三十七歲。

公任羣牧判官、太常博士。

九月丙辰，爲余公靖撰《桂州新城記》。

撰《永安縣太君蔣氏墓志銘》。毗陵錢公輔之母。

撰《尚書都官員外郎侍御史王公墓志銘》。深父之父。

至和三年嘉祐元年**丙申，公年三十八歲。**三月改元。

公任羣牧判官、太常博士。

去冬婦子病，至春未已。苦昏眩疾。

八月十日，題景德寺試院壁，又作七律一首，有「歸期正自憑蓍蔡，生理應須問酒醪」之語。

《上執政乞東南一郡書》。略云：「某幸得以此時備使畿內，亦區區思自竭之時。顧其親闈老矣，兄嫂尚皆客殯而不葬，及今愈思自置江湖之上，以便昆弟親戚往還之勢，而成婚姻葬送之謀。故某在廷二年，所求郡以十數。今不幸又爲疾病所侵，好學而苦眩，稍加以憂思，則昏瞶不知所爲。以京師千里之縣，吏兵之衆，民物之稠，懼不給，無以稱上之恩施。伏乞東南寬閒之區，寂寞之濱，與之一官，使得因吏事之力，少施其所學，以博祿賜之入，幸甚。」

按：公知常州《上監司啓》云：「來佐羣牧，甫更二年，數求州符，就更畿縣。」由甲午至丙申，恰更二年也。

歐陽公贈詩云：「翰林風月三千首，吏部文章二百年。老去自憐心尚在，後來誰與子爭先。朱門歌舞爭新態，綠綺塵埃拂舊弦。常恨聞名不相識，相逢尊酒盍留連。」

歐公來書云：「近得揚州書，言介甫有《平山》詩，尚未得見，因信幸乞爲示。此地在廣陵爲佳處，得諸公錄於文字，幸甚。」與上首詩歐集内俱刻嘉祐元年。

公與歐陽永叔書云：某幸趨走於先生長者之門久矣。初以疵賤不能自通，閣下親屈勢位，而樂與之爲善。某以私門多故，不得繼請左右。蒙恩出守一州，愈當遠去門牆。過蒙獎引，追賜詩書，褒被過分，懼終不能以上副，輒勉強所乏，以酬大貺，非敢言詩，惟赦其僭越，幸甚。」

《酬永叔見贈》詩云：「欲傳道義心猶在，強學文章力已窮。他日若能窺孟子，終身何敢望韓公。摳衣最出諸生後，倒屣嘗傾廣坐中。祇恐虚名因此得，嘉篇爲貺豈宜蒙。」

按：歐公以太白、昌黎相期許，公答詩特舉出一孟子，地位占得儘高。厥後屢辭召命，及入對，鄙魏徵、諸葛孔明爲不足道，俱是摹倣孟子氣概。只言利與孟子相反，奈何？

歐《論水災疏》云：「太常博士、羣牧判官王安石，學問文章，知名當世，守道不苟，自重其身，論議通明，兼有時才之用，所謂無施不可者。」

撰《度支郎中葛公源墓志銘》。

二年丁酉，公年三十九歲。

公任太常博士、知常州軍州事。

《求守江陰軍未得有酬昌叔憶江陰見及之作》：「黃田港北水如天，萬里風檣看賈船。海外珠犀常入市，人間魚蟹不論錢。

高亭笑語如昨日，末路塵沙非少年。強乞一官終未得，祇君同病肯相憐。」

五月，出京師。

六月，至楚州，七弟安上病，留四五日。至揚州，與四弟安國俱，喪羣牧所生一子。

七月四日，抵常州任視事。

《到任上中書啓》云：「某湮淪素業，邀會時恩，備官牧人，既以貧而擇利，奉使畿縣，又以疾而告勞，尚蒙優詔，猥備中州，自唯缺然，何以稱此？伏惟州部，已遠朝廷，田疇多荒，守將數易，教條之約束，人無適從。簿書之因緣，吏有以肆。自非上蒙寵靈，少假歲月，則牧羊弗息，彼將何望於少休；畫土復墁，此亦無逃於大譴。」

與孫正之書。

略云：「某辱手筆，感媿。近亦聞正之喪配，人生多難，乃至乎此，當歸之命耳！人情處此，豈能無愁？但當以理遣之，無自苦爲也。然此乃某不能自勝者。二年以來，愁釁相仍，居常忽忽不自聊，惟欲閉門坐卧耳。久欲往奉見，況足下以書見趣。然某親老常多病，重去親側。欲足下一至廣德或潤州，某當走見，爲十日之會，此爲易耳。」

按：所云「手筆」，謂求都官公墓碣。「愁釁相仍」，公上年苦昏眩疾，是年喪羣牧所生一子也。

撰《廣西轉運使屯田員外郎蘇君安世墓志銘》。

按：蘇君志末款云「嘉祐二年十月庚午，太常博士、知常州軍州事王某銘」，則知常州在嘉祐二年無疑。

撰《右領軍衛將軍致仕王君乙墓志銘》。

撰《仙居縣太君魏氏墓志銘》。江陰沈某之妻。

撰《左班殿直楊君文詡墓志銘》。

撰《叔父師錫墓志銘》。

歐陽公來書云：「毘陵名郡，下車之始，民其受賜，然及侍親爲道之樂，日益無涯矣。呂惠卿學者罕能及，更與切磨之，無所不至也。因其行，謹附此。」

按此則公於此時已識呂惠卿，薦達於歐公矣。至歐公亦稱之，惠卿之才辯，信有動人處。

三年戊戌，公年四十歲。

公任太常博士、知常州軍州事。

三月，撰《尚書刑部郎中周公嘉正墓志銘》。

撰《泰州司法參軍周君茂先墓志銘》。刑部子。

撰《右侍禁周君彥先墓志銘》。刑部子。

《銘》曰：「君弟吾嫂，夫人吾姑。」周繼室爲公叔祖主客郎中諱觀之女，蓋公從姑之夫也。

撰《河東縣太君曾氏墓志銘》。

志云：「某實夫人之外孫，而夫人歸之以其孫。」則爲公夫人祖母，而公之外祖母也。

按：公之外祖，係處士諱旼，旼之配黃氏，曾太君爲尚書都官員外郎諱敏之夫人。豈敏與旼爲親兄弟，公以外家伯叔祖母亦稱外孫耶？

撰《太常博士楊君夫人金華縣君吳氏墓志銘》。

序曰：「錢塘楊蟠將合葬其母，縗絰以走晉陵，而問銘於其守臨川王某。」是年，公尚知常州事也。

撰《城陂院興造記》。

公祖衛尉府君葬撫州靈谷山，山水東出北折，以合於城陂，有屋曰城陂院。王氏父子來視墓，退輒休於此。歲戊戌，浮屠法冲新作之。爲作記。

四年己亥，公年四十一歲。

是年，公自知常州移提點江東刑獄。

公任太常博士、知常州軍州事。

《與王逢原書》云：「某被命使江東按刑獄事，明日遂行。切欲一見逢原，幸枉駕見追，某只於丹陽奉候。」

按：王逢原卒於嘉祐四年六月，則此書當在六月之前。至上《萬言書》云：「當以使事歸報陛下。」則至明年五月初矣。公提點刑獄蓋歷一年也。又《謝提刑啓》云：「叨備一官，甫更三歲，不時罷廢，實賴生全。遭會使事，按臨州部。」所云「叨備一官」者，蓋指常州而言。公以二年丁酉抵常州，任歷三年，四年爲「更三歲」也。公提點刑獄，確在四年無疑。

《上曾參政書》略云：「某才不能任劇，而又多病，數嘗以聞執事。而閣下必欲使之察一道之吏，寄之以刑獄之事，非因其才力之所宜也。

撰《贈太師中書令勤威馮公守信神道碑》。

撰《京東提點刑獄陸君墓志銘》。

與周敦頤相遇，語連日夜，公退而精思，至忘寢食。

《狄梁公陶淵明俱爲彭澤令至今有廟在焉刁景純作詩見示繼和》。提點江東刑獄時作。

九月，撰《王逢原墓志銘》。諱令，公夫人吳氏女弟之夫。卒九十三日而葬武進縣南鄉薛村之原。

十一月，撰《王夫人墓志銘》。夫人即公從姑，周彥先之配，叔祖主客郎中諱觀之女也。

五年庚子，公年四十二歲。

公提點江東刑獄。

五月己酉，公召入爲三司度支判官。時富鄭公弼爲相薦之也。尋直集賢院。

按：《宋史·仁宗本紀》，嘉祐五年五月己酉，王安石召入爲三司度支判官。年月灼然可據，安石本傳作嘉祐三年者誤。

《上富相公書》云：「自被使江東，夙夜震恐，思得脱去。今三司判官，尤朝廷所選擇，出則被使漕運，而某生平不習金穀之事。雖知蒙恩，不敢冒昧。」據此則公提點刑獄在度支之前矣。後有書云：「閤下在相位時，獨蒙拔擢。」蓋指此。

《上皇帝萬言書》，慨然有矯世變俗之志。

按：書中有云：「臣蒙恩備使一路，今又蒙恩召還闕廷，有所任屬，當以使事歸報陛下。敢緣使事所及，冒言天下之事。」據此當在初還闕廷，未受度支之前所上也。

荆公初作江東提刑回，來奏事，上《萬言書》，其間一節云：「今之小官，俸薄不足以養廉，不可無以益之。然當今財匱，此説法不可行。不知財所以不足者，只未得生財之道，無善理財之人故耳。」所以後來參政第二日，便專措置理財一事。《言行録》。

《與劉原父書》。

略云：「河役之罷，以轉運賦功本狹，與雨淫不止，督役者以病告，故止耳。梁王墮馬，賈生悲哀，泔魚傷人，曾子涕泣，勞人費財於前，而利不遂於後，此某所以媿恨無窮也。若夫事求遂，功求成，而不量天時人力之可否。此某所不能，則論某者之紛紛，豈敢怨哉？閣下乃以初不能無意爲有憾，此非某之所敢聞也。方今萬事所以難合而易壞，常以諸賢無意耳。如鄙宗夷甫輩，稍稍騖於世矣。仁聖在上，故公家元海未敢跋扈耳。前月被使江東，朝夕當走左右。」

按：書中所云「役告病而即止」，「且自媿恨」，公此時絕非強忮不合人情者。使移此心於秉政之日，豈至毒亂天下哉？然目當日諸公爲夷甫輩，只因聖明在上，所以元海不至跋扈，刻刻以遼事在心，公之病根正坐此。日後銳志更張，爲此故也。

撰《度支副使廳壁題名記》。

略曰：「夫聚天下之衆者財，理天下之財者法，守天下之法者吏也。吏不良，則有法而莫守；法不善，則有財而莫理。有財而莫理，則阡陌閭巷之賤人，皆能私取予之勢，擅萬物之利，以與人主爭黔首，而放其無窮之欲。然則善吾法而擇吏以守之，以理天下之財，雖上古堯、舜猶不能無以此爲先急，而況於後世之紛紛者乎！」

七月壬子，因歐陽公薦，同吳奎、吳中復、王陶相度監牧利害。

八月，乞以監牧市馬就委陝西漕臣薛向措置。

略云：「伏見陝西轉運副使薛向，精力強果，達於政事，今相度陝西馬事尤爲詳悉。臣等前奏乞就委薛向提舉陝西買馬及監牧公事，今更欲許令久任。緣今來馬價多出於解池鹽利、三司所支銀紬絹等，又許令於陝西轉運司兑換見錢。今薛向既掌解鹽，又領陝西財賦，則通融變轉，於事爲便。臣又訪得薛向陝西官空地可以興置監牧處甚多，若將來稍成次第，即可以漸興置。蓋得西戎之馬牧之於西方，不失其土性。又此處置監牧稍成，即河北諸監，可悉以陝西良馬易其惡種。若於地不足而馬所不宜之處，諸監便可廢罷，悉以肥饒之地賦民，而收其課租，以助戎馬之費。於地有餘而馬所宜之處，則以未嘗耕墾之地牧馬，而無傷於民，厥利甚大。如允臣等所奏，即乞薛向所奏舉官員及論改舊弊，朝廷一切應副，又使得專賞罰，必能上副朝廷改法之意。」

此即後日均輸及官自鬻鹹所由起也。

蓋理財興利，是公生平極得意事，到此已不覺技養。所謂「通融變轉」，即熙寧中預知在京倉庫所當辦者便宜蓄買之法。吳奎對神宗曰：「臣嘗與安石同領群牧，見其護非自用，所爲迂闊，萬一用之，必紊綱紀。」即指此事。

《歐集考異》云：「《仁宗實錄》嘉祐四年，公以翰林學士兼羣牧使。明年七月壬子，命吳奎、吳中復、王安石、王陶同相度利害。八月，奎等乞就委陝西漕臣薛向措置，而不及公之姓名。考公奏劄云：『臣所領羣牧司，準宣差中復、安石、陶等同共相度利害。』又明年，公入樞府，復奏云：『昨差中復等與臣共議。』並不及壬子命奎之旨。今按吳奎對神宗有『與安石同領羣牧，見其護非自用」等語，則《實錄》所書無疑，歐集偶略之耳。」

是年，選《唐百家詩》。

《唐百家詩序》云：「余與宋次道同爲三司判官，時次道出其家藏唐詩百餘編，諉余擇其精者，次道因名曰《百家詩選》。」

撰《贈光祿少卿知康州趙君師旦墓志銘》。

撰《都官郎中致仕周君墓志銘》。

六年辛丑，公年四十三歲。

公任三司度支判官、直集賢院。

朝命差同修起居注，公疏辭七上，乃許。

《第一辭狀》云：「臣去年始蒙恩特除直集賢院，至今就職纔及數月，又有此除授。臣入館日淺，終不敢冒昧貪榮，以干朝廷用人資序。」據此則知與直集賢院隔一年也。

《第七辭狀》云：「臣備位三司，列職儒館，若朝廷以爲可任，異時以次陞擢，於分不爲進越，則臣雖不肖，其亦何説之敢辭？」據此知前此三司度支與直集賢院同時除授也。

朝廷再命同修起居注，五辭乃受。

公辭狀云：「臣向時以資序在臣右而行能宜蒙此選者尚多，故嘗自列至於八九，幸蒙聖恩聽察，纔及數月，所除始祖無擇一人。若臣今遂冒居，則是謂在臣右者已無可選。故不（得）〔敢〕苟得，以忘前言之信。兼自春至今，疾病相仍，加以氣衰，舊學幾廢，親老口衆，難住京師，伏乞一閑慢州軍差遣。」朝廷不許，五辭乃就職。

六月二十七日，公知制誥、糾察在京刑獄、同管勾三班院。

按：《宋史·仁宗本紀》云：「六月戊寅，以王安石知制誥。」是月壬子朔，由壬子數至戊寅，當爲二十七日。

按：公初辭起居注云：「去年蒙恩，直集賢院。」當在五年五月，與三司度支同時。「纔及數月，復有此除授」，則當在六年之首。自此五辭而後受，遂知制誥。據公《辭狀》及《宋史本紀》，俱當爲半年間事也。

《謝表》云：「臣少習藝文，麤知名教，遭逢一旦，度越衆人。唯當盡節於明時，豈敢尚懷於私計。」

先是，館閣之命屢下，公屢辭。士大夫謂其無意於世，恨不識其面，每欲畀以美官，唯患其不就。除起居注之命下，辭之累日，閤門吏齎敕就付之，拒不受。吏隨而拜之，則避之廁。吏置敕於案而去，又追還之。上章至八九，乃受。遂知制誥、糾察在京刑獄，自是不復辭官矣。

有少年得鬬鶉，其儕求之不得，恃與之昵輒持去，少年追殺之。開封當此人死，公駁曰：「不與而持去，是盜也；追而殺之，是捕盜也，不當坐。」遂劾府司失入罪。事下審刑、大理，皆以府斷爲是。詔放公罪，當詣閤門謝，公言「我無罪」，不肯謝，御史舉奏之，帝置不問。

時有詔舍人院無得申請除改文字，公爭之曰：「如此則舍人不得行其職，而一聽大臣所爲。今大臣之弱者不敢爲陛下守法，而强者則挾上旨以造令，諫官、御史無敢逆其意者，臣實懼焉。」語皆侵執政，執政滋不悦。

按：此鬬鶉事及舍人院爭執，公剛愎

之情漸露。是時執政大臣爲韓魏公，公不肯撰蘇轍制詞，疑其右宰相，專攻人主，比之谷永。此時已與諸正人立異，後來以執拗濁亂天下，悉本諸此。

是年，歐公有《論牧馬草地劄子》云：「臣充羣牧使時，曾奏吳中復、王安石等與臣共議利害，欲有更改，乞差官先打量牧馬草地。而臣遽蒙恩擢在樞府，此件商量未了，方欲條陳愚見，今聞諸監所差官各將前去。竊緣監牧舊管地甚多，久爲民間侵占耕種。今若更行根究，必然難明，徒爲追擾。臣今欲令差去官，只據見在草地明立界至，其已侵者，更不根究。蓋以本議欲以見在牧地給與民耕，豈可卻根究已根之地，重爲騷擾。」

按：歐公與公倡酬及論薦，可謂不遺力矣。及此已微見公之好興事，而其後往來書問，亦遂寂然。

閏八月，策賢良方正直言極諫之士，蘇轍對切直。考官胡宿請黜之，帝不許，收入四等，除商州軍事推官。公當撰制詞，意其右宰相，專攻人主，比之谷永，不肯撰詞。韓魏公曰：「此人謂宰相不足用，欲得婁師德、郝處俊而用之，尚以谷永疑之乎？」改命沈遘爲之詞。

夜讀試卷，有《呈君實待制景仁內翰》詩。又有《詳定試卷》詩，內云：「當時賜帛倡優等，今日論才將相中。漢家故事眞當改，新詠知君勝弱翁。」公此時已有改詩賦之意矣。

知制誥。一日賞花釣魚宴，內侍各以金楪盛釣餌藥置几上，安石食之盡。明日，仁宗謂宰輔曰：「王安石，詐人也，使誤食釣餌，一粒則止矣。食之盡，不情也。」常不樂之。後安石自著《日録》，厭薄祖宗，仁宗尤甚，每謂漢文帝不足取，其心薄仁宗也。《聞見録》。

嘉祐中，後苑賞花釣魚，時王介甫以知制誥預末坐。帝出詩示羣臣，次第屬和，傳至介甫，日將夕矣，亟欲奏御，得「披香殿」字，未有對。時鄭毅夫獬接席，顧介甫曰：「宜對太液池。」介甫遂成詩云：「蔭幄晴雲拂曉開，傳呼仙仗九天來。披香殿上留朱輦，太液池邊送玉杯。宿蕊暖含春浩蕩，戲鱗清映日徘徊。宸章獨與春爭麗，恩許賡歌豈易陪。」翌日，都下盛傳王舍人竊柳耆卿詞「太液波翻，披香簾卷」之語，介甫頗銜之。《堯山堂外紀》。

撰《故贈左屯衛大將軍李公興神（連）〔道〕碑》。

七年壬寅，公年四十四歲。

公知制誥。

撰《給事中孔公墓志銘》。

撰《孔處士旼墓志銘》。

撰《司農卿分司南京陳公神道碑》。

撰《檢校太尉贈侍中正惠馬公神道碑》。

公有詩呈陳和叔，序云：「嘉祐末，和叔以集賢校理判登聞鼓院、同知太常禮院，寓居皮場街，有園數畝，中置二榭，磚袤丈，北戶通溝，略彴通街，旁作小屋，毀輜車爲蓋。某以直集賢院爲三司度支判官，以知制誥糾察在京刑獄、同管勾三班院，間度彴，飯車蓋下，坐卧磚上，笑語常至夜。如此三歲，而和叔遭太夫人憂。未幾，某亦喪親以去，時永昭陵尚未復土也。」

按：荆公自直集賢院至遭憂共五載有餘，今云三歲，據和叔寓居皮場街爲言耳。荆公丁憂在癸卯八月，和叔遭憂約在壬寅。和叔寓居皮場街三歲，逆數之當自己亥始，時荆公尚以直集賢院爲三司度支判官，未幾知制誥，故序文連及之。

據此則益知公召入爲度支判官，當在五年庚子。由庚子五月，至公喪母夫人癸卯八月，恰週三歲也，與《宋史·本紀》正合，安石本傳稱嘉祐三年者失之。

撰《龍圖閣直學士楊公新秦集序》。諱畋字樂道。

八年癸卯，公年四十五歲。

公知制誥、尚書工部郎中。

三月，仁宗崩，英宗即位。

有《追感正月十五日事》詩：「正月端門夜，金輿縹緲中。傳觴三鼓罷，縱觀萬人同。警蹕聲如在，嬉游事已空。但令千載後，追詠太平功。」

二月，撰《楚國太夫人陳氏墓志銘》。文簡程公諱琳之妻。

三月，撰《寧國縣太君樂氏墓志銘》。判西京留守司事陳君諱見素妻。

四月，撰《太子太傅田公況墓志銘》。

撰《王會之逢墓志銘》。

撰《大理寺丞楊君忱墓志銘》。

六月，撰《虞部郎中贈衛尉卿李公神道碑》。

八月辛巳，母夫人仁壽縣太君吳氏卒於京師，年六十六。

十月乙酉，歸葬江寧府之蔣山。

曾子固志其墓云：「夫人好學強記，至

老不倦。當隱約窮匱時，朝廷嘗選用其子，堅讓至於數十，或謂可強起，夫人曰：『此非吾所以教子也。』卒不強之。及處顯矣，其子嘗有歸志，而以不足於養爲憂。夫人曰：『吾豈不安於命哉？安於命者，非有待於外者也。』其子爲知制誥，例得加封郡太君，夫人不許言，故不及封。」

張文定公方平撰《蘇老泉墓表》云：「嘉祐初，安石名始盛，黨友傾一時。歐陽修勸先生與之游，先生嫉之，以爲是不近人情。安石母死，士大夫皆弔。先生獨不往，作《辨姦論》一篇以譏之。」

撰《謝景回墓志銘》。諱絳希深之少子。

英宗治平元年甲辰，公年四十六歲。

公在金陵守制。

舉族貧病，陳景初饋藥石，公有詩謝之，見集中。陳善醫。

六月，爲天章閣待制興國吴公作《潭州新學記》。有序。

十月，撰《虔州學記》。

舒王丁太夫人憂，讀經蔣山，與元禪師游。問祖師意旨，元不答，王益叩之，元曰：「公般若有障三，有近道之質一，更一兩生來恐純熟。」王曰：「願聞其說。」元曰：「公受氣剛大，世緣深，以剛大氣遭世緣深，必以身任天下之重，懷經濟之志。用舍不能必，則心未平，以未平之心經世，何時能一念萬年哉？又多怒，而學問尙理，於道爲所知愚，此其三也。特視名利如脱髮，甘淡薄如頭陀，此爲近道，且當以教乘滋茂之可也。」王再拜受教。

二年乙巳，公年四十七歲。

公在金陵守制。

七月二十七日，朝命召赴闕，辭，不赴。

《辭狀》云：「奉聖恩，以臣喪服既除，特授故官，召令赴闕。罪逆餘生，尚蒙齒錄，理當即日就途。而臣抱病日久，見服藥調治，乞一分司官於江寧府居住，所冀便於將理，終獲有瘳。」辭三上，自是訖英宗世不復起。

按：公母夫人卒於仁宗嘉祐八年八月辛巳，及治平二年七月二十七日大祥猶未滿數日，喪服未應除。蓋當時朝論所屬，先期敦迫就道耳。看下文曾子固書自明。

撰《虞部郎中刁君墓志銘》。

撰《國子博士致仕李君問墓志銘》。

撰《朝奉郎守殿中丞前知興元府成固縣楊君墓志銘》。

撰《王深甫墓志銘》。

《祭文》云：「既喪吾母，又奪吾友。」

據志，深甫以是月二十八日卒也。

曾子固來書云：「八月中，承太夫人大祥，於鄆中寓書奉慰，未審到否？深甫殂背，痛毒同之。示及志銘，反覆不能去手，讀之滿足人心，可謂能言人之所不能言。所云讀《禮》欲有所論著，鞏亦嘗有此意，顧不能自強，又無所考質，故莫能就。介甫既有意，願遂成之。鞏在此全純愚以靜俟，但苟祿以棄時日爲可惜耳。洩血比良已否？上奏當稱前某官。介甫果以何時北來？不惜見諭。」

《上富相公書》云：「不孝得罪天地，扶喪南歸，閤下親屈手筆撫循慰勉，又加賜物，以助其喪祭，雖在攀號摧割之中，不能以須臾忘。近聞以旌纛出撫近鎮，而尙以衰痲故，不得參問動止。既除喪矣，而繼以疾病，闕然不即叙感。伏惟閣下以盛德偉譽爲天下所鄉往，而又忠言讜論，終始如一，此志義之士所以尤勤勤於祝頌也。」案：是月富公以使相判揚州。

九月，登冶城有作。

撰《尙書祠部員外郎祕閣校理張君瑷墓志銘》。

撰《廣西轉運使李君墓志銘》。

撰《葛興祖墓志銘》。

撰《尙書工部侍郎樞密直學士狄公棐神道碑》。

三年丙午，公年四十八歲。

公在金陵。

撰《廣西轉運使李君寬墓志銘》。

撰《尙書屯田員外郎周君墓志銘》。

撰《荆湖北路轉運判官尙書屯田郎中劉君牧墓志銘》。

撰《永嘉縣君陳氏墓志銘》。太常博士王逢之妻。

四年丁未，公年四十九歲。

春正月，英宗崩，神宗即位。

三月，子雱登許安世榜進士第，雱時年二十四歲，是年司馬光知貢舉。授旌德尉。

閏三月十九日，起公原官知制誥、知江寧府。

公終英宗世未嘗起，韓維、呂公著兄弟更稱揚之。帝在潁邸，維爲記室，每講說見稱，輒曰：「此非維之説，維友王安石之説也。」維遷庶子，又薦公自代。帝由是想見其人。及即位，召之不至，帝謂輔臣曰：「安石果病耶？有所要耶？」曾公亮曰：「安石眞輔相材，必不欺罔。」遂有江寧之命，詔至，一辭，旋視事。

公《謝表》有云：「久寄託於丘墳，屭諳知其閭里。念雖閉閤，始弗願於承流〔一〕，以比造朝，或未妨於養疾。」

撰《祕閣校理丁君元珍墓志銘》。

撰《尚書司封郎中孫公墓志銘》。

撰《仁壽縣太君徐氏墓志銘》。

九月戊戌，召公爲翰林學士。時曾公亮力薦公，以間韓琦。琦求去，帝問：「誰可屬國，王安石何如？」琦對曰：「安石爲翰林學士則有餘，處輔弼之地則不可。」帝不答。

撰《太平州新學記》。

撰《尚書祠部郎中集賢殿修撰蕭君固墓志銘》。

撰《臨川吴子善墓志銘》。

撰《壽安縣太君李氏墓志銘》。

〔一〕始弗願於承流：王安石《謝知江寧表》作「殆弗廢於承流」。

王荆國文公年譜卷中

錫山顧棟高輯　吴興劉承幹校

熙寧元年戊申，公年五十歲。

與寶覺大師會宿金山。

公後有《贈寶覺》詩，序云：「予始與寶覺相識於京師，因與俱東。後以翰林學士召，會宿金山一昔，今復見之，故賦此詩。」詩云：「大師京國舊，興趣江湖迥。往與惠詢輩，一宿金山頂。懷哉苦留戀，王事有朝請。」蓋正當啓行赴京時也。

後與寶覺宿龍華院，有絶句云：「與公京口水雲間，問月何時照我還。邂逅我還還問月，何時照我宿金山？」

夏四月乙巳，公至京師，時受翰林學士之命已七閲月矣。

王介字中甫，博學善譏謔，與荆公游甚款，然未嘗降意少相下。熙寧初，荆公以翰林學士被召，前此屢召不起，至是始受命。介以詩寄云：「草廬三顧動春蟄，蕙帳一空生曉寒。」蓋有所諷，公得之大笑。

詔公越次入對。

帝問爲治所先，對曰：「擇術爲先」。帝曰：「唐太宗何如？」曰：「陛下當法堯、舜，何以太宗爲哉！堯、舜之道，至簡不煩，至要不迂，至易不難。」帝曰：「卿可謂責難於君。」一日講席退，獨留公坐，因言：「唐太宗必得魏徵，漢昭烈必得諸葛亮，然後可以有爲。」公曰：「陛下誠能爲堯、舜，則必有皋、夔、稷、契；誠能爲高宗，則必有傅説。彼二子者，何足道哉。但患擇術未明，推誠未至，雖有臯、夔、稷、契、傅說之賢，亦將卷懷而去耳。」

上《本朝百年無事劄子》。

略云：「臣蒙陛下問及本朝所以享國百年天下無事之故，臣迫於日晷，不敢久留，遂辭而退。竊念審問及此，而臣無一言之獻，非近臣所以事君之意，故敢冒昧，麤有所陳。伏惟仁宗之爲君也，寬仁恭儉，出於自然，而忠恕誠慤，終始如一。是以升遐之日，天下號慟，如喪考妣。然承累世因循末俗之弊，而無親友羣臣之議。朝夕與處，不過宦官、女子。出而視事，又不過有司之細故。未嘗如古大有爲之君，與學士大夫討論先王之法，以措之天下也。一切因任自然之理勢，而精神之運有所不加，名實之間有所不察。君子非不見貴，然小人亦得廁其間；正論非不見容，然邪說亦有時而用。以詩賦記誦求天下之士，而無學校養成之法；以科名資歷叙朝廷之位，而無官司課試之方。監司無檢察之人，守將非選擇之吏，轉徙之亟，既難於考績，而游談之衆，因得以亂眞。交私養望者多得顯官，獨立營職者或見排沮，故上下偷惰取容而已，雖有能者在職，亦無以異於庸人。農民壞於繇役，而未嘗特見救恤，又不爲之設官，以修其水土之利。兵士雜於疲老，而未嘗訓練，又不爲之擇將，久其疆埸之權。宿衛則聚卒伍無賴之人，而未有變五代姑息羈縻之俗。宗室則無教訓選舉之實，而未有以合先王親疏隆殺之宜。其於理財，大抵無法，故雖儉約而民不富，雖憂勤而國不強。賴非外蕃昌熾之時，又無堯、湯水旱之變，故天下無事過於百年。雖曰人事，亦天助也。伏唯陛下躬上聖之質，承無窮之緒，知天事之不可常恃，知人事之不可怠終，則大有爲之時正在今日。

按：公之傾動主上，得專政柄者，盡在此書。其於（宗）〔宋〕室中葉之病，言言洞中膏肓矣，眞醫國手也。然因病發藥，轉至因藥得病，奈何！

《老學庵筆記》云：熙寧初，王荆公召還翰苑。初侍經筵之日，講《禮記·易簀》一節，曰：「聖人以義制禮，其詳見於牀第之間。君子以仁行禮，其勤至於垂死之際。姑息者，且止之詞也，天下之害，未有不由於且止者也。」

秋七月丁丑，賜布衣王安國進士及第。《宋史·神宗本紀》。

公《謝表》云：「臣之同產，爲世畸人，少遭閔凶，自奮寒苦。雖強學力行，矗有時名；而少偶寡徒，幾絶榮望。豈期聖德，俯及幽潛，遂使窮途，坐階華寵。奬以詔書而試藝，賜之科第而命官。山林之所誦説而難遭，閭巷之所驚嗟而罕見。」

八月，撰《鄭公夫人李氏墓志銘》。子翰林學士獬，公居憂金陵時嘗從學。

撰《翰林侍讀學士知許州軍州事梅公詢神道碑》。

是年，公請坐講，曾子固爲著《講官議》以諷。

《議》曰：「今之挾書而講於禁中者，官以侍爲名，則其任可知。迺自以謂吾師道也，宜坐而講，以爲請於上。其爲説曰：『必如是，然後合於古之所謂坐而論道者。』夫坐而論道，謂之三公，作而行之，謂之卿大夫。語其任之無爲與有爲，非以是爲尊師之道也。且禮於朝王及羣臣皆立，無獨坐者；於燕皆坐，無獨立者。故坐未嘗以爲尊師之禮也。昔晉平公之於亥唐，坐云則坐；曾子之侍仲尼，子曰『參，復坐』，則坐者，蓋師之所以命學者未果有師道也。顧僕僕然以坐自請者，非妄歟？故爲此議，以解其惑。」

宜興儲欣曰：「爾時介甫位未高，曾、王之交方密，必子固力阻不從而著《議》，以解其惑者。茅鹿門乃謂此《議》爲伊川發。」按：伊川爭坐講在元祐朝，子固以元豐六年卒，其弗合明矣。

明年，介甫既執政，士大夫多以爲得人。御史中丞呂誨將入對，學士司馬光相遇，並行，問今日所言何事？誨曰：「袖中彈文乃新參也。」光愕然曰：「衆喜得人，奈何論之？」誨曰：「君實亦爲此言耶！」上疏曰：「安石驕蹇陰賊，今略疏其十事。初託疾，及除知江寧府乃從命，一也；小官則避，重任不辭，二也；侍講侍讀，請坐自尊，三也。」按：荆公以孟子自處，事事欲摹倣古人，立崖異，爭坐講，亦其一節也。而子固不以爲然，至作《議》以諷，其不阿所好如此。夫居上位者，當容異己之君子，而不當暱同己之小人。乃荆公一見呂吉甫而喜，援引至執政，而卒爲所賣。子固兄弟交，終身無一言推轂，豈非吝於改過、好人同己之失歟？

冬十一月，郊。時執政以河朔旱傷，乞南郊勿賜金帛，司馬光以爲可聽，公曰：「此唐常衮辭堂撰故事耳。國用不足者，以未得善理財者故也。」光曰：「此不過頭會箕斂耳。」公曰：「善理財者，不加賦而財用足。」

王韶上《平戎三策》，言西夏可取，宜先復河、湟，幷有熙河蘭鄯以斷夏人右臂，遂命韶行邊。

撰《朝奉郎尙書司封員外張君裯墓志銘》。

撰《尙書司封郎中孫公錫墓志銘》。

撰《尙書屯田員外郎仲君訥墓志銘》。

撰《袁州軍事推官蕭君洵墓志銘》。

撰《司封員外郎祕閣校理丁君寶臣墓志銘》。

撰《樂安郡君翟氏墓志銘》。

撰《同安郡君劉氏墓志銘》。

撰《尙書屯田員外郎贈刑部尙書李公陟神道碑》。

二年己酉，公年五十一歲。

春二月庚子，公任右諫議大夫、參知政事。時帝欲大用公，唐介言：「安石好學泥古，議論迂闊，若爲政，必多所變更。」帝又問孫固，固言：「安石文行甚高，但宰相自有度，安石狷狹少容。」帝不聽，以公參知政事，謂公曰：「人皆不知卿，以卿但知經術，不曉世務。」公曰：「經術正所以經世務爾。」又問：「設施何先？」曰：「變風俗，立法度，最方今之所急。」

甲子，創制置三司條例司，講求新法，公以宰相陳升之領其事，復薦呂惠卿、章惇、曾布並爲三司屬官。公言理財當修《周官》泉府之法，以收利權。時大臣議論多不協，惟眞州推官呂惠卿以爲是，公喜曰：「學先王之道而能用者，惠卿一人而已。」因薦爲檢詳文字，凡所建請，多出於惠卿之筆。

公有《乞制置三司條例狀》，略云：「先王之法，畿內爲賦，畿外邦國各以所有爲貢，又爲之法，以懋遷之。市之不售，貨之滯於民用，則更爲斂之，以待不時而買者。凡此非專利也。今天下財用窘急，典領之官拘於弊法，內外不以相知，盈虛不以相補，諸路上供，歲有定額，豐年便道，可以多致，而不敢或贏；年儉物貴，難於供備，而不敢不足。遠方有倍蓰之輸，中都有半價之鬻。三司發運使按簿書，促期會而已，無可否增損於其間。至遇軍國郊祀之大費，則遣使剗刷，殆無餘藏，諸司往往爲伏匿不敢實言，以備緩急。又憂年計之不足，則多爲支移、折變以取之，民納租稅數至或倍其本。而朝廷所用之物，多求於不產，責於非時，富商大賈因時乘公私之急，以擅輕重斂散之權。臣等以爲發運使總六路之賦入，而其職以制置茶鹽礬稅爲事，軍儲國用多所仰給，宜假以錢貨，繼其用之不給，使周知六路財（賄）〔賦〕之有無而移用之。凡糴買、稅斂、上供之物，皆得徙貴就賤，用近易遠，令在京庫藏年支見在之定數所當供辦者，得以從便變賣，以待上令。稍收輕重斂散之權歸之公上，而制其有無，以便轉輸，省勞費，去重斂，寬農民，庶幾國用可足，而民財亦不匱矣。所有本司合置官屬，（計）〔許〕令辟舉，及有合行事件者，令依條例以聞奏，下制置司參議施行。」

溫公嘗謂金陵曰：「介甫行新法，乃引用一副當小人，何也？」介甫曰：「方法行之初，舊時人不肯向前，因用一切有才力者。候法既成，即當逐之耳。」公曰：「介甫誤矣，君子難進易退，小人反是。若小人得路，豈可去也？必成讎敵，他日得毋悔之。」介甫默然。後果有賣荆公者。《元城語録》。

按：荆公本君子，因行新法而欲借小人以敵君子。其始爲小人所朋附，繼爲小人所反噬，迨其沒身，復爲小人所祖述，遂使宋室斲喪，而其身列於千古之罪人。用小人而卒爲小人用，擇術之不愼至於如此，吁，可畏哉！

三月乙酉，詔漕運、鹽鐵等官各具財用利害以聞。

四月丁巳，遣使察農田水利賦役於天下。是月之二十日。

壬戌，册皇后向氏，公撰册文。是月之二十六日。

五月十一日，上《進戒疏》。

略云：「陛下既終亮陰，考之於經，則羣臣進戒之時。而臣待罪近司，職當先事有言。竊聞自古帝王必不淫耳目於聲色玩好之物，然後能精於用志。精於用志，然後能明於見理。明於見理，然後能知人。能知人，然後忠臣良士與有道之君子皆有以自竭，則法度之成，風俗之行，甚易也。伏惟陛下即位以來，未有聲色玩好之過聞於外，然以鼎盛之春秋，而享天下之大奉，所以惑陛下耳目者爲不少，則臣之所豫慮，而陛下之所深戒者，宜在於此。」

按：公此疏，儼然以周公、召公自處，而卒以言利，豈果爲《周禮》所誤耶？

六月丁巳，御史中丞呂誨以論公罷，知鄧州。

七月辛巳，立淮、浙、江、湖六路均輸法。令發運使預知在京倉庫所當辦者，得以便宜蓄買，徙貴就賤，用近易遠，毋使富商大賈乘急邀利。以薛向領之。

壬戌，審刑院詳議官王師元坐言許遵所議刑名不當，貶監安州稅。定謀殺傷首原法。

初，知登州許遵上州獄，有婦謀殺夫，傷而未死。及按問遂自承，請從減死論。帝命公與司馬光集議。公以遵言爲是，光執不可。廷臣多右光，帝方向公，詔從公議，凡謀殺已傷，按問自首者，減罪二等，著爲令。

按：登州許遵之獄及鬬鶉事，俱不近人情之尤者，此公之執拗大害理處。乃一遇仁宗，不從公議，而特放公罪；一遇神宗，如公意，而遂著爲令。則是成公剛愎之失者，神廟爲之也。

從薛向請，官自鬻鹽。

罷通商法，置賣鹽場於永興軍。

撰《贈保慶軍節度觀察留後追封東陽郡公宗辯墓志銘》。魏王元佐孫。

撰《贈虔州觀察使追封南康侯仲行墓志銘》。魏王曾孫。

撰《贈泰寧軍節度使追封祁國公宗述墓志銘》。韓王元偓孫。

撰《贈華州觀察使追封華陰侯仲龐墓志銘》。魯王元份曾孫、濮安懿王允讓孫。

撰《右屯衛大將軍世仍墓志銘》。越王德昭

孫。

撰《右千牛衛將軍仲(馬)〔焉〕故妻永嘉縣君武氏墓志銘》。

撰《右武衛大將軍黎州刺史世岳故妻安喜縣君李氏墓志銘》。

撰《右監門衛大將軍世耀故妻仁壽縣君康氏墓志銘》。

撰《右千牛衛將軍仲夔墓志銘》。魏王元佐曾孫。

按：以上宗室六人、縣君三人，俱於熙寧二年二月十七日，葬河南府永安縣，葬地同，時日又同，豈公亦奉詔爲之耶？

撰《虞部郎中晁君仲參墓志銘》。

撰《贈司空兼侍中文元賈魏公昌朝神道碑》。

撰《山南東道節度推官贈尚書工部郎中傅公立墓志銘》。堯俞之父。

撰《尚書司封員外郎張君彥博墓志銘》。

撰《揚州進士滿夫人楊氏墓志銘》。

九月丁卯，立常平給斂法。

(戌)〔戊〕辰，出內庫緡錢百萬糴河北常平粟。

初，陝西轉運使李參以部內多戍兵，而糧儲不足，令民自隱度麥粟之贏，先貸以錢，俟穀熟還官，號「青苗錢」。經數年，廩有餘糧。至是，條例司請以諸路常平廣惠倉錢穀，依陝西青苗錢例，願預借者給之，令出息二分，隨夏秋稅輸納。令既具，出示蘇轍等曰：「此青苗法也。」轍曰：「出納之際，吏緣爲姦。錢入民手，雖良民不免妄用。及其納錢，雖富民不免踰限。如此則恐鞭箠必用，州縣多事矣。」安石曰：「君言誠有理，當徐思之。」會京東轉運使王廣淵乞留本道錢帛五十萬，貸之貧民，歲可獲息二十五萬。其事與青苗法合，於是遂決意行焉。

時蘇轍亦爲三司屬官，與呂惠卿論每不合。及青苗法行，轍以書抵公曰：「某蒙恩得備官屬，受命以來，於今五月，雖勉強從事，而才力寡薄，無所建明。至於措置大方，多所未諭。」因極論農田、水利、徭役、均輸、青苗五者之失，凡數千言。公怒，徙轍他職。

公在臺閣侍從時，每爲人言：「唐太宗令諫官隨宰相入閣，最切於治道，後世所當行者。」及入司政事，而孫莘老、李公擇在諫職，二人者熟公此論，遂列奏請舉行之。公不可，曰：「是又益兩參政也。」《呂氏家塾記》。

十一月乙丑，以韓絳制置三司條例。

頒農田水利約束。

閏十一月，置諸路提舉常平廣惠倉兼管勾農田水利差役官，凡四十一人。

三年庚戌，公年五十二歲。

公任參知政事。

春正月乙卯，詔諸路散青苗錢，禁抑配。

二月，韓琦請罷青苗法，公稱疾不視事。

帝袖琦疏示執政，因諭罷青苗法。公力求去。帝命司馬光草答詔，有「士大夫沸騰，黎民騷動」之語，公上章疏辯。

踰月，帝手詔慰留，且命呂惠卿諭旨。

公入謝，因爲上言：「陛下欲以先王正道，變天下流俗，故與天下流俗相爲重輕。流俗權重，則天下之權歸流俗；陛下權重，則天下之權歸陛下。權者與物相爲輕重，雖千鈞之物，所加損不過銖兩而移。今姦人欲敗先王之正道，以沮陛下，是陛下與流俗之權，適爭重輕之時，加銖兩之力，則用力至微，而天下之權已歸於流俗矣，此所以紛紛也。」上以爲然，公乃起視事。

公謝表云：「恃明主知臣之有素，以孤身許國而無疑。人習玩於久安，吏循緣於積弊，竊言不忌，詖行無慚。論善俗之方，始欲徐徐而變革；思愛日之義，又將汲汲於施爲。」自是持新法益堅。

《傅欽之行狀》云：「熙寧三年，王安石新用事，方變法令，公以母喪服除至京師。安石素善公，謂公曰：『舉朝紛紛，今幸公來，已議以待制、諫院奉還矣。』公謝曰：『恩甚厚，但恐與公所謂新法者相妨耳。』且爲言新法之不善者。安石大怒，乃以爲權同判流內銓。」

司馬溫公素與公善，致書於公，乞罷遣散青苗使者及諸路提舉官，以息人言。且云：「諛佞之士，一時有順適之快，日後將有賣公以自售者。」公答書云：「君實所以見教者，以爲侵官、生事、專利、拒諫，以致天下怨謗也。某則以爲，受命於人主，修法以授之於有司，不爲侵官；舉先王之政，以興利除弊，不爲生事；爲天下理財，不爲專利；闢邪說、難壬人，不爲拒諫；至於怨誹之多，則固前知其如此也。」訖不爲改，自是遂與公絕。

三月己亥，始策進士，罷詩、賦、論三題。

五月，詔罷制置條例，歸中書。悉以新法付司農寺，命呂惠卿兼判，尋以曾布代。

六月七日，上《言尊號劄子》。

略云：「議者以祖宗故事，適在此時，

輒復惓惓妄有陳請。臣獨不能無疑者，陛下以西陲之勞，方以過爲在己，遽有徽冊，似或未安。臣等以歸美爲忠，陛下宜以撝謙爲德。伏惟聖心更賜詳酌。」

王韶領秦鳳市易務。

九月癸丑，作東、西府，以居執政。據《宋史》九月戊子朔，癸丑，是月之廿六日。

十月七日，公與諸宰執俱遷入新府，有謝表。見本集。

略曰：「伏奉差中使傳宣，今月七日辰時三刻遷入新府，并借官車就賜御筵者。中謝。發使禁闈之中，視圖魏闕之下。取材置梟，一皆斷於睿謀；成事告功，初不煩於宰旅。重紆衡蓋，周視庭除，申以中人，喻之良月。使及日辰之吉，即於堂寢之安。輟車府之旁牽，載其絡重；移饔官之烹割，侑以鼓歌云云。」

《石林詩話》曰：「京師職事官，舊皆無公廨，雖宰相、執政亦僦舍以居。每遇出省，或有中批外奏急速文字，則省吏徧持於私第呈押，既稽緩，又多漏洩。元豐初，始建東、西二府於右掖門之前，每府相對爲四位，俗謂之八位。裕陵幸尚書省回，嘗特臨幸，駐輦環視久之。時張侍郎文裕以詩賀，元參政厚之和云：『黃閣勢連雙鳳闕，紫樞光直右銀臺。』蓋東府與西闕角相近，西府正直右掖門也。崇寧以後，宰相例賜第京師，兩府成虛位矣。」

按：《宋史·神宗本紀》及公集并《石林詩話》三處所載正合，但《詩話》云「元豐初」，則「熙寧」二字之誤也。公以熙寧九年十月再去相位，從此不復起，到元豐元年，去位已二載，居蔣山，食祠祿，無有遷入新府之事。看《本紀》云九月癸丑，則爲二十六日，到十月七日，宰執遷入治事。表中云「良月」，則爲十月盈數無疑，今依《宋史·本紀》改正。

又《西清詩話》載：張掞以二府初成，作詩賀公，公答詩曰：「功謝蕭規慚漢第，恩從隗始詫燕臺。」亦云「熙寧初」，可證「元豐」之誤。

十二月己未，改諸路更戍法，置將官。

初，太祖懲五代之弊，用趙普策，收四方勁兵，列營京畿，以備宿衛，分番屯戍，以捍邊圉。於時將帥之臣入奉朝請，獷暴之民收隸尺籍，雖有桀驁恣肆，而無所施其間。爲什長之法，階級之辨，上下相制，截然不可犯。後遂定兵制：天子之衛兵，以守京師，更番戍邊者，曰禁軍。至是，議者以更戍法雖無難制之患，而兵將不相識，緩急不可恃，乃部分諸路將兵，總隸禁旅，使兵將相習，平日專司訓練，而無番戍之勞。尋置京畿、河北、京東西路二十七將，陝西五路四十二將。然自是將官遂與州郡長吏爭衡，諸州舊有總管、鈐轄、都監、監押諸官，皆爲虛設，禁旅養成驕惰。

乙丑，立保甲法。

公言：「欲省財用，爲長久計，當罷募兵，用民兵。」乃立保甲。其法十家爲保，有保長。五十家爲大保，有大保長。十大保爲都保，有都保正、副。主、客戶兩丁以上，選一人爲保丁，附保，兩丁以上，有餘丁而壯勇者，亦附之。內家資最厚、材勇過人者，亦充保丁，授之弓弩，教之戰陣。每一保，夜輪五人警盜，告捕所獲，以賞格從事。保內犯強盜、殺人、強姦、略人、傳習妖敎、造蓄蠱毒，知而不告，依律五保法，餘無得坐。其居停強盜三人，經三日，保鄰雖不知情，亦科失覺罪。逃移、死絶，同保不及五家，幷他保有自外入保者，收爲同保，戶數足則附之。俟及十家，則別爲一保，置牌以書其戶數姓名。

丁卯，公加同平章事。

戊寅，行募役法。條例司言：「使民出錢募人充役，即先王致民財以祿庶人在官之意。」計民之貧富，分五等輸錢，名免役錢。官戶、女戶、寺觀、單丁、未成丁者，亦等第輸錢，名助役錢。凡輸錢，先視州若縣應用僱直多少，隨戶等均取僱直，又增取二分，以備水旱欠闕，謂之免役寬賸錢，用其入募人代役。

《書與妙應大師說》。「妙應大師智緣診父之脈而知子之禍福。或疑在古無有，緣曰：『昔秦醫和診晉侯之脈，而知良臣將死。良臣之死，乃見於晉侯之脈。診父而知子，又何足怪哉？』熙寧庚戌十二月十九日書。」

四年辛亥，公年五十三歲。

公任平章政事。

春正月壬辰，鬻廣惠倉田。田本絶戶業，韓琦請勿鬻，以振濟饑民。至是請鬻之，以爲河北東西、陝西、京東四路青苗本錢。詔從之。

二月丁巳朔，更定科舉法，罷詩賦及明經諸科，專以經義、論、策試進士。公言：「士當少壯時，正當講求天下正理，乃閉門學作詩賦。及其入官，世事皆所未習。」於是改法，罷詩賦及帖經墨義。士各治《易》、《詩》、《書》、《周禮》、《禮記》一經，兼《論語》、《孟子》。每試四場，初本經，次兼經大義凡十道；次論一首，次策三道。禮部試即增策二道，中書撰大義式頒行。試義者，須通經有文采，乃爲中格，不但如明墨義，麤解章句而已。時詔都堂集議。蘇子瞻議曰：「論文字，則策論爲有益，而詩賦爲無用；論政事，則策論、詩賦皆歸無用。自唐以來，以詩賦得名臣者爲不少。近世士人纂類經史，綴輯時務待問條目，搜抉略盡，臨時剽竊，竄易首尾，以眩有司，其弊有甚於詩賦。」公不聽。元祐初，坡與張文潛書云：「今天下文章之弊，皆起於王氏。王氏之文未必不嘉，而患在好使人同己。自孔子不能使人同，而王氏欲以其學同天下。地之美者，同於生物，不同於所生，惟荒瘠斥鹵之地，彌望皆黄茅白葦，此則王氏之同也。近聞先帝晚年，甚患文字之陋，欲稍變取士法。議者欲稍復詩賦，立《春秋》學官。甚美，幸諸君益勉之。」

撰《王補之无咎墓志銘》。

八月癸丑朔，遣官體量陝西差役新法及民間利害。

庚申，復《春秋三傳》明經取士。

子雱除太子中允、崇政殿説書。

九月，鬻坊場、河渡、祠廟。

冬十月壬子朔，罷差役法，使民出錢募役。

十一月壬寅，開洪澤河達於淮。

五年壬子，公年五十四歲。

公任平章政事。

春正月，置京城邏卒，察謗時政者。

三月丙午，行市易法。

自王韶倡爲沿邊市易之說，公善之，以爲與漢平準法同，遂用草澤魏繼宗議，以內藏庫錢帛置市易務於京師。凡貨之可市及滯於民而不售者，平其價市之，願以易官物者聽。若市於官者，則度其田宅或金帛爲抵當，而貸之錢。責期使償，半歲輸息什一，及歲倍之。如過期不輸，每月息外更加罰錢。以戶部判官呂嘉問爲提舉。

《上五事劄子》略云：「陛下即位五年，更張改造者數十百事。然就其中法最大而議論最多者有五：一曰和戎，二曰青苗，三曰免役，四曰保甲，五曰市易。今青唐、洮、河，幅員三千餘里，舉戎羌之衆二十萬獻其地，因爲熟戶，則和戎之策已效矣。昔之貧者，舉息之於豪民。今之貧者，舉息之於官。官薄其息，而民救其乏，則青苗之令已行矣。惟免役、保甲、市易此三者有大利害焉，得其人而緩而圖之，則爲大利，不然則爲大害。何則？免役之法，出於《周官》所謂府、史、胥、徒，《王制》所謂『庶人在官』者也。然九州之民，貧富不均，風俗不齊，今一旦變之，舉天下之役，人人用募，釋天下之農，歸於畎畝，苟不得其人，則五等必不平，而募役必不均矣。保甲之法，起於三代丘甲。然天下之人，鳧居雁聚者數千百年，今一旦變之，使什伍相維，鄰里相屬，苟不得其人，則騷之以追呼，駭之以調發，而民心搖矣。市易之法，起於周之司市、漢之平準。今以百萬緡之錢，權物價之重輕，以通商，令民歲入數萬緡息。竊恐希功幸賞之人，速求成效於年歲之間，則吾法隳矣。臣故曰：三者，得其人而緩而謀之，則爲大利，否者且爲大害。誠使免役之法成，則農時不奪，而民力均；保甲之法成，則寇亂息，而威勢彊；市易之法成，則貨財通流，而國用饒足。」

侃侃鑿鑿，安得不動聖聽！

五月丙午，行保馬法。

公建議行保甲養馬法。保甲願養馬者，戶一匹，物力高，願養二匹者聽。以陝西所市馬選給之，或官與直，令自市。歲一閱其肥瘠。三等以上，十戶爲一保，四等以下，十戶爲一社，以待病斃逋償者。保戶馬死，保戶獨償之。社戶馬死，社戶平償之。初行開封府，其後遂徧行於諸路。

公求去位，帝不許。

公入見，乞東南一郡。帝曰：「自古君臣，如卿與朕相知絕少。呂誨比卿少正卯、盧杞，朕不爲惑，豈更有人能惑朕者？天下事方有緒，卿不可去。」固令就職。

六月癸亥，詔以四場試進士。

東府庭下作盆池，有《偶題》詩：「黃塵投老倦悤悤，故繞盆池種水紅。落日欹眠何所憶，江湖秋夢艣聲中。」

八月，王韶城武勝。

公《與王子醇書》云：「洮河東西，蕃漢集附，即武勝必爲帥府。今日築城，恐不當小。若以目前功多難成，城大難守，且爲一切之計，亦當勿隳舊城，審處地勢，以待異時增廣。城成之後，想當分置市易務，爲蕃巡檢，大作廨宇，募蕃漢有力人，假以官本，置坊列肆，使蕃漢官私兩利，則其守必易，其集附必速。」初，詔言：「措置熙河只用回易息錢，未嘗費官本。」文彥博曰：「此如工師造屋，初必小計，冀人易於動工爾。」帝曰：「屋壞豈可不修？」公曰：「主者自有忖度，豈爲工師所欺？」自是詔有進討，朝廷不復與之計財。

甲辰，頒方田均稅法。

方田之法，以東西南北各千步，當四十一頃六十六畝一百六十步爲一方。歲以九月，縣委令、佐分地計量，隨陂原平澤而定其地，因赤淤黑壚而辨其色。方量畢，以地及色參定肥瘠，而分五等，以定其稅則。至明年三月畢，揭以示民。一年無訟，即書戶帖，連莊帳付之，以爲地符。均稅之法，縣各以其租額稅數爲限。舊嘗收蹙奇零，如米不及十合而收爲升，絹不滿十分而收爲寸之類，今不得用其數均攤增展，致溢舊額。凡越額增數皆禁。若瘠鹵不毛，及衆所食利山林、陂塘、溝路、墳墓，皆不立稅。凡田方之角，立土爲埄，植其野之所宜木，以封表之。有方帳，有莊帳，有甲帳，有戶帖，其分煙析產，典賣割移，官給契，縣置簿，皆以今所方之田爲正。先自京東路行之，諸路倣焉。

六年癸丑，公年五十五歲。

公任平章政事。

春正月辛亥，上《廟議劄子》。

略云：「準治平四年閏三月八日敕，遷僖祖廟主藏之夾室。臣等聞萬物本乎天，人本乎祖。本朝自僖祖以上，世次不可得而知，則僖祖有廟，與稷、契疑無以異。今毀其廟而藏其主夾室，替祖考之尊，而下祔於子孫，殆非所以順祖宗孝心事亡如存之義。宗廟重事，所宜博考，乞下兩制詳議。」

元絳等議曰：「自古受命之主，皆推其本統，以尊事其祖。商、周以契、稷爲始祖者，以其承契、稷之本統也。使契、稷自有本統承其後，而湯與文王又爲別子之後，則自當祖其別子，不當復以契、稷爲祖矣。所以祖契、稷者，非以有功與封國爲重輕也。諸儒適見契、稷有功於唐、虞之際，故以爲祖有功。若祖必有功，則夏后氏何以郊鯀乎？今太祖受命之初，立親廟，自僖祖始，則僖祖之爲始祖無疑。儻以謂僖祖不當比契、稷爲始祖，是使子孫得以有功加其祖考也。況欲毀其廟、遷其主，而下祔於子孫之室，豈稱敬宗尊祖之意哉？謂宜以僖祖爲始祖之廟。」

翰林學士韓維議：「昔先王既有天下，必推基業所由起，奉以爲太祖，所以推功美重本始也。太祖皇帝坐清大亂，子孫遵業，萬世蒙澤，爲宋太祖無可議者。僖祖仰跡功業，未見其所自，上尋世家，又不知其所以始，若以契、稷奉之，竊恐於古無考，而於今亦有未安。」

天章閣待制孫固議：「漢高帝之得天下，與商、周異，故太上皇不得爲始封。光武中興，不敢尊舂陵而祖高帝。今國家承業百年，富有四海，皆以太祖之功，不當以僖祖替其祀，請以太祖爲始祖，而爲僖祖別立廟，如周人別立姜嫄之禮，禘祫之日，奉祧主東（面）〔向〕，以伸其尊，此韓愈所謂『祖以孫尊，孫以祖屈』之義也。乞特爲僖祖立室，置祧主其中。由太祖而下，親盡迭毁之主皆藏之。」

韓琦聞之，歎曰：「此議足不朽矣。」時禮官章衡等請以僖祖爲別廟，蘇祝請以僖祖祔景靈宫。帝以固議問公，公曰：「爲祖立別廟，自古無此禮。姜嫄所以有別廟者，蓋姜嫄媒神也，以先妣故盛其禮，與歌舞皆序於先祖之上。不然，則周不爲嚳廟而立姜嫄者，何也？」帝以爲然。於是詔依絳等議，還僖祖神主爲太廟始祖，舉朝合争之，弗省。

按：治平四年閏三月，遷僖祖神主於夾室，從温公議也。是時公方初起判江寧府，未與議，此舉未能無私意。元絳素諂事公，其議蓋承公意爲之爾。夫商、周之王，肇基契、稷，而宋之帝業，不緣僖祖。以僖祖比契、稷爲始祖，而太祖退居昭穆之列，非也。然程、朱大儒亟稱之，伊川謂：「畢竟介甫所見高於世俗之儒。」朱子謂：「後之議禮者，但以韓維、司馬光之賢，人所尊信，而安石執拗，遂併安石之言之合禮者而絀之。徒使太祖、僖祖互衡勝負於冥冥之中，不已過乎？」蓋禮家之聚訟久矣。

上元夕，從駕乘馬入宣德門，衛士訶止之，策其馬。公怒，上章請逮治。御史蔡確言：「宿衛之士，拱扈至尊而已。宰相下馬非其處，所應訶止。」帝卒爲杖衛士，斥内侍，而公猶不平。《宋史》本傳。

按：蔡確爲公所援引，其爲此奏者，蓋揣知此時神宗已厭薄公，故特爲此以逆探上意。蓋傾險之尤者，然其論自正。

三月，公提舉經義局。修《詩》、《書》、《周禮》三經義，子雱與呂惠卿同修撰。

是時大旱，自十一月不雨，至於三月，河北、河東、陝西流民大入京師。監安上門鄭俠畫圖，爲書，句馬遞以聞，且曰：「如行臣之言，十日不雨，即乞斬臣，以正欺妄之罪。」時熙寧六年三月二十六日也。神宗覽疏歎息，遂詔青苗、免役權罷追索，方田、免役並罷，凡十八事。四月一日，遂下詔責躬求言，越三日大雨。七日，早朝賀雨，上出圖狀示宰執，且責之。宰相以下皆謝罪，公遂力求去。

丁卯，詔進士、諸科並試明法注官。

夏四月，以范子淵提舉濬河司，置濬川杷。先是，選人李公義獻鐵龍爪揚泥車法，用鐵爲爪形，繫舟尾，沈之水，乘急流而下，一再過，水深數尺。宦官黃懷信以爲可，而患其太輕。公請令同議增損，乃别置濬川杷。其法以巨木長八尺，齒長二尺，列於木下，如杷狀，以石壓之，兩旁繫大船，各用滑車絞之，撓蕩泥沙。公善其法，下大名府令試。范子淵迎公意，以爲可用，遂令提舉，而公義爲之屬。

六月己亥，置軍器監。公子雱言：「今天下甲胄、弓弩無堅利者，宜更制。其法，斂數州之所作，聚以爲一，若今錢監之比。募良工爲匠師，而擇知軍事者典其職。」帝采其說，置軍器監，總内外軍器之政，以呂惠卿判監事。

秋七月乙巳，詔京西、淮南、兩浙、江西、荆湖等六路各置鑄錢監。

九月壬寅，置兩浙和糴倉，立斂散法。

辛亥，初策武舉之士。

舊制：武舉試義策於祕閣，試武藝於殿前司。及殿試，則又試騎射及策於庭。策與武藝俱優爲右班殿直，次優爲三班奉職，又次借職，末等三班差役。至是，樞密院議修武舉法，不能答策者，答兵書墨義。公曰：「武舉而試墨義，何異學究誦書。先王收勇力之士，皆屬於車右者，欲以修禦侮之用，則記誦何所施？」帝從之。至是，始策武舉之士。

按：公創行新法十八事，至熙寧六年已略盡。就其中出公獨見者，只進士罷詩賦而創立經義，武舉黜墨義而專尙勇力，此皆儒者正論。至保甲、保馬，亦先王寓兵於農之意。其餘皆小人迎合附會而成，如青苗錢沮於蘇子由而成於王廣淵，均輸由於薛向，市易起於王韶。至禁旅更戍，而兵將不相習，遇敵輒敗；衙前直役，而自中戶以上，多至破家，此皆當日諸公所汲汲憂者。則僱役與將官二事，亦公不得已而爲之，未可盡謂之興事擾民也。而卒以大壞，何哉？語曰：「利不百，不變法；害不什，不易制。」當前固害矣，而更一法亦未必利，或害更甚。又奉行之吏，巧爲迎合，趣舉小利，而害不以聞，當國者始信爲有利無害，卒至禍國殃民而不悟也。愚嘗謂：「保甲行之百世矣，而公當日之保甲，則使之習戰，非僅如今日之什伍相稽察也。僱役亦行之百世矣，而公當日之僱役，則志在斂錢，非僅如今日之聽民自便也。蓋公以管、商之心術，而託周、孔之具文，所以王霸兩失，豈不惜哉！」

王韶破走木征，取岷、宕、洮、疊四城。辛巳，帝御殿受賀，解所服之玉帶賜公。元厚之有《平戎慶捷》詩云：「何人更得通天帶，謀合君心只晉公。」蓋指此也。

公《賀表》有云：「修復四州，幅員二千餘里，斬獲不順蕃部一萬九千餘人，招撫大小蕃族三十餘萬。」蓋公生平最得意事。公有《和元厚之》詩云：「胡地馬牛歸隴底，漢人煙火起湟中。投戈更講諸儒藝，免胄爭趨上將風。文武佐時慚吉甫，宣王征伐自膚公。」此時公以吉甫自居。蓋刻刻以契丹、西夏為念，其有事木征者，實緣男雱得秦卒言洮河事，欲斷夏人右臂，因以取之。故契丹言疆界，而公持「欲取姑與」之說，廟堂亦遂從其議。此時神廟亦有取契丹之心，特未敢宣言於廷耳。直至元豐七年，永樂喪敗，神宗臨朝歎息，明年三月遂晏駕。元祐初，司馬公當國，悉還夏人米脂等六寨，西邊曠然無復事矣。蓋公所圖謀者，於西夏纔做得一半便歇手，於契丹全不露形跡。使當日更挑強遼，未知摧敗若何？然此乃神宗之意，未可專罪金陵。故此詩云「謀合君心只晉公」，蓋實錄也。

設免行錢。

先是，京師百物有行，以應官司責辦，類有陪折。呂嘉問請約諸行利入厚薄，令納錢，以賦吏祿，與免行戶祗應。

冬十月，議開直河。

時北流閉已久，水或橫決散漫。外都水監王令圖獻議，於大名第四、第五埽等處，開修直河，使大河還二股故道。公是之，言於帝曰：「開直河則水勢分，其不可開者，以近河，每開數尺即見水，難施功爾。今第見水，即以濬川杷濬之，苟置數千杷，則無復淺澱，歲可省開濬費數百千萬。」乃命范子淵主其事，開直河深八尺，凡退背、魚助諸河皆塞之。時大講天下水利，有獻策曰：梁山泊決而涸之，可得良田萬頃。介甫喜甚，沈思曰：「然安得所貯許水乎？」劉貢甫在坐中，曰：「此甚不難，自其旁別穿一梁山泊，則足貯此水矣。」介甫大笑而止。

壬辰，行折二錢。

介甫請并京師行陝西所鑄折二錢，宗室及諸軍不樂，有怨言。上聞之，以問介甫，欲罷之。介甫怒曰：「朝廷每舉一事，定爲浮言所移，如此何事可爲？」遂移疾卧不出，上使人諭之曰：「朕無間於公，天日可鑒，何遽如此？」乃起記聞。

撰《張常勝墓志銘》。

王荆國文公年譜卷下

錫山顧棟高輯　吳興劉承幹校

熙寧七年甲寅，公年五十六歲。

三月丙辰，遼遣林牙蕭禧來，言河東疆界事。

己未，行方田法。

夏四月乙酉，王韶擊木征，降之。

丙戌，公去位，以觀文殿大學士知江寧府。

薦韓絳同平章事，呂惠卿參知政事。時呂嘉問、張諤持公而泣，公勞之曰：「吾已薦惠卿矣。」鄭俠又上書，言：「安石本爲惠卿所誤至此，今復扳援以遂前非，不復爲宗社計。」又上疏諫用兵，語甚切。屬熙河奏捷，殺戮甚衆，上爲惻然，手詔諭王韶等，今後只務招降木征餘黨，毋以多殺爲功。於是惠卿等惡之。

公既薦惠卿執政，復以啓賀云：「王功方就，庶無一簣之虧；國勢已安，更加九鼎之重。豈徒惠好，過示撝謙，冀同雅操之堅，以稱茂恩之厚。」如此推心委任，而惠卿轉眼即背之，得不念溫公之言而生媿耶？

公《與王子醇書》云：「方今熙河所急，在修守備，嚴戒諸將，勿輕舉動。武人多欲以討殺取功爲事，誠如此而不禁，則一方憂未艾也。公厚以恩信撫屬羌，察其材者收之爲用。誠能如此，則非特無內患，亦宜賴其力以乘外寇矣。自古以好坑殺人致叛，以能撫養收其用，皆公所覽見。且王師以仁義爲本，豈宜以多殺斂怨耶！又聞屬羌經討者，既無蓄積，又廢耕作，後無以自存，安得不屯聚爲寇，以梗商旅往來？如募之力役及伐材之類，因以活之，宜有可爲。幸留意。」

王荆公罷相，出鎭金陵，時飛蝗自北而南，江東諸郡皆有之。百官餞荆公於城北，劉貢甫後至，追之不及，見其行榻上有一書屛，因書一絕以寄之，云：「青苗助役兩妨農，天下嗷嗷怨相公。惟有蝗蟲偏感德，又隨車騎過江東。」

韓獻肅絳之入相，繼荆公之後，政事有未便者，公將更易振舉之。奏古者冢宰制國用，今天下財用出入，宰相乃不與聞。始置局中書，稽考天下財用之數，量入以爲出。援用司馬光，上曰：「吾於光豈有所愛，顧光未肯來耳。」《行狀》。

六月十五日，到江寧府任。

《謝表》云：「精力耗於事爲之衆，罪戾積於歲月之多，雖恃含垢之寬，終懷覆餗之懼。」

復與王子醇書云：「木征内附，熙河無復可虞。惟當理冗費，爲經久之計。上以公功信積著，虛懷委任，非復議論所能摇沮。某久曠職事，加以疲病，不能自持，幸蒙恩憐，得釋重負。然相去彌遠，不勝惓惓。」

初到江寧，作詩云：「江湖歸不及花時，空繞扶疏綠玉枝。夜直去年看蓓蕾，晝眠今日對紛披。」

《寄吴氏女子》詩云：「伯姬不見我，乃今始七齡。」蓋公自熙寧元年夏四月到京師，至今歷七年矣。公長女爲吴充子婦、吴安持之妻。

公弟安國，以鄭俠獄放歸田里。呂惠卿搆之也。時俠以上書送汀州編管，既行，上問惠卿曰：「鄭俠小臣，何緣知禁中事及大臣奏對之語？」惠卿曰：「此皆馮京手錄，令王安國持示，導之使言爾。」上以責京，京奏：「俠行未遠，乞追還對辨。」遂付詔獄。遇安國於途，安國舉鞭相賀曰：「賢可謂獨立不懼。」因隨至所居，求觀前後奏，俠答以未嘗留存。安國言：「亦見賢所與家兄書，家兄雖安國之言不聽，况公乎？」俠曰：「不意丞相一旦爲小人所誤，以至於此。」安國曰：「是何爲小人所誤，家兄自以爲人臣子不當避四海九州之怨，使怨歸於己，方是臣子盡忠國家。」俠曰：「未聞堯、舜在上，夔、契在下，而有四海九州之怨。」安國以爲然，因赴對。成獄，俠送英州編管，安國放歸田里。安國嘗以佞人目惠卿，故惠卿銜之。嘗諫其兄以天下洶洶，不樂新法，恐爲家禍。介甫不聽，安國哭於影堂，曰：「吾家滅門。」又嘗責曾布以誤惑丞相，更變法令。布曰：「足下人之子弟，朝廷變法，何預足下事？」安國怒曰：「丞相吾兄也，丞相之父，即吾父也。丞相由汝之故，殺身破家，僇及先人，發掘丘壟，豈得不干預我事耶？」《言行録》、《記聞》。

八月十七日，公弟祕閣校理安國平甫卒。時惠卿有射羿之意，公罷相，遂因鄭俠事陷安國，坐奪官放歸。詔以諭公，公對使者泣下。既而復其官，命下而安國卒矣，年四十。

見公所撰《墓志》。乃《綱目》、《通鑑》俱載八年正月爲呂惠卿所搆罷，蓋年月誤也。公有《中使撫慰安國弟亡謝表》，云：「臣辭恩機要，藏疾里閭。」蓋正當七年罷免之時。若八年二月，則已再入相，平甫不應正月尙列朝籍也。

王平甫熙寧中直宿崇文館，夢有人挾至海上，見海中夾宮殿甚盛，其中作樂笙簫鼓吹之伎甚衆，榜其宮曰靈芝宮。平甫欲與俱往，有人在宮側，謂曰：「時未至，且令去，他日當迎之至此。」恍然夢覺，時禁中已鳴鐘矣。平甫爲詩記之曰：「萬頃波濤木葉飛，笙歌宮殿號靈芝。揮毫不似人間世，長樂鐘聲夢覺時。」後四年，平甫卒。其家卜之曰：「公嘗夢往靈芝宮，果然乎？」卜曰：「然。」又三年，曾阜夢與平甫會，旁一人曰：「平甫已列仙官矣。」

九月癸丑，置京畿、河北、京東西路三十七將。

十一月己未，祀天地於圜丘，大赦。時呂惠卿已畔公，慮公復進用，乃援郊祀赦例，薦公爲節度使。上詰曰：「王安石去不以罪，何故用赦復官？」惠卿無以對。

八年乙卯，公年五十七歲。

春二月癸酉，復起公同平章事。

時呂惠卿得志，慮公復用，欲逆閉其途，凡可以下石者無不爲，一時朝士更朋附之。於是鄧綰、鄧潤甫因李逢之獄，又挾李士寧以撼公。韓絳顓處中書，度不能制，密請帝復召公爲相，帝從之。惠卿懼，乃條列公兄弟之失數事面奏，冀上意沮。上悉封以示公。公上表有云：「忠不足以取信，而事事至於自明；義不足以勝姦，而人人與之立敵。」蓋爲惠卿發也。既承召命，即倍道而進，七日至汴。李士寧者，蜀人，得導氣養生之術，自言時已三百歲，又預知人休咎。公嘗與之詩，及爲相，每延於東府，跡甚熟。暨公鎮金陵，而惠卿參大政。會山東告李逢、劉育之變，事連宗子趙世居，御史府、沂州各起獄推治之，劾言士寧嘗與此謀，詔捕之獄。世居賜死，李逢、劉育磔於市，士寧決杖，流永州。連坐者甚衆。惠卿因欲引士寧以誣衊公，會公再入秉政，謀遂不行。公集中有《贈李士寧道人》詩云：「杳杳人傳多異事，冥冥誰識此高風。」蓋公好奇，故此輩得以誑誘，使非再相，則大獄成矣。

乙酉，初行河北戶馬法。

六月，上《三經新義》，詔頒于學宮。有序，見集中。

加公尚書左僕射、兼門下侍郎、昭文館大學士，子雱龍圖閣直學士，呂惠卿給事中。雱辭新命，惠卿勸帝許之，用是益成仇隙。

荆公《經義》行，舉子專誦王氏章句，而不解義。公嘗歎曰：「本欲變學究爲秀才，不謂變秀才爲學究也。」安石與其子雱、其徒呂惠卿、升卿撰定《詩》、《書》、《周禮》義，模印頒天下。凡士子應試者，自一語以上，非新義不得用。於是舉者不復思索經義，亦不復誦正經，惟誦安石、惠卿書，精熟者輒得上第。又多以佛書證六經，至全用天竺語以相高。晚向字學，復以字書去取天下士。於是學者不復解經，而專解字，往往辨析字畫，說一字至數百言，去經義益遠。

秋七月，議割地畀遼。先是，遼屢遣使蕭禧等來爭議，疆事不決，帝以問公，公曰：「將欲取之，必姑與之。」乃詔以分水嶺爲界。

遣韓縝如河東，割新疆以畀之，東西凡失地七百里。

九月，公兼修國史。

冬十月，呂惠卿出知陳州。

御史蔡承禧論惠卿欺君玩法，植黨肆奸。鄧綰亦欲彌縫前附惠卿之跡以媚公。公子雱尤深憾，遂諷綰奏惠卿兄弟強借秀州華亭富民錢五百萬，與知華亭縣張若濟買田，共爲姦利事，置獄鞫之。惠卿竟罷，出知陳州。

公屬疾，不視事，帝強起之。

時彗出軫，帝避殿減膳，詔求直言，詢政事之未協於民者。公上疏言：「晉武帝五年，彗出軫，十年又有孛，而其在位二十八年。天道遠，但當修人事以應之，願勿以爲憂。」帝曰：「聞民間甚苦新法。」公曰：「祁寒暑雨，民猶怨咨，此無庸恤。」帝曰：「豈若幷祁寒暑雨之怨亦無耶！」公退而屬疾卧，帝慰勉，乃起視事。因取上所不喜者章惇、趙子幾等，悉奏擢用。上喜其出，勉從其言，由是權益重。

經略交阯。

時獻言者謂：「交阯已爲占城所敗，衆不滿萬，可計日以取。」乃以沈起知桂州，繼又以劉彝代之，相繼經畫。

九年丙辰，公年五十八歲。

公任平章政事。

春二月，以郭逵爲安南招討使。

時交阯大舉入寇，連陷欽、廉州，諜得交阯露布言：「中國作青苗、助役法，窮困生民，我今出兵，欲相拯濟。」公大怒，自草敕牓詆之。以趙卨爲招討使，卨言郭逵老於邊事，願以爲使，而己副之。

秋七月，公子雱卒。

呂惠卿既出守陳，而張若濟之獄久不成。公子雱令門下客呂嘉問、練亨甫，共取鄧綰所列惠卿事，雜他書下制獄，公不知也。省吏告惠卿於陳，惠卿以狀聞，且上書訟安石：「盡棄所學，隆尚縱橫之末數，罔上要君，方命矯令，力行於年歲之間。雖失志倒行逆施者，不如此。」帝以狀示公，公謝無有，歸以問雱，雱言其情，公咎之，雱憤恚，疽發背死。

雱字元澤，公長子，性敏甚，未冠，已著書數萬言。年十三，得秦卒言洮、河事，歎曰：「此可撫而有也。使西夏得之，則吾敵強而邊患博矣。」後王韶開熙河，公力主其議。雱由此舉進士，氣豪不能作小官。作策三十餘篇，極論天下事，又作《老子訓傳》及《佛書義解》，亦數萬言。時公執政，所用多少年，雱亦欲預選，乃曰：「執政子雖不可預事，而經筵可處。」公乃以雱所作策及注《道德經》鏤板鬻於市，遂傳達於上。召見，除太子中允、崇政殿說書。雱好爲大言，嘗稱商鞅爲豪傑之士。至是卒，年纔三十有三。公《題雱祠堂》詩有云：「一日鳳鳥去，千年梁木摧。」世謂其譽兒太過云。

冬十月，公去位，以使相判江寧府，領經局。有《經局感言》一首。

公自再相後，屢謝病求去，及雱死，尤悲傷不堪，力請解機務。帝益厭之，乃罷爲鎮南軍節度使、同平章事、判江寧府，自是絶口不言朝事。

元祐初，蘇子由《乞誅呂惠卿狀》云：「惠卿與安石反眼相噬，頓成仇敵。安石之黨言惠卿使華亭知縣張若濟借豪民朱華等錢置買田產，使舅鄭膺請奪民田，使僧文達請奪天竺僧舍。朝廷遣蹇周輔推鞫其事，獄將具而安石罷去，故事不復究。惠卿言安石相與爲姦，發其私書，其一曰『無使齊年知』，齊年者，馮京也，先帝猶薄其罪；復發其一曰『無使上知』，安石由是得罪。」

十年丁巳，公年五十九歲。

公判江寧府。

正月一日，題《相鶴經》。

六月癸巳，公以使相爲集禧觀使。

乞還節度使及同平章事印，不允。

《辭狀》云：「臣江湖一介，特荷聖知，帷幄七年，再陪國論。久居亢滿，所以深懼災危；積致衰疲，所以懇辭機要。若猶尸將相之厚祿，且復殿方面之大邦，則是於惡盈之時，欲富而弗止，以宣力之地，養痾而自營。聖慈雖或優容，官謗何由解免？」

差弟安上提點江南東路刑獄，就令照管，仍傳聖旨令便受敕命，更不須辭免。

《謝表》云：「江海衰殘，雲天悠遠，恩言狎至，感涕交流。惠焉既久而彌加，告矣雖頑而未捨。乃至召見同產，賜以十行之書，使營私門，就捐一路之寄。訪逮纖悉，矜及隱微。唯當祇聖訓之鴻私，豈敢固愚衷之小諒。重念無傷於國體，乃爲不負於天慈。欲以里居之身，而尸官廩之厚，固已犯明義而累食功之典，況復干隆名而長昧利之風。」上憐安石之貧，命中使甘師顏賜金五十兩。安石即以金施之定林僧舍。師顏因不敢受常例，回具奏之。上諭御藥院牒江寧府，於安石家取師顏常例。安石約惠卿「無令上知」一帖。惠卿既與公分黨，乃以其帖上之。上問熙河歲費於王韶，安石喻韶不必盡數以對。韶既畔安石，亦以安石言上之。晁以道《論配享劄》。

楊龜山先生曰：「安石不知事君之理。人臣侍食於君，果有核者懷其核，敬君賜也。施之僧寺，無乃褻乎？當辭則辭，可受則受，或施之宗族昆弟之貧者，則庶乎合於理矣。」《龜山文集》。

撰《寶文閣待制常公墓表》。

元豐元年戊午，公年六十歲。

是年，罷使相，爲會靈觀使，居蔣山。

春正月乙卯，特授開府儀同三司、尚書左僕射，封舒國公，會靈觀使。

《謝表》云：「發號端門，外覃慶賜，疏恩列辟，俯逮空飡。曠歲籲天，尚辭榮而未獲；新恩賜國，仍席寵以有加。唯兹邦土之名，乃昔宦游之壤。」公昔通判舒州，故云。

二月二十二日，江東轉運使孫珪到府傳旨：「以陳情甚確，志不可奪，故罷節鉞，春時更宜愼愛。」自是公止食祠祿。

公有詩呈陳和叔，序云：「元豐元年，某食觀使祿，居鍾山南。」又有《獨歸》詩云：「鍾山獨歸雨微冥，稻畦夾岡半黃青。疲農心知水未足，看雲倚木車不停。悲哉作勞亦已久，暮歌如哭難爲聽。而我官閒幸無事，北窗枕簟風泠泠。」

《東軒筆錄》云：「荆公復相，承黨人之

後，平時肘腋盡去，惟與子雱機謀，而雱又死。知道之難行，乃復求罷，遂以使相再鎮金陵。未期納節，久之得會靈觀使。」蓋在是年也。案：公以熙寧九年十月去位，以使相判江寧府。十年六月癸巳，以使相爲集禧觀使，是罷判府之命，猶帶使相職銜而食其祿，故力求還印，未蒙允納。至是年始得命換集禧爲會靈，罷節鉞，止食祠祿。去年十月至今年六月，是未及期也。旋差男旁句當江寧糧料，是朝廷恐祠祿微薄，更加恩其子嗣。是終元豐之世，俱食會靈觀使之祿。至八年乙丑三月神宗崩，哲宗即位，推恩羣臣，乃復授公司空，依前觀文殿大學士、集禧觀使，加食邑四百戶，食實封一百戶，是又仍食使相之祿。又明年而公謝世矣。此公再罷相後，十年之本末也。

差男旁句當江寧府糧料院。

《謝表》云：「去寄卧家，猶尸厚祿，祈榮及嗣，更荷殊私。」

按：旁係公次子，雱之弟。曾子固撰公母夫人《墓志》：「孫九人：雱、旉、旁、旊、抗、防、旃、旂、放。」公集中有《題旁詩》，小序下注云：「仲子正字。」豈正字爲旁之字耶？又有《示仲元女孫》詩云：「親結香纓知不久，汝翁那更鑷髭鬚。」仲元又疑即旁，未知孰是。序云：「旁近有詩：『杜家園上好花時，尙有梅花三兩枝。日暮欲歸巖下宿，爲貪香雪故來遲。』兪秀老一見稱賞不已，云絕似唐人。旁喜作詩，如此詩甚工也。」

十一月二十三日，撰《廬山文殊師現瑞

記》。

二年己未，公年六十一歲。

公爲會靈觀使，居蔣山。

作《歌元豐》五首，其一云：「水滿陂塘穀雨篝，漫移蔬果亦多收。神林處處傳簫鼓，共賞元豐第二秋。」

《耿天隲著（竹）〔作〕作自烏江來予逆沈氏妹於白鷺洲遇雪作此詩》云：「朔風積夜雪，明發洲渚淨。開門望鍾山，松石皓相映。故人過我宿，未盡攀躋興。而我方渺然，長波一歸艇。款段庶可策，柴荆當未暝。與子出東門，牆西埽新徑。」

按：公女弟三人，長適尚書虞部員外郎沙縣張奎，所謂長安君是也。次適衢州西安縣令天長朱明之，公有《寄朱氏妹》詩云：「昔來高郵居，我始得朱子。從容談笑間，已足見奇偉。當時獨張倩，遠在廬山趾。沈君未言婚，名已習吾耳。」次適揚州沈季長。沈氏妹，其季妹也。

營居半山園，有作《示元度》：「今年鍾山南，隨分作園囿。鑿池搆吾廬，碧水寒可漱。溝西僱丁壯，擔土爲培塿。扶疏三百枝，蒔揀最高茂。不求鵷雛實，但取易成就。中空一丈地，斬木令結搆。五楸東都來，劚以（達）〔遶〕檐溜。老來厭世語，深卧塞門竇。贖魚與之游，餧鳥見如舊。獨當邀之子，商略終宇宙。更待春日長，黄鸝弄清晝。」

按《宋史》，蔡卞字元度，早登科，調江陰主簿。王安石妻以女，因從之學，凡薦歷顯職，俱以婦翁親嫌辭。歷揚、廣、越、潤、陳五州。廣州寶貝叢湊，一無所取。及徙越，夷人淸其去，以薔薇露灑衣送之。皆倣效公行事。然爲國鉅姦，雖章惇亦畏之。惇輕率而卞深阻，與明季溫體仁相似。公此時已辭纓紱，親魚鳥，而獨邀姦壻商略。後來紹述之禍，實基於此。不謂公爲宋之罪人，豈可得哉？

三年庚申，公年六十二歲。

公爲會靈觀使，居蔣山。

正月，游齊安，有詩云：「水南水北重重柳，山後山前處處梅。未及此身隨物化，年年長趁此時來。」

春，帝命輔臣禱雨，公作《元豐行》：「四山翛翛映赤日，田背迸如龜兆出。湖陰先生坐草堂，看踏溝車望秋實。雷蟠電掣雲滔滔，夜半載雨輸亭臯。旱禾秀發藴牛尻，豆死更蘇肥莢毛。倒持龍骨挂屋敖，買酒澆客追前勞。三年五穀賤如水，今見西成復如此。元豐聖人與天通，千秋萬歲與此同。先生在野故不窮，擊壤至老歌元豐。」

時連三歲大熟。公後作《神宗挽辭》云：「一變前無古，三登歲有秋。」蓋謂此也。

四月二十七日，葬弟平甫於江寧府鍾山母楚國太夫人墓左百有十六步，公志其墓。

撰《長安縣太君王氏墓志銘》。公女弟尚書比部郎中張奎之妻。

八月，奏《乞改三經義誤字劄子》。二十八日，奉聖旨宜令國子監照會改正。

九月四日，有《祭北山元長老文》。

九月十一日，《答手詔言改經義事》。略云：「伏奉手詔，依違之罪，臣不敢逃。然陛下既推恩惠卿等而除其所解，臣愚不敢安。若以其釋説有甚乖誤者，責臣更加删定，臣敢不祗承聖訓。」自熙寧六年三月提舉經義局，八年六月上《三經新義》，詔頒於學宫，悉公父子與惠卿兄弟撰定，至是歷八年，釁隙已成。蓋緣推恩時，惠卿受給事中，而雱辭龍圖閣直學士，惠卿勸帝許之，用此相軋，而雱不能勝惠卿，憤鬱而死。此時公蓋未能忘情也。

是年，官名改。九月乙酉，加公爲特進、尚書左僕射、兼門下侍郎，改封荆國公，加食邑四百戶，食實封一百戶，勳如故。有《辭僕射劄子》。略云：「伏奉制恩，以提舉修撰《經義》了畢，特授臣尚書左僕射兼門下侍郎，加食邑、實封。承命惶怖。伏念臣以稍知經術，叨塵非一，每媿無功。更以訓釋微勞，受兹殊禮，格之公論，孰以爲宜？况在私誠，尤難堪此。」

是年，神宗召見曾鞏，問曰：「王安石何如人也？」對曰：「安石文學行義，不減揚雄，惟吝故不及。」曰：「安石輕富貴，非吝也。」對曰：「安石勇於有爲，吝於改過。」

子固《過介甫偶成》詩云：「交結謂無嫌，忠告期有補。直道詎非難，盡言竟多忤。知者尚復然，悠悠誰可語？」

按：荆公與子固爲布衣昆弟，及得志，乃疏鞏而親布。借韓、吕二巨族爲游光揚聲。及爲相，乃屈維而任絳。嫌吕公弼不附己，用公著爲御史中丞以逼之。既復謂其有驩兜、共工之姦，而獨暱其族孫嘉問，任其偏見，積成私意。昔人謂公「異己者雖賢爲不肖，合己者雖不肖爲賢」，公信有之，不得爲公諱也。

公有《寄曾子固》詩云：「時恩謬拘綴，私養難乞假。低徊適爲此，含憂何時寫？吾能好諒直，世或非詭詐。安得有一廛？相隨問耕者。」此詩未知何時所寄，大約在得位秉政之後。據此則公求言於子固，虛衷可謂至矣。而子固之詩云然。蓋所謂「說而不繹，從而不改，謟諛之小人中其心，而忠告之友不能入」也。因子固召對之言，附識兩公詩於此。

四年辛酉，公年六十三歲。

公爲會靈觀使，居蔣山。

【附】呂吉甫上公啓：「某叨蒙一臂之交，謬意同心之列，忘懷履坦，失戒同巇。關弓之泣非疏，碾足之詞未已，而溢言皆達，茀氣並生。既莫知其所終，玆不疑於有敵。門牆責善，數移兩解之書；殿陛對揚，親奉再和之詔。固其願也，方且圖之。重罹苦塊之憂，遂稽竿牘之獻。然以言乎昔，則一朝之過，不足害平生之歡；以言乎今，則八年之間，亦將隨速化之改。內省涼薄，尙無細故之嫌；仰揆高明，夫何舊惡之念。恭惟觀文、特進相公，知德之奥，達命之情，親疏冥於所同，憎愛融於不有。冰炭之息豁然，儻示於至恩；桑榆之收繼此，請圖於改事。側躬以聽，惟命之從。」張若濟獄起，惠卿發公私書以相訐，公緣是除宮觀，居鍾山。惠卿服除，以此啓講和。公讀之曰：「終是會做文字。」因答之如下云云。按惠卿以逢迎新法，公初罷相時，薦爲參知政事，甫得志，而即畔公，至連結鄧綰等起李逢大獄，使非公再召，公禍且不測。至此，又復卑辭求解，小人反覆，固無足怪。獨公欲用此輩小人以濟事，而卒爲所賣，溫公之言，其驗哉。書內稱「觀文、特進」，以元豐三年官制改，加公爲特進，又前罷相時，公爲觀文殿大學士也。又云「八年之間」，以熙寧七年公罷相即圖反噬，至此恰八年也。考按前後書之往復，當在是年。

有《答呂吉甫書》：「某啓：與公同心，以至異意，皆緣國事，豈有他哉？同朝紛紛，公獨助我，則我何憾於公？人或言公，吾無與焉，則公亦何尤於我？趨時便事，吾不知其說焉，考實論情，公亦宜照於此。開諭重悉，覽之悵然。昔之在我，誠無細故之疑；今之在公，尚何舊惡足念？然公以壯烈，方進爲於聖世，而某薾然衰疾，將待盡於山林。趨舍異事，則相煦以溼，不若相忘之愈也。趨召想在朝夕，伏惟良食是愛。」

按：公家居往往寫「福建子」三字，蓋深悔爲惠卿所誤也。及惠卿致書，公答乃極其周旋，絕無一語乖忤，若眞坦然相忘者。只是此老口中到底倔強，不肯認錯耳。抑亦畏惠卿之深姦，恐更遭毒手。且共事時，亦實有不可聞於上之語，被惠卿劫質，不得不爲解冤釋結語，以圖免禍。讀至此亦覺可憐矣！公自念蒙神宗大恩，雖百千詆毀，終蒙覆庇。到易世，而惠卿更或反噬，將有不可知之禍。觀惠卿書末有云「側身以聽，唯命之從。」蓋隱然脅制，非純是卑諂愛辭也。公至此十分膽怯。公有《與參政王禹玉書》云：「某行不足以悅衆，而怨怒實積於親貴之尤；智不足以知人，而險詖常出於交游之厚。」則又未嘗不切齒痛恨，而於惠卿卻不敢露痕跡，曲慮周防如此，可爲千古用小人之戒。

「九月二十二日夜，夢高郵（玉）〔土〕山道人赴蔣山北集雲峰爲長老，已而坐化。復出山南興國寺，與余同卧一榻。探懷出片竹數寸，上繞生絲，屬余藏之。余棄弗取，作詩與之」〔二〕：月入千江體不分，道人非復世間人。鍾山南北安禪地，香火他時看兩身。

十月二十四日，與道原過西莊，遂游寶乘。

五年壬戌，公年六十四歲。

公爲會靈觀使，居蔣山。

正月，再游齊安。

晦，與仲元自淮復至齊安。公次子旁，字仲元，有《示仲元女孫》詩。

夏四月，公弟安禮爲尚書右丞。時官制改，右丞實前參知政事之職，蓋次相也。

五月，與和叔同游齊安。

進《字說》二十四卷。

表云：「鳳鳥有文，河圖有畫，俱非人爲，法之成書。上下內外，初終前後，中偏左右，自然之位也。衡斜曲直，耦重交折，反缺倒側，自然之形也。發斂呼吸，抑揚合散，虛實清濁，自然之聲也。可視而知，可聽而思，自然之義也。臣仰承訓敕，抱疴負憂，久無所成。雖嘗有獻，大懼冒昧。退復自力，用忘疾憊，謹勒成《字說》二十四卷，隨表上進以聞。」

《成字說後與曲江譚君丹陽蔡君同游齊安》：「據梧枝策事如毛，久苦諸君共此勞。遙望南山堪散釋，故尋西路一登高。」

六年癸亥，公年六十五歲。

公爲會靈觀使，居蔣山。

《夜夢與和甫別如赴北京時和甫作詩覺而有作因寄純甫》：「菽水中歲樂，鼎茵暮年悲。同胞苦零落，會合尚凄其。況乃夢乖闊，傷懷而賦詩。詩言道路寒，乃似北征時。叔兮今安否？季也來何遲。中夜遂不眠，輾轉涕流離。老我孤主恩，結草以爲期。冀叔善事國，有知無不爲。千里永相望，昧昧我思之。幸惟季優游，歲晚相攜持。於焉可晤語，水木有茅茨。晼蘭佇歸憩，繞屋正華滋。」

八月辛卯，公弟安禮和甫轉尚書左丞。

熙寧庚戌冬，公自參知政事拜相。是日官僚造門奔賀，公以未謝，皆不見之，獨與余坐於西廡之小閣。公語次忽顰蹙，久之，取筆書窗曰：「霜筠雪竹鍾山寺，投老歸歟寄此生。」放筆揖余而入。元豐癸亥，公謝事，爲會靈觀使，居金陵白下門外。余謁公，公欣然邀余同游鍾山，憩法雲寺，偶坐於僧房。是時正當霜雪，而虛窗松竹皆如詩中之景。余因述昔日題窗，并誦此詩。公憮然曰：「有是乎？」頷略微笑而已。《隱居詩話》。

七年甲子，公年六十六歲。

公爲會靈觀使，居蔣山。

春，公有病，兩日不言，少蘇，語吳國夫人曰：「夫婦之情，偶合爾，不須他念，強爲善而已矣。」執葉濤手曰：「君聰明，宜博讀佛書，慎勿徒勞作世間言語。

安石生來多枉費力作世間文字，深自悔責。」吳國勉之曰：「公未宜出此。」曰：「生死無常，吾恐時至不能發言，及今叙此，時至則行，何用君勸。」公疾瘳，乃自悔曰：「雖識盡天下理，而定力尚淺。或者未死，應尚竭力修爲。」葉濤，公弟安國平甫壻。《言行録》。

公有疾，乞以所居舍爲僧寺，詔許，賜額報寧。

《謝表》云：「賤息奄先於犬馬，頹齡俯迫於桑榆。獨念親逢，莫有涓埃之補報；永惟宏願，豈忘香火之因緣。伏惟皇帝陛下俯徇祈誠，特加美號。所懼封人之祝，終以堯辭；乃歷長署之園，遽如佛許。」

《六朝事跡》云：「半山報寧禪寺，荆公故宅也。其地名白塘，舊以地卑積水爲患，自荆公卜居，乃鑿渠決水以通城河。元豐七年，公病愈，乃請以宅爲寺，因賜寺額。由地東門至蔣山，乃半道也，故今亦名半山寺。」《漁隱叢話》。

《示報寧長老》詩：「白下亭東鳴一牛，山林陂港淨高秋。新營棗栰我檀越，曾悟布毛誰比丘？」

黄山谷《書贈俞清老》云：「清老，金華俞子中也。三十年前，與余共學於淮南。元豐甲子，相見於廣陵，自云荆公欲使之脱逢掖，著僧伽黎，奉香火於半山宅寺，所謂報寧禪院者也，予之僧名曰紫琳，字清老。清老無妻子之累，去作半山道人，不廢入俗，談諧優游以卒歲，似不爲難事。然生龜脱筒，亦難堪忍。後數年見之，儒冠自若也。因戲賀清老詩云：『索索葉自雨，月寒遥夜闌。

馬嘶車鐸鳴，羣動不遑安。有人夢超俗，去髮脫儒冠。平明視淸鏡，政爾良獨難。』」子瞻屢哦此詩，以爲妙也。」

三月十九日，與道原自何氏宅步至景德寺，有絶句，見集中。

《乞將田劄入蔣山太平興國寺常住劄子》略曰：「臣不幸，榮祿既不逮於養親，雱又嗣息未立，奄先朝露。臣相次用所得祿賜，及蒙恩賜雱銀，置到江寧府上元縣荒熟田，元契共納苗三百四十二石七斗七升八合，簝一萬七千七百七十二領，小麥三十三石五斗二升，柴三百二十束，鈔二十四貫一百六十二文，見託蔣山太平興國寺收歲課，爲臣父母及雱營辦功德。欲望聖慈特許施充本寺常住，令永遠追薦。」

《已得請謝表》略云：「榮祿雖多，不逮養親之日；餘年向盡，更爲哭子之人。追營香火之緣，仰賴金繒之賜。尙復祈恩而不已，乃將邀福於無窮。雖老矣無能，莫稱漏泉之施；若死而未泯，豈忘結草之酬。」

是年，蘇子瞻自黃州量移常州團練副使，道過金陵，見公曰：「大兵大獄，漢、唐滅亡之兆。祖宗以仁厚治天下，正欲革此。今西方用兵連年不解，東南數起大獄，公獨無一言以救之乎？」公曰：「二事皆呂惠卿啓之，安石在外安敢言？」子瞻曰：「在朝則言，在外則不言，此事君之常禮耳。上所以待公者非常禮，公所以待上者豈可以常禮乎？」公厲聲曰：「安石須說。」又曰：「出在安石口，入在子瞻耳。」又曰：「人須知行一不義、殺一不辜，得天下弗爲，乃可。」子瞻戲曰：「今之君子，爭減半年磨勘，雖殺人亦爲之矣。」公笑而不言。是時徐禧興永樂之役，公弟安禮切諫不聽。及敗，帝臨朝歎息曰：「王安禮常勸朕勿用兵，少置役。」蓋爲是也。

秋七月甲寅，公弟和甫罷知江寧府。

元豐末，神宗深悔戶馬之説，俯首歎曰：「朕於是媿於文彥博矣。」王珪請宣德音。復曰：「彥博頃年爭國馬不勝，嘗曰陛下十年必思臣言。」珪因曰：「罷去祖宗馬監，是安石堅請行之者，本非陛下意也。」上歎曰：「安石誤朕，豈獨此一事！」

子瞻復以書來，云：「某近者經由，屢獲請見，存撫教誨，恩意甚厚。某始欲買田金陵，庶幾得陪杖履，老於鍾山之下。既已不遂，今儀眞一住又已二十日，以求田爲事，若幸而成，扁舟往來，見公不難矣。向屢言高郵進士秦觀太虛，今得其詩文數十首拜呈，詞格高下，固無以逃於左右。獨其行義修飭，才敏過人，有志於忠義者，願公少借齒牙，使增重於世，其他無所望也。秋氣日佳，微恙頗已失去否？伏冀自重。不宣。」

公答書云：「承誨諭累幅，知尙盤桓江北，俯仰踰月，豈勝感悵！得秦君詩，手不能捨，葉致遠適見，亦以爲清新嫵麗，與鮑、謝似之，不知公意何如？公奇秦君，數口之不置，吾又獲詩，手之不捨，然聞秦君嘗學至言妙道，無乃笑我與公嗜好過乎？」

公有《和子瞻同王勝之游蔣山》詩。

公居金陵，數與坡游，歎息謂人曰：「不知更幾百年，方有此人物。」坡公有詩云：「勸我試求三畝宅，從公已覺十年遲。」坡與王勝之𥂕柔游蔣山賦詩，公急取讀之，至「峰多巧障日，江遠欲浮天」，撫几曰：「老夫平生作詩，無此一句。」因作詩繼和。

按荆公秉政之日，與坡公幾同水火。及此，乃更杖屨相從，商榷文雅，風流高致，百代可想見。

《答俞秀老書》云：「比嬰危疾，療治百端，僅乃小愈。歲盡當營理報寧庵舍，以佇游愒。餘非面叙不悉。」

八年乙丑，公年六十七歲。

公爲會靈觀使，居蔣山。

撰《吴録事墓志》。諱賁，公夫人之叔父。

三月戊戌，神宗崩，哲宗即位。

十一日，宣詔旨授公司空，依前觀文殿大學士、集禧觀使，加食邑四百户，食實封一百户，餘如故。

撰《神宗皇帝挽辭》二首：「將聖由天縱，成能與鬼謀。聰明初四達，俊乂盡旁求。一變前無古，三登歲有秋。謳歌歸子啓，欽念與功修。」「城闕宫車轉，山林隧路歸。蒼梧雲未遠，姑射露先晞。玉暗蛟龍蟄，金寒雁鶩飛。老臣他日淚，湖海想遺衣。」

元祐元年丙寅，公年六十八歲。

公以觀文殿大學士爲集禧觀使，居蔣山。

公病瘡，有《謝宣醫劄子》云：「臣背瘡餘毒，即得仇鼒敷貼平完。尚以冒風氣悶，言語蹇澀，又賴杜壬醫療，尋皆痊愈。臣迫於衰暮，自分捐殁聖時，朽骴更生，實叨殊賜。」

閏二月，司馬君實爲尚書左僕射兼門下侍郎。時公已病，弟和甫取邸報入視，悵然曰：「司馬十二作相矣。」

公聞朝廷變其法，夷然不以爲意，又聞罷助役復差役，愕然失聲曰：「亦罷至此乎！」良久曰：「此法終不可罷。安石與先帝議之兩年乃行，無不曲盡。」後果如其言。《卮史》。

夏四月癸巳，公薨於金陵。按《宋史·哲宗本紀》，癸巳爲四月六日。

公疾亟，悔所作《日錄》，命從子防取焚之，防詭以他書代。

《邵氏聞見錄》云：「公坐鍾山，常恍惚見子雱荷枷杻如重囚者，遂施所居半山園宅爲寺，以薦其福。後公病瘡良苦，語其姪曰：『亟焚吾所謂《日錄》者。』姪紿公焚他書代之，公乃死。或云又有所見也。」

李巨來氏曰：《宋史》安石本傳惟載子雱一人，雱卒於熙寧九年，正荆公再相之日。未久罷政判江寧，請捨宅爲寺，且以私田充蔣山太平興國常住，其《劄子》云「嗣息未立」，是雱死（從）〔後〕公無別子之證。而集中又有《謝添差男旁句當江寧府糧料院表》云：「冒昧陳乞，特恩添差，舐犢之愛，乃敢有言。」蓋既捨田宅之後，始立旁爲嗣，而財產無存，故雖清介如公，反不免爲陳乞恩澤之舉。公又有題旁詩跋，稱其詩甚工。然當紹述之時，使其尚存，惇、卞之徒自必引置要地，乃寂寂無聞，恐亦未獲永年也。觀疾急時以焚《日錄》命防可見。

又曰：東坡序《晁君成詩集》有云：「無其實而竊其名者無後，揚雄是也。」此蓋爲荆公而發。雄擬經而班史斥其猶吳、楚之僭王。誅絕之罪，指其童烏不育也。荆公父子著《三經新義》，糠粃百家，盡廢先儒之說，黜《春秋》不得列學宫，目爲斷爛朝報，其非聖無法甚矣，其無後也宜哉。

時司馬君實在病中，聞公薨，折柬與呂晦叔曰：「介甫無他，但執拗耳。今日贈卹之典宜從優厚，以振起澆薄之風。」上聞之，再輟視朝，詔所在給葬事，贈太傅。

蘇長公撰公《太傅制辭》云：「名高一時，學貫千載，智足以達其道，辨足以行其言，瑰瑋之文足以藻飾萬物，卓絕之行足以風動四方。用能於期歲之間，靡然變天下之俗。具官王安石，少學孔孟，晚師瞿聃。罔羅六藝之遺文，斷以己意；糠粃百家之陳跡，作新斯人」，云云。世謂爲公實錄。

公少有大志，其學以孟軻自許，荀況、韓愈不道也。性不好華腴，或衣垢不澣，面垢不洗。初知鄞縣，築堰決陂，爲水陸之利，貸穀於民，俾新陳相易，興學校、嚴保伍，邑人便之。召試館職，固辭不就，懇求補外，得知常州。上《萬言書》，極陳當世之務，由是名震天下。仁宗寢其言不用。及熙寧召對，首陳「更法度，變風俗」之說，遂議立法。在廷交執不可，公傳經義，出己意，辨論輒數百言。睥睨一世，旁若無人，其才高，衆不能屈。小人起而乘之，公喜其合己，因遂柄用，欲藉其力以枝梧異議者。一時元老大臣，屏棄殆盡，謗議紛起，甚者述其言謂「天變不足畏，祖宗不足法，人言不足恤」，公亦偃然當之。

唯明道先生嘗曰：熙寧初，王介甫行新法，欲並用君子小人。君子正直不合，介甫以爲俗學，不通世務；小人苟容諂佞，介甫以爲有材，能知變通。一時如司馬君實不拜同知樞密院以去，范堯夫辭同修起居注得罪，張天祺爲監察御史面折介甫遠謫。君子既去，所用無非小人，爭爲刻薄，故害天下益深。使衆君子與之，勢久自緩，易氣平心，尚有聽從之理，俾小人無隙以乘，其爲害不至如此之甚也。公自再罷政，以使相判金陵，到任即納節，讓平章重銜，懇請賜允。未幾，累表辭職，得集禧觀使。居蔣山，矮屋數椽，暑月不能堪，輒折松架棚，露坐其下。築別館於南門外，去蔣山不數里而近。平日乘一驢，從一二僮，游諸山寺。欲入城，則乘小舫隨潮下行，間或徒步。所居之地，四無人家，其宅僅蔽風雨，又不設垣牆，望之若逆旅然。疾作，奏捨其宅爲寺，賜名報寧。既而疾愈，稅城中屋以居，竟不復造宅。至是卒，年六十八。《宋史》本傳。

朱子曰：「安石以文章節行高一世，而尤以道德經濟爲己任。遭遇神宗，致位宰相，世方仰其有爲，而安石乃汲汲於取熙、河、洮、岷以恢疆宇，遂以財利兵革爲先，躁迫強戾，使天下之人，囂然喪其樂生之心。卒之羣姦嗣虐，流毒四海，至於崇、宣之際，而禍滋極矣。」又曰：「學以知道爲本，知道則見於行事，發於言語，無往不得其正。如安石之始學，蓋欲淩跨揚、韓，掩跡顏、孟，特以不能知道，故其事不純，而設心造事，遂流入於邪。又自以爲是，而大爲穿鑿傳會以文之，此其所以重罪於聖人也。」

〔一〕《王文公文集》卷七六録此詩作《記夢》。又，「探懷」原作「襌懷」，「出片竹」原作「山片石」，均據上引詩故。

王荆國文公年譜卷後

錫山顧棟高輯　吴興劉承幹校

哲宗元祐二年

正月，禁科舉用王氏《經義》、《字説》。

紹聖元年

蔡卞重修《神宗實録》。

蔡卞上疏言：「史官范祖禹等所修《實録》，類多疑似不根，乞重行刊定。」詔以卞兼同修國史。卞遂從公從子防所求公舊作《日録》，盡改正史。

按：公長子雱、次子旁。元豐元年差男旁句當江寧府糧料院。及公臨歿，以所作《日録》命從子防取焚之，而不及旁。公壻蔡卞修《神宗實録》，亦從防求公《日録》，豈旁亦先公卒耶？世謂荆公乏嗣，豈雱無子，旁亦無子耶？當存以俟考。

朱子曰：嘗記頃年獲侍坐於故端殿上饒汪公，縱言及於《日錄》。熹因妄謂《日錄》固爲邪說，然諸賢攻之亦未得其要領，是以言者瀆而聽者疑，用力多而見功寡也。蓋嘗即其書而考之，則凡安石之所以惑亂神祖之聰明，而變移其心術，使不得遂其大有爲之志，而反爲一世禍敗之原者，其隱微深切皆聚此書。而其詞鋒筆勢，縱横捭闔，煒煌譎誑，又非安石之口不能言，非安石之手不能書。以爲蔡卞撰造之言，固無是理。況其見諸行事，深切著明者，又以相爲表裏，亦不待晚年懟筆有所增加而後爲可罪也。然使當時用其垂絶之智，舉而加諸火，則後來載筆之士，於其帷幄之間，深謀密計，雖欲畢力搜訪，極意經營，勢必不能得之如此詳悉。而傳聞異詞，虚實相半，亦不能使人無溢惡之疑，且如「勿令上知」之語，世所共傳，終以手筆不存，故使陸佃得爲隱諱。雖以元祐衆賢之力，爭辨之苦，而不能有以正也。何幸其徒自爲失計，出此眞蹟，以暴其惡於天下，便當摭其肆情反理之實，正其迷國誤朝之罪，而直以安石爲誅首，是乃所謂自然不易之公論。不唯可以訂已往之謬，而又足以開後來之惑。奈何乃以畏避嫌疑之故，反爲迂曲回互之言，指爲選造增加誣僞謗詆之書，而欲加刊削，以滅其跡乎？汪公歎息，深以愚言爲然。見《文集大全·讀兩陳遺墨》。

六月，除《字說》之禁。

二年

追謚文公，配享神宗廟庭。

徽宗崇寧三年

配享孔子廟，列於顔、孟之次，追封舒王。

欽宗靖康元年

用楊時言，停孔廟配享。

楊龜山先生《上欽宗疏》曰：「臣伏見蔡京蠹國害民，幾危宗社，原其禍始，以紹述神宗爲名，實挾王安石以圖身利。臣謹按，安石挾飾六藝，以文姦言，其塗亂學者耳目，敗壞其心術者，不可屢數，姑即其一二尤甚者以明之。昔神宗嘗稱美漢文惜百金以罷露臺，此正儉德，所宜將順，而安石乃稱『能以堯、舜之道治天下，雖竭天下自奉不爲過』。其後王黼以應奉花石綱，竭生民之膏血，爲東南兆亂者，實王安石自奉之說有以倡之也。其釋《鳧鷖》守成之詩，於末章則謂『以道守成者，泰而不爲驕，費而不爲侈』。詩之意正爲能持盈則神祇祖考安樂之。迨安石倡爲此說，以啓人主之侈心。其後蔡京輩輕費妄用，專以侈靡爲事，蓋祖此說耳。安石邪說之害，豈不甚哉！伏望睿斷，追奪王爵，明詔中外，天下幸甚。

高宗建炎二年

用趙鼎、吕好問言，停神宗廟庭配享，削其王封。

鼎上疏言：「熙寧間，王安石變祖宗之法而民始病。假闢國之謀，造生邊患；興理財之政，窮困民力；設虛無之學，敗壞人身，卒成今日蔡京之禍。今安石猶未去配享，時政之闕，莫大於是。」上爲敕罷，仍以富弼代之。

理宗淳祐元年

臨幸太學，并削去從祀。

正月十五日，帝幸太學，詔曰：「王安石謂『天變不足畏，祖宗不足法，人言不足恤』，爲萬世罪人，宜黜之，并削去從祀。」

王荆公祠在府治東南鹽步嶺，宋崇寧五年，郡守田登因公舊宅創祠，肖公像而祀之。淳熙中，郡守錢象祖修葺，比舊加壯，爲之管鑰，隸於學宮，歲時祀焉。事見象山陸文安公記中。元至順初，祠圮，草廬吴先生就養郡庠，過其祠而太息，言於監郡塔不台，重加繕治，虞邵菴爲之記。不知廢自何時。祠宇爲居民侵削，僅有存者。臨川七十九都有上池王氏者，譜牒相沿爲公弟安上後。國初有名孟演者，爲本府教授，遂主公祠。天順、成化間，其孫宗璉兩以遺祠轉典與千戶所王表者，并以公及夫人二像附之。公像且數百年，鮮完如故，若有呵護者，每以拜觀，斂容起敬。有城北王某者，忽認安禮之後，嘉靖二十五年，請託千戶熊邦傑以力奪之，知縣應雲鸑遂祭於其家。二十六年，府同知陳一貫復以米二石易荆國夫人像，并附之守祠者，猶記歲月直書其事於祠壁云。《撫州府志》。

王荆國文公遺事

錫山顧棟高輯 吴興劉承幹校

朱子曰：介甫每得新文字，窮日夜閲之。喜食羊頭餕，家人供〔至〕，或直看文字，信手撮入口中，不暇用筯，過食亦不覺，至於生患，且道「將此心應事，安得會不錯。」不讀書時，常入書院。有外甥㜸學，怕他入書院，多方討新文字，得之只顧看新文字，不暇入書院矣。《語類大全》。荆公作《字説》時，只在一禪寺中禪牀前置筆硯，掩一龕鐙。人有書翰來者，折封皮䙫放一邊，就到禪牀睡。少時，又忽然起來寫一兩字，看來都不曾眠。字本來無許多義理，他要箇箇如此做出來，又要照顧得前後要相貫通。

程師孟嘗請於王介甫曰：「公文章命世，師孟多幸與公同時，得公爲墓志，庶傳不朽。」介甫問：「先生何官？」師孟曰：「非也。師孟恐不得常侍左右，欲豫求墓志，俟死而刻之耳。」介甫雖笑而不許，而心憐之。王雱死，有習學檢正張安國，披髮藉草哭於柩前，曰：「公不幸未有子，今郡君妊娠，安國願死，託生爲公嗣。」京師語曰：「程師孟生求速死，張安國死願託生。」《堯山堂外紀》。

公知制誥，吴夫人爲買一妾，公見之，曰：「何物女子？」曰：「夫人令執事左右。」曰：「汝誰氏？」曰：「妾之夫爲軍大將，部米運失舟，家資盡沒，猶不足，又賣妾以償。」公愀然曰：「夫人用錢幾何得汝？」曰：「九十萬。」公呼其夫，令爲夫婦如初，盡以錢賜之。《言行録》。

程子曰：介甫不知事君道理，觀他意思，只是要樂子之無知。如上表言：「秋水既至，因知海若之無窮；大明方升，豈宜爝火之不息。」皆是意思常要己在人主上。自古主聖臣賢乃常理，何至如此？又觀其說魯用天子禮樂云：「周公有人臣所不能爲之功，故得用人臣所不得用之禮樂。」此乃大段不知事君。大凡人臣身上豈有過分之事？凡有所爲，皆是臣職所當爲之事也。介甫平居事親最孝，觀其言如此，其事親之際，想亦洋洋自得，以爲孝有餘也。臣子身上皆無過分事，惟是孟子知之，說曾子只言「事親若曾子可矣」，不言「有餘」，只言「可矣」。《程氏遺書》。

公平生養得氣完，爲他不好做官職。作宰相只喫魚羹飯，得受用底不受用，緣省便去就自在。嘗上殿進一劄子擬除人，神宗不允，對曰：「阿除不得。」又進一劄子擬除人，神宗亦不允，又曰：「阿也除不得。」下殿出來便乞去，更留不住。平生不屈也奇得。《上蔡語録》。

因論公法云：青苗、免役亦是法，然非藏於民之道。如青苗取息雖不多，然歲散萬緡，則奪民二千緡入官，既入官，則民間不復可得矣。免役法取民間錢雇人役於官，其得此錢用者，皆州縣市井之人，不及鄉民，鄉民惟知輸而不得用，故今鄉民多乏於財也。青苗二分之息，可謂輕矣，而不見利於百姓，何也？今民間舉債，其息少者亦須五七分，多者或倍，而亦不覺其害。惟其利輕，且官中易得，人徒知目前之利，而不顧後患，是以樂請。若民間舉債則利重，又百端要勒，取之極難，故人得已且已。又青苗雖名取二分之息，其實亦與民間無異，蓋小民既有非不得已而請者，又有非不得已而用之。且如請錢千，若遇親舊於州縣間，須有酒食之費，不然又須置小小不急之物，只使二百錢，已可比民間四分之息。又請納時往來之用，與官中門户之賂遺，至少亦不下百錢。況又有胥吏追呼之煩，民之畏法者，至舉債以輸官，往往從此遂破蕩産業，此所以有害而無利也。或云官中息輕，民得之可以自爲經營，歲豈無二分之息乎？蓋未之思也。若用之商販，則錢散而難集正，公家期逼，卒收不聚，失所指準，其患豈細？往年富家如此，患官中配之，請不得已而藏之，比及期，出和錢爲息輸之官，乃無患。夫使民如此，是無事而侵擾之也，何名補助之政乎？公在上前爭，或爲上所疑，則曰：「臣之素行，亦不至無廉恥，如何不足信？」且論事當論事之是非利害如何，豈可以素有廉恥，劫人使信己也。夫廉恥在常人不足道，若君子更自矜，其廉恥亦淺矣。蓋廉恥自君子所當爲者，如人守官，曰：「我固不受贓。」不受贓豈分外事乎？

荆公每言：「人主博見人，則人臣不能爲朋黨蔽欺。」至除朱越建州，則固拒人主，使不得見，此何意也？朱越果材耶，見之何害？果不材，則固拒人主不得見，非蔽欺而何？觀其言之強悖，雖同列不可堪也，況君臣乎？夫君子和順積中，而英華發外，故暴慢之氣不設於身體。君臣之間，狠愎如此，其所養益可知矣。以上俱《龜山語録》。

先生與僕論變法之初，僕曰：「神廟必欲變法，何也？」先生曰：「蓋有説矣。天下之法，未有無弊者。祖宗以來，以忠厚仁慈治天下，至嘉祐末年，天下之事，似乎舒緩不振，然其實於天下根本牢固。至神廟即位，富於春秋，天資絶人，讀書一見，便見大指。是時見兩蕃不服，及朝廷州縣多舒緩，不及漢、唐全盛時。每與大臣論議，有怫然不悦之色。當時執政從官中有識者，以謂方今天下，正如大富家，上下和睦，田園開闢，屋宇牢壯，財用充足，但屋宇少設飾，器用少精巧，僕妾朴魯遲鈍，不敢作過，但有鄰舍來相陵侮，不免歲時以物贈之。其來已久，非自家做得如此，遂不敢承當。上意改革法度，獨金陵揣知上意，以一身當之，爲激切奮厲之言，以動上意，遂以神廟爲不治之朝。神廟一旦得之，以爲千載會遇。改法之初，以天下公論謂之流俗，内則太后，外則顧命大臣，尚不能回，況臺諫乎？秖增其勢耳。雖天下之人羣起而攻之，而金陵不可動者，蓋有八箇字，吾友宜記之。」僕曰：「何等八字？」曰：「虚名、實行、強辨、堅志。當時天下之論，以金陵不作執政爲屈，此虚名也。平生行止，無一點涴，論者雖欲誣之，人主信乎？此實行也。論議人主之前，貫穿經史今古，不可窮詰，故曰强辨。前世大臣，欲任意行一事，或可以生死禍福恐之得回，此老實不可以此動，故曰堅志。此法所以必行也。故得君之初，與主上若朋友，一言不合己意，必面折之，反覆詰難，使人主伏辨乃已。及元豐之初，人主之德已成，大臣尊仰將順之不暇，天容毅然，正君臣之分，非熙寧之初比也。」《元城語録》。

先生曰：金陵亦非常人，其麤行與老先生略同，其質樸儉素，終身好學，不以官職爲意，是所同也。但學有邪正，各欲行其所學者耳。而諸人輒溢惡，此人主所以不信，而天下之士至今疑之。以其言不公，故愈毁之，而愈不信也。故攻金陵者，只宜言其學乖僻，用之必亂天下，則人主必信。若以爲財利結人主如桑弘羊，禁人言以固位如李林甫，姦邪如盧杞，大佞如王莽，則人主不信矣。蓋以其人素有德行，而天下之人素尊之，而人主夷考之無是事，則與夫毁之之言亦不信矣。此進言者之大戒。以上《元城語録》。

荆公初參政，下視廟堂如無人。一日爭新法，怒目諸公曰：「公輩坐不讀書耳！」趙清獻公抃同參政事，獨折之曰：「君言失矣，如臯、夔、稷、契之時，何書可讀？」荆公默然。《邵氏後録》。

公爲參政時，會安石用事，議論不協。既而司馬光辭樞副，臺諫、侍從多以言事求去。公言：「朝廷事有輕重，體有小大。財利於事爲輕，而民心得失爲重；青苗使者於體爲小，而禁近耳目之臣用舍爲大。今不罷財利而輕失民心，不罷青苗使者而輕棄禁近耳目，去重而取輕，失大而得小，非宗廟社稷之福，臣恐天下自此不安矣。」言入即求去。《趙清獻神道碑》。

自王安石爲政，始罷銅禁，姦民日銷錢爲器，邊關海船不復譏錢之出，故中國錢日耗，而西北南三虜皆山積。張文定公方平極論其害，請詰問安石，舉累朝之令典所以保國順民者，一旦削除之，其意安在？《言行録》。

富鄭公自亳移汝，過南京，張安道留守，公來見，坐久之，公徐曰：「人固難知也。」安道曰：「謂王安石乎？亦豈難知者。往年方平知貢舉，或薦安石有文學，宜辟以考校，姑從之。安石既來，一院之事，皆欲紛更之。方平惡其人，檄以出，自此未嘗與語也。」富公俛首有媿色。蓋公素喜荆公，至得位，亂天下，方知其姦。《聞見録》。

神宗天資節儉，因得老宮人言：「祖宗時，妃嬪、公主月俸甚微。」歎其不可及。安石獨曰：「陛下果能理財，雖以天下自奉可也。」帝始有意主青苗、助役之法。安石之術類如此。《聞見録》。

安石始變更法令，改常平爲青苗法，范蜀公鎭上疏曰：「常平之法始於漢之盛時，視穀貴賤發斂以便農末，最爲近古，不可改。而青苗行於唐之衰亂，不足法。且陛下疾富民之多取，而少取之，此正百步與五十步之間耳。今有二人坐市買，一人下其直以相傾奪，則人皆知惡之，其可朝廷而行市道之所惡乎？」疏三上，不報。邇英閣進讀，與呂惠卿爭論上前，固論舊法預買紬絹，亦青苗之比，公曰：「預買亦敝法也。若陛下躬行節儉，府庫有餘，當倂預買去之，奈何更以爲比乎！」《言行録》。

王荆公與唐子方介同爲參政，議論未嘗少合。荆公好馮道，以其屈身安人，如諸佛菩薩之行，一日於上前語及此事，介曰：「道爲相，易四姓，事十主，此得爲純臣乎？」荆公曰：「伊尹五就湯，五就桀者，志在安人而已，豈可亦謂之非純臣也？」介曰：「有伊尹之志則可。」荆公爲之變色。《筆録》。

熙寧初，富公弼、曾公公亮爲相，唐公〔介〕與趙公抃、王荆公安石爲參政。是時荆公方得君，銳意新美天下之政，自宰執同列無一人議論稍合，而臺諫章疏攻擊者無虛日，呂誨、范純仁、錢顗、程顥之論尤極詆訾，天下之人皆目爲生事。是時鄭公以病足、魯公以年老引去，唐公屢爭上前，不能勝，未幾疽發背死。趙少師力不勝，但終日太息，遇一事更改，即聲苦者數十。故當時謂中書有「生、老、病、死、苦」，言介甫生、明仲老、彥國病、子方死、閱道苦也。

韓子華在三司，時議欲使官戶量出免役錢，兼幷之家計田頃承役。唯鄉役及弓手之外，並與蠲除，單丁、女戶在第一等者，亦量納役錢，其錢一切以免役錢雇召。如此即不限田，而官戶、兼幷之家不敢過制以貪利，中人得置田以爲生，品官不必充役，而無業之民得以應募矣。至是，上手札取之，公具錄以進。王荆公領以條例司，深以公言爲然，遂推廣衙前之法，以及他役。《韓獻肅行狀》。

持國韓公與王安石雅相厚善，安石執政，公議國事，始多異同。至是，議者欲廢《三經義》，公以爲安石《經義》宜與先儒之說並行，不當廢。司馬光與公生平交，俱以耆舊進用，至於臨事，未嘗一語附會，務爲苟同，人服其平。《韓持國行狀》。

王介甫與道原有舊交，介甫參大政，欲引道原修三司條例，道原固辭以不習金穀之事，因言：「天子方屬公以政事，宜恢張堯、舜之道，以佐明主，不應以財用爲先。」介甫雖不能用，亦不之怒。及呂獻可得罪，道原往見介甫曰：「公所以致人言，蓋亦有所未思。」因爲條陳所更法令不合衆心者，宜復其舊，則議論自息。介甫大怒，遂與之絕。

方介甫用事時，呼吸成禍福，凡有施置，舉天下莫能奪。高論之士，始異而終附之，面譽而背毁之，口是而心非之者，比肩是也。道原獨奮厲不顧，直指其事，是曰是，非曰非，或面刺介甫，至變色如鐵。或稠人廣坐，介甫之人滿側，道原公議其得失，無所隱。惡之者側目，愛之者寒心，至掩耳起避之，而道原曾不以爲意。已上俱《劉道原言行録》。

先公言：荆公笑道原耽史而不窮經，相見必戲之曰：「道原讀到漢八年未？」而道原歷詆荆公之學，士子有談新經者，道原怒形於色。

朱子曰：神宗聰明絶人，一聞介甫説，便有於吾言無所不説底意思。向見何萬一著論云：「本朝自李文靖、王文正當國以來，專主安靜，一有建白，便謂之生事。直至仁宗朝，天下大段輭弱，事多廢弛不理。英宗意自欲改爲，值聖躬多病，不久晏駕，所以當時謚之曰英。到神宗，性氣越緊，卻又撞著介甫出來承當，所以作壞得如此。」

又曰：荆公初出來便要做事，後來爲人所攻，便無去就。不觀荆公《日録》，無以知其本末。他直是強辨，藐視一世。如文潞公更不敢出一言。問：「溫公所作何如？」曰：渠亦只見荆公不是，便倒一邊。如東坡當初議論，亦要變法，後來卻又改了。又問：「神宗元豐之政，又卻不要荆公？」曰：神宗盡得荆公許多伎倆，更何用他？到元豐間，事皆自做，只是用一等庸人備左右趨承耳。新法之行，諸公實共謀之，雖明道先生不以爲不是，蓋那時也是合變時節。又云：新法自荆公行之有害，若明道行之，自不至恁地狼狽。

荆公與申公極相好，新法亦皆商量來，故甚望申公相助。又用明道爲條例司，皆是望諸賢之助。後來盡背了初意，所以諸賢不從。

神宗嘗問明道云：「王安石是聖人否？」明道曰：「『公孫碩膚，赤舄几几』，聖人氣象如此。王安石一身尚不能治，何聖人爲！」先生曰：此言最説得荆公著。

先生論判公學術之差，以其見道理不透徹。因云：「古今未有見道理不透徹，而所說所行不差者。但無力量做，半上落下，猶不至於大害。如庸人不識病，但用沒要緊的藥，便不至於殺人。若介甫則硬用大黃附子下去，豈得不害事？」

錢景諶初赴開封解試，安石得其文，以爲知道者，既薦之，又推譽於公卿間，自是執弟子禮。安石提點府界，景諶爲屬主簿，又以文薦之。執喪居許，聞安石得政，喜，因事來京師謁之。方盛夏，安石與僧智緣卧於地，一最親者袒坐其側，顧景諶褫服脱帽，未及他語，卒然問曰：「青苗助役如何？」景諶曰：「利少害多，異日必爲民患。」又問：「孰爲可用之人？」曰：「居喪不交人事，而知人尤難事也。」遂辭出。後調官復來，安石已作相，又往詣之。安石令先與弟安國相見，安國亦與之善，謂景諶曰：「相君欲以館閣相處，而任以事。」景諶曰：「百事皆可爲，所不知者新書役法耳。」及見安石，安石欲令治峽路役書，且委以戎瀘蠻事。景諶曰：「峽路民情，僕固不能知。而戎瀘用兵，繫朝廷舉動，一路生靈休戚，願擇知兵愛人者。」安石大怒，遂與之絶。《宋史》。

劉庠不肯屈事安石，安石欲見之，戒典謁者曰：「今日客至勿納，唯劉尹來即告我。」有語庠者曰：「王公意如此，盍一往見？」庠謂：「見之何所言！自彼執政，未嘗一事合人情。脱問青苗、免役，將何辭以對？」竟不往。同上。

閑樂陳氏謂：「安石之學，獨有得於刑名度數，而道德性命則有所不足。」不知二者相爲表裏，原不可得而分別。今以佛老之言爲妙道，而謂禮法事變爲麤跡，此正其深蔽。又況其於麤跡之謬，可指而言者，蓋亦不可勝數。今姑舉一二言之。若其實有得於刑名度數也，則其所以修於身者，豈至與僧卧地而顧客褫衣，如錢景諶之所叙乎！所以著於篇者，豈至於分文析字以爲學，而又不能辨乎六書之法，如《字説》之書乎！所以施於家，豈至於使其妻窮奢極侈，斥逐娣姒而詬叱官吏，如林希、魏泰所書乎！豈至於使其子囚首跣足，箕踞於前，而干預國政，如邵伯溫之所記乎！所以施於政，豈至於乖事理，咈民情，而於當世禮樂文章教化之本，或有失其道理者，乃不能一有所正，至其小者，如鵪鳥公事，按問條法，亦皆繆戾煩碎，而不即於人心乎！以此等而推之，則如閑樂所云，猶恐未免於過予也。《朱子文集》。

文潞公坐客有言《新義》極迂怪者，公笑不答，久之，曰：「頗記明皇坐勤政樓，見釘鉸者，上呼曰：『朕有破損平天冠，汝能釘鉸否？』此人既爲完之，上曰：『朕無用此冠，以與汝爲工直。』其人惶恐謝罪。上曰：『俟夜深閉門後獨自戴，甚無害也！』」《宋稗類鈔》。

粘罕在西京尋富鄭公、文潞公、司馬溫公子孫。時維潞公第九子殿撰維申老年，杖屨先奔出城，遺一妾一嬰兒。粘罕撫慰良久，贈衣物珠玉壓驚，復令歸宅。司馬朴至金，問之，爲溫公之後，歎曰：「使司馬公在朝，我亦不敢至城下。」及立異姓，遂欲擁朴，朴力辭而免。拘刷三館書籍，凡王氏經説、《字説》皆棄去之。道君在南郡，猶詰問李綱：「朝廷何故追贈司馬光？」粘罕諸人卻如元祐舊臣，老於中朝，熟聞國論者，良可笑也。

王荆公初見晏元獻，元獻熟視，無他語，但云：「能容於物，物亦容矣。」荆公唯唯。退而思之，此語有所本，或自爲之言。識者謂荆公平日所短，正在乎此。

熙寧初，王宣徽之子正甫字茂直，監西京糧料院。一日，約邵康節、吴處厚、王平甫共飯。康節辭以疾。明日，茂直來，康節謂曰：「某之辭會，有以吴處厚者好議論，平甫者介甫之弟。介甫方執政，行新法，處厚每譏刺之。平甫雖不甚主其兄，若人面罵之，則亦不堪矣。此某所以辭會也。」茂直歎曰：「先生料事之審如此。昨處厚席間毀介甫，平甫作色，欲列其事於府，某解之甚苦乃已。」嗚呼！康節以道德尊一代，平居出處，一飯食之間，其愼如此。

王荆公不耐靜坐，非卧即行。晚居鍾山謝公墩，自山距城適相半，謂之半山。嘗畜一驢，每旦食罷，必一至鍾山，縱步山間，倦則即定林寺而卧。往往至日昃乃歸，率以爲常。有不及終往，亦必跨驢中道而還。蘇子瞻在黄州及嶺表，每旦起不招客相與語，則必出而訪客。所與游者，亦不盡擇，各隨其人高下，談諧放蕩，不復爲畛畦。有不能談者，則强之說鬼，或辭無有，則曰：「姑言之。」於是聞者無不絶倒，皆盡歡而後去。設一日無客，則歉然若有疾。

王荆公領觀使歸金陵，居鍾山下，出即乘驢。王鞏常謁之，既退，見其乘之而出，一卒牽之而行。問其指使：「相公何之？」曰：「若牽卒在前，聽牽卒；若牽卒在後，即聽驢矣。或相公欲止即止，或坐松石之下，或憩田野耕鑿之家，或入寺。隨行未嘗無書，或乘而誦之，或憩而誦之。仍以囊盛餅十數枚，相公食罷，即遺牽卒，牽卒之餘，即飼驢矣。或田野間人持飯飲獻者，亦爲食之盡。初無定所，或數步復歸，近於無心者也。

荆公性簡率，不事修飾奉養。衣服垢污，飲食麤惡，一無所擇，自少已然。爲館職日，韓玉汝嘗拉與同浴於僧寺，潛備新衣一襲，易其弊衣，俟其浴出，俾從者舉以衣之，而不以告。公服之如固有，初不以爲異也。及爲執政，或言其喜食獐脯者，其夫人聞而疑之，曰：「公平日與食肴，未嘗有所擇，何獨嗜此？」因令問左右執事者曰：「何以知公之嗜獐脯也？」曰：「每食不顧他物，而獐脯獨盡，是以知之。」復問其食時置獐脯何所，曰：「在近匕箸處。」夫人曰：「明日姑易他物近匕箸。」既而果食他物，而獐脯固在，然後人知其特以近故食之，初非有所嗜也。人見其太甚，或多疑其僞云。

宋《元祐黨籍碑》成於蔡氏父子，其意則王安石啓之也。安石嘗作《曹杜》詩以寓意，謂神姦變化，自古難辨，辨之而不疑者，惟禹鼎焉。魑魅合謀，蓋非一日，太丘之社，其亡也晚。蓋以喻新法異意之人，將爲宋室之禍也。其後門生子壻相繼得政，果鑄寶鼎，列元祐諸賢司馬光而下姓名於其上，以安石比禹、稷，而以司馬諸公爲魑魅。呂惠卿載謝章曰：「九金聚粹，畫圖魑魅之形。」自此黨論大興，賢才消伏，卒致戎馬南鶩，赤縣丘墟。一言喪邦，安石之謂也。後金兵入汴，見鑄鼎之像而歎曰：「宋之君臣，用舍如此，焉得久長？」遂怒而擊碎之。

王荊公封舒王，配享宣聖廟，位居孟子之上，與顏子爲對。其壻蔡元度卞實主之。優人嘗因對御，戲設孔子正坐，顏、孟與安石侍側。孔子命之坐，安石揖孟子居上，孟辭曰：「天下達尊，爵居其一。軻僅蒙公爵，相公貴爲眞王，何必謙光如此？」遂揖顏子，顏曰：「回也陋巷匹夫，平生無分毫事業。公爲明世眞儒，辭之過矣。」安石遂處其上。夫子不能安席，亦避位。安石惶懼拱手云：「不敢。」往復未決。子路在外，憤憤不能堪，徑趨從祠堂，挽公冶長臂而出。公冶爲窘迫之狀，謝曰：「長何罪？乃責數之。」曰：「汝全不救護丈人，看取別人家女壻！」其後朝論亦頗疑窒於禮文，每車駕幸學，輒以屏障其面。舊制，兖、鄒二公東西向，今郡縣學二公並列於左者，蓋靖康撤荊公像之時，徒撤而不復正耳。

王荊公嘗問張文定：「孔子去世百年，生孟子亞聖，自後絕無人，何也？」文定言：「豈無，只有過孔子上者。」公問是誰，文定言：「江南馬太師、汾陽無業禪師、雪峰岩頭、丹霞雲門是也。儒門淡薄，收拾不住，皆歸釋氏耳。」荊公欣然歎服。以上並同。

因語荆公，陸子靜曰：「他當時不合於法度上理會。」語之云：「法度如何不理會？只是他所理會非三代法度耳。」又曰：「孔子於飲食衣服之間，亦豈務滅裂？荆公要似一苦行，然只此也不合道理。」

了翁攻《日錄》，言荆公學術之謬，見識之差，負神廟委任則可。若云《日錄》是蔡卞增加，又云荆公自增加。如此，則是彼所言皆是，但不合增加其辭以誣神廟耳。又以其言「太祖用兵，何必有名？眞宗矯誣上天」爲謗祖宗，此只是把持他，元不曾就道理上理會，如何説得他倒！《四明尊堯集》只是於利害見得，於義理全疏。如介甫心術隱微處，都不曾攻得，卻只是把持。如曰：「謂太祖濫殺有罪，謂眞宗矯誣上天」，皆把持語也。《龜山集》中有攻《日錄》數段，卻好。王氏《新經》，儘有好處，蓋極生平精力爲之。因舉書中改古經點句數處，云：「皆如此讀得好。此等文字，某嘗欲摭撮其好者，而未暇。」

介甫解佛經亦不是，解「揭帝揭帝」云：「揭其所以爲帝者而示之。」不知此是胡語。唐坰林夫力疏荆公，對祖宗前叱荆公，每誦其疏一段竟，又問王安石：「是如此否？」荆公力辨之，坰云：「在陛下前尚如此不臣！」坰初附荆公，荆公不曾收用，故復詆之。坰初欲言時，就曾魯公借錢三百千，以言荆公了，必見逐貧，用以作裹足。曾以其作言事官，借與之。後得罪逐，曾監取其錢，而後放行。

蜚卿問荆公與坡公之學，曰：「二公之學皆不正。但東坡之德行，那裏得似荆公！東坡初年若得用，其患未必不甚於荆公。但東坡後來見得荆公狼狽，所以都自改了。初年論甚生財，後來青苗之法行得狼狽，便不言生財。初年論甚用兵，如曰『用臣之言，雖北敗契丹可也』，後來見荆公用兵用得狼狽，更不復言兵。他分明有兩截的議論。

荆公後來所以全不用許多儒臣，也是各家都説沒理會。如東坡以前追説許多，如均戶口、較賦役、教戰守、定軍制、倡勇敢之類，是煞要出來整理弊壞處。後來荆公做出，東坡又却盡底翻轉，云也無一事可做。如揀汰軍兵，也説怕人怨；削進士恩例，也説士人失望。恁地都一齊沒理會始得。且如役法，當時只怕道衙前之役，易致破蕩。晁以道文集有論役法處，煞好。

介甫初與呂吉甫好時，常簡帖來往，其一云：「勿令上知。」後來不足，呂遂繳奏之，神宗亦胡亂藏掩了。介甫只好人奉己，故與呂合。若東坡們不順己，硬要治他，如何天生得恁地狠？

問：「萬世之下，王臨川當作何如評品？」曰：「陸象山嘗記之矣，何待他人問？」「莫得學術錯否？」曰：「天資亦有拗強處。」曰：「若學術是底，此樣天資，却更有力也。」曰：「然。」

世上有依本分三字，只是無人肯行。且如蘇氏之學，却成箇物事。若王氏之學都不成物事，人却偏要去學，這便是不依本分。近看《博古圖》，更不成文理，更不可理會，也是怪。其中説一「旅」字云：「王曰衆也。」這是自古解作衆，他却要恁地説時，是説王氏較香得些子。這是要取奉那王氏，但恁地也取奉得來不好。

先生取荆公奏稿進《鄴侯家傳》者，令人傑讀之，又讀益公跋。先生曰：「如益公説，則其事都不成做。」人傑云：「鄴侯有智略，如勸肅宗先取范陽亦好。」曰：「此策誠善，彼勸肅宗未可取兩京者，欲以兩京縶其四將，惜乎不用也。」人傑云：「荆公保甲行於畿甸，其始固咈人情。元祐諸公盡罷之，却是壞其已成之法。」曰：「固是。近張元德亦有此議論寄來。」因言元祐諸公大略有偏處，多如此。人傑云：「如棄地與西夏，亦未安。」曰：「當時如呂微仲自以爲不然，蓋呂西人，知其利害。其他諸公所見，恨不得納諸其懷，其意待西夏倔強時，只是卑巽請和耳。」因言本朝養兵蠹國，更無人去源頭理會，只管從枝葉上去添兵添將。太祖初定天下，將諸軍分隸州郡，時寄養耳，故謂之第幾指揮，謂之禁軍，明其爲禁衛也。其將校乃衙前令，所謂都知兵馬使。謂之教揀，乃其軍之將也。若都監，乃唐末監軍之遺制。鈐轄、都部署，皆國初制也。部署即今之總管。今州鈐、路鈐、總管皆無職事，但大閱時供職一兩日耳。潭州有八指揮，其制皆廢弛，而飛虎一軍獨盛，人皆謂辛幼安之力，以某觀之，當時何不整理親軍，自是可用。卻別創一軍，又增其費。又今之江上屯駐，祖宗時亦無之。某之意欲使更戍於州郡，可以漸汰將兵，然這話難説。又今之兩淮荆襄義勇皆可用，但人多不之思耳。

《廣録》云：京畿保甲之法，荆公做十年方成。至元祐時，溫公廢了，深可惜。蓋此是已成之事，初時人固有怨者，後來做得成，想人亦安之矣，卻將來廢了，可惜。以上《朱子語類大全》。

呂惠卿嘗語王荆公曰：「公面有䵟，用園荽洗之當去。」荆公曰：「吾面黑耳，非䵟也。」呂曰：「園荽亦能去黑。」公笑曰：「天生黑于予，園荽其如予何！」

王禹玉與荆公同侍朝，荆公有蝨直緣其鬚，裕陵顧而笑，公不自知也。退朝，問禹玉曰：「上何爲笑？」禹玉告之故，公命從者去之。禹玉曰：「未可輕去！當獻一言頌蝨之功。」乃云：「屢游相鬚，曾經御覽。」爲之解頤。

舒王夫人吳好潔，舒王性任率，每不相合。自江寧乞歸，私第有官藤牀，吳假用未還。羣吏來索，左右莫敢言。王一日跣足而登牀，偃卧良久，吳望見，即命送還。

王荆公作相日，苑中有石榴一叢甚茂，止發一花，題詩云：「濃綠萬枝紅一點，動人春色不須多。」

王荆公作相日，當生朝，光祿卿鞏申以大籠貯雀詣客次，搢紳開籠，且祝曰：「願相公一百二十歲。」時有邊塞之主妻病而虞候割股以獻者，時人爲之語曰：「虞候爲縣君割股，大卿與丞相放生。」

荆公在歐公坐分韻送裴如晦知吳江，以「黯然消魂，惟别而已」八字分韻。時客與公八人，荆公、平甫、老蘇、梅聖俞、蘇子美、姚子張、焦伯強也。時老蘇得「而」字，押韻云：「談詩究乎而。」荆公乃又作「而」字二詩，有云：「采鯨抗波濤，風作鱗之而。」蓋用《周禮·考工記》之而頰也。又云：「春風垂虹亭，一杯湖上持。傲兀何賓客，兩忘我與而。」最爲工。

舒王在鍾山，有進士來謁，因與棋，輒作數語曰：「彼亦不敢先，此亦不敢先，是以無所爭。惟其無所爭，故能入不生不死。」舒王笑曰：「此特棋隱語也。」

王荆公棋品不甚高，每與人對局，未嘗致思，隨手疾應。覺其勢將敗，便斂之，謂人曰：「本圖適性忘慮，反苦思勞神，不如且已。」因賦詩云：「莫將戲事擾眞情，且可隨緣道我贏。戰罷兩奩分黑白，一枰何處有虧成。」

蘇子瞻過金陵，王介甫招游蔣山，坐方丈飲茶。公指案上大研曰：「可集古詩聯句賦此。」子瞻應聲曰：「軾潛先道一句：『巧匠斲山骨。』」公沈思良久，起曰：「且趁晴色，窮覽蔣山之勝，此非所急也。」田承君與一二客從後觀之，田曰：「荆公尋常好以此困人，門下士往往受困。今日反爲蘇公所困矣。」

蘇長公奉祠西太乙，見王介甫舊題六言詩曰：「楊柳鳴蜩綠暗，荷花落日紅酣。三十六陂春水，白頭想見江南。」注目久之，曰：「此老野狐精也。」

荆公薦進一二寒士位侍從，初無意於大用也。公去位後，遂參政。公作小詩寄意云：「本種酴醾架，金沙只謾裁。自矜顔色好，飛度蠟前開。」

謝安墩在半山招寧寺，後安與王羲之嘗登此。介甫居金陵，作絶句云：「我名公字偶相同，我屋公墩在眼中。公去我來墩屬我，不應墩姓尙隨公。」

介甫晚居金陵鍾山謝公墩，距城適相半，因號半山。公押石字，初橫一畫，左引脚，中爲一圈。公性急，作圈多不圓，往往窩匾而橫畫，又多帶過。嘗有密譏公押反字者，公知之，加意作圈。當獨處，論量天下人才，首屈指於其子雱曰：「大哥是一箇爵。」荆國公追封舒王，或謂當時公論，分明以「荆舒是懲」目之，京、卞輩當國，懵然不知也。

劉貢父與王荆公素厚，荆公當國，劉屢謔之，荆公每爲絶倒。荆公常改杜詩「天闕象緯逼」爲「天閲象緯通」，黄山谷對衆極言其是。貢父聞之，曰：「眞是怕他！」

王介甫多思而喜鑿説，嘗與劉貢父共食，介甫曰：「孔子不撤薑食，何也？」貢父曰：「《本草》言薑食損智，道非明民，將以愚之。孔子以道教人，故不徹薑食，所以愚之。」介甫欣然而笑，久乃悟其爲戲。

熙寧始尙經術，説《詩》者競爲穿鑿，如「伊其相謔，贈之以芍藥」，謂此爲淫佚之會，必求其爲士贈女乎、女贈士乎。劉貢父曰：「芍藥能行血，破胎氣，此蓋士贈女也。若『視爾如荍，貽我握椒』，則女之贈士也。《本草》云椒性温，明目暖水藏故耳。」聞者絶倒。

一説貢父謂此事楊蟠無齒，介甫思其説而不得。貢父笑曰：「此易曉耳。楊蟠杭州人，善作詩，自號浩然居士。相公熟識之，今欲涸湖爲田，此事浩然無涯也。」一時聞者絶倒。

劉貢父與荆公論新法不便，出通判泰州，題館中壁云：「壁門金闕倚天開，五見宫花落井槐。明日扁舟滄海去，卻從雲氣望蓬萊。」荆公見而諷詠之，仍書於扇。

王元澤雱數歲時，客有以一獐一鹿同籠以獻，問（王）〔元〕澤何者是獐，何者是鹿。元澤未識，良久對曰：「獐邊者是鹿，鹿邊者是獐。」客大奇之。

或議王元澤不能作小詞，元澤援筆作《倦尋芳》一首，自此絶不作。其詞云：「露晞向曉，簾幕風輕，小院閑晝。翠徑鶯來，驚下亂紅鋪繡。倚危樓，登高榭，海棠著雨胭脂透。算韶華，又因循過了，清明時候。　倦游燕、風光滿目，好景良辰，雅共攜手。恨被榆錢，買斷兩眉長鬭。憶得高陽人散後，落花流水仍依舊。這情懷，對東風、盡成消瘦。」

王元澤又有春景《眼兒媚》詞曰：「楊柳絲絲弄輕柔。煙縷織成愁。海棠未雨，梨花先雪，一半春休。　而今往事難重省，歸夢繞秦樓。相思只在，丁香枝上，豆蔻梢頭。」

荆公及雱同修經義，經成，加荆公左僕射，雱龍圖閣直學士，同日受命。元絳賀詩曰：「陳前輿服同桓傅，拜後金珠有魯公。」

初，元澤病亟，介甫命道士作醮，大陳楮泉。平甫啓曰：「雱雖疾丘之禱久矣，爲此奚益？且兄嘗以倉法繩吏姦，今乃以楮泉徼福，安知三清門下不行倉法耶？」

舒王女，吳安持之妻蓬萊縣君，工詩，多佳句，有詩寄舒王曰：「西風吹入小窗紗，秋氣應憐我憶家。極目江山千里恨，依然和淚看黄花。」舒王以《楞嚴經新釋》付之，并和其詩曰：「青鐙一點映窗紗，好讀《楞嚴》莫憶家。能了諸緣如夢幻，世間應有妙蓮花。」

王介甫嘗戲拆劉貢父名曰：「劉攽不直分文。」貢父遂拆介甫名曰：「失女便成宕，無冠直是妬。下交亂眞如，上頭誤當宁。」介甫大慚而心銜之。元豐末，貢父貶衡州監酒，雖坐他累，議者嘗以介甫姓名爲戲惡之也。（光）〔元〕祐初，起知襄州，淳于髡墓在境內。嘗以詩題云：「微言動相國，大笑絕冠纓。流轉有餘智，滑稽全姓名。師儒空稷下，衡蓋盡南荆。贅壻不爲辱，旅墳如客卿。」又有《續陳師厚善謔》詩云：「善謔口君意，何傷衛武公。」蓋記前事，且以自解云。

元豐中，王荆公居半山，好觀佛書，每以故金漆版書藏經名，遣人就蔣山寺取之。士人因有金漆版代書帖，與朋儕往來者。已而苦其露泄，遂用竹兩片相合，以片紙封其際，久之，其製漸精。陸游《老學庵筆記》。

王介甫作《韓魏公挽詩》云：「木稼曾云達官怕〔一〕，山摧果見哲人萎。」時華山崩，京師木稼，人多不見木稼出處。按《舊唐書·五行志》，開元二十九年十一月二十九日，雨木冰凍裂，數日不見，寧王見而歎曰：「諺云『木稼達官怕』，必有大臣當之。」其月王薨。莊綽《雞肋編》。

黄庭堅嘗言：「有人心動則目動，王介甫終日目不停轉。」王暐《道山清話》。

劉貢父平生不曾議人長短，人有不韙，必當面折之。雖介甫用事，諸公承順不及，惟貢父屢當面攻之，然退與人言，未嘗出一語，人皆服其長者，雖介甫亦敬之。同上。王安石配享文宣王廟庭，坐顔孟之下、十哲之上。駕幸學，親行奠謁。或謂安石巍然而坐，有所未允。蔡知院元度曰：「便塑底也不得。」同上。

葉濤好弈棋，王介甫作詩切責之，終不肯已。弈者多廢事，不分貴賤，嗜之率皆失業，故人目棋枰爲木野狐，言其媚惑人如狐也。熙寧後，茶禁日嚴，被罪者衆，乃目茶籠爲草大蟲，言其傷人如虎也。元懷《撫掌録》。

東坡聞荆公《字説》新成，戲曰：「以竹鞭馬爲篤，不知以竹鞭犬，有何可笑？」公又問曰：「鳩字從九從鳥，亦有證據乎？」坡云：「《詩》曰『鳲鳩在桑，其子七兮』，和爺和孃，恰是九個。」公欣然而聽，久之始悟其謔也。蘇軾《調謔編》。

東坡嘗舉「坡」字問荆公何義，公曰：「坡者土之皮。」東坡曰：「然則滑者水之骨乎？」荆公默然。同上。

朱子曰：荆公《字説》，不明六書之法，盡廢其五，而專以會意爲言，有所不通，則遂旁取書傳一時偶然之語以爲證。至其甚也，則又遠引佛老之言，前世中國所未嘗者而附合之，所以其説愈穿鑿舛謬。見《文集》。

王荆公有「黄昏風雨滿園林，籬菊飄零滿地金」之句。歐陽公曰：「百花盡落，獨菊枝上枯耳。」因戲曰：「秋英不比春花落，爲報詩人仔細吟。」荆公聞，引《楚詞》「夕餐秋菊之落英」爲據。予按《訪落》詩「訪予落止」，毛氏曰：「落，始也。」《爾雅》：「俶、落、權輿，始也。」郭景純亦引「訪予落止」爲注。然則《楚詞》之意，乃爲擷菊之始英者爾。東坡《戲章質夫寄酒不至》詩云「謾繞東籬嗅落英」，其義亦然。費衮《梁谿漫志》。

荆公素輕沈文通，以爲寡學，故贈之詩曰：「翛然一榻枕書卧，直到日斜騎馬歸。」及作文通《墓志》，遂云：「公雖不嘗讀書。」或規之曰：「渠乃狀元，此語得無過乎？」乃改「讀書」作「視書」。陸游《老學庵筆記》。

荆公見鄭穀夫《夢仙》詩曰：「授我碧簡書，奇篆蟠丹砂。讀之不可識，翻身凌紫霞。」大笑曰：「此人不識字！不勘自承。」縠夫曰：「不然。吾乃用太白詩語也。」荆公又笑曰：「自首減等。」

先左丞言：荆公有《詩正義》一部，朝夕不離手，字大半不可辨。世謂荆公忽先儒之説，殆不然也。

荆公作相，裁損宗室恩數，於是宗子相率馬首陳狀訴云：「均是宗廟子孫，且告相公看祖宗面。」荆公厲聲曰：「祖宗親盡，亦須祧遷，何況賢輩！」於是皆散去。

《字説》盛行，時有唐博士耜、韓博士兼，皆作《字説解》數十卷，太學諸生作《字説音訓》十卷。又有劉全美者，作《字説偏旁音釋》一卷、《字説備檢》一卷，又以類相從，爲《字會》二十卷。故相吴元中（式）〔試〕辟雍程文，盡用《字説》，特免省。門下侍郎薛肇明作詩奏御，亦用《字説》中語。

吴充中丞相在辟雍試經義五篇，盡用《字説》。蔡京爲進呈，特免省赴廷試，以爲學《字説》之勸。及作相，乞復《春秋》科，力攻王氏。徐擇之爲左相，語人曰：「吴相此舉，雖湯武不能過。」客不解，擇之曰：「逆取而順守。」

王荆公父名益，故其所著《字説》無「益」字；蘇東坡祖名序，故爲人作序皆用「叙」字。

荆公素不喜滕元發、鄭縠夫，目爲「滕屠」「鄭酤」。然二公豪邁，殊不病其言。縠夫爲内相，一日送客出郊，過朱亥冢，俗謂之「屠兒原」者，作詩云：「高論唐虞儒者事，賣交負國豈勝言。憑君莫笑金椎陋，卻是屠酤解報恩。」

孫少述與荆公交，荆公別詩云：「應須一曲千回首，西去論心有幾人。」又云：「子今此去來何時，後有不可誰予規。」其相與如此。及荆公當國，數年不復相聞，人謂二公之交遂睽，故東坡詩云：「蔣濟謂能來阮籍，薛宣眞欲吏朱雲。」劉貢父詩云：「不負興公《遂初賦》，更傳中散《絶交書》。」然少述初不以爲意也。及荆公再罷相，歸過高沙，少述適在焉，亟往造之。少述出見，惟相勞苦，及弔元澤之喪，兩公皆自忘其窮達。遂留荆公，置酒供飯，劇談經學，抵暮乃散。荆公曰：「退即解舟，無由再見。」少述曰：「如此，更不去奉謝矣。」惘惘各有惜别之色。然後知兩公之未易測也。以上並同。

蘇子由云：今州縣大小，皆有富民，所謂物之不齊，物之情也。能使富民安其富而不横，貧民安其貧而不匱，貧富相持，以爲長久，天下定矣。介甫不忍貧民，而深疾富民，志欲破富以惠貧，其詩曰：「三代子百姓，公私無異財。人主擅搀柄，如天持斗魁。賦予皆自我，兼幷乃姦回。姦回法有誅，勢亦無自來。後世始倒持，黥首遂難裁。秦王不知此，更築懷清臺。禮義日以媮，聖經久煙埃。法尙有存者，欲言時所咍。俗吏不知方，掊克乃爲才。俗儒不知變，兼幷可無摧。利孔至百出，小人私闔開。有司與之爭，民愈可憐哉。」及其得志，設靑苗法以奪富民之利，兩税之外，重出息十二，吏緣爲姦，公私皆病。吕惠卿繼以手實之法，私家有一毫以上，皆藉於官，民至賣田殺牛，以避其禍。朝廷知其不可，中止不行，僅免於亂。然其徒世守其學，刻下媚上，謂之享上，有不出此，皆廢不用。至於今日，民遂大病。胡仔《漁隱叢話》。

荆公之時，學者得出其門，自以爲榮。一被稱與，往往名重天下。公之治經，尤尙解字。末流務爲新奇，浸成穿鑿。朝廷患之，詔學者兼用舊傳注，不專治《新經》，禁援引《字解》。於是學者皆變所學，至有著書以詆公之學者，又諱稱公門人。故張芸叟爲挽詞曰：「今日江湖從學者，人人諱道是門生。」盛傳士林。及後詔公配享神廟，贈官賜謚，俾學者復治《新經》，用《字解》，昔之學者稍稍復稱公門人，有無名子改芸叟詩卒章云：「人人卻道是門生。」《澠水燕談録》。

黄山谷《書荆公騎驢圖》云：荆公晚年，删定《字説》，出入百家，語簡而意深，常自以爲平生精力盡於此書。好學者從之請問，口講手畫，終席或至千餘字。金華俞清老嘗冠禿巾，衣埽塔服，抱《字説》追逐荆公之驢，往來法雲定林，過八功德水，逍遥游亭之上。龍眠李伯時曰：此勝事，不可以無傳也。

王安石常患偏頭痛，神宗賜以禁方，用新蘿蔔取自然汁，入生龍腦少許調匀，昂頭滴入鼻竅，左痛則灌右鼻，右即反之。

《康節外紀》云：王介甫方行新法，天下紛然以爲不便，思得山林之士相合。常秩引對，因盛稱新法之便，乃除諫官，以至待制，帝浸薄之，而介甫主之不忘。王阮亭《香祖筆記》。

〔一〕木稼：原作「木嫁」，據《雞肋編》卷下改。本條以下「木稼」同。

甲寅秋，余在吴門，與家震滄聚首浹旬，受其《司馬温公年譜》而卒業焉。蓋舉熙寧、元祐兩朝得失之故，薈萃無遺，自來年譜未有若斯之詳贍者也。因思與温公爲消長者，實惟半山，且生同齒，没同歲，又同時爲羣牧判官、修起居注及翰林學士，天似特賦此兩人，以著其治忽之跡者。乃謂家震滄：「盍並編《荆公年譜》乎？天有日而無月，何以成歲功；地有山而無川，何以稱厚載。作書紀美而貫惡，即勸懲之道不備也。」家震滄諾焉。比乙卯秋杪，復會吴門，則《荆公年譜》竣矣。謂予曰：「是書也，友人以爲宜不屑爲者亡慮數十輩，然卒成之，繄子言之先入也，可弗識其緣起乎！」讀竟，遂跋其後。雍正十三年冬孟下弦，婁水弟埒書於繆氏之正蒙書室。